澹澹清川

戴逸先生九秩华诞纪念文集

杨念群 编

中国人民大学出版社
·北京·

戴逸先生

1941 年初夏，戴逸先生（时名戴秉衡）与两位姐姐合影。

1946 年，戴逸先生在北大校园。

1954 年的戴逸先生，时年 28 岁。

1963 年的戴逸先生，时年 37 岁。

1956 年，中国人民大学中国历史教研室第三届研究生毕业合影（前排左五为戴逸先生）。

1959 年，中国人民大学中国历史教研室教师与中国近代史研究生班五九级新生合影（前排左六为戴逸先生）。

20 世纪 50 年代，戴逸先生（左）在越南讲学。

1983 年，戴逸先生等清史所教师与第一位来清史所访学的美国学者路康乐合影。从左至右依次为：鲁肃、王道成、李文海、胡绳武、路康乐、戴逸、罗明、林敦奎、程为坤、李华、张宽。

20 世纪 80 年代，戴逸先生（前排居中）与清史所教师合影 。

1990 年夏，戴逸先生（前排左二）指导的新中国第一位外籍女博士达素彬（后排居中）参加博士论文答辩。

1993 年元旦，戴逸先生等清史所教师表演节目。前排从左至右依次为：吴孝英、胡绳武、王思治、戴逸。

1995 年 6 月，戴逸先生应邀参加在日本召开的“日清战争和东亚世界的变迁”国际研讨会，并作学术报告。

1995 年，戴逸先生全家福。前排左起：外孙廖天石，妻刘炎，孙女戴天舒，戴逸，孙子戴天放。后排左起：女婿廖京生，女儿戴珂，长子戴寅，三媳武林薇，三子戴玮，次子戴琛。

2001 年 4 月，戴逸先生在清史纂修座谈会上讲话。

2003 年 8 月，戴逸先生与李文海教授交谈。

2005 年 6 月，戴逸先生与杨念群教授进行讨论。

2005 年 6 月，戴逸先生（前排左五）与参加国家清史编纂委员会第四次会议的全体委员合影。

2005 年 6 月，戴逸先生向俄罗斯著名汉学家齐赫文斯基院士赠书。

2006 年 1 月，戴逸先生与任继愈先生交谈。

2006 年 6 月，戴逸先生与学生谈成才之道。

2008 年 9 月，清史所成立三十周年，戴逸先生致辞。

2009 年 12 月，戴逸先生接待来访的美国哈佛大学欧立德教授。

2011 年 4 月，戴逸先生受聘为中央文史馆馆员，时任国务院总理温家宝向戴逸先生颁发聘书。（新华社记者黄敬文摄）

2013 年 9 月，《清史研究》质量提升研讨会召开，戴逸先生与部分清史所教师合影。

2013 年 12 月，戴逸先生荣获第二届吴玉章人文社会科学终身成就奖。

2014 年 5 月，戴逸先生在家中审改新修《清史》稿件。

2015 年 9 月，中国人民大学组织召开“戴逸与清史研究”学术座谈会。

2015 年 9 月，中国人民大学组织召开“戴逸与清史研究”学术座谈会，教育部副部长郝平与中国人民大学党委书记靳诺向戴逸先生敬送鲜花。

序言

今年适逢戴逸先生九十诞辰，中国自古以来有为长者祝寿的传统，去岁中国人民大学遂有“戴逸与清史研究”研讨会的举行，一时群贤毕至，济济一堂，共叙先生治学做人之风范恩谊。今岁先生若干及门弟子与先生亲手创办的清史研究所同人，再以撰写学术论文的形式为先生行九十寿礼。

先生出生于人文渊薮之区常熟，常熟自明清以来就是出大学者大文人的地方。但先生对历史产生兴趣却并非得自正规的学塾训练。先生曾自称，其史学启蒙大约来源于两种经验：一是故乡中那些“小人书”的出租者，他们身穿旧长衫，头戴遮阳帽，背着塞满连环图画的破旧藤篮或皮箱，串街走巷，吆喝出租，为小学生供应历史文学图书。夏天夕阳西下，鸦噪蝉鸣，树荫深处的流动书摊，正是启迪先生史学智慧的最初场所。二是常熟明清以来遍布藏书楼，虽经战火摧颓败落，街市上仍残存着数家古籍书店，店中陈满了各种线装古书，读者可随手翻阅品读，无异于一座座小型图书馆。先生经常流连徘徊其中，与古人朝夕对话。先生曾回忆当年攒钱许久才购得一本残破《昭明文选》的求书经历。在夜深人静、万籁俱寂之时，先生常常独坐小楼之上，青灯黄卷，断句阅读，咿唔讽诵，手握彤管，朱蓝粲然，先生治学文字中时现悠然古风，大致可溯源于此。

先生出生于20世纪20年代，正逢风云际会的民国初年，随着清朝皇权的崩塌，千年帝制结束了，一系列变革正在酝酿进行。科举制被取消后，那些曾经向往踏上仕途再过传统士绅生活的青年学子的愿望纷纷破灭，他们对教育目标的追求逐渐远离了传统体制设定的轨道，日益呈现多样化的态势。当年先生这辈激进有为的青年大多选择从国家建设出发去从事科技或法政等职业，或者通过军事学堂的教育加入新式军人群体之中。

先生早年进入上海交通大学铁道管理系学习，旋又难以抵御年少读史引发的兴趣诱惑，转入北京大学历史系读书，因在北大从事学生运动，遭到国民党特务的缉捕，无法继续学业，最终投奔解放区，进入正定华北大学一部政治研究室革命史组，与党史专家胡华先生一起教书共事。

由此可见，先生之治史经历从一开始就区别于那些安于书斋的民初“学院派”历史学家，而与波澜壮阔的中国革命演进历程紧密相关。因为中国革命史的教学与写作理所当然地与中国革命的具体实践过程互为表里，是一种具有高度践履风格的学术活动，而不是封闭在校园内的纯粹专门的治学路径。先生对历史的探索无论是选题还是研究方法同样表现出与具体的革命实践经验交织在一起的特点。尤为明显的是，当时与先生同龄或年龄稍长的一批青年学子就是因为受到革命魅力的感召，首先投身变革运动，成为其中的积极参与者和领导者；在战争结束后，他们才回到环境相对静谧的学校氛围中从事历史研究：他们往往既是战士又是学者。

先生任教的华北大学和在其基础上实现转型的中国人民大学就聚集了一批有丰富革命经历的历史学家。除了胡华先生外，还有尚钺、郭影秋、罗髫渔等人，他们都是具有极其丰富的人生阅历和乱世斗争经验的革命家。曾任中国人民大学历史系主任的尚钺先生就有着惊心动魄的传奇经历。他早年在北大当学生时就是新文学运动“狂飙社”和“莽原社”的骨干成员，曾写出小说《斧背》，是鲁迅欣赏的文学青年。革命军北伐期间，尚钺先生曾在豫南农村组织农民协会，任工农军党代表，发动武装暴动，后任当地苏维埃主席，被地主武装围剿突围后，潜行至上海任《红旗日报》采访部主任，亲历东方旅社事件，后又转至东北担任中共满洲省委秘书长。盘点尚钺的一生，他从事过各种职业，如记者、作家、厨师、报务员、商人、中学教师、大学教授等，其人生阅历之复杂丰富令人叹为观止。戴逸先生在纪念文章中曾提到尚钺先生谦虚地说自己不是“科班”出身，研习历史乃是出于革命的需要，并以此引为同道。

曾任清史研究所第一任所长的罗髫渔先生曾与开国元帅聂荣臻一起担任黄埔军校少校政治教官，又曾任叶挺将军率领的国民革命军第十一军政治部主任，后长期在上海和香港从事地下工作，是老资格的革命家。另一位清史专家、《李定国纪年》的作者郭影秋曾经担任新中国的云南省省长，后任中国人民大学副校长。正因为这些史学家同样兼具革命实践家的特殊身份，其曲折复杂的阅世经验无疑会成为他们选择研究视角、构思历史论题的重要背景。先生虽没有上述革命家那般丰富的革命阅历，但其治史风格同样具有革命风潮留下的深刻烙印，使先生的治史主张与那些民国大学出身的“学院派”学者完全不同，亦与有海外留学背景的史家思考角度颇为异趣。

简括言之，先生之治学风格颇符“实事求是”之人大校训，亦多贯穿古人“经世致用”之遗风。作为弟子，我在此不揣简陋，拟对先生之学问精义试加蠡测，以求教于方家。

一　先生治学具有贯通古今的现代视野

中国近代史学自梁任公先生开始即模仿西方的章节体例书写中国历史，“通史”写作遂蔚成风气。任公自己虽未完成贯通古今的中国通史写作，却以《清代学术概论》、《中国近三百年学术史》等通论性名著立为轨范，后来亦有钱穆先生《中国近三百年学术史》及《国史大纲》等著作跟进效法。但近人写作“通史”多厚古薄今，往往古史篇幅占据绝对主导地位，只是在最后章节偶涉近代话题，专以近代史为写作对象者只有少数几部著作而已，如蒋廷黻那本篇幅短小的《中国近代史》以及陈恭禄的《中国近代史》等，解放区亦有范文澜先生之《中国近代史》简本，叙述都相对简略。戴先生认为，20 世纪 50 年代的中国历史学界重视古代史，专家名流群集于上古先秦史。秦汉以后的历史研究者已少，鸦片战争以后的近代史研究者更少，几乎不被承认为一门学问。因此，如何在高等院校中把“中国近代史”当作一门学科加以规划建设，的确是一个十分迫切的课题。1955 年和 1956 年，先生开始连续在中国人民大学中国历史研究班上开设中国近代史课程，前后有七八十人参与上课，可以说开启了在高校系统讲授中国近代史的先河。

中国近代史研究所面临的首要困难是缺乏一种总体的贯穿线索，不像古代史那样积淀深厚，大师云集，已经基本形成了前后贯通的若干问题意识和学术流派，学者讲课治学常常可以直接依靠清末民初形成的解释传统，继续深入思考就可拓展出新的研究空间。为了区别于中国古代史的解释传统，中国近代史研究从一开始就必须建立起自身的理论意识，以作为整体论述的基本依据。有鉴于此，胡绳在《历史研究》创刊号上发表了《中国近代史的分期问题》一文，提出以阶级斗争为线索划分近代历史各个时期的观点，引起史界的巨大反响。先生与范文澜、金冲及、李新、荣孟源等史学家一起纷纷发表文章，参与了这场长达三年的讨论。通过这场讨论，先生对中国近代史的发展线索、特点进行了较为完整的思索和论辩，最终确立了在唯物史观解释规范下建构中国近代史学科体系的发展方向。现在看来，以阶级斗争为主导线索的革命史叙述难免打上了那个时代的鲜明烙印，其结论未必尽如人意，但这次论辩却为新兴的中国近代史学科树立起了自身的问题意识和诠释风格。

为了早日寻绎出贯穿中国近代史的整体逻辑，先生亲力亲为，于1958年撰写完成《中国近代史稿》第一卷，此著扬扬四十余万言，详细叙述两次鸦片战争和太平天国运动的过程、历史。先生后来又撰写了第二、三两卷，一直写到戊戌变法运动。第一卷对太平天国运动着墨甚多，叙述也最为详尽。先生希望用马克思主义理论来分析这次农民战争，弄清它的发生、发展、困难、矛盾，它所面临的问题和最后的失败。在写作这部书稿时，如何以贯通的眼光审视中国近代发展历程的意念一直萦绕在先生心间。先生一直在思考的问题是，如何把太平天国与中国的共产主义革命做对比研究，以探究其起因与过程的异同。先生自述说，他在写作过程中时时会想到中国共产党领导的农民革命，“感到两场农民革命之间存在着明显的联系和相似，但其内容、特征、外貌、结局又如此之迥异”，于是深深认识到历史发展的连续性、相似性和多样性、具体性。前后相续的历史不会重复，也不可比附。但太平天国与共产党领导的新民主主义革命相距不过几十年，留下了许多非常相似的经验教训。故对现实知道得更多，对历史会理解得更深。

先生在《我的学术生涯》一文中谈到自己的治学是沿着“逆向回溯”的路径进行的，即由近而远，由今至古，最初从事党史和革命史研究，稍后研究中国近代史，最后研究清史，一步步往前推移回溯。先生直称性格中有点“嗜古癖”，大约是少时在常熟读史养成的习惯，愿意研究离现实较远的历史，却又坦言研究历史往往出于工作需要。革命队伍中教什么课，研究什么专业，不由自己选择，而是由组织上分配确定的，只不过分配工作和个人兴趣大致符合。

先生晚年以近八十岁高龄，凭着老骥伏枥的决绝精神毅然受命组建国家清史编纂委员会，承担编纂国家新修大型《清史》的任务，即表现出先生那一辈史学家特有的责任心和使命感。在主持新修《清史》时，如何在继承传统二十四史优秀书写体例的同时又根据时代的要求有所创新，乃是先生殚思竭虑的关键问题，在征求各方意见之后，先生决定增加“通纪”部分，作为全书的统领总纲。在宣示“通纪”撰写要旨时，先生把清朝近三百年历史用兴、盛、衰、亡四个字予以概括。先生明确表示，“通纪”的设计参考了梁启超、章太炎曾经采取的章节体例。“通纪”之设充分体现了先生注重诠释历史大势的治学风格，他反复申述用“贯通”的眼光观察清朝历史的重要性。他说，撰写大型《清史》应该把清朝近三百年的历史加以扼要地叙述，力求前后贯通，表现历史发展的大趋势和我们的历史观，阐明清朝从崛起、发展与鼎盛时期，直到衰落以至灭亡的全过程。这是“通纪”的主要职能之所在。先生“贯通”清史的构想还表现在力求从清朝自身的演变脉络里寻究其规律性，尽量避免站在晚清的近代立场强行替古人说话，以替代从其自身内部角度体验其演化过程的观点。

因强调“贯通”历史的重要性，先生曾发表一系列通论性质的文章，如《清代经济宏观趋势的总体评价》、《满族兴起的精神力量》等，为清史研究把握总体大方向。先生讲的“贯通”，并非大而无当的空谈玄想，而是有理有据的深思之论。具体的例子可以举出先生有关太平天国以后清朝政治格局演变的分析。关于太平天国失败后中国政局的变化，民国时期的学者如梁任公认为，地方势力的兴起是满汉权力消长的结果，昭示着汉人从基层开始崛起，从而动摇了满人统治的基础；西方史学界也曾经认为，以湖南为首的团练势力的形成所导致的地方军事化是清朝咸同时期以后的重要特征；一些日本学者亦认为，地方自治势力的增长是辛亥革命发生与清政权倾覆的根本原因之所在。

与之相比，先生早在20世纪80年代初就在《太平天国运动后清政府权力的下移》这篇文章中指出，所谓“满汉权力消长”，实质上反映了中央和地方势力的消长，不过由于历史的原因，中央和地方的矛盾披上了一件满汉民族矛盾的外衣。其研究视角与西方和日本的中国学均有差异。具体表现是，先生试图从中央与地方关系的变异角度理解权力的更替现象。太平天国运动以后，代表中央政权力量的兵权、财权和司法权开始下移。从兵权角度而论，由于八旗绿营大量吃占空饷，从而完全失去了战斗力，只得依靠地方集团临时雇募“练勇”抵御内乱，致使地方军事力量坐大。太平天国运动被平息后，清政府三令五申裁撤练勇的计划始终无法实现，才造成地方军事实力派尾大不掉的局面。由于战争规模不断扩大，经费需求越来越多，财政制度陷入混乱，无法正常执行协款、解款制度，从战争中起家的地方势力开始自行筹款募勇，致使户部正常的奏销制度完全被破坏。与此同时，清朝司法体制受到的冲击更形严重，各省判处死刑的“秋审”制度在太平天国战争期间趋于瓦解，出现了各地盗案可以按“就地正法律”执行的情况，杀戮权移归督抚掌控，清廷三番五次想废止“就地正法”章程，收回司法权力，却遭到地方势力的强烈抵制。同光年间，虽出现大批“告御状”和个别平反冤案的例子，但是中央所以有兴趣插手这些地方性讼案，正是因为它失去了对地方司法权力的支配作用，清廷热衷于受理京控，出头平反，也是因为要借此打击日益上升的地方势力。而地方政治派系分合聚散、反复无常之态并未受到丝毫的削弱。

先生由此文得出的结论也是充满洞见、发人深省的，他说，由于封建性地方势力兴起而出现的中央和地方的矛盾，以及地方各派系的矛盾，贯穿在整个中国近代历史之中，这是中央集权的君主专制制度濒临覆亡的前奏，也是整个封建政治制度趋于没落的朕兆。在封建统治阶级内部出现的这种政治离心力影响着历史发展的进程，制约着近代政治斗争的内容和形式。以后统治阶级的内部矛盾更进一步发展，辛亥革命推翻了清朝政府，封建性的统一象征消失，地方割据势力进一步发展，这就演成军阀之间的公开割据和连年混战的局面。类似的“贯通”视野会常常出现在先生的各类文章中，显示出先生从宏观上把握中国近代历史演变趋势的超卓能力。

二 先生治学具有浓厚的“经世”情怀

中国古代史学的写作虽有“官史”与“私史”之分，却从来都与现实政治密不可分，时常具有强烈的“资治”功能。因此，如何有效地介入政治与社会的变革进程，如何把自身对历史的研判转化为国家建设的能量，同时又尽量保持不完全受政治风向支配的独立见解，从来都是史家安身立命不容回避的大问题。先生早年曲折的求学与教书经历一直与风云变幻的革命风潮相互激荡，面对着时时出现的各种问题或回应或讨论或辨析或批判，当然有时也不免成为政治风暴的冲击对象，先生之治学路向的变化无不与时代的巨变息息相关。我们不妨把先生的治史风格视为传统“经世”精神在当代的一种延续和体现。

正因如此，先生读史研史的主旨始终不懈地回应着当代中国所面临的各类重大现实问题。如果说，先生参与中国近代史分期问题的讨论，仍是寻求在主流意识形态形塑下有效地辨析中国近代变革的主导动力问题的话，那么，《论“清官”》一文则显示出先生不甘随波逐流地受制于主流意识形态束缚，不断探究历史真相的求实风格。

《论“清官”》发表于1964年，笔名“星宇”，其主要观点是，清官是地主阶级中维护法定权力的代表，他反对豪强权贵追求法外权力，无限制地进行剥削。清官在一定程度上同情人民群众，减轻他们的苦难，缓和阶级矛盾，但他本质上还是为了维护封建统治。先生自谦地说这些观点都是“老生常谈”，但却在以阶级斗争为主线的历史单线叙事里撕开了一条“异端”的口子。两年以后，姚文元发表《评新编历史剧〈海瑞罢官〉》，先生与林甘泉等四人以“方求”为笔名撰文反驳，文中关于清官问题的论述采用了“星宇”的观点，“方求”的文章后来被“四人帮”认为是陆定一、周扬为抢夺“文化大革命”的旗帜而写，是对吴晗的假批判真包庇；《论“清官”》则是调和主义、折衷主义的“大毒草”。1967年4月，上海写作组以“康立”为笔名撰文点名批判“星宇”，文章发表在《人民日报》上，全国报刊广泛转载，以此为起点，各家媒体大批清官之文立刻呈铺天盖地之势蔓延开来。其主要论点是，清官更坏更反动，因为贪官进行残酷剥削，能引起人民的反抗，而清官同情人民，对人民反而有欺骗作用。如此荒唐的逻辑只有在那个年代里才能出现。

20世纪60年代，中苏之间发生珍宝岛冲突，事件平息后两国举行边界谈判，先生选择中俄《尼布楚条约》作为课题，花费四年时间对条约签订的背景、谈判情况、条约文本和争议问题做出详细研究，写成《一六八九年的中俄尼布楚条约》一书。先生自述写作之时，始终怀着强烈的民族感情，却努力保持冷静客观立场，探讨中俄东段边界的沿革。先生利用苏联方面公布的档案资料，包括谈判使臣戈洛文的详细日记，充当中俄谈判译员的外国传教士张诚和徐日昇的日记，以及故宫中有关尼布楚谈判的满文奏折等史料，详细展示了中俄使节谈判的具体情节，为外交部中苏边界谈判的中方代表提供了坚实的历史依据。

先生六十岁以后的治学重点仍与国家变革的命运息息相关，同时又为改革开放中有可能出现的问题不断忧思焦虑，并时时发出警告。20 世纪 90 年代中央提出西部开发的战略构想，先生以《清代开发西部的历史借鉴》为题发表意见，一方面肯定了清廷在西部开发中实行屯垦、发展畜牧业和矿业的历史经验，以及设置和拓展驿站网络，加强贸易交流等举措所带来的积极影响；另一方面又敏锐地注意到，清朝开拓西部时无限制地把森林、牧地、湖泊开垦成农田，无补偿地开发导致森林消失、牧场萎缩、水土流失、沙漠扩大，环境变得日益严酷，使人们难以栖息和生存。当今人们已开始意识到经济增长对环境的破坏呈愈演愈烈之势，而先生早在二十余年前即已通过清朝开发西部的教训发出警示，应是颇有先见之明的。

又如 20 世纪 80 年代先生就提出应建立“避暑山庄学”，对清代皇家园林的布局和风格进行整体研究。1988 年，先生撰成《乾隆帝和北京的城市建设》一文，较早从北京城市建设规划的角度探讨清代皇家园林的价值，《乾隆帝及其时代》一书亦列有《北京城市建设》专章，细致梳理京城“三山五园”兴建的历史脉络。经过三十多年的彷徨，北京市政府最近几年开始意识到，应该从古都整体保护的角度对皇家园林进行修复和整治，并逐渐开始付诸行动，这也算是对先生当年的建议做出的一个迟到却积极的回应。

三　先生治学具有多元兼容的前沿意识

先生晚年仍不懈地拓展新的研究领域，其中力求把清朝放在全球史的背景下加以重新审视应该算是最为重要的一次探索转型。20 世纪 90 年代中叶，先生与北京大学张芝联教授共同筹建了中国 18 世纪研究会，发起召开“十八世纪中国与世界”国际学术研讨会，主编《18世纪的中国与世界》系列丛书。在丛书的《导言卷》中，先生提出应“力求把中国史放在世界发展的背景中加以考察比较，改变中国史和世界史分隔和孤立研究的习惯。要更深刻地理解某个时段、某个地区的历史，应该跳出时空的限制，把它放在更广大的范围中，以克服时段和地区的狭隘性”，并提出18世纪是世界历史的分水岭的主张。先生的这一洞见在西方学者中亦有讨论。如法国哲学家福柯在题为《安全、领土与人口》的法兰西学院演讲中就提出：西方国家的产生经历了三个阶段，最早是司法国家，它脱胎于封建型领土政体，对应的是法律（习惯法或成文法）社会，涉及一整套义务和诉讼的相互作用；其次是行政国家，产生于15、16世纪国家边界（不再是封建）的领土性中，对应的是管制社会和规训；最后是治理国家，它不再以其地域和领土来界定，而是以其人口的多寡及其容量和密度来界定，其实也包括领土（人口就分布在领土上，不过领土只是几个组成要素之一）。治理国家实质上作用于人口，治理国家参照和利用经济知识这一工具，它所对应的是由安全配置加以控制的社会。①

我们发现，在18世纪的清朝，也出现过类似福柯所说的向“治理国家”转型的迹象：18世纪以前，清朝统治者尚把大部分精力用在开疆拓土和建立清朝正统性这些方面，频繁的军事征伐自然是题中应有之义；乾隆朝则基本稳定了疆域，向基层渗透的行政化步伐逐渐加快，这一时期人口增加到3亿，迫使清廷不得不围绕人口激增的现状调整统治策略，改变行政运作的结构。先生在《乾隆帝及其时代》这本专著中对这一转型有所涉猎和描述，验证了18世纪是世界历史的分水岭

---

① 参见福柯：《安全、领土与人口：法兰西学院演讲系列，1977—1978》，92～93页，上海，上海人民出版社，2010。

这个判断的重要性，同时也间接呼应了西方学界认为18世纪出现了重大历史转型的经典论断。

先生不仅强调清朝在世界历史中所应具有的位置，同时也敏锐地指出，不能把清朝的历史简单地与世界史发展的普适性等同起来，而应该洞察其独特性的一面。早在20世纪80年代末，先生给博士生朱雍的著作《不愿打开的中国大门》一书作序时，曾提出以下看法："中国和西方国家的差别似乎不仅仅是发展速度的快慢，而是在文化特点、社会结构上存在深刻的差异。假如没有外国资本主义的侵入，中国将按照自身的规律向前发展，从内容到形式将会和西方世界很不相同。譬如两列火车在两条轨道上行驰，各自奔向遥远的未来，我们不知道两条轨道将在何时何处会合交接。"这个看法与当时主流的见解并不同调。先生既注意到了清朝在世界史发展格局中的位置，也提醒史界注意清朝本身历史具有强烈的独特性，必须兼顾两者。

先生治史讲究"资料、思想、文采、道德"并重，就我的理解而言，实际上与古人所讲"考据、义理、辞章"兼于一身的说法有相通之处。在当今学科训练日趋专门化的境况下，先生尤其欣赏有文采的历史文章。他曾引杜甫两句诗"繁枝容易纷纷落，嫩叶商量细细开"，形容撰文要毫不吝惜地砍掉啰唆冗繁的空话赘语，对新颖的思想、微小的细节要花大功夫，仔细琢磨，精心考虑。治史人的秉性、资质和用功程度各有不同，往往很难兼顾考据、义理、辞章三个方面，治学常常偏于一端。因此，为师者须因材施教，不拘一格，使弟子各展所长。先生在这方面的施教经验堪称典范。

先生早在20世纪80年代初就在《人物》杂志上发表文章，热情介绍他的几位弟子郭成康、吴廷嘉、孔祥吉、卿斯美的研究成绩。①

---

① 参见戴逸：《历史科学战线上的几名新兵》，载《人物》，1983（3）。

令人惊异的是，前三位弟子的治学风格截然不同：郭成康擅长对清朝上层政治和制度进行系统的分析和研究，具有出色的大局观，后来成为清史研究所政治史方向的领军人物；吴廷嘉能言善辩，素以理论思辨见长，当年曾与钱学森在《历史研究》杂志上探讨过“三论”（信息论、系统论、控制论）在史学领域中的应用问题，成为中国史学科中积极探讨社会科学新方法的先锋人物；孔祥吉则以对康有为戊戌变法奏稿的精密考证著称于世，其研究成果相当大程度上改变和修正了史学界对戊戌变法性质和过程的传统评价，在史学界引起了广泛震动。

先生对史学界的前沿动态一直保持高度关注，时刻留心其进展情况，并鼓励弟子大胆思考，还不时参与切磋论辩。我研究近代知识分子区域分布的著作面世后，先生亲临研讨会进行点评指导，以示鼓励。先生一方面肯定了从区域比较的角度研究近代知识群体言行特征的价值和意义，同时又切中肯綮地指出，讲区域文化比较不能脱离北京文化这个核心背景单独进行论述，不能只有局部的研究，而忽视整体观察的视野。各地方文化要成为显学，必须通过北京这个管道进行筛选，再反馈到各地，才能形成全国性影响。如乾嘉学派的核心人物都是江浙皖地区的学者，乾隆年间这些士人到北京做官，加上《四库全书》对士人群体的笼络作用，北京作为核心把区域文化吸纳进来，再辐射出去，最终影响到全国，这是统一国家的特点。先生又举例说清初广东文化并没有全国性影响，康有为、梁启超到北京后依靠皇帝搞变法，撰《新学伪经考》、《孔子改制考》，影响才开始波及整个思想界。湖湘学派在近代之所以发达，也是因为曾国藩等人位居北京中枢政要后，湘学通过在北京的湘籍士人进行宣传才发为显学。故考察区域文化的特质必须考量其与中央政权的关系。

先生也不同意我截然划分“王者之儒”与“教化之儒”的做法。我认为：“王者之儒”倾向于建构统治阶级意识形态，“教化之儒”则主要承担教育道德的训导功能，两者既有交叉重叠亦有较大差异。先生以为，中国历史上，儒学从未摆脱开“王者之儒”身份的限定，除了极少数异端分子之外，儒者仅在与官方的紧密性和疏离性、直接性和间接性上有所区别。中国历史上不存在一种单纯的“教化之儒”。在中国封建专制体制下，任何学说都会笼罩在专制王朝阴影之下，没有或很少有自己的独立性，所以先生针对我关于宋明理学是“教化之儒”，通过复兴运动反叛了两汉“王者之儒”而维护了先秦“教化之儒”这个命题保留了自己的看法。先生坚持宋明之儒乃是另一种形式的“王者之儒”。我对先生的评论仍有不同看法，坚持认为汉儒构造谶纬政治神话，其树立君王正统之目的昭然若揭，而宋儒走“格君心”、“觉民行道”的路线，更有与君主分享意识形态资源的意图，两者区别甚大。虽然在我看来，先生强调儒学政治化的一面，与我之论殊无绝然的对立，但先生所拈出的士人在广义上仍难脱“王者之儒”羁绊的精要之论仍有醍醐灌顶之效。以当代学界为例，现实中各种儒学复兴的表演纷纷登场，表面强调的都是文化伦理的单纯回归，骨子里却几乎无不与政治保持着紧密的互动关系。这与钱穆先生主张儒学乃是有其内在演化理路的思想史研究进路区别了开来。

更为重要的是，先生不遗余力地提携晚辈后学，以宽广的胸怀兼容多样意见，即使弟子的观点与自己的主张出现分歧，仍予最大限度的包容接纳。与先生受教论学，如书院中师生之间坐而论道，切磋辩难，洵洵有古风焉。这才是令弟子终身难以忘怀、时刻铭记在心的求学体验。

先生是中国人民大学清史研究所的开创者，如今清史所已在清代政治史、边疆民族史、秘密社会史、清代思想文化史、历史地理学、历史文献学、清代基层社会史等各个领域不断开拓进取，形成了较强的研究团队，并持续不断地涌现出新的研究成果。今岁正值先生九十大寿，众弟子和清史所同人相互邀约，沿着先生指导的方向，从不同的角度切入撰写文章，对清代历史的各个层面进行探索，以学术研讨的方式向先生致敬。

晋人胡济曾有赋云：“嘉高岗之崇峻兮，临玄谷以远览；仰高丘之崔嵬兮，望清川之澹澹。”愿借此赋衷心祝愿先生治学之风貌精神如清川之水长流不息，继续泽被后学。

弟子杨念群谨识

2016年3月

目 录

清代中央机构演变之大势*

迟云飞**

我国周代行分封之制，诸侯国内政基本自行治理，周王廷职任、机构自无须繁密。秦以后废分封改郡县，实行中央集权，势需庞大之中央官僚机构来处理政务。而以后代有兴革，构成世界上最庞大完密的中央官僚体系之一。

简而言之，依笔者理解，传统中国政府机构的职能主要有二：一为管理职能，维持社会以及官僚机构正常运行，此为现代及古代政府机构都必须具有的职能；二要最大限度维护王朝统治，为此需要大力维持社会稳定。中国自秦汉以来，以后者为主，多数时候，前者要服从后者。

而维系稳定（统治）与高效的社会管理，在传统帝制条件下，实存在一定矛盾。秦以后的中国历史上，承平时代，政权机构尚可维持社会大致正常运转，而当社会矛盾积聚至无法调和，往往以改朝换代的方式解决，而新朝代的机构虽或有所变化，但指导思想仍基本相同。故秦以来历两千年，中央机构设置仍以维护君权维护统治为中心。清朝建立，仍循此种思路建立中央机构并逐渐调整。清季以来，西力东渐，为适应“数千年来未有之变局”（李鸿章语），清廷被迫做出改变，而中央机构体制由维护君权维护统治为主，逐渐向管理社会乃至现代

---

* 本文得到教育部人文社会科学重点研究基地基金资助，项目批准号：12JJD770005。

** 迟云飞，首都师范大学历史学院教授。

国家体制转型，虽然其转型艰难、迟缓。

自努尔哈赤建立后金至清亡，清代中央官制大体经历四个阶段：第一阶段，是努尔哈赤草创时期；第二阶段，自皇太极至雍正，是汉化及定型时期；第三阶段，自雍正至咸丰末，是清代代表性或稳定阶段；第四阶段，自同治迄清亡，是向现代国家体制转型阶段。而前三阶段可笼统称为前期，同治以后可称为后期。

一　清前期的中央机构

清前期中央官制，经由了努尔哈赤的草创，到皇太极时基本完成建政，而入关后到设置军机处算是建立自己的特色。

努尔哈赤建后金，是为草创时代，此时代之中央体制，多显民族及原始特色。当后金初建，其组织结构与中原历代王朝的维护君权体制相去甚远，议政王大臣会议具有相当大的权力，究其实质，为一种贵族联合治理体制。而能运转不懈，战阵取胜，实靠努尔哈赤个人能力和魅力领导。若循此不变，则后金实为一种贵族共治体制，大汗权力类于议长或联盟首领而已。但其后即不断调整，以制度、体制加强君权，而不仅依赖领导者个人魅力，其实质也即汉化，或曰继承历代王朝的君主专制体制。

皇太极即位不久，即于1629年设文馆，及1636年，改文馆为内三院（内国史院、内秘书院、内弘文院）；1631年仿明制设六部，直接在皇太极主导下处理日常政务；1636年设监察性质的都察院。这些机构，往往对满洲贵族权力造成了某种限制。皇太极在位近20年，迄其终，中央机构已有内三院、六部、都察院，除理藩院为自创外，其他均仿效中原王朝。可以说，就中央机构来说，已经大体完成了仿效历代中央王朝建立政权的过程。

入关后，清朝政权的汉化过程持续，并建立自己的特色。所谓自己的特色，一是在继承历代王朝的基础上有所发展，但仍循中国历代王朝发展的轨迹，加强君权；二是在满洲优势的“关外传统”与汉化之间平衡，随着时间的推移，“关外传统”逐渐退却，汉化加深。

这种做法不难理解。入关后，如何统治这样一个庞大的帝国，对于清朝统治者来说，直接采用前朝的架构，然后在此基础上适当变通，乃是顺理成章之举，也是避免引起社会震荡的最好办法——因为无论精英还是民众，都已熟悉并适应前朝的架构，更何况为争取合法性和民心，清初统治者声称清军入关是替明朝讨伐造反者。正因为清朝大量吸收采用明代中央机构架构，故论者多谓“清承明制”。近年学界尤其国外学界多强调清代特色，尤其满洲特色，然不足以否定其“承明制”乃至继承历代王朝体制的趋势。当然，笔者不是完全否认其政权架构具有一定的满洲特色。比如，入关后议政王大臣会议仍然发挥作用，至康熙时代才终于式微。而即使康熙朝以后，满洲权贵的权力还是微妙的问题。保持或加强满洲权贵的权力，一方面可能有利于维护爱新觉罗家族的皇权，因为他们可以共同应付潜在的汉族及其他民族的反抗，维护其共同利益；但另一方面他们的特殊地位也可能削弱皇帝权力，甚至可能威胁君主地位。有清一代，差不多每一位新皇帝继任以后，都会清除若干前朝重臣，而这些重臣多半是满人，有的甚至是亲王，比如康熙擒鳌拜、嘉庆处死和珅、慈禧太后和恭亲王奕䜣政变处置肃顺等八大臣，是史学家熟知的例子。

至雍正、乾隆朝中央与地方体制定型以后，清代中央机构特点最突出者有二，一为军机处，一为满汉复职制。其中军机处即最明显继承发扬历代王朝特点的机构，笔者试略作分析。

自秦汉以来，从设官任职角度观察，影响一代王朝命运的有两件大事，一为给予地方多大权力和如何设立地方机构，此为中央地方关系，不在本文论述范围；一为如何安置相权，此为中央机构或官制最要者。本文专言后者。君主大权独揽，是为中国特色君主地位的保证，但一个人的精力、时间都有限，能力、经验更是不同，君主不可能事必躬亲，所以势需设相或总理日常事务的官职。然而相权若过大，又可能对君权构成威胁。两难之中，明太祖取消丞相，但问题并未解决。明成祖设内阁，以阁臣辅政，初时阁臣仅备顾问，随着时间推移，内阁大学士权力渐重，实际仍相当于相。严嵩与张居正，虽历史评价大异，然曾权倾朝野则同。严嵩老年被削职没收家产，张居正去世后被抄家，进一步显示了“相”与“君”的矛盾。

然而，清代军机处一定程度上解决了这个问题。

军机处于雍正年间设立，乾隆年间定型，一直延续到宣统三年。有关其具体情况，学界研究已多，笔者不再赘述。笔者关注和了解比较多的，主要是道光以后的军机处。总括而言，笔者以为军机处有如下特点：

其一，军机处并无独立决策权，不能独立处理政务，这一点最为重要。军机大臣地位虽然显耀，但只能建言，不能独立做任何决策。说穿了，它只是最高统治者的秘书兼顾问，影响也好，权力也好，必须得到皇帝（或最高统治者，同治、光绪年间是慈禧太后）的首肯或通过皇帝才能发挥作用。

我们观察晚清官方人士的评论，可知清代人对此就是这样认识的。晚清出洋考察政治大臣戴鸿慈和端方指出：“军机处虽有类各国之内阁，然对于上则仅备顾问，对于下则未受责成，考其职权，只略如各国之枢密顾问院耳。”[①] 1906 年官制改革时，一位御史的奏折说得更清楚：“雍正七年青海用兵，以内阁在太和门外，儤直者多虑漏泄事机，

① 《请改定官制以为立宪预备折》，见《端忠敏公奏稿》卷 6，43～68 页，民国年间印行，台北，文海出版社影印本。

始设军机房于隆宗门内。乾隆初，遂名军机处，其大臣例司缮写谕旨，其权一归于上，非内阁比也。内阁之制，在前明有严嵩之奸，张居正之专擅，周延儒、温体仁之邪佞倾国。及至本朝，乾纲自秉，旧染一新，然以圣祖仁皇帝之天亶聪明，犹有鳌拜、明珠、索额图之小作威福。自设军机处，名臣贤相不胜屈指，类皆小心敬慎，奉公守法，其弊不过有庸臣，断不至有权臣。"①

其二，军机处没有附属的行政机构，六部等中央衙门也好，地方各省也好，都不隶属军机处。换句话说，它不能独立向任何机构发号施令。这与历代宰相截然不同。虽然有的军机大臣同时是某部尚书，但是，他只能管他任职部之事，不能直接向别的部发号施令。

其三，各军机大臣基本是分别与皇帝议事，军机大臣虽有资格、地位的不同，但并无正副之分，皇帝决策的时候，可以采纳此大臣的意见，也可采纳彼大臣的意见，也可以所有军机大臣的意见都不采纳。

其四，军机大臣并无固定名额，任职大臣也不固定，去留全凭君主好恶。关于三、四两点，晚清御史胡思敬即曾说过："军机处不设定员，同堂议事，无论官职崇卑，不相统摄。"②

其五，军机处办事确有效率。凡政事，军机大臣与皇帝议定之后，立即发出谕旨施行，能够最大限度贯彻最高统治者的意旨，又不致类似相权坐大的事情发生。

笔者接下来要强调的是，军机处是明代废相设内阁加强君权趋势的发展。

明代内阁已显露了清代军机处的若干特点，而清代军机处则是明代内阁的发展。我们试作比较：

---

① 《御史张瑞荫奏军机处关系君权不可裁并折》，见《清末筹备立宪档案史料》，429～430页，北京，中华书局，1979。

② 《吏部主事胡思敬陈言不可轻易改革官制呈》，见《清末筹备立宪档案史料》，431～436页。

其一，明代处理日常政务的六部不属于内阁，而起着与内阁相抗衡的作用，与前代的相根本不同。清末有官员评论："前明洪武时，胡惟庸以诛败，遂废丞相府，置内阁以掌机务，承旨而已，施行之权则分寄于六部，所以杜专政之渐也，我朝因之。"[①] 军机处与此十分相似。

其二，明代内阁任职人员不固定，清军机处略同。

其三，明代内阁阁臣有所谓"票拟"的职责，清代军机大臣，也常可代皇帝起草谕旨。但是，明代内阁起草谕旨，是在皇帝阅看奏章和做出决策之前，而清代军机大臣起草谕旨，是皇帝已阅奏章并做出决策之后。虽然都必须经君主决定才能发出，但谕旨起草的一先一后表明，清代军机处对决策的影响、权力显然比明代内阁更小，或者说，军机处是明代内阁的发展。

可以说，又要辅助皇帝处理政务，又不能给予其过多权力，正是从明内阁到清军机处发展的关键所在。清代虽有内阁，却与明内阁不同，而清代军机处却与明内阁相近。

所以，笔者认为，军机处是历代皇权相权矛盾、皇权压制相权趋势的发展结果，并有效地解决了皇权相权的矛盾。以六部处理日常政务，皇帝与军机处处理突发和重大事件，既不用设相，又解决了皇帝一人精力不能处理所有政务的问题。

从整个世界的格局说，自从 17 世纪英国资产阶级革命之后，西方各国大体向着限制或规范王权的方向发展，而同时期的中国，却仍沿着与西方恰恰相反的加强皇权的道路演进，直到鸦片战争发生以后。

清前期中央机构还有一个重要问题是满汉复职制。这一制度的实行自然是保证征服民族的特权，特别是满洲贵族的特权，因此给中央

---

① 《御史赵炳麟奏新编官制权归内阁流弊太多折》，见《清末筹备立宪档案史料》，426 页。

机构的运作带来浓厚的征服民族色彩，也与前所述汉化趋势构成一定矛盾。但这一问题属于官员任用，不属于机构设置，笔者这里就不多谈了。

二　西力东渐以后中央机构的初步变动

如果说，清代前期中央机构的演变主要是按中国历史的逻辑运行的，即如何实现巩固皇权与有效治理国家的平衡，那么列强以坚船利炮打开中国大门以后，尤其是英法联军侵华之役以后，则在相当程度上是在西力东渐的压力下，不得不做出的改变，即适应世界潮流和在新的形势下有效治理国家，并在“数千年来未有之变局”中求存。变革的方向，自然是仿效国力强盛的西方国家，然而，最初中国的仿效或变革，在中央机构的设置上，不是规范或限制皇权，而是趋向增加执行现代管理职能的机构，减少直至取消那些臃肿繁冗无用的机构。

1900 年以前，变化最明显的，莫过于总理衙门的设立。西方各国政府无不设有外交部或类似机构，办理与其他国家交往的事务。但是长期以来，清廷坚持传统的天朝—四夷理念，凡来华者都属蛮夷戎狄，都是来朝拜圣朝天子的，不作为对等国家，因此没有一个办理外交的正式机构。外国使节来，有的由礼部接待，有的由理藩院接待，有的由鸿胪寺接待。而鸦片战争前，两广总督常常直接办理外交交涉。按理说，鸦片战争后，清政府已经明白英国是一个远方的强国，远非过去的蛮夷戎狄可比，应该调整心态，进而调整机构，以便在最大限度维护国家利益的条件下与英、法、美等列强相处。然而，天朝上国的意识依然统治国人特别是统治者的头脑，不想甚至不屑于去了解遥远的“英夷”。直到 1860 年英法联军侵华，京师被占，“天子蒙尘”，不得已允诺列强使馆驻京，并设立总理衙门。

按理说，总理衙门应是专门外交机构，但是这外交机构来得实在有些勉强。一是临时，当时奕䜣等请设总理衙门的奏折即称："俟军务肃清，外国事务较简，即行裁撤，仍归军机处办理，以符旧制。"① 二是分工不专，不是今人眼中专门的外交部，在外交、通商事务外，举凡与外洋有关事情，如新式学校、工厂等，皆归其管辖。三是其组织机构大体仿效军机处，内部机构设置和人员安排并没有体现科层制的原则。

但是，总理衙门对传统中央官制也造成了一定的冲击。

其一，总理衙门的设立，分割了军机处的一些权力，还分割了原来礼部等机构的事务。

其二，如前所述，总理衙门管理的事务十分宽泛，某种意义上，总理衙门等于在六部之外设了一个"新政部"，尽管这个"新政部"权力并不充分。

其三，尽管内部机构没有科层化，但还是分股治事，如有英国股、法国股、俄国股、美国股，另有海防股、司务厅、清档房、电报处等。这与军机处又不同，有向科层化方向发展的趋势。

其四，因为要与洋人交往，不得不任用一些知晓外情甚至懂外语的新人，尤其是驻外使领人员的选择，这与以往的选官无论"正途"、"非正途"都不同。

甲午战败之后，更多开新人士认为传统中央机构不适合新的列国竞争的时代，进一步要求改革中央机构。

康有为等人曾多次提出改革官制的要求和建议，其中最切要的是

① 奕䜣等：《请设总理衙门等事酌拟章程六条折》（1861），见《筹办夷务始末》（咸丰朝），卷71，台北，文海出版社影印本。

开设议院，也提及三权分立。不过，康有为及其他支持维新改革的官员们主张的开议院，与西方具有立法权的议院相差甚远，多半属于在皇帝领导下的咨询性质的机构。① 即使如此，也遭到守旧人士的强烈反对。及至发现光绪帝可以支持变法，康有为收回了开议院的建议，改为主张开设制度局。

百日维新中，官制的改革是最大的难点，因为改革会触动太多的人的切身利益，直接关系改革的成败，而改革的实施也确实造成重重矛盾。在中央机构的改革方面，光绪帝能做到的是，设矿务铁路总局、农工商总局，裁撤机构重叠冗官多的詹事府、通政司、光禄寺、鸿胪寺、太仆寺、大理寺。而康有为主张的制度局，始终未能开设。由于百日维新的失败，光绪帝的维新谕旨被废止，一切又恢复了原样。

迄 1900 年，虽距鸦片战争被迫开关已近 60 年，虽李鸿章等督抚在地方上已设立诸多新机构，但中央层面，只一个总理衙门。

三　清代最后十年中央机构的演变

但是，外患仍在，“变局”持续，变革不会因为百日维新失败而就此停止。庚子事变，对清廷造成更大冲击。包括慈禧太后在内，统治阶层乃至社会精英终于明白，闭关锁国已不可能，欲求自存，必须做出改变，跟上世界发展潮流。1901 年 1 月 29 日，清廷下诏变法，开启了其存在最后十年的新政改革。

传统的国家机构往往是守成型的，即只要能够有效维护统治，不需要做出改变；但是晚清以后的形势，却要求国家机构是进取型的，能够推动社会转型，甚至有效进行社会动员以应付外来的挑战。我们

① 参见拙著《清末预备立宪研究》，28～32 页，北京，中国社会科学出版社，2013。

观察，晚清最后十年，中国终于开始了自秦以来的大变革，即开始向现代国家体制转型。这便是中央机构变革的实质。而这十年改革仿效的对象，不仅有西方，更有新兴的东方强国日本，尤其是1905年日俄战争以后，仿效日本的倾向更加明显。但是，中国传统专制主义影响极其深厚，再加上清廷要维持满洲权贵的特权和利益，使这种改革和仿效常常走样，并且是犹犹豫豫，一步三回头，导致社会强烈不满，并加速了清朝灭亡。

此十年的变革，分为两个阶段。第一阶段自1901年至1905年，变革动力来自庚子事变的冲击。

1901年，清廷设立外务部，是为庚子事变后设立的第一个新部。

外务部由总理衙门脱胎而来，自然承续了总理衙门许多问题，如不够专业化。外务部成立时，原归总理衙门管辖的铁路、矿物、电线、制造、船政等本非外交事务，仍归外务部管辖。关于人员的任用，仍有许多不懂外交的官员在部中任职。但与总理衙门比，外务部的确向现代行政体制又进了一步。第一，外务部分工更为细致，内部机构设置趋向更加合理；并设立了尚书、侍郎之下，各司之上的丞、参职务，比总理衙门向科层制原则前进了一步。第二，改变满汉复职制。本来列强最初提出设外务部要求时，其设想还是照原六部的满汉复职模式设两尚书四侍郎，但清廷正式任命官员时，则只一尚书两侍郎，不再分满汉，即在这个新部取消一直以来的满汉复职。不管这个决定是如何做出的，它反映清廷有改变不合时宜的制度的意愿。设外务部，加上开始举办新政并设督办政务处，意味着清廷彻底放弃了天朝上国的对外思路，准备融入世界发展的潮流。

外务部算是晚清新政时期中央机构变革的开端。随后几年，清廷又设立商部（1903）、巡警部（1905）、学部（1905）。与此同时逐渐裁撤詹事府、通政司等冗杂机构。如果说外务部的设立尚出于列强在

《辛丑条约》的要求，那么商部等的设立，则完全出于清廷自主。而这几个部的内部机构设置和人员任用，也进一步倾向科层制原则，愈趋现代化。如学部仿日本文部省设五司十二科，五司为总务司、专门司、普通司（包括师范教育、中等教育、小学教育）、实业司、会计司，各司均有其专管业务，普通、实业、专门三类学务分部门专管，分工更趋合理。① 新部尚书、侍郎之下，均仿外务部设丞、参，而尚书、侍郎也不分满汉。这些机构的设立和内部机构的设置，反映了近代中国历史变动的大趋势，也即是中央机构变动的大趋势。

第二阶段自1906年至1911年，这一阶段的中央机构改革是在预备立宪的总体背景下进行的。变革动力主要是日俄战争的刺激，变革的力度更大。如果说前一阶段的中央机构变动主要是增设社会变革所需的新部，那么后一阶段的变革则彻底打破了原来的中央机构格局。

1906年11月，作为预备立宪的重要措施，清廷进行了中央官制改革。此次改革，变动较大的为如下几个方面：一是彻底打破传统吏户礼兵刑工六部体制。共设十一部再加一院（大理院）；新设了邮传部，商部改为农工商部，巡警部改为民政部。把原外务部管理的不属于外交的事务划分出来。二是各部之间权责较以前明确。三是司法、行政与审判初步分开，设法部专管司法、行政，设大理院负责审判并作为最高审判机构。四是取消满汉复职制。如前所述，从外务部开始，只设一尚书两侍郎，不再分满汉。以后设立的商部、巡警部、学部都采用了这个模式，但1906年之前还不能算“法定”的。直到1906年宣布中央官制改革，慈禧太后直接发布的懿旨中明确：“除外务部堂官员缺照旧外，各部堂官均设尚书一员、侍郎二员，不分满汉。”② 由此

① 参见舒新城编：《中国近代教育史资料》上册，273～278页，北京，人民教育出版社，1981。有关学部情况，参见关晓红：《晚清学部研究》，广州，广东教育出版社，2000。

② 《清末筹备立宪档案史料》，471～472页。

清代运行两百年的满汉复职制被正式取消。

但是，清代最有特点的中央机构，也是权力中枢军机处没有变。清廷一方面致力强国的改革，一方面又常常犹豫不前。犹豫不前的原因主要有二：一为权力利益，特别是爱新觉罗氏的皇位；一为保守观念。有此两者，再加上满汉关系问题，更使改革显得矛盾重重。正是在这种情况下，1906 年中央官制改革时，发生了非常激烈的争论，最终裁军机处设责任内阁的方案被慈禧太后断然否决。

1911 年，清廷再次进行中央官制改革，设立责任内阁，军机处终被裁撤。

自 1901 年新政开始，清廷即设立政务处。政务处与军机大臣不同。军机大臣办理政务，总是与皇帝一起讨论出结果，皇帝决策后发布谕旨，所以理论上军机大臣只是皇帝的顾问甚至秘书。而政务处却是讨论出初步意见再奏报皇帝，由皇帝（实际为慈禧太后）作出决策。因此政务处多少带点现代责任内阁的味道。清廷决定“仿行宪政”后，设宪政编查馆（初为考察政治馆），其运作模式也与政务处大略相同。但若真设责任内阁，清廷则顾虑君权旁落，甚至危及爱新觉罗家族的统治。这便是 1906 年中央官制改革时慈禧太后否决责任内阁制的原因。直至 1910 年底，在立宪派的第三次国会请愿中，十八位总督、将军、巡抚、都统联衔电奏请速设责任内阁、速开国会，设责任内阁的问题才又提上日程。

1911 年 5 月 8 日，清廷公布《内阁官制》，规定内阁成员包括内阁总理大臣 1 人，协理大臣 1～2 人，以及外务、民政、度支、学务、陆军、海军、司法、农工商、邮传、理藩各部大臣各 1 人。在这次官制改革中，1906 年保留的传统六部中的礼部、吏部被彻底取消。

裁撤军机处，设责任内阁，是有清一代中央官制的又一大变革，也是秦以来中央机构变动的大事。名义上，这次变革彻底颠覆了传统中国的中央行政体制。宪政编查馆在关于内阁官制的奏折中说:“总理大臣责任重在确定方针,统一政权。”又强调行政的统一:“今内阁之制,萃一国行政大臣于一署,分之则各专所职,合之则共秉国钧,可否于以协商,功罪于以共负,无隔阂,无诿卸,无牵掣,而皆以利国利民为归。”内阁官制规定,总理大臣“为国务大臣之领袖,秉承宸谟,定政治之方针,保持行政之统一”。关于总理大臣的权限,官制中规定:“内阁总理大臣,于各部大臣之命令或其处分,视为实有妨碍者,得暂令停止,奏请圣裁。”“内阁总理大臣就所管事务,对于各省长官及各藩属长官,得发训示。”《内阁办事暂行章程》中规定:“各省将军督抚,除请安请训,及奉特旨召见外,其于国务有所陈述者,应先商明内阁总理大臣、协理大臣或主管各该部大臣,会同入对。”①

但是,《内阁官制》及《内阁办事暂行章程》还有这样几个特点:

其一,内阁对君主负责,内阁总理由君主任命。内阁制最重要的一条,是内阁如何产生,内阁对国会负责还是对君主负责。总理由国会产生并对国会负责,则阁制近于英;总理由君主任命并对君主负责,则近于当时的德、日。宪政编查馆在上奏内阁官制的奏折中,已直接说明内阁官制仿日、德两国,“国务大臣责任所负,自当用对于君上主义,任免进退皆在朝廷,方符君主立宪宗旨,议院有弹劾之权,而不得干黜陟之柄”。《内阁办事暂行章程》中更明确规定内阁总理由特旨简任。

其二,内阁总理权限较德、日更小。如果说第一方面的规定还算是个内阁的话,接下去的规定,就显得这责任内阁不像是责任内阁了,即便是与日本、德国的内阁比也相差甚远。一般来说,即便是在所谓二元君主制的国家,内阁总理的权限也是相当大的。国务大臣由内阁

① 均见宪政编查馆编:《政治官报》第1264号,宣统三年四月十一日。下未注者均同此。

总理提名，由君主批准；在一般情况下，内阁可以独立处理政务，而不必事事请示君主，否则就不叫责任内阁了。

然而，按照《内阁办事暂行章程》中的规定，在总理大臣之下设协理大臣，这已经不伦不类。而且，协理大臣和各部大臣都不是出于总理大臣的提名，而是由皇帝特旨简任。不仅如此，《内阁办事暂行章程》又规定，内阁总理大臣、协理大臣须“每日入对”。按这一规定，内阁很难独立处理政务。虽然在内阁官制中有内阁总理大臣“为国务大臣之领袖，秉承宸谟，定政治之方针，保持行政之统一”的规定，但恐怕没有君主的准许，内阁什么大事也办不成。

其三，仿效日本，陆海军独立于内阁之外，直接受皇帝指挥。章程第十四条规定：“关系军机军令事件，除特旨交阁议外，由陆军大臣、海军大臣自行具奏，承旨办理后，报告于内阁总理大臣。”

然而，1911 年中央官制改革最大的问题还不是机构设置，而是人员任用。少壮亲贵和老官僚包揽了所有重要职务，没有向社会开放政权，故社会各界强烈不满，直称之为“皇族内阁”。此问题学界早已指出，不赘述。

不过，如果就此认定 1911 年的官制改革毫无意义，也不尽然。“皇族内阁”尽管显示出清廷的犹豫和不愿分割权力，但还是显示了自总理衙门设立以来历史发展的趋势。那就是改变自己，在世界潮流中自存，向现代国家体制转换。制度的施行，在于各方的博弈。在任何国家，现代行政体制都有一个逐渐成形的过程，清末亦然。武昌起义爆发后，清廷就被迫解散“皇族内阁”，成立以袁世凯为总理大臣的“责任内阁”，只不过随着清朝很快覆亡，这一届“责任内阁”也就成为绝响。

总括 1901 年至 1911 年的中央官制变化，有如下趋势：

其一，按现代国家的实际需要设置机构，逐步取消或精简那些互相牵制、叠床架屋、办起事来却又效率极低的机构。

其二，任职人员专业化，是晚清中央机构变化的一个趋势，虽然这种变化仍不充分。

以外务部为例，此部初设时有三位主官，总理大臣奕劻、会办大臣王文韶、会办大臣兼尚书瞿鸿禨。王文韶和瞿鸿禨并无多少外交经历和经验，不过外务部总理大臣庆亲王奕劻却任总理衙门大臣多年，又与李鸿章主持义和团八国联军事变的谈判，在清政府高官中，外交经历和经验算是比较多的。1903 年，那桐取代王文韶任会办大臣，那桐曾到日本为“道歉专使”，然后任外务部侍郎，也算有一定外交经验。瞿鸿禨于 1907 年“丁未政潮”去职，吕海寰、袁世凯短期任尚书后，梁敦彦任尚书。梁敦彦为早期留美幼童之一，英语流利，所任职务多与外交有关，算是比前述诸人更为专业的外交人员。1910 年梁敦彦因病离职，接替他的邹嘉来也是长期任职总理衙门和外务部。更为明显的是，在外务部以及后来设立的新部中，丞、参一级的官员往往较尚、侍级别的高官更为专业化；而随着时间的推移，低级官员的专业化程度更是不断提高，不少留学生和新学堂出身具有现代知识的新人进入官员队伍。

其三，各机构内部科层化。

其四，法制化。

在预备立宪过程中，法制化的倾向明显，尽管仍有各种各样的问题。譬如 1908 年颁布的《钦定宪法大纲》，学界早已指出其保守性。但在中国历史上，从未有何法律对君主权力作出规定，无论它应该拥有什么权力或没有什么权力，因为无论国家、人民（实为臣民）、土地，皆属君主。以宪法规范君主权力，《钦定宪法大纲》实为中国历史上之破天荒。法制化的另一个明显措施，是司法“独立”，即将审判与司法、行政分离。虽然司法、审判可能仍会遭到行政官员的干预甚至直接指挥，但将审判与司法、行政分开，尤其是地方和基层两者的分离，仍意味着巨大的变化。

某种意义上，晚清最后十年中央机构的变革是革命性的，但传统仍发挥影响，中国历史的惯性思维仍然发挥作用，再加上统治者的利益所在，所以清廷仍然忘不了皇权，准确说是不愿放弃传统意义上集各种权力于一身的皇权，或曰专制皇权。

先说督办政务处，这个号称新政总汇的机构成立于1901年4月。如果按照我们当今的思维，督办政务处应该是个直接办理新政的机关。但是，政务处实际是"议"新政而不是"办"新政的机构。清廷成立督办政务处时就说："各该王大臣等，于一切因革事宜，务当和衷商榷，悉心评议，次第奏闻，俟朕上禀慈谟，随时更定。"① 新政的决策，牢牢掌握在最高统治者的手中。比较一下维新运动中康有为关于制度局的设计就可以明了政务处的特点。而1911年的责任内阁，同样体现了维护皇权的思路，前文已指出，不再赘述。

写到这里，我们可以给晚清最后十年中央机构的变革下一个结论：发生了革命性的变革，但这种变革又不彻底。维持专制皇权与中央机构现代化的变革构成了无法解决的矛盾，清政府无法解开这个死结。

四　小结

清代前期的中央机构，既在承续历代的基础上发展，又有一定的少数民族入主中原带来的特色。用我们现在的眼光观察，它既叠床架

---

① 《光绪宣统两朝上谕档》第27册，光绪二十七年三月初三日，49～50页，桂林，广西师范大学出版社，1996。

屋、重复牵掣，一些社会管理的功能却又缺失。鸦片战争以来，政府必须承担整合社会、与列强竞争图存的责任，但是清政府却没有及时进行全面有效的体制转换，以致跟不上时代步伐。晚清以来，中国多次被动挨打，与体制转换的迟滞、政府运转不灵，皆有关系。及至20世纪之初，清廷方汲汲于官制的变革，但已错过最佳时机，对于清廷运命来说，已是无力回天。虽然如此，清王朝存在的最后几年，还是进行了自秦以来最大最深刻的中央机构变动，彻底改变六部架构，设置责任内阁，即便这责任内阁有种种问题并遭人诟病，但还是彻底改变了中央机构的格局。尽管清朝很快灭亡，但这种变革的趋势却为其后民国政府继承下来，即在一步三回头的前进中，放弃传统架构，向现代国家体制转型，使国家逐渐融入世界发展的潮流。

清代内管领的概念与组织含义辨析

祁美琴*

在清史与满族史研究领域，学术界在八旗制度、旗人生活、旗民关系以及与满族形成有关的问题等方面，均取得了很大的进展，但是在旗人内部的社会分层、组织管理、身份地位等方面，仍有需要深化研究的课题。本文所关注的内管领，就是一个长期未引起学界重视的问题。专门以内管领或内管领人为研究对象的成果寥寥，大多数涉及内管领的研究，是在内务府和辛者库的研究成果中，作为陪衬或附带的问题被关注的。尽管如此，已有的研究结论对内管领组织的认识却存在很大的分歧，具体而言，目前至少有三个问题值得重视：一是内佐领与内管领的关系，定宜庄即指出“佐领与管领的区别，是学界较少涉及并多有误解的一个问题”，认为以往将管领“浑托和”解释为“半个佐领”忽视了佐领与管领的差别①；二是关于内管领与辛者库的关系，形成两种截然不同的意见，一种认为两者是一个组织的两种称呼，如杜家骥②、定宜庄等，一种认为两者既有联系又有区别，辛者库只是内管领

* 祁美琴，中国人民大学清史研究所教授。

① 参见定宜庄等：《辽东移民中的旗人社会》，29 页以及 30 页下注释①，上海，上海社会科学院出版社，2004。

② 参见杜家骥：《清代八旗管领与“辛者库”问题》，见支运亭主编：《八旗制度与满族文化》，沈阳，辽宁民族出版社，2002。

的一部分，如傅克东①、赖慧敏②等；三是作为组织的内管领与作为职官的内管领之间的分辨问题，如定宜庄和赖慧敏在讨论中都提到了内管领数额的官书规定与实际存在的矛盾，这实际上反映的是内管领的组织机构与职官设置的关系问题。有鉴于此，本文将首先就内管领的词源、组织及演化等问题进行辨析，以期对解决上述问题有所裨益。

内管领认识上的混淆和差异，主要与内管领称谓的出现有关，而内管领称谓的出现又与满汉名称的转变密不可分。内管领是内务府管领的简称，是相对下五旗包衣管领而产生的一个称谓。管领是满文 hontoho（音译浑托和）和 booi da（音译包衣大）的汉文名称。从词义本身看，管领与内管领并无实质区别，但从词源来看，管领或内管领不仅复合了 hontoho 和 booi da 两个不同语义的概念，而且就是它们本身在使用过程中，也蕴涵着不同的历史意义。

一　从 hontoho（浑托和）到管领

满文 hontoho 的词义，今人辞书中一般列为三种：(1) 管领；(2) 科；(3) 半个。从三种含义的关系分析，“管领”与“科”均有部门、机构含义，性质接近。目前学界多取其“半个”之意，故认为 hontoho 就是半个佐领。也就是说，hontoho 意义上的管领，是相对于佐领的一个组织概念。这一解释也有史实支撑。

从“浑托和”一词在清初的使用来看，其含义分别有三种情况：一是作为世职衔名的“浑托和牛录章京”。这是入关前八旗中世职的最小单位，又称半个前程，或浑托和前程。入关前档案记载，曾任工部

---

① 参见傅克东：《从内佐领和管领谈到清代辛者库人》，载《清史研究通讯》，1986（3）。

② 参见赖惠敏：《铁杆庄稼？清末内务府辛者库人的家户与生计》，载（台湾）《“中央研究院”近代史研究所集刊》，2002（38）。

参政的星讷，原本就是浑托和牛录章京，后获奖叙，再增浑托和牛录章京，升为三等甲喇章京；汉译者注："浑托和，汉义为半、半个。浑托和牛录章京，即半个牛录章京，也称半个前程，是世职中最小的单位。"[①] 二是作为职官的"浑托和牛录章京"，如崇德三年七月二十三日，给牛录章京朱玛喇加浑托和前程，授闲散无职的孟格、图球为浑托和牛录章京，而将济布舒由浑托和牛录章京升为牛录章京。[②] 三是作为牛录章京下级单位的浑托和牛录章京，如崇德三年七月，正白旗"雅布喀牛录下浑托和牛录章京多索里"，因与其伯母通奸，被革职。[③] 又如顺治七年七月十五日，镶黄旗包衣硕色牛录下即分为不同的浑托和（汉译文中称管领）：

> 巴音贝勒旗牛录章京硕色首告：我管领下延图之女未经我准，被其伯父杨孙嫁给另一管领下哈世屯弟之子诺惠侍卫等语告部。讯哈世屯，供曰：因硕色前往牧场，虽为另一管领，然为同一牛录，何必等候，亦未缮文报部，娶之是实。……将此由部审理得：硕色虽往牧场，然既娶其他管领下之女，理应经硕色准许。杨孙、哈世屯之语可信。因未经牛录章京，擅自嫁女，杨孙罚以应得之鞭；哈世屯未经告部，未经硕色，只因在同一牛录，便急忙娶回，故罚哈世屯银五十两；将该女分出，交予户部。[④]

这段史料涉及学界对佐领和管领的关系如何认识的问题。庄吉发先生认为浑托和之称可能是自"浑托和牛录"（hontoho niru）简称而

---

① 《崇德三年满文档案译编》，季永海、刘景宪译，25页，沈阳，辽沈书社，1988；《清史稿》卷241，《阿哈尼堪附星讷》。

② 参见《崇德三年满文档案译编》，154页。

③ 参见上书，149页。

④ 《清初内国史院满文档案译编》（下），91页，顺治七年七月十五日，北京，光明日报出版社，1989。

来，原意是“半个佐领”。换句话说，以入关前每牛录（佐领）300人计，管领可能以150个人为组成单位。不过，陈国栋对此观点提出异议：

> “管领”虽然原有“半个佐领”（浑托和牛录）的意思，可是它不是佐领的畸零，而与佐领同为包衣参领的基本单位。佐领与管领的不同，如前所述，主要是其成员的渊源不同，同时其组成的人数可能也不一样。所以并不发生两个管领合并为一个佐领的事情。上三旗的管领由于属于内廷，所以称为“内管领”。①

笔者原则上赞同陈氏有关管领与佐领关系的认识。管领编立后，发挥一级组织的功能，具有稳定性。我们看到在上三旗中，各旗包含10个管领，最晚的编设时间为康熙三十四年。此后这些管领无论是职官的遴选原则还是存在的状态，和其他包衣佐领并无明显区别。有关的情况表明，“浑托和”的“半个牛录”之意，虽有区分两者人员规模和组织级别的意义，但更重要的应是组织分工和部门属性的差异。

不过，两者之间的大小、转换也不是不存在的。“管领”（浑托和）的编立标准，可以从乾隆四十年土尔扈特部众编旗设佐的情况中得到证明。其时规定：在年15岁以上的丁口中，满100人以上，150人以下，编一佐；未及100人者，编一管领。② 日本学者铃木真在考察雍正帝藩邸旧人时，曾利用了一份满文档案，内记雍邸所属包衣佐领二，共有壮丁486人，其一为雍正帝乳母与妃一族所属。记“包衣浑托和”有四，所属壮丁313人。③ 这说明“管领”的人数规模的确不及佐领

---

① 陈国栋：《清代内务府包衣三旗人员的分类及其旗下组织——兼论一些有关包衣的问题》，载《食货》，1982（9）。

② 参见《清高宗实录》卷983，乾隆四十年五月壬戌。

③ 参见铃木真：《关于镶白旗和硕雍亲王雍禛与藩邸旧人》，见阎崇年主编：《满学研究》第七辑，北京，民族出版社，2002。

的一半。而当佐领人数减少时，这种从佐领改为管领的情况也是存在的。雍正元年，和硕廉亲王的舅舅抬旗时，因该佐领人员不足一佐领，都统马尔萨奏请按管领编制，“奉朱批：著为管领世管。补噶达浑为佐领”，“现噶达浑既按管领编制，俱应减半”①。

将 hontoho 释义为“科”，笔者看到的用法如 abka šu i hontoho (天文科)，这应该是清入关后才可能出现的用法，但“科”的本义有部门分类、行业分工的意义。这又与清初最权威的辞书康熙朝《御制清文鉴》中的解释有相合之处。该辞书的释义是：booi da i kadalahangge be hontoho sembi. geli sin jeku jetere haha sembi。汉译：把包衣大管辖的称为浑托和，又称食辛者库口粮的奴仆。② 从这个释义看，hontoho 指代的重点并非其组织特性，而是群体特征。不过，若再看乾隆朝《御制增订清文鉴》的“管领”释义：hontoho de kadalabuha i bele jaterengge be sin jeku jetere aha sembi。汉译：把管辖于浑托和之下，食按口给米者，称作食金斗粮的奴仆。③ 又说明当“管领”称谓出现后，hontoho 的组织性特征是明确的。

目前学界在论述“浑托和”时所依据的史料主要有两种，即宗室奕赓《寄楮备谈》和福格《听雨丛谈》。前者谓：“半个佐领，今名浑托和，汉语为管领。”后者记载：“内三旗管领，初谓之浑托和。”对于这些记载，既不能采取虚无主义的态度，也不能照搬全信。这里需要注意的是对于浑托和与管领关系的解释，前者的意思是 hontoho 即半个佐领，今天满语称其为“浑托和”，两个名称只是满汉的差异；后者的意思则是原名与今名的不同。为何生活年代几乎相同的奕赓和福格(嘉道时期)，却有如此不同的记述。相比较而言，福格的说法更为准

① 《雍正朝满文朱批奏折全译》上册，32 页，合肥，黄山书社，1998。

② 参见康熙朝《御制清文鉴》第二册。

③ 参见乾隆朝《御制增订清文鉴》卷 3，《旗分佐领类》。

确。如上所述，“浑托和”之称早在入关前就已出现，据《满文老档》记载，天命六年闰二月，当时博尔晋、达尔汉侍卫之下已各设有一个浑托和。且当时的浑托和并非包衣组织专属，而是牛录组织的一种。如正黄旗第四参领第一佐领，国初曾经是雅虎所管牛录“分为二浑托和”之一，后因人丁滋盛，改为牛录。[①] 所以浑托和在清初时不只存在于包衣下，更与“今古”名无关，始终是满文音译的写法。

总之，无论是“半个”还是“科”，hontoho 既指被包衣大所管理的群体，也指这一群体所隶属的组织，这才是其本意。[②] 浑托和是满文 hontoho 的汉文译音，管领是雍正以后出现的 hontoho 的汉文名称。

二　从 booi da（包衣大）到管领

满文 booi da 的词义，清代辞书均记为管领或内管领，但这个解释等于没有解释，因为两者只是满汉之称的差别，而不是词义上的说明。清代包衣一词虽然是一个广泛使用的词汇，但在辞书中却没有解释，所以对 booi da 的理解也只能顾名思义，也就是管理包衣之长，为职官称谓，即 hontoho 的管理者。

正如同包衣组织的出现无法确定在哪一年一样，管理包衣的头目“包衣大”的追根溯源，也只能是推断。在《八旗通志初集》中，“包衣大”职称多出现在“正黄旗”和“镶白旗”，在其他旗则少有。根据学界对八旗旗主的研究，清代的正黄旗，由皇太极的正白旗改易，而皇太极的正白旗又源于褚英的白旗。清代镶白旗，由努尔哈赤的正黄

---

① 参见《钦定八旗通志》卷5。

② 在孙文良主编的《满族大辞典》中，“浑托和”词条谓：“满语，指满族八旗包衣牛录中由包衣头目（包衣大、包衣长）所率领的军队。”（《满族大辞典》，561页，沈阳，辽宁大学出版社，1990）不知编者的依据是什么。

旗改易。这一现象是否说明“包衣大”实际上最初可能只存在于努尔哈赤与褚英的领属之下，仍有待考证。而该书在记载镶红旗包衣第三参领第一佐领、包衣第四参领第五佐领下第五分管时，有“谨案”，谓“此佐领随贝勒褚英分封时立”、“此分管系随贝勒褚英设立”[①]，则反映了褚英的“包衣组织”编立的原因和时间，也说明此镶红旗的包衣一佐领、一分管来自褚英的白旗。

目前所见入关前史料中，初次出现“包衣大”之称是在皇太极时期。如崇德三年四月，岳托贝勒两福晋不和，包衣大准布禄、萨木哈图庇护大福晋，各鞭八十。[②] 又记载崇德八年八月，在刚刚完成对皇太极的初次大祭后，即发生了“遗匿名帖”事，“谋陷固山额真谭泰者，为公塔瞻[③]母家高丽妇人所得，言于包衣大达哈纳。达哈纳以告伊主公塔瞻及固山额真谭泰。谭泰、塔瞻因启诸王。王等令送法司质讯。及讯高丽妇人，云帖乃宗室巴布海家太监所与，于是巴布海夫妇及其子阿喀喇，坐造匿名帖陷害谭泰，皆弃市……籍没巴布海家，一半入官，一半给固山额真谭泰”[④]。此处出现的包衣大准布禄、达哈纳，其主分别是贝勒岳托和公塔瞻，说明当时努尔哈赤诸子均有独立的浑托和组织及其首领包衣大。

顺治十七年在八旗官职名称实行满汉两种表述规定的文件中，并

---

① 《钦定八旗通志》卷13。褚英万历三十五年封广略贝勒，万历四十三年在被圈禁两年后处死，时年36岁。

② 参见《清太宗实录》卷41，崇德三年四月。

③ 塔瞻，扬古利子。巴布海，努尔哈赤第十一子，是扬古利女婿。扬古利（1572—1637），舒穆禄氏，世居珲春，隶满洲正黄旗。清初将领。父郎柱，为库尔喀部长，率先附太祖，时通往来，太祖遇之厚，命扬古利入侍。郎柱为部人所戕，其妻襁负幼子纳穆泰于背，属鞬佩刀，左右射，夺门出，以其族来归。部人寻亦附太祖。扬古利手刃杀父者，割耳鼻生啖之，时年甫十四，太祖深异焉。日见信任，妻以女，号为“额驸”。皇太极去世后，图尔格、索尼、图赖、锡翰、巩阿岱、鳌拜、谭泰、塔瞻等朝廷重臣，主张拥立豪格继承大位，相继造访肃王府，表示拥戴肃王为君。巴布海被处死应与当时的宫廷斗争有关。

④ 《清世祖实录》卷1，崇德八年八月甲申。

未涉及“包衣大”的名称问题，从目前的史料看，整个顺治、康熙年间包衣组织“浑托和”之长的包衣大称谓一直在使用。如实录记载：康熙三十五年十一月，康熙帝威胁噶尔丹使者格垒沽英，要噶尔丹限期来降，“否则朕必往讨”。可是就在这谈话的关键时刻，包衣大达都虎来报：御用米粮将尽矣。无意中泄露了清军窘境，康熙帝遂怒斥达都虎之言是摇惑众心，可斩也。[1] 康熙五十年十月，为皇太子援结朋党事，又将包衣大张伯良缚出，令其在副都统内认看，揪出副都统悟礼。[2]

总之，直到康熙朝终，未见有管领之称。所以改包衣大汉名为管领之事，应该在雍正即位以后。陈国栋认为管领（或内管领）代替“包衣大”之称，是在雍正三年与乾隆九年中间二十年内发生的。

> 只要比较《八旗通志初集》与《钦定八旗通志》“旗分志”正黄旗包衣管领各条便可得知。因为二书记载分别止于雍正十三年（1735）及乾隆六十年（1795）。而以“管领”的称呼代替“包衣大”，正好是出现在《钦定八旗通志》新增部分的记载上。举例来说：正黄旗第一参领第三管领之管理者“武士宜升任内务府总管，以包衣大清泰管理。清泰故，以管领德昌管理”。武士宜即五十一，魏氏，清泰之父，高宗孝仪纯皇后之祖，他于雍正三年十一月受命为内务府总管。清泰在乾隆九年（1744）编成的《钦定满洲氏族通谱》中已载明“现任内管领”。可见得以“管领”代替“包衣大”是在雍正三年与乾隆九年中间二十年内发生的。[3]

---

① 参见《清圣祖实录》卷178，康熙三十五年十一月庚辰。

② 参见《清圣祖实录》卷248，康熙五十年十月壬午。

③ 陈国栋：《清代内务府包衣三旗人员的分类及其旗下组织——兼论一些有关包衣的问题》，注释㊳，载《食货》，1982（9）。其注释㊴指出，在《满和辞典》和《清文总汇》中，“浑托和”即以“包衣大”为其第二义。

陈氏的观点是值得肯定的。在有关内务府三旗职官[①]的记述中，只有康熙《大清会典》中，内务府下有满洲佐领、汉军佐领、浑托和；并特别提到初在浑托和下所设护军人数与满洲佐领人数一致为15名，顺治十八年改为和汉军一致，为10名。[②] 但同样的内容在雍正《大清会典》中，原来的“浑托和”改称“管领”。[③] 且在改称的同时，“浑托和”的执掌者“包衣大”的称谓也不再出现了。雍正以后所修的历朝会典中，内务府三旗职官设置中再未见有“包衣大”，取而代之的是“内管领”。

康熙《大清会典》记载由包衣大收储各庄所交杂粮于仓内[④]；雍正《大清会典》记载同样事项，则是“均派杂粮，定例，交各内管领收贮仓内”[⑤]。康熙《大清会典》记载：“凡菜园均分于各浑托和，照浑托和进米次序备菜，以供内用。每包衣大，各值二日供应。”而在雍正《大清会典》中，此段记载改为：“凡菜园供菜，旧例，均分于各内管领，照内管领进米次序，以供内用。每一内管领，各值二日供应。”[⑥]

所以，浑托和改称“内管领”的时间，至少在纂修雍正《大清会典》时。而实录中最早有关内管领的记载就是从雍正三年开始的，如：

> 雍正三年十一月上谕诸王大臣等。内府佐领、内管领等，从前康熙三十年间所用钱粮，不过三十余万两，今增至七十余万两。

---

① 关于内务府三旗职官，五朝会典的记述方式并不一致，康熙、雍正会典均列在内务府下，乾隆朝不见记载，嘉庆、光绪会典则根据官职的性质分类撰述，而没有独立的“内务府三旗官员”名目。

② 参见康熙《大清会典》卷153。

③ 参见雍正《大清会典》卷231。

④ 康熙八年题准，各包衣大所用杂项米粮，若有结余，包衣大与掌仓人一并奖赏；滥用而缺少者，包衣大及掌仓人一并治罪。(参见康熙《大清会典》卷150)

⑤⑥ 雍正《大清会典》卷228。

朕思以国家征输之额赋，而养此并非正项兵丁、无用人口。且逐年增添，无所底止，甚非经久之策。是以屡询廷臣，商酌变通之法。……内管领人等即幼稚亦有钱粮。其披甲钱粮，乃分外多得之项。将此裁去，未尝不可。[①]

清实录是我们今天还原清人和清廷官方意志、要求的最权威的凭证。所以上述陈氏所言“雍正三年与乾隆九年中间二十年内发生的”之说，似可修正为在雍正二、三年间发生的。不过，需要注意的是，这里所谓的代替只是说“内管领”这一称谓在官方汉文文件中的使用较为普遍，但不意味着从此满文文件中的“包衣大”之称就不再出现了。

三　管领与内管领的同一性与差异性

在清代辞书中，“管领”的解释在两处出现：一是在机构类词组中，管领的满文名称是 hontoho（浑托和）；二是在职官类词组中，管领的满文名称是 booi da（包衣大）。在光绪十五年成书的《奏折成语》“内府官弁”下有“内管领”，对应的满文为 booi da。《钦定八旗通志》的校注者在“包衣大”后注曰：“汉文称管领。”[②] 又可证“内管领”作为职官称谓，和“管领”含义等同，是满语 booi da 的汉文名称。正如对包衣组织深有研究的陈国栋先生所言：

汉文的内管领（或管领）不但是组织单位的名称，同时也是该单位主管官的名称。不过，作为主管官的称法大概要到雍正末、乾隆初才开始使用。前乎此，则用满文的对音“包衣大”（booi

---

① 《清世宗实录》卷 38，雍正三年十一月丙申。

② 《钦定八旗通志》卷 13。

da)，意思就是管领包衣的人。可能在“管领”一名两用之后，对应于它的满文“浑托和”才在“一半”之外也有了“包衣大”的意思。[①]

陈氏的观点确有见地，但是兼具浑托和与包衣大双重含义的称谓不能说是“浑托和”，而是“管领”。

浑托和的汉文名称“管领”出现后，作为组织的“管领”，在八旗包衣组织体系中，无论在上三旗还是下五旗，均以“管领”行文，两者没有区别。但是作为内务府管理体系下的管领与诸王所属的下五旗管领之间则发生了分离，前者无论是组织还是职官，均有了内管领之称；后者的组织则仍谓管领，而职官则至少在乾隆一朝保留了包衣大的称谓。这一点通过对比与《八旗通志初集》同时成书的《钦定八旗满洲氏族通谱》中的记载可以证明。据《通谱》，内三旗包衣的官职中均有“内管领”，而下五旗包衣的官职中则均有“包衣大”。说明在“内管领”官称开始使用后，与其具有同样含义的“管领”官称，并未在下五旗的包衣组织中同时实行，或者说“包衣大”作为下五旗管领组织的首长的称谓，至少在雍乾时期没有发生变化。如在《钦定八旗通志》中记载，正蓝旗第一参领新增第一管领，为乾隆二年和亲王分府时设立，“以六品包衣大八十儿管理。八十儿故，以六品包衣大五达色管理。五达色故，以六品包衣大存柱管理。存柱故，以六品包衣大阿琳管理。阿琳故，以六品包衣大奇彻布管理”。第五参领新增第一管领，为乾隆四十四年分封定郡王时设立，初以六品包衣大吉昌管理，吉昌告病，以六品包衣大黑色管领。[②] 可见此处并未用“管领”称谓。

---

① 陈国栋：《清代内务府包衣三旗人员的分类及其旗下组织——兼论一些有关包衣的问题》，载《食货》，1982（9）。

② 参见《钦定八旗通志》卷15。

这一现象是否说明作为职官称谓的“内管领”的出现，当时只是为了区分内务府三旗与诸王下五旗包衣地位的不同，仍有待考证。

此外，因为从顺治朝开始，下五旗包衣组织在浑托和之下又分化出“分管”，而“分管”的职官也有包衣大出任的，如正蓝旗第三参领第一分管为康熙十四年恭亲王分封时设立，先后有三位包衣大管领，此外有骁骑校、三等护卫等职。①

总之，在清初的满语语境中，浑托和和包衣大是两个不同属性的名称，只因顺治朝以后，在八旗称谓的汉语化过程中，原来的满语机构、官职名称均不同程度地发生了变化，如“牛录”、“牛录章京”均称“佐领”，使作为“组织”的牛录与作为“官职”的牛录章京混同。“管领”称谓的出现，则导致作为组织的“浑托和”和作为官职的“包衣大”混同。“浑托和”之谓“管领”，是就八旗包衣组织而言的，从这个意义说，无论上三旗还是下五旗，只要是包衣下的“浑托和”，汉名均谓“管领”。“内管领”的全称是“内务府管领”，管领与内管领的差异重在区分其所领属的关系，而不是事物本身。从“管领”到“内管领”的变化，显然是源于上三旗包衣组织构成了内务府三旗的原因。所以，“内管领”之谓实际上体现了“内务府系统”的语言环境。

四 内管领的意义

对“内管领”本身认识的混乱，与满语名称在汉语化的过程中被笼统使用不无关系，同时也是由其称谓的二重属性导致的，因此只有理解清代“内管领”意义，才能准确认识上三旗包衣组织与内务府机

① 参见《钦定八旗通志》卷15。

构之间的关系。

（一）“内务府旗籍”的意义

上三旗管领（包括佐领在内）是上三旗包衣的一种旗人户籍组织，如介绍某内务府包衣时，有时即谓其是“内务府旗籍”①，或称内务府“籍贯”②，而非八旗满洲籍。各管领由其职官内管领管理，负责管领下人的户籍、俸饷、赏恤、养赡、考试等各项事务。管领下人的仕途，有为官者、挑甲者、各处任差服役者，还有食口粮辛者库人等，均在内务府所属各处和陵寝各处为官或当差。管领下人的职业，主要与皇帝或宫中事务相关，故是皇帝的“近臣”或皇子、后妃的私仆。他们中有的人因与皇家关系密切，获得皇帝的优待，可以外出当差，尤其是所谓的“肥差”，获得各色收入的同时，也成为内务府的“新贵”。时谚“树小房新画不古，此人定是内务府”，就是对此类“新贵”或暴发户形象的生动刻画，以至于外旗人以内务府包衣例录用被视为宠幸之举：

> 觉罗德尔锦，满洲正黄旗人，官至都统。生前深得康熙帝信任。康熙六十年正月初二日，奉特旨召入乾清宫西暖阁，领所生十子引见，命长子内阁票签中书苏岱，照包衣笔帖式例，往浙江佐御史视盐政，又许阖家常来请安。诸子中有二子未授室，特命以内务府记名二秀女妻之。未字之第三女，给配孝诚仁皇后亲弟之子，资妆俱令内务府备办，一时叹羡，称为殊恩。③

① 《清仁宗实录》卷351，嘉庆二十三年十二月己巳。

② 《清宣宗实录》卷65，道光四年二月己酉；光绪《大清会典事例》卷1114，《八旗都统·分析户口二》“咸丰十年”条。

③ 《八旗通志初集》卷151。

由此可见，三旗包衣管领人，除了具备八旗满洲旗人的一般特征外，因其出身而带来的职业和社会待遇的特殊性，既是其社会地位的重要体现，也说明旗人内部存在的分层和群体差异。

（二）“内务府职官”的意义

内务府是清代中央国家机关之一，因而无论其机构属性还是官职特征，均与内阁、六部等国家机构相同，承担处理宫中“事务”。在官僚体系中的“内管领”，是指内务府内管领处的官职，因而不能简单地与上三旗的内管领画等号。在史料中大量出现的“内管领”一词，是内务府职官称谓，我们将内管领职官设置的情况与上三旗包衣管领设置的情况进行对比后，就可以发现，其存在时间和数量并不对应。

如上所述，从《八旗通志初集》“旗分志”所记载的上三旗各管领编立时间看，顺治年间增设管领的情况是四年设正黄旗第二管领；六年设正黄旗第一管领；八年设镶黄旗第五、第六管领，正白旗第九管领；十一年设正黄旗第四管领；十二年设正黄旗第六管领。合计到顺治末年，内管领数量是16个，康熙新增14个，共计30个管领。显然“旗分志”所提供的各管领编立的时间和数量的变化，与《大清会典事例》记载的职官设置情况有所不同。《大清会典事例·内务府》官制条记载：

> 国初设内管领四人，承应内务府并管领下事务。顺治三年，增设内管领四人。六年，增设内管领四人……十一年，增设内管领八人，共内管领二十人。分为三旗，镶黄旗七人，正黄旗六人，正白旗七人。……康熙二十三年，每管领下各设副内管领一人。二十四年，增设内管领、副内管领各四人。三十年，增设内管领、

副内管领各三人。……三十四年，增设内管领、副内管领各三人。共内管领、副内管领各三十人。①

“内管领”的职官设置与上三旗包衣管领组织的总数虽然相同，但两者编设的时间记载是不一样的，在内务府内管领处，不仅有内管领一职，还有副内管领一职，且其管领的人群也不限于包衣成员，还有在宫中服侍的太监、雇佣的民人等。所以包衣三旗的内管领与内务府的内管领并不能完全等同。也就是说，内管领称谓不仅有机构和职官的二重性含义，也兼具上三旗包衣组织和内务府机构的二重组织意义。

① 光绪《大清会典事例》卷1172，《内务府》。

从大统授受看雍正继位之谜

董建中[*]

我从1999年秋季开始在中国人民大学开设“清代宫廷史”本科生选修课，“雍正继位之谜”是必讲内容。截至2016年春季，除去两个学期因故没有讲授外，算起来此问题已讲了31次，另外还有其他场合的讲座。开始时，我对此问题没有任何研究，只是并列各说，在不断学习与比较中，渐渐有了自己的一点心得体会。

一

孟森先生在20世纪30年代发表《清世宗入承大统考实》，将雍正继位问题正式纳入学术研究。八十多年来诸说迭起，论争激烈，延绵不绝。

讨论雍正继位，主要的两派——“篡位说”与“合法说”——的研究成果已异常丰厚。这里我打算从雍正继位问题的中心环节，即大统授受入手，提出三个问题并尝试着解释，以期推进雍正继位之谜的破解。

第一个是**康熙帝的传位形式问题**。

先从可以说是清史最广为人知的故事之一“改十为于”说起。这

* 董建中，中国人民大学清史研究所副教授。

是最早出现的雍正矫诏篡立的说法："圣祖皇帝原传十四阿哥允禵天下，皇上将十字改为于字。"①

很多人认为这一说法不能成立，一是"于"应写成繁体的"於"，二是必须用"皇四子"、"皇十四子"这样的书写格式。如此一来，无法篡改或改后语不成句，逻辑不通。

持"篡位说"的学者，如金承艺先生特别强调十四子的本名是"胤祯"，是四子篡改遗诏，又将"祯"字改为"禛"，据为己有。②"合法说"则认为，皇四子本名就叫"胤禛"，且这种遗诏必定是满文或是满汉合璧，"祯"与"禛"的满文绝不相类，无法篡改。

从结果上看，持"合法说"者似乎占了上风。但实际上并不这么简单，如金恒源先生就举出顺治帝遗诏称玄烨为"朕子玄烨"，认为当时不存在一定要冠以皇几子的书写制度。③我也发现，康熙时期的正式文件也不尽用"皇几子"的格式。例如，康熙四十八年三月初十日谕宗人府："兹值复立皇太子之日，胤祉、胤禛、胤祺俱著封为亲王，胤祐、胤禩俱著封为郡王，胤禟、胤祹、胤祯俱著封为贝子。"④

康熙六十一年十一月十三日康熙帝去世，十六日颁行遗诏，有遗诏原件在，其中使用的是"雍亲王皇四子胤禛"，确属"皇几子"格式。四天后即二十日颁行雍正帝登基诏书，此诏书原件未见，清宫藏《世宗宪皇帝御制文集》收录的版本，其中有：

> ……惟我国家受天绥佑，**圣祖**、**神宗**肇造区夏，世祖章皇帝

---

① 《大义觉迷录》卷3，见《清史资料》第四辑，121页，北京，中华书局，1983。

② 参见金承艺：《胤祯：一个帝梦成空的皇子》、《"胤禛"非清世宗本来名讳的探讨》，见《清朝帝位之争史事考》，北京，中华书局，2010。

③ 参见金恒源：《雍正称帝与其对手》，269～271页，上海，上海人民出版社，2008。

④ 《清圣祖御制文集》第三集，卷14，见《故宫珍本丛刊》第546册，97页，海口，海南出版社，2000。

统一疆隅，我皇考大行皇帝临御六十一年……**二皇子**弱龄建立，深为圣慈钟爱。……①

这里的用词是“二皇子”。值得注意的是，《上谕内阁》所收版本的前引几句是：

……惟我国家受天绥佑，**太祖**、**太宗**肇造区夏，世祖章皇帝统一疆隅，我皇考大行皇帝临御六十一年……**皇二子**弱龄建立，深为圣慈钟爱。……

其中所写却是“皇二子”。十一月二十日的诏书，用“圣祖、神宗”指代皇帝先人，但八天后即二十八日雍正君臣议定康熙帝的庙号为“圣祖”，如此一来，诏书中既有“圣祖”，又有“皇考大行皇帝”，这会令后人莫名其妙，因此后来雍正君臣编纂《上谕内阁》时做了必要的改动，改用“太祖、太宗”，同时也将“二皇子”改为“皇二子”。乾隆时纂修《清世宗实录》以及《四库全书》本的《世宗宪皇帝御制文集》，收录的都是改动后的诏书版本。

康熙帝传位遗诏和雍正帝登基诏书都是最重要的文件，且前后相继颁布，上述差异，充分说明了康熙时对于“皇子”的书写并无固定格式。册封、遗诏等正式文件中“皇几子”格式应是雍正朝才开始逐步确立的。

另外，我发现康熙帝除了用“於”字外，也是写“于”字的。康熙四十二年四月苏州织造李煦奏折上的朱批：

今岁畿内麦秋全收，雨旸时若，南方溽暑，非动清风不能解也。巡抚宋荦，朕南巡二次，谨慎小心。特赐御草书扇二柄赐李

① 这里使用的版本是故宫所藏《世宗宪皇帝御制文集》卷4，引述的文字见《故宫珍本丛刊》第548册，73～74页。引文中黑体系笔者所加，下同。

煦，扇一柄尔即传于宋荦。不用写本谢恩，以后有奏之事，密折交与尔奏。[①]

由朱批原文知道，“扇一柄尔即传于宋荦”中的“于”字就是简体，而宋荦具折谢恩时，引用此朱批，也是原封不动地抄了“于”字，对这个简体字根本没有怀疑。[②]

可知，如果康熙帝真有书面遗诏，里面出现了“于”字，在公诸众人时，臣下不会否认这份诏书的真实性和权威性。因此用繁简体来否定“改十为于”是武断的。

总之，雍正帝若真的拿出了一份康熙帝所写但不合乎今日学者所认为的书写规范的传位诏书来，也是具有效力的。

再者，若依篡改遗诏说，那就应有纸质的遗诏，既然雍正帝是凭此继位的，那在后来为自己继位辩护时就可以再度公之于天下；若依有些人的说法，雍正帝将篡改的遗诏销毁了，那当他后来感到需要时，完全可以再做一份出来。

更何况雍正继位的争论，最核心的就在于继位的合法性问题。认为雍正帝篡位、认为他的辩护不能令人信服的根本原因，就在于他拿不出“切实”的证据来。

现在的问题变成了：一方面雍正帝本可以做一份这样的证据，但同时他又拿不出这样的证据。为什么会这样？有必要再重新审视雍正帝是怎样**公开**讲大统授受情形的：

雍正元年八月：“我圣祖仁皇帝为宗社臣民计，慎选于诸子之中，命朕缵承统绪。于去年十一月十三日，**仓猝之间，一言而定大计**。”[③]

① 《康熙朝汉文朱批奏折汇编》第1册，83页，北京，中国档案出版社，1984。

② 参见上书，95页。

③ 《清世宗实录》卷10，雍正元年八月甲子。

雍正二年八月："朕向者不特无意于大位，心实苦之。前岁十一月十三日，皇考始下旨意，朕竟不知。朕若知之，自别有道理，皇考宾天之后，**方宣旨于朕**。"①

雍正五年十月："隆科多所犯四十一款重罪，实不容诛。但皇考升遐之日，召朕之诸兄弟及隆科多入见，**面降谕旨，以大统付朕**，是大臣之内承旨者，惟隆科多一人。今因罪诛戮，虽于国法允当，而朕心则有所不忍。"②

雍正七年刊行的《大义觉迷录》记述："康熙六十一年十一月冬至之前，朕奉皇考之命，代祀南郊。时皇考圣躬不豫，静摄于畅春园。……至十三日，皇考召朕于斋所。朕未至畅春园之先，皇考命诚亲王允祉、淳亲王允祐、阿其那、塞思黑、允䄉、允裪、怡亲王允祥、原任理藩院尚书隆科多至御榻前，谕曰：'皇四子人品贵重，深肖朕躬，必能克承大统，著继朕即皇帝位。'是时，庄亲王允禄、果亲王允礼、贝勒允禑、贝子允祎在寝宫外祗候。及朕驰至问安，皇考告以症候日增之故，朕含泪劝慰。其夜戌时，龙驭上宾。朕哀恸呼号，实不欲生，**隆科多乃述皇考遗诏**。朕闻之惊恸，昏仆于地。诚亲王等向朕叩首，劝朕节哀。朕始强起办理大事。"③

"一言而定大计"，这是雍正帝**第一次**公开谈大统授受的情形，以后数年间的说法越来越详细，但仔细分析，这些说法在本质上是一致的，就是，康熙帝最后传位只是末命——口头遗命而已，并没有书面的遗诏。

那么，既然是"末命"，康熙帝说的是什么话？

《大义觉迷录》中的记载"皇四子人品贵重，深肖朕躬，必能克承

① 《上谕内阁》，雍正二年八月二十二日。

② 《清世宗实录》卷62，雍正五年十月丁亥。

③ 《大义觉迷录》卷1，见《清史资料》第四辑，10～11页。

大统，著继朕即皇帝位”，与后来公诸天下的康熙遗诏中所说“雍亲王皇四子胤禛人品贵重，深肖朕躬，必能克承大统，著继朕登基即皇帝位”比较，几乎全同，这根本不是什么口头语。《清圣祖实录》中，康熙帝向大臣所颁谕旨中有时也使用“四阿哥”，因此口语中肯定不会用“皇四子”这样的词。

我进一步的想法是，康熙帝说的不是汉语，而是满语。举一个旁证，康熙五十二年年初，康熙帝邀请朝鲜使团的随团军官，入畅春园比赛射箭。这些军官观察到，康熙帝与通官即翻译之间说的就是满语。那么康熙帝在只有儿子与满大臣的场合应该是说满语。①

有一份材料值得充分重视，由台湾学者李学智先生收藏，是康熙十一年十一月十三日至二十一日的满文《上谕档册》，其中有关康熙帝遗言的一件这样记载（汉译）：“……雍亲王第四阿哥人……尊贵……我……很像……大统……把……交付……能……我……继位……坐说了。”②

此时起居注官已经裁去，但传位如此重要的口谕还是记载了下来。

这里附带说一下：康熙帝的末命，是谕旨，在广义上也是遗诏，因此雍正帝用“旨”、“遗诏”指此末命，不存在任何的问题。

另外，这里面存在一个由末命向书面遗诏的转化过程。但在此过程中，行为主体发生了变化，由康熙帝变为了雍正帝，而书面遗诏的内容有可能忠实或部分忠实或完全不同于末命。后出的、天下咸使闻知的康熙书面遗诏，是近些年人们常常讨论的问题，现在已经辩论清

---

① 参见《燕行录全集》第三十三册，128 页，韩国东国大学校出版部，2001。

② 转引自金恒源：《雍正称帝与其对手》，271 页。按，这里的省略号，不是语气的断断续续，也不是金先生所说的表示记载的断档、空白，应是满汉对译时（依原顺序直译），表示所译汉文字词的间隔。

楚，可以得出结论——单凭它，既不能证明雍正帝继位为合法，也不能判定为非法。①

大统授受，只有“末命”。这么说的出发点并不是要维护“合法说”，其实它可能对“篡位说”更为有利。因为雍正帝不必篡改文字，只“篡改”声音内容就能达到目的，岂非更为容易、简单，不留任何痕迹？

“篡位说”中有一种说法值得特别提出来：康熙帝无遗诏或遗命，胤禛自称是接班人，然后再对众人宣布。如杨珍先生给出一种描述：

> ……玄烨深夜猝死，太监等近侍人员首先报告隆科多，理所当然……隆科多得到康熙帝猝死的报告后，严密封锁这一消息的同时立即通知了胤禛。胤禛当机立断，让隆科多扮演面受传位遗旨的角色，并通知众皇子立即赶到畅春园，告知康熙帝猝死，并宣布了传位伪诏。②

此说避开了遗诏的“文字”问题，也就不会涉及篡改遗诏；同时也与雍正帝所说的“一言而定大计”不相矛盾；虽与雍正帝所说的传位场景差异很大，但口传遗旨的形式却是一致。

但此说可信吗？当然需要检验。检验结果可见本文第四部分。

---

① 冯尔康先生持“合法说”，在这一点上，他客观地指出：“毫无疑问，这个诏书是胤禛搞的，不是康熙的亲笔，也不是他在世时完成的，不能作为他指定胤禛嗣位的可靠证据。”（《雍正传》，26页，北京，人民出版社，1985）王锺翰先生《清圣祖遗诏考辨》一文，指出康熙遗诏大部分内容来自康熙五十六年面谕，故遗诏为伪造，此“足为世宗篡位增添了一个历史文献见证”（《王锺翰清史论集》第二册，1169～1193页，北京，中华书局，2004）。杨启樵先生写有《论康熙传位雍正遗诏》一文，反驳王先生的看法，在分析了康熙五十六年面谕后，特别指出：“无论哪一位皇子继位，都必须将此‘面谕’采入遗诏内，否则便是蔑视父皇，不尽孝道。假定继统者是十四阿哥也必定这样做。”（《揭开雍正皇帝隐秘的面纱》，83～92页，上海，上海书店出版社，2002）遗诏与传位关系的论述，可参见杨启樵：《康熙传位雍正遗诏》，见《雍正篡位说驳难》，187～199页，上海，上海书店出版社，2012。

② 《清代全史》第四卷，14页，沈阳，辽宁人民出版社，1991。

二

通过前文可知，大统授受，只有末命——不论这末命的真与假，也就是或出自康熙帝之口或是假冒出自康熙帝之口。

接下来探讨本文要解决的第二个问题：**末命的内容**。对于“篡位说”来说，此问题实际上可以简化为一种说法：康熙帝实际说的或是想说而未能说出口的接班人，不是四阿哥胤禛，应是十四阿哥胤祯。

这里不探讨十四阿哥胤祯是否帝简于心，而是着眼于大统授受的相关考察。对于“篡位说”，这时有一个人是无论如何绕不开的，他就是隆科多。

孟森先生早就说过：“世宗之立，内得力于隆科多，外得力于年羹尧，确为实事。”[①] 他介绍了隆科多的内亲身份及清室重内亲的习惯后，认为，在康熙帝生命的最后时刻，“隆科多之侍疾，可以独承专责，不足怪也”[②]。杨珍先生对康熙帝与隆科多的关系做了考察，结论是：“玄烨晚年，尤其需要一位既是亲属，忠实可信，又能干、得力之人，作为心腹耳目，隆科多是唯一合适人选。”[③] 金承艺先生也认为：“圣祖宾天之夕，隆科多为唯一在畅春园中随侍在侧的大臣。”

许多人都认为是隆科多矫诏拥立胤禛的，诚如金承艺先生前引文紧接着所说的：“他在圣祖遗诏上做了什么手脚，自然不能说是不可能的事。”[④]

---

① 孟森：《明清史论著集刊》下册，397页，北京，中华书局，2006。

② 同上书，411页。

③ 杨珍：《康熙朝隆科多事迹初探》，见《清史论丛》（1994），218页，沈阳，辽宁古籍出版社，1994。

④ 金承艺：《清朝帝位之争史事考》，101页。

但是隆科多的政治立场却令这些学者大伤脑筋。

康熙四十八年二月，康熙帝在斥责佟国维时指出："鄂伦岱、隆科多、顺安颜与大阿哥相善，人皆知之。尔等又欲立八阿哥为皇太子，将置朕躬及皇太子、诸阿哥于何地耶?"① 显然，隆科多及父兄等是胤禩的支持者，如金承艺先生说："世宗之得位，是隆科多一手促成的。是否隆科多一向党附皇四子，所以在关键时刻拥立皇四子？从史料中我们看不出这种迹象，相反的，倒有不少的材料，可以看出隆科多是拥附皇八子。"②

孟森先生说："佟氏一家，除隆科多外，多非昵世宗者。"③ 这么说是要弥合困惑情势，但孟先生只有判断，没有给出证据。金恒源先生也承认"隆科多与雍正本来也并无很深的政治渊源"，他也追问："与胤禛无深厚交往，何以一夜之间会倒向胤禛，将胤禛推上了龙椅宝座?"④

学者们进行着种种猜测。

孟森先生以为："隆科多独出此道，以博非常之富贵。世宗之所以许相酬报者，事不可考。"孟先生还是举出了雍正帝即位后称隆科多为"舅舅"，以及将佟国维的一等公爵令隆科多承袭。⑤

爵位承袭的原委是：康熙五十八年二月佟国维去世后，宗人府以其子承袭他的公爵请旨，却被康熙帝留中，直到去世都未解决此事。杨珍先生判断："对于未能承袭父爵，隆科多内心肯定极为不满。"⑥

① 《清圣祖实录》卷236，康熙四十八年二月己巳。

② 金承艺：《清朝帝位之争史事考》，108页。

③ 孟森：《明清史论著集刊》下册，402页。

④ 金恒源：《雍正称帝与其对手》，107、108页。

⑤ 参见孟森：《明清史论著集刊》下册，402～403页。

⑥ 杨珍：《康熙朝隆科多事迹初探》，见《清史论丛》(1994)，219页。

杨先生又说："隆科多系佟国维之子，原与允禔关系密切，后转向胤禛。康熙六十一年九月十九日，胤禛率领隆科多、延信等人查勘通州和京师的粮仓，**也许**正在这时胤禛与隆科多进一步勾结起来，他们**可能**对当时的形势做了揣测，约定以后要见机行事，共同行动。……"①

冯尔康先生也说："六十一年十月雍正奉命清查粮仓，隆科多为成员之一，**可能**这个时候成了雍正的人。"②

以上杨、冯二位先生对于隆科多和胤禛关系的论述分别发表于1985年和1990年，杨先生又于1994年发表了《康熙朝隆科多事迹初探》，但其中没有隆科多与胤禛关系的内容。可以说，**直到今天，没有学者提供任何一条二人勾结的证据**。③ 然而上述"**也许**"、"**可能**"的内容，在金恒源先生那里就成为了："据多数专家的考证与共识，胤禛、隆科多的政治联盟是康熙六十一年十月借共同奉命去通州查勘粮仓之机搭上手。"④ 且金先生以他们的勾结和康熙帝的防备作为考察或曰想象康熙帝临终前双方角力的切入点。⑤

杨珍先生据满文档案等资料认为，在康熙四十八年隆科多遭斥责

---

① 杨珍：《关于康熙朝储位之争及雍正继位的几个问题》，见《清史论丛》第六辑，119～120页，北京，中华书局，1985。

② 冯尔康：《雍正继位之谜》，51页，北京，中国人民大学出版社，1990。冯先生的看法没有大的变化。早先说："隆科多……他**大约**在康熙末年同胤禛搭上手。"（《雍正传》，50页）后来说："六十一年（1722年）十月雍正奉命清查京仓，隆科多为其成员之一，**可能**最迟这个时候成了雍正的人。"（《雍正继位新探》，62页，天津，天津人民出版社，2008）

③ 金承艺先生早在1977年提到胤禛和隆科多的勾结。他在辨析康熙六十年三月大学士王掞的所谓"密疏复储"其实意在提醒康熙帝立十四子胤祯为储君时，论道："大学士王掞的密疏也许并非全是为了先意承旨，而是他老练的眼光或已看出了某种危机，例如**发现了雍亲王与权臣隆科多相勾结一类的事**，恐日后横生枝节，因此促请圣祖早日把皇储问题明朗化。**若是那样的话**，自更为世宗所忌恨了。"金先生将二人勾结提前到了康熙六十年春天，但这仍是猜测之语。（参见《清朝帝位之争史事考》，148页）

④ 金恒源：《雍正称帝与其对手》，132页。

⑤ 参见上书，13～14、118～119、120～121、216页。

后，他主动与胤禩等渐疏远，讨好康熙帝，而康熙帝对于隆科多的态度发生了转变，认为："隆科多既非太子党，也不是胤禩党，清白无咎，所以才能在第二次废黜皇太子的紧要关头，将拱卫京师，保护自己人身安全的重任，托付与他。"杨先生解释了隆科多拥戴胤禛的原因：

> 玄烨死后，隆科多权衡利弊，迅速做出如下判断：即使自己拥戴皇十四子胤祯，由于同胤禩、胤禟等人已有积怨，非但不能换取特殊回报，仕途亦不容乐观；而拥戴皇四子胤禛，则会是另外一种结果。事实证明了他的判断，胤禛继位后，他暂时如愿以偿，所受恩宠一时达到无以复加的程度。①

应该承认，较之前说，这里有所进步，隆科多的态度不是过去的一百八十度的反转，而是九十度的转向。

但是在这个问题上，杨启樵先生的反问显得更为有力：

> 隆科多既与世宗关系疏远，又何苦冒险矫诏拥立？或说其他皇子声望已高，皇四子则为冷门，出间道拥立，可博殊常之荣。但当时隆科多已是理藩院尚书，兼步军统领，为诸皇子之舅，乃唯一承受末命的大臣，权贵已甚。无论哪一位皇子继位都会重用他，又何苦出此险招？且助人篡位罪大莫极，隆科多怎能担保必

---

① 杨珍：《康熙朝隆科多事迹初探》，见《清史论丛》（1994），219页。按：杨先生对于康熙帝晚年（而非临终时）与隆科多的关系研究成果值得重视，这对于了解隆科多在康熙帝末命见证时的政治态度很重要。雍正帝于元年四月初八日颁发一道上谕，其中说："大臣内惟舅舅隆科多孤立无援，皇考亦深知。"（《雍正朝满文朱批奏折全译》上册，70页）此上谕系汉文。不过，杨珍先生还是坚持认为隆科多在雍正继位问题上"起有至要作用"（《历程 制度 人——清朝皇权略探》，257页，北京，学苑出版社，2013）。也要指出的是，在没有利用更多档案的情况下，冯尔康先生很早就给出判断："胤禛说他（指隆科多）'深邀皇考知遇'，的是事实。"（《雍正传》，50页）后来冯先生也说，隆科多"恪尽职守，甚得康熙欢心"（《雍正继位新探》，62页）。

塞住众人之口，一无抗拒？又怎能担保皇四子必无翻脸的一天？①

道理至明。除非有二人勾结的直接证据，否则隆科多态度突变进而矫诏拥立的想象之词，可以不必再辩。②

孟森先生认为，隆科多能够“口衔天宪，处分嗣统”，在于他身为步军统领，掌握“警跸中之武力”，“若为制三数皇子之死命，则但能发命令于畅春园之官兵，其力已足”③。这一点自孟先生提出后，历来无人怀疑。

2012年杨启樵先生出版了《雍正篡位说驳难》一书，第一章《为隆科多湔雪帮凶污名——试破解二百八十八年悬案》是近年在雍正继位问题上最重要的推进。他指出，扈从警跸，由侍卫、前锋营与护军营担任。结论之一是：“步军统领与护驾无关。”“隆科多始终未带一兵一卒闯入畅春园，诸皇子从未受到隆武力威胁。”④

杨先生的结论是成立的。孟森先生的证据来自《清史稿·兵志》，涉及畅春园的地方是：“步军统领所辖……海淀畅春园、树村汛、静宜园、乐善园设副将或守备各官不等……”副将和守备都属绿营系统，

---

① 杨启樵：《雍正帝及其密折制度研究》增订第二版，49～50页，香港，三联书店香港分店，1985。可再比较杨珍先生在另一处的分析：“隆科多突然倒向胤禛，很重要一个原因是胤禩集团实力雄厚，其成员的官阶在他之上或与他不相上下者大有人在，即使他在玄烨死后协助胤禩取得皇位，立下著功，也不会使他在这个集团处于首屈一指地位。相反，胤禛集团的势力比胤禩集团大为逊色，显赫人物无几，若能使胤禛登上皇位，就会成为‘当代第一超群拔类之希有大臣’了。”(《清代全史》第四卷，15页)

② 金恒源先生利用了杨珍先生挖掘出的胤祯向康熙帝推荐隆科多代己出任大将军的史料，认为“一旦皇十四子继位，也未必就一定会对隆科多不利”。他不同意杨珍先生关于隆科多“权衡利弊，迅速做出判断”倒向胤禛的说法，指出其中必有“身不由己、别无选择、无可奈何、逼上梁山之缘故”。金先生的看法是，胤禛、隆科多在通州查勘粮仓间的不正常活动已被康熙帝觉察并采取了防范措施，隆科多进而对自己的安全着急，他“巴不得康熙帝快点死去，越快越好”，“采取暗中放任、纵容、支持胤禛得逞的态度”(《雍正称帝与其对手》，117～119页)。但问题还是在于，怎样坐实胤禛与隆科多的勾结呢？

③ 孟森：《明清史论著集刊》下册，408～409页。

④ 杨启樵：《雍正篡位说驳难》，14～15页。

实与皇帝扈卫无涉。现存隆科多的奏折中，事关畅春园者，有奏报雨水、畅春园园户盗窃销赃案以及增设畅春园大墙绿旗守兵等。①

综上，**隆科多与雍正无密切关系，在康熙帝去世时，隆科多又不掌控整个局势，且无论哪个皇子继位，他都是顾命大臣，首功在握，因此他的选择自然只有一个——如实转述康熙帝的末命。**

为何学者们怀疑或认定隆科多与胤禛勾结呢？

下面的话出自雍正元年正月初二日年羹尧奏折上的朱批：

> 旧旧隆科多，此人朕与尔先前不但不深知他，真正大错了。此人真圣祖皇考忠臣，朕之功臣，国家良臣，真正当代第一超群拔类之希有大臣也。②

此折及朱批早在20世纪20年代末就刊于《掌故丛编》，孟森先生在写《清世宗入承大统考实》时就已利用，认为“此批为纽合年、隆之始”，此时雍正帝“始为年、隆作合”，进而指出：“其中称隆为忠臣、功臣、良臣。其功臣身份，专对于己，隆有何功？世宗在外称年之功业，可共喻也；在内颂隆之功，则惟顾命一事耳。顾命亦何功？不有旋转乾坤之力，口耳固不得言功也。”③

后来学者对此朱批多有引用，或说明隆科多与雍正帝交往不深，金承艺先生就说：“由世宗的朱批，可以得知隆科多必非早已和世宗有了勾结的。”④ 杨珍先生也认为：“反映出他与隆科多的关系原本

---

① 参见《康熙朝满文朱批奏折全译》，分别见1588、1589、1620～1621页，北京，中国社会科学出版社，1996。

② 《雍正朝汉文朱批奏折汇编》第1册，3页，南京，江苏古籍出版社，1989。《掌故丛编》刊出此折时，“旧旧”径改用“舅舅”。奏折本是延信与年羹尧共同所上，且延信的名字在前，但从《掌故丛编》到《雍正朝汉文朱批奏折汇编》都将此直接作为年羹尧奏折。朱批内容确是写给年羹尧的。

③ 孟森：《明清史论著集刊》下册，413页。

④ 金承艺：《清朝帝位之争史事考》，109页。

并不密切，而隆科多在玄烨猝死后帮他取得帝位，大大出乎他的意料之外。"[①] 金恒源先生的看法是："胤禛先前同隆科多确实并无过深交往。"[②] 或如孟森先生一样，直指其中暗含着传位秘辛，如王锺翰先生就说："可见世宗篡夺之谋，年、隆实预腹心之寄。"[③] 杨珍先生也说：

> 如果隆科多只是像实录上所讲，与七个皇子一齐听到遗诏，并由他传达于雍正，那么有何"当代第一超群拔类"之处，又怎么会成为"希有"大臣？这只能说明隆科多在雍正即位问题上建立了特殊功绩，所以才博得雍正出乎寻常的衷心赞赏。[④]

戴逸先生也引用此段文字并质问："隆科多究竟立了什么大功，值得雍正这样吹捧他，不能不令人怀疑。"[⑤]

金恒源先生虽然从根本上否认康熙帝去世时隆科多在场，否认有传遗诏之事，但对于"功臣"解释的出发点与以上学者的看法一致，不过，金先生强调的是康熙帝去世前后隆科多为胤禛所立功劳，共开列了六条。[⑥]

而持"合法说"者有的否认"功臣"与雍正继位间有什么关系。杨启樵先生说："至于'功臣'之说称虽觉过分，但这是世宗下笔的习惯，不足为奇。""其实'功臣'两字世宗常用，信笔而出，别无深意。"他还举出了其他朱批中称"功臣"的例子。[⑦] 冯尔康先生不太同

---

① 《清代全史》第四卷，15页。

② 金恒源：《雍正称帝与其对手》，88页。

③ 王锺翰：《王锺翰清史论集》第二册，1076页。

④ 杨珍：《关于康熙朝储位之争及雍正继位的几个问题》，见《清史论丛》第六辑，121页。

⑤ 戴逸：《清代人物研究》，80页，北京，故宫出版社，2013。

⑥ 参见金恒源：《雍正称帝与其对手》，124～125页。其中第一条是："康熙六十一年(1722)十月初九日至十一月初六日，胤禛利用通州查勘粮仓之机，与隆科多频繁秘密接触，终于将隆科多拉上了夺宫贼船。隆科多从通州回京后为胤禛守口如瓶，并暗中支持胤禛的夺宫决心和计划，这是隆科多为胤禛夺宫立下的第一功。"

⑦ 参见杨启樵：《雍正帝及其密折制度研究》，54、77页。

意杨启樵先生的意见，认为雍正帝赐予臣下字词，还是有所考虑的。他对于“功臣”的解释，是联系雍正帝刚继位的形势，突出了隆科多的重要作用，如“隆科多利用他的巡捕营控制京城治安，保护雍正安全，使雍正的即位和初政没有发生任何事故”。但无疑，两位先生都认为这话中的“忠”、“功”、“良”等字，没有“赞扬他帮助篡位的含义”①。

雍正帝的朱批究竟何意？我以为这是他向心腹年羹尧吐露心声，是我们**解开雍正继位之谜的一把钥匙，从中可以得到大统授受的真相**。

对于这句话，**我们不仅要看到隆科多是雍正帝的“功臣”，更应首先看到隆科多是康熙帝的“忠臣”，且要将两者联系起来看，而这被历来的学者忽视了**。②

杨珍先生利用满文档案，探讨了隆科多与康熙帝的关系，总结道：“玄烨对隆科多宠信不衰，直至他去世未曾改变，十余年内，隆科多做了大量工作，不可能无任何纰漏，然而却始终为玄烨所首肯、满意，这于玄烨晚年的重臣中并不多见。”这可以理解为隆科多对康熙帝的“忠”。但杨先生接下来却说：“玄烨猝死后，他却违背其意愿，凭借所掌握的京师重兵，帮助皇四子胤禛即位。”③ 如果真是这样，雍正帝只需夸隆科多是自己的“功臣”就够了，根本不必赞叹隆科多是皇考的

---

① 冯尔康：《雍正继位新探》，110～113页。

② 金恒源先生细致分析了雍正的朱批，如：“雍正帝虽是一个习惯于并擅于说假话、说谎话的老手、高手，不过，这一次他说以前与隆科多并无过于亲密往来，应是一句实话、真话。胤禛登基成功后在给年羹尧的朱批中写道：‘**舅舅隆科多，此人朕与尔先前不但不深知他，真正大错了。**’雍正元年，年羹尧还是雍正的红人、心腹，雍正当时给他的朱批应是真实可信的。这些第一手的原始档案史料都能有力说明，胤禛与隆科多之前并无过深交往，当是事实。”（《雍正称帝与其对手》，115～116页）金先生在历数隆科多为胤禛篡位所立功劳后，说：“除了隆科多，没有人能够替代建立这些功劳。故胤禛称隆科多为‘**朕之功臣，国家良臣，真正当代第一超群拔类之希有大臣**’，隆科多确实受之无愧。”（《雍正称帝与其对手》，125页）以上因语境的需要，不必出现“皇考忠臣”。但问题是，全书未见对“**皇考忠臣**”的解释，这只能理解为作者的有意“视而不见”，因为金先生将年羹尧奏折与雍正帝的整个朱批全文抄录并予以解读的，可参见《雍正称帝与其对手》，86～89页。

③ 杨珍：《康熙朝隆科多事迹初探》，见《清史论丛》（1994），218～219页。

“忠臣”。雍正帝这么写，绝不是“画蛇添足”能够解释清楚的。

什么是“忠臣”呢？简单地说，**就是隆科多忠实地传达了康熙帝的末命**，如此，他就是康熙帝的“忠臣”；胤禛因之继承皇位，隆科多自然也就是雍正帝的“功臣”。这是一体两面的事。复杂地说，前引孟森先生对于作为顾命大臣的隆科多称“功臣”的质疑铿锵有力：“顾命亦何功？不有旋转乾坤之力，口耳固不得言功也。”冯尔康先生对此解释说：“孟森说一般的‘顾命大臣’，称不起功臣，雍正许隆科多功臣，必是隆科多有了扭转乾坤的帮助篡逆的行为。”① 篡逆何得言“忠臣”！这或许是孟先生在质疑中不提“忠臣”的原因吧。

但“忠臣”乃白纸黑字（不，是白纸朱批红字），那么隆科多究竟因何能称誉“忠臣”，能堪当“功臣”呢？这和大统授受前后的情势密不可分。

这里先要解决一个前提条件：怎么证明康熙帝去世时，隆科多乃面承末命之人？我们当然不能仅据雍正帝在《大义觉迷录》中的记述就得出隆科多在现场的结论，还要看其他的证据。

隆科多四十一款大罪之一是“妄拟诸葛亮，奏称：白帝城受命之日，即是死期已至之时”。孟森先生以为隆科多“明是愤世宗之背弃密约，特提受遗事作负气之语”②。王锺翰先生说这话“不啻李斯临死上书之以罪为功”③。许曾重先生认为，隆科多此话“显然是觉察出自己兔死狗烹的前景后发出的怨言”④。

杨启樵先生的解读是，“应是孔明自道：‘鞠躬尽瘁，死而后已’之

---

① 冯尔康：《雍正继位新探》，110页。

② 孟森：《明清史论著集刊》下册，409页。

③ 王锺翰：《王锺翰清史论集》第二册，1076页。

④ 许曾重：《清世宗胤禛继承皇位问题新探》，见《清史论丛》第四辑，129页，北京，中华书局，1982。

意”。之所以治“大不敬”之罪，是因为“隆科多自比孔明，这犹可说，但此一比拟，岂非将雍正当作‘扶不起的阿斗’刘禅？自可构成大罪”①。

冯尔康先生对这句话的理解是，“隆科多说这话显然是要雍正看在传诏份上，尊重他，或不要整治他”②。

众家看法各异（我个人赞同杨启樵先生的见解），这里我想指出冯尔康先生借此想要表达的：“如果他不是受诏传位雍正，他怎么能说这种话呢！由此倒证明他是康熙末命的聆听人，确有那个遗言。”冯先生落脚点在于“遗言”，而我这里更想强调“他是康熙末命的聆听人”。清初满人熟读《三国演义》，对“白帝城受命之日”的理解应无差偏，其中所含有的康熙帝临终传位之时隆科多面承末命的意思至显。当然，隆科多自称诸葛亮倒不一定非得视雍正帝为阿斗，这是另一个问题，与本文主旨无关了。

隆科多“欺罔之罪”中有一款：“圣祖仁皇帝升遐之日，隆科多并未在**皇上御前**，亦未派出近御之人，乃诡称伊身曾带匕首以防不测”。孟森先生读出的结果是“隆科多未预见升遐”③，指的是康熙帝去世

---

① 杨启樵：《揭开雍正皇帝隐秘的面纱》，57～58页；杨启樵：《雍正篡位说驳难》，23页。

② 冯尔康：《雍正继位新探》，90页。

③ 孟森：《明清史论著集刊》下册，409页。按：现在能看到的原始档案文字是：“圣祖仁皇帝升遐之日，隆科多并未在**御前**，亦未派出近御之人……”（《雍正朝汉文谕旨汇编》第一册，284页，桂林，广西师范大学出版社，1999）没有“皇上”二字。《清世宗实录》亦无“皇上”二字。《满洲名臣传》、《清史列传》中的《隆科多传》，有“皇上”二字。孟森先生引述文字有“皇上”二字。《清史稿·隆科多传》，改写为：“圣祖升遐，隆科多未在上前，妄言身藏匕首以防不测。”查《清世宗实录》可知，若是表示康熙帝御前，雍正帝用“皇考御前”，大臣用“圣祖仁皇帝御前”，而单独的“御前”，除“御前大臣”等通常用法外，就是指雍正帝御前。如在议胤禩四十款罪状时，有一款：“二阿哥复行拿禁之后，阿其那径到**圣祖仁皇帝御前**密奏云：我今如何行走，情愿卧病不起。……”另一款：“包衣披甲额数，在**御前**密奏之时，则请裁减；在公廷议覆之日，则请增添。……”（《清世宗实录》卷22，雍正二年七月丁巳）隆科多罪款中的“御前”二字极容易理解为康熙帝御前，《满洲名臣传》等可能特别加上“皇上”二字，表示当朝的皇帝，以区别前面的“圣祖仁皇帝”。当然，现在还不能完全排除“皇上御前”另有史源。金恒源先生利用的是实录版本。蒋良骐《东华录》有“皇上”二字，王先谦《东华录》没有“皇上”二字，戴逸先生应是据后者，指出这一记载与隆科多是面承遗诏的“惟一大臣”的说法，“前言后语相互矛盾”（《清代人物研究》，77页）。

时，隆科多不在现场。

金恒源先生更是对此记述大加发挥："隆科多被捕后利用审讯中供述的机会，向天下国人揭开了雍正的底牌：所谓康熙帝临终向隆科多'托孤'、'顾命'，完全是一场政治骗局。"①

我以为他们的理解有误：第一，原文是**"升遐之日"**，而不是**"升遐之时"**；第二，**在雍正朝的语境中**，"皇上御前"或"御前"是指雍正帝御前（这里具体指当时还未称帝的胤禛），而不是康熙帝。在康熙六十一年十一月十三日即康熙帝去世的这一天时间内，隆科多可以做很多的事情，例如隆科多曾奏过："圣祖皇帝宾天之日，臣先回京城，果亲王在内值班，闻大事出，与臣遇于西直门大街……"② 这一欺罔之罪的具体所指虽不甚清楚，但它绝不表示康熙帝去世时，隆科多不在现场。

恰是雍正帝在关于隆科多四十一大罪的上谕中，特别指出："皇考升遐之日，召朕之诸兄弟及隆科多入见，面降谕旨，以大统付朕，是大臣之内承旨者，惟隆科多一人。"③ 隆科多本罪应诛戮，雍正帝因他是承旨之人而轻处发落。孟先生本认为隆科多不在末命现场这一款罪名，是大臣为了给雍正帝洗涮污名而编造的，岂知雍正帝却以他在现场定谳，令孟先生感到不解的是：既如此，"王大臣原疏即应以不实驳回，而《清国史》、实录俱并叙一幅，不嫌矛盾，尤见钦案之不以常法定矣"。进而感慨："隆科多与世宗之承统，别有委曲显矣。"④ 显然是孟先生多想了，隆科多与雍正帝继位之间，恰恰没有什么"委曲"。

其实早在雍正二年十一月十五日，雍正帝就谕诸王满汉文武大臣：

---

① 金恒源：《雍正称帝与其对手》，126～127页。

② 《上谕八旗》，雍正八年五月初九日。

③ 《清世宗实录》卷62，雍正五年十月丁亥。

④ 孟森：《明清史论著集刊》下册，409～410页。

“为君难，为臣亦不易……为臣不易非亲历其境者不知。如不为诸王，岂知诸王之难？不为大臣，岂知大臣之难？即如年羹尧建立大功，其建功之艰难辛苦之处，谁人知之？舅舅隆科多受皇考顾命，谁又知其受顾命之苦处？”① 雍正帝对于隆科多见证末命的论述，始终如一。

接下来是最重要的问题：**隆科多忠实传达的康熙帝末命中传位之人就是四阿哥胤禛吗？为什么不是十四阿哥？**

还要回到大统授受前后，且这次有时会站在胤禛角度看问题（这里希望不被认为是在“演义”）——这是解释“忠臣”与“功臣”的关键。

康熙六十一年十一月初七日康熙帝身体不适，由南苑回到畅春园，初九日命胤禛去天坛代行祭天。尽管现在有不少人（包括我自己）认为命胤禛代行祭天表示了他在康熙帝心中的重要位置——甚至是心中的接班人。可是，不论胤禛是否意识到了这一点，他都高兴不起来，因为皇父病重，而他却不在身边。

（这也不禁让人想起雍正帝反驳十四子是皇父心中人选的理由：皇父年岁已高，派十四子到西北领兵打仗，只是让他虚名坐镇，实际上是将他打发得远远的。不知胤禛此时会不会也用这种逻辑来考虑自己现在的处境：自己被安排远离皇父身边，是否也是皇父“借此驱远”之意？——同一材料，“横看成岭侧成峰”，就看解读者站在什么立场之上了。但是有一点更为重要：康熙帝的初衷肯定只有一个。）

胤禛每天数次派遣护卫、太监前去畅春园候请圣安，但没有父命，

---

① 《雍正朝汉文谕旨汇编》第一册，105 页。此上谕收入《雍正朝起居注册》、《上谕八旗》，不见于《上谕内阁》、《清世宗实录》。若将“年羹尧建立大功，其建功之艰难辛苦之处，谁人知之？**舅舅隆科多受皇考顾命**，谁又知其受顾命之苦处？”单独拿出，似可视为雍正帝继位得到年、隆帮助的极好证明。但事实上并非如此，这上谕是专门说给年羹尧的，我曾分析过此上谕，参见《“年选”考述》第七小节，载《清史研究》，2010（4）。

他不可能擅自回来。通过这些人之口，他肯定知道了畅春园的一些情况。待到十三日丑刻康熙帝“大渐”，已经病危，派人命胤禛速回，这时他才以最快的速度前往畅春园。

这里要代为解释一个问题，从丑刻传旨，到雍正帝自言“巳刻趋进寝宫”，中间相隔了八个小时左右。许多人对此生疑，从天坛到畅春园根本不需要这么长时间，并挖掘出了胤禛肯定有许多好马。[①] 如此拖延，胤禛肯定有政治阴谋，或与隆科多算计，或与其他皇子谈判等等。

对此，吴秀良先生有一个解释：要注意的是，雍正帝所说是“**巳刻趋进寝宫**”，这并不是说巳刻才到达畅春园。皇帝的寝宫不是想进就进的，必须要得到康熙帝的许可，而此时康熙帝病重，或精力不济或昏迷，从巳刻至他去世为止，在清醒时，分几次叫胤禛入内。[②] 吴先生极漂亮地解决了这个疑问。

这时有“两个”胤禛。一个是他自称的形象——“无意于大位”，

---

① 参见金恒源：《雍正称帝与其对手》，21页。金先生对这八个小时左右时间做了解读：“只因为胤禛从初十日起每日三次不断派侍卫进入畅春园一事，已属逼宫谋反行为，但是能否得逞也并无百分之百把握，十三日康熙帝急召恰又是在凌晨时刻，这就使一向多疑又做贼心虚的四阿哥不得不派人前往探听虚实，还要派人前往去同隆科多商议一番。这在当时通讯和交通都十分落后的情况下，是一件十分费时的事。胤禛必又得在确保自己生命安全万无一失后，方才敢于进入畅春园宫门，方才敢于再进入畅春园寝宫。但，这更是一件十分费时间又十分危险的事，此其一。其二，胤禛故意拖延近十个小时，抗旨不入畅春园，也是故意以此拖延刺激康熙帝，是以此向其示威，加重康熙帝的病情，又以此相逼作为与皇阿玛政治上讨价还可以价的筹码。”相关的论述，见《雍正称帝与其对手》，21～24页。我十分佩服金先生读书之细、心思之密，但这里的想象过于丰富了。历史谜案的破解肯定需要想象，但如何把握好这个想象的“度”确是个问题，更为重要的是，在研究中，历史的某些缺环我们需要用想象（或曰推理）弥补，但绝不能是从起点到终点，一路想象下去，得出自己想要的结论。

② 2013年6月29日到30日，中国人民大学举行了“典籍·社会与文化国际学术研讨会暨中国历史文献研究会第34届年会”。吴秀良先生在分会场做了《通过史料看雍正继位非法说的论述》的口头报告，其中提到了他对此问题的解释。这里我只是记述大意。另举一个对时间未作区分的例子，杨启樵先生既认为：“十一月十三日，隆科多始与诸皇子**先后到达畅春园**，是夜，康熙驾崩……”又以为：“直到驾崩当日，即十一月十三日，隆始与诸皇子**同时应召进寝宫**……”（《雍正篡位说驳难》，9、15页）

进见了数次病重的皇父，皇父只是告诉了自己的病越来越重等一些不重要的话。后皇父去世，自己痛哭不止。这时隆科多宣皇父的旨意，让自己登皇位帝。自己“闻之惊恸，昏仆于地”。

一个是后人透过史料看到的号称“天下第一闲人”的胤禛，实际上也觊觎皇位。但是，当他得知病重的皇父身边有胤祉、胤祺、胤禟等兄弟，还有隆科多——他也不是自己的人，一定感叹皇位已与自己无缘。进见皇父，皇父也没有交代什么重要的话。后皇父去世，自己痛哭不止。这时隆科多宣皇父的旨意，让自己登皇位帝。自己“闻之惊恸，昏仆于地”。

根据前面的考查可知，胤禛与隆科多交往不深，甚至还可能以为他是竞争对手的同党呢。不论胤禛自称的无心帝位也好，还是后人说的有意君权也罢，对他来说，大势已去，继位无望，而这时突然由隆科多之口传达康熙帝的末命，自己得以继皇帝位。如此，胤禛怎能不“闻之惊恸，昏仆于地”！

我在上课时，讲到这里，有时会表演一下“闻之惊恸，昏仆于地”的动作，同学们不禁笑声四起——觉得雍正帝的自我描述太夸张了。其实，如此反应，太正常了，因为这种大统授受远远超出了任何人的心理承受力——不论是“惊恸”，还是“喜极”。

此情此景，百世而不一见。无论如何雍正帝对于隆科多肯定心存感激之情。尽管隆科多也只是尽顾命之责，只是多动了几下嘴皮子——转述末命而已。①

现在再回头看一下雍正元年正月初二日年羹尧奏折的朱批内容。年羹尧在这份奏折中主要是奏请“嗣后凡有紧要事情，先具奏稿密

① 这有些像今日买彩票中大奖者，有的会给投注站赠旗挂匾，甚至其他的感谢形式，而实际上卖彩票者只是正常营业而已。

呈”，雍正帝的完整朱批如下：

> 朕安。朕原不欲尔来，为地方紧要。今览尔所奏，尔若不见朕，原有些难处，难处者军务总事结局处。舅舅隆科多，必得你来同商酌商酌地方情形。汝可以来，得乘驿速来。再舅舅隆科多，此人朕与尔先前不但不深知他，真正大错了。此人真圣祖皇考忠臣，朕之功臣，国家良臣，真正当代第一超群拔类之希有大臣也。其余见之面，再细细问你。

可以看出，朱批原本不是专门说隆科多的。雍正帝写到要年羹尧“乘驿速来”，因想到很快年羹尧与隆科多要一起面商事情，就话锋一转，再次说到了隆科多。这是雍正帝情不自禁的感情流露，是他最真实情感的表达。①

应该承认，雍正帝在批此奏折时，想到的肯定不是前面所述继位前后的一帧帧画面——雍正帝写此朱批时，离他继位已经两个多月了。但我认为这话可以作为打开大统授受真相也就是雍正继位之谜的钥匙，因为只有联系到大统授受才能解释得通。“忠臣”、“功臣”、“良臣”、“第一超群拔类之希有大臣”虽读起来有肉麻之感，但从雍正帝的情感经历来说，这种用词并不为过，当然其中包括了对于隆科多在雍正帝继位后所起重要作用的称颂。

我们还必须看到，这种史上独一无二的经历，必然给雍正帝带来强烈的刺激，对他的影响不只是一时的“惊恸”，而定会伴其一生，表

---

① 这份奏折无疑是年羹尧在雍正朝所上的第一份奏折（年羹尧与延信在同一天还上了一份满文奏折，参见《雍正朝满文朱批奏折全译》上册，1页），但并不是雍正帝即位（康熙六十一年十一月二十日）后在年羹尧奏折上的最早朱批。年羹尧分别于雍正元年正月十一日、十二日接到带有雍正帝朱批的奏折。那些朱批或是告诉年羹尧关于康熙帝逝世的消息，或是让他举荐人才，其中不提隆科多很正常。（参见《雍正朝汉文朱批奏折汇编》第1册，8页、15页年羹尧奏折中的引述）这几份奏折今未见。

现之一就是，这内化为“皇考付托之重”的意识，并时时流露于外。

本来，不管是明立太子，还是秘密立储，新皇帝对于先皇帝的这种“皇考付托之重”在言论上会有表现乃属常理。但比较几朝实录的记载，却可看出重大不同。初步统计，明确是先皇帝“付托之重”之类的上谕，顺治朝1处，康熙朝没有，乾隆朝21处，嘉庆朝24处，道光朝15处，咸丰朝12处，同治朝10处，而雍正朝只有短短的13年，却有40处。

当然在实录之外，这种“皇考付托之重”的记述还有很多，比如说《朱批谕旨》雍正帝近八百字的序言两次提到：

> 朕在藩邸未谙政事，不识一人，毫无阅历、闻见，及受**皇考圣祖仁皇帝付托之重**，临御寰宇，惟日孜孜，勤求治理，以为敷政宁人之本。……因思自古帝王治天下之道，以励精为先，以怠荒为戒，朕非敢以功德企及古先哲王，而惟此勤勉之心，自信可无忝于古训，实未负我**皇考付托之深恩**也。……①

《大义觉迷录》开篇的第二道，也就是他辩驳“逼父、逼母”等十大罪的那道上谕，起首就说：

> 朕荷上天眷佑，受**圣祖仁皇帝付托之重**，君临天下。……②

如此多的“付托之重”，解释为说给他人听，作秀，是行不通的；言由心生，这是传位形式深深刺激着雍正帝所带来的外在反应。③

而这种“骤登大宝”情感，也时有外露。举两个例子，雍正帝在元年八月十二日闽浙总督满保的奏折上批云：

---

① 《世宗宪皇帝御制文集》卷8，见《故宫珍本丛刊》第548册，122、124页。

② 《大义觉迷录》卷1，见《清史资料》第四辑，9页。

③ 我注意到金恒源先生提及此，说：“胤禛后来一再强调先帝‘付托’于他，似又不是完全子虚乌有。”他的解释是，康熙帝“当是要他挑起辅政重担。……当胤禛探摸到皇阿玛凌晨急召的真实用意前，只能以拖延作为回应，目的是要观察动态，好作应对”（《雍正称帝与其对手》，23页）。

> 朕昔日为王时，持身闲适，无意求取声名，兹每思前事，即深感惭愧。**兹不意骤登大宝**，倘再不留意名操，则是关系朕皇考六十年辛劳之是非也。此虽非朕之本心，但往日夙愿已不可行矣，若仍固执前行，则有负皇考也。①

五年九月二十六日云南巡抚朱纲奏呈雍正帝的面谕：

> 朕前在藩邸深蒙圣祖慈爱，嘉予诚孝，然并无希冀登大宝之心，及恭荷圣祖付托之重，**骤膺天命**……②

总结说来，康熙帝临终有末命而无书面遗诏，隆科多在康熙帝死后忠实转述康熙帝的末命，胤禛继皇帝位。这种解释正一步步将雍正帝在《大义觉迷录》中的大统授受说法坐实。

但还存在不易解释的地方。这就是孟森先生所指出的，康熙帝先将传位之事告诉了隆科多及诸皇子，胤禛数次进见问候，康熙帝与他交谈，说明他是清醒的，那为什么不将此事告诉当事人？“竟以大位相授一事遗忘不语乎？”“诸子知之矣，隆科多知之矣，独不使受遗之人得知，此岂在情理之内？”③ 孟先生真是独具只眼。

杨启樵先生承认：“我虽然反对篡位说，却对于这条反证无法为雍正辩护。”④

冯尔康先生的解释是：

> 康熙不立太子，也不许臣下提这件事，于是不立储成了规矩，如果他的遗言早早透露出去，等于立了太子，不合他的意思；再

① 《雍正朝满文朱批奏折全译》上册，528页。

② 《雍正朝汉文朱批奏折汇编》第10册，729页；第11册，385页。

③ 孟森：《明清史论著集刊》下册，386页。

④ 杨启樵：《雍正篡位说驳难》，19页。杨先生认为，康熙帝从未全盘否定立储的做法，不同意冯尔康先生的康熙帝不再立储的解释。

如他的遗命也不是立太子，而是说雍正在他死后继承帝位，也就不能在他生前宣布，必须在死后由辅佐大臣传达。①

我做一点补充：在立储一事上，康熙帝已是两立两废同一太子，这在中国历史上前所未有，实在不是什么光彩之事。“二十一史，朕皆曾披阅”②，康熙帝会第三次公开立储吗？而晚年的康熙帝越发在乎自己的名声③，他肯定会认真思索这件事，最后他选择直接传位就是这种思考的结果。

胤禛由如此不可思议的方式得到皇位，但他对康熙帝“仓猝之间，一言而定大计”的传位之法，或许也难以理解，或许更感到后怕，因此才会在即位不到一年，就有了雍正元年八月进行秘密立储的做法。④

三

现在谈大统授受第三个问题，**即末命见证人的问题**。

雍正帝后来说的隆科多加七位皇子面承末命的说法遭到了许多人

① 冯尔康：《雍正继位新探》，88～89页。按：吴秀良先生对此问题有自己的解读，期待着他研究成果的出版。

② 《清圣祖实录》卷274，康熙五十六年十月庚戌。

③ 例如，康熙六十年三月，万寿节前，大学士王掞、御史陶彝等十二人，先后疏请建储，并请释废太子胤礽。康熙帝手书谕旨，谕大臣：“二阿哥两次册立为皇太子，教训数十年不能成就。朕为宗社及朕身计，故严行禁锢。所以不杀者，恐如汉武帝之后悔，**致后人滋其口舌也**，朕并无可悔之处。”（《清圣祖实录》卷291，康熙六十年三月丙子）再如康熙六十一年陕西巡抚噶什图奏请实施火耗归公，他公开表态：“今陕西参出亏空太多，不得已而为此举。彼虽密奏，朕若批发，竟视为奏准之事，**加派之名朕岂受乎**！特谕尔等满汉诸臣共知之。”（《清圣祖实录》卷299，康熙六十一年九月戊子）

④ 秘密立储的做法，也是对雍正帝篡改书面遗诏得位说的有力回击。与公开立储相比，这种做法恰恰能给后来的阴谋篡改者（如果有的话）提供最大的便利条件。如果雍正帝真是篡改遗诏得位，他是断断不会用此下策的。

质疑，但康熙帝是以口头的末命传位，他绝不可能只说给隆科多一人听，多人面承末命是可信的。①

《大义觉迷录》记述了大统授受，最后说："……隆科多乃述皇考遗诏。朕闻之惊恸，昏仆于地。诚亲王等向朕叩首，劝朕节哀。朕始强起办理大事。此当日之情形，诸兄弟及宫人、内侍与内廷行走之大小臣工，所共知共见者。"② 也就是说末命见证的人远不止隆科多和面承末命的几位皇子。

"篡位说"也想到了这一点，却是将此作为篡位的证据来源之一。《简明清史》据当时在京的传教士马国贤的记载"雍正即位，发布一个使全国震惊的命令，赵被拘执，处死刑，财产抄没，子女为奴"，论道：

> 赵即赵昌，地位虽不高，却是康熙晚年的近侍，常传达康熙的命令。为什么雍正一上台就要把他杀掉？为什么此人被杀使全国震惊？合理的解释是赵昌知道的事太多，而且不肯附和雍正，雍正必须立即把他解决掉。③

杨珍先生的研究，将妃嫔、宫女们排除在康熙帝临终现场之外，但皇帝身边还是有人的：

> 妃嫔、宫女们恐怕都不在他身边。在这种几乎与外界隔绝的情况下，服侍他的只有贴身近侍与太监。值得注意的是，胤禛即

---

① 不少学者认为《大义觉迷录》中的八人面承末命是雍正帝于七年编造的，不可信，例如杨珍先生对此就有论证，她不仅认为七位皇子未聆听传位遗诏，而且还利用弘旺的《皇清通志纲要》和萧奭的《永宪录》，否认隆科多独受传位遗旨一事。（参见《清代全史》第四册，10～14页）冯尔康先生对于康熙帝召见七位皇子及隆科多一事有辨正。（参见《雍正继位新探》，83～90页）此问题涉及雍正帝为何在雍正六年、七年为继位辩驳且颁行《大义觉迷录》问题，有待另文详论。

② 《大义觉迷录》卷1，见《清史资料》第四辑，11页。

③ 戴逸主编：《简明清史》第二册，75页，北京，人民出版社，1984。

位伊始，首先清洗的，恰恰是康熙帝生前任御前养心殿总理的赵昌与总管太监魏珠。由于他们，尤其是魏珠，很可能是康熙帝临终情景的目击者。①

1998年《雍正朝满文朱批奏折全译》出版，戴逸先生据此说：

雍正元年正月初六日赫然列有查抄赵昌家产的奏折，计有奴才家丁四百余人、房五百余间、田地五千六百余亩及大批金银物件，可以证实马国贤所说赵昌很快被杀为不虚。②

学者们对于赵昌、魏珠的这种说法，引起了我的兴趣。

我在编辑《清代政治与国家认同》论文集时，格外注意金国平、吴志良两位先生的论文《西方史料所记载的赵昌》，此文提供了许多西文材料中关于赵昌的记载，说他没有被杀，而是一直关押在东直门城楼上，1731年即雍正九年在狱中受洗，皈依了基督教，可能于第二年离世。这大大深化了关于赵昌的研究。同时我又注意到文中有一段议论：

中国历来是“一朝天子一朝臣”。赵昌经常传达康熙帝的旨意，知道的事太多，尤其是可能了解康熙帝关于帝位继承的真正意图，而且不肯附和雍正。赵昌未下大狱，而是被关押在东直门城门楼上，与其他犯人分开。这就说明完全是为了封口。这足以为以孟森、王锺翰、戴逸先生为代表的“篡立说”提供一佐证。③

论文集出版后，我于2012年4月1日通过电子邮件向金国平先生

① 《清代全史》第四卷，9页。

② 戴逸：《清代人物研究》，81页。

③ 刘凤云、董建中、刘文鹏编：《清代政治与国家认同》下册，866页，北京，社会科学文献出版社，2012。

请教：

如前引材料，只因您看到赵一个人单独被关起来，就表示为“封口”，这哪有把赵“咔嚓”了封得更严实。这更符合雍正的性格啊，哪容他活到雍正十年。

不到两个小时，金先生就回信说：

雍正对赵昌的态度问题，我考虑了许久。

如果雍正把赵昌一下“喀嚓”了，就太明显了。雍正是拿赵昌开刀，杀鸡给猴看。这正是雍正高明之处。

我于当天回信说：

您谓为孟森、王锺翰、戴逸先生的“篡位说”提供了佐证，而在我看来恰恰相反，是回击以赵昌作为“篡位说”证据的最好的材料。这最起码证明了他不知道事情的最后真相，至于他有态度倾向或是雍正对他不感兴趣，这可能都是存在的，而抄家也就是没有什么特别意义的抄家而已。

还有一点，就是所谓与赵昌一样重要的人物——魏珠。魏珠根本就没有死，到了乾隆时期又在宫中做太监。这样的人，是篡位的目睹者吗？肯定不是。

2013年第3期《清史研究》刊出了常建华先生《雍正帝打击太监魏珠原因新探——魏珠其人其事考》一文，文章说：“雍正帝打击魏珠未必是因为魏珠目击康熙帝临终情景、得知雍正帝得位不正或者说是篡位的秘密。”①

我就此问题请教杨珍先生。杨先生回复说她重新考察了魏珠，写

① 《清史研究》，2013（3），25页。

在了新出版的书中。后来，我收到了赠书《历程 制度 人——清朝皇权略探》。关于赵昌，杨先生利用的弘旺《皇清通志纲要》记载是雍正十二年卒。经过分析，她的看法是："雍正帝在继位伊始治罪赵昌，表明他对赵昌的某些行为或举止无法容忍，急欲惩之以泄恨。"关于魏珠的新认识是："康熙六十一年康熙帝患病时，魏珠身为近侍太监，理应在旁服侍。不过，根据其后魏珠的遭际看，不能认为他在康熙帝传位问题上起过不利于雍正帝的作用。"① 杨先生的结论是："雍正初年，两人相继获罪，获罪原因均与雍正帝继位问题无涉。"②

赵昌、魏珠，特别是魏珠应是雍正帝所说的现场人员之一，而魏珠没有看到什么"篡位"举动。第一，这反证了雍正帝的话"此当日之情形，诸兄弟及宫人、内侍与内廷行走之大小臣工，所共知共见者"，并没有说谎（当然杨先生是将"宫人"排除在外，与雍正帝所说有差异）；第二，它间接否认了康熙帝被控制甚至死于非命的说法，诸如胤禛等人谋害康熙帝，进一碗参汤就驾崩了。

四

以上是我学习雍正继位之谜的一点心得体会，所表达的看法，先贤大都早已说过了，只是希望能贡献些微新的思路和新的证据。

我总的看法是，**康熙帝只有末命，没有书面遗诏，指定的接班人就是胤禛。雍正帝在《大义觉迷录》中的大统授受描述是可信的。**

隆科多的立场、选择与实际所起作用，成为了"篡位说"不可逾

---

① 杨珍：《历程 制度 人——清朝皇权略探》，232、235页。按：杨启樵先生在《雍正篡位说驳难》中，有评议杨珍先生观点的专章，其中就包括赵昌与魏珠的内容。我见到杨著较晚，应是2014年，也曾通过短信将此书告知杨珍先生。

② 同上书，304页。

越的解释障碍：

其一，他在大统授受现场；其二，他无力掌控场面；其三，他与胤禛无密切关系；其四，他位居顾命大臣，没有篡改康熙帝所指定接班人选的必要；其五，他既是康熙帝的“忠臣”，也是胤禛的“功臣”。

以上条件决定了隆科多只能是如实转述康熙帝的末命，这成为了解决雍正继位之谜的关键。

让我们用此检验本文第一部分所引述的杨珍先生所持的说法，可知，它无法同时满足上述五个条件，也不能满足另外一条件——太监没有看到篡位：

> ……玄烨深夜猝死，太监等近侍人员首先报告隆科多，理所当然……隆科多得到康熙帝猝死的报告后，严密封锁这一消息的同时立即通知了胤禛。胤禛当机立断，让隆科多扮演面受传位遗旨的角色，并通知众皇子立即赶到畅春园，告知康熙帝猝死，并宣布了传位伪诏。①

如果说孟森先生所质疑的，康熙帝告诉隆科多等传位之事，而不告诉当事人胤禛的说法乃不近人情、不合常理、不可思议，那么，大统授受的种种“篡位说”则根本就不能成立。

雍正继位问题是清代谜案中讨论、争执最为激烈的一个。由于雍正帝无法拿出能证明自己继位合法性的一纸书证，“篡位说”与“合法说”的对立观点肯定会长期存在，或永远存在下去。这是无可奈何的事情。

我们可以将对这一谜案的研究比做解一道超级数学难题，条件复杂，晦暗不明。人们须从中寻绎条件，设未知数，最后求“解”。不同

---

① 《清代全史》第四卷，14页。

的做题人所寻条件各有不同，所得的“解”也有不同。做题人若只将自己的“解”代入自己寻得的条件进行验算，那么这答案将永远是正确的，但它不一定是“真解”。正确的做法是，审视别人的所得条件是否合理，将自己的“解”代入对方的合理条件，也代入新寻得的条件中进行验算，若这个“解”能最大程度统摄、包容这些条件（不说“完全”，是因为可能有的条件本身就给错了，正如同关于谜案有的文献记载本身就是错误的），那它才可能是“真解”。

除大统授受环节外，“篡位说”还在其他方面对雍正帝继位提出了质疑，如立定“雍正”年号，雍正帝不住乾清宫而移居养心殿，雍正帝不葬清东陵而改葬清西陵，康熙实录与乾隆实录卷帙相去甚远，十四子的名字，十四子在康熙帝心中的地位及他赴京奔丧，康熙帝去世后京城紧张氛围，太后之死，雍正帝整治他的兄弟，等等。当然还有更为边缘的问题。这些问题，持“合法说”的学者，有的已经彻底解决，有的还需进一步思考，提出更为合理的解释。①

我相信，随着新材料的出现，尤其是学者们不执于己见，互相切磋，就能达成越来越多的共识，也只有这样，才能越来越逼近或探得雍正继位之谜的真相。

---

① 这只是从完美解决雍正继位之谜着眼，而决不是说，必须要解决每一个疑问之后，“合法说”才能成立。

军机处与18世纪清朝的国家构建
——以新疆纳入版图为核心

刘文鹏*

一　本文研究宗旨

本文是针对学界的两个问题做出的反思：一是关于军机处的研究，二是关于藩部管理体制的研究。

（一）关于军机处的研究

军机处作为中国最后一个王朝的政治中枢权力机构，是继明朝以内阁制度取代在中国封建社会延续一千余年之久的丞相制度之后，对传统社会政治中枢机构的又一次和最后一次变革，也是满人入关后，对其原有中枢机构议政王大臣会议的自我超越，在中国传统政治制度变迁中具有“终结者”的重要地位。凡关乎清代政治制度的研究，必言及军机处。有一种结论在学界的共识性已经达到很高的地步，即“军机处是封建专制主义中央集权高度发展的产物”，“这标志着中国的封建专制主义从此到了高度发展的阶段”①。这在清代历史乃至整个中国历史的叙

* 刘文鹏，中国人民大学清史研究所副教授。

① 戴逸主编：《简明清史》第一册，272页，北京，人民出版社，1980；郑天挺主编：《清史》，252页，天津，天津人民出版社，2011。

事中已成为一种标志性话语。

显然，这样的研究是以中国历代皇权与相权、内朝与外廷关系为视角，是把军机处放在中国古代皇权专制往复发展、不断加强的过程中进行审视，我们不妨称之为“专制思维”。在这种思维中，皇权是主体，军机处是“附庸”或“附属者”，是专为论证“专制集权强化”这条主要历史线索而服务的。它决定了以往史学界研究军机处停留在这样几个方面：

第一，为什么要设置军机处？政治意义何在？主要存在三类说法，一是强化皇权专制，抗衡满洲贵族，或消除其他制约皇权的因素。二是更好地行使皇权，保证皇权行使的有效性，而不是强化独裁。三是就事论事，只强调军机处为西北军需而设。①

第二，军机处的成立时间。关于这个问题的争论非常激烈，有雍正四年说、七年说、八年说等三种说法。②

---

① 持第一种观点的学者主要包括：季士家（《浅论清军机处与极权政治》，载《清史论丛》第五辑），刘子扬（《清代军机处的设立及其性质——兼与钱实甫同志商榷》，载《历史教学》，1963（4）），冯元魁（《军机处与清朝的封建专制制度》，载《学术月刊》，1981（10）），赵小平、胡永刚（《军机处与清朝的封建专制制度》，载《阴山学刊》，第2期第18卷，2004年），郭成康（《雍正密谕浅析——兼及军机处设立的时间》，载《清史研究》，1998（1））。

持第二种观点的主要有：白彬菊（《君与臣：清中期的军机处，1723—1820》，*Monarchs and Ministers: The Grand Council in Mid-Ch'ing China, 1723-1820*, University of California Press, 1990），高翔（《也论军机处、内阁和专制皇权——对传统说法之质疑，兼析奏折制度之源起》，载《清史研究》，1996（2））。

持第三种观点的主要有庄吉发，他在《清代奏折制度》一书中认为军需房的设立是适应办理西北军需的需要，不应过多强调独裁政治的背景及其发展。

② 持“四年说”的学者主要包括李宗侗（台湾）（《办理军机处略考》），俞炳坤（《军机处初设时间新证（上）——兼与七年说和八年说商榷》，载《历史档案》，1991（3））。

持“七年说”的最早可追溯到清人王昶所著《军机处题名记》和刘锦藻所著《清朝续文献通考》，后世成果则有钱实甫《清代的军机处》（载《历史教学》，1962（9））、季士家《浅论清军机处与极权政治》（载《清史论丛》第五辑）、南炳文《军机处设立时间考辨》（载《清史研究集》第四辑）、冯元魁《军机处与清朝的封建专制制度》（载《学术月刊》，1981（10））。张德泽在《清代国家机关考略》、冯尔康在《雍正传》、庄吉发在《清代奏折制度》中指出军机处从雍正七年初设至雍正八年、十年经历了一个逐渐完善的过程，认为雍正七年时军机处已具雏形。

持“八年说”者有刘子扬的《清代的军机处》（载《历史档案》，1981（2））和《清代军机处的设立及其性质——兼与钱实甫同志商榷》（载《历史教学》，1963（4）），李鹏年、朱先华等编著的《清代中央国家机关概述》（北京，紫禁城出版社，1989），赵志强撰写的《军机处成立时间考订》（载《历史档案》，1990（4）），等等。

第三，军机处的权力特点如何？从维护皇权专制一统的角度来看，研究者对军机处职能关注最多的是这个机构在上谕起草和廷寄方面的作用，“只供传述缮撰，而不能稍有赞画于其间”[①]，以此衬托出军机处对皇权的依附和维护的特殊关系。同时，军机大臣为兼职、无定员、无衙署、无属员、职权不固定等特点，也使得研究者得出结论：清朝借助军机处消除了以往历史上影响皇权顺畅运行的各种窒碍。

由此可以看出，在这种“专制思维”影响下，对军机处的研究表现出两个方面的不足：一是重最初起源、轻后期发展。学者们热衷于争论这个机构何时设置、为何设置，这些问题决定了军机处研究的主要时段集中在清代的雍正、乾隆时期，而对乾隆以后从 18 世纪后半期到 19 世纪直至清末，军机处在国家政治生活中的地位和作用，学者们几乎没有涉足。这其中所包含的思维逻辑在于：既然已经完成了军机处产生根源的论证，证明了其对皇权专制的辅助功能，而清代皇权一直强大，那对军机处的解释似乎也就全部完成了。

美国学者白彬菊在其对军机处专门研究的著作中指出，在雍乾时期已经发挥过巨大作用的军机处直到嘉庆时期才被列入会典之中，由一个内廷机构转变为一个外朝的政府机构。她探讨了嘉庆时期对军机处的改革，认为嘉庆帝曾试图对权势太大的军机处进行改革，但只是小的修修补补，无法根本动摇军机处作为中枢机构的霸权地位，“皇帝和国家都已离不开它”[②]。然而，白彬菊并没有研究进入 19 世纪以后的军机处到底如何在发挥着巨大作用。

二是重视军机处与皇权的关系，缺少对其在国家层面作用的分析。在这种有皇权无国家的“专制思维”之下，军机处被当作皇帝的心腹

---

① 赵翼：《檐曝杂记》卷 1，北京，中华书局，1997。

② 白彬菊：《君与臣：清中期的军机处，1723—1820》。关于嘉庆帝对军机处的改革，国内学者也有很多关注，但研究内容大都集中在如何保密等问题上，并没有更多的拓展。

机构和皇权附庸机构看待，对于它在清代“国家”政治中的作用缺少关注。虽然嘉庆、光绪会典中有专章介绍军机处的各种职责，学界也时而引用①，却很少有人分析军机处为什么会有那些职责、如何获得那些职责。进一步而言，我们看不到乾隆以降军机处在国家发展中的政治作用，也看不到它作为一个政府中枢机构的主体性，不知道19世纪的军机处如何运转，也无法理解《清史稿·职官志》中为何将军机处视作清末责任内阁的前身，而原来的内阁则被合并到翰林院之中。②

（二）关于藩部管理体制研究

理藩院的前身为蒙古衙门，成立于1636年，1639年改称理藩院，一直负责蒙古地区事务的管理。理藩院“掌外藩之政令，制其爵禄，定其朝会，正其刑罚，尚书、侍郎率其属以定议，大事上之，小事则行，以布国之威德”③。19世纪40年代，李兆洛在《皇朝藩部要略》序中将清朝对藩部地区的管理描述为“修其教不易其俗，齐其政不易其宜”，这种原则被认为是承袭和发展了中国历史上传统的“羁縻政策”。李兆洛的观点被传承一百多年，至今仍不失为一种极为精炼的概括，为很多后世学者所推崇。自清朝结束后，为清朝撰史者如萧一山、王戎笙、戴逸等，都持此说，认为清朝以理藩院管理蒙、藏、青海等藩部事务，尊崇各部族首领和既有体制，因俗而治，获得成功。④

然而，这种观点忽略了清朝沿西北两路在藩部地区密集设置将军、

① 戴逸先生试图对军机处有一个新的解释，他将其定位为“有清一代处理政务的最高权力机关，负责决策法令，撰述谕旨，综理军国大计”，而且引用清会典材料述其职能：掌书谕旨，参赞军国机务，参议重要政务及刑狱，用兵时则考其山川道里、兵马钱粮之数，以备顾问。文武官员的简放、换防、引见、记名、赐予，以及拟定对外藩朝觐者的颁赐等。但他并没有做更多阐述。（参见戴逸：《清史》，北京，中国大百科全书出版社，2010）

② 参见《清史稿》卷114，《职官一》。

③ 光绪《大清会典》卷63，《理藩院》。

④ 参见萧一山《清代通史》、王戎笙主编《清代全史》、戴逸主编《简明清史》等著作。

大臣的作用和意义。既然以羁縻政策为内核的藩部体制如此完善，那为什么清朝还要在18世纪下半期，就是在藩部体制运行了一百年后，建立起一套将军、大臣驻防体制呢？

而且，过多地强调藩部体制的作用，强调清朝在边疆地区的统治建立于藩部首领效忠的基础上，也是美国“新清史”所谓“帝国主义”理论的一个重要内容。“新清史”认为大清帝国在新疆等边疆地区推行“帝国主义”政策，根据之一是清朝以来边疆地区的社会精英展开和实施自己的统治。这些问题非常值得我们反思。

张永江在这一方面的研究表明，清朝对藩部地区的管理早已超出了传统的羁縻原则：“（理藩院和将军、大臣）两大权力系统虽各有重点，但又互相交叉，国家权力触角深入土司系统以外所有的边疆民族地区。而且两大系统权力均来自最高统治者皇帝，直接对皇帝负责，这是以往历史上所不曾有过的。”① 然而，张永江并没有对将军、大臣驻防体制的形成、权力特点等做更多的探讨，没有解释理藩院体制与将军、大臣体制权力的不同，没有解释国家权力是如何深入边疆民族地区的。一个更重要的问题是，在如此广阔范围内建立起来的将军、大臣体制，清朝中央如何对其统辖？由哪个机构统辖？

华立注意到军府体制建立后，伊犁将军、乌鲁木齐都统掌握着西部蒙古旧地管理的实权。通过分析伊犁将军和乌鲁木齐都统之间的职权关系，她指出天山南北事务名义上由伊犁将军统辖，实际上由于新疆独特的社会环境，伊犁将军无法对全疆简单实行一元化的直辖管理，需要划分区域并由其他高级军政官员来分担职责。华立分析了新疆军府体制之下理民体制的建立和满汉官员如何管理地方基层社会的问题，

---

① 张永江：《清代藩部研究——以政治变迁为中心》，171页，哈尔滨，黑龙江教育出版社，2001。

这种国家权力日渐向新疆基层延伸的现象，不仅存在于东部已经建立州县的乌鲁木齐地区，而且，即使在伊犁将军直辖的北疆很多地区，乾隆以后也逐渐“经历从理民同知到抚民同知的民政体制的变化”，只是还没有过渡到州县制度。① 但是她并没有关注伊犁将军之下驻防大臣本身职权的特点。

综上所述，军机处研究和藩部管理的研究分别都有各自之不足，这也是两个看上去距离较远、缺乏联系的问题，至少很少有人去探讨两者之间的关系。然而，本文认为从18世纪中期开始，清朝对藩部地区的管理重心有一个从理藩院体制向军机处统辖的转变。

要探讨这种内在关系，需要有两种思维的转变。首先是将军机处的研究从“专制思维”中解脱出来，置于国家层面重新审视它的政治作用，去发现作为中枢机构的军机处与藩部管理之间的关系。其次，需要用“国家构建”的观念来审视清朝在18世纪下半期如何将新疆纳入版图的政治行为。军机处统辖之下的将军、大臣体制的实施，属于国家构建的重要环节，其目的是在边疆地区推行强权政治，把国家权力逐渐延伸到边疆社会的基层。完成这种国家构建行为的一个关键因素是确立起军机处在其中的主导地位。

二　国家构建问题的提出

清朝是一个由满人领导的、多民族统一的国家政权，其政权的形成、国家构建的发展并非一蹴而就，至少经历了三个阶段。第一阶段是满人入关后，联合汉人，借鉴、吸收明代之制度，承袭了中国传统大一统的政治局面，统一中原、江南等明朝所辖各省，各设督抚藩臬，

---

① 参见华立：《新疆军府制下的理民体制与满汉员的任用》，载《清史研究》，2010（4）。

分管一省之庶政。同时，在顺康之际，蒙藏藩部地区次第归附清朝，蒙藏各部之爵制、划界、司法等庶政，完全由入关前已经成立的理藩院统辖。这是在入关前政体的基础上，形成新的国家制度。第二阶段是经过康雍乾三代皇帝的努力，完成对西北、西南等边疆民族地区的统一，以将蒙古、藏、维吾尔等各族比较稳定地纳入政权体制之中，完成对多民族统一的、“前现代”国家的构建。第三阶段是从晚清19世纪80年代开始，以新疆、台湾建省为标志，进一步强化对边疆地区的管辖和治理，完成国家内部的“同质化”过程，向现代国家转变。

可见，清朝政权的构建和发展，经历了一个不断将新的力量组织到国家之中的过程，每个阶段都是在原有体制之下的扩展。为了更好地理解清朝政权在这个环节上的发展，我们不妨借用美国当代著名政治学家弗朗西斯·福山的国家构建理论加以阐释。虽然福山承认现、当代的极权国家有很多缺陷，但强有力的政府的缺失是造成现在很多国家恐怖主义盛行的主要原因，因此他推崇强有力的、积极作为的国家政权。所谓国家构建，并不是指建立一个新的国家，而是强化国家现有的体制，使政府更加有所作为。“国家构建（State-building），意味着创设新的政府体制，并强化现有的体制。”[①] 这个理论当然不能直接套用到清代历史的解释上，但它还是为我们更深刻理解清朝国家政权在其疆域拓展过程中集权制度的发展，提供了一些启示。

对清朝而言，18世纪中期统一新疆，不仅是疆域上的拓展，而且由于将面临一种新的国内战略安全形势，及中亚地区新的地缘政治格局，所以清朝统治者需要以更加积极有为的态度，强化国家权力，推

① 弗朗西斯·福山：《国家构建：21世纪的国家治理与世界秩序》，96页，北京，中国社会科学出版社，2007。

动新一轮的国家构建。

从内在的战略要求来看，天山南北地区的稳定关系到蒙古、西藏及内地的安全，大清王朝的势力由中原向内陆亚洲边疆纵深发展，是因为统治者一直坚持一种新疆不安定则不足以安抚众蒙古的政治思维，直到19世纪70年代左宗棠收复新疆，仍然是为维护这个战略需求而采取的军事行动。

从外部环境来看，自17世纪晚期到19世纪早期，在以条约体系为标志的近代国家关系建立之前，清朝发展的重心是在内陆亚洲边疆地区逐渐扩展和巩固自己的国家权力，此阶段的清朝经历了地缘政治格局的重大变迁。① 首先，清朝先后与俄罗斯签订《尼布楚条约》、《恰克图条约》、《布连斯奇条约》，欧亚大陆的各大帝国开始有固定的边界，清朝必须面对这种变化。② 其次，内亚地区的很多部落被重新整合、固定到大清王朝的疆域之中。尤其强盛一时的准噶尔汗国，在清、俄两大势力的挤压下，终告崩溃。后又有土尔扈特的回归，宣告游牧民族无边界游牧"历史的终结"，新崛起的俄国、清朝都需要以国家边界的形式保证自己在亚洲内陆地区的势力。这种"再帝国化"的过程，极大改变了中亚的地缘政治格局。③ 最后，虽然清朝政治军事力量进入亚洲腹地，但在与逐渐东扩的中亚伊斯兰势力经过长期较量后，为谋求边境地区的稳定，清朝不得不与浩罕国签订相关贸易条约，意味着清朝在19世纪初扩大了与他国之间条约关系

---

① 参见黄达远：《18世纪中叶以降的内亚地缘政治与国家构建》，载《学术月刊》，2014(8)。

② 参见濮德培：《欧亚时空里的清帝国：噶尔丹之战的教训》，见《世界时间与东亚时间中的明清变迁》下册，104页，北京，三联书店，2009。

③ "历史的终结"这一概念由美国学者福山提出，米华健在论述土尔扈特回归时，将这个概念运用到欧亚大陆中部地区俄、清等各大帝国疆域整合，即"再帝国化"的过程之中。(参见《世界时间与东亚时间中的明清变迁》下册，141页)

的政治实践。[①] 内陆亚洲地区地缘政治发生的这些重大变迁，已经证明不管清朝统治者有没有意识到自己正在建立一个“帝国”，但至少他们已经逐渐认识到在“国家”的统辖范围之外有“他者”的确定存在，“己方”与“他者”需要以相对确定的地域边界作为区分标志，而非过去的流动族群的效忠。这也使清朝已经开始从一个“天朝大国”向一个有日渐清晰的边界的“前现代”主权国家转变。

如此，对于新纳入版图的天山南北地带，中央权力如何行使？即如何将其组织到国家既有的体制之内？是仍然以原来的理藩院管理，还是设置新的管理体系，或是当作类似西方帝国主义的“殖民地”，供其进行资源和财富之掠夺？具体而言，中央权力在边疆地区的展开，是直接深入基层社会的管理，还是依赖当地的社会精英，不仅关系到国家构建行为的成功与否，也往往成为认识清朝国家性质的一个标准，甚至涉及清朝国家未来走向近代的发展方向。[②] 正如查尔斯·蒂利曾提出“国家政权建设”主要表现为政权的官僚性、渗透性和对下层的控制。[③]

显然，平准、平回战后，挟百战余威的乾隆皇帝不会再依赖理藩院体制下的礼制与族群认同，而要借助一个强有力的核心机构在藩部地区积极推进强权政治建设。这个机构要能在内亚边疆与内地行省之间、在旗人与汉人之间、在官僚系统内部的文职武职官员之间，从容调度，能够与皇帝一起积极有为地设计、实施清朝在内亚地区的政策，

---

① 弗莱彻在《剑桥中国晚清史》中认为，1835 年清朝与浩罕国签订的协定是真正的“第一个不平等条约”，是清朝在经过几十年的战争困扰后向浩罕国妥协的结果，批准这个协定的思维影响着后来中英《南京条约》的签署，它们之间有着内在联系。（参见《剑桥中国晚清史》，369 页，北京，中国社会科学出版社，1985）

② 罗友枝曾对把清朝向边疆地区的拓展视为国家构建行为的观点提出严重质疑，认为清朝也是一个帝国，并在边疆地区执行“殖民主义”，其标准之一就是清朝的国家权力依赖于边疆地区地方精英来行使，而不是直接深入基层社会。汪晖认为嘉庆末年龚自珍《西域置行省议》代表着对“主权国家”的设想，铺设了通向近代国家的道路。对这些问题的回应，下文中将详细展开。

③ 参见杜赞奇：《文化、权力与国家：1900—1942 年的华北农村》，1 页，南京，江苏人民出版社，2003。

保证国家的权力能够输入内亚边疆地区以实现中央集权的目的，要保证中央集权、国家权力向边疆地区基层社会渗透与地方精英利益之间的平衡。作为一直以运筹西北战事为主要责任的军机处，很自然会在容纳西北的国家构建过程中发挥核心作用。或者说，新疆地区纳入版图的契机，使清朝重新思考如何在广袤无垠的藩部地区加强控制，这需要有一个强有力的核心政治机构。正如有的西方学者指出的，军机处的产生是清朝在内陆亚洲地区发展反作用于中央的结果。

三　军机处与清朝在藩部地区的国家构建

起源于雍正时代的军机处，在乾隆时期经历了一个由内廷机构向外朝政府机构的过渡，是清朝强权政治的标志性机构，日渐成为一个掌握政府实权的中枢机构。① 这种变革的一个主要表现是对藩部地区驻防将军、大臣的统辖。从这个角度讲，军机处不仅代表着皇权专制的顶峰，而且意味着清朝的“中央集权”在经营西北、走向内亚的过程中逐渐走强的趋势。军机处在清朝向藩部地区推行强权政治的过程中，至少在两方面起着重要作用：一是藩部地区驻防将军、大臣及各级官员的选任，和对他们的权力进行设计；二是负责藩部地区与行省地区之间官员的调任，整合内外政治力量。

（一）军机处对藩部地区驻防官员的管辖

所谓西北两路，是指自清代康熙时期用兵准噶尔部逐渐形成的战略布防格局，由陕西、甘肃，经哈密、巴里坤进入天山南北，称为西

① 美国学者白彬菊提出，军机处在乾隆以后由一个内廷机构发展为强大的政府中枢机构，这种霸权地位一直延续到晚清。

路。由张家口向北穿越内外蒙古，经科布多越阿尔泰山进入北疆的塔尔巴哈台，至伊犁地区，称为北路。自康熙以后，清准之间在西北两路曾展开长期而激烈的拉锯战，清军在西路的哈密、巴里坤一带和北路的乌里雅苏台、科布多一带重点布防。

清朝在这些地区设置驻防将军、大臣，经历了这样一个时间过程：

康熙三十二年，因与准部交战，设右卫将军，驻扎归化城。① 乾隆二年，裁右卫将军，改设绥远城将军。

雍正二年，设热河总管。乾隆三年改为热河副都统。嘉庆十五年改为热河都统。

雍正三年，以青海平定，编设旗分，设青海办事大臣。乾隆元年改为西宁办事大臣。

雍正五年，设驻藏办事大臣。

雍正十年，设定边左副将军（后改称“乌里雅苏台将军”)。乾隆二十一年，平准战争期间，增设乌里雅苏台参赞大臣。

乾隆二十四年，南北疆底定，驻防大臣的设置更加密集，先后设喀什噶尔参赞大臣、乌鲁木齐办事大臣、哈密办事大臣、吐鲁番办事大臣（后改为领队大臣)、喀喇沙尔办事大臣、库车办事大臣、阿克苏办事大臣、乌什办事大臣、叶尔羌办事大臣、英吉沙尔领队大臣（初称总兵，后改)。

乾隆二十六年，又设察哈尔都统、科布多参赞大臣。

乾隆二十七年，设置伊犁将军、库伦办事大臣、伊犁参赞大臣，及伊犁领队大臣 5 人。

乾隆二十九年，设置塔尔巴哈台参赞大臣和塔尔巴哈台领队大臣 2 人。

乾隆三十年，置和阗办事副都统（四十二年，改为办事大臣)；乾

---

① 参见《清史稿》卷 205，《疆臣年表九》。

隆三十四年，设古城领队大臣、巴里坤领队大臣；乾隆三十六年，改乌鲁木齐办事大臣为都统。

乾隆三十七年，设库尔喀喇乌苏领队大臣。

以上之中，仅右卫将军、热河总管、驻藏大臣、青海办事大臣、定边左副将军设置于康雍时期，其他大部分将军、大臣设置于乾隆时期，且集中在乾隆二十四年以后至乾隆三十六年的十多年中，尤以乾隆二十四年至乾隆二十七年最多。在此期间，即使对以前的设置，乾隆时期也做了调整和加强。

对于将军、大臣体制与以往理藩院体制的不同，我们可以以青海办事大臣的设置为例做个简单比较。杨应琚所纂《西宁府新志》记载，“雍正元年以前，俱派理蕃院司员。自二年平定青海之后，皆简大臣驻扎郡城以总理之，间遣部郎协理”[①]，体现了这两种体制之间的差异。西北两路将军、大臣处理藩部事务并不通过理藩院，可直接通过军机处奏报皇帝，他们的任免也由军机处直辖，具有很强的独立性。如此以来，清朝对藩部地区的管理不仅有两套不同的系统，而且这两套系统前后相继，有一个很重要的时间差，但为以往学者所忽略。

有了这个时间差，我们可以了解到，在乾隆成功用兵准部之前，在幅员辽阔的蒙藏藩部地区，在从帕米尔高原到大兴安岭以西的草原地带，清朝竟然仅驻扎驻藏大臣、乌里雅苏台将军等几处零星的力量，这也稀疏到让人感到窒息的地步了。而在乾隆用兵准部后，清朝开始在西北两路大量而密集地设置将军、大臣，使其遍布于天山南北。

现在的问题是：清朝为什么会在乾隆时期平准之后，用一套与原有的理藩院系统完全不同的体制管理藩部事务？这个地区不仅包括天山以南的回部、天山以北的准部，还延伸到喀尔喀蒙古的科布多地区。

① 杨应琚：《西宁府新志》卷24，601页，西宁，青海人民出版社，1988。

这代表了一种什么样的政治思维？

1758年，因犯错误被革职发往西北军前效力的永贵、定长、纳世通等人，先后带着原有官衔出任南疆地区的几处办事大臣。乾隆皇帝在谈到为什么要给予驻防大臣较高的职衔时表示，“若照部议革任，及带所降之级留于军营，恐不足资弹压”①，必须保持官员的高级别，坐镇各城，强化其权威，才能实现对当地的有效管理、控制。可以看出，在平准战后清朝管理藩部地区政治思维发生了改变，即在保留理藩院体制的同时，向这些地区直接输出政治、军事力量，强化对这些新归附地区的管辖。这是乾隆帝不同于康雍二帝之处。

为了更确切了解军机处在清朝吸纳藩部地区的国家构建过程中的作用，我们应该回到军机处成立最早的初衷，即如庄吉发所说，军机处最初主要是用来解决西北战事的筹备和后勤补给问题的。

根据目前比较一致的研究，军机处初称军需房，从起源上来看，它本身就是为了筹备西北战争而设的，不但掌握西北战事所需要的钱粮，而且西北战前将军、大臣之派遣，亦由其直接掌控。《大清会典》记载，军机处重要职责之一就是直接统辖、管理驻扎在藩部地区的西北两路将军、大臣。

“凡大臣之换防于西北两路者，稽其班，书其名以备览，旬有五日而更之。”② 西北两路各大臣，皆由军机处缮具月折，每月于初五、二

---

① 《清高宗实录》卷571，乾隆二十三年九月辛丑。

② 嘉庆《大清会典》卷2。这些大臣包括包括：“西北两路，除伊犁将军、定边左副将军、乌鲁木齐都统外，参赞大臣有塔尔巴哈台一人，喀什噶尔一人，乌里雅苏台一人，科布多一人。办事大臣有喀喇沙尔一人，阿克苏一人，乌什一人，叶尔羌一人，和阗一人，哈密一人，西宁一人，西藏二人，库伦一人。帮办大臣有喀什噶尔一人，叶尔羌一人，和阗一人，哈密一人。领队大臣有伊犁五人，库尔喀喇乌苏一人，塔尔巴哈台二人，乌鲁木齐一人，古城一人，吐鲁番一人，巴里坤一人，英吉沙尔一人。凡换防之班，以到任后三年为期，每年十月将各处期满之大臣，开单呈递。更换与否，候旨定夺。其到任以后，续经调任者，乃以初次到任之日起，通前后任扣算，满三年者，一体列入单内。”

十日，两次呈递，其有出缺补放更调者，于折内查明改缮。

办事大臣一般任期三年，凡需要补放的，或由皇帝直接下旨任命，或由军机处于每年十月，将各处期满的大臣开列名单，是否换防、如何换防，报给皇帝直接定夺。也就是说，西北两路将军、大臣，虽是领兵军前，属于武职，但其选任、换防并不归兵部管辖，完全操于军机处之手。另外，查《大清会典》理藩院职责之各条内容，均为对藩部各部族自身事务的管理，并无任何管辖驻防将军、大臣之责。所以，雍正时期所创设军机处，最初专门协助皇帝筹措西北战事。但自此以后至清代结束，一直掌控着西北两路军务，权力未曾旁移。根据会典的记载，清代在西北两路设置的将军、大臣，其人选有这样三个特点：

首先，藩部地区驻防大臣的选调，基本上是八旗官缺，且以满人为主，兼用少量八旗蒙古、八旗汉军，八旗以外的汉人没有机会出任。

其次，这些官缺一直由军机处直辖，由皇帝钦定，其他官员和机构无法染指。以新疆为例，天山南北的大臣们虽然名义上归伊犁将军和参赞大臣节制，但他们选任、换防都不由伊犁将军和参赞大臣决定，亦不由他们推荐。在中央机构中，内阁、兵部和理藩院均无法过问这些驻防大臣的任免。

最后，西北两路驻防大臣名义上归当地的将军节制，但职权相对独立，主要表现在可直接给皇帝上奏折，独立奏报所属的相关事务，且无须向当地的将军汇报。只有在遇到叛乱、战争等紧急事务时，各大臣才会受到将军的统一节制、调度。乾隆三十年爆发乌什之乱时，乾隆帝命叶尔羌办事大臣额尔景额调查南疆各处大臣的不法行径，额尔景额参劾前任和阗办事大臣和诚婪索伯克之事，使和诚伏法。乾隆四十三年，永贵出任乌什办事大臣后，参劾叶尔羌办事大臣高朴贩卖玉石之事，使高朴被惩处。至于日常军政事务的处理，军队训练，台站、卡伦巡查，边贸管理等，各地大臣则更可以便宜行事，直接对中央负责。这种独立奏事权加重了他们的权威，弱化了伊犁将军、参赞大臣对他们的“节制”关系。

军机处掌握的西北两路驻防将军、大臣的荐举权，是清朝继续以中央集权思想来保持对边疆地区直接控制的政治上层设计，那么又该如何设置驻防大臣管理地方的权力，才能体现清朝国家构建的思想呢?

通过一些学者的研究，我们知道在天山南北的驻防大臣掌握了这样几种关键性权力：

第一，统率驻军、维护边防、对边境卡伦的设置和定期巡视是驻防大臣的首要职责，意味着对国家边界的保护。

第二，北疆蒙古各旗王公、南疆各城伯克的觐见和任命都通过当地的驻防大臣。

第三，驻防大臣掌握着当地的财政、税收，虽然他们不介入伯克征收税赋的具体事务，但伯克征税的名目、数量都须报驻防大臣批准，所有税赋均汇总到驻防大臣，与内地各省协济之饷，统一掌握。

第四，掌握当地的司法审判权，不独北疆蒙古人之间的纠纷须由将军、大臣裁决，即使南疆各城民间司法纠纷，虽有伯克审讯，但终须报大臣审定。

第五，对外贸易、商税征收更是由伊犁将军、参赞大臣奏请中央批准，由当地大臣实施。

在这几项权力中，军事权、外交权本属一国中央，延伸到南北疆，不足为怪，但如果连司法权、贸易权、地方治安维护都由国家派驻的大臣掌握的话，那么足以证明国家权力向边疆地区基层社会的强势延伸了。《钦定回疆则例》规定，回疆各地的宗教首领阿訇，一旦缺出，需由当地回人保结推荐，由阿奇木伯克报驻防大臣批准。而且，阿訇们还要定期到大臣衙门叩见。若某个阿訇不熟经典、化导无方，驻防大臣可以将其撤换，并追究推荐者阿奇木伯克的责任。①

国家权力是否能够延伸到基层、如何延伸到基层，是传统国家走向现代国家的一个重要标志。清朝非常注重强化新疆办事大臣的地位和权力，这种思想被乾隆以后各位皇帝一以贯之。有了这些权力设置，无论北疆的蒙古王公还是南疆各城伯克，甚至连哈密、吐鲁番的郡王，无不仰承驻防大臣之鼻息，难怪魏源在《圣武记》中载："各城大臣不相统属，又距伊犁将军穹远，恃无稽察，威福自出。"②

办事大臣"威福自出"背后，是国家权力随着驻防大臣的设置延伸到草原、高原和绿洲深处。相比理藩院体制，驻防将军、大臣的设置更能体现清朝中央和皇帝集权的意志，强化中央对藩部地区的管辖。同时，这种力量向藩部地区的输入，又以内地行省区为依托，离不开中原、江南的倾力支持，清朝必须在将强权政治推行到藩部地区的国家构建过程中，强化内地与藩部地区的互动关系。

（二）军机处与藩部、行省之间政治力量的整合

在明确了藩部地区将军、大臣由军机处直辖后，下面的问题是：军机处如何选调这些官员？其来源为何？与内地行省的关系又如何？

藩部地区的"大臣"，包括参赞大臣、办事大臣、领队大臣等都没有明确品级，也没有纳入清代官员九品十八级之列，而是由中央各部院相应的官员，内地各省的布政使、按察使，或八旗副都统、侍卫等官员，以原衔兼任派往驻扎。这些官员一般不低于三品。至于什么样的官员可以出任哪个城的办事大臣，则没有统一规定，完全由军机处协助皇帝直接掌握。同一城办事大臣可由各部侍郎、巡抚、布政使、

---

① 以上关于驻防大臣权力，参见管守新：《清代新疆军府制度研究》，107～120页，乌鲁木齐，新疆大学出版社，2002。

② 魏源：《圣武记》卷4，《道光重定回疆记》，长沙，岳麓书社，2004。

按察使、八旗副都统、绿营总兵等出任，甚至一、二、三等侍卫均可出任；而同一职衔官员，可任参赞大臣，也可任办事大臣、领队大臣。

藩部地区驻防大臣的来源有三个方面：一是八旗官员，主要由各旗副都统出任；二是中央各部院的侍郎，盛京各部的侍郎，内地行省的布政使、按察使、总兵等文武官员；三是藩部地区大臣的互调，或者从东北地区的将军、大臣中调任。总体而言，能够到西北两路出任驻防大臣的多为二三品官员。例如，乾隆三十年的喀什噶尔参赞大臣纳世通，原衔为工部右侍郎、镶黄旗汉军副都统，分别为文、武正二品。同时段的叶尔羌办事大臣额尔景额，原任副都统，与纳世通同为正二品。阿克苏办事大臣卞塔海，原任盛京礼部侍郎，也为正二品。

这些大臣的地位，不是取决于他们统辖地域的大小，而是取决于他们原来的实际职衔。青海、蒙古、西藏等地，一般一地仅设一两个办事大臣，其管辖范围相当于一省。而新疆的办事大臣管理范围仅限一城一地，远不及库伦、西宁办事大臣所辖地域之广，但很多实例证明，新疆的办事大臣和青海的西宁办事大臣、喀尔喀蒙古的库伦办事大臣之间可以互调。如，嘉庆时期的库车办事大臣来灵，原任正黄旗汉军副都统，后由库车办事大臣调任西宁办事大臣；嘉庆二十一年，又调回库车办事大臣任上。再如，嘉庆时期的台斐音，曾任和阗办事大臣，嘉庆十四年，他由和阗办事大臣，带二等侍卫之衔，调任库伦办事大臣。也就是说，清朝在新疆以省级大员管辖一城一地，如此高规格布防，显示出中央对新疆的重视。

对西北驻防将军、大臣的选任，至少有这些特点可以归纳：

第一，在西北两路驻扎的将军、大臣中，伊犁将军、绥远城将军、定边左副将军和乌鲁木齐都统属于职衔一致的实职官员，在武职官员中列从一品；将军、都统之下各地的参赞大臣、办事大臣、领队大臣均属于临时派遣、原衔兼任的官缺。这些官缺在《大清会典》中有明确规定，并有相应的养廉银。

第二，出任办事大臣的满洲官员常常因为在内地任职犯错误遭到革职、降级后，被重新任用，赏带副都统衔或以侍卫身份，前往新疆任职。如，乾隆四十三年，吏部尚书永贵因坐事被革职，以三品顶戴身份派往乌什办事。嘉庆二十年，山东巡抚同兴因亏空被革职谪戍盛京，次年被授三等侍卫，出任古城领队大臣，后转任阿克苏办事大臣。嘉庆时期的喀什参赞大臣斌静，原为黑龙江将军，嘉庆十八年坐事革职，二十二年出任叶尔羌办事大臣，次年任喀什噶尔参赞大臣。嘉庆二十一年七月，赏已革直隶天津镇总兵官祥启三等侍卫，为喀喇沙尔办事大臣。[1] 嘉庆二十四年八月，镶白旗蒙古参领福珠隆阿被赏头等侍卫，出任哈密办事大臣。[2]

让有过错的八旗满洲官员出任西北驻防大臣是乾隆时期开始形成的制度，这种做法既可以表示对犯错误官员略施薄惩之意，又可以保证中央有充足的官员派往新疆。同时，实际为八旗官员提供了一个广阔的回旋余地。被派往西北办事者，期满后大多都会获授副都统等八旗职衔[illegible]被任用的机会。

第三，自嘉[illegible]始，加“侍卫”之衔派任办事大臣的官员数量增多，表明皇帝更愿意把[illegible]地区军政[illegible]信的八旗将领，在军机处的统一协调下，八旗官员得以从容回旋于行省和藩部地区之间，极大地扩展了他们的政治余地。

总之，清朝也一直力图在行省区与藩部地区之间实现官员往来调度的常态化，使国家的政治力量能够尽量均匀分布于两种不同地区，统一接受中央的直辖，推动国家构建的进程，为以后新疆建省奠定了

---

① 参见《清仁宗实录》卷 320，嘉庆二十一年七月壬子。

② 参见《清仁宗实录》卷 361，嘉庆二十四年八月癸丑。

政治基础。

由此可以看出，乾隆时期西北战争的胜利，为军机处的权力扩展提供了契机。军机处从一个战争军需筹备的内廷机构，变为一个在国家构建中扮演核心角色的中枢机构，需要有两个背景的支撑：

第一，清朝原来负责军事指挥的最高机构——议政王大臣会议，已经衰落到几乎无法履行职责的地步。议政王大臣会议是在女真人由部族阶段走向建立国家政权的过程中出现的，具有原始民主制的特点，但随着皇权制度的确立和发展，它日渐衰落。首先是因为自皇太极时期开始，它一直被视为皇权专制的障碍，皇太极、多尔衮、顺治、康熙一直在谋求削弱这个机构，而把核心权力分解到内阁、部院等不同的中央官僚机构之中去。而且，当清朝在内地的统治建立起来后，议政王大臣会议对汉人极具排斥性，与清朝统治者必须依托汉人的支持才能完成国家治理的思路背道而驰，特别是当西北战争展开后，满洲人认识到，在遥远的内亚边疆开战，没有汉人的支持，没有中原、江南的军需补给，他们不可能获胜。清朝需要一个能够融合满汉的中枢机构掌握国家最重要的军政事务，从而保证清朝国家权力在从江南到西北这样一个极为广阔的空间内顺利行使，不受掣肘。

第二，从军需补给的角度看，军机处是大清王朝战略资源调配的制度保障。军机处及其前身，是一个容纳了满汉高级官员在内的机构。以怡亲王允祥、管理户部大学士张廷玉、蒋廷锡组成的军机处，其重要职责在于对军需的调度，尤其是张廷玉，作为桐城派领袖，他在雍正时期的荣耀几乎是清代其他汉人无法匹敌的。军机处的这种人事格局使得这个机构能够把西北内陆亚洲边疆地区的战事和经济富庶、文化发达的江南联结起来，能够整合中原、江南的经济资源，为清朝中央将藩部地区纳入版图的国家建构提供源源不断的财力支持。康乾两代皇帝屡屡南巡，清朝不惜血本修治黄河、保障漕运的目的也在于此。

清朝要把内陆亚洲边疆稳定地控制下来，军需补给是起决定性作用的要素。稳定江南、保证那里汉人精英的忠诚，与让忠诚的满蒙军队在内陆亚洲边疆地区获得军事胜利，保证大清王朝在西北地区国家力量的派驻，对大清王朝新一轮国家构建来说，具有同等重要的战略意义。自此以后，军机处在人员上一直是满汉参半，甚至在有些时候，汉人的风头还会盖过满人。这是以往议政王大臣会议、南书房，甚至是内阁都无法具有的功能。

四　18世纪清朝国家构建的特点分析

如上所述，清朝在18世纪下半叶开始的国家构建，目的是要在藩部地区西北两路建立起一套强权政治。清朝国家力量向新疆地区的扩展，不仅包括军事武力，也包括战后派驻的将军、大臣，及相关制度的建设等。这种延伸带来了清朝中央机构和国家制度的变革，不仅表现在新疆军府体制的建立及其对理藩院体制的超越，也包括军机处职能的发展，以及在军机处协调下，藩部地区和行省区政治力量的整合。可以说，新疆地区新的治理机制的建立，是国家强权政治延伸的表现，是在原有国家机构基础上进一步强化政权力量的国家构建行为，这使清朝成为一个多民族统一国家，或者说成为一个包含了不同族群的“帝国”。

至此，我想重新思考“新清史”提出的两个问题。“新清史”核心点之一是要区分清朝统治者的“族群身份”，因此就有了“清朝”是谁的“清朝”的问题。“新清史”学者将满人从过去含混不清的“统治者”中剥离出来，探究满人不同于汉人的那种“内陆亚洲”的民族身份，证明满人更多地依赖于非汉人的族群认同，依靠他们那种承袭于“游牧民族”的文化特性，获得在内陆亚洲边疆地区的成功。由是，

"族群认同"、"政治认同"成为切入对清朝国家政权性质探讨的一个主要角度。

罗友枝曾就清帝国的性质提出两个判断：一是清朝之所以获得成功，不是因为汉化，而是因为它能够对帝国内居住在内陆亚洲边缘的非汉民族实行灵活的、有弹性的文化政策。

"新清史"对清朝政治认同的探讨，对合法性的研究，目的重在证明满人的重要性，解构"汉化观"，只是将历史的主体，从以汉人为主转向以满人为主。但问题是，清朝仅仅依靠族群认同甚至是蒙藏等跨族群的认同，就能保证王朝的强大和对这些边疆地区的稳定统治吗？绵延不断、此起彼伏的边疆战争，残酷的杀戮，证明那种文化认同的无力和族群认同的失败。过多强调文化因素的作用，使得清朝统治者作为历史的主体，其积极性的一面被弱化了，并不符合清朝统治者依赖强大的国家力量、积极有为、称霸东亚和内陆亚洲的实际状况。

罗友枝对清帝国性质的第二个判断是：清朝是一个殖民帝国。其判断基于和英、法等帝国一样的几个标准："通过当地精英进行间接统治、使用多元的法律制度、在同一个帝国内对各个殖民地区臣民采取混合不同的政策……"①

同时，濮德培、米华健等人都提出清朝是一个由不同族群构成的、跨地域的庞大帝国，更倾向于将清朝视为与同时代的奥斯曼、俄罗斯、莫卧儿等类同的"帝国"，而且像19世纪西方的英、美等国家一样，在边疆地区大力推行"帝国主义"政策，蒙、藏、新疆等地区成为清帝国的殖民地。

显然，"新清史"的这两种论述存在很大的矛盾。既然清朝也是一

---

① Rawski, "The Qing Formation and the Early-Modern Period," in Lynn A. Struve ed., *The Qing Formation in World-Historical Time*, Harvard University Press, 2004, p. 221.

个根基于内陆亚洲地区的、深具“内陆亚洲特性”的帝国，则帝国的那些根本地区又如何成为清帝国的殖民地？满洲人又为何将殖民主义政策推行到与自己有着深刻的族群认同的蒙藏地区的部族？

而且，清朝从未推行一种所谓“帝国主义”实践，从未构建那种从边缘向中心的财富流动。而以军机处统辖藩部驻防将军、大臣体制的建立，表明清朝试图改变过去那种理藩院体制之下的羁縻政策，准备将边疆地区的控制组织到强权政治之下，拉近与内地行省在组织机构方面的距离，驻防大臣权力已经伸向边疆民族地区的社会基层的各个方面，而不是像过去那样依赖于当地精英进行间接统治。清朝的法律制度看起来是多元的，但恰恰是这些因地制宜的法律制度保证了每个地区驻防大臣的权威和他们对当地基层社会的控制，与其说是为了保障地方精英的地位，不如说是用法律的形式平衡国家权力与地方精英利益，最大限度减少地方精英对驻防大臣治理地方的掣肘。而以上对藩部驻防大臣权力特点的分析表明，清朝无意延续羁縻政策之下委托边疆地区的精英行使管理权力的思路，而是正在将边疆社会的管理权力集中到中央派驻的大臣手中。可以说，清代新疆以及其他藩部地区并不具备罗友枝所说的殖民地性质，清朝在新疆确立统治是一种国家构建行为，本质上是将中央集权推向边疆地区的过程，是代表中央的驻防大臣不断挤压地方精英管理本地区民族事务之权力的过程，其结果是为将来与内地的一体化、同质化做好准备。显然，罗友枝等人的论述建立在一种“假说”的基础上，因为他们的很多观点都是建立在理藩院管理体制基础之上的。藩部驻防体制如此重要的问题，竟然在如此重视内陆亚洲的“新清史”学者们那里被忽略了，或许是因为他们实在不愿看到内陆亚洲地区边缘的这些不同民族地区被整合到一个以中原为核心的“多元一体”国家之中去。而如果仅仅看到清朝皇帝对帝国的内外之分，忽视了清朝皇帝为强化中央集权而设置驻防大臣的政治本意，那么，“新清史”学者们所谓殖民帝国的观点，便只能是一种“假说构建”了。

通过军机处对藩部地区的直接控制，清朝已经在无意识之中描摹出一种“前现代国家”的雏形，这种前现代国家已经开始有比较明确的国家边界意识，以强大的中央集权来保证对边疆地区的控制，并努力打破帝国体制下对族群差异性的保留，实现国家内部管理的“同质化”。很明显，乾隆时期在把新疆地区组织到国家体制中时，清朝已经具备了这些特点。汪晖曾阐明这样一个问题，即乾嘉时期今文经学派极力倡导《春秋公羊》说的“大一统”理论，从刘逢禄到龚自珍《西域置行省议》的提出，如何将新疆融入国家之中，是他们最关注的焦点问题。《西域置行省议》虽然没有被采纳，但已经转移了当时学者们对夷夏之防的关注，放弃过去那种对族群、地域差异的保留，开始追求一种王朝内部的“同质化”，由此铺设了一条由传统国家向现代主权国家转变的路径。[①] 然而，汪晖仅仅关注了从刘逢禄到龚自珍经世学派在学术逻辑上的转变，并没有阐明这种转变的政治实践基础。龚自珍在新疆设置行省的政治构想当然是一种进步，是晚清新疆建省的一个理论基础，但它并没有脱离清朝已经实行半个多世纪之久的将军、大臣体制。在这里我们有必要将龚自珍的主张，与清朝已经实行的将军、大臣体制做个比较，去发现它们之间的内在联系。

一是龚自珍主张在新疆设置总督、巡抚、布政使、按察使等省级行政建制，省之下在南北疆各地设置“知府十一员，知直隶州三员”，其中各府、直隶州均设于旧有办事大臣、领队大臣驻扎各城之地，也就是将原有的驻防大臣降格变成知府；而哈密、辟展两郡王仍保留，但降格为知府之下、同知之上；回城伯克位列知县之下、县丞之上。

---

① 参见汪晖：《现代中国思想的兴起》，601页，北京，三联书店，2004。

这些建制虽级别上有所变化，突出督抚的地位，但知府、知县高于郡王、伯克的设置，显然是仍然保留了清朝以大臣驻防节制回部首领的思想。二是其军事布防、兵力部署有所调整，但兵力仍承袭原有的八旗、绿营力量，且仍贯彻北疆重于南疆、以北制南的格局。三是在南疆的叶尔羌、和阗极边之地，仍保留办事大臣之设置，铸总统西边办事大臣印，统军震慑，并掌各国朝贡事务。[①]

由此看出，龚自珍西域设行省之议，并非如他所说“所建极繁，所更张极大”，其主要的政治思想仍然无法脱离清朝军府体制的影子，初出茅庐的龚自珍必须将他的政治设想建立在早已经过半个多世纪的政治实践的基础上，而不可能完全另起炉灶。放眼近代新疆建省，为后世学者所批评的将军、大臣军府体制，恰恰是构建“同质化”主权国家政体的开端。

五　结语

军机处对西北将军、大臣的统辖，掌握西北两路将军、大臣的提名权，整合藩部地区和行省区的政治力量，并在藩部和内地之间构建起人事上的通道，只是军机处职权扩张的一个起点。在以后的历史发展中，军机处进一步摆脱内廷机构色彩，对国家核心权力的控制继续扩大，并愈发制度化。因此，军机处不仅是清代皇权专制制度发展的表现，而且是清朝以新疆纳入管辖为契机、以强权政治治理藩部地区在国家机构上的一个表现。军机处在当时的国家构建中发挥关键性作用，这促使它从内廷走向外朝，在18世纪下半叶逐渐发展成一个跨地

① 参见龚自珍：《西域置行省议》，见贺长龄、魏源编：《清经世文编》卷81，《塞防下》，北京，中华书局，1992。梁绍杰亦曾撰《龚自珍新疆建省计划析论》（载《史学集刊》，1997（4））论及此。

域、跨族群、跨文武官僚界限之庞大政权的中枢机构，并在以后的一个多世纪中继续维护这个多民族国家的统一。集权机制成为对遥远边疆地区控制的制度基础，而对如此广阔疆域进行有效控制的需要，又推动着清朝国家政治进一步走向极权化。即使在晚清波诡云谲的变革中，军机处一直处变不惊，牢牢占据中枢地位，直至清朝结束。

钱粮亏空案的启示*

——兼论雍正帝的惩贪与治吏

刘凤云**

所谓“钱粮亏空”，是指国家各级政府存储于仓库中的粮食与银两出现了短缺。而就形成亏空的原因而言，通常被视为官侵、吏蚀与民欠，三者之间又有着牵扯不断的关联。但在三者中，与吏治关系最大的莫过于“官侵”与“吏蚀”。传统政治认为，“平天下之道，首重用人”，而在用人过程中，惩贪与治吏又是政治清明、国基稳固的保证，所谓“欲使达政体者，肃吏治也”①。

就清朝而言，惩贪与治吏最严厉最成功者莫过于雍正一朝。乾隆帝有评价说：“我皇考临御以来，澄清吏治，凡此等官侵吏蚀之习久已弊绝风清。”②“人而能为清官也。”③ 可以说，没有雍正帝的系列改革，就不会有自康熙到乾隆的继往开来；没有雍正帝的铁腕反腐，更不会有国家开创盛世的政治环境。因此，雍正朝的十三年是成就康乾盛世的重要时期，而其中在反腐治吏上最大的举措，当属清理钱粮亏空。

---

* 本文为国家社科基金重大项目“盛京城考古与清代历史文化研究”中期研究成果，项目批准号：14ZDB038。

** 刘凤云，中国人民大学清史研究所教授。

① 贺长龄、魏源编：《清经世文编》卷10，《治体》之秦蕙田《经验讲义二篇·龙德而正中者也》；卷12，《治体》之何道生《敬陈亲政四事疏》。

② 中国第一历史档案馆编：《乾隆朝上谕档》（影印本）第1册，乾隆二年正月二十一日，150页，桂林，广西师范大学出版社，2008。

③ 贺长龄、魏源编：《清经世文编》卷27，《户政》之孙嘉淦《办理耗羡疏》。

本文拟就雍正朝的几起亏空案的清查试说管见，并从历史镜鉴的角度，讨论钱粮亏空案带给我们的对权力腐败、制度漏洞滋生腐败的认识。

一　钱粮亏空究竟是因公挪用，还是官员侵贪？

钱粮亏空究竟是官员监守自盗、贪污中饱，还是他们为解决财政缺口而产生的“因公挪用”？对此学界不乏研究。但对两者之间的关系，不仅治史者没有进行过认真的讨论，就是作为大力推行清查“钱粮亏空”的“当事人”，雍正帝与他的父亲康熙帝也存在着认识分歧。

康熙四十八年，针对不断出现的钱粮亏空及官场舆论，康熙帝对大学士等人谈到他的看法，说：“凡言亏空者，或谓官吏侵蚀，或谓馈送上官，此固事所时有。然地方有清正之督抚而所属官员亏空更多，则又何说？朕听政日久，历事甚多，于各州县亏空根原知之最悉。从前各省钱粮除地丁正项外，杂项钱粮不解京者尚多。自三逆变乱以后，军需浩繁，遂见一切存留项款尽数解部，其留地方者惟俸工等项，必不可省之经费，又经节次裁减，为数甚少。此外则一丝一粒无不陆续解送京师，虽有尾欠，部中亦必令起解，州县有司无纤毫余剩可以动支，因而有那移正项之事，此乃亏空之大根原也。”①

但是雍正帝不以为然。在他即位后，面对全国上下的钱粮亏空，朝廷不少官员仍作“因公挪用”的解释，雍正帝严厉驳斥说：“近日道、府、州、县亏空钱粮者正复不少，揆厥所由，或系上司勒索，或系自己侵渔，岂皆因公那用！”官员“每恃宽容，毫无畏惧，恣意亏空，动辄盈千累万。督抚明知其弊，曲相容隐，及至万难掩饰，往往

---

① 《清圣祖实录》卷240，康熙四十八年十一月丙子。

改侵欺为那移，勒限追补，视为故事，而全完者绝少。迁延数载，但存追比虚名，究竟全无着落”[①]。

而且雍正帝内心深处已经意识到，这种状态是因为康熙朝“未曾将侵蚀国帑、贪取民财之人置之重典”，由此造成了吏治日渐腐败、国家财政已经空虚的局面。若一如乃父那样，只凭对官员进行警饬训诫，望其徐徐感化，绝不会制止贪腐。所以，在登基一个月后，即康熙六十一年十二月，便谕令在全国展开清理钱粮，除陕西省因用兵暂缓清理外，“限以三年，各省督抚将所属钱粮严行稽查。凡有亏空，无论已经参出及未经参出者，三年之内务期如数补足。毋得苛派民间，毋得借端遮饰，如限满不完，定行从重治罪。三年补完之后，若再有亏空者，决不宽贷”[②]。从清理钱粮亏空着手，开始整治官场上的贪腐以澄清吏治。

那么，我们还是要问，产生亏空的原因，究竟是康熙帝所说的“那移正项之事”呢，还是雍正帝指出的“系上司勒索，或系自己侵渔”？这的确是一个需要直面回答的问题，但却并不是一个非此即彼的命题。

首先，“因公挪用”的现象在康熙朝的确具有普遍性，但并非形成“钱粮亏空”的唯一原因。

康熙朝系清王朝的开创时期，戡乱统一的战事不断，且军需浩繁而国力不裕。故康熙朝的军需供应，非以捐纳，即为挪用“俸工”等公项。其时，尽管有康熙十三年的捐实官的军需捐例、十九年的贵州本色捐例，以及三十六年的大同捐马例等“大捐”，但战争给地方财政造成的亏空依然影响深远，以致“前荡平三逆，原任湖广布政使徐惺所用兵饷，至四十余年尚不能清完”[③]。特别是，康熙中期清军三次出征准噶

①② 《清世宗实录》卷2，康熙六十一年十二月甲子。

③ 《清圣祖实录》卷299，康熙六十一年十月甲寅。

尔，川、陕、甘等西北诸省供顿不已，虽有“捐例”，却挪移不乏。如川陕总督吴赫参劾属员吴秉谦克扣军需银两，勒索税规等，经查，“亏空库银，俱系军需紧急，因公那用，并非侵蚀。其用过银两，交与总督陕甘二抚，令阖省文武官员均赔”。甘肃巡抚布喀虽有“擅用库银，支给运米脚价”的违规行为，“查系紧要公务，非私自那用，应免其追取”①。而甘肃因军需挪用的亏空自此一发不可收拾，至康熙五十七年的驱准保藏，“甘肃省自康熙三十四年至五十七年，因供应喇嘛、赈济贫民，以及军需脚价、买备驼马等项，借动银粮”，有未完各案亏空银两290 206两，又有动用赈济粮37 258石零。② 这项亏空直到乾隆元年“未经完补银粮尚有八万七千余两”③。云南省在乾隆二年也“有将文职各官俸工银两捐抵康熙五十九年以前军需”的情况。④ 此后，康熙六十年，征台湾朱一贵的战事同样导致福建出现了巨额的财政亏空。闽浙总督满保，便“因事紧急，动用库银二十三万余两，进入台湾后，内地招募之兵及原留台湾之兵丁，不发钱粮难以为生，故动支储于厦门之台湾兵饷三万余两送去供给。为此，奴才等与众官员捐银赔补十万二千两，除此之外，其余十二万两与台湾兵饷三万余两，福建地方小事情多，委实无力捐纳。故请准予销算”。满保还奏称：“偿还采买铜斤、捐造营船、浙江旗兵来福建、福建旗兵赴京城等项共计用银九万余两。此概为公事，垫用实出无奈。”⑤ 从揭报看，福建的问题也多属于军需挪用。

此外，康熙朝的亏空也与各项工程、公益，以及康熙帝的多次南

---

① 《清圣祖实录》卷198，康熙三十九年三月丙申。

② 参见《雍正朝汉文朱批奏折汇编》第6册，雍正三年十一月十六日，甘肃巡抚石文焯奏遵旨筹画追赔虚悬库项折，479页。

③ 《清高宗实录》卷11，乾隆元年正月癸丑。

④ 参见《清高宗实录》卷41，乾隆二年四月丁丑。

⑤ 《雍正朝满文朱批奏折全译》，雍正元年二月初一日，闽浙总督满保等奏报清查布政司库银两折，21页。

巡有关。康熙四十九年的江南亏空案就属此类。这起亏空案数额巨大，却缘由不清。先是两江总督噶礼疏参江苏布政使宜思恭贪婪，经查“宜思恭任内共亏空四十六万一千两有零”。但康熙帝不认为亏空仅属于官僚侵欺，“朕意地方虽有不肖之官侵蚀钱粮，未必多至数十万两”。康熙帝差尚书张鹏翮等前往查审。[①] 然张鹏翮虽得到地方官“愿将俸工逐年扣补诸项亏空”的承诺，却以未查出亏空缘由奏闻。最后，还是康熙帝自己说出：“朕屡次南巡，地方官预备纤夫，修理桥梁，开浚河道，想皆借用帑银，原冀陆续补足。而三次南巡为期相隔不远，且值蠲免灾荒，所征钱粮为数又少，填补不及，遂致亏空如此之多，尔等皆知之而不敢言也。”[②] 随后，张鹏翮也敷衍说：江南亏空之由，“大概如赈济、平粜，以及修塘等事”[③]。

就是说，因战争、灾异以及各项工程而产生的突发性事件也多系挪用公帑的诱因。

而后，雍正初年揭出的亏空案也不乏此种因公挪用之属，如浙江布政使王朝恩在雍正二年盘兑库银，发现浙江藩司应存库正杂银为68.6万余两，实际仅有现银38.6万余两，而在缺银30万余两中，有满汉官兵借支俸银近15万两，巡抚李馥调取银4万余两称买米补漕，余11万两为藩司傅泽润借支买米补漕并支给官兵路费等项。[④] 山东藩库内有巡抚李树德任内借支兵饷银12万余两，运米官员盘费银3.7万余两，各官借领银4.5万余两，地方公务银2.6万余两，皆系挪用。[⑤] 雍正四

① 参见《清圣祖实录》卷241，康熙四十九年正月戊子。

② 《清圣祖实录》卷244，康熙四十九年十月癸未、戊子。

③ 《清圣祖实录》卷244，康熙四十九年十月戊子。

④ 参见《雍正朝汉文朱批奏折汇编》第2册，雍正二年正月二十五日，浙江布政使王朝恩奏陈清查浙省藩库钱粮折，536页。

⑤ 参见《雍正朝汉文朱批奏折汇编》第1册，雍正元年五月二十四日，山东巡抚黄炳奏明清查库项情形折，455页。

年五月，安徽布政使觉罗石麟奏称：布政使博尔多将补项动支“二万五千七百五十两八钱”挪作他用。[①] 六月，安徽巡抚魏廷珍又就石麟所奏做了说明：“自雍正二年起，收存各属公捐俸工节礼银六万余两，查此项当日原为弥补上江亏空起见……博尔多遂将此项俸工节礼等银那借三万三千余两，并未在库，其余止存二万六千余两。博尔多屡次详明动用，臣俱未批行。”[②]

可见，几乎每个直省都有因公挪用造成的亏空，也没有哪个巡抚能够免受因公挪用需要承担的责任。不管该项挪用是否合理，是否出于“实心任事”的公心，为了突发性的事件，地方官不得不将挪用视为解燃眉之急的惯用方式，而最终都需要为挪用承担责任，即对亏空的钱粮进行赔补，甚或受到革职降级等不同程度的处罚。而因公挪用的根源，也主要在于地方没有“存留公项”的自主财政，地方官难为无米之炊。在这一点上的确与官员个人的操守无关。

但不能不说的是，康熙朝的清官政治以教化的方式塑造了众多的清官形象，贪腐与惩贪不被纳入康熙帝治理朝政的重点，这也在一定程度上放松了对官员个人行为的管控。特别是康熙后期，进入晚年的老皇帝更多地沉醉在太平盛世的梦想中，康熙五十四年十月，他在谈到对地方督抚的要求时说：“山西巡抚苏克济、直隶巡抚赵弘燮、山东巡抚蒋陈锡历任俱久，未闻清名，亦无贪迹，而地方安静，年岁丰稔，此等便是好官。”[③] 可见，保持盛世稳定的社会秩序，是康熙帝晚年最大的心愿，官员的操守则放到了其次。而正是康熙帝所

---

① 参见《雍正朝汉文朱批奏折汇编》第7册，雍正四年五月十八日，安徽布政使石麟奏查明博尔多任意支用弥补亏空银两数目折，286页。

② 《雍正朝汉文朱批奏折汇编》第7册，雍正四年六月初八日，安徽巡抚魏廷珍奏清查升任布政使博尔多存库各项钱粮等事折，419页。

③ 《康熙起居注》第3册，康熙五十四年十一月初九日，2217页，北京，中华书局，1984。

说的这些居官“安静”的“好官”，在雍正帝掀起的反腐风暴中以巨额的亏空被参。

其次，“因公挪用”不仅导致亏空，且滋生腐败。

雍正帝并非不知地方财政有缺口，但他更愿意相信，财政的制度缺陷是地方官员借以婪赃的漏洞，所以他要从清理钱粮入手进行反贪。而事实上，因公挪用的财政亏空恰为官员的贪欲提供了最直接的侵欺口实。山西的巨额亏空案就十分典型，而最大的贪官就是被康熙帝称作“好官”的苏克济。

雍正元年，由潞安府知府裘章等诸多府县官员首告，苏克济以450万巨额亏空被逮。随后，苏克济“承认其指称军机之事所得及收受年节礼品、生日贺礼，并五次大计、入京谒见等项，侵吞之银四百二十五万余两是实”①。

苏克济于康熙四十八年四月出任山西巡抚，六十年十二月丁忧解任，巡抚山西十二年余。这期间，正值清朝为驱逐准噶尔伸向西藏的势力而大举用兵西南与西北，故苏克济的亏空中，多有“借军需之名，指称官俸工钱，挪移库帑而致亏空”②。也就是说，除了向下属索贿外，苏克济还假借支取官员俸工银用于军需的名义，将公帑婪入私囊。其手段无所不用其极。例如，苏克济以动用各州县官员“五年俸工银”为名，“将各州县钱粮挪移三十万两”，名义上是解给大同知府栾廷芳，而“实际解给栾廷芳银七万一百六十七两九钱有奇，另二十二万九千八百三十二两余尚未挪解”③。

---

① 《雍正朝满文朱批奏折全译》，雍正元年九月初一日，山西巡抚诺岷等奏报审问苏克济及其子达尔布情形折，317页。

② 《雍正朝满文朱批奏折全译》，雍正二年七月二十七日，山西巡抚诺岷奏请完欠官员开复折，866页。

③ 《雍正朝满文朱批奏折全译》，雍正元年六月初二日，山西巡抚诺岷奏报查明预参亏空银两折，838页。

苏克济此举又为大同知府栾廷芳效仿。栾廷芳同样指称军需，号召通省官员捐出俸工银等，随后侵吞因公挪用之银。自康熙五十六年至六十一年，以采买驼马草料为名，“欺蒙浮冒侵蚀二十七万七千九百余两，另大同捐纳银多领十三万二千八百余两”。又有“亏欠库银十六万余两”，成为知府中的贪腐大鳄。另一位可以与栾廷芳相提并论的是知府冯国泰。雍正元年十一月，诺岷查出“原任平阳府知府冯国泰亏空银二十余万两”，并于冯国泰任所搜得许多银两、金银首饰器皿以及借银文书、古董、绸缎等，粗估折银四五万两。①

而且，正是在这种环境下，山西几乎通省亏空。据苏克济的后任巡抚德音揭出，“山西亏空银内，变抵有项之银为八十六万二千余两，另有指称借给饥民粮米八十三万九千余石”。“至亏空银内变抵无项之临汾县等十七州县亏空之银二十八万五千余两，拟限两年照数追完。再太原县等三十六州县亏空之十七万八千余两之银……”②他还查出，山西共有 97 州县，53 个州县有亏空，其中 17 州县有 28.5 万余两的变抵无项之亏空。而上述州县的亏空，除了因苏克济“挪用俸工”形成的之外，有相当一部分当属于为苏克济指称军需，“收受年节礼品、生日贺礼，并五次大计、入京谒见等项”的婪索。

此外，挪移亏空与腐败的关系还会出现在以下的情形中。诸如，京官以钦差的身份索贿。康熙四十二年六月，宋大业奉命赍御书匾额赴湖南祭告南岳，“逼索多金始容悬挂”。巡抚赵申乔，先是“许以三千两，不允，加至七千两，令（知府）姜立广向布政使暂借库银，即

---

① 参见《雍正朝满文朱批奏折全译》，雍正元年十一月初二日，山西巡抚诺岷奏报搜得冯国泰府上银两物件数目折，470 页。

② 《雍正朝满文朱批奏折全译》，雍正元年七月初三日，山西巡抚诺岷奏请府州县亏欠未完银两由各官分赔折，207 页。

令姜立广送七千两，随礼七百两，幕宾刘某、张某各索银一百两，共七千九百两”。“此银暂借库项，未言作何归补。”① 又如，康熙六十年八月，甘肃署会宁县事知州李德荣侵扣散赈钱粮，皆由工部主事觉罗西伦等勒索，西伦“勒索李德荣银一千二百两，奉委协赈之都司温安海亦勒索李德荣赈规银八百余两”②。

再有，借弥补亏空之名侵盗钱粮致再生亏空。特别是以补充地方财政缺口所开的捐例，更是产生亏空的源头。例如康熙四十五年正月，两江总督阿山奏曰：“查西安救饥例，其捐纳官生亏空米石，历年未查明。”③ 又如，“大同等处捐纳，名有百十万钱粮，亦未必实其数”④。康熙五十三年广东捐谷案，巡抚满丕“擅改购米捐纳之例”，在120万余两的捐银中，“将八十万两银与属下大员分取之，惟将四十万两银交付知县官等购米。知县官员知此弊端，竟不购米者亦有，购半数者亦有。上官自身既行私舞弊，有无仓米亦不敢查。故此，仓米欠缺者甚多”⑤。广西的情况大致相同。拟收捐117万余石米谷，应折银129万余两，定于桂林、梧州、柳州、南宁四府收捐。布政使黄国材等，仅将收捐银47万余两下发州县购米谷，其余82万余两捐银，悉为黄国材与四府知府吴元臣、李世孝、赵世勋、黄之孝等

---

① 盛康辑：《皇朝经世文续编》卷23，姚莹之《论赵恭毅公覆奏宋学士参款事》，光绪二十三年本。

② 《康熙朝汉文朱批奏折汇编》第8册，康熙六十年八月二十八日，川陕总督年羹尧奏参甘肃侵蚀赈银之知县等员折，845页。

③ 《康熙朝满文朱批奏折全译》，康熙四十五年正月二十五日，两江总督阿山奏请开捐以利河工折，406页。

④ 《康熙起居注》第3册，康熙五十六年二月二十六日，2359页。

⑤ 《康熙朝满文朱批奏折全译》，康熙五十六年三月二十五日，广东巡抚法海奏为设立捐纳银例事折，1180页。是案另见《康熙朝汉文朱批奏折汇编》第8册，康熙五十七年五月初七日，两广总督杨琳奏为备陈粤东捐纳始末并处理办法请旨折，101页；康熙五十七年十二月二十一日，两广总督杨琳奏为再陈广东捐纳款项处理办法请旨折，358页。据杨琳奏：其时，巡抚满丕得银5万两，总督赵弘灿得银5.4万两，布政使王用霖得银2.1万两，将军、副都统、八旗协参领提督及各道员共得银5.6万两，杨琳本人得银4万两。

私分，存库有117万余石米谷存储之名而无其实，遂引发了广西的钱粮亏空。这类亏空虽为“分肥”，但在地方缺少经费的情况下，官员可以明目张胆地将公项据为己有，与将加征的火耗自行使用有类似的性质，至少在当时的官场中是一种不被等同于贪赃的行为。但这其中恰恰可以滋生腐败与贪官，也正是这些不被视为贪赃的加征行为始终处于灰色地带，才使得如苏克济等人在挪用钱粮上肆无忌惮。

二　巨额亏空案中的督抚侵欺

山东是亏空的重灾省，也是最先揭开亏空内幕的省份，而巡抚黄炳是推进山东清理钱粮亏空的有力人物。有关山东钱粮亏空的问题，雍正帝在登基之前就有耳闻，他在即位后立即将以干练著称的黄炳由按察使超擢为巡抚，就是希望他能严查此事。黄炳也未负雍正帝所望，于雍正元年正月便向皇帝报告了调查山东仓谷案的情况。他说：山东从康熙四十五年至康熙五十三年八年间，以存贮粮食为名捐纳，累计收银311万余两。本来这些银两应该用来购买谷物存放，但只有93万余两被用来买谷，剩下的217万余两被当时各级官员按股私分，其中尤以巡抚蒋陈锡和登州知府李元龙分得最多。① 此案涉及康熙帝晚年提到的另一个“好官”蒋陈锡，但此时蒋陈锡已故，查处的重点落到知府李元龙的身上，且李元龙与蒋陈锡的后任李树德又有戚属关系。只是调查进展缓慢。六月，户部郎中博尔多奉旨到山东传达上谕，以李元龙交到该抚黄炳查办日久，并未奏闻，责令黄炳“即行提质”，将

① 参见《雍正朝汉文朱批奏折汇编》第1册，雍正元年正月二十五日，山东巡抚黄炳奏查分贮监谷一案情形折，23页。

李元龙名下赃私，“除完伊任内亏空以及补还赈济银两外，其余赃私尔回京时带来”①。于是，黄炳遵旨将“李元龙产业等项造册封固”，并将其管事家人王二押解至山东。

可见，在这起亏空案中，雍正帝关注的重点目标是登州知府李元龙，而已故巡抚蒋陈锡却是个被“忽略”的人物。

蒋陈锡，江南常熟人，字雨亭，康熙十二年进士，选庶吉士，授御史。康熙四十七年九月由河南按察使升任山东布政使，十二月，擢升巡抚，至康熙五十五年九月再升云贵总督。蒋陈锡在山东巡抚任上长达九年，为久任之山东大员。而山东由捐谷发生的亏空巨案，就在他的任职期间。且对于蒋陈锡的指控，除了巡抚黄炳的弹劾外，怡亲王允祥在雍正元年九月也有参奏，疏曰：他在会同河道总督齐苏勒查审山东省监谷收捐之时，发现蒋陈锡侵蚀监谷价银，“每谷一石收银一两，共谷三百一十一万一百六十石，该折银三百一十一万一百六十两。及分贮之时，每谷一石折银三钱，共止分贮银九十三万三千四十八两。该余银二百一十七万一百一十二两，蒋陈锡尽归已有。臣前请追银百余万，因蒋陈锡病故军前，量追还项”②。

从巡抚黄炳，到河道总督齐苏勒与怡亲王允祥，他们对蒋陈锡侵盗钱粮的指控应该是确凿无疑的。但是，在康熙帝的眼里，蒋陈锡操守并无问题，“任山东巡抚时，钱粮亦清楚”③。而雍正帝又以其弟蒋廷锡为股肱，信从“廷锡入陈（亏空）始末，诏减偿其半”④。于是，对蒋陈锡的处置仅限于减半追赔。由于资料的缺乏，蒋廷锡对其兄亏空

① 《雍正朝汉文朱批奏折汇编》第1册，雍正元年六月十九日，山东巡抚黄炳奏覆审办李元龙贪污一案迟延缘由折，530页。

② 中国第一历史档案馆编：《雍正清理钱粮亏空案史料》下，雍正元年九月十四日，怡亲王允祥等为查议已故山东巡抚蒋陈锡侵蚀谷银事题本，载《历史档案》，1990（4）。

③ 《清圣祖实录》卷272，康熙五十六年四月丁亥。

④ 《清史稿》卷276，《蒋陈锡传》。

原因的辩解便无从得知，但其侵欺入己的行为无疑是否认不了的实情。也就是说，蒋陈锡实属婪赃，且数额巨大，但却得到了权力的庇护。

接替蒋陈锡的李树德同样是个贪官。李树德以山东登州总兵官用为山东巡抚在康熙五十五年，康熙六十一年十月调任复州将军。然未及行，康熙帝崩。雍正帝以“今东省钱粮，急宜清查”为由，令镶白旗汉军副都统宜兆熊前赴福州署理将军事务，李树德代宜兆熊署理都统事务，“清查伊任内钱粮”[①]，明确表达了对李树德的不信任。半年后，即雍正元年五月，黄炳上陈清查库项折，查核山东各州县钱粮。他说：“约略统计，自康熙四十八年起至六十一年止，各州县地丁亏空六十余万两，府、州、县仓谷共亏空九十余万石。”[②] 六月，黄炳又奏：“李树德任内亏空藩库银两经臣去岁奏明，已奏出未完银二十六万两零，未奏银十三万两零，查核尾数，共亏空银四十万零五百六十九两。”“李树德已完银二十六万七千三百九十五两，尚少银十三万三千一百七十四两，与李树德折内银数不符。”[③]

随着清查的深入，雍正元年十二月，黄炳检阅旧案又查出，“李树德所题无着银谷俱系约略模拟，并非确实核算”，“允其详请陆续捐俸补还之项，名则俸工捐补，实则虚悬无着，况俸工已奉停止，无项可捐，实难遵照部行依限赔补”。所以，他请旨将山东的“无着银三十万余两，无着谷十二万五千余石，皆系前任抚臣李树德任内未清之项”，“委难捐补，应请仍着落李树德补还，以清积案”[④]。

---

① 《清世宗实录》卷2，康熙六十一年十二月辛酉。

② 《雍正朝汉文朱批奏折汇编》第1册，雍正元年五月二十四日，山东巡抚黄炳奏陈清查库项情形折，455页。

③ 《雍正朝汉文朱批奏折汇编》第1册，雍正元年六月十九日，山东巡抚黄炳奏谢训勉并查李树德亏空藩库银两情形折，526页。

④ 《雍正朝汉文朱批奏折汇编》第2册，雍正元年十二月十三日，山东巡抚黄炳奏请饬前任巡抚李树德补还虚悬无着银两折，389页。

但最具讽刺性的是，黄炳成为山东第三个被揭出的侵贪大员。黄炳在查处他人时确实不遗余力，不负雍正帝所托，但他同样是个贪婪之人。雍正二年闰四月，都察院巡盐御史莽鹄立将山东贪腐查参的目标指向了黄炳。他在给雍正帝的奏折中表示了对黄炳的怀疑：莽鹄立原久在京城院署行走，而不甚晓省民之事，此次前往山东省办理盐务，住了二月，“闻得，前巡抚李树德甚毁山东省。黄炳人稍聪睿，微有才干，且性燥轻浮无定，非能教养全省百姓之器，今为巡抚以来，虽稍改品性，但先任按察使时，因有贪项，多有怵于下官，总是遮掩。倘将伊现调往他处，山东省众官仓库之亏空，伊本身所欠之项，即致暴露”。但是对于莽鹄立所奏，雍正帝并未轻易取信。他顾虑有人诬陷，故在朱批中回复：“黄炳有才干，与伊不睦之人多，倘并无贪赃枉法之处，不可闻省大臣等滥言轻易办理，诚获证据再奏闻。朕同尔等一样有闻，不可将所闻竟糊涂相信。”① 但雍正帝还是很快将黄炳调离了山东。

果如莽鹄立所言，事隔不到半年，有关黄炳侵蚀公项的秽行就被新任巡抚陈世倌查明。雍正二年，陈世倌奉旨查审李树德借赈冒销及流抵银谷一案时获悉，黄炳在山东按察使任上，以弥补亏空为名，婪得 12.3 万余两银。陈世倌奏称：据各州县佥供，“康熙六十年奉文散赈，康熙六十一年升院黄炳署布政司事于二月内行令各州县备空印册二十本，每本百页送司攒造赈册报部。于各属实赈外加开谷三四千及八九千石不等，每石折价银三钱，着令解司，共计加谷四十一万有零，折价银一十二万三千余两，俱各解讫。是州县已经解银交司，今又责其分赔”。“随传李树德面质，据称当时因有一十三万亏空，未经题明。署藩司黄炳回我，趁此番赈济令各州县多开谷四十万石，折银解司便

① 《雍正朝满文朱批奏折全译》，雍正二年闰四月初四日，都察院巡盐御史莽鹄立奏报两任山东巡抚贪赃枉法折，788 页。

可完项。我一时昏昧允了。后来此十二多万银子是黄署藩收的，其实各州县原无应赔等语。”[①]

是案揭出之后，黄炳当即表示“情愿将此谷价银十二万三千两独认赔补”，并请给予两年期限。[②] 但直到雍正五年正月，已升任刑部侍郎的黄炳仅仅“差家人解银三万两到东（省）补还司库”，“尚有未完银九万三千两”[③]。但这还不是黄炳婪赃的全部。

雍正六年，负责稽查江南钱粮的监察御史伊拉齐、浙江总督李卫，以及杭州将军鄂弥达分别接到雍正帝的谕旨，令查黄炳于盐驿道员任内有无贪劣之事。接到谕旨后，鄂弥达与总督李卫、御史伊拉齐前往福建提人。九月至十一月，经过三个月查审后，鄂弥达等会疏具题，奏称：“臣初查大概，黄炳任盐驿道三年有余，其于盐驿道内克扣之粮共近二十八万，与盐驿道内克扣之银近二万两。雍正四年其差家人二名向盐商索银一千六百两。共伊克扣勒索之银共近三十万两。由此看来，恐怕还有别项赃银。”雍正帝批复其“秉公办理”[④]。可见，黄炳婪赃并非一日，且在雍正帝严打期间还有勒索行径，这在一定程度上揭示了康熙末年以来官员在缺乏管控机制下所释放出的贪婪惯性。

山东而外，两江三省（江苏、江西、安徽）也无不属于亏空大省，雍正六年末，御史伊拉齐到达江南进行查审，随后与总督范时绎、巡抚魏廷珍、戴青保共同会议具题，曰：“查得上下两江亏空之数虽多寡

---

① 《雍正朝汉文朱批奏折汇编》第3册，雍正二年七月二十三日，山东巡抚陈世倌奏报查询李树德借赈冒销及流抵银谷一案折，345页。

② 参见《雍正朝汉文朱批奏折汇编》第3册，雍正二年八月初一日，刑部左侍郎黄炳奏独任赔补任职鲁藩时亏空谷价折，384页。

③ 《雍正朝汉文朱批奏折汇编》第9册，雍正五年二月初十日，署山东巡抚塞楞额奏报前任抚臣黄炳已还应赔公款数目折，61页。

④ 《雍正朝汉文朱批奏折汇编》第14册，雍正六年十二月十二日，稽查江南钱粮监察御史伊拉齐奏报会议办理江南钱粮亏空案件情形折，199页；《雍正朝满文朱批奏折全译》，雍正六年九月二十八日，杭州将军鄂弥达奏报盐驿道黄炳克扣银两数目折，1666页。

不一，而亏空之弊大概相同。”其中，“安徽各属亏空案内除无着之劳心吾等，各案经抚臣魏廷珍题明，在于历任承追督催徇隐失察各官名下追赔外，其余各案共二十余万两，米谷等项七万余石，又赃罚银共二万六千余两，并外省咨追等项共四十余案”①。

比之安徽，江苏的情况在两江中最为复杂，且亏空数额巨大。雍正帝在即位之前就有耳闻，“据言江苏库银多为不清”，所以时任巡抚的吴存礼自然成为第一个被怀疑的对象。吴存礼于康熙五十四年十二月由云南巡抚调任江苏，在苏州巡抚任上七年有余。雍正帝下令各省开展清理钱粮亏空后，吴存礼于雍正元年三月将署理上海县同知郑山以亏空钱粮题请革职留任。但郑山系以贤能遴选署印之员，对于郑山亏空钱粮之说，雍正帝甚是不信，他质问说：郑山“何至亏空钱粮？此项亏空应将遴委郑山署理之上司查明，令其分赔”②。此事无疑加深了雍正帝对吴存礼的怀疑。适逢此时，两江总督查弼纳在回奏雍正帝对江南的询问时也提到：“吴存礼本年六十三岁，身体尚不衰弱，在此任职多年，熟谙地方之情，惟为求得好名声，对属下劣员管饬不严，对刁恶生员人等亦不惩治，以致地方之人皆言，巡抚不管事、不办事。”“吴存礼居官虽无苛暴勒索之处，但官属行贺一应礼物亦俱收受。适才伊已张出告示，不受官员礼物，禁止馈送行贺。”于是，就在当月，雍正帝在朱批中称，将吴存礼调走，《清世宗实录》记载为“缘事革职”。顶替吴存礼的是江南京口将军何天培，命署理江苏巡抚，雍正帝对两江总督查弼纳称，“赏给你一个好帮手”③。

---

① 《雍正朝汉文朱批奏折汇编》第14册，雍正七年二月十一日，钦差监察御史伊拉齐奏覆稽查江南各省亏空事务情形折，597页。

② 《清世宗实录》卷5，雍正元年三月戊子。

③ 《雍正朝满文朱批奏折全译》，雍正元年三月十五日，两江总督查弼纳奏报吴存礼居官情形折，48页。

但与其他直省相比，江南清查亏空的推进并不顺畅。雍正三年三月，何天培从署理苏州巡抚任上回任江南京口将军，可见其在行政方面并没有得到雍正帝的肯定，江西布政使张楷接任了江苏巡抚。然张楷虽有廉声，却谨守有余。雍正元年八月，张楷奏称，查得苏松积欠690余万两银，奏准分年代征。又奏，江南簿册不清，印官事务纷繁，即欲彻底清查而力有不逮。[①] 这时雍正帝的注意力主要不在民欠，而在清查官侵，张楷所奏并未引起雍正帝的重视。九月，总督查弼纳亦奏："两江亏空钱粮三百二十余万，其年已久，催征徒有其名，实际完纳甚少。国帑空虚，官民遭殃，臣忧心切切，会同三巡抚缮折条陈，因见识浅陋，未得弥补亏空之良方。"[②] 查弼纳虽然奏称江南有320余万的亏空，却并没有查清亏空的具体情况，即何人何时亏空，故查弼纳只能将之归为无着亏空。为此，查弼纳提出"由前任督抚子弟赔补"的意见，理由是前任总督长鼐、赫寿系大贪。他说："臣闻两江之贪官无过于前任总督长鼐者，其贪婪异常，残暴至极，家业殷富，天下无人不知。其继任总督赫寿虽无恶名，却图钱财，家业亦为丰厚。……兹两江亏空钱粮，不可不分别由其子辈完偿。"雍正帝虽认同查弼纳的说法，但因尚无证据，遂指示查弼纳可先从长鼐、赫寿的"下属书办予以查问，岂有不得之理！"[③] 并责令将藩臬道台一并列入清查范围。遵照雍正帝的指令，自雍正二年二月，查弼纳根据原布政使李世仁的检举，以原总督长鼐、赫寿等勒索银两立案。随后，刑部将长鼐长子、赫寿及与本案有关家人俱押送江南。查弼纳即咨令布政使鄂尔泰、按察使葛继孔严审催征。但是审理并不顺利，"其子成善（次子，捐纳监

---

① 参见《雍正朝汉文朱批奏折汇编》第13册，雍正六年八月十五日，署江苏巡抚张坦麟奏请委员督查旧欠钱粮折，197页。

②③ 《雍正朝满文朱批奏折全译》，雍正元年九月二十一日，两江总督查弼纳奏请由前任督抚子弟赔补两江亏空钱粮折，366页。

生)、灵德(三子,捐纳主事)又恃官职,巧饰隐瞒,绝不供出财物家产之实数”。雍正帝只好将成善、灵德革职,令该总督严审,命将萧大(家人)、屈四(管家)亦送江南再审。①

事后,时任苏州布政使的鄂尔泰对此案的办理作过这样的议论,他说:“江苏州县亏空案内,曾为赫寿、长鼐属员者五十余员,计算亏空银米不下百余万,承追州县虽有限年处分,究不能按欠清完,若不着落赔补,终于国帑无补,但遽将前项银两查找均摊赔项,又恐有力之员得以漏网。”② 可见,由查弼纳主持的江南清查,将主要对象集中到往届的总督上,特别是长鼐已经亡故,显然主打目标并不对头。所以,这一时期江苏省的清查及追赔没有收到成效。对此,雍正帝十分气恼,并将责任都推到了巡抚张楷身上,申斥张楷曰:“惟务沽取虚名,于地方事务全不经心料理。”“朕访知贪劣不及官员,指名令其参奏,却称自己爱民洁己,以为息事宁人之本。”“以朕绥靖地方之心,而张楷视为烦扰地方之事,其意不过欲姑息优容。”命将张楷革职锁拿。③ 而后,陈时夏、张坦麟相继出任江苏巡抚或署理巡抚印务,但江苏的钱粮亏空案依然没有揭开。直到尹继善出抚江南,情况才有了转机。

雍正六年八月,尹继善奉命署理江苏巡抚,九月,尹继善奏称:“臣到任后即稽查历年各案亏空赃罚银至二百五十余万两,粮至数十万石。”④ 十一月,尹继善根据“布政司赵向奎具详”,查明前任巡抚吴

---

① 参见《雍正朝满文朱批奏折全译》,雍正二年二月二十七日,两江总督查弼纳奏请审理原总督长鼐勒索银两折,692页。

② 《雍正朝汉文朱批奏折汇编》第3册,雍正二年十月二十四日,江苏布政使鄂尔泰奏陈承审原藩李世仁亏空一案情节折,869页。

③ 参见《清世宗实录》卷48,雍正四年九月壬寅。

④ 《雍正朝汉文朱批奏折汇编》第13册,雍正六年九月二十六日,署江苏巡抚尹继善奏报稽查江南亏空侵那钱粮积弊折,547页。

存礼有贪污隐情，“前抚臣吴存礼各案亏空共银四十余万两，从前承督各官徇情宽纵，积久未完。嗣吴存礼已故”，因江南并无吴存礼家属，题请归旗完补亏空。又获悉“伊（吴存礼）历任外官贪墨素著，又亏空钱粮”①。十二月，尹继善奏：“江苏亏空累累，积案未清。”抵任三个月以来，其中一切弊窦渐次败露。“今奉旨会同清查之监察御史伊拉齐已经到苏，臣即知会署督臣范时绎并巡按御史戴青保、前抚臣陈时夏公同会议。查得江苏本省亏空二百六十余万，赃罚等银共二十余万两，米谷等项共五十余万石，外省咨追银共一百七十余万两。”② 与此同时，御史伊拉齐也有相同的奏折，曰：六年十一月十三日奉命抵江南苏州府，公同会议，“查得江苏本省亏空二百六十余万，赃罚等银共二十五余万两，米谷等项共三十余万石，外省咨追二百余案”③。至此（雍正六年末），江苏钱粮亏空案终于有了初步的清查结果。

从山西、山东再到江苏，其钱粮亏空都有数百万之多，是亏空的重灾省，而每一项亏空都与地方大员有直接的关系，他们掌握着地方财政的命脉，所以他们的操守直接关系到地方钱粮存贮的多少甚或有无。早在雍正元年四月，吏科给事中崔致远就有议论曰：“存贮数万者即亏空数万，存贮数十万者即亏空数十万。今新放之官认真盘查，水落石出，始知亏空如许之多。查向年刑户吏议定新例之时，查出各省亏空赃罚八百万，今约略加倍计之，当在千万两之外矣。”④ 然而崔致远这个估计实在过于保守，仅上面三省的亏空就已经超过千万两了。

---

① 《雍正朝汉文朱批奏折汇编》第13册，雍正六年十一月初九日，署江苏巡抚尹继善奏报查追已故巡抚吴存礼亏空银两折，888页。

② 《雍正朝汉文朱批奏折汇编》第14册，雍正六年十二月十一日，署江苏巡抚尹继善奏覆会议清查江苏亏空积案缘由折，182页。

③ 《雍正朝汉文朱批奏折汇编》第14册，雍正六年十二月十二日，稽查江南钱粮监察御史伊拉齐奏报会议办理江南钱粮亏空案件情形折，199页。

④ 《雍正朝汉文朱批奏折汇编》第1册，雍正元年四月十九日，吏科掌印给事中崔致远奏陈轸恤京师官民等三事折，252页。

而在对钱粮亏空案的考察中，不难发现，官员的级别与贪赃的数量是成正比的，也就是官越大，亏空的数额越多，督抚大都在数十万至上百万，知府一级中也有数十万的亏空大户，而州县官则在数千至数万不等。

三 亏空案中的利益链接

伴随着雍正帝严厉的清查指令，各省钱粮亏空案相继被揭报上来，几乎每一案都牵扯到围绕利益的权钱交易，而尤以山东、山西、江南的亏空巨案最为典型。因此，我们的分析也将以这几起最大的亏空案为例。

第一，一人名下的亲族链接与官僚链接。山东巡抚李树德被查审后，开列出一份《帮借亲友捐纳银两清册》，上有“四十一员共计帮助借给捐纳银五万一百两”，其中有他的族叔、族兄弟、堂叔、堂兄弟等，有汉军旗人、满人、汉人。雍正帝朱批：“李树德开呈此一单人，皆李树德贪婪不法苛取民财、亏空国帑之物以帮助亲友捐纳官职者，今李树德事已败露，其当日受益亲友莫不应其事。”①

江苏省根据巡抚尹继善的奏报，“前抚臣吴存礼各案亏空共银四十余万两”，随后在审问其家人时得到一份吴存礼借欠40余万两银的清单。这份清单记载了吴存礼多次行贿朝中高官及各级京官的名单及数额②，是他亏空40余万两库银的去向。可以说，这40余万两几乎全部用于行贿。而有关行贿的对象，郑永昌曾据清单作过统计，有大学

① 《雍正朝汉文朱批奏折汇编》第3册，雍正二年八月二十四日，山东巡抚陈世倌奏遵旨查询李树德案追赔各员折，附件：李树德呈帮借亲友捐纳银两清册，491页。

② 参见《雍正朝汉文朱批奏折汇编》第13册，雍正六年十一月初九日，署江苏巡抚尹继善奏报查追已故苏抚吴存礼亏空银两折，888页。

士5人，部院尚书、侍郎30人，王公贵戚14人，而总人数竟达219人。①

除了山东、江苏而外，山西的大贪同样留下了亏空款项的去处。雍正元年九月，据诺岷奏称：自栾廷芳家中挖出并家人出首，“共得银十五万八千七百余两，得金三百五十余两，俱已入库”。附有清单。雍正帝朱批：“惟先将其十八万两亏空全部补完，完后尚有其报年羹尧出资十万两一事。”② 二年九月，诺岷又查出，栾廷芳给果郡王允礼以及允䄉银两，又给恒郡王允祺银6 500两，为送郡王允禵马畜用银4 000两。栾廷芳送银之人，“现任、解任大臣官员颇多，其中图思海得银二万三千余两。附栾廷芳馈送银数折：其中徐元梦一千两，高其倬七千四百两。此外，自内阁学士、侍郎至笔贴式等各数百两至数十两不等”③。

第二，中央与数省地方的链接。京官的贪腐案几乎都会与地方督抚的亏空案扯上关系。诸如，雍正三年查处的年羹尧案，年羹尧在陕甘总督任内，曾向“西安、甘肃、山西、四川效力人员，每员勒银四千两”，“收受题补官员银四十余万两”。至雍正三年末，年羹尧勒索“共计赃银三百五十余万两”④。又如雍正四年六月，在处理皇八子允禩一案时，其罪责之一为：“数遣护卫太监等，私向赫寿、吴存礼、满丕索要银两。”⑤

相比年羹尧案、允禩案，隆科多案中牵扯到的亏空内幕尤其令人

① 参见郑永昌：《雍正初年的吏治整饬——江苏巡抚吴存礼的个案试析》，见《为君难——雍正其人其事及其时代论文集》，289页，台北，“故宫”博物院，2010。

② 《雍正朝满文朱批奏折全译》，雍正元年九月十八日，山西巡抚诺岷奏报自栾廷芳家中挖出藏银数目折，351页。

③ 《雍正朝满文朱批奏折全译》，雍正二年九月初四日，山西巡抚诺岷奏报栾廷芳馈赠银两情形折，924页。

④ 蒋良骐：《东华录》卷27，447页，北京，中华书局，1980。

⑤ 《清世宗实录》卷45，雍正四年六月甲子。

触目惊心。雍正五年十月，顺承郡王锡保等在审理隆科多婪赃一案时，报出了其收受贿赂的明细，在十六起婪赃罪中收受：直隶巡抚赵世显银1.2万两，闽浙总督满保金300两，山西巡抚苏克济银3.6万余两，云南巡抚甘国璧金500两、银1 000两，布政使程光珠银5 000两，六格猫睛映红宝石，姚让银500两，张其仁银1 000两，王廷扬银2万两，江苏巡抚吴存礼银1.2万两，川陕总督鄂海银1 500两，山东巡抚李树德银2.14万余两，江西巡抚佟国勷银2 400两，佟世禄银2 000两，菩萨保银5 000两。①

在上述行贿的诸人中，赵世显、满保、苏克济、甘国璧、吴存礼、鄂海、李树德、佟国勷等八人都是康熙末年的各直省督抚，程光珠为布政使。其中直隶巡抚赵世显、山西巡抚苏克济、山东巡抚李树德、江苏巡抚吴存礼等，都是巨额亏空的直接责任人。而李树德任内的亏空，虽没有更多资料证明尽属贪赃，但却明确了他亏空银两中有行贿之项，即隆科多“收受李树德银二万一千四百余两”②。而且，李树德不仅馈送隆科多，且“为伊亲戚捐纳有八十余人”③。这同样都是以亏空为代价的贪赃枉法。另一贪官山西巡抚苏克济行贿隆科多“银三万六千余两”外，还行贿诚亲王允祉，允祉被“查出勒索苏克济银两”④。此外，还有一行贿人佟国勷，在云南布政使任上曾以贪劣遭巡抚佟毓秀疏参，被革职提问。⑤

由上述可见，地方大员的钱粮亏空多与朝廷高层的权势人物的婪赃有关，但地方督抚行贿京官又不止于高层，甚至把握一定权力的小

---

① 参见蒋良骐：《东华录》卷29，476页。

② 《清世宗实录》卷62，雍正五年十月丁亥。

③ 《雍正朝起居注册》第1册，雍正二年五月五日，235页，北京，中华书局，1993。

④ 《清世宗实录》卷70，雍正六年六月己亥。

⑤ 参见《清圣祖实录》卷225，康熙四十五年四月壬寅。

京官也在他们以金钱拉拢的范围之内，而他们用于行贿的金钱大都属于勒索婪赃所得。如此则结成一条上下婪赃索贿的关系链。

第三，一个省内前后任官员的链接。雍正五年二月，山东布政使张保在奏折中叙述了山东省历任巡抚，自李树德、黄炳、陈世倌，以及布兰泰等在任时的钱粮状况，一个值得注意的现象是，他们几乎每人都有“流抵亏空”未完。如李树德、黄炳任内有山东省流抵亏空银谷共计 34.4 万余两银，经过各属弥补，仍亏空 26.5 万两零。陈世倌任内题明亏空流抵银 15.5 万两，除完补及归入民欠外，实剩应补亏空银谷 12.7 万两零。布政使布兰泰任内查出无着亏空银谷共 4.2 万两银，又有流抵亏空应弥补银 7.3 万两零。最后张保得出“东省各项流抵亏空银谷共银五十万五千八百七十七两零”的结论。[①] 而从李树德于康熙五十五年出任山东巡抚来看，其流抵亏空的数额当积十年之久。

那么，何谓“流抵亏空”呢？从它可以归入民欠，也可以由属员赔补的处置方法来看，它不被视为贪赃之属，但却是实实在在的亏空。质言之，就是一任又一任巡抚、布政使留下的无法弥补，而以各种名目被合理化了的亏空。这些亏空因找不到责任人而无法偿还，自然成为“无着亏空”。唯一的解决方式就是由所有官员分赔。

对于不断出新的亏空，内阁侍读学士马喀曾有过精辟的分析，他说：“今日看得，各督抚仅奏参州县之亏空，而不核查藩库钱粮，布政使在任时并不闻库项亏空，而离任后亏空辄达数十万两。查其亏空缘由，皆因靡费过度所致，已经动用在库钱粮视为己物，任意动用，久而久之，为隐瞒亏空，又行贿上司，或曲意逢迎，故彼督抚与布政使不合者少，一经意气相投之后，难免为私事而串通一气，动用正项钱

① 参见《雍正朝汉文朱批奏折汇编》第 9 册，雍正五年二月初七日，山东布政使张保奏报流抵银谷亏空折，20 页。

粮。虽于年终由督抚查后给印结，因不过为虚名而已。即遇正直总督、巡抚当销算时，布政使早已筹划妥当，事后照旧亏空，惟被革职或离任之后，才得以暴露其亏空情事。”①

四 铁腕追赔：“叫他子孙作个穷人”

正是基于对钱粮亏空来自官员贪腐的认识，雍正帝才决意铁腕反腐惩贪。在他看来，吏治腐败到如此程度，如果不下大力度整顿，贪风难以止息。他说：“朕若不加惩治，仍容此等贪官污吏拥厚资以长子孙，则将来天下有司皆以侵课纳贿为得计，其流弊何所底止?”而“贪黩之风不息，则上亏国课下剥民膏”②。因此，在山东亏空案查出之后，针对巡抚黄炳揭报的山东仓储粮食亏银达200余万两的奏折，雍正帝批示要对主犯李元龙严惩。他说：李元龙“家私数百万，而仍贪酷不已”，罪不容诛。李元龙与前任巡抚李树德为同宗，“同通不规，扰害百姓。此等不肖种类，当一面拿问，一面参处。在此人身上，追出数十万金，以养尔山东百姓，不是好事么? 丝毫看不得向日情面、众人请托，务必严加议处。追到水尽山穷处，毕竟叫他子孙作个穷人，方符朕意”③。

在追查平阳知府冯国泰及夏县知县刘玉泉的亏空案时，雍正帝也表示了同样的态度。先是，元年十一月，诺岷奏称“冯国泰亏空银二十余万两”，并于其任所搜得许多银两、金银首饰器皿以及借银文书、古董、绸缎等，粗估折银四五万两。刘玉泉在署理翼城知县任内亏空

① 《雍正朝满文朱批奏折全译》，雍正三年五月十二日，内阁侍读学士马喀奏陈定期调换布政使以杜钱粮亏空折，1126页。

② 《清世宗实录》卷97，雍正八年二月丙辰。

③ 《雍正朝汉文朱批奏折汇编》第32册，山东巡抚黄炳恭请圣安折，803页。

银两1万余。但在查抄二人家产时，却发现冯国泰及刘玉泉任所皆空荡无物，随后在刘玉泉处“搜得纯银二万余两，此皆系藏于井中等处者”。为追查其亏空去向，诺岷派出干练的泽州州同刘方弼，“令其会同冯国泰原籍官员严查冯国泰之家产商号，变价追回”。然此时冯国泰已经身故，即便查清亏空数额也难以追回。雍正帝十分气愤，批复曰：“冯国泰灭门方能抵罪。刘玉泉藏匿银两罪当即斩，此等之人即使偿还钱粮，亦应将余下之财尽数追出，务使成为乞丐。”①

雍正帝明白，官员贪污，多是为家庭子孙谋利，正所谓“妻妾欢悦童仆饱，始知官职为他人”。发此狠话，表达了雍正帝惩贪不达目的誓不罢休的决心，而追赔也成为清查中的重点。

就清查亏空的目的而言，说到底是国家在经济上对官僚个人非法占有的全面清算并收归国有，而对官员个人而言是一次利益的巨大损失。没有人愿意将已经到手的银两再拿出来，也没有人能心甘情愿地将挪用侵欺的银两算在个人赔补的账上，而且要赔到倾家荡产。所以，清查亏空的过程是十分艰难的，而赔补的过程就更加不易。地方官为掩饰亏空无所不用其极，而在共同的利益下，互相徇隐包庇是其通用的手法。而为完补亏空继续搜刮百姓，更会不择手段。

为此，雍正帝也采取了针锋相对的铁腕手段，概括起来有三点：一是亏空官员一律革职追赔，二是严行“父债子偿”之例，三是对该管上司追究失察责任，失察或徇庇者以分赔承担经济损失。这对于贪官而言就是追赃。为此，雍正帝要将此等人追至“叫他子孙作个穷人”、“务使成为乞丐”，其严厉性可想而知。

其一，对亏空官员革职追赔。

---

① 《雍正朝满文朱批奏折全译》，雍正元年十一月初二日，山西巡抚诺岷奏报搜得冯国泰府上银两物件数目折，470页。

康熙时期，对于亏空官员往往施以革职留任的处分，目的在于令其尽快赔补。但雍正帝认为，若“将亏空钱粮各官革职留任催追，必致贻累百姓。既然获罪革职，岂可留任。嗣后亏空钱粮各官即行革职，着落伊身勒限追还”[①]。并于雍正元年发上谕订立此项规矩。

但推行此项规定却并非朝夕之事，山西的情况尤可说明问题。元年七月，诺岷因前任巡抚德音有“该知府知州等自愿担保于十个月内完赔，于该州县官员免于革职”的请求，也不得不奏请，“准其十个月内完赔，此亏空之州县官革职留任，追取银两。若逾限不完，则将该州县官参革拿审，从重治罪，未完钱粮，以家产追赔。原具保知府知州及隐情不行举发之布政使苏瞻、原任巡抚苏克济俱照例分赔”。而这项条奏也得到雍正帝的批准。[②] 但不过三个多月，诺岷又奏：“凡居官恶劣于地方无益者，虽留任亦无意赔补亏空，反为地方一害。对此等人，臣将查实陆续纠参。”[③]

可见，诺岷对亏空官员革职留任、限期赔补的示范是失败的。但是，由于亏空的普遍性，若将亏空官员一律革职，也将面临官衙空荡、署任无人的尴尬局面。接下来需要解决的不仅是钱粮亏空的持续性清查，还有被革职官员的空缺如何添补的问题。在诺岷的另一份奏折中就提到他在山西遇到的这一窘境，据此他除了请旨由朝廷派遣候补官员补缺之外，又提出将亏空官员陆续查参，以及各州县互调互查等措施。前者针对的是官员同时革黜之后的不足，后者是为了防止官员在自己的辖区徇私舞弊，以保证清查亏空的实际效应。

---

① 《大清会典则例》卷 37，《户部·究追亏空》，清文渊阁《四库全书》本。

② 参见《雍正朝满文朱批奏折全译》，雍正元年七月初三日，山西巡抚诺岷奏请府州县亏欠未完银两由各官分赔折，207 页。

③ 《雍正朝满文朱批奏折全译》，雍正元年十月十七日，山西巡抚诺岷奏请调转州县官员以便清理亏空折，440 页。

诺岷说：在雍正元年七月，拟勒限十个月追完太原等36州县亏空银17.8万余两，将欠银州县官员参拿治罪。“但若照此办理，州县出缺甚多，署任人员不足，故臣一并奏请选给候补之员二十名。”[①] 但诺岷并没有将朝廷调补的20人直接补革职官员之缺，而是“以现出之缺酌情调用旧员，其调后出缺用二十新到之人。这些人背对互查，此三十州县之钱粮必能彻底查明”。并声称其余60余州县也要照此办理，奏请再发30员候补官员来山西。这项奏请亦得到雍正帝的批准，命“自四川、云南拣人送去”。诺岷如此大费周章，是因为历经几个月的观察，他发现，地方“州县官员行弊极其狡猾，手法隐蔽。夫今若查其库存之项，则有向各店铺富殷之人借取充数者，倘借不到，则擅改征收钱粮之册改作民欠，欺蒙上司；若追其亏欠，又挪移钱粮，以新征补旧欠。如今涉事官员皆在任上，书办民人俱不敢如实相告”。通过官员之间的互调，则可使狡诈之员无用武之地，而“新任之员断不会替人受过”[②]。所谓“山西通省皆为新任，所有隐瞒亏空，俱令彻底清查可也”[③]。

雍正元年十二月，诺岷对山西各州县的清查基本进入尾声，他奏陈：“山西共有九十七州县，前新旧之员相互掺调者有三十二州县，尚未调转之六十五州县内，除部任十州县新员不动外，今又将五十五州县人员新旧互调完毕。至此九十七州县皆已换成新任。”“山西各州县亏空钱粮人员，除前已陆续查参者外，兹臣又将十九州县亏空之情查出揭参，臣随即严拿追取。”[④] 可以说，诺岷不仅在山西落实了雍正帝

---

① 《雍正朝满文朱批奏折全译》，雍正元年七月二十七日，山西巡抚诺岷奏报赔补亏欠未完钱粮人员暂缓参革缘由折，256页。

② 《雍正朝满文朱批奏折全译》，雍正元年九月十八日，山西巡抚诺岷奏请调转现任之员以便清查亏欠折，350页。

③ 《雍正朝满文朱批奏折全译》，雍正元年十月十七日，山西巡抚诺岷奏请调转州县官员以便清理亏空折，440页。

④ 《雍正朝满文朱批奏折全译》，雍正元年十二月初五日，山西巡抚诺岷奏请亏空银两清册俟清查完毕报部折，552页。

对亏空官员“革职离任”赔补的惩治手段，且以“官员互调”、背对背清查的方式保证了清查向纵深推进。

对于诺岷在山西清查亏空的政绩，雍正帝给予了充分的肯定，雍正六年回忆说：“向来山西亏空甚多，国帑久虚，不能弥补。从前抚臣多请将亏空之员革职留任，以为弥补之计。夫以不肖之徒，令其留任还帑，是以亏空为护官之符，不但无益于国计，亦且有害于民生。而德音在任，又借弥补亏空之名提火耗以肥私囊。及诺岷接任，洁己奉公，实心办理，将亏空劣员悉行参革，州县火耗严行裁减，而酌留羡余以补无着之亏空，既不累及于闾阎，而有司亦免参罚，又为官员定养廉之资，为公事留办理之费。诺岷此举，于国计民生、上下公私均有裨益。然伊当始行之时，不但晋省属员怨望，而内外臣工皆有异词。朕彼时降旨曰：此事惟如诺岷之督抚方能行之耳。盖朕之意，原听各省督抚自为之，而至于不能行之督抚、不便行之地方，则朕并未强之使行也。”①

在对亏空官员革职追赔的落实上，山西无非是做出了榜样，随后各省相继效仿，而且有些直省还是雍正帝亲自操刀。如雍正四年的直隶省仓谷亏空案，就采取了州县官员进行彻底更换的方式。是年七月，雍正帝提出，直隶借出粜仓谷掩饰亏空，“此等州县官员，若仍留原任，将来假公济私挪新掩旧，必至剥削小民，亏空正项”。“可将巧称仓谷出借各官悉行解任，著吏部将到部候补候选之州县官俱带来引见，朕亲自选定人数，其鄂尔奇等已经到过正定、顺德、大名、广平、保定五府所属赞皇等五府二十一州县，著即将拣选人员掣签发往。鄂尔奇等未到之永平、宣化、顺天三府所属之二十一州县，俟伊等到彼，查出有出借仓粮者，即咨吏部，令签掣人前

① 《清世宗实录》卷68，雍正六年四月壬寅。

往代之。”[①] 州县官来了一个大换血。此外，对于江西和福建各州县仓粮亏空案的处理，雍正帝也采取了同样的做法。在江西，他命令钦差迈柱等，“查出亏空之州县，照直隶之例俱令解任”[②]。对福建，雍正帝在“差遣大臣清查”的同时，“且拣选府、州、县等官多员令带往更换，是现任者必去，而接任者新来”[③]。钦差杨文乾在清查亏空后，便将福建内地八府一州自知府以下同知、通判、知州、知县等 80 人，凡涉及亏空案者尽皆题参革职解任，仅 10 数人无亏空者被交错调用。

其二，追赔中的父债子偿。

父债子偿，在中国古代是一个天经地义的法则，没有人怀疑它的合理性，但在执行上却有不同，雍正帝就是一个坚定的推行者。据记载，“雍正元年定例内开，亏空之官查其子有出仕者，解任发追，完日开复”[④]。于是，这项措施在赔补钱粮亏空中成为重要的一项，通过雍正帝拔擢的督抚得以不折不扣地执行。

首先，江苏亏空案就是一例典型。尹继善在署任江苏巡抚之前，对于原巡抚吴存礼的亏空已有所揭出，其时，布政司赵向奎请以吴存礼的旗宅完补，署抚张坦麟也以此案扣限饬追。但在办案程序上“向系督臣主稿批候，而督臣范时绎又以吴存礼病故，须抚臣衙门会题等拖延”，至是案悬而未定。尹继善署巡抚后，以吴存礼在旗产业先已查估，命查其他家产。他说：“臣思吴存礼在旗产业先已查估，即归旗行追，终属无益。况伊历任外官贪墨素著，又亏空钱粮如是之多，岂至

① 《清世宗实录》卷 46，雍正四年七月乙巳。

② 《清世宗实录》卷 50，雍正四年十一月乙卯。

③ 《清世宗实录》卷 58，雍正五年六月癸巳。

④ 《雍正朝内阁六科史书·吏科》第 21 册，吏部尚书隆科多题为永清县知县亏空银米请将其子太原县知县解任追赔本，375 页，桂林，广西师范大学出版社，2002。

一无着落，随饬提其家人王国玺严审，王国玺交出账簿一本，簿内登记馈送借欠各项共银四十余万两，按簿质询，皆凿凿可据。”①

随后，尹继善除了将吴存礼这个江苏最大的贪官揪出外，在追赔上也颇具风力手段。当时，虽然查出吴存礼亏空银40余万两，但却“开报产业无几”。尹继善随“将伊在苏家人提究，止据开出借欠报送等项”。并“以吴存礼历任贪婪必有隐匿财产，当即具折请旨，将吴存礼长子甘肃游击吴永年解苏究审，又准部将吴希圣等押解来南”。寻因尹继善奉命兼理河道事务并前往各府县清查亏空，故是案搁置一年多，尚未审定。七年十一月，尹继善回任，“随将吴永年、吴希圣等严加审追，趋伊等供出在京并江南高邮吴县等处地亩房屋，又各名下首饰什物人口等项，一并开报”。并对收监的吴永年等进行监视。所谓“吴永年等在监，臣令人不时察其动静，以便相机根究，于监所送出去年来时于途中寄往陕西家信底稿”。“臣再行严究，此外有无隐匿资产，将馈送各项内含混不明并实在无着者逐一核正分析具题。”“现在审咨甘肃抚臣，查究寄顿何物，陕省留住家人若干口，有无挟资潜匿，并咨会该旗吴永年家口回旗，即行挟查根究。”对于尹继善在江苏如此认真查办，雍正帝十分满意，他的朱批是：“好的。如此秉公执法方不负朕之任用也。”②

尹继善在推动江南清查亏空案中无疑起到重要的作用，以至于在乾隆初政崇尚宽大的环境中，他也受到了“刻薄”的舆论指责。“乃如朕降查奏旗人入官房产之旨，而外人即知为尹继善所奏。且云尹继善从前曾奏过清查亏空之案，过于刻薄，今为此举以忏悔之。”③

---

① 《雍正朝汉文朱批奏折汇编》第13册，雍正六年十一月初九日，署江苏巡抚尹继善奏报查追已故巡抚吴存礼亏空银两折，888页。

② 《雍正朝汉文朱批奏折汇编》第18册，雍正八年三月二十二日，江苏巡抚尹继善奏报查办吴存礼隐匿资产折，244页。

③ 《清高宗实录》卷71，乾隆三年六月辛丑。

其次，是山西亏空案的追赔。山西的亏空与前任巡抚“苏克济干法索财”有直接关系，“致山西亏欠钱粮百万余两”[①]。苏克济本应正法，但雍正帝却将其发往山西进行赔补。这应该是雍正帝基于对巡抚诺岷的风力与干练的考虑，寄希望于他设法追回这数百万的亏空。

雍正元年九月，苏克济被押解到山西后，诺岷便将苏克济及其年长四子俱行锁拿，时诸子皆革职。随后，诺岷与署布政使田文镜、按察使高成龄、领侍卫内大臣额伦岱、刑部侍郎涂天相等，将苏克济父子一并夹讯，在重刑之下追回部分亏空银两，即“现亏空各项除苏克济承担垫赔一百万两外，其余银两则对原参各官于苏克济名下贪污之项严加清查，由伊等分别赔补，断不准摊派于民”[②]。

最后，是山东亏空案的追赔。在对原山东巡抚蒋陈锡亏空的追赔中尤其体现了父债子偿的原则。雍正元年，“山东巡抚黄炳言（蒋）陈锡在巡抚任，侵蚀捐谷羡余银二百余万，部议督追。弟廷锡入陈始末，诏减偿其半”[③]。因蒋陈锡于康熙六十年病故，部议追及家产充饷，于是此项亏空的责任落到了蒋陈锡的儿子蒋洞头上。

蒋洞，字恺思。进士，历工部郎中，出为云南提学道。西陲用兵，命从军，授甘肃凉庄道。以功，迁山西按察使，进布政使。雍正八年，蒋洞因在陕西效力有功，随后在山西藩臬两司任上又有较好的政绩，遂以实心任职得免其父应追银之半，用蒋洞的话说：臣父蒋陈锡名下应赔山东仓谷案内等项，“屡经减免，已逾十分之九”。又发令豁免一半。[④]

---

① 《雍正朝满文朱批奏折全译》，雍正元年九月初一日，山西巡抚诺岷等奏报审问苏克济及其子达尔布情形折，317 页。

② 《雍正朝满文朱批奏折全译》，雍正元年九月二十八日，山西巡抚诺岷等奏报审理苏克济父子之情折，389 页。

③ 《清史稿》卷 276，《蒋陈锡传》。

④ 参见《雍正朝汉文朱批奏折汇编》第 33 册，山西布政使蒋洞奏谢恩免家父蒋陈锡名下应追银两豁免一半折，552 页。

但即便如此，应赔之项仍有10万～20余万两之多。巨额的赔补对于蒋家而言始终是一种重压，在利益面前很难不受诱惑。雍正十年，蒋泂加侍郎衔奉命往肃州办理军营屯田事务。两年后，即雍正十二年末被副都御史以“营私作弊”侵帑误公参劾，寻逮治论死，下狱追赃。原来，蒋泂委用知县潘治、州判石廷栋所修堤岸施工草率，在涨潮时被冲塌，明系偷工减料。蒋泂本人又“将屯田存剩银两亏空无存”，且有误工冒帑、短发工价等行径，故被革职拿问，侵蚀靡费之项均令追赔。而后有总督查郎阿等交章雪其诬，然蒋泂也在被处罚赔补的岁月中于乾隆五年病逝。[①] 虽然在史料中看不出蒋泂侵蚀靡费公帑的动因与弥补其父蒋陈锡的巨额亏空有直接的关系，但是，在弥补国家亏空中自家所形成的“亏空”，对于相当一部分官员而言，不可能不是他们进行贪婪聚敛的一个重要诱因。

其三，以分赔降革处罚失察、徇庇及承追不力的官员。

分赔在康熙朝就有先例，但得不到官员的认同，康熙五十九年七月，江南江西总督长鼐、云南贵州总督蒋陈锡、山西巡抚苏克济等合称，“州县官恃有上司分赔之例，本无亏空，将库银藏匿假捏亏空”。“其亏空银两仍在该州县名下独赔。”[②] 因此，在康熙朝对于官员失察的分赔处罚也就无从得以贯彻执行，而雍正帝令责任官员分赔得以实施，也属于他的铁腕手段之一。

山东作为亏空的重灾直省，巡抚李树德便成为分赔的主要责任人。据其后任陈世倌奏报，李树德有这样几项分赔内容：一是为其亲戚承担的分赔5万余两。二是在“借赈冒销及流抵银谷一案”中的分赔，“请将雍正元年散赈银二十万七千三百三十六两七钱，仍照部议着落李

---

① 参见《汉名臣传》卷15，《蒋陈锡列传》，哈尔滨，黑龙江人民出版社，1991。

② 《清圣祖实录》卷288，康熙五十九年七月庚午。

树德、李元龙、陶锦名下三分均赔”。其中，李树德“分赔雍正元年散赈银六万九千一百一十二两六钱三分零”。三是“康熙六十年赈谷折银二十四万五千七百七十五两七钱四分，据各州县及李树德俱称，前抚臣黄炳署藩司时实收受浮开谷价银一十二万余两，在黄炳不合借赈肥己，在李树德亦不应听信允行，此项银两或向黄炳追赔，或令李树德分赔之处，伏候圣裁”。后裁定“黄炳应还银一十二万三千两外，尚有一十二万二千一百七十五两七钱四分，自应于李树德名下追赔”。四是“无着银十五万二百八十四两八钱七分，谷价银三万五千一百六十一两二钱二分，部议着落李树德等赔补”①。五是“有应赔修闸及盐案内银七万九千五百余两，再将此项著令赔补，恐一时不能清完，钱粮获致无着，请照李树德所开之居官不好张振伟、滕永祥及伊亲戚名下共应追赔十一万有零，尚缺银一万二千余两，应仍令李树德名下追赔。请准照黄炳之例亦于雍正四年岁底全完”②。以上开出的分赔各项落在李树德名下的共有 44 万两之多。

又如，雍正四年江西仓谷亏空案案发后，巡抚迈柱先后将“民欠流抵不清者”及“仓内无谷无价捏称民欠者”查明参劾，责令亏空官员赔补，但各官总是寻找各种借口将亏空转嫁他人，所谓“惟捏报粜三未买及折价不敷存价交代等弊各案繁多者”。于是，迈柱遵照雍正帝的旨意，将此项最大的亏空全部“着落前抚臣裴徫度同张楷、陈安策及历任布政司分赔”。至雍正五年，迈柱查清此项亏空共计 82 案，分成钱谷两册，分赔数额之巨不难想象，裴徫度与张楷、陈安策等人在

① 《雍正朝汉文朱批奏折汇编》第 3 册，雍正二年七月二十三日，山东巡抚陈世倌奏报查询李树德借赈冒销及流抵银谷一案折，345 页；雍正二年八月二十四日，山东巡抚陈世倌奏遵旨查询李树德案追赔各员折，489 页。

② 《雍正朝汉文朱批奏折汇编》第 3 册，雍正二年八月二十四日，山东巡抚陈世倌奏遵旨查询李树德案追赔各员折，489 页。

革职后用了数年时间才完补此项亏空。有记载曰：裴徫度在雍正十年方将亏空之额买谷补上，得释还回籍。[①]

此外，在山西亏空案中，根据雍正二年三月诺岷的奏折，我们可以看到，原布政使森图除山西应赔银外，还有部属库银需要承担分赔，以致工部尚书孙渣齐多次催令森图返京。而山西巡抚德音作为责任官员，虽亏空案发生在其前任，但“德音应赔之银今亦有数万两”，均应行文属旗，由家口责偿。德音被责令返旗赔补。[②] 而且，分赔的官员中，不乏操守尚佳而官风宦绩上乘之人，如两广总督孔毓珣曾在广西司库于俸工内支送钦差银两，其个人名下认分赔银 4 890 两，于雍正六年赔补完。[③] 张楷也是被雍正帝肯定的清官。

上述事实表明，虽然并不能搞清亏空的真正责任人，但是分赔的原则可以将所有任职的官员都变成亏空责任者，以共同责任人的身份承担各种分赔的处罚。这种做法在使那些既得利益者得到保护并减少了赔付压力的同时，也将大多数人圈进一个利益及官运相关的集团内。但对国家而言，也只有这个办法可以尽快弥补巨大的亏空数额，同时在处罚的重压下，迫使责任人罄家赔补。而新任地方大员在不辱君命的信念下，也无不倾力推行雍正帝的严猛政治，对亏空官员及该管上司进行严追。

总之，由雍正帝发动的清理钱粮亏空的政治风暴，几乎将所有与钱粮相关的官员都裹挟其中，而亏空势态的严重性，也超出了时人的

---

① 参见《汉名臣传》卷 25，《裴徫度列传》。亦见《雍正朝汉文朱批奏折汇编》第 10 册，雍正五年七月初八日，署江西巡抚迈柱奏报清查江省钱粮题参亏空官员折，153 页；雍正五年八月十六日，署江西巡抚迈柱奏报确查仓库银谷不清各案及勒限追补缘由折，389 页。

② 参见《雍正朝满文朱批奏折全译》，雍正二年三月二十二日，山西巡抚诺岷奏请令原任巡抚等返回赔补折，729 页。

③ 参见《雍正朝汉文朱批奏折汇编》第 12 册，雍正六年六月二十八日，两广总督孔毓珣奏遵旨将广西分赔俸工银两解发藩库收贮公用折，779 页。

想象。正如翰林院检讨汤倓所说：“天下州县亏空者极多，陕西、山西、四川累岁军兴，亏空尚属可原。以臣所闻，如直隶、山东、湖广竟少不亏空之州县。”① 清理效果也是显著的。经雍正帝的铁腕反腐，雍乾之际，的确少有亏空案的发生，所谓“世宗宪皇帝惩戒贪墨，执法不少宽贷，维时人心儆畏，迨至雍正八年，因吏治渐已肃清，曾特旨将从前亏空未清之案查明释放”②。

---

① 《雍正朝汉文朱批奏折汇编》第1册，雍正元年正月二十五日，翰林院检讨汤倓奏请严大吏勒索以绝亏空之源等五事折，19页。

② 《清高宗实录》卷299，乾隆十二年九月庚戌。

“色相如天”：清朝皇室青金石、催生石来源与使用之探讨

张永江*

青金石，古玩收藏界也称“帝王石”、“帝王青”，是一种稀见的天蓝色半宝石。地质学上定义为以含碱性铝硅酸盐矿物为主的矿石，含有少量的黄铁矿、方解石等杂质的隐晶质集合体。现代已经作为一级玉石，与红宝石、绿松石、珊瑚等并称。

现代宝石界对青金石的分级，主要依据颜色、纯度、大小标准分为四级：青金石级、青金级、金克浪级和催生石级。其中最低的催生石级定义为，不含黄铁矿，含较多白色方解石等杂质矿物，呈蓝白混杂或蓝星点分布。这和清代的分类不同。清代青金石、催生石两者并称，虽关系密切，但属于两类宝石。

目前学术界关于青金石的研究，主要集中在以下几个领域，首先是地质学的宝石鉴定方面，侧重研究产地、宝石学特征、分级和鉴定问题①；其次是文物及艺术品鉴赏领域，介绍其质地、工艺和文化价值②；最后是史学领域成果，着眼于青金石利用的历史文化视角③，但

---

* 张永江，中国人民大学清史研究所教授。

① 代表性的如伏修锋、干福熹、马波、顾冬红：《青金石产地探源》，载《自然科学史研究》，2006（3）；白洪丽：《青金石及其鉴藏》，载《收藏家》，2011（6）。

② 参见杨晨：《青流雅素，金外之音——谈两件青金石雕山子的艺术价值》，载《数位时尚》（新视觉艺术），2013（2）。

③ 参见阿布力克木·阿布都热西提：《西域青金石与东西方经济文化交流》，新疆大学硕士论文，2003；阿合买提江·艾海提、阿布力克木·阿布都热西提：《青金石古今中外名称考》，载《丝绸之路民族古文字与文化学术讨论会会议论文集》，2005；叶舒宪：《苏美尔青金石神话研究——文明探源的神话学视野》，载《中南民族大学学报》，2001（4）。

多属于一般性的介绍。现在，学术界、收藏界公认，中国青金石的大量利用始于清代，皇室和官方是主要消费者，但只限于零星介绍。[①]青金石在古代中国经历了怎样的认知过程，清代为什么能够大量使用青金石，那些青金石的来源和途径如何，其使用范围有何规定，都尚未研究。本文通过有关的档案、文献记述，试做钩稽探讨。

一　清代以前对青金石的认识与定名

青金石作为宝石在中国使用的历史，可以早至汉代。但直到今日，人们对它传入史的认识仍很有限。在中国古代资料中，与青金石有关的美称很多，如璆琳、金精、瑾瑜、兰赤、金螭、青黛、琉璃、瑟瑟等。佛教称为吠努离或璧琉璃，来自西方，是佛教七宝之一，也是古代东西方文化交流的见证物。上述名称常常被研究者作为青金石的古代称呼。但实际上，古代对宝石的分类，并没有现在这样清晰，上述称呼是笼统地指碧色（包含蓝绿及相近颜色）宝石，包含青金石而非专指青金石。

我们先从学术界的研究和史料上做一番梳理。青金石的信息最早见于《魏书·西域传》："大月氏国……自乾陁罗以北五国，尽役属之。世祖时，其国人商贩京师，自云能铸石为五色琉璃，于是采矿山中，于京师铸之。既成，光泽乃美于西方来者。乃诏为行殿，容百余人，光色映彻，观者见之，莫不惊骇，以为神明所作。自此中国琉璃遂贱，人不复珍之。"张星烺先生在"五色琉璃"之下注释："今代之骨克察河（Kokcha）上流，仍有著名之琉璃矿（Lapis lazuli）。"[②] 骨克察河，今译科克奇河，位于今阿富汗巴达赫尚省，自古以来就是著名的青金

---

① 参见冯伯群：《清代官员的顶子》，载《中国档案报》，2001-12-21；黄德晃：《清朝官员的顶戴》，载《中国商报》，2002-05-23。

② 《中西交通史料汇编》第三册，1337 页，北京，中华书局，2003。

石产地。显然，这里的“五色琉璃”，被视为青金石了。但严格讲，古来琉璃就是冶炼合成品，是古代玻璃，虽然色泽近似青金石，与取自自然的青金石矿物仍然有别。“璆琳”，对应汉语作“琉璃”。商周时代已经开始炼制，实物亦不鲜见。因此，古代典籍中出现的“璆琳”、“琉璃”以及“颇梨”，尽管包含青金石，但多数可以排除在青金石之外。真正与现代青金石含义接近的称呼应该是“瑟瑟”、“金精”、“兰赤”。这些称呼的出现，都在南北朝时期之后。瑟瑟，关于其确切含义，学者的看法尚不完全一致。著名东方学家劳费尔认为，瑟瑟（sit-sit）是萨珊朝波斯的宝石，含义复杂，有时指建筑石材（如孔雀石），有时则指装饰宝石（如翡翠一类）。① 不同时代，瑟瑟所指并不相同。他没有排除包括青金石的可能。而谢弗则断定瑟瑟是天青石或青金石。② 语言学者也证明，明代《高昌馆杂字》中读作 xixir（sirsir），有译为“玛瑙”或“水晶”的。另有一词 Naqewar，汉译为“石青”，正确写法应为 Laqewar，是伊朗语词 Lazhuward 的对应词。因此，瑟瑟包括两个含义：（1）指青金石或天青石；（2）不仅用来指青金石，还可指颜色相近的玛瑙、绿松石、孔雀石等。③ 从史料上看，瑟瑟也见于《魏书·西域传》：“波斯国……出金、银、鍮石、珊瑚、琥珀、车渠、马脑，多大真珠、颇梨、琉璃、水精、瑟瑟……”“康国者……出马、驼、驴……阿薛那香、瑟瑟、獐皮、氍毹、锦、叠。”④ 既然同一史籍中同时出现了颇梨、琉璃、瑟瑟的记载，则不可能同时与青金石有关。此外，《周书·异域传下·波斯》记载：“（波斯国）又出白

---

① 参见劳费尔：《中国伊朗编》，林筠因译，345～350 页，北京，商务印书馆，1964。

② 参见谢弗：《唐代的外来文明》，吴玉贵译，500 页，北京，中国社会科学出版社，1995。

③ 参见阿布力克木·阿布都热西提：《与青金石有关的突厥语宝石名称考》，载《西域研究》，2008（3）。

④ 《魏书》卷 102，《西域传》，北京，中华书局，1974。

象、师子……马瑙、水晶、瑟瑟……”① 还有，《新唐书·高仙芝传》：“仙芝为人贪，破石，获瑟瑟十余斛……”② 谈到唐西域边将高仙芝攻破中亚地区属于昭武九姓集团的石国，获取大量宝石。石国即今中亚塔什干城，“东南有大山，产瑟瑟”。大山，应该是兴都库什山。《册府元龟》载，同属昭武九姓的康国（撒马尔罕）也产瑟瑟，但应该是贸易所得。开元五年，康国王还遣使向唐朝进贡毛锦、青黛。③ 可贵的是，《新唐书》还记载了著名的宝石产地库克察河流域。当时这一地区归属于俱兰国，紧邻吐火罗国。“俱兰，或曰俱罗弩，曰屈浪拿，与吐火罗接。环地三千里，南大雪山，北俱鲁河。出金精，琢石取之。”还提到吐火罗国北部有颇黎山，在开元、天宝年间数次向唐朝贡“红碧玻璃”。④ 类似记载也见于《册府元龟》，开元二十九年，吐火罗遣使献红颇黎、碧颇黎、生玛瑙、生金精等物。⑤ 按张星烺先生注释，俱兰，或曰俱罗弩，曰屈浪拿，名见玄奘《西域记》卷12⑥，其原音为Kuran，在今骨克察河（Kokcha）上流，拉其瓦特（Lajwart）地方，以产琉璃驰名。⑦ 与此记载可以相互印证的还有《马可波罗行纪》的相关记述。“此州出产巴剌思红宝石（rabis balais），此宝石甚美，而价甚贵。……同一境内别有一山，出产瑟瑟（azur，lapis-lazuli），其莹泽为世界最。产于矿脉中，与银矿同。”⑧ 这里，azur，lapis-lazuli译为“瑟瑟”，但一般直接译为“青金石”。劳费尔同样引证了这一段，

---

① 《周书》卷50，《异域传下》，北京，中华书局，1974。

② 《新唐书》卷135，《高仙芝传》，北京，中华书局，1974。

③ 参见《册府元龟》卷966、卷971，北京，中华书局，1985。

④ 参见《新唐书》卷221，《西域传》。

⑤ 参见《册府元龟》卷971。

⑥ 《大唐西域记》原文为：“屈浪拿国，睹货逻（即吐火罗——引者注）国故地也……有山岩中，多出金精，琢析其石，然后得之。”

⑦ 参见《中西交通史料汇编》第三册，1408～1409页。

⑧ 《马可波罗行纪》第一卷第四六章，《巴达哈伤州》，75页，上海，上海书店出版社，2000。

但中译本径自译为“青金石”。劳费尔还引用了马可·波罗研究专家尤勒的注释：“Lájwurd 矿（由此字转写出 l'Azur 和 Lazuli）一如红宝石矿，驰名已久。矿在科克恰河上游之可兰山谷中扬甘地带。通俗的语原是 Hamah-kán 或‘万矿山’。1838 年伍德曾视察这些矿山。”① 还提到最优等的在布哈拉出售。综合中西两种史料，可以确认以下几点：（1）现今阿富汗东北部，毗连塔吉克斯坦、乌兹别克斯坦的兴都库什山区自古就是出产包含青金石在内的各种宝石的富矿区；（2）金精就是青金石，提取方法是在原矿石（生金精）中“琢制”②；（3）唐代的青黛、瑟瑟、琉璃，一定包含青金石在内。所以直到民国时代，冯承钧、张星烺仍用“琉璃”、“瑟瑟”指代青金石。

另外，史料也提示我们：至迟到元代，人们已经开始意识到青金石与绿松石的区别，从而使用新的称呼加以区别。著名的例子是出使西亚的常德口述、刘郁整理之《西使记》中的两处记载。一处记载报达（巴格达）的富庶，称“所产大珠曰太岁强（弹）、兰石、瑟瑟、金刚钻之类”。校注者陈得芝注曰：“兰石，薄乃德（俄国学者）注称可能是指天青石（lapis-lazuli）的波斯语名（Lājward）之首音。”瑟瑟，薄乃德注称，并非法国汉学家颇节（G. Pauthier）所言乐器，而是一种宝石。李时珍《本草纲目》卷 8“宝石”条：“《山海经》言騩山多玉，凄水出焉，西注于海，中多采石。采石即宝石也。碧者，唐人谓之瑟瑟；红者，宋人谓之靺鞨。今通呼为宝石。”《西使记》另一处说：“兰赤生西南海山石中，有五色，鸭思价最高。”注释指出：“兰赤、鸭思，均为宝石的译名。前者可能复原为碧琉璃（lapis-lazuli）的波斯语名 Lājward，后者似可复原为阿拉伯语的 yashm/yashb（碧玉——引者注）。”③ 可见当时汉

① 劳费尔：《中国伊朗编》，林筠因译，350 页。

② 劳费尔不很肯定，但大体承认“唐时金精似指青金石”（同上书，349 页）。

③ 陈得芝：《刘郁〈〔常德〕西使记〉校注》，载《中华文史论丛》，2015（1）。

语中出现了青金石的新名称“兰石”或“兰赤”，是当地波斯语、阿拉伯语称呼的汉语音译，因为常德身临其地，有条件将其与瑟瑟区分开。不过，这个新名称只此一见，同样生活在元代江南的陶宗仪就不知道这一名称。他专门记述了五种“回回石头”，包括红石头、绿石头、鸦鹘、猫睛和甸子，没有提到瑟瑟和兰石。与青金石有关的应该是鸦鹘。鸦鹘也称亚姑，有红、青、黄、白各类。青亚姑名下又列有三种：“青亚姑，上等深青色；你兰，中等浅青色；屋扑你兰，下等如冰样，带石，浑青色。”[①] 陶宗仪专门请教过回回商人，“鸦鹘”一名无疑来自阿拉伯语，应该是 yagut（宝石）一词的音译。在江南，“鸦鹘”更流行，直到明代，谈到域外宝石的书籍常常提到“鸦鹘石”，留下了“鸦青”、“鸦青色”等形容词。而“兰石”、“兰赤”在内地社会上并未普及。常德眼中的瑟瑟，江南陶宗仪称为“甸子”，也称“靛子”，就是绿松石。

明代资料中仍有瑟瑟，但所指似乎已转向绿松石。明初所修《元史》记述成宗大德七年六月，“西京道宣慰使法忽鲁丁以瑟瑟二千五百余斤鬻于官，为钞一万一千九百余锭。有旨除御榻所用外，余未用者宜悉还之”。武宗至大二年八月，“詹事院臣启金州献瑟瑟洞，请遣使采之，帝曰：‘所宝惟贤，瑟瑟何用焉？若此者，后勿复闻’”[②]。数量如此之多的瑟瑟，只能是绿松石。到明后期，沈德符《万历野获编·外国·乌思藏》则明言：“其官章饰，最尚瑟瑟；瑟瑟者，绿珠也。”清楚地将瑟瑟定义为绿色宝珠，即西藏常见的绿松石。同时，在明代的官方文献中我们第一次明确地看到了“青金石”一词的出现。明实录中记载：“礼部言，比土鲁番速坛阿黑麻王并其妻哈屯呵嗒各具番

---

① 陶宗仪：《南村辍耕录》卷 7，《回回石头》，北京，中华书局，1958。

② 《元史》卷 21，《成宗本纪》；卷 24，《仁宗本纪》，北京，中华书局，1974。

书，遣使贡马。本部已请赐马价、表里。此外又贡磁（硫）黄、青金石，非边关验放之数，未敢进收。”① 明代严从简的《殊域周咨录》也提到哈密部落“其贡有玉、速来蛮石、青金石、把咱石等”②。与“兰石”、“兰赤”等译名不同，青金石是汉语正式的标准的名称，一直使用至今。但青金石这一名词在明代资料中也很罕见，如前所述，在江南，仍流行元代以来的“鸦鹘石”一类外来语译名。推测当时只限于极少数直接接触西域贡使者才得以获知和使用这一名称。明实录的记载当然来自嘉峪关的报告，而严从简则长期担任礼部行人司官员，专事贡使接待工作。前述西域吐鲁番王阿黑麻夫妇进贡的青金石，虽然被明朝拒收，但可知明代的青金石仍然来自中亚方向。而且，无论是吐鲁番还是哈密，都不出产青金石，这些贡物，显然也是通过贸易等方式从更西方的阿富汗获得。

有研究者认为，青金石在中国社会流行，始于明清时期。这一看法并不准确。明代无论文献还是实物中都少见青金石的信息。上引明实录等记载虽然重要，却是仅有的记载。原因何在？恐怕与接触条件有关，即取决于中原与西域的政治交往与物资流动。明前期，在嘉峪关外，保留着哈密卫等军政机构，其重要性在于“西域三十八国入贡经哈密”，“令为西域之喉襟，以通西番之消息”③。明与西域诸国维持着政治联系的同时，保有与中亚的宝石产区物资交流通道。这里应该提及，明朝皇室和上流社会崇尚奢靡，玉石的消费需求很大，主要仰给于中亚方面的朝贡贸易。皇室优先选取上等玉石，通过实物赏赐完成交易。剩余次等玉石才能出售，获得银两。好玉价值很高，索价万

---

① 《明孝宗实录》卷29，弘治二年八月壬子，台湾“中研院”史语所校印本，1962。

② 余思黎点校本误断为“其贡有玉、速来蛮、石青、金石、把咱石等”。意义遂不可解。参见“中外交通史籍丛刊”本《殊域周咨录》，428页，北京，中华书局，1993。

③ 《殊域周咨录》，412、414页。

两白银。由于从皇室所获得物资价值有限，与市场形成巨大反差，贡使遂想方设法行贿主管官员减少贡玉，留下好玉出售获利；而士大夫也请托这些官员购买玉石。长期寻租的结果，终于酿成嘉靖四年礼部主管贡玉官员陈九川等勾结他人，侵吞天方国贡玉，“窃卖利己”的大案，牵出礼部通事、翰林译臣、审案官员直至大学士等多人。①

由于政治纷争，嘉靖初年明朝所设的哈密卫最终被叶尔羌汗国吞并，之后明于嘉峪关闭关绝贡，切断了与西域的联系。尽管此后中亚的宝石转而远道绕经印度洋，从海路辗转运到广州，但毕竟极为不便。由此青金石的来源断绝，明代社会不见记载和使用也就不难理解了。

简而言之，青金石进入中国并被认知，大致经历了四个阶段：(1) 汉代到隋代，一般名之为“瑬琳”、“琉璃”以及“颇梨”，系外来语，混同在古老朦胧的宝石（包括人工制品）群中。(2) 唐宋时代，主要名“瑟瑟”，偶尔称“金精”。前者为宝石统称，外来语；后者为专称，汉语专名，但不普及。(3) 元代，多称呼“鸦鹘”，宝石统称，外来语。偶尔称“兰石”、“兰赤”，属外来语专称。(4) 明清时代，“青金石”的汉语专名确立，并沿用至今。偶见“金星石”的用例②，应该是唐代“金精”的余绪。在明代部分时段部分地区，仍使用“鸦鹘石”的旧称。

二　清代皇室青金石的来源与使用

古代中国长期不识青金石的真面目，主要原因是其稀有和罕见。

---

① 参见《殊域周咨录》，394～400 页。

② 参见李贤：《大明一统志》，见《景印文渊阁四库全书》第 473 册，886 页，台北，商务印书馆，1986。

考古文物资料显示，直到清代以前，利用青金石镶嵌制作的实物都很少，且多为小件器物，如戒指、石砚镶嵌物等，未见大件器物。

清初，至少在雍正以前，文献中关于青金石的信息仍然较少，基本上都是蒙古、西藏地方首领作为贡礼进献的青金石念珠。

《清太宗实录》在崇德元年记载：“察哈尔国公主，具盛筵进上。复献金茶桶、金盆、金壶、玉数珠、珍珠衫、蟒缎、妆缎、翠缎、倭缎衣服，嵌松子石、青金石鞦辔等物。”① 所述为新俘获的蒙古大汗林丹汗的公主向新主人皇太极呈献一批财宝，包含绿松石、青金石嵌饰物件，应该是蒙古汗廷世代相传的宝物。由此满洲政权初识青金石，其时，长城以内还是明朝崇祯帝的天下。

崇德八年，归化城蒙古甲喇章京套布克向清皇后进献青金石念珠一串。②

顺治四年，青海顾实汗福晋献礼顺治皇后、蒙古墨尔根济农献礼多尔衮青金石念珠各一串。③

顺治六年，西藏商吉德巴献礼摄政王多尔衮青金石念珠。

顺治九年，四世班禅呈献顺治皇帝的礼物中包括青金石佛像一尊，青金石念珠一串。④

同年冬，五世达赖喇嘛应清廷之邀自西藏来京晋见顺治皇帝，南苑初见时进呈了以珊瑚、琥珀、青金石念珠数串、氆氇、蔗糖、唵叭香数包，以及马匹、羔皮各千件为主的贡礼。⑤

---

① 《清太宗实录》卷32，崇德元年十一月甲辰。

② 参见《清内秘书院蒙古文档案汇编汉译》，崇德八年八月二十七日，“归化城土默特部古禄格章京为首所献礼物记录”，北京，社科文献出版社，2015。

③ 参见《清内秘书院蒙古文档案汇编汉译》，顺治五年三月十日，“顾实汗福晋表请皇后安并献礼物书”，“墨尔根济农为问安献礼事致皇叔父王文”。

④ 参见《清内秘书院蒙古文档案汇编汉译》。

⑤ 参见《五世达赖喇嘛罗桑嘉措传》下册，陈庆英等译，488页，台北，全佛文化事业有限公司，2003。

顺治十年，返藏途中驻留青海的达赖喇嘛回献清廷礼物中包括青金石数珠。

顺治十一年，顾实汗以受封金册金印事回谢礼物中也有青金石念珠一串。

顺治十五年，五世达赖奏请圣安的随书献礼中有青金石念珠。

康熙三年，五世达赖贡献清廷的礼单中有青金石念珠一串108颗。①

青海西宁的寺院也有贡进青金石念珠的，如顺治年间开始，“西宁西纳演教寺国师，贡舍利、琥珀数珠、珊瑚数珠、青金石数珠、菩提数珠、花毯、西绒毯、氆氇、腰刀、猞猁狲皮、艾叶豹皮、金钱豹皮、狼皮、狐皮、马、驼、牛、酥油等物”②。其来源尚不清楚。

这些来自西藏的青金石制品，是否西藏出产尚不清楚。但是，存在经由准噶尔蒙古信众之手自外界输入西藏的可能性。例如，乾隆九年、十三年在准噶尔使团赴藏熬茶的档案中记录了进献大昭寺的礼物，其中有青金石钵两个，青金石轮两个，青金石盘子一个。③ 当然，这些都是成品，而非原石。

上述经由蒙古、西藏上层进献渠道进入清廷的青金石制品做何用途不得而知。无论如何，大规模地制度性使用青金石，的确是从清代开始的。

清初开始，皇室人员冠服较多使用青金石作为装饰。包括：

其一，皇帝祭天时佩戴的朝珠、朝带。寻常时朝珠用珍宝杂饰，

---

① 均参见《清内秘书院蒙古文档案汇编汉译》。

② 《大清会典事例》卷986，《理藩院·甘肃河州等处喇嘛贡物》。

③ 参见《清代军机处满文熬茶档》，《驻藏办事副都统索拜奏报准噶尔使臣等进献达赖喇嘛等物件数目折》，档号：03-1742-1-24；《侍郎玉保等奏报准噶尔人等进献各寺庙物件布施银两数目折附件》，档号：03-1742-1-21，上海，上海古籍出版社，2010。

“惟祀天以青金石为饰”。祭祀时龙文金方版朝带“其饰祀天用青金石”。这是因为青金石“其色如天”，以其装饰可以营造“天人合一”的气氛，增强仪式的庄严感。

其二，皇帝仪仗。凡遇皇帝升殿，或祭祀坛、庙，除銮仪卫仪仗外，设金顶黄妆缎曲柄伞，并备嵌珊瑚、松子石、镀金玲珑四方鞍十副，夏季用青金石、珊瑚、松子石、镀金玲珑、西牛尾踢胸，冬季用嵌青金石、珊瑚、松子石、镀金玲珑、染就青狐尾踢胸。①

其三，皇后、贵妃、妃嫔冠服。皇后冬、夏朝冠，均饰以珍珠或东珠，间以金衔青金石结或青金石珠。皇贵妃朝冠大体相同。其余妃嫔朝冠，皇子、皇孙福晋朝冠也镶嵌青金石结或青金石珠。区别只在珍珠数量递减。

其四，亲王、郡王甲胄、櫜鞬、佩刀都镶嵌青金石。②

其五，奉恩将军冠顶、县君额驸冠顶都饰以青金石。③

清廷何时实施这一规定，记载并不明晰。有确切时间记载的是，奉恩将军冠顶用青金石在雍正八年，县君额驸冠顶用青金石在雍正五年。④ 后来在乾隆五十一年，又补充制定了固伦公主朝冠饰用青金石的规定。⑤

雍正五年以后，清朝官方文献如实录、会典等书中关于青金石的记载骤然出现并增多，主要是制订了关于青金石使用的规定。是年九月，议定了王公大臣官员等阶层的常服顶戴规制。“寻议，诸王及大小臣工平时所戴暖帽凉帽，俱照朝帽顶分别，令其戴用。凡亲王、世子、

① 参见允禄等监修：雍正《大清会典》卷233。

② 参见《大清会典事例》卷893，《工部·军器》。

③ 参见《大清会典事例》卷326、卷327，《礼部·冠服》。

④ 参见《大清会典事例》卷327，《礼部·冠服》。

⑤ 参见《大清会典事例》卷1188，《内务府·典礼》。

郡王、长子、贝勒、贝子、入八分公，俱用红宝石顶。未入八分公、固伦额驸、和硕额驸，民公、侯、伯、镇国将军及一品大臣，俱用珊瑚顶。辅国将军，奉国将军，多罗额驸，二品、三品大臣，俱用起花珊瑚顶。奉恩将军、固山额驸及四品官员，俱用青金石顶。五品、六品官员，俱用水晶石顶。七品以下及进士、举人、贡生，俱用金顶。生员、监生，俱用银顶。从之。"[①] 这一次规定没有收录到《大清会典事例》中，是否实施不得而知。雍正八年，再次议定二品以下官员帽顶规制，重申"奉恩将军及四品官，俱用青金石或蓝色涅玻璃"[②]。这一记载见于《大清会典事例》，"四品官上衔青金石或蓝色涅玻璃，中饰小蓝宝石"[③]。此前，按照顺治二年制定的冠服规定，"四品官冠用镂花金顶，上衔蓝宝石，中饰小蓝宝石"[④]。按清朝规制，正、从四品官包括京外文武数十种官缺，特别是数量极大的地方道员、知府、佐领、都司，涉及数千人。突然由蓝宝石改用青金石，虽然只是一颗帽顶，但总量也会不少，而且并非一次性使用，再加上皇室的使用，都需要有较为稳定的来源。那么，清朝的青金石来源在哪里呢?

除了前述青金石制品作为贡物或礼品进入清廷外，至少目前我们尚未看到平定准噶尔政权以前清朝获得青金石原料的记载。这里还只能推测。考虑到当时青金石产地的唯一性，主要的来源和方向只能是葱岭以西，沿古老的丝绸之路经嘉峪关进入内地。这条通道的必经之路——新疆（当时的西域）在准噶尔汗国的控制之下，清朝与准噶尔之间虽然兵戎相向，但真正隔绝交往的时间并不长，不过是1688—1697年的十年时间。其余多数时间中存在朝贡和遣使名义下的贸易往来。玉石作为商品之一，虽不常见，应该有输入。康熙末年，清朝的

---

① 《清世宗实录》卷61，雍正五年九月丙寅。

② 《清世宗实录》卷87，雍正八年冬十月庚子。

③④ 《大清会典事例》卷327，《礼部·冠服》。

西北两路大军扼守巴里坤和科布多，控制了新疆与内地的交易通道。雍正五年开始，清军采取攻势，一度进至哈密和额尔齐斯河地区。清朝从这一方向获得青金石并不令人意外。《大清会典事例・兵部・邮政》中保存着一条规定：“又定，西北两路将军大臣回缴朱批折奏，应由奏事之便汇缴。其每年恭进马匹、玉石、果膏等项，交与该处，遇有卡伦侍卫内换班引见人员之便，照料解送。”① 可见，西北两路将军每年都要向清廷缴送玉石等项物资。此外，也存在着西藏输入青金石的可能。由于和硕特蒙古顾实汗与五世达赖喇嘛接受清朝的册封，所以西藏经由青海、甘肃进入内地的商路是畅通的。康熙末年，意大利人德西迪里曾报道西藏妇女穿用青金石的饰物。约成书于乾隆年间的《西藏记》也记载：“洛隆宗南去二日，有浪岩山，产青金石。”洛隆宗即今西藏江达县。如果这一矿藏在清初已经开采利用的话，输入内地也不困难。

毫无疑问，清朝真正彻底解决青金石的来源问题，是从平定了准噶尔势力，控制了新疆，从而掌控了丝绸之路开始的。

目前还没有找到平准时期清朝从新疆直接获得青金石的直接证据。但是，当时清朝内务府储存和使用青金石的记录也许可以从侧面证实。已经公布的乾隆时期内务府造办处的《行取物料清册》和《收贮物料清册》以年为单位，清楚地记载了每一种材料的存留和加工、使用情况。青金石属于“玉作”，其数据如下表：

增减数量 年代	旧存	新进
乾隆二十五年	3两7钱	青金字4个， 青金珠15个， 青金镶嵌27块（重5分）， 青金小坠1件②

① 《大清会典事例》卷699，《兵部・邮政》。

② 参见《清宫内务府造办处档案总汇》第26册，12、20页，北京，人民出版社，2005。

续前表

年代＼增减数量	旧存	新进
乾隆二十六年	青金小花篮 1 件， 青金满汉字 12 件， 青金字 12 个， 青金镶嵌 57 块（重 3 两 7 钱 3 分 4 厘）， 青金带面 6 块（重 1 两 5 钱）， 青金珠大小 52 个， 青金塔大小 4 个（重 1 钱 5 分）， 碎青金 6 钱 5 分， 青金坠角 1 件	2 两 1 钱 4 分①
乾隆二十七年	4 钱 1 分	青金石腰箍 4 个， 青金小花篮 1 个， 青金字 24 个②
乾隆二十八年	青金带面 6 块， 青金珠大小 44 个， 青金塔大小 4 个， 青金坠角 1 件， 青金石腰箍 4 个③	未查到
乾隆二十九年	28 两 1 钱 8 分 8 厘④	无
乾隆三十年	27 两 1 钱 9 分 8 厘⑤	无

乾隆二十四年清军底定新疆，其时清宫库存青金石只有 3 两 7 钱，此后则逐渐增加，五年之后竟然增加到 9 倍数量。其中关联，耐人寻味。

乾隆四十三年发生了高朴偷卖官玉万余斤的大案。乾隆帝曾说："自平定回部以来，所产玉石，除文官所余，招商变价外，其回民违禁私卖，奸商潜踪私买，载回内地，制器牟利者，并不始于此时。"⑥ 为防止此类事件，清朝从新疆大规模运送已开采的玉石到北京。为此在喀喇沙尔所属 10 处军台，共设置铁轮车 18 辆。运送玉石完竣后，这些车辆直

① 参见《清宫内务府造办处档案总汇》第 27 册，4、92 页。

② 参见上书，97、761、769 页。

③ 参见《清宫内务府造办处档案总汇》第 28 册，582 页。

④ 参见《清宫内务府造办处档案总汇》第 29 册，303 页。

⑤ 参见上书，315 页。

⑥ 《清高宗实录》卷 1070，乾隆四十三年十一月丁亥。

接分给各站使用。[①]

催生石、青金石虽然不是严格意义上的玉石，但作为有特殊用途的宝石，应该是与玉石一起缴送的。而且，在清宫，青金石的加工也归属内务府的“玉作”管理。

关于青金石的记载较少，大概有两方面原因：一是此物非新疆出产，输入数量本身就少；二是与清朝政策上的宽松管理也有关系。青金石虽然稀有，但不是玉石，不在官方的垄断和禁令范围内，早期甚至不征收关税。这里通过几个案例予以说明：（1）乾隆四十六年新疆宜禾知州瑚图里违法案，追查出其家人陆明与迪化州商人张五合伙做生意，经营玉器首饰，以 465 两 5 分白银在南路买获青金石 72 块，计 508 斤 4 两，被起获后“随押送交军机处查收办理”[②]。在一起偶发的案件中，交易的青金石就达到 500 余斤，远超过清宫的库存。（2）乾隆五十五年查获商民张子敬私贩俄罗斯皮张案，皮张自然没收，同时查获的还有催生石、青金石，“并非禁物，亦令入官”。乾隆谕令陕甘总督勒保，“令将秀林查获之此项皮张、催生石、青金石中应送京城者，送往京城；其余次者，俱在彼变价办理”[③]。（3）同一年，哈密办事大臣伊桑阿奏报，查获民人玛希金行囊携带催生石 30 余斤、青金石 30 斤。乾隆帝明确谕令，“白玉石、绿玉石系产自回地玛纳斯山河，特令严禁私自开采，而回地产物，并未盖行禁止。催生石、青金石并非玉石，毋庸禁止”[④]。说明到乾隆后期，中亚输入的青金石已不稀

① 参见《大清会典事例》卷 695，《兵部·邮政·驿车》。

② 中国第一历史档案馆藏录副奏折（以下简称录副奏折），乌鲁木齐都统明亮《奏报起获瑚图里家人陆明有寄存青金石事》，档号：03-1317-013，缩微号：092-2188。

③ 《乾隆朝满文寄信档译编》，乾隆五十五年十一月初六日，《寄谕陕甘总督勒保著将查获商民私贩禁物挑选送京余者变价》，长沙，岳麓书社，2011。

④ 《乾隆朝满文寄信档译编》，乾隆五十五年三月初一日，《寄谕陕甘总督勒保等著民人携带之物非回地玛纳斯玉石概勿查禁》。

见，以至于政策上已无须限制。（4）乾隆五十六年，叶尔羌办事大臣明兴奏称："巴达克山前来贸易携入之催生石、青金石内，因青金石不收税银，奸诈商人为逃税谎报者甚多。"请示严加核查。对此，乾隆帝明令："叶尔羌仅将贸易之催生石收税，青金石（不）收税银，均系原任大臣办理错谬。今明兴等既查出，拟定嗣后贸易之青金石，较催生石加收十倍税银，尚属在理。即照伊等所奏办理可也。"① 由此可知，此前的三十年，新疆对青金石的输入贸易是免税的。而且青金石产地的巴达克山商人直接进入新疆叶尔羌口岸贸易。免税政策导致征税的催生石冒充青金石免税入境贸易。另外，结合前引史料，青金石贸易额动辄数十斤，输入量已达到一定的规模。

青金石之路重新打开，促进了中国内地青金石加工、消费的繁荣。

清廷在必要的冠服朝珠、顶戴制作之外，佛珠、佛塔、佛像、藏经盒等宗教法物也离不开青金石，娱乐赏玩性质的青金石艺术品加工也出现了。存世的青金石作品中，大部分是乾隆朝制作的。特别是大件作品，见于拍卖记录和研究报道的就有：

乾隆青金石松泉人物山子（宽 19cm）

乾隆青金石御制诗山子（宽 30.3cm）

乾隆青金石兽面图龙耳盖炉

青金石访友图山子（高 36.5cm）

松间浮云畅舟山子（高 18.5cm）

清青金石嵌珠宝象

青金石山水人物御题诗文插屏

特别是北京瀚海拍卖的"清乾隆青金石描金御题诗七巧插屏"，体

① 《乾隆朝满文寄信档译编》，乾隆五十六年五月二十四日，《寄谕叶尔羌办事侍郎明兴等著嗣后携来贸易之青金石俱照所请收税》。

量巨大，制作精美。上有乾隆御笔“偶咏《宋人名流集藻画册》中李迪《鸡雏待饲图》，恻然有怀于灾壤饥民之无救也。因摹其画，即用题迪画韵成什，命泐石以示为民父母之官”。之后是御题五言诗一首：“双雏如仰望，其母竟何之。未解率场啄，谁怜空腹饥。展图一絜矩，触目切深思。灾壤民待哺，慎哉群有司。”落款“戊申中秋上浣御笔”①。

这幅作品有助于解答这样一个问题：清廷为什么会选定青金石作为道府等四品官的顶戴？直接原因恐怕与青金石本身的颜色有关，统治者着眼的不是材质的贵贱，而是“其色如天”的颜色寓意。地方道府一级官员作为“为民父母之官”，历来被小民视作“青天大老爷”，青金石帽顶恰似头顶青天，诚当如包拯一般为民做主。这也可以解释，在雍正朝未采用青金石之前，四品官帽顶使用蓝宝石或者蓝色涅玻璃的现象。

要回答清朝皇室为何如此重视、珍爱青金石这一外来宝石的问题，就涉及更大范围的民族文化心理层面。和藏蒙民族一样，满人出于同样的宗教情感尊崇和喜爱作为藏传佛教传统七宝之一的青金石。更根本的原因，则在于青金石的颜色与满人民族文化的心理底色吻合一致。这个心理底色，就是靛蓝—天青色。满人从上到下，无分贵贱，都喜爱和尊崇这一颜色。其形成当然有长久的历史基础，也不排除邻近民族如蒙古文化传播的影响。

青金石的增加，使清廷不再只是单向地接受来自西藏的礼物，也开始回赠。乾隆四十六年，为了表彰妥善处理六世班禅意外圆寂于内地事件的西藏堪布额尔德尼诺门汗阿旺粗勒提木，乾隆帝赏赐的礼物中就包括青金石佛头珊瑚素念珠一挂。②

① 白洪丽：《青金石及其鉴藏》，载《收藏家》，2011（6）。

② 参见《乾隆朝满文寄信档译编》，乾隆四十六年正月三十日，《寄谕驻藏办事副都统恒瑞著赏赐堪布额尔德尼诺门汗阿旺粗勒提木》，档号：03-136-1-007。

嘉道时期，清廷进一步扩大了青金石的使用范围，开始将青金石制品赏赐给作战有功的大臣和将领。如嘉庆六年，赏赐作战有功的赛冲阿青金石扳指一个。九年，赏前线作战的赛冲阿、丰绅、马瑜、田朝贵等将领以青金石扳指。[①] 道光二十二年，赏赐大臣青金石红喜字扳指一个，由内务府领发。[②]

光绪年间，清廷仿照西方国家实行授勋制度，称为“宝星之制”。青金石和其他宝石一样被选为装饰材料。宝星分五等，分别授赠不同身份的外籍人士。其中第四等授各国兵弁，“四等，用法蓝地银双龙中嵌青金石绿龙酱色带”[③]。

同时，内地民间社会也有机会消费青金石，甚至形成了一定的市场。笔记、野史、小说中屡见记载。例如，清代北方朝野流行的青金石数珠，乾嘉时在岭南也有制作和销售。“数珠一百八粒，或用碧霞洗，或用珊瑚及青金石、伽南香之类，价不过三四千金。”[④]

在扬州，传闻明末已经有周姓富豪创制镶嵌百宝的工艺，号称“周制”。“其法以金、银、宝石、真珠、珊瑚、碧玉、翡翠、玛瑙、玳瑁、砗磲、青金石、绿松石、螺甸、象牙、蜜蜡、沉香，雕为山水、人物、树木、楼台、花卉、翎毛，嵌于花梨漆板之上，大而屏风、桌椅、窗户、书架，小而笔床、茶具、砚匣，五色陆离，真未有之奇玩也。”[⑤] 清中期修建市肆有玉宝塔一座，高 9 尺 9 寸，仿报恩寺塔式样制作，分九重。“第一层白玉佛四。八方殿宇墙垣，皆刻玉佛八十有

---

① 参见《嘉庆帝起居注》，嘉庆六年正月二十日、嘉庆九年八月，桂林，广西师范大学出版社，2006。

② 参见《清代军机处随手登记档》，道光二十二年十二月初四日，北京，国家图书馆出版社，2013。

③ 邵之棠辑：《皇朝经世文统编》卷 107，《杂著三》，光绪二十七年刊本。

④ 赵翼：《檐曝杂记》卷 4，《广东珠价》。

⑤ 徐珂：《清稗类钞·工艺类·王卢仿周制》，北京，中华书局，1986。

八。其余八层，内贮金佛四尊。门外以青金石为扁额。”①

清后期，甚至个人也有了消费青金石的能力。安徽歙县一位许姓徽商，家资数百万两，开铺肆四十余处，后以子孙豪奢张扬，许翁惧祸而一朝散尽家财。俞樾曾亲见此人，“其冠戴青金石，顶缀鹖羽蓝翎焉，而意气犹甚雄爽也”。

尽管稀见，但市场上已经有了公开的交易。长江流域的水陆码头上，“金、银、珠玉、水晶、玛瑙、密蜡、翡翠、珊瑚、青金石、碧霞洗、古窑器、新磁，以及朝珠、念珠、手串、斋戒牌、如意盒、香囊，无不鳞集”②。

最后，青金石的广泛使用，也促进了知识界对青金石的正确认知和概念的精确化。至迟在乾隆时期编纂的《五体清文鉴》中，含义分类上已经清楚地将其与瓷、珐琅等人工制品分类在一起。对应的蒙古语作 sil，满语作 aikan，维吾尔语音译作 loli/luli。而青金石则和珊瑚、绿松石等自然物放在一起。和汉语的“青金石”相对，满语、蒙古语均作 nomin，藏语作 mu-men，维吾尔语作 lajward③，各有其命名。社会上，青金石也作为专名固定了下来。在汉语世界里，青金石终于走完了其漫长的认知过程。

三　神秘的催生石

催生石（hasten parturition stone）是青金石的一个品种。当青金石中混杂的白色方解石多于蓝色时，呈浅蓝或灰蓝色，又名雪花催生

---

① 李斗：《扬州画舫录》卷 4，北京，中华书局，1960。

② 章学诚：《湖北通志检存稿》一，《食货考》，嘉庆年间纂，北京，文物出版社《章学诚遗书》影印本，1985。

③ 参见《五体清文鉴》II，卷 22，《货财类》，3109 页，北京，民族出版社，1957。

石。从宝石的角度看，催生石品质不高，也不受重视。清代以前，文献上鲜见记载。经常为人们所提及的是明代朱孟震《西南夷风土记》中的一段记载："土产，孟密东产宝石、产金，南产银，北产铁，西产催生文石。"孟密，也写作猛缅，指今天缅甸北部。据此可知，缅甸是催生石的一个产地。后经云南永昌、腾越输入中国内地。这一地区因为开采技术落后，产量不大。催生石最主要的产地，仍然是阿富汗的巴达赫尚地区，与青金石处于同一矿脉。阿富汗也是世界上催生石的最主要产区。其他地方据说也有出产。民初地质学家章鸿钊《石雅》提到："今俗有名催生石者，亦青金石之属，相传出塔什干。"并引述清代周霭联《竺国纪游》，谓："硕板多地方产催生石，似青金石而纹理粗劣，色亦黯。"[①] 据此，则清代西藏也有出产，但章氏未做肯定。史料中也没有看到西藏或蒙古上层向清廷贡进催生石物件的记录。不过，地方志中有滇藏毗连的中甸地方出产催生石的记载："中甸距前藏凡四十七站……所产则藏绸……催生石，上品曰京青，盖以输京局者，青矿隶三宝法王。"[②] 如果这一记载无误，中甸应该是清廷催生石的重要来源。

到目前为止，资料中尚未发现清代以前的催生石加工物件的记述，出土实物中也未见报告。

事实上，清代乾隆朝才是催生石真正被开发、利用的时期。

清初文献中虽不见催生石的踪迹，鲜为人知的是，清宫档案中并不乏催生石的信息，只是不为外界所知。和青金石一样，阿富汗的催生石输入正是伴随着准噶尔问题的解决实现的。

在西域战事刚刚结束不久的乾隆二十六年四月，乾隆帝密信给新

---

① 章鸿钊：《石雅》，79页，《民国丛书》本。

② 王崧：《道光云南志钞·边裔志下·西藏载记》，290页，昆明，云南社会科学院文献研究所，1995。

疆的参赞大臣阿桂：“先前，兆惠在伊犁，在噶尔丹策零贮藏玉石之豁吉格尔地方房内，寻得催生石三块送京。富德于伊犁豁吉格尔巴克地方亦寻得一块送京。再喇嘛伊西车木比勒告知兆惠，伊犁河对岸察汗乌苏、维霍尔里克一带旧房内尚有此石，亦未可料。著寄信阿桂等，于此等地方留心寻找，酌量送京。钦此。”并嘱咐“将此写入加封，入伊奏事夹板内送发”[①]。可知在平准战争期间，将军兆惠、富德等人已经开始为清廷寻找催生石送往北京。阿桂接旨后即着手寻找，“阿桂等奏，伊犁河两岸，从前大军数次经过，并无玉石等物。奴才等询知情者，相继掘获大小玉石十五块，大小催生石十四块，大玉盘二个。分别装入四匣内，交与侍卫鄂铎送往京城”。接报后当年八月，乾隆帝再谕阿桂：“将此等挖掘玉石之事，不必专做一事具奏。”“唯将所得玉石酌量送京，不必专折具奏。”[②] 看来，乾隆帝对寻找催生石一事不欲更多人知道，故有保密考虑。从内务府的档案看，乾隆二十五年造办处只有催生石存货 4 两 4 钱 5 分，但二十六年新进催生石数量达到 95 斤 12 两。[③] 一年以后，乾隆帝再次寄信谕令伊犁将军明瑞、叶尔羌办事大臣新柱：“从前伊犁曾送催生石，恐回疆亦有此物。著传谕明瑞、新柱等，留意查找送京。钦此，钦遵。先前在伊犁、豁吉格尔、柏兴、察汗乌苏等地，获得厄鲁特埋藏之青金石送京，唯不知何地出产。著大臣等询问厄鲁特、回子等知情者，究系何处出产催生石，即派人前往采掘。若于厄鲁特、回部地方不产此物，即出价购买。唯留意寻觅大块上好者。一应得获，即刻乘便送京。”透露了乾隆帝不择手

---

① 《乾隆朝满文寄信档译编》，乾隆二十六年四月初十日，《寄谕参赞大臣阿桂等将伊犁豁吉格尔等处寻得催生石乘便送京事》，档号：03-129-1-062。

② 《乾隆朝满文寄信档译编》，乾隆二十六年八月二十日，《寄谕参赞大臣阿桂等将掘获玉石之处不必专折具奏》，档号：03-129-2-024。

③ 参见《清宫内务府造办处档案总汇》第 26 册，27 页；第 27 册，97 页。

段，必欲获得催生石的迫切心情。信末尾却又说“此物可得可不得，不可当做要事”[①]。这又反映出乾隆帝欲盖弥彰的矛盾心理，令人莞尔。读过这几份档案，首先浮现的问题就是，乾隆帝为何急于获得催生石？

催生石品质不及青金石，更无法媲美于红宝石、蓝宝石，乾隆帝一定有更隐秘的理由。合理的解释，恐怕与传说中的催生石具备催产助生神奇功效有关，虽然这不可能得到史料的证实。

汉语“催生石”一名，其来源有两说。其一是广为流传的孕妇在以传统方式分娩时此石能起催生作用。或说此名源于古人用此石作产妇催生药。或说古代印第安人曾用其作为妇女催生之药，故名。这些都来自民间传闻，没有看到医书和文献上的证据。但古埃及人认为青金石有安神、治疗神经狂躁的功能，则上述传闻或有一定道理。古代妇女生产，生死攸关，即便皇家也不例外。乾隆帝相信此说，也可以理解。另有一说，认为催生石中“催生”二字乃藏语方言译音，并不以催生为义，根据是周霭联《竺国纪游》。[②] 实则这是章鸿钊的看法。周氏只是在“催生石”一词之后曰：“原注谓‘俗语相传，不知果此二字否？’”[③] 表示不确定而已。

乾隆后期，不知是皇帝本人对催生石的热情已经消退，还是朝廷通过其他途径获得了足够的供应，总之是政策上放松了对催生石的管控。乾隆四十六年，吐鲁番领队大臣图思义循惯例扣押了携带催生石的内地商人王增。随后商请乌什参赞大臣绰克托，希望定例严查商民货物。此举遭到乾隆帝的申饬，斥其不明事理，“甚是过分”，重申禁

---

① 《乾隆朝满文寄信档译编》，乾隆二十七年八月二十六日，《寄谕伊犁等处办事大臣明瑞等著于回疆留意查找催生石送京》，档号：03-129-4-052。

② 参见“故宫”博物院编辑委员会编辑：《清代服饰展览图录》，18页，台北，1986。

③ 章鸿钊：《石雅》，79页，《民国丛书》本。

止的是"私携偷带玉石"，要求将王增立即放行。①

在清代，催生石，满语作 cui sheng wehe，应该是汉语的音译，与青金石 nomin 是有明显区别的石种。与青金石在清代被大范围使用不同，催生石则不那么为人所知。催生石的采进、加工，和青金石一样，都归内务府造办处玉作管理。

从内务府档案看，催生石的制品主要有佛头塔珠（朝珠的一部分）、珠儿、八宝、小蟾、小磬、小刀把等小件物。但结合其他资料看，催生石作品远不止这些。

第一类是赏赐嫔妃的催生石装饰品。乾隆三十六年六月初四，来自西域回部的容嫔封妃，乾隆帝赏赐有青金石挑花垂挂、垂帘，金镶催生石金箍垂挂等多件。

第二类是宗教法物。乾隆三十五年内务府如意馆玉匠七十儿奉旨将一块重 16 斤的催生石照章嘉国师的绘本雕刻成一尊呀吗达嘎（大威德金刚）。② 紫禁城斋宫西暖阁佛堂供奉有催生石释迦牟尼佛一尊。乾隆四十四年，六世班禅来到热河预备觐见乾隆帝。清廷赏赐他"催生石手持金刚白玉救度佛母一堂"，上嵌珍珠宝石，总重 108 两 5 钱。③ 班禅圆寂于北京后，乾隆帝特赐金塔并指示镶嵌松石、珊瑚、催生石三色，以增华丽。④ 嘉庆二十五年，道光帝以催生石小朝珠一盘，赏赐西藏济咙呼图克图之呼毕勒罕。⑤

第三类是有重大意义的宝玺、册页。乾隆五十七年，清廷指令扬

---

① 参见《乾隆朝满文寄信档译编》，乾隆四十六年七月二十六日，《寄谕乌什参赞大臣绰克托等著传谕图思义遵照成例查办过往商民》，档号：03-136-1-066。

② 参见熊文彬等：《藏传佛教艺术发展史》下册，831 页，上海，上海书画出版社，2010。

③ 参见中国第一历史档案馆、中国藏学研究中心合编：《六世班禅朝觐档案选编·英廉等送往热河备赏班禅各物清单》，北京，中国藏学出版社，1996。

④ 参见王晓晶编著：《六世班禅进京史实研究》，169 页，北京，民族出版社，2013。

⑤ 参见《清宣宗实录》卷 8，嘉庆二十五年十一月甲子。

州工匠以催生石雕刻了国子监御宝“表章经学之宝”，重达 44 两 3 钱 6 分。同时以催生石制作了“御制石刻蒋衡书十三经”册页 12 页，置于辟雍亭。[①]

第四类是各类摆件。紫禁城宁寿宫花园养和精舍一层陈设有催生石罗汉仙山一件，二层陈设着催生石伏狮罗汉仙山一件。避暑山庄则设置有催生石鼓 10 件。清末，慈禧的随葬品中也出现了三件催生石玩器。

值得思考的是，与青金石不同，清代民间鲜有催生石物件，从而使催生石显得很神秘。这究竟是乾隆帝独特的审美趣味和偏爱所致，还是另有原因，尚待进一步研究。

17、18 世纪经过长期对峙，清朝最终成功地解除准噶尔政权的威胁，实现了大一统。其意义不仅体现在政治统一、版图扩大、民族融合诸方面，清朝重新打通了隔绝已久的丝绸之路，促进了西域与中原的经济文化交流，也畅通了中亚与中国的物资流动，进而影响了中国朝野的审美趣味、奢侈品和艺术品创作、宗教艺术，乃至世俗的社会风尚等方方面面。本文探讨的青金石、催生石流动不过是一个很小的侧面，一个初步的尝试而已，期待未来会有更多更深入的研究出现。

① 参见《钦定国子监志》卷 21，北京，北京古籍出版社，2000。

明清比较视野下的"大一统"观及其实践

杨念群*

一 明清以来"大一统"观的嬗变

(一) 明代"大一统"观与宋朝"正统论"之关系

"大一统"一词最早语出《春秋公羊传》，东汉何休作注时解释说："统者，始也，总系之辞。"① 汉代董仲舒对此有了进一步解释，他在对汉武帝的策问时说："今师异道，人异论，百家殊方，指意不同，是以上亡以持一统；法制数变，下不知所守。臣愚以为诸不在六艺之科孔子之术者，皆绝其道，勿使并进。邪辟之说灭息，然后统纪可一而法度可明，民知所从矣。"②

董仲舒的意思是，王者必须使思想定于一尊，使孔子之术以外的学说没有发展的机会。汉代另一个大臣王吉上书则强调风俗教化才是"大一统"的真义，他理解的"大一统"是："《春秋》所以大一统者，六合同风，九州共贯也。"③ 王者虽然至尊，但必须是承天命才有这个

---

* 杨念群，中国人民大学清史研究所教授。

① 公羊寿传，何休解诂，徐彦疏：《春秋公羊传注疏》，见《十三经注疏》整理委员会整理：《十三经注疏》，10 页，北京，北京大学出版社，1999。

② 班固著，颜师古注：《汉书》卷 56，《董仲舒传》，2523 页。

③ 班固著，颜师古注：《汉书》卷 72，《王贡两龚鲍传》，3063 页。

位置，承天命的关键在于有“德”而勿失。王者只有拥有足够的德性，才能居于正统之位。按唐代欧阳修的解释，正统就是“王者所以一民而临天下”①。他解读“正统”和“大一统”的关系时揭示了两个要素，“正者，所以正天下之不正也；统者，所以合天下之不一也”②。一是要拥有德行至尊的正当地位，二是要占有一统天下的广袤土地。

但也会出现两种情况，都不能算是真正意义上的“大一统”。“由是有居其正而不能合天下于一者，周平王之有吴、徐是也；有合天下于一而不得居其正者，前世谓秦为闰是也。”③ 这是历史上正统与疆域占有相互错位可能导致“大一统”缺失的典型例子。不过欧阳修有一个重要看法就是，只要王者有德，虽然并不拥有足够广阔的土地，也可被视为正统。宋人谈“大一统”基本上是沿袭董仲舒的说法，但却把董氏所说的“孔子之术”大加发挥，基本上尊奉为一种“道统”的线索，作为划一思想的依据。如此一来，“大一统”中守圣教黜异端的色彩逐渐加浓，明显昭示出儒学在宋代已处于被突出尊崇的地位，所以才特别强调董仲舒“大一统”定义中“书同文”的解释。由此，“大一统”内涵大致可以概括为至尊的王位、广袤的疆土和德性的教化三者的统一。但随着朝代的更迭，在不同的历史时期，帝王和士人往往会根据具体情境对“大一统”的解释进行调整。

如疆域统一作为“大一统”题中应有之义当然会随着王朝的统治格局不断发生变动，以符合当时的实际境况，宋代特别是南宋无法在疆域上统御四方，自然会强化“大一统”原意中“书同文”的一面，而有意回避其“车同轨”之一面。

明代与宋代在与边疆少数民族发生冲突的境遇上有些相似，即均

---

① 欧阳修：《居士集》卷16，《正统论序》，见《欧阳修全集》，265页，北京，中华书局，2001。

②③ 欧阳修：《居士集》卷16，《正统论上》，见《欧阳修全集》，267页。

处于胜少负多的军事劣势。所以在论述“大一统”含义时均刻意规避疆域一统的古义，而代之以“夷夏之辨”的二元对立论说框架。明代“大一统”观的言论中充斥着对异族的排拒，如明人方孝孺眼里的“大一统”是“华夷之分不可废乎！”并由此论述作为王者“大一统”的正统来源之所在。即使在土地不断丧失，皇帝为夷狄所擒的惨恶情况下，也应恪守君臣夷夏的大义。“然汉自建安而分为三，晋自惠帝以后，夷狄横炽，而中原陷没，宋自高宗播迁江表。是三代者，或与篡贼势同地丑，或为夷狄所虏辱，甚者或屈而臣之，其微甚矣。然君臣之等、华夷之分之不可废，犹周也。”这类言论显然是借宋喻明，因为明代曾发生土木堡之变，明英宗的遭遇几乎是宋代徽钦二宗命运的重演，所以对异族的评价必然着重于是否认同儒家文明。对何谓“中国”的理解也发生了很大变化，基本上是奉行以下的标准：“夫中国之为贵者，以有君臣之等，礼义之教，异乎夷狄也。无君臣则入于夷狄，入夷狄，则与禽兽几矣。”① 方孝孺的观点仍继承了宋人夷夏之防的思路。类似的言论在明代可谓俯拾皆是，如说：“蛮夷之人益知中国之尊”，“九夷八蛮归附争先”②。一篇叫《平胡赋》的文章中有“可谓大一统而无外”，“统华夏为一家，用夷狄为四守”的说法。③ 其实，明代对“大一统”的表述并没有超过宋代夷夏之别的框架，其标准的说法仍是：“《春秋》大一统，莅中国以御四夷，叛则讨之，服则舍之。王者仁义之师也”，“以谨夷夏之防”④。

---

① 方孝孺：《后正统论》，见饶宗颐：《中国史学上之正统论》附“资料一”，155页，上海，上海远东出版社，1996。

② 萧仪：《袜线集》卷1，《皇都大一统颂并序》，见《四库全书存目丛书·集部》第31册，404～405页，济南，齐鲁书社，1997。

③ 参见陆简：《龙皋文稿》卷5，《平胡赋》，见《四库全书存目丛书·集部》第39册，262～263页。

④ 毛伯温：《毛襄懋文集·别集》卷4，《纪类·邵勋》，见《四库全书存目丛书·集部》第63册，403～404页。

诗词里的“大一统”意象也大多来自宋朝，突出的是儒教文明中心与蛮夷的差异。如以下几句：“君不见，宋家南渡临安都，秋风桂子飘西湖，美人能歌士能赋，车船终夜倾欢娱。一朝吴山立胡马，向日繁华扫地徂。我朝驱胡大一统，浙江分藩奉庙谟。”① 该作者又有诗说到“大一统”，讲的仍是与北方夷狄的关系：“我明大一统，蕞尔存梁邦。黔中被荼毒，窃命据要荒。狂胡有遗孽，连谋祸未殃。宸衷厌黩武，遣使议招降。”②

“大一统”的士林表述，也大致以宋儒的论断为依归。如冯琦在赞同焚烧李贽之书时，就主张一切以宋儒之旨为准：“臣窃惟《春秋》大一统，统者，统于一也。统于圣真，则百家诸子无敢抗焉。统于王制，则卿大夫士庶无敢异焉。国家以经术取士，自五经四书性鉴正史而外，不列于学官，不用以课士，而经书传注，又以宋儒所订者为准。盖即古人罢黜百家，独尊孔氏之旨。此所谓圣真，此所谓王制也。”③ 连东林主将高攀龙都主张：“洙泗之学，洛闽得其宗，学者由是而入，皆可不畔于道，传之万世无敝也。……”把传承宋儒以来的“道统”当作思想“大一统”的基本条件，声称可以使“诸子百家无得而奸其间，即有邪说，士得执所守而拒之”④。

如果按照宋朝的话语打造“大一统”，那等于承认即使处于偏安之境，也仍握有正统之匙，反而那些以蛮夷身份入主中原的元人，即使拥有广大疆域，也无法承继“道统”，成为宋以后的“大一统”语义的

① 董传策：《采薇集》利册，《秋湖引》，见《四库全书存目丛书·集部》第122册，338页。

② 董传策：《幽贞集》中册，《景献诗三十首·王待制奉使》，见《四库全书存目丛书·集部》第122册，385页。

③ 冯琦：《宗伯集》卷57，《为重经术祛异说以正人心以励人材疏》，见《四库禁毁书丛刊》编纂委员会编：《四库禁毁书丛刊·集部》第16册，2页，北京，北京出版社，1997。

④ 高攀龙撰，陈龙正编：《高子遗书》卷9上，《东林志序》，见文渊阁《四库全书·集部》总第1292册，558页。

继承人。元代陶宗仪作《正统辨》，指出不宜“以南渡为南史也”，主张元统继承的是宋统而非辽金统系。这基本还是以宋儒“道统”为定论。这条“道统”的谱系一直牵系到元朝儒士许衡。陶宗仪举许衡当例子是想说明：“然则道统不在辽金而在宋，在宋而后及于我朝，君子可以观治统之所在矣。”①

但是明人显然不承认元朝是继宋之统，因为辽金是夷狄，元人也是夷狄，其问题是“辽金以夷不得承统，则元独非夷乎？”元朝虽然有混一天下的壮举，却不具备承接宋朝道统的地位。特别是把入仕元朝的儒生许衡作为宋代道统传人尤为荒谬，因为“且以道统明正统，尤为附会。自尧、禹、汤、文、武、周公、孔、孟之后，千有余年，而有宋诸儒承之。自朱子之后，寥寥无闻。许文正轻身仕夷，欲以明道，不免枉寻直尺之讥，而可以接万世之道统乎？且自古人伦大纲，至元皆废乱无余，而谓道统在是，可乎，不可乎？”② 这个提问明显是站在宋儒的立场上发言。

从“大一统”历史观的角度观察，明代儒生也基本是从朱子《通鉴纲目》中获取灵感。黄佐就说过：“朱子《通鉴纲目》，大一统之义尟矣。推蜀继汉，取诸习凿齿，黜周存唐，取诸沈既济，皆温公所不及也。丘氏濬《世史正纲》，闰秦隋而狄忽必烈，黜魏丕宋，裕梁晃与新莽同，可谓卓识。”③ 说的是丘濬写史仿照的是朱子推崇蜀汉的笔法，这完全是在呼应宋朝疆域狭小但拥有道统的观念。黄佐的看法在明代并不孤立，可以随意举出多个文本以资证明。如下面这段文字：“三国之事，大半在汉献时。称三国者，犹春秋战国之不称周也。其系

① 陶宗仪：《正统辨》，见饶宗颐：《中国史学上之正统论》附“资料一”，138页。

② 方凤：《改亭存稿》卷4，《读三史正统辨》，见《续修四库全书·集部》第1338册，334页，上海，上海古籍出版社，2002。

③ 黄佐：《庸言》卷9，见《续修四库全书·子部》第939册，348页。

帝仍存献焉。终之以蜀汉二主，所以大一统也。”① 自然也有人对明代没有实现真正的疆域一统而感到遗憾。如有议论说：“我皇上继统以来，楚蜀滇黔，远奉正朔。而两粤近在辇毂，一切刑赏之大政，独多壅阻不行。如官人统于吏部，今或州县印官，且待外咨坐补矣。又其甚者，区区两粤，竟分畛域。东人自东，西官自西，一王之土，判若两家，铨臣注选，彼此瞻顾，究同画诺而已。”②

除了依托宋代的儒家言说，明代当然也发展出自身的一套语义，比如把“大一统”视为儒家“心性”的统摄表现，儒家内心的道德修炼成放之四海统驭夷狄的武器，所谓心性的培养有别于常见的功利词章之学。如下面一段议论：“吾儒亦有大一统者，大以心性，统以心性，所云放之四海，行乎蛮貊者也。可遂谓此蛮貊之学乎？所怪俗儒溺于功利词章之习。于功利词章，则尸祝之，社稷之。于心性则弁髦之，且非议之。此圣人之门所以毕世不可入，而圣人之宫徒以为观美之具，而千百年来未有登其堂跻其室者也。悲夫！”③ 这段议论很像阳明学吾即宇宙的“致良知”学问，力求与俗学中的功名课问区别开来。其中强调心性可以行于蛮貊之地，起着教化作用，又可看作董仲舒“大一统”原义中“政教关系”要素的一个新发展。

帝王的道德修养也在“大一统”心法的规范之内，“尧舜言道而不及治，汤武言治而不及道。治即道也，抑性反之殊，时势之别欤？末节约略言之，见帝王之承天子民者，总不外此，其本则在兢

① 茅元仪德：《石民四十集》卷42，《三国战略考》，见《续修四库全书·集部》第1386册，410页。

② 瞿式耜：《瞿忠宣公集》卷5，《请力破积习疏》，见《续修四库全书·集部》第1375册，236页。

③ 丁绍轼：《丁文远集》卷8，《修池州府学孔子庙碑记》，见《四库未收书辑刊》第五辑第25册，468页，北京，北京出版社，2000。

业之心”①。让君王保有兢业之心，基本上也没有跳出宋儒的说法，宋代以道德要求帝王的言论有一个表述叫“格君心”②，说的是首先帝王要修炼成道德楷模，然后推而广之。这套“道德论”完全是宋儒的说法，在汉唐则不明显。

（二）清朝帝王与士林对“大一统”观的重述

清朝帝王以异族身份入主大统，在如何确立正统性方面面临宋明以来的儒家教义的巨大挑战。作为异族，满人既要克服宋明士人建立起的夷夏互斥的历史观，又不能完全违背儒学传统经义对正统的规定，只能另辟蹊径，寻求新的解释。在“大一统”观的选择与改造上同样也是如此。

在清朝皇帝看来，夷夏之间形同鸿沟、不可往来的思想虽貌似“大一统”之原义，却被宋明儒者过度夸张地加以使用，遂使不同民族无法聚合融汇，这种历史观必须加以修正。清初皇帝首先发现，清朝确立起超越前代的疆域统治，正是原始“大一统”观题中应有之义，只不过因为清以前的历代王朝大多处于分裂状态，故无法以此作为建立自身正统性的依据。特别是宋明两朝一直受到北方异族的袭扰，更是在疆域叙说上毫无底气。所以，清朝“大一统”观恰恰应该理直气壮地在混一天下的方面大做文章。故清朝帝王往往强调疆域占有在“大一统”观里的核心地位，并作为跨越前代功绩的表现加以申说。如雍正就说：“我太祖高皇帝开基东土，遐迩率服。而各蒙古又复望风归顺，咸禀正朔，以迄于今。是中国之一统，始于秦；塞外之一统，始

① 沈守正：《四书说丛》卷10，《尧曰章》，见《续修四库全书·经部》第163册，672页。

② 参见杨念群：《儒学地域化的近代形态——三大知识群体互动的比较研究》（增订本），序言，北京，三联书店，2011。

于元，而极盛于我朝。自古中外一家，幅员极广，未有如我朝者也。”[①] 对“一统”的理解就是要不分畛域，祛除种族分离的偏见。“惟有德者可为天下君。此天下一家，万物一体，自古迄今，万世不易之常经。非寻常之类聚群分，乡曲疆域之私衷浅见，所可妄为同异者也。”[②]

雍正特别比较了清朝帝王眼中的“大一统”与以往建立在夷夏观念基础上的一统观之间的区别。他说：“且自古中国一统之世，幅员不能广远。其中有不向化者，则斥之为夷狄。如三代以上之有苗、荆楚、猃狁，即今湖南、湖北、山西之地也，在今日而目为夷狄可乎？至于汉、唐、宋全盛之时，北狄西戎，世为边患，从未能臣服而有其地，是以有此疆彼界之分。自我朝入主中土，君临天下，并蒙古极边诸部落，俱归版图。是中国之疆土，开拓广远，乃中国臣民之大幸。何得尚有华夷中外之分论哉？”[③] 如果从“朝代间比赛”的角度看[④]，清代帝王的这套“大一统”说辞相当具有说服力，以至于对士林阶层的论述具有强大的影响力，甚至是支配力。如张廷玉在《大清一统志序》里就呼应雍正的说法：“禹迹所奄，蕃息殷阜，瀛堧炎岛，大漠蛮陬，咸隶版图。置郡筑邑，声教风驰，藩服星拱，禀朔内附。六合一家，远至开辟之所未宾。梯航重译、历岁而始达者，慕义献琛，图于王会。幅员袤广，古未有过焉。圣祖仁皇帝特命纂辑全书，以昭大一统之盛。卷帙繁重，久而未成。世宗宪皇帝御极之初，重加编纂。阅今十有余载，次第告竣。自京畿达于四裔，为省十有八，统府、州、县千六百有奇，外藩属国五十有七，朝贡之国三十有一。星野所占，坤舆所载，

---

① 《清世宗实录》卷83，雍正七年七月丙午。

②③ 《清世宗实录》卷86，雍正七年九月癸未。

④ 参见杨联陞：《国史探微》，30～42页，北京，新星出版社，2005。

方策所纪，宪古证今，眉列掌示，图以胪之，表以识之。”[①]

毛奇龄更是把“君国大小”看作衡量“大一统”实现幅度的重要标尺，并把清朝拥有最广阔的土地作为其远迈汉、唐、元、明功绩的理由。如下所述：“臣伏思太舆诞大，广运靡极。三古至今，亦惟视君国大小，以为修狭。是故功德大者地亦大，功德小则地亦小。乃自五帝三王以后，汉魏迄今，其历国已一十七姓。而大一统者，亦复有几？即汉、唐、元、明四代，嵬然式廓，而唐以藩服僭处，中致歉损，曾未有德高日域，功盖月䨝如本朝者。既已提封万国，奄有八极，而皇上复恢扩而张大之。”[②] 这就完全突破了地小德大的夷夏之辨思维。

还有用诗词表达疆域占有优先的“大一统”理念的，如有以下诗句：“我朝大一统，封域极广轮。既克噶尔丹，已灭河硕屯。蒙鄂两蕃部，内属为世臣。迄今百余载，膜拜奉一尊。平灵数口道，明制表阛门。诏许通互市，弛禁薄其缗。橐驼马牛羊，弥山塞郊原。王公大贝勒，封爵被国恩。主之藩部郎，玉节乘辎轩。赏功驭有罪，动息必上闻。治以中国法，人以中国人。小臣备职守，目睹想所因。自古圣人世，分土无分民。有如驭骍马，衔册令其驯。又如哺雏彀，七子养则均。驯由天子义，均由天子仁。美哉此道行，万古无边尘。”[③]

清代学人大多强调版图一统的重要性，如说：“况我朝统一华夏，版图益前代。”[④] 袁枚也曾说过：“然神禹导河，不过积石；秦皇立界，

① 乾隆：《大清一统志序》，见《清高宗实录》卷1031，乾隆五年十一月甲午。

② 毛奇龄：《圣德神功颂》，收录于张廷玉：《皇清文颖》卷34，见《四库全书荟要·集部》第117册（总第464册），266页，台北，世界书局影印本，1988。

③ 杨芳灿：《芙蓉山馆全集·诗钞》卷5，《两藩部》，见《续修四库全书·集部》第1477册，64页。

④ 张崇德：《恒岳志》卷下，《疏纪》，见《四库全书存目丛书·史部》第236册，77页。

止于临洮。轩辕涿野之师，高辛触山之务，成汤三朡之伐，周王鲔水之誓，虽智竭囊底，而功止寰中。未有我武惟扬，穷天之界如今日者。……"① 辞虽近阿谀，但也接近历史事实。鄂尔泰则认为清朝革除了唐代的藩镇积弊，才最终达致一统的境地："我国家声教遐敷，滇南万里，如在几席。革藩镇之制，大一统之模旷古独隆焉。"②

以下文字则极力称颂清朝开疆拓土前无古人："盖大一统之业，自开辟以至今日，而始能兼容并包，博施广济，浩浩乎靡垠，恢恢乎无外也。"清朝以前的数千年，"唐、虞、夏、商、周幅员未广，江淮以南尚弃不有，而北寇猃狁至整居焦获。古圣人限于时势，负疚于天者良多"。即使三代以后，达到"混一区宇"的局面，实际上还是处于分裂的状态："然汉则匈奴数入定襄，唐则吐蕃窃据陇右，宋失西夏，明亡河套，时无圣人，功德未洽也。夫天地所覆载，天未有不照临膏露之者，而垂千万年，或限于時势，或歉于功德，天之大自如，为帝王者坐让不及。"③ 只有到了清朝，"大清之受天命有天下，增式廓而大一统者，于兹二百年。惟我列祖列宗，威惠滂流，声名懿铄，幅员之广，政教之隆，地利物华之盛，官方民事之详且备，为羲绳轩驾以来所未有也。"④

正因为清朝"大一统"话语突出疆域拓展远及四方的特点，所以比往朝更重视各类志书的写作和编纂，从中央到地方构成了一个庞大的网络。黄彭年对此有个解读说："《春秋》，一国之史也，而大一统之

① 袁枚：《小仓山房外集》卷1，《为尹太保贺伊里荡平表》，见王志英主编：《袁枚全集》第二册，2页，南京，江苏古籍出版社，1993。

② 鄂尔泰等撰：（雍正）《云南通志》卷17，《封建》，见文渊阁《四库全书·史部》总第569册，533页。

③ 高士奇：《清吟堂集》附《神功圣德诗·序》，见《四库未收书辑刊》第七辑第26册，588页。

④ 何绍基：《东洲草堂文钞》卷3，《恭拟增修一统志御叙》，见《续修四库全书·集部》第1529册，157页。

规模于是乎具。志乘之作，纪一方之事，而国家之大经大法，庶政之隆替兴革于是乎观。志者，政书也。”志书写作被作为“文武之政，布在方策”的一种策略加以实施。[①] 名臣李绂也说：“地必有志，所以大一统，征文献，备王会之盛而尊朝廷也。”[②]

虽然在阐释“大一统”内涵时，清人总是首要突出其扩展疆域远超前代的一面，但他们读经释“大一统”之义也仍坚守其德性孕育推广之一面，如说：“圣王之一天下，只以德耳。人君有不嗜杀人之心，行不嗜杀人之政，则四海咸归，九州胥附，人心一也。风流令行，自近及远，政教一也。小怀大畏，悉主悉臣，权势一也。四国环卫夫神京，一人君临乎天下，而大一统之模成焉。”[③] 又说：“至乾隆中，新疆拓土二万里，则真天下一家，中国一人矣。尧、舜、孔、孟之教，盖渐推渐远，初无一息之停也。”[④] 说明“大一统”并非单纯的武力征伐，而是伴随着文教远播的进程。

（三）“大一统”与历史书写的修正

乾隆时期是清朝从“辨夷夏”转为“立正统”的关键时期，其中从历史书写的角度重新厘定“大一统”的内涵乃是其最为重要的步骤。乾隆帝认为，一些在汉人经典中属于夷狄的族群如汉代匈奴、唐代颉利都不应列入正统。地处偏安的汉人政权没有能力占有广大疆域，即使承接正统，也难以保存，恰恰是灭亡的开始，在历史书

---

① 参见黄彭年：《陶楼文钞》卷8，《枣强县志补正序》，见沈云龙主编：《近代中国史料丛刊》第36辑，656～657页，台北，文海出版社，1966。

② 李绂：（雍正）《广西通志序》，收录于张廷玉：《皇清文颖》卷34，见《四库全书荟要·集部》第116册（总第463册），691页。

③ 方祖范：《四书解琐言》卷3，《孟子上》，见《续修四库全书·经部》第170册，287页。

④ 李元度：《答友人论异教书》，收录于葛士濬辑：《皇朝经世文续编》卷1，《学术一》，见沈云龙主编：《近代中国史料丛刊》第75辑，43页。

写过程中也应加以拒斥。由此订立出一些细致的历史书写规则，比如夷狄与中央政权交兵“自宜书寇”，应该把自己摆在非正统的位置。在书写南宋北宋历史时也应该区别对待，北宋徽钦之前“共主位号犹存”，应属“正统”，南宋以后就不得与汉、唐、北宋并论。他说：“盖历代相承，重在正统。如匈奴在汉，颉利在唐，凡与中国交兵，自宜书寇，以正大一统之义。即宋室运际凌夷，然自徽钦以上，共主位号犹存，书法尚宜从旧。若五季时，中国已瓜分瓦解，不独石晋为辽所立，即梁、唐诸代，亦难与正统相衡。犹之南宋以后，不得与汉、唐、北宋并论也。且朕意在于维持正统，非第于历代书法为然。”①

在纂修《明史》时，乾隆要求史馆刻意保留了南明福王的年号与顺治年号并列，其实是把福王当作偏安的标本以昭示清朝位列正统乃是合情合理。乾隆的理由是：“至本朝顺治元年，定鼎京师，一统之规模已定。然明福王犹于江南仅延一线。故《纲目》之编，及《通鉴辑览》所载，凡我朝与明交兵事迹，不令概从贬斥。”乾隆又说出只述及福王而不书鲁王、桂王的理由：“而于甲申三月，尚不遽书明亡。惟是天心既已厌明，福王又不克自振，统系遂绝。若唐、桂二王之窜徙无常，亦如宋末昺、昰之流离瘴海，并不得比于高宗南渡之偏安。盖能守其统，则人共尊王；失其统，则自取轻辱。实古今不易之通义也。”② 这与夸赞杨维桢视元朝为承接宋统的用意相通，因为杨维桢“其欲以元继南宋为正统，而不及辽金，其论颇正，不得谓之纰缪”③。

在乾隆看来，南宋“虽称侄于金，而其所承者，究仍北宋之正统，

①② 《清高宗实录》卷1034，乾隆四十二年六月丙午。

③ 《清高宗实录》卷1142，乾隆四十六年十月甲申。

辽金不得攘而有之。至元世祖平宋，始有‘宋统当绝，我统当续’之语”。清朝应该接续元朝正统，这样也可和宋朝的正统谱系连接起来。南明本来也有接续宋朝正统的机会，可惜他们自己不会利用，只好由满人来完成。“盖《春秋》大义，纲目大法，实万世不易之准。我朝为明复仇讨贼，定鼎中原，合一海宇，为自古得天下最正。然朕犹于《通鉴辑览》内，存福王建国之号一年。使其能保守南都，未尝不可如南宋之承统，绵延不绝。而奈其当阳九之运，天弗与，人弗归，自覆其宗社也。”① 这与民间私史撰写者的观点完全不同，如戴名世就明确说：“今以弘光之帝南京，隆武之帝闽越，永历之帝两粤，帝滇黔，地方数千里，首尾十七八年，揆以《春秋》之义，岂遽不如昭烈之在蜀，帝昺之在崖州？”② 明显还是南北朝对峙的正统构思。可见，帝王正统书写与明末遗民的想法已不可协调。

在命馆臣重订《契丹国志》时，乾隆特地谕示，不可将宋朝年号分注于辽帝纪元之下，他斥“大书辽帝纪元于上，而以宋祖建隆等年号分注于下，尤为纰缪。夫梁、唐、晋、汉、周，僭乱之主，享国日浅，且或称臣称儿称孙于辽，分注纪元尚可。若北宋则中原一统，岂得以《春秋》分国之例，概予分注于北辽之下？”③ 理由仍然是：“夫辽金虽称帝，究属偏安。”④

把“偏安”视为非正统，把疆域的充分占有作为“大一统”的基本条件已经成为乾隆建立自身独特之正统观的前提。有帝王的舆论引导，清朝士林中持偏安即失统之观点的士人不在少数，如方濬颐就说：

---

① 《清高宗实录》卷1142，乾隆四十六年十月甲申。

② 戴名世：《与余生书》，见王树民编校：《戴名世集》卷2，2页，北京，中华书局，1986。

③ 《清高宗实录》卷1143，乾隆四十六年十月乙酉。

④ 《清高宗实录》卷1154，乾隆四十七年四月辛巳。

“王者大一统，反是则为偏安，为僭窃。偏者，不足以云统也。窃者，不足以云统也。”[1] 明确把南宋排斥在了“大一统”的谱系之外。

在历史书写方面，方濬颐认为朱熹生于南宋，高宗南渡中兴，有点像当年三国之蜀国，所以尊蜀为正统。“平心论之，似均未协于史法也。夫必合万国而君之，乃得谓之王。王者，大一统，反是则皆为割据，皆为偏安也。”[2] 强调的还是疆域一统与偏安一隅的差别。晚清的龚自珍也批评宋人、明人不懂《春秋》之义，说：“问：太平大一统，何谓也？答：宋、明山林偏僻士，多言夷夏之防，比附《春秋》，不知《春秋》者也。”[3]

清朝皇帝特别警觉从汉人中心的角度书写历史，下面这条史料很有意思：乾隆时永昌府向缅甸发布的文檄中，有“应归汉”这样的提法，让乾隆感到震惊。他说“缅匪”侵扰边界，自应兴问罪之师，但责以大义的措辞应当请旨定夺。因“传谕中外，立言亦自有体”。这个“体”就是：“夫对远人颂述朝廷，或称天朝，或称中国，乃一定之理。况我国家中外一统，即蛮荒亦无不知大清声教，何忽撰此归汉不经之语。妄行宣示，悖诞已极。”[4]

乾隆提出了“我国家当一统同文之盛”的目标，但他所理解的“大一统”中的“书同文”含义显然不是以汉语一家独尊为限，而是要以多族群语言和制度相互融合共存的视角来加以理解。他曾亲自巡访底层民众，考订辽、金、元言语音声，以便在历史书写中可以准确地

---

① 方濬颐：《二知轩文存》卷 9，《书魏冰叔正统三论后》，见《续修四库全书·集部》第 1556 册，442 页。

② 方濬颐：《二知轩文存》卷 25，《三国编年问答》，见《续修四库全书·集部》第 1556 册，671 页。

③ 龚自珍：《五经大义终始答问七》，收录于夏田蓝编：《龚定盦（自珍）全集类编》卷 4，见沈云龙主编：《近代中国史料丛刊》第 72 辑，82 页。

④ 《清高宗实录》卷 784，乾隆三十二年五月庚午。

描述其职官、氏族之源流沿革。他自称：“凡索伦蒙古之隶臣仆供宿卫者，朕皆得亲为咨访。于其言语音声，俱能一一稽考，无纤微之误。是以每因摛文评史，推阐及之。并命馆臣就《辽》、《金》、《元史》国语解内人地职官氏族，及一切名物象数，详晰厘正。每条兼系以国书，证以《三合切韵》。俾一字一音，咸归吻合。并为分类笺释，各从本来意义，以次进呈。朕为亲加裁定，期于折衷至是。”①

二 “大一统”观在清朝的实践过程及其效果

（一）“大一统”观中“车同轨”意涵在清代的发展

“大一统”的原始义中，董仲舒特别提到了“车同轨”是一个重要标志。从地理疆域的拓展与设定上理解“车同轨”，可知秦代实现了从“封建制”向“郡县制”的初步转变。但在清代以前，大多数王朝都没有在真正意义上实现更广大疆域的实际控制权。其表现是，只在有限的区域内行使行政管辖权，大多数地区无法真正纳入编户齐民的系统之内，而是实行族群自治。

秦代号称“分天下为三十六郡”，道理上讲疆域内的所有民众均为编户齐民，必须交粮完税。实际情况却远为复杂，大量的蛮夷族群称为“化外之民”，由当地首领统治，没有编入秦朝的实际版图。汉朝号称“凡郡国一百三，县邑千三百一十四，道三十二，侯国二百四十一”②。汉代将夷狄杂居之县称为道，表面属少数，但其他郡、侯国中与汉人杂居相混的人当不在少数，是否纳入了编户齐民的范围更是大

① 《清高宗实录》卷 898，乾隆三十六年十二月戊寅。

② 班固著，颜师古注：《汉书》卷 28 下，《地理志下》，1640 页。

有疑问。

唐朝分天下为十五道，据《资治通鉴》的说法："天下声教所被之州三百三十一，羁縻之州八百，置十节度、经略使以备边。"[①] 所谓"声教所被"是指以汉人为中心的华夏文明波及程度。但到底汉人文明在多大程度上影响到了这些地区，史籍中的表述均很模糊，没有提出什么有力的证据。尽管在纸面上唐朝一直也在强调"患在德不广，不患地不广"[②]。

有趣的是，唐朝羁縻州的数量远高于内地之州，这并不意味着羁縻州的人口数要高于内地州，其范围亦狭小得多。但羁縻州的管理显然与郡县制有别，亦不是正规的编户齐民当无疑问。因为羁縻政区不统计户口，不征发赋税徭役，甚至有地方官杜撰和因循的可能，以广置羁縻州县显示绥抚蛮夷的政绩。[③] 秦朝闽中郡绝大部分地区还是由当地的越人自治，秦朝行政管辖只集中在郡治等若干点上。[④]

周振鹤发现，唐朝羁縻州的特点是贡赋版籍多不上户部，政区特征也不明显，亦即无明确的层级、幅员和边界，只是以少数民族原有的部落统治方式隶于边境的军事组织。羁縻州是指唐太宗平突厥后，西北诸藩及蛮夷纷纷内属，朝廷以其部落列置州县，较大部落置为都督府，以首领为都督、刺史、县令，采世袭制度。羁縻州往往数量巨大，千差万别，控制较为严密的羁縻州与正州差别较小，州下设县，有版籍户口。控制较松的羁縻州既不分县，也无版籍，只知为某族某

---

① 司马光：《资治通鉴》卷215，"天宝元年一月"条，6847页，北京，中华书局标点本，1976。

② 杜佑：《通典》卷171，《州郡序》，王文锦等点校，4450页，北京，中华书局，1992。

③ 参见葛剑雄：《统一与分裂：中国历史的启示》（增订本），70页，北京，中华书局，2008。

④ 参见上书，125页。

部所置，更有些羁縻州仅有州名，甚至只有登记在案的名称，如波斯都督府。[①]

唐代表面上建立的羁縻州之数远远高于正州县的数目，如岭南道的州县数在各道中遥遥领先，却不意味着王朝统治足够深入。这些州县主要是通过当地豪酋进行管理，所以有时只是挂名的统治，如瀼州及其所辖四县，贞元后州县名存实亡。今天的湘西沅江中上游地区，在唐代虽已设五个州，但当地的五溪蛮并未完全臣服。到北宋中叶，北兵进入后才彻底归顺，宋朝只在该处设三个州。[②]

明代设置的羁縻都司卫所也是仿照了唐朝的边境设置形式，包括其府兵藩镇的布局，其中一个最重要的共同点是军事化和民政化政区的截然二分，说明这种区域配置仍是严分内外的传统政治思维。如明朝卫所制下的区域仍是由屯田、军户、军役等一套军事化制度所支配，与州县制下的户籍与赋役安排迥异，也说明明朝的政区设置相当程度上带有军事防御的性质，这种军事政区与州县并置的后果使明朝无法真正实现“大一统”的治理目标。

顾诚先生首先发现明帝国存在着行政与军事两大并列的管理系统，一般人极易按近代想象把明朝理解为：隶属行政系统的郡县是一种地理单位，而军事系统的都司卫所驻守于版图之内，如现在的兵营。其实明朝的整个疆域分别由六部与州府县的等级秩序，以及五军都督府、都指挥使司与卫所两大系统构成，行政系统与军事系统各自管辖自身事务，相互之间既有联系又不能干涉。属于行政系统的基层组织州县直至地方里甲是一种地理单位，属军事系统的都司卫所在绝大多数情况下也是一种地理单位，负责管辖不属行政系统的大片明朝疆土。由

---

① 参见周振鹤：《中国历史政治地理十六讲》，237页，香港，中华书局，2013。

② 参见上书，200页。

于以往人们误把卫所制度理解为置于州县之内的单位，所以均认为明朝疆域只及清朝的一半，而且也误把州县的人口统计和耕田数作为明朝的总体数目。①

明代有四种卫所形态，其中设置于东北到西北以至西南边疆的沿边卫所，包括了半个明代疆域的面积。这些卫所不设行政机构，由都司及其下属卫所管理。如东北地区的卫所分隶奴儿干都司和辽东都司，不设里甲，属羁縻性质的单位，基本由边疆少数族群自我管理，构成一种军事化的屏障。这一点基本沿袭了唐代羁縻州的设置思路，卫所作为军事化组织占去了明朝的半壁江山，有时对明朝的边境和内地形成拱卫态势，有时却恰恰是反叛明朝统治的祸源之所在，与唐代的藩镇叛乱有相似之处。同时，由于卫所与州县管理经常各自为营，相互隔绝，卫所军家交纳的子粒比州县从民户征得的税粮要重得多，造成人口与耕地统计的混乱，严重影响了行政一体化的进程。所以，清朝继承明朝大统之后，开始把卫所等军事化的地理单位，统一并入州县，实施一体化管理，就成为实现“大一统”目标的一个重要步骤。明初定制，州县和绝大部分卫所既然都是地理单位，它们就具有由行政系统改为军事系统（即州县改为卫所），或者由军事系统改为行政系统（即卫所改为州县）的可转换性。② 明代辽阳地方即从州县改为卫所，西北、西南地区在明代也划归军事建置，说明明代的军事实力有所削弱，无力用州县的正常行政手段控制这些边远地区，不得不采取一种军事化的防御机制。也就是说，在明代初期，州县转换成卫所的行政军事化趋势较为明显，明中叶以后，才慢慢出现卫所向州县转换的迹象，却也时有相反的情况发生。而到了清代，军事化的地理单位向民

① 参见顾诚：《明帝国的疆土管理体制》，见氏著：《隐匿的疆土：卫所制度与明帝国》，北京，光明日报出版社，2012。

② 顾诚称之为“地理单位的可转换性”（同上书，59～61 页）。

政化的州县单位转移的趋势已不可逆转，即使卫所仍然残存，其军事化的性质也已消失。清初取消都司卫所官世袭制，裁并都司卫所，改军士为屯丁，卫所官员被看成是同府、州、县官一样的文职官员，大大加速了卫所的民政化过程。雍正年间开始大规模把卫所改为或归并到府、州、县内，特别是那些边远地区没有附近州县可以归并的卫所管辖区，大批直接改为府、州、县，其中最重要的改革就是卫所钱粮并入民粮一并征收。取消了卫所子粒的名称，把屯粮和其他卫所辖地的钱粮纳入各省赋税总额之内，打破了卫所与州县各自征粮的二元格局。

乾隆二十五年六月庚辰的上谕指出，只保留有漕政需要输役的卫所，其余一律改隶附近州县，或者因疆域较广另设州县。[①] 卫所军户充漕运者仍列军籍，却已无守御的职能，规模也逐渐缩小。至嘉庆六年，全国仅剩下五十四卫、十九所、十守御所，较之明清交替之际的四百三十二卫、二百零六所、一百守御所，已所剩无几。[②] 光绪二十七年，清廷正式颁发停漕改折的命令，二十八年下令将屯田改民业，屯田与运军名目一并删除，卫守备、千总等官也予以裁撤，卫所制度完全废除。[③]

当然，清初也短暂出现过新设卫所的现象，如雍正三年，大同镇总兵李如柏奏因山西多矿产，山场聚匪闹事，张家口厅鞭长莫及，故请设卫所，配备官员予以弹压稽查。雍正十二年，又设丰川卫，设守备一员，镇宁所设千总一员，隶大同府大朔理事通判管辖。同年，置宁朔卫及怀远所。以上四卫所承担着察哈尔右翼四旗之游牧地内司法

① 参见于志嘉：《卫所、军户与军役：以明清江西地区为中心的研究》，301页，北京，北京大学出版社，2010。

② 参见上书，290页。

③ 参见上书，303页。赵世瑜较为强调卫所在清代对民间宗教的整合作用及其延续性，但从总的历史趋势来看，卫所一旦失去军事防御功能，就无法逃脱衰落之命运。（参见赵世瑜：《卫所军户制度与明代中国社会——社会史的视角》，载《清华大学学报》，2015（3））

诉讼之事。[①] 乾隆十五年，清廷裁撤卫所，丰川卫、镇宁所改设为丰镇厅，隶山西大同府，宁朔卫、怀远所改设宁远厅，隶山西朔平府。[②] 可见，乾隆时期卫所州县化的程度是在逐步加快的。

从“车同轨”的角度观察“大一统”的实现程度，可另举明清驿站功能的演变加以说明。早在秦汉时期，就有所谓“传舍”，专门为因公出差的官吏提供免费食宿。特别是巡行地方的郡守等官员，一般都宿于传舍，但传舍不承担紧急公文的递送。[③] 明清时期，驿站也承担着接待来往官员和沟通上下信息的重任。但明清驿站的差异在于，明代驿站特别是位置属于边疆地区的驿站一般隶属于卫所，军事化程度很高。但入清以后，驿站州县化的程度越来越明显。如云贵地区，明代是驿与堡并用，明代在云南设 78 处驿站，贵州则有 32 处，但只负责文书传递。同时配置军堡，驻扎军士，负责物资运送，相当于递运所。有的地方无驿站，军堡就替代其职能。清初堡夫逃亡严重，清廷一方面雇募民夫充当，并把军堡划归驿站系统，由驿丞管理，最后统一归并入州县。[④]

与明代不同，清朝逐渐构筑起了驿与台站两套交通网络，分置于内地行省与边疆地区。驿是对行省地区驿传设置的称呼，台站则指边疆地区的驿传网络，大多位于东北、蒙古、新疆、青藏地区。

在明代，驿站并不同时具备文书传递、官员接待、物资转送三项功能，清代驿站则集三项职能于一身，实现了高效运转，驿站如网络

---

① 参见朱诗婷：《清代察哈尔游牧八旗政区边界研究》，中国人民大学清史研究所硕士论文，2015。

② 参见《皇朝文献通考》卷 273，《舆地考五·山西省》。

③ 参见侯旭东：《传舍的使用及其政治功能》，见陈苏镇编：《中国古代政治文化研究》，40～44 页，北京，北京大学出版社，2009。

④ 参见刘文鹏：《清代驿传及其与疆域形成关系之研究》，4 页，北京，中国人民大学出版社，2004。

神经系统遍布全境。

三种功能集于一身是与驿站州县化的进程相配套的，首先是驿马官养。因驿丞侵扣钱粮，由州县承担喂养驿马事务，驿丞这一重要职位被逐步收归州县，旗员用家人，汉官用长随，驿丞渐成冗员。省级驿传体制采取道员分巡、臬司总核的双重检查体制。道员巡守所辖地区，缩小了巡视范围，按察使负责总核，这与清代督抚体制的实体化有密切关系。驿道递运触角伸及各地，在边疆地区的台站尤以多样化的设置著称，与内地行省驿站由州县官员管理有异。边疆地区台站分属各将军、都统、副都统管理，西藏地区南北台站直辖于驻藏大臣，蒙古、新疆由于在康雍乾时代靠近战区，由笔帖式和驿丞分别管辖，黑龙江、吉林驿站由笔帖式和领催共管。

康乾时期，因与蒙古长期作战，阿尔泰军台的设置独具特色，笔帖式全部直接由中央选派，成员来自京城各部院衙门，同时招募蒙古各部民众在此服役，一方面帮他们解决生计问题，另一方面也有借助当地劳力之意。

与明代大多采取筑城自守的防御态势不同，乾隆在西北用兵，军书旁午，星夜兼驰，必须讲效率抢时间。在驿路的设置上必须追求快捷，选择最短的间距，提高驰驿速度。乾隆四十年，清廷对全国的驿传系统进行统一规划，主要目的就是把驿递路线尽量按合理的捷径加以设计。规划范围波及山东、山西、江南、江西、两湖、广东、广西、云南等地，基本涵盖了所有行省的驿路。

与明代相比，清朝皇帝与官员往来文书的样式更加复杂多样，分廷寄、题本和奏折等名目，分别用不同的驿递方式建立起高效的行政处理网络。廷寄谕旨不抄发，不交部议，由军机大臣面承谕旨。皇帝批准后，交兵部加封，按紧急程度分300里、400里、500里、600里发驿驰递，地方督抚、将军进呈题本的传递速度虽不快，按距离远近时限从3日到40日不等，但时限规定严格精确到时刻，由驿站不停地传送。奏折是皇帝与官员私人之间的交流，故传递一般不通过驿站，而派家人或标弁驰递，以避免扰累驿站。

清代严格区分政务文报和军事文书的传递系统，用兵准噶尔之时，即在西北建立了军事文书传递快捷通道，道光四年，明确规定军机处发给西北两路将军、大臣的廷寄，或新疆各地发往京城的奏折，均由西北两路军站递送。[①]

由于西北驿路经常要通过蒙古、新疆等少数民族聚居的荒僻之地，不时遭到袭扰，其安全性尤须加以维护。乾隆二十一年六月，青衮杂卜叛乱就是先由阻断西北军事驿路开始的，史称撤驿之变。青衮杂卜将北路台站第十六站至二十九站的喀尔喀蒙古兵悉行撤去，使清朝北路台站的驰递功能处于瘫痪状态，此后虽迅速恢复，但北路台站仍反复受到蒙古部落的游击战式攻击，逼使清廷不得不采取大员巡驿的举措。乾隆二十三年，用兵南疆前，乾隆即派直隶、山西、陕西、甘肃等省按察使或布政使巡查本省台站，又派专员负责巴里坤到伊犁台站事务，以保驿路安全。[②]

总之，清朝驿递合一的驿传功能和政务军事驿路双轨并行的行政设置，显然比明朝更具效率，也保证了其对广大疆域的实际控制力。故康熙帝晚年才能自信地说："我朝驿递之设最善，自西边五千余里，九日可到。荆州、西安五日可到，浙江四日可到。三藩叛逆吴三桂，轻朕乳臭未退，及闻驿报神速，机谋远略，乃仰天叹服曰：休矣，未可与争也。"[③]

---

① 参见刘文鹏：《清代驿传及其与疆域形成关系之研究》，194页。

② 参见上书，205页。

③ 《康熙起居注》第3册，2459页。

要明悉什么是真正“大一统”的实践过程，有一个问题无法绕过，那就是明清以来中央对地方的渗透干预是逐渐加强还是地方自治的程度日益加深。近些年，中国史界受西方理论影响颇大，眼光关注底层，社会史研究蔚然成风。社会史的基本预设又受社会学中“国家一社会”二元对立关系框架的影响，把“社会”当作一种独立的空间加以认识，强调明清以来的基层组织趋于地方自治。如一些早期研究观察到晚清太平天国起事后地方组织逐渐趋于军事化。① 对晚清商会等组织具有公共领域作用的研究也受以上思路的启发。② 美国的“士绅社会”理论③，日本的“地域共同体论”④，无论是强调乡绅作用还是关注基层社会，实际都上承着 20 世纪 30 年代乡村重建运动时费孝通提出的“双轨制”视角。其基本预设是，乡村自明清以来行政干预只到县一级，县以下依靠宗族、乡绅和长老统治，基本处于一种“无为状态”。⑤ 更有人将之概括为“皇权不下县”。与这种观点相对应，还有一类看法是明清以来，中央对基层的控制转趋严密，特别是中国采取

---

① 此类著作如：孔飞力：《中华帝国晚期的叛乱及其敌人：1796—1864 年的军事化与社会结构》（谢亮生等译，北京，中国社会科学出版社，1990）；魏斐德：《大门口的陌生人：1839—1861 年间华南的社会动乱》（王小荷译，北京，中国社会科学出版社，1988）。

② 如朱英：《转型时期的社会与国家：以近代中国商会为主体的历史透视》（武汉，华中师范大学出版社，1997）、《近代中国商会、行会及商团新论》（北京，中国人民大学出版社，2008）；罗威廉：《汉口：一个中国城市的冲突和社区（1796—1895）》（鲁西奇等译，北京，中国人民大学出版社，2008）、《汉口：一个中国城市的商业和社会（1796—1889）》（江溶等译，北京，中国人民大学出版社，2006）；王笛：《街头文化：成都公共空间、下层民众与地方政治，1870—1930》（李德英等译，北京，中国人民大学出版社，2006）。

③ 如张仲礼：《中国绅士：关于其在 19 世纪中国社会中作用的研究》（李荣昌译，上海，上海社会科学院出版社，1991）；周锡瑞：《改良与革命：辛亥革命在两湖》（杨慎译，南京，江苏人民出版社，2007）。

④ 如重田德：《乡绅支配的成立与结构》（见刘俊文主编：《日本学者研究中国史论著选译》第二卷，高明士等译，北京，中华书局，1993）；森正夫：《森正夫明清史论集》（汲古书院，2006）；沟口雄三：《辛亥革命新论》（见氏著：《中国的历史脉动》，乔志航等译，北京，三联书店，2014）。

⑤ 参见费孝通：《乡土中国·生育制度·乡土重建》，北京，商务印书馆，2011。

西方现代化的体制之后，更是借助西方力量，大力渗透，破坏了基层的文化网络。①

明清以来中央集权是加强还是削弱了，本是个见仁见智的问题，双方似乎都各自占有相当丰富的史料证明自己的正确，不过从清代“大一统”的治理经验角度观察，中央对地方社会的控制确有逐渐强化的趋势。有学者指出，明清各项赋役折银计算，有了统一的计量标准，赋役用银两交纳，改变了官府和编户的关系，里甲作用必然被削弱，里甲户与政府的关系转为纳税人与政府的关系，衙门的吏役在官府与编户之间扮演更重要的角色。②

在我看来，衡量中央集权的程度固然有各种标准，然如前所论，清朝真正实现了历史上的“大一统”之后，其对政区的重新规划肯定会在相当大的程度上影响中央对地方的控制程度。清朝按冲（地当要冲）、繁（政务繁杂）、疲（赋多逋欠）、难（民人难治）划分县的等级，与此对应，知县官缺按县等分为“最要缺”、“要缺”、“中缺”、“简缺”等，养廉银与升转年限也与此有关。③ 按瞿同祖的看法，县令的权力非常大，县级属“一人政府”④。但近些年受到社会史研究的挑战，县令权力的边界到底在哪里仍是个悬而未决的问题。其势力被认为无法渗入乡镇一级。基层仍由宗族与乡绅控制，县令很难插足其中。然而最近也有研究表明，州牧令下属的佐杂之官如州同、州判、吏目、县丞、主簿、典史等官常常能深入县级以下征比钱粮，审理词讼。明末以

① 参见杜赞奇：《文化、权力与国家：1900—1942年的华北农村》。

② 参见刘志伟：《在国家与社会之间：明清广东里甲赋役制度研究》，143页，广州，中山大学出版社，1997。

③ 参见张研：《清代县级政权控制乡村的具体考察：以同治年间广宁知县杜凤治日记为中心》，48页，郑州，大象出版社，2011。

④ 瞿同祖：《清代地方政府》第二章，《州县官》，范忠信等译，29～63页，北京，法律出版社，2003。

后，属于府佐贰的同知、通判开始分驻府城之外，其中的部分分防同知、通判辖区逐渐具备“刑名钱粮”等行政职能，升格为厅。清以前，佐贰官与正印官如知府、知州、知县同驻府、州、县城。清代以后，一部分佐贰官开始移驻乡镇。由于佐贰官的数量在清代未发生太大变化，分防的越多，同城的越少。到晚清，大部分佐贰官都分防到了民间。①

清代乡镇密布的地区可能会分设巡检以为缉捕匪盗之需，这类佐贰官甚至在县以下建立起了自己特定的行政区划。如广东一省中的佐贰、典史、巡检均有明确的辖属之地。即以海丰、花县、新安、徐闻四县为例，佐贰、典史、巡检属地几乎将一县之地全部覆盖。② 尽管巡检在分防之地，只有稽查奸宄之责，而无审判处置之权，手下额定编制的兵丁也常常不敷使用，只能靠知县协调绿营驻防汛弁或依赖以士绅为首的民壮练勇，在分辖之地也不可能全面掌控征比钱粮、审理词讼、缉盗剿匪、乡民教化，但就其治理特色而言，仍起着县官与编户之间的中介作用。

佐贰分防体制的出现，是清代在人口增长过快、官僚人数规模又无法大幅增长的情况下采取的权宜之计，缓解了“一人政府”的县衙行政管理压力。故在正规的县级行政区划下，佐贰分防区域往往处于不规则也不确定的状态，其具体职能也因区域情况的不同而有较大差别。有些地方佐贰与州县正印官几无差异，职责涵盖了刑名、钱粮、缉盗、教化等各个方面，有的地方佐贰只负责“代县完粮”。而在江苏南部商业市镇密布的地区，市镇巡检之责则会逐步从捕盗转向经济管理。③

---

① 参见胡恒：《清代佐杂的新动向与乡村治理的实际：质疑“皇权不下县”》，见杨念群主编：《新史学》第五卷，154页，北京，中国人民大学出版社，2011。

② 参见张研：《清代县级政权控制乡村的具体考察：以同治年间广宁知县杜凤治日记为中心》，69页。

③ 参见胡恒：《清代佐杂的新动向与乡村治理的实际：质疑“皇权不下县”》，见杨念群主编：《新史学》第五卷，161页。

所以佐贰、巡检的职能是多种多样的，并无法如正印官一般严格界定。不过如果我们把佐贰分防与卫所、驿站州县化的过程结合起来加以观察，仍可看出清代“大一统”的实践过程在基层控制方面有逐渐加强的趋势，故似不宜夸大地方自治的程度。

（二）“书同文”步骤中舆论规训与引导的双向展开

在董仲舒关于“大一统”的核心定义中，有一条统一思想和舆论于孔子的说法，也就是后来常说的“书同文”。清朝皇帝出乎寻常地关心历史书写对道德教化的训导作用，一般人认为是因其异族身份导致文化自卑感，进而形成高度的精神紧张，最终引发迫害士人的行为。特别是清史学界对“文字狱”的研究可以说是汗牛充栋，已经涉及其对个人形成自我压抑行为的影响，以及“文字狱”的震慑力如何构成一种涟漪传播效应等细微问题。[①] 但从图书流通的检查角度再予观察，尚还有可以讨论的余地。这方面明清两朝的差异确实很大，明代几乎没有控制图书流通的有效办法，而清代则恰恰相反。我们要特别注意，乾隆朝对“私”的态度开始转严，使得私人书写的禁忌逐步加强。据卜正民的研究，明末也想控制私人舆论的抒发，特别是力求对非主流的“正统观”和对朝廷不利的言论加以抑制，却都未成功。

卜正民举出禁抑《剪灯闲话》和李贽著作两个例子。早在 1442 年 8 月，国子监祭酒李时勉就向皇帝上了一通奏疏，指控一本名为《剪灯闲话》的怪诞色情小说集子，认为此书妨害儒生宣讲正学，日夜谈论一些闲情逸致的事情，但他又无法说清楚这本书的问题实质究竟是什么，只是含糊不清地暗示该书不合时宜。对究竟什么是异端邪说，

---

① 参见王汎森：《权力的毛细管作用：清代文献中“自我压抑”的现象》，见氏著：《权力的毛细管作用：清代的思想、学术与心态》，台北，联经出版公司，2013。

李时勉提不出任何标准。他希望把官府拉进来，动用国家资源查缴《剪灯闲话》这类有伤风化的作品。明代并无国家监察机制，也没有处理此类事件的既定汇报和反馈程序，省级官员无法肯定自己的努力能得到回报和重视，无法提起热情，《大明律》中也几乎找不到与之对应的律令，所以只能是被搁置而不了了之。

另一个例子是李贽遗书的命运。张问达指控李贽刻《藏书》、《焚书》是惑乱人心，要求朝廷禁毁，致使李贽被逮，自杀于狱中。但李贽死后四十年，人们却继续无所顾忌地印刷、收藏和传播他的著作。李贽的未刊作品在 1618 年以《续藏书》的名义结集出版，由焦竑编纂。李淮桢在序言中还赫然列上了所有与李贽有联系的名人名单，七年之后，御史王雅量请求禁毁李贽书籍，而且要求“不许坊间发卖”。官僚体制的反应却是漫不经心，因为第二次禁令下达后的第十五年，钱启忠又发起一场筹款运动，聘请宁波书坊重刻《李卓吾制义》。这本书是李贽以八股或制义格式写就的科举范文集。钱启忠并非不知是禁书，却敢公然违抗禁令，可见国家控制力的薄弱。[①]

即使到了清初，雍正帝仍然遭遇了类似的尴尬。在处置吕留良一案以及如何对待吕氏著作这个问题时，雍正帝一度在士林舆论的包围下犹豫再三，反复斟酌，举棋不定。吕留良因曾静投递反书一案受到牵连。有趣的是，恰恰是曾静受到吕留良著作中夷夏之辨思想的影响，故被以“思想罪”加以处置。但“思想罪”的边界应该如何界定，却大费周章。雍正八年，浙江士子唐孙镐向湖广总督投递了名为《讨诸葛际盛檄》的文书，为吕留良辩护，其中提到吕氏著作《四书讲义》“阐扬圣道，至精且详，海内之人，莫不宗王。圣人复起，不易其言”。又说他的生平著作，包括评选两朝制义，“反覆辩论，义理透彻，直能

① 参见卜正民：《明代的社会与国家》，陈时龙译，179～186 页，合肥，黄山书社，2009。

窥圣贤之堂奥，兼可启后世之颛蒙，此其功也。虽笔底微劳，不足盖弥天之大罪，然看圣人情面，似应少为之贷，此则大公至当之论也”。唐孙镐自称此言是“不怕死”之论，雍正的朱批指示要“将此论密密消灭”，“不可令人知有此事”，并指示应将此人杖毙，或以他法处死。

唐孙镐虽然最后在监病死，雍正在处理吕留良诗文时仍表现出了犹疑的态度，他在谕旨中表示：“至其所著书集，臣工等奏请焚毁。复思吕留良不过盗袭古人之绪余，以肆其狂诞空浮之论。有识见者固不待言，即当日被其愚惑者，今亦自然窥其底里而嗤笑之也。况其人品心术若此，其言更何可取。今若焚灭其迹，假使毁弃不尽，则事属空文，傥毁弃尽绝，则将来未见其书者，转疑伊之著述，实能阐发圣贤精蕴，而惜其不可复得也。”①

这段谕旨至少包含两层意思：一是对吕留良著作中的言论到底从何处定罪拿捏不准，二是对彻底毁灭吕留良书籍的底本心存忌惮。这两种心理交织在一起，使得雍正一朝的文网至少在吕留良案中仍显不够缜密。雍正最终决定行文各省学政，让他们询问各学生监，发表看法。结果得到了一些反馈意见，其中最有名的当属浙江天台县生员齐周华。他建议把吕留良的日记与文集分开处理：“其讲义、文集、诗集诸书，宇内久已印行，天下自有公论。诚如乾断，免其焚毁。至日记之言，怪诞诪张，易惑无知之闻听，速令烧毁，为千百世以后人心风俗之防。”② 最后的处理结果是，吕留良戮尸枭众，诗文书籍不必销毁。雍正的决定可能多少受到了士人态度的影响。

但到了乾隆时期，随着《四库全书》纂修的推进，“寓禁于征”的政策逐步展开，对历史观的重塑和历史记载的筛选日益严格。在长达

---

① 王先谦：《东华录》，转引自卞僧慧撰：《吕留良年谱长编》（以下简称《吕谱》），391页，北京，中华书局，2003。

② 齐周华：《名藏副本》附录，见《吕谱》，394页。

二十多年的禁书过程中，各省督抚对何谓禁书的认识也是被逐步培养起来的，最终其对书籍中违逆言论的敏感度简直到了匪夷所思的地步。在各省督抚收缴禁书的目录中偶会述及理由，一些评语已趋程式化，如“语有违碍”、“语存疵累”、“语句荒谬”、“拗词狂妄”，或更加严重的指控如“通身狂吠”。这些评语往往是因为著者的作品涉及晚明史事。如江西查禁明广昌何源撰《心泉文集》，内有“北虏东夷”及“东虏入犯永平”等句，李陈玉著《退思堂集》中内有“虏寇交讧，丑虏震动，及今日边事”等句。更有吴继仕撰《建州考》，书名就犯忌讳，更别提内容了。

一般来说，经过多年的训练，官员的敏感度有一个节节攀高的过程。例如，书籍中明显记载明末和满洲早年史事地名人名者，如“建州”、“弘光”、“崇祯”、“袁崇焕”等，比较容易查出。① 以后则涉及清朝入关后的一些举措，这部分的查禁越来越严，说明官员的思想敏感度明显提高，甚至已触及发型和服饰的变化。如李嗣晟著《琴亭水漫集》“内有何如披短发，及山势欲吞胡”等句，《玉堂椽笔录》“内有辫发等句”，王肇礼著《渔山舫诗集》里“有春日感怀诗，薙发如行脚语”，裘君宏著《西江诗话》中有“我颈不屈如老鹤，我发已剪如老鸽等句”，再《叶梧叟集》中有“世运战元黄，脱帽差露顶”等句，都被看作影射当局的证据。甚至诗文中提到明朝士人的服饰网巾，都有溢美旧朝的嫌疑。如有一本叫《原始秘书十二木全》的书，就被指“集内如网巾，及僧灭道二条，尤为狂吠大过，拟全毁”。尤侗《年谱图诗》中有“斜塘避难图等诗，及余制幅巾布胞等句”，《随轩诗稿》中有“衣存旧式同袍少等句”，都属关于服饰的违碍言论。② 随着追缴过

① 如郑廉著《豫变纪略》“内有弘光元年正位金陵等语”，《东隅恨事》“专叙袁崇焕杀毛文龙始末”。

② 以上参见王彬主编：《清代禁书总述》，北京，中国书店，1999。

程的深入和扩大，几乎不涉及史实和对象，纯粹属于个人感慨牢骚的文字也开始进入侦办查抄的视野。

有一些诗句，仔细揣摩可能有感伤大明逝去的意思，如《陈素庵诗钞》中有“犹带故宫明月色，不及寒鸦又闻。手提三尺定中原，谁家业”等句。按照违碍的标准看，虽没有明确指涉明朝，也算是影射的一例。至于《楚风补》中谈及“前明诸诗句间有感伤处”，就更是要明确查禁了。可是有些诗句完全看不出与明朝何干，就全系捕风捉影了。如《秋感诗》中只是查得“秋云结句，语涉感愤”，就要销毁。《是堂诗集》中有“天地茫茫剩一吾，今朝典则古冠觞”一句，完全看不出有何悲愤的意思，《爱秋斋诗稿》中有“北人欢喜南人伤”之句，因满人兴起于北方，容易引起讥讽满人的联想。但如下这句“吾来惆怅阅沧桑，天荒地老常如此”，就完全是一种个人感伤情绪的抒发，丝毫不关涉时势政治，也被指斥为“狂吠”。可见，查缴禁书的行动已渗透到了对人的情绪进行控制和规范的层面。

下面仍想以吕留良著作的查禁过程为例，来研判“大一统”政治格局之下王朝控制力的渗透强度如何。如上所述，监控力的强度指涉到情绪的层面绝非一朝一夕而成，而是乾隆帝有意加以训练的结果。具体事例就是明末想查禁李贽著作而总是功败垂成，乾隆的父亲雍正因在是否销毁吕留良遗书的问题上态度摇摆，致使江南一带的违碍书籍有机会流播不绝。在乾隆看来，一个人的思想的传播与他是否在世无关，那是一种病菌式的东西在人们头脑中到处扩散，主要的传播媒介就是各类书籍，不仅包括私人著作，也包括指导考生科举的各类书籍。那些流通于公共空间辅导士子考试的书籍也许更具威胁性，所以必须全盘规划予以销毁。在这个想法支配下，乾隆在处理吕留良著作时，就绝不可能再把日记、文集或时文选本区别对待，分开处理，而是一体收缴。即使是明末多年未被查禁的李贽著作，也被反复查缴，连作序人焦竑的书也不放过。

对违碍书籍的处理，我一直以为应该从官员的“政治执行力”的角度进行分析。因为查缴书籍是一个长达二十多年的过程，对官僚与皇帝的耐心都是个不小的考验。乾隆几乎对查缴过程的每一个步骤都悉心指导，如乾隆四十四年，即谕示征缴对象应扩大到各省郡志书的范围。要求各督抚将省志及府、州、县志悉心查核，其中如有应禁诗文而志内尚复采录并及其人事实书目者，均详悉查明，概从芟节，不得草率从事，致有疏漏。乾隆的意见必然增加地方官员搜缴书籍的敏感度，他们的执行力已不复雍正帝时所见，可以表抒个人意见，而只剩下如何揣测乾隆旨意这一条路可走。经过多年的训练，他们对违碍书籍的查缴范围和程度往往宁可扩大而不想缩小，以防让皇帝抓到自己懈怠公务的把柄。在对待吕留良遗著的态度上即是如此，基本不加甄别，一律收缴。从各省呈报的禁书目录上观察，查禁吕留良著作的范围和频度均很高。这一方面证明吕留良遗著流传甚广，影响力很大，另一方面也说明查禁力度相当大，如山东省凡三次奏缴三十六种禁书，涉及吕留良的就有四种。

陕甘从乾隆四十一年至四十六年，凡四次奏缴一百零二种禁书，涉及吕著者有十四种。湖广从乾隆四十二年至四十七年，凡十一次共奏缴一百二十八种禁书，涉及吕著者凡十六种。河南从乾隆四十年至四十六年，凡六次奏缴一百一十一种禁书，涉及吕著者就达二十二种，为各省之冠。闽浙凡三次（乾隆四十四年至四十七年）共奏缴六十三种禁书中，涉吕书籍达到了二十种，几乎占去了三分之一。偏远地区如贵州凡两次共奏缴十二种禁书，吕著有三种。四川凡一次共缴六种，吕著占到四种。①

有的省份查缴吕著的种类虽不算多，但印数却相当可观。江西统

① 参见雷梦辰：《清代各省禁书汇考》，北京，北京图书馆出版社，1989。

计出的吕著印数如《天盖楼偶评》四十七部三百零八本，《天盖楼四书讲义》一百本等，总数加起来达数百册之多，在所有查禁违碍书籍中数量名列前茅。所有吕著不分文稿、日记和时艺文字，一律收缴，务穷殆尽。

吕留良遗著的查禁对一般士人的心理构成了微妙的影响，最终左右和修正了世人的评价。原有世论为避文祸，力求把吕留良的“卫道”言论与他的乖僻行为区分开来加以对待，特别是对时文中弘扬道学的成分褒扬有加。吕留良在世时即有士人评价说其时文有弘扬道学之功，如吴涵《唐文吕选序》云：“予少读晚村吕先生所评点时文，见其闲卫正道，梯接后学，俾人人得由所行习之帖括，以驯至于圣贤之途。”①

吕留良卒后，更有人评价：“宋五子之后，以儒者之言发挥圣贤经训，俾斯文丕变，彝伦不至于终释者，功莫盛于东海晚村先生。”② 他的时文选本甚至到了“莫不家传而广诵之矣”的地步。③ 到了同治年间，张謇也回忆起十四岁那年“读晚村批评之制艺，义本朱子，绳尺极严，不少假贷，缘此于制举业稍睹正轨”④。按张謇自述，这已是“书禁之弛已久”的事了。

从阅读与传播史的角度观察，吕留良时文的影响力远远大于其著述，康熙朝即有人估计：“天盖楼之言盈天下，天下以为家有其书。”⑤这种说法虽有夸大之嫌，但从官府各省查禁书目的情况来看，也不能说全是臆测。吕留良道学宗师的形象和时文选本的广泛流播有可能影响到雍正帝的决策，使其在是否销毁其书上犹豫再三。但经过乾隆帝

① 《吕谱》，284 页。

② 同上书，365 页。

③ 参见上书，366 页。

④ 同上书，435 页。

⑤ 张符骧：《与吕无党书》，见《吕谱》，336 页。

的规训之后，至少在乾嘉期间，士人的心理评价已经有所改变。

袁枚曾讲过一个“时文鬼”的故事：雍正三年，有一位姓萧的道士，年纪已九十多岁，具有神游地府的能力。一次宴请席上，萧道士在席间因醉而沉沉睡去。不久醒来说，吕晚村死了这么久，还会有神迹出现，真是太奇怪了。大家纷纷惊问其详。萧道士说，自己正漫游地府，看见一夜叉牵着一老书生经过，铁索锒铛作响，上面标写着：“时文鬼吕留良，圣学不明，谤佛太过。异哉!”当时座席间诸客人，皆诵习时文，特别是吕留良《四书讲义》，对吕留良素来敬佩，都不信梦里的这个说法，且多愤愤不平。不久曾静案发，吕留良被剖棺戮尸。①

袁枚写作此文是在乾隆末年，距吕留良死去已一百余年。解读这篇故事中的信息，可以看出士人对吕留良以时文卫道的评价已经发生了逆转，基本已转向其以时文害道的逻辑，这不能不说与乾隆朝查缴禁书时所做的长期思想规训大有关系。我们从《四库全书》总纂纪昀的态度上即可看出这种逆转的程度。纪昀也引袁枚这篇故事，却不同意其中对吕留良“谤佛太过”的评价，反而尊雍正在《大义觉迷录》中的官样说法，称“留良之罪，在明亡以后，即不能首阳一饿，追迹夷、齐，又不能戢影逃名，鸿冥世外，如真山民之比。乃青衿应试，身列胶庠”。结论仍是“首鼠两端，进退无据，实狡黠反覆之尤。核其生平，实与钱谦益相等”。吕留良所以在阴间遭罪，乃是出于以上原因。② 纪昀评吕留良还是以“贰臣”标准要求，这恰与原来士人把吕留良传扬道统和其不符清朝正统行为的标准分开的思路吻合。但袁枚的评价显然已彻底撼动了吕留良卫道者的崇高地位，是更彻底的思想

---

① 参见袁枚：《时文鬼》，见《吕谱》，423 页。

② 参见纪昀：《姑妄听之》，见《吕谱》，423 页。

自戕行为。

总之，“大一统”集合了地理观、正统观、政教观等历史要素，其内涵的丰富度超越了“中国”与“天下”等观念。尤为重要的是，到了清朝，“大一统”不仅表现为一种深入身心的思想与行为的规训形态，还演变成了一套复杂的政治治理技术。由以上的讨论可见，“大一统”在思想与实践两个层面对清朝以来的国家与地方治理技术的实施均具有相当大的影响力。

17—18世纪的满蒙关系与清朝统治者天下观的演变

孙　喆*

数年前，戴逸教授在一次有关清史纂修的学术研讨会上，就清朝政治得失问题，曾发表过这样一种看法：清朝统治者之所以能够统治中国近300年的时间，有两个原因不容忽视，一是对汉族文化的吸收和经济实力的利用，二是对蒙古各部军事力量的借助。在此基础上，清朝得以奠定空前辽阔的疆域和维持较长时间的稳定。① 对于戴逸教授的观点，本人深以为然，同时认为，蒙古各部不仅是满洲入主中原并维护统治的强大军事保障，而且其政治传统及治理中国的经验和教训对清朝统治者都产生了深远影响，包括“天下”和“中国”观念的形成。围绕满蒙关系与清朝统治者天下观这两者的关系做一些较为细致的探讨，亦是本人一直想努力尝试的工作。

学术界关于满蒙关系史的研究，开始较早且持续至今，从不同视角进行探讨而累积下来的成果丰厚，鉴于这一问题的庞大性和复杂性，本文在这里暂不做学术史梳理。而“天下”作为理解中国传统国家体系构成的核心概念，如何对它进行界定和阐释，也是自中国现代国家形成后为国内外学术界所热议的一个问题。20世纪60年代，杨联陞

---

* 孙喆，中国人民大学清史研究所教授。

① 这一观点出自戴逸教授在某次关于新修《清史》之“通纪”部分撰写研讨会上的发言，时间在2004—2006年之间。

教授从讨论中国世界秩序的角度出发，提出中国的世界秩序即天下常被描绘为一个以中国为中心的等级体系。他认为，从理论上说，这个体系包括两个方面三个层级：中国是内部的、宏大的、高高在上的，而蛮夷是外部的、渺小的和低下的。然而，对整个中国历史加以观察，即可发现这个多面相的以中国为中心的世界秩序，是在不同的时间，由许多真假程度不同，有时甚至子虚乌有的“事实”构建的一个神话。他着重指出，文化疆界和政治疆界无须一致。① 赵汀阳在《天下体系：世界秩序哲学导论》中也提出：“与西方语境中的‘帝国’（empire）概念不同，‘天下’这一中国传统概念表达的与其说是帝国的概念，还不如说是关于帝国的理念。”② 他们都认为，与其说“天下”是一个实际存在的体系、框架，不如说是中国传统政治的一个完美的理想。

清朝作为中国历史上的最后一个封建王朝，兼具对中国现代国家形成影响深远的几个关键特性：它是古代中国疆域形成的最后阶段，也是传统天下体系转变为现代国家体制的时期，又是中国统一多民族国家得以奠定的重要时代。那么，清朝的“天下”体系是怎样的？作为“蛮夷”出身的满洲统治者的天下观又是如何？这也是许多清史学者关注的问题。其中，郭成康教授在《清朝皇帝的中国观》中认为，随着清朝疆域的奠定，清朝统治者视野中的“天下”逐渐分成三重空间。他在文章中着重强调的是清朝统治者将第一重空间的民族（蒙古、藏、回）纳入“中国”版图的努力，以及划分的思想渊源，既传承和发扬了其列祖列宗的家法，又具有深厚的中国历史文化内向型的古老传统，事实上也与自古以来中国就是多民

① 参见杨联陞：《从历史看中国的世界秩序》，见费正清编：《中国的世界秩序：传统中国的对外关系》，杜继东译，18～28页，北京，中国社会科学出版社，2010。

② 赵汀阳：《天下体系：世界秩序哲学导论》，27页，北京，中国人民大学出版社，2011。

族国家的历史相符合。清朝皇帝推进的国家大一统事业不过是重整故国河山，把理应属于中国的土地和人民纳入中国的版图。[①] 而关于这三重空间形成的实践和理论，张永江教授在其《清代藩部研究——以政治变迁为中心》[②] 一书中做过详细阐释。李大龙教授的《转型与“臣民”（国民）塑造：清朝多民族国家建构的努力》一文虽然重点在于解析清代中国的形成，未及天下观，但从内容中可以看出作者并不支持清朝统治者还秉承天下体系的观点。他提出，虽然清朝的统治者经常将清和汉、唐、元等中国传统王朝相比，而后人亦多将其视为中国传统王朝的延续，但和前代相比，清朝的“大一统”构建还是有很多不同以往的鲜明特点，突出表现就是已经具备了一些近代国家的特点，“中国”与“天下”基本实现了重合。[③] 张世明教授在《清代宗藩关系的历史法学多维透视分析》中也认为，清朝皇帝往往以“天下共主”自居，自矜于所谓“万邦来朝”的景象，声称自己抚有天下而声教远播，但其实清朝对自己的实际统治所及具有清晰而明确的认识，中国古代五服制所折射的理想主义早已随着时间的推移为现实主义所取代。中国国家观念在清入关后一直就悄然发生着近代化转型，但出现质变则缘于清代晚期西方文明的冲击。[④]

本文将在以上研究的基础上，以 17—18 世纪这个清代疆域形成的重要时期作为考察时间段，讨论这一时期清朝统治者对中国传统“天下”概念的认知过程，尤其是满蒙关系在其中发挥的作用。

---

① 参见郭成康：《清朝皇帝的中国观》，载《清史研究》，2005（4）。

② 参见张永江：《清代藩部研究——以政治变迁为中心》。

③ 参见李大龙：《转型与“臣民”（国民）塑造：清朝多民族国家建构的努力》，载《学习与探索》，2014（9）。

④ 参见张世明：《清代宗藩关系的历史法学多维透视分析》，载《清史研究》，2004（1）。

一 “天下共主”和“天下外国”

“天下”这一概念，最早出于《诗·小雅·北山》所记“溥天之下，莫非王土。率土之滨，莫非王臣”。之后，《孟子·离娄上》又说：“人有恒言，皆曰‘天下国家’。天下之本在国，国之本在家，家之本在身。”由此引出“家”、“国”和“天下”的概念，“天下”是最高一级的政治、地理范畴，统治“天下”者为“天子”，“国”和“家”是构成“天下”不同层级的单位。在天下观基础上发展形成的天子统乎一切的“大一统”观念成为主导中国传统社会数千年的政治理念。但从历史发展的实际来看，在不同的历史情境下，随着诸如地理环境、疆域格局、政治影响力、统治理念以及统治者的民族属性等因素的变动，其含义也往往有所差异。而“中国”一词最早见于《诗经》和《尚书》，初含有“京师”、“国中”、“王畿”等意，后来所包含的范围及表达的内涵亦发生了很大变化。

在清实录中，最早出现“天下”一词是明万历四十年，在努尔哈赤对诸贝勒的训令中，他提出“天下全才无几。一人之身，有所知，即有所不知；有所能，即有所不能”①。此时的“天下”只是一个笼统、虚泛的概念，表示天之下一切地域。真正具有政治内涵的“天下”，出现在天命元年努尔哈赤论证后金政权合理性的一段话中，他说：“夫列国之相征伐也，顺天心者胜而存，逆天意者败而亡，何能使死于兵者更生，得其人者更还乎？天建大国之君即为天下共主，何独构怨于我国也。”② “国”和“天下共主”概念的提出，表明当时后金

---

① 《清太祖实录》卷4。

② 《清太祖实录》卷5。

虽然僻处东北一隅，但仍将自己置于“天下”范畴之内，认为自己是构成“天下”的一个“国”，承认万国须统一于天子即“天下共主”的政治理念。

天命三年，努尔哈赤痛斥明朝廷偏袒叶赫部悔婚一事：“满洲与叶赫均一国也，明国自以为君临天下，是天下共主，何独于我满洲一国不审是非，恃势横加侵夺如逆天。”[①] 此时再提“天下”，则是在道德层面上质疑明朝“天下共主”地位的合法性，不能公允行事即如同“逆天”，哪还有资格君临天下？两年后，后金攻打辽阳，城破，明御史张铨被俘，宁死不降，皇太极援引古例劝诱：“昔宋之徽钦二帝，为金太宗所擒，尚尔屈膝伏谒受公侯封。吾欲生汝，故为汝开导，汝何坚执不屈耶?”张铨回答：“王温语相劝，无非欲生我也。虽死不忘。但徽钦乃乱世小朝廷耳。我当今皇帝天下一统，共主称尊。我岂屈膝而损大国之体耶?”[②] 这反映出在时人观念中，天下和大一统的政治格局是紧密联系在一起的，徽钦二帝不能被冠以“天下共主”称号。清军入关之初，多尔衮与史可法之间有一场很有名的关于正统性的辩论，多尔衮用来指斥南明政权非正统的最主要的理论根据，就是对这一观点的阐发。

由此可见，尽管天下观念起源于华夏民族，是中原王朝的传统政治观念，但经过频繁的王朝变迁和民族融合过程，它逐渐得到了受中原文化辐射的周边非华夏族部落或政权的认同，并自觉地在天下体系中寻找、构建自己的位置。

入关前，在满洲统治者的看来，取中原，即是得天下，这从皇太极屡次发布文告，宣称“我之兴兵，非欲取中原得天下也”[③]，为

① 《满洲实录》卷4。

② 《清太祖实录》卷7。

③ 《清太宗实录》卷12。

自己兴兵伐明之举进行辩护就可以看出来。清顺治五年八月，多尔衮以顺治帝名义发布诏令："方今天下一家，满汉官民皆朕臣子。"① 十一月在举行祭祖活动时，又宣称："今天下一统，大业已成。"② 与皇太极对天下的理解并无二致，即进入并统一中原就意味着身份、地位发生了转化，从"万邦之国"中的一个"国主"转型为"天下共主"。

这一时期官方史书在提到天下时，多为"今天下大定，事务繁多"③，"天下事物殷繁，未能料理"④，"吴三桂负此殊恩，构衅残民，天人共愤，朕乃天下人民之主，岂容裂土罢兵"⑤，"今云南等处俱已底定，天下永归太平，祭告天地、太庙、社稷毕，复又祭告陵寝"⑥，等等。加上不时可见之"大计天下各官"、"策试天下贡士"等语，无不说明当时之天下是以故明的疆域范围为主体。平定三藩后，清廷于康熙二十一年拟派使者赴尚未归附的喀尔喀蒙古和卫拉特蒙古，颁布敕书和赏赐，以示普天同庆之意。使臣出发前请示用何种礼仪，康熙帝回答："我朝威灵德意，天下外国，无不知之者。谅厄鲁特、喀尔喀必大加恭敬。然伊等向行之例，俱用蒙古礼。今若凡事指授而去，或致相歧，行事反多滞碍。厄鲁特、喀尔喀，依彼蒙古之例，大加尊敬则已。"⑦ "天下外国"一词充分反映出这时在康熙帝的观念中，天下并非是一个无边无际的文化概念，而是与自己的统治势力范围密切相关。

---

① 《清世祖实录》卷40。
② 《清世祖实录》卷41。
③ 《清圣祖实录》卷12。
④ 《清圣祖实录》卷23。
⑤ 《清圣祖实录》卷54。
⑥ 《康熙朝满文朱批奏折全译》，7页。
⑦ 《清圣祖实录》卷103。

二 “天下中国之主”

在康熙二十七年以后的记载中，“天下”的外延突然宽泛起来。这一年七月，噶尔丹致书康熙帝，提出若喀尔喀哲布尊丹巴活佛来投清朝，清廷应“拒而不纳”或“擒以付之”。清廷对此的答复则是：“我皇上俯视天下万国为一体。其职贡之国，凡有困迫来投者，无不受而养之。泽卜尊丹巴以败奔入我汛界，岂有擒而畀之之理。”① 明确将喀尔喀蒙古置于“天下”范围之内。次年九月，清廷派人出使噶尔丹处，在谈及喀尔喀内附问题时，再次强调：“我皇上为统驭天下中国之主，此一二人之命，有不思生全之者乎?”② “天下中国之主”即天子居中而治天下，表明清朝皇帝既为中国之主，也是天下之主。要解释这种变化产生的深层次原因，就要回到当时的历史背景中去考察。

17 世纪中叶以来，中国政治局势和疆域格局出现激烈的震荡。满洲统治者陆续实现统一东北、征服漠南蒙古以及入主中原等战略目标。从清朝定鼎北京直至康熙初年，清廷的注意力主要集中在中原地区，尤其是长达 8 年之久的三藩之乱制约了清朝统治者的政治视野。如上文所言，从这一时期的史料记载中可以看出，天下还是一个相对狭义的政治概念，以故明的疆域范围为主，兼及满洲的发祥地——东北，及鼎革前“率先归附”、“悉隶版图”③ 的漠南蒙古等地。至于朝鲜、安南、琉球等国，清廷则继承明朝以来的宗藩朝贡体制，以宗主国自居。康熙二十年，清廷在与“三藩”的战争中取得了最后胜利，中原地区的局势尘埃落定，也标志着清朝统治中国的正统性问题基本得到

---

① 《清圣祖实录》卷 136。

② 《清圣祖实录》卷 142。

③ 康熙《大清会典》卷 142，《理藩院一》。

解决。随后，在中原地区一系列休养生息政策陆续推行的同时，清廷开始将目光投向对自己统治造成威胁或存在潜在威胁的边疆地区。

顺康时期，清廷需要正视的边疆问题主要有二：一是俄国势力的东进。17 世纪中叶，当俄国的扩张脚步抵达黑龙江流域的时候，刚刚建立起来的清王朝已经在黑龙江流域各部族之间建立起牢固的统治，中俄势力开始在这里交锋。二是喀尔喀蒙古和卫拉特蒙古问题。出于各种考虑，清朝统治者一向对满洲与蒙古各部的关系予以高度重视。入关前，皇太极征服漠南蒙古，并以蒙古各部共主的身份自居。入关之初，清廷虽然将主要精力放在中原地区，但对蒙古各部的动向仍保持密切关注。

顺治三年，苏尼特部郡王腾机思因与摄政王多尔衮有隙，率部起事，北投车臣汗硕垒。清廷命和硕豫亲王多铎为扬威大将军，同多罗承泽郡王硕塞等率军征讨。清军深入土谢图汗境内，打败喀尔喀蒙古联军。战争最终以腾机思逃往色楞格河、清军大获全胜而告终。顺治五年八月，喀尔喀左翼土谢图汗、车臣汗、丹津喇嘛等按照清廷“以驼百头、马千匹前来谢罪”① 的要求，遣使来朝。七年再次遣使，与清廷订立和好盟约。十二年，清廷在喀尔喀设土谢图汗、车臣汗、丹津喇嘛、墨尔根诺颜、毕席勒尔图汗、罗布藏诺颜、车臣济农、昆都伦陀音八札萨克，要求他们每岁进贡白驼各一、白马各八，谓之“九白年贡”，并成为定例。十四年，左翼札萨克图汗等遣使向清廷谢罪，清廷允其每年照定例进贡贸易。喀尔喀与清朝之间重新恢复了和平友好关系。

17 世纪 60 年代，围绕札萨克图汗位继承问题，喀尔喀左、右两翼之间发生内讧。准噶尔部趁机介入，意图伺机吞并喀尔喀。康熙

① 《清世祖实录》卷 40。

二十七年年初，噶尔丹借口会盟时哲布尊丹巴呼图克图对五世达赖使者不敬，兴兵越过杭爱山，大举进攻喀尔喀蒙古地区。三部先后战败，势枯力竭之下，土谢图汗率先向清廷请求保护，举族内迁至漠南蒙古境内。噶尔丹要求清廷不得接纳土谢图汗和哲布尊丹巴等进入漠南蒙古，此时，康熙帝开始以“天下中国之主”的身份出现，表明自己有“生全”天下之民的责任和义务；同时，为了不“偏于一家”，表示即使噶尔丹不得已而来归，“朕亦当受而养之，使得其所”①。“天下”的空间范畴开始从中原扩展到塞外。噶尔丹对康熙帝的观念亦表示了认同：“我并无自外于中华皇帝、达赖喇嘛礼法之意。”②

康熙三十一年十一月，康熙帝在给噶尔丹的敕书中又说：“朕统御万邦，惟愿天下之民，共享升平，无生事，无作乱，兼容并包，诚心抚恤。残刻之事，素所不为。诸国远人，诚能恭顺职贡，不改其常，朕益加爱惜，施恩不绝。若阳奉阴违，狡诈百出者，朕未尝不知，亦不究竟。每从宽教诫，冀其改悔自新。是以中外之人，无不归诚向化。虽极隐密之事，必来奏闻，无敢欺蔽。”进一步将“远人”纳入“天下”范畴中，宣扬不论“中外”，皆为天子子民，都有归诚向化的本分。

由此可见，满蒙关系新格局的出现是引发清朝统治者天下观发生变动的关键因素。由于明朝在绝大部分时间里，并未能将实际控制范围延伸到长城以外，加上嘉靖以来文化保守主义占据上风，因此，除了朝贡体制外，清朝统治者在边疆治理上可资借鉴的经验并不多，与明朝相比，清初统治者对边疆事务表现出较为积极的态度，显示出其

① 《亲征平定朔漠方略》卷 5。

② 《清圣祖实录》卷 137。

与汉族王朝相差甚远的疆域观念。伴随着一系列的边疆活动，清朝统治者的视野开始由中原向更为广阔的空间范围拓展，其天下观也随之发生变化，与此同时，与“天下”密切相关的“中国”也开始发生变动。

三　满蒙关系与清朝统治者的中国观

讨论清朝统治者的天下观则不能不提及其中国观。对清朝统治者而言，天下与中国是两个不同的概念，这从康熙帝自称“天下中国之主”就可看出。同时，清朝获得统治正统性与其成为中国一员的努力相辅相成。17—18 世纪伴随着“天下”的变化，“中国”的范围也在不断地发生变动。

努尔哈赤起兵之初，向明朝边吏索要逃至明境的仇人尼堪外兰，得到的答复是：“尼堪外兰既入中国，岂有送出之理，尔可自来杀之。”① 说明当时的女真地区是被排除在“中国”之外的，“中国”主要是针对中原地区而言。天聪元年，皇太极重申与明朝构怨之原因时说：“己亥年，我出师报哈达，天遂以哈达畀我。尔国乃庇护哈达，逼我释还其人民。及释还哈达人民，复为叶赫掠去，尔国则置若罔闻。尔既称为中国，宜秉公持平，乃于我国则不援，于哈达则援之，于叶赫则听之，此乃尔之偏私也。”② 可见在满洲人的观念中，成为中国之主须具备两个条件：一是在地域上据有中原，成为大国之君；二是在处理事务时能够允执其中，公平公正。清军入关之初，中国的地域范围仍以中原为主。顺治十三年，清廷派官前往甘州、西宁一带处理厄鲁特蒙古越界事件，顺治帝指示：“倘番夷在故明时，原属蒙古纳贡者

① 《满洲实录》卷 2。
② 《清太宗实录》卷 2。

即归蒙古管辖；如为故明所属者，理应隶入中国为民，与蒙古又何与焉？其汉人蒙古所定居址与贸易隘口，详加察核。”① 说明是否居住在明朝有效管辖范围，是当时判定边民身份的重要凭证。

自康熙朝以后，随着统治疆域的变动及天下观的演变，“中国”的范围亦不断扩大，概念的界定和使用场合渐趋明朗。《清圣祖实录》中出现“中国”字样的记载不下40条，总结其语境，均是对“外”而言，如康熙十五年五月，俄国遣使入京，“奏称鄂罗斯僻处远方，从古未通中国，不识中国文义，不谙奏疏仪式。今特向化输诚，愿通贡使”②。同年七月，理藩院在回复俄使臣的通商请求时提出：“尔主欲通和好，应将本朝捕逃根忒木尔遣还，另简使臣，遵中国礼行，方许照常贸易。”③ 康熙二十八年清廷与俄国划定双方东段边界时，条约中的主权双方为中国和俄罗斯。四十三年，朝鲜国王“因中国商人王富等一百余人船只遭风，漂至其国，即给与口粮食物，差官护送来京”④，而受到清廷的褒扬。五十年，康熙帝在向诸皇子及大臣演示测量仪器时曾说：“夫算法之理，皆出自《易经》。即西洋算法亦善，原系中国算法。”⑤ 另外，与归附前的喀尔喀蒙古、厄鲁特蒙古、西藏等藩部发生关系时，也以中国自居，如康熙二十二年，清廷派使者前往准噶尔处，噶尔丹谈及内地情形：“闻中国有寇贼，今已平定，信乎？”⑥ 康熙三十一年，达赖喇嘛上书康熙帝，请求“敕谕中国僧俗”⑦ 勿得诵习巴忒马三宝瓦巴克什之经。

---

① 《清世祖实录》卷103。
② 《清圣祖实录》卷61。
③ 《清圣祖实录》卷62。
④ 《清圣祖实录》卷218。
⑤ 《清圣祖实录》卷245。
⑥ 《清圣祖实录》卷111。
⑦ 《清圣祖实录》卷157。

正如郭成康教授所言，清朝皇帝固守的中国疆界并不是无限的，而是有着自己设定的范围。他认为，这是因为在清朝皇帝心中，存有确认边界的原则，即一是继承和发扬其列祖列宗的家法，二是承袭中国历史文化内向性的古老传统。从宏观角度而言，本文同意这种解释，但若从微观层面做稍微细致的考察，本文则发现，至少对于清朝最为看重的北部、西北乃至西藏等陆疆的形成而言，蒙古各部在其中发挥了重要的甚至是关键的作用。

努尔哈赤是在统一女真各部的过程中，开始与科尔沁、内喀尔喀等蒙古部落发生往来关系的。与明宣战以后，为避免腹背受敌，他积极争取这些相邻部落的支持。天命四年，努尔哈赤在劝说内喀尔喀五部共同征明时说："明国、朝鲜二国，语言虽异，然其衣饰风俗同也！我蒙古、诸申二国，语言各异，而衣饰风俗同也！"[①] 虽是拉拢之语，但也表明双方在文化认同上很早就已达成一致。而这点在康熙年间喀尔喀蒙古被噶尔丹击败后选择归附对象上更是得到充分体现，在北投俄罗斯还是南归清朝的关键时刻，哲布尊丹巴呼图克图一锤定音："我辈受天朝慈恩最重，若因避兵投入俄罗斯，而俄罗斯素不奉佛，俗尚不同，视我辈异言异服，殊非久安之计，莫若携全部内徙，投诚大皇帝，可邀万年之福。"[②] 土谢图汗于是率先向清廷请求保护，举族内迁至漠南蒙古境内。关于蒙古文化对早期满洲社会的影响，以往已有学者进行过论述，如较早时候戴维·法夸尔就认为，努尔哈赤时期满洲贵族的头衔名称、满洲人对天的信仰、努尔哈赤"昆都仑汗"号的取得等，都受到蒙古因素的影响。[③] 天聪

① 中国第一历史档案馆译：《满文老档》（上册），98～99页，北京，中华书局，1990。

② 松筠：《绥服纪略》，见《小方壶斋舆地丛钞》第三帙，290页。

③ 参见戴维·法夸尔：《满族蒙古政策的起源》，见费正清编：《中国的世界秩序：传统中国的对外关系》，杜继东译，183～198页。

九年四月，皇太极派多尔衮等率军至黄河河套迫降察哈尔林丹汗子额哲；次年，皇太极称帝，改国号清，年号崇德，盛京大会上，漠南蒙古诸部奉皇太极为蒙古大汗，接受清朝统治。皇太极此举向来被认为是其与明朝正式分庭抗礼、争夺天下的标志，而漠南蒙古的归附则是他达成这一目标的重要基础，这也是被许多研究所认同的。

17世纪后半叶，随着喀尔喀蒙古的内附及疆域范围向塞外的进一步拓展，清朝统治者开始以"天下中国之主"自居。但是，清廷对待"天下各国"的立场和政策并不一致，例如，漠北、漠西蒙古各部，因与漠南蒙古同气连枝而一向是其积极争取的对象。早在顺治三年发生苏尼特部腾机思叛逃事件时，多尔衮就告诫率军出征的多铎："闻腾机思、腾机特等已奔喀尔喀部落硕雷（车臣汗），果尔即将硕雷一并取之。至于临阵，将帅皆宜躬先破敌，勿得退后以冒虚名。倘敌人败入杭崖，可即班师。再行整兵征讨，务尽根株。"① 已存趁势收取喀尔喀蒙古之意。康熙帝在喀尔喀蒙古内附后说："昔太宗文皇帝，以次收定四十九旗蒙古，后欲全收北边喀尔喀，未及行而太宗文皇帝宾天。"② 可见，将蒙古各部并入版图是清朝统治者很早就有的想法。

相比之下，清朝对同一时期俄国事务的态度则要消极得多，清廷在相当长的时间内对俄国的地理位置、政治体制等均处于一知半解的状态，对其派往清朝的使者也仅以进贡使臣的身份待之。顺治十三年，顺治帝以俄国"远处西陲，未沾教化，乃能遣使奉表而来"，表示"宜加涵容，以示怀柔"③。康熙十四年正月十五日，康熙帝临太和殿听

① 《清世祖实录》卷26。
② 《清圣祖实录》卷142。
③ 《清世祖实录》卷135。

政，“文武升转各官谢朝，次朝鲜国使臣、鄂罗斯、喀尔喀、厄鲁特进贡使臣行礼”[1]，将俄国与朝鲜等朝贡国及外藩部落并列。自康熙二十一年起，由于俄国所属军队不断侵入边境，掠夺黑龙江流域各部，开始引起清廷的警觉和重视。但是，清廷在取得雅克萨之战的胜利后，并未乘胜追击，而是立即开始着手边界谈判事宜，并屡屡用“以礼和好，不战而归”来宣扬自己的“德治”之道。康熙二十七年四月，康熙帝指示谈判大臣索额图：“朕以为尼布潮、雅克萨、黑龙江上下及通此江之一河一溪，皆我所属之地，不可少弃之于鄂罗斯。”[2] 然而仅仅时隔一年，康熙帝就从原先强硬立场上大幅后退：“今以尼布潮为界，则鄂罗斯遣使贸易，无栖托之所，势难相通。尔等初议时，仍当以尼布潮为界。彼使者若恳求尼布潮，可即以额尔古纳为界。”[3] 从当时的历史背景来看，清廷对俄让步，固然有以抢先缔约的方式约束俄国与准噶尔关系的考虑，然其不惜以牺牲土地和人口的做法来争取喀尔喀蒙古的事实亦说明：在清朝统治者心目中，虽然周边政权同是“天下”之国，但还是有远近亲疏和战略重点的差别。

18世纪40年代以后，准噶尔汗国内部因汗位继承问题而内讧不已，乾隆帝决定乘机发兵，一举解决卫拉特蒙古问题。在绝大多数朝臣皆认为此举是劳师远征、得不偿失的情形下，乾隆帝仍然坚持：“明岁拟欲两路进兵，直抵伊犁，众建以分其势，此从前数十年未了之局，朕再四思维，有不得不办之势。”[4] “再四思维”一词充分表明其出兵决心之大。清朝对准战争的胜利，标志着蒙古各部最终并入清朝。而满蒙关系的演变对清朝的边疆格局也产生了重大影响。明清以来西域

① 《清圣祖实录》卷52。
② 《清圣祖实录》卷135。
③ 《清圣祖实录》卷140。
④ 《清高宗实录》卷465。

以天山为界形成两个社会区域，天山以北为卫拉特蒙古人的聚居区，天山以南为伊斯兰教化的察合台后王统治区域，16 世纪初被叶尔羌汗国所取代，清朝称之为回部，实际权力掌握在和卓手中。17 世纪 70 年代以来，准噶尔汗国势力逐渐侵入南疆，最终推翻了叶尔羌汗国的统治。噶尔丹扶植阿帕克和卓管理回部，打击黑山派势力，并将白山派和卓及叶尔羌汗王后裔置于伊犁看管，准噶尔汗国控制天山以南近 80 年。乾隆二十年清军进入伊犁，将被囚禁于此作为人质的大小和卓释放，清廷“以兵送大和卓木波罗泥都归叶尔羌，俾统其旧属。而令小和卓木霍集占居于伊犁，抚其在伊犁众回”①。相对于用兵准部的精心策划，回部的归附显得平淡而容易，以至乾隆帝在谈及这件事时说，“夷考西师之役，非予夙愿之图，何则？实以国家幅员不为不广，属国不为不多，惟廑守成之志，无希开创之名”②，并坦言，“虽予自问，亦将有所不解其故，而不敢期其必然者”③。可见，在乾隆帝看来，回部的入版图存在一定的偶然性。而造成这种“偶然性”的契机则是清军平准这一军事行动。乾隆二十二年清军取得镇压和卓战争胜利后，依据治理蒙古各部从宜从俗的方针，在南疆建立起伯克制这一有地方特色的行政体制。

清朝与西藏关系的发生及扭转，与蒙古问题也有着密切的关系。努尔哈赤对西藏的关注首先是从藏传佛教开始的。17 世纪初，藏传佛教格鲁派（俗称黄教）逐渐成为蒙古全民族的信仰。天命五年，努尔哈赤对前来游方的科尔沁喇嘛囊苏深表恭敬，并在其死后，敕建宝塔，敛藏舍利。此后又对前来投奔的察哈尔喇嘛宣布特殊政策，免纳贡赋，犯罪者另行处理等。努尔哈赤的这些举措用意都是为了拉拢邻近的蒙古部落，同时也奠定了清代黄教政策的基础。鉴于蒙古军事力量对满

①②③ 《皇舆西域图志》卷首 1，《天章一・平定回部告成太学碑文》。

洲建立全国性政权的重要性，入关后，清朝统治者更加强调黄教的重要性。乾隆帝曾直言不讳："本朝之维持黄教，原因众蒙古素所皈依，用示尊崇，为从宜从俗之计。"① "兴黄教，即所以安众蒙古。所系非小，不可不保护之，以为怀柔之道而已。"② 明白表示尊崇黄教的主要目的是为了稳定满蒙关系。康熙晚年，清朝发动的"驱准保藏"战争是将西藏纳入其有效管辖范围的重要战役，清军介入这场战争不仅是为平息西藏地方僧俗势力与蒙古和硕特汗廷之间的矛盾，以及汗廷与卫拉特蒙古之间的纷争，更是要避免卫拉特蒙古挟黄教以号令众蒙古。

因此，满蒙关系在清朝统治者天下观、中国观的形成过程中发挥了至关重要的作用，对清代中国的形成产生了重要影响。乾隆帝晚年曾这样评价满洲与漠南蒙古之间的关系："五十余年以来，蒙古臣仆亲如家人父子，致数万里之卫藏及外扎萨克，边远喀尔喀部落，悉就约束，遵我轨度。"③ 在他看来，早期漠南蒙古诸部的归附，直接影响到后来卫藏、喀尔喀以及卫拉特蒙古的附清，有首附之功。而我们所要探讨的问题则是，如果清军入关前对蒙古各部的重视，是出于加强自身实力以与明朝争夺天下的需要，那么，入关后，对喀尔喀蒙古、卫拉特蒙古乃至东归土尔扈特的格外重视是出于何种目的？清朝皇帝的"祖宗家法"究竟是什么？

四　"中国一统"与"塞外一统"

满洲入主中原，在受到中原文化多方影响的同时，也为传统中国注入了一些新鲜元素，体现在疆域观念上，就是对中原之外一向被称

① 《清高宗实录》卷555。

② 乾隆：《御制喇嘛说》。

③ 《御园暮春清暇即事·自注》，见《清高宗御制诗文全集》卷51，北京，中国人民大学出版社，1993。

为“蛮夷”地区的格外重视，并在实践上对边疆区域进行了行之有效的管辖，为我们今天留下了宝贵的领土遗产。如上文所言，清朝统治者对蒙古各部的重视这一因素在疆域形成过程中发挥了重要作用，不仅带动清朝统治者视野中的“天下”向更大范围拓展，而且成为清代中国疆域确定的重要参照标准。

乾隆二十二年三月，清军进讨哈萨克游牧地，缉拿阿睦尔撒纳。哈萨克左部汗阿布赉在大军压境的情况下遣使请罪，上表文：“自臣祖额什木汗扬吉尔汗以来，从未得通中国声教，今祗奉大皇帝谕旨，加恩边末部落，臣暨臣族靡不欢忭，感慕皇仁。臣阿布赉愿率哈萨克全部归于鸿化，永为中国臣仆，伏惟中国大皇帝睿鉴。”表示愿意归附清朝，永为臣仆。乾隆帝也将此视为从古未有之盛事：“哈萨克即大宛也，自古不通中国，昔汉武帝穷极兵力，仅得其马以归，史册所传，便为宣威绝域。兹乃率其全部倾心内属，此皆上苍之福佑、列祖之鸿庥，以成我大清中外一统之盛，非人力所能为也。著将哈萨克汗阿布赉降表翻译宣布中外，并将此通行晓谕知之。”① 尽管如此，乾隆帝却并无意将其纳入蒙古或回部管理体系中去，他在谕旨中清楚表达了这一层意思：“哈萨克越在万里之外，荒远寥廓，今未尝遣使招徕，仍称臣奉书，贡献马匹，自出所愿，所谓归斯受之，不过羁縻服属，如安南、琉球、暹罗诸国，俾通天朝声教而已，并非欲郡县其地，张官置吏，亦非如喀尔喀之分旗编设佐领。”② 当负责接洽的前线将军建议“既归降，应加封号，并察明游牧”时，乾隆帝认为：“朕谓不必过拘，尔等避处遐方，非可与喀尔喀诸部比。尔称号为汗，朕即加封，无以过此，或尔因系自称，欲朕赐以封号，亦待来奏。朕惟期尔部安居乐

① 王之春：《清朝柔远记》，101～102页，北京，中华书局，1989。
② 《平定准噶尔方略》卷41。

业，俾游牧各依旧俗，即贡献亦从尔便，如遣使入觐，朕自优加赏赉。"① 乾隆二十三年右部哈萨克亦请求内附，乾隆帝再次重申了这一想法："念尔阿比里斯等，远在外藩，若照内地扎萨克授以爵秩，恐尔等有拘职守，仍依尔旧俗，各安游牧，庶无扰累。尔等如遣使入觐，朕自加以恩赉。"②

对以往同样处于准噶尔汗国统治下的东西布鲁特两部落，清朝的态度与对待哈萨克并无二致。在布鲁特两部向清廷表示内附前，乾隆帝就下令："尔布鲁特，本不与准噶尔相涉，但旧为邻国。今准噶尔全部平定，则尔土地则与朕疆界毗连，尔等若如哈萨克慕化来归，朕将即加恩赏赉。其后尔等以外藩习俗，与中国异宜，不欲投诚降服，亦惟尔便。但能约束尔部永守边界，不生事端，朕即不加兵骚扰。"③

那么，清朝确定西域疆界，抑或设定中国范围的原则是什么呢？乾隆帝自有其考量："准噶尔诸部尽入版图……其山川道里，应详细相度，载入《皇舆全图》，以昭中外一统之盛。"④ "凡属准噶尔所属之地、回子部落内，伊所知有与汉唐史传相合，可援据者，并汉唐所未至处，一一询之土人，细为记载，遇使奏闻，以资采辑。"⑤ 由此可知，清朝确定疆域主要依据两个因素：一是原准噶尔部的控制范围，二是以往汉唐势力所及之处。汉和唐是历史上汉族统治最强盛的两个时期，因此，以其疆域作为定界参考自然有其道理，而准噶尔部缘何能够成为清朝确定西北疆域管辖范围的另一个重要参照？雍正七年，雍正帝在驳斥陆生楠的《通鉴论》时说："孔子曰：天下有道，则礼乐

---

① 《平定准噶尔方略》卷41。
② 《清高宗实录》卷575。
③ 《清高宗实录》卷530。
④ 《清高宗圣训》卷217，《广幅员一》。
⑤ 《清高宗实录》卷482。

征伐自天子出。孟子曰：天下恶乎定，定于一。孔子、孟子深见春秋战国诸侯战争之流弊，其言已启一统之先几矣。至秦始皇统合六国，制天下以郡县……中国之郡县，亦犹各蒙古之有部落耳。历代以来，各蒙古自为雄长，亦互相战争，至元太祖之世，始成一统。历前明二百余年，我太祖高皇帝开基东土，遐迩率服。而各蒙古又复望风归顺，咸禀正朔，以迄于今。是中国之一统，始于秦；塞外之一统，始于元，而极盛于我朝。自古中外一家，幅员极广，未有如我朝者也。”① 这段话大概可以对上面的问题给出一个较为合理的答案，它点出了中国历史发展的两条脉络：中原的农耕民族发展史和草原地区的游牧民族发展史，形成了两种“一统”，即秦创立的中国（即中原）一统和元缔造的塞外一统。而将两种一统同时承袭下来，形成空前广阔疆域的则是清朝。② 从这个意义而言，蒙古诸部不仅是满洲入主中原、维护统治的重要军事同盟，而且是元朝统绪的继承者，对蒙古的统合等于是对元朝塞外一统的继承。正因为这样，皇太极才会锲而不舍地打击北元末代大汗的力量，并为获得元朝“传国玉玺”而欣喜若狂；康熙帝才会发出“昔秦兴土石之工，我朝施恩于喀尔喀，使之防备朔方，较长城更为坚固”③ 的豪言壮语。

---

① 《清世宗实录》卷 83。

② 姚大力教授在《不再说“汉化”的旧故事——我们可从“新清史”学习什么?》（载《东方早报·上海书评》，2015-04-05）中亦对两种“一统”做了解释，他提出：“如果向前追溯的话，我们会发现，其实满洲统治者自己才算得上是最早指出这一点的人。雍正帝说：‘中国之一统，始于秦；塞外之一统，始于元，而极盛于我朝。’……前一种‘一统’，就是古人所表达的‘三者皆同’之‘一统’。其版图再辽阔，实际上还不免是属于一种文化、一个人群的小‘中国’。后一种‘一统’，才是真正的‘大一统’。这是一个‘大中国’，既包含汉族的‘中国’，也包括中国许多其他大型人群生于兹、长于兹的‘塞外’寥廓地域。”他将后一种“一统”，即“塞外之一统”解读为包含各个族群的大一统，似有不妥，两种“一统”在表达上显然是并列关系，且雍正帝还有下一句话“自古中外一家，幅员极广，未有如我朝者也”，“中外一家”即“中国”和“塞外”一家。清朝不仅据有中原，而且对塞外实行了超越元朝的富有成效的统治，是以达到“极盛”。

③ 《清圣祖实录》卷 151。

两种一统的融合可以说是清朝前几代皇帝共同的政治理想，他们努力将其付诸实践，并取得了显著成果，那就是“中国”范围的拓展及“华夷之别”的消弭，“自我朝入主中土，君临天下，并蒙古极边诸部落俱归版图，是中国之疆土开拓广远，乃中国臣民之大幸，何得尚有华夷中外之分论哉?”[①] 中国不再仅是汉族而成为汉、满、蒙、藏等各民族共同的国家名称。还有就是对中国边疆地区的有效治理，“纵观历代经营西域之迹，大率详于山南而略于山北。如汉之都护校尉，唐之四镇，俱在山南，犹且户口不登于天府，贡赋不入于司农，聊示羁縻之方，曾无开置之实，至山北诸境，汉张骞仅获一履其地。唐虽遥置都督诸州，亦复名存实去。有元西北疆域稍广，然考《元史·西北地附录》，记载弗详，规为未备。惟我圣朝，德业鸿远，举从古未抚之西域全境，井耕其地，而冠裳其民，设官定赋，与赤县神州相比埒”[②]，“中土与西域，始合为一家”[③]。

17—18世纪是清朝在中国的正统地位得以确立的关键时期，满汉两大群体在冲突、互斥中走向合作，中原地区的局势渐趋稳定；边疆进入开拓、进取的移动时期，汉、满、蒙、藏等各民族文化的碰撞和交融空前活跃，独具特色的清朝统治模式开始形成。与此同时，满洲统治力量从东北涌入中原，并逐步分布到更为广阔的边疆地区。随着统治地理空间的扩大，清朝皇帝心目中的“天下”亦不断扩大，并最终形成天下分层的理念，即道德教化内涵上的天下和政治统治内涵上的天下，而后者与“中国”渐趋合并。这一方面表明清朝统治者对天下观的理解和实践并没有受到以往中原王朝，特别是以汉族为主体的中央政权统治模式的束缚；另一方面也反映出清朝皇帝的天下观并不

---

① 《清世宗实录》卷86。

② 《皇舆西域图志》卷2，《图考三·历代西域图说》。

③ 《皇舆西域图志》卷1，《图考一·皇舆全图说》。

是固化的，有着因对象而异、因时而动的灵活性。清朝史官赞誉康熙帝“以守成而兼开创之勋”①，大概就包含了这样的意思在里面。或许清朝在疆域建构过程中已呈现出一些近代主权国家的特点，但从根本上说，清朝统治者所遵循的依然是中国传统的天下观念，之所以会给人以不同于以往王朝的感觉，恰是因为我们忽略了它对元朝（或者说辽、金、元）传统的继承和发扬。入关前，清朝已开始着手将《明会典》、《六韬》、《孟子》、《通鉴》等汉文典籍译成满文，而且启动了对《辽史》、《金史》、《元史》的翻译，并于崇德四年完成三史的满文译稿，说明它从一开始就重视对自身历史的总结，重视对汉、蒙等文化的吸收和借鉴。清朝能够统治中国近三百年，终结持续两千余年的游牧民族和农耕民族之间的纷争，不能不说是得益于它的这种融合的理念，这应该就是它的“祖宗家法”吧。

此外，本文在强调蒙古对清朝疆域形成的影响时，并非要否认汉文化尤其是儒家学说在清朝国家思想统治中的核心地位，而是要阐析其天下观形成的多种文化基础。至于一些西方学者所提出的观点，如清代“边疆的民族精英们在政治上和制度上是与清朝皇帝而非与中国联系在一起的”、边疆统治模式是一种“并存的皇权”（simultaneous emperorship）② 等，则是缺乏对中国历史传统全面了解所致，元朝并没有因为是“鞑虏”所建就被摈弃在中国正统王朝之外，清朝皇帝一直心心念之的也是要将自己的皇朝纳入中国的范畴。至于边疆地区各族对清朝及中国的认识，从清朝灭亡后各族中的绝大多数还自愿保留中国身份就已经能说明问题了。

---

① 《清圣祖实录》卷 245。

② 参见周锡瑞（Joseph Esherick）：《大清如何变成中国》，贾建飞译，载《民族社会学研究通讯》，第 121 期，2012-10-15。

俄语语境中的“中国”、“内陆亚洲”、中国边疆与边界

叶柏川 *

近年来，美国“新清史”学派悄然兴起，在中国学界引起不小震动。中美学者之间的学术讨论，充分展现出不同文化语境下学术观点的差异。与清朝后期活跃于对华关系舞台的英、法、美、日等国家相比，俄国显然具有特殊地位。俄中关系开启得最早（17 世纪上半叶），两国漫长的边界一度横贯内陆亚洲地区。那么，这个北方强邻视野中的“中国”、“内陆亚洲”、中国边疆与边界是怎样的?“新清史”学者所主张的满洲特性、国家认同及内亚视角，是否同样引起俄国学者的关注？他们的看法是否一致？本文尝试以语言学与史学相结合的方法，通过这种多元视角的比较，探讨上述相关问题。

一 “中国”一词的俄文表述

（一）“Китай”一词的出现

“中国”在俄语中的对应词是“Китай”。著名古文献学家 Н. Бантыш-Каменский 认为，“Китай”一词“来源于蒙古通古斯部落契丹（Кидань 或 Китать）。这是一个远在蒙古人统治中国之前即十

* 叶柏川，中国人民大学清史研究所副教授。

世纪时就出现在中国北部和唐古特并且曾经在东亚高原建成的一个强大国家。后来，经过蒙古人的统治，契丹国真的同中国统一起来了”①。蒙古人“称中国人为‘基塔特’人（Китатъ），由此也就产生了‘基泰’（Китай）这个词。俄国人最早是通过蒙古人得知中国人的，因此把中国人，连同满洲人一起，统称为‘基泰齐’（Китайцы）。真正的中国人则自称为‘汉人’，也有称他们为‘蛮子’的，这是根据中国的一个最古老的民族‘蛮’（多居于中国南方各省）的名称而来的”②。直到 19 世纪，“Китай”才被确定为唯一代表中国的名称。③

最早出现“Китай”一词的俄文文献，是收入《第二部索菲亚编年史》（6903 年）的《帖木尔·阿克萨克传》④，其中提到“Китай”是帖木儿征服的领地之一。有学者认为，此处“Китай”是指草原民族契丹或喀喇契丹。⑤ 6903 年是旧俄历纪年，相当于“公元纪年中。9 月纪年法的 1394—1395 年，或 3 月纪年法的 1395—1396 年”。因此俄罗斯汉学界通常认为，“Китай”一词在俄文文献中出现的时间是 14 世纪。但是，А. В. Лукин 认为，《帖木尔·阿克萨克传》的成书时间不可能早于 1408 年，由此推断“Китай”一词的出现应该在 15 世纪。⑥还有一位学者 Л. Н. Гумилев 推测，俄罗斯文学作品《伊戈尔远征记》（成书于 12 世纪，俄国文学源头的著名史诗作品）和《顿河彼岸之战》

---

① 班蒂什-卡缅斯基：《俄中两国外交文献汇编（1619—1792）》，507 页，北京，商务印书馆，1982。Бантыш-Каменский Н. Дипломатическое собрание дел между российским и китайским государствами (1619-1792). Казань: Типогарфия Императорского университета, 1882. С. 513.

② 《俄中两国外交文献汇编（1619—1792）》，14～15 页。Дипломатическое собрание дел между российским и китайским государствами (1619-1792). С. 2.

③ Лукин А. В. Медведь наблюдает за драконом. Образ Китая в России в XVII-XXI веках. М.: Восток-запад, 2007. С. 32.

④ Мясников В. С. Договорными статьями утвердили. М.: РИО Мособлупр, 1996. С. 57.

⑤⑥ Медведь наблюдает за драконом. С. 33.

（成书于 14 世纪）中使用的，以“Хин”为词根的词“Хинови”、“Хинова”、“Хинове”、“Хиновьскыя стрЪлкы”等，“都来自 1115—1124 年在中国北方建立的朝代名称‘金’”。但多数俄罗斯学者不认同这种说法。①

А. В. Лукин 还考察了商人 А. Никитин 在 15 世纪末成书的《三海行记》。该书也多次提到中国。А. Никитин 像当时的欧洲和穆斯林作者一样，将中国分为北部和南部，称北部为“契丹”（Китай、Кытай、Син、Чин、Чина、Чини），称南部为“马其姆”（Мачим）或“马秦”（Мачин）。但 А. В. Лукин 认为，А. Никитин 的书取自二手或三手材料，不足为信。②

（二）俄文档案对“中国”一词的表述

在中文史料中，关于俄罗斯的信息最早出现在《元史》中，书中提到蒙古大汗军中的俄罗斯扈从。蒙古帝国控制亚欧大陆期间，中国的元朝与统治原基辅罗斯各公国的金帐汗国两个皇族之间，应该有所交往。但是，元朝很快灭亡，金帐汗国也很快分裂，在接下来的几百年里，中俄之间再无交集。直到 17 世纪，俄国哥萨克殖民者到达额尔齐斯河流域，与当地的蒙古人相遇，从蒙古人处得知有关中国的消息。而此时欧洲人正投入极大的热情，探寻通往中国和印度的北方道路。这一愿望表现得尤为强烈的是英国，其政府甚至动用外交手段，向俄国施加压力。在英国的刺激下，俄国宫廷也发出寻找中国的命令。于是，关于中国的消息开始出现在西伯利亚地方政府呈交给外务衙门的报告中。1618 年，以佩特林（И. Петлин）为首的哥萨克到达明朝首

① Медведь наблюдает за драконом. С. 498.

② Там же. С. 33.

都北京，是为俄国首次通使中国。[①] 为了同富庶的中国发展贸易，17世纪，俄国频繁遣使来华，巴依科夫使团（Ф. И. Байков，1656）、阿勃林使团（Сеиткул Аблин，1668）、米洛瓦诺夫使团（И. Милованов，1670）、斯帕法里使团（Н. Г. Спафалий，1675—1676）、伊兹波兰特・义杰斯使团（Избрант Идес，1693）接踵而至。西伯利亚地方官员、来华使节与外务衙门之间频繁讨论关于中国的问题。向外务衙门呈交报告的[②]，有西伯利亚地方官员，有目不识丁的哥萨克来华使者，有替俄国沙皇经商的布哈拉商人，也有严格意义上的外交使节。《尼布楚条约》签订后，中俄关系趋于稳定。进入18世纪，虽然来华使团数量有所减少，但仍有几个重要使团：伊兹玛伊洛夫使团（Л. В. Измайлов，1719—1720），萨瓦使团（С. Л. Владиславич-Рагузинский，1727），克罗波托夫使团（И. Кропотов，1762）等。19世纪初来华的重要使团是戈洛夫金使团（Ю. А. Головкин，1806）。

以俄国来华使团为线索，俄罗斯学者从20世纪70年代末开始，陆续出版了《17—20世纪俄中关系》文件集，公布了大量17、18、19世纪中俄交往的俄文档案。从这些文件中，可以看到三百年间俄国人对中国称谓的变化。

由表1可见，“Китай”及其形容词“китайский”（中国的）在17世纪已经开始使用。但关于“中国”一词的俄文表述并不局限于此，还有以下几种情况：

1. 用形容词“китайский”，加上表示国家的名词，如“государство”、“царство”、“страна”、“империя”、“держава”等，指代中国。在历史语境中，这些表示国家的词语的指代范围有所不同。“царство”指代

① 佩特林一行由西伯利亚地方派遣，并非正式意义上的代表俄国中央政府的外交使团。

② 确切说，呈交的是外务衙门的质询报告。这些人回国后，受到外务衙门严格质询。

表 1　　17—19 世纪俄文档案中对中国的称呼①

卷名	内容	“中国”一词的表述	“清帝国”一词的表述
Русско-китайские отношения в XVII веке. Т. I. 1608－1683.（《17 世纪俄中关系》文件集第一卷）	17 世纪初俄国同蒙古阿勒坦汗的交往，及截至斯帕法里使团的历次来华使团	Богдойское государство（博格德国），Китайская земля（中国领地），Китайская область（中国地区），Китайская страна（中国），Китайское государство（中国），Минская империя（明帝国），Никанская земля（尼堪领地），Никанское государство（尼堪国），Поднебесная империя（天下帝国），Хина（支那），Цинская империя（清帝国）②	
Русско-китайские отношения в XVII веке. Т. II. 1686－1691.（《17 世纪俄中关系》文件集第二卷）	戈洛文关于尼布楚谈判的报告	Дайцинское государство（大清国），Китайское государство（中国），Синийское государство（支那国），Ханское государвство（汉国），Ханеское государство（汉国），Хинское государство（支那国），Китаи（中国各地），Китайская земля（中国领地），Китайская Поднебесная（天下中国），Срединная Империя（中间帝国），Тянься（天下），Тайчин（大清），Цин（清），Цинская империя（清帝国），Китайское царство（中国），Никанское царство（尼堪国），Середнее царство（中间之国），Синайское царство（支那国），Татаро-Китайское царство（鞑靼中国），Татаро-Синийское царство（鞑靼支那国）③	

① 个别称谓仍然存疑，因或从其他语言转译，或道听途说转述有误。

② Русско-китайские отношения в XVII веке. Т. I. 1608－1683. М.：Наука. 1969. С. 596.

③ Русско-китайские отношения в XVII веке. Т. II. 1686－1691. М.：Наука. 1972. С. 827.

续前表

卷名	内容	“中国”一词的表述	“清帝国”一词的表述
Русско-китайские отношения в XVIII веке. Т. I. 1700 – 1725.（《18 世纪俄中关系》文件集第一卷）	1700—1725 年中俄两国交涉的文件，包括伊兹玛伊洛夫使团	Китаи（中国各地），Китайская земля（中国领地），Китайская империя（中华帝国），Китайская страна（中国），Китайское государство（中国），Китайское царство（中国），Китайский уезд（中国地方），Сина（支那）①	Дацинское место（大清的地方），Китай（中国），Китаи（中国各地），Китайская земля（中国领地），Китайская империя（中华帝国），Китайская страна（中国），Китайское государство（中国），Китайское царство（中国），Китайский уезд（中国），Китат（基塔特），Кумкуе，Минская импреия（明帝国），Поднебесная империя（天下帝国），Срединное государство（中间帝国），Средняя страна（中间之国），Хина（支那），Хингинкуе，Хининское государство（支那国），Хинское государство（支那国），Хины（支那，复数），Цин（清），Цинский Китай（清代中国），Цины（清，复数），Чжунго（“中国”的音译）②
Русско-китайские отношения в XVIII веке. Т. II. 1725 – 1727.（《18 世纪俄中关系》文件集第二卷）	萨瓦使团	Китаи（中国各地），Китайская держава（中国），Китайская империя（中华帝国），Китайское государство（中国），Минская империя（清帝国）③	Большое государство（大国），Империя Цин（清帝国），Китаи（中国各地），Китай（中国），Китайская держава（中国），Китайская империя（中华帝国），Китайское государство（中国），Минская империя（明帝国），Хина（支那），Ханское государство（汉国）④
Русско-китайские отношения в XVIII веке. Т. III. 1727 – 1729.（《18 世纪俄中关系》文件集第三卷）	萨瓦使团	Китайская держава（中国），Китайская империя（中华帝国），Китайский империй（中华帝国），Срединное государство（中间之国），Тайцин（大清），Хина（支那）⑤	Китай（中国），Китайское государство（中国），Тайцим（大清），Хинское государство（支那国）⑥

① Русско-китайские отношения в XVIII веке. Т. I. 1700–1725. М.: Издательство «Наука». 1978. С. 680.

② Там же. Т. I. 1700–1725. М.: Издательство «Наука». 1978. С. 689.

③ Русско-китайские отношения в XVIII веке. Т. II. 1725–1727. М.: Издательство «Наука». 1990. С. 654.

④ Там же. С. 648.

⑤ Русско-китайские отношения в XVIII веке. Т. III. 1727–1729. М.: Памятники исторической мысли. 2006. С. 529.

⑥ Там же. С. 533.

续前表

卷名	内容	“中国”一词的表述	“清帝国”一词的表述
Русско-китайские отношения в XVIII веке. T. VI. 1752－1765.（《18世纪俄中关系》文件集第六卷）	1752—1765年间中俄交涉文件，包括勃拉季谢夫使团和克罗波托夫使团	Китайское государство（中国），Китайское владиение（中国控制地区），Китайская область（中国地区），Китайская земля（中国领地），Китайская империя（中华帝国），Ханово государство（汉国），Ханское государство（汉国），Хина（支那），Цинская империя（清帝国），Срединное государство（中间之国）①	
Русско-китайские отношения в XIX веке. T. I. 1803－1807.（《19世纪俄中关系》文件集第一卷）	戈洛夫金使团	Китайское государство（中国），Китайская империя（中华帝国）②	Цинская империя（清帝国），Великое Тайцинское государство（大清国），Ханское государство（汉国），Дайцин（大清），Дайцинская империя（大清帝国），Дайцинское государство（大清国），Зайцынское царство（大清国），Китай（中国），Китайская держава（中国），Китайское государство（中国），Китайская империя（中华帝国），Небесное царство（天国），Поднебесная（天下），Срединная империя（中间之国），Таидзинг（大清），Таитзинская империя（大清帝国），Таицын（大清），Тайцынское государство（大清国），Ханское государство（汉国），Хинское государство（支那国）③

① Русско-китайские отношения в XVIII веке. T. VI. 1752－1765. M.：Памятники исторической мысли. 2011. C. 415.

② Русско-китайские отношения в XIX веке. T. I. 1803－1807. M.：Памятники исторической мысли. 1995. C. 986.

③ Там же. C. 991.

的地域和行政范围较小，原意为“王国”。“государство”和“страна”，如果按照比丘林（Я. Бичурин）的提法，“государство”指政治上独立的具有主权的国家，“страна”指行政意义上的国家，如他称蒙古“不是一个政治意义上的国家（государство），而是由一个拥有共同起源、语言、统一的宗教、上层政权和管理体制的民族组成的国家”①。“империя”和“держава”，指代拥有雄厚实力的帝国和大国。俄文档案中，除了“царство”一词出现的频率较小②，其他几个词语在几个世纪里交替出现，因此也很难通过文件使用者对这几个词语的选择，来判断某一时期俄国对中国认知的变化。

2. 直译中文朝代名称，如“Минская империя”（明朝），“Дайцинское государвство”（大清国），“Зайцынское царство”（大清国），“Тайцынское государство”（大清国）等，或国家朝代名称的直译加上表示国家的词语，如“Империя Цин”（清帝国），等等。

3. 转译“天朝”、“天下”、“中国”等称谓，如“Небесное царство”（天国），“Поднебесная империя”（天下帝国），“Срединное государство”（中间之国），“Срединная империя”（中间帝国），等等。

4. 直译欧洲人对中国的称呼“支那”，如“Хина”（支那），如“Хинское государство”（支那国），等等。

5. 直译“汉国”，“Ханское государство”，指中国的汉朝。

6. 直译满语或蒙语对中国的称呼，如“Никанское царство”（尼堪国），“Богдойское государство”（博格德国），“Никанская земля”（尼堪领地），等等。

---

① Бичурин Я. Статистическое описание Китайской империи. М.：Восточный Дом，2002. С. 245.

② 但比丘林在其著作中仍然使用“Срединное царство”。详见 Статистическое описание Китайской империи. С. 371。

7. 其他表示方法，如用“Китай”的复数“Китаи”，表示中国各地区，或“Китайская земля”（土地），表示中国领地，等等。

可见，俄文档案对中国的称谓五花八门，十分庞杂。俄国人获取中国信息的渠道多种多样，有蒙古人传递的信息，有欧洲传教士的著作，也有边境地区实际交往的经验，由此出现了众多关于“中国”的称谓。从众多的表述可以看出，早期俄国人明显受到蒙古人的影响，如称中国为“尼堪国”（“尼堪”虽是满语，指汉人，但估计是通过蒙古人得知的）、“博格德国”等。因早期俄国人关于中国的信息是从蒙古人处获得的，当时中俄边境交涉的翻译，也都是蒙古人（称为“язык”，即“舌头”）。“尼堪国”一词在17世纪出现的频率多一些，18世纪就很少出现了，“博格德”一词倒是经常使用，直到19世纪中国皇帝仍被称为“博格德汗”。“支那”一词的使用应该是受到传教士的影响。18世纪之前，经常用“Китай”一词的相关表述指代中国，也使用“Хина”。但是到了19世纪，“Цинская империя”（清帝国）、“Китай”一类的表述就相当多了。

从《18世纪俄中关系》第一卷开始，俄罗斯编者在索引中将“中国”和“清帝国”分为两个词条编写（除《18世纪俄中关系》第六卷）。但从索引中可以明显看出，“清帝国”词条下列出的表述方式基本上和“中国”是重合的。因此不管如何表述“中国”，在俄国学者的观念中，“Минская империя”（明帝国）、“Цинская империя”（清帝国）与“Китай”（中国）代表的概念是等同的，即明代中国和清代中国都是中国。米亚斯尼科夫（B. C. Мясников）认为，“Китай”的表述方式，更多是个地理概念，而“清帝国”和“明帝国”等一系列称呼，是指国家的名称。但是，两者指的都是中国，如同英国（Англия）和大不列颠（Великобритания）。

表 2　　中俄主要条约俄文文本对中国的正式称谓①

条约名称②	条约文本开头对中国或中国皇帝的正式称谓	条约正文对中国的称谓
Нерчинский договор（《尼布楚条约》，1689）	Богдойское и китайское бугдыханово высочество（博格德的与中国的博格德汗陛下）	Хинское государство（支那国）
Буринский тарктат об определении государственной границы между Россией и Китаем в р-не Халха-Монголии（《布连斯奇条约》，1727）	Срединный империя（中间帝国）	Срединный империя（中间帝国）
Кяхтинский договор о политических и экономических взаимоотношениях между Россией и Китаем（《恰克图条约》，1727）	Империя，Тайджин называемая（大清帝国）	Китайское государство（中国），Китайская империя（中华帝国）
Дополнительная статья к Кяхтинскому трактату о режиме на русско-китайской границе（《恰克图条约补充条款》，1768）	Тайцинское государство（大清国）	Срединное государство（中间之国）
Международный акт о порядке русско-китайской торговле через Кяхту и пограничном режиме（《恰克图市约》，1792）	Великое Тайцинское государство（大清国）	Срединное государство（中间之国）
Трактат заключенный между Россией и Китаем о торговле в Кульдже и Чугучаке（《中俄伊塔通商章程》，1851）	Тайцинское государство（大清国）	Китай（中国）
Айгунский договор о возвращении России левобережья Амура，установлении русско-китайского кондоминиума в Уссурийском крае и торговле по рекам Амур，Сунгари и Уссури（《关于归还俄国阿穆尔河左岸、乌苏里江边区俄中国际共管及阿穆尔河、松花江和乌苏里江沿岸贸易的瑷珲条约》，1858）	Великое Тайцинское государство（大清国）	Дайцигское государство（大清国）

① Русско-китайские договорно-правовые акты. 1689—1916. Под редакцией В. С. Мясников. М.：Памятники исторической мысли. 2004.

② 为便于中国读者理解，除《瑷珲条约》外，俄文条约名称后括号内标注的是通常使用的中文条约名称，非俄文名称的直译。

续前表

条约名称	条约文本开头对中国或中国皇帝的正式称谓	条约正文对中国的称谓
Тяньцзиньский тарктат, заключенный между Россией и Китаем об условиях политических взаимоотношений, торговле, определении границы, изменении регламента и порядка финансирования Пекинской духовной миссии (《中俄天津条约》, 1858)	Тайцинская империя (大清帝国)	Китай (中国)
Пекинский дополнителный договор об определении восточного и западного участников русско-китайской границы, порядке дипломатических отношении и о торговле в Кульдже (《中俄北京条约》, 1860)	Китай (中国)	Китайское государство (中国)
Чугучакский протокол о размежевании русско-китайской государственной границы от Шабин Дабага до хребта Цунлин (《中俄勘分西北界约记》, 1864)	Великое Тайцинское государство (大清国)	Китай (中国)
Петербургский договор, заключенный между Россией и Китаем об Илийском крае, границе и торговле в Западном Китае (《中俄伊犁条约》, 1881)	Его величество император китайский (中国皇帝陛下)	Китай (中国)
Московский договор, заключенный между Россией и Китаем о союзе в отражении японской экспансии в Восточной Азии и строительстве КВЖД (《中俄密约》, 1896)	Его величество китайский император (中国皇帝陛下)	Китай (中国)
Заключительный протокол между Китаем и иностранными государствами от 7 сертября (25 августа) 1901 года (《辛丑条约》, 1901)	Китай (中国)	Китай (中国)

表2列举的，是几个重要中俄条约的俄文文本正文开始部分对中国的称谓。按照惯例，条约文本在列出具体条款之前，首先应列出签约各国的官方名称，但有些文本中仅提到双方君主的称谓。比较有意思的是，第一个中俄条约《尼布楚条约》将中国皇帝称为“Богдойское и китайское бугдыханово высочество”（博格德的与中国的博格德汗陛下）。从字面意思理解，俄国人将中方君主称为“博格德汗”，他是统治博格德地区和中国的君主。这说明，当时俄国人已经清晰了解，博格德人（满洲人）成为整个中国和博格德人自己领土的统治者。在各条约文本出现的称谓中，“Великое Тайцинское государство”（大清国）的表述出现最多，其次是“Китай”。从 18 世纪开始，“大清国”或“中国”已经成为俄国人对中国的正式称谓。当然在条约正文中，也会出现“Хинское государство”（支那国）、“Срединный Империя”（中间帝国）、“Срединное государство”（中间之国）这样的称呼。无论怎样，那时在俄国人的意识中，已经不再区分博格德国和中国，“大清国”或“中国”两个称谓的指代意义完全覆盖了这两部分地区。

（三）俄文著作中对“中国”一词的考述

接下来，可以从早期俄人著述中管窥其对“中国”一词及中国国家的认识。最早对“中国”一词进行考述的“俄国人”，是 1676 年来华的俄国外交使节斯帕法里。在斯帕法里之前来华的俄国使节巴依科夫等人，或是哥萨克，或是商人，文化素养普遍低下，其能力所限，只能在质询报告中机械地讲述使华见闻。而斯帕法里则不同，他来自摩尔达维亚，学识渊博，阅历丰富，堪称真正意义上的外交使节。临行前他对传教士著作做过专门研究，在京期间，又与供职清朝宫廷的传教士广泛联络。这些努力，使他在回国后，不仅呈献出一部精彩的出使报告，还写下了著名的《中国漫记》，该书被誉为“关于中国古老文明的一幅才华卓绝的壁画”①。在这部著作中，他考察了中国的名称、中国的统治者、“中华帝国”的含义等。

---

① 尼·斯·米列斯库：《中国漫记》，11 页，北京，中华书局，1998。

他首先列举了各民族对中国的称呼："自古以来，中华帝国曾有多种不同的名称。例如，第一个最早的希腊地理学家托勒密把中国人叫做赫脱之子，而把他们的国家称作赛丽斯，意为丝绸之国。阿拉伯人、土耳其人、赫萨尔巴什人（即波斯人）和印度人均称中国为契丹，也称支那—马西纳。而喀尔木克人、布哈拉人、鞑靼人、蒙古人和我们俄国人都称他们为基泰，日耳曼人、荷兰人、葡萄牙人、西班牙人和整个欧洲都以拉丁文称他们为支那。"

但令他感到奇怪的是，中国人自己并不知道这些称谓，在北京时他还受到询问，为什么这么称呼中国。他了解到，当时统治中国的是博格德人，这些博格德人把中国人称作蛮人和尼堪人。女真族经过无数次战役，占领了中华帝国大部分。至于所说的"在中华帝国那边还有一个尼堪帝国，纯系讹误，因为中华帝国也是尼堪帝国"。

关于"中华帝国"的含义，他介绍："中国人自称'中华'，意为'中央华园'或'中国之花'。他们自称'中国'，即'中间帝国'，因为他们自认为他们的帝国处于世界之中心，其他帝国都微不足道，他们说其他国家的人都是野人，只会用一只眼睛看人，只有他们才会用两只眼睛看人。"

"'中华'和'中国'是中国人自古以来最通常的叫法。但是，他根据不同的朝代，又有不同的叫法。例如，当今皇朝，自满族统治之日起，就称为'大清帝国'，在此之前，称为'大明帝国'。至于日耳曼人和其他外国人叫的'支那'这个名称，或是来源于某个皇朝的名称，或是来源于古希伯来语'Hina'，意为富饶的土地。"但斯帕法里个人认为，这个称呼来源于"Henhei"这个城市，因为中国从这里去往各地，同印度人、日耳曼人和葡萄牙人做生意。[①]

---

① 参见尼·斯·米列斯库：《中国漫记》，7～8页。

尽管《俄国·蒙古·中国》一书作者巴德利对斯帕法里的著作提出质疑，认为该书剽窃了卫匡国所著《鞑靼战纪》的内容。但俄国学者科尔内柳·伯尔布勒斯库却并不赞同此种说法。[①] 无论怎样，斯帕法里都是第一个在众多的俄国来华使节中最早对“中国”这一国家称谓的相关问题做出细致阐述的人。

19世纪初来华的俄国汉学的奠基人比丘林，对“中国”的称谓也做出了类似解释：“除了按照朝代，中国人称自己的国家为‘中国’或‘汉国’。前者翻译为‘中间之国’，后者来自公元前206年开始统治中国的汉朝。二者是相对的，但早已成为对中国特定的称呼。Китайцы（中国人）称呼自己为‘Чжун-го-жень’（‘中国人’的直译）和‘Ханьжень’（汉人）。外国人则按照民族称呼中国人，不因朝代更替而改变。欧洲人称其为‘支那’，满洲人——‘尼堪固伦’（Никань гурунь），蒙古人——‘基塔特兀鲁斯’（Китат-улус），突厥人——‘基泰’（Хытай），俄罗斯人——‘基泰’（Китай）。”[②]

古文献学家班蒂什-卡缅斯基，则阐释了中国统治者的称号：“中国帝王最古老的称号是天子，即天的儿子，满人按照这一习惯，对满清中国的统治者也这样称呼……所有称号中，最常用的是博格德汗（蒙语），满语为延杜林格汗，汉语为‘圣主’，意即最圣明的帝王。中国统治者只用这一称号来尊称自己，对其他任何国家的帝王概不授此尊号。因此，俄国人不但称中国的汗为博格德汗（Богдыхань），而且还称满人为博格德人，即圣洁的人。”[③] 诸如此类。

早期俄国来华使节及研究者在其关于中国的著述中，通常都会对“中国”这个名称加以阐释。以上三位作者主要的生活年代分别是17

---

① 参见尼·斯·米列斯库：《中国漫记》，20页。

② Статистическое описание Китайской империи. С. 43-44.

③ 《俄中两国外交文献汇编（1619—1792）》，15页。

世纪、19 世纪上半叶和 19 世纪下半叶，他们的才识、阅历受到同时代人和后人的肯定，其关于中国的论著也经常被后人引用。① 可以看出，三人对满洲人统治中国这一事实有着明确认识，了解“当今皇朝，自满族统治之日起，就称为‘大清帝国’”，认同“大清帝国”就是“中华帝国”，是“大明帝国”的继承者，也认同满洲人在国家称号、统治者的称号及对中华帝国的认识上，与以往朝代具有继承性。清朝，也是中国，是中国漫长历史进程中的一个朝代。

（四）关于“Поднебесная”（天下）一词的考述

除了“Китай”，在各种对“中国”一词的表述中，值得注意的还有“Поднебесная”（天下）一词。这个极具历史感的词语，却是现今除了“Китай”外，在俄文语境中用来指代中国的另一个十分活跃的词语。

З. Е. Александрова 编的《俄语近义词词典》中，“Китай”词条的近义词是“Небесная（天空的）империя（帝国）”、“Поднебесная империя”（天下帝国，指中华帝国时期），标明后者具有口语性质。②

И. М. Ошанин 主编的《大汉俄词典》对“Поднебесная”的解释是，在中文中，“天下”意味着：（1）世界，宇宙。“天下为公”（孔夫子，孙中山），天下为社会之公产。（2）口语，指中国，中华帝国。“捐天下”，指拒绝皇位。③

В. И. Даль 主编的《俄语详解词典》中对“天下”的解释是，“天

---

① 班蒂什-卡缅斯基虽然没有到过中国，但他在俄国外务委员会莫斯科档案馆供职期间，利用馆藏俄中关系档案编成一部档案文件集《俄中两国外交文献汇编（1619—1792）》。这部文件集至今仍是中俄关系史研究者的案头必备之书。班蒂什-卡缅斯基在编纂文件集期间对中国进行了研究。

② Словарь синонимов русского языка. Практический справочник. Сост. под руков. З. Е. Александрова. М.：Русский язык，2011.

③ Большой китайско-русский словарь. Сост. под руков. проф. И. М. Ошанина. Т. 3. М.，1984. С. 669.

下”翻译成俄语为“Поднебесная”，意思是天空之下的，土地，整个世界，宇宙。其中性名词“Поднебесье”，意为天空之下的宽广空间。[①]

俄罗斯人什么时候开始使用“Поднебесная”指代中国呢？首先让人想到的可能会是比丘林，因为他是从汉文翻译中文文献的第一人。但是从前文可见，在17世纪的俄文档案中，已经出现“Поднебесная империя”这一表述了，说明俄国人已经从蒙古人或满人或汉人处习得了这一称呼。

当然，毫无疑问，“Поднебесная”的传播，与汉学家的介绍密不可分。俄国汉学的另一位大师阿列克谢耶夫（В. М. Алексеев），在为“逐鹿中原”一词做注时提到“天下”的概念：“‘中原’（В Серединной Равнине），传统上指周朝及其领地处于中国的中央位置。但我有另外一种解释，在中国，‘中间’（Срединный）一词，意味着处于天空之下最中央的位置，这个天文含义等同于另一个术语——‘天下’（Поднебесная），即中国，是处于我们可见的独属于我们的天空之下的国家。”[②] 可见，在阿列克谢耶夫的解释中，“中原”一词与“Поднебесная”一词的含义是等同的。

现今，“Поднебесная”已经是一个口语化的、有些调侃性质的、专门用来指代中国的词语。如在2016年1月2日的一条新闻中，俄媒称，“中华人民共和国的生态环境将给IBM和微软带来重要商机，因IBM和微软可以为‘天下之国’的大型城市提供雾霾预报。而雾霾已成为该国的国家性灾难”[③]。至于为什么“Поднебесная”能够流行至

---

① Даль. В. И. Толковый словарь живого великорусского языка. Т. 3. М.: Русский язык, 2006. С. 189.

② Алексеев В. М. Китайская литература. Избранные труды. М.: «Восточная литература», 1978. С. 142-144.

③ http://www.vladtime.ru/allworld/463408-ekologiya-knr-stanet-bolshim-biznesom-dlya-ibm-i-microsoft.html.

今，笔者揣测，也许因为“Поднебесная”是一个能够表达中国人曾经持有的独特世界观的词语，能够彰显中国特色，当然这个问题还有待于进一步探讨论证。①

二　俄语语境下的“内陆亚洲”及相关概念

“内陆亚洲”，也是“新清史”学者关注的一个概念，他们认为“‘满洲’和‘内陆亚洲’在清代的形成中起到了重要作用”②。英语中以“Inner Asia”来表述“内陆亚洲”。俄语中相对应的是“Центральная Азия”（中央亚），但还有“Срединная Азия”（中部亚洲）、“Средняя Азия”（中部亚洲，通常称中亚）、“Внутренняя Азия”（内部亚洲）等几个相近的概念。

（一）《苏联百科辞典》与俄文维基百科给出的“Центральная азия”（中央亚）概念

《苏联百科辞典》称“Центральная азия”（中央亚）为广义大中亚。其界定四至为“南起昆仑山脉，西到帕米尔、天山山脉和准噶尔山西支，北达阿尔泰山、唐努乌拉山和外贝加尔山，东至大兴安岭，有些人主张包括西藏”③。

俄文维基百科对“Центральная азия”给出的界定是：（1）苏联时期的中亚五国（哈萨克斯坦，吉尔吉斯斯坦，塔吉克斯坦，土库曼斯

---

① 笔者在考察“Поднебесная”一词时得到 В. С. Мясников 教授的帮助。

② 欧立德：《关于“新清史”的几个问题》，见刘凤云、董建中、刘文鹏编：《清代政治与国家认同》上册，10 页。

③ 《苏联百科辞典》，1601 页，北京，中国大百科全书出版社，1986，转引自马大正、冯锡时主编：《中亚五国史纲》，1～2 页，乌鲁木齐，新疆人民出版社，2005。

坦，乌兹别克斯坦等）所在地区。（2）根据联合国教科文组织的提法，“Центральная азия”包括蒙古、中国西部地区（新疆、西藏、内蒙古、青海、四川西部和甘肃北部）、旁遮普、克什米尔、印度和巴基斯坦北部、伊朗东北部、阿富汗、俄罗斯南部原始林区的亚洲部分和苏联中亚五国。（3）以民族构成划分，“Центральная азия”主要指东突厥民族、蒙古族和藏族居住区域，包括新疆、西伯利亚南部的突厥语区域、苏联中亚五国（尽管塔吉克斯坦主要居住着伊朗语族）和阿富汗北部。

与“Центральная азия”同时存在的一个概念，是“Средняя Азия”（中亚）。“Средняя Азия”，是指“Центральная Азия”西部的一个历史地理区域。在当代地缘政治关系中，“Средняя Азия”是对苏联时期的中亚五国的总称。苏联时期曾经存在一个“中亚经济区”，但只包括吉尔吉斯斯坦、塔吉克斯坦、土库曼斯坦、乌兹别克斯坦四国，哈萨克斯坦共和国被划分为单独的经济区，因此出现了“中亚与哈萨克斯坦”（Средняя Азия и Казахстан）这样的表述。从地理物理学和气候学的角度，“Средняя Азия”不只包括上述四个共和国，还包括哈萨克斯坦的中部和南部地区。1992年中亚国家峰会上，哈萨克斯坦总统纳扎尔巴耶夫建议不再使用“Средняя Азия и Казахстан”提法，而以“Центральная азия”来指代五国。①

（二）“Центральная азия”（中央亚）概念的学术演变

事实上，“内陆亚洲”的概念，是随着学术界对亚洲内陆地区历史

① https://ru.wikipedia.org/wiki/%D0%A6%D0%B5%D0%BD%D1%82%D1%80%D0%B0%D0%BB%D1%8C%D0%BD%D0%B0%D1%8F_%D0%90%D0%B7%D0%B8%D1%8F. 学者们比较认可俄文维基百科。

地理认识的深入而提出的，在俄文语境中，“Центральная Азия”、“Срединная Азия”、“Средняя Азия”、“Внутренняя Азия”几个相近概念的内涵同样经历了不断变化的过程。

俄语语境中“内陆亚洲”概念的演变，初期受到欧洲，尤其是德国学者的直接影响。17 世纪末至 18 世纪初，欧洲学者将俄国东部的国家统称“鞑靼”（Татария）。17 世纪至 19 世纪 30 年代，位于中亚地区（Среднеазиатский район）的国家被称为“大布哈拉”（Большая Бухария），其东部的土地被称为“小布哈拉”（Маленькая Бухария）。18 世纪中叶清政府将中亚地区东部的土地并入版图后，最初是东方国家，后来欧洲和俄国也将这些亚洲内陆地区称为“突厥斯坦”，有时会区分为“中国突厥斯坦”（Китайский Туркестан）和“布哈拉突厥斯坦”（Бухарский Туркестан）；19 世纪 30 年代，改以地理方位称之为“东突厥斯坦”（Восточный Туркестан）和“西突厥斯坦”（Западный Туркестан）。同时，“Срединная Азия”、“Средняя Азия”和“Центральная Азия”作为同义词被指称亚洲草原的广阔区域。[①]

1830 年，德国地理学家洪堡（А. Фон Гумбольдт）在西伯利亚考察之后，以德文、法文和俄文发表了三部著作，首次使用“Центральная Азия”的概念来指代亚洲大陆内部的广阔地区。此前他以“Inner Asia-Внутреняя Азия”指代这片区域。[②] 这位权威学者的著作极大影响了欧洲和俄国地理学的发展。19 世纪，“Центральная Азия”的概念在欧洲和俄国得到广泛传播。

明确以“Центральная Азия”的概念对亚洲内陆的边界和地貌特

① Худяков Ю. С. Понятие “Внутренняя Азия” в историко-культурном и рекреационном аспектах. Гуманитарные исследования Внутренней Азии. №2/3. Улан-Уды. Издательство Бурятского университета，2008. С. 6.

② Там же. С. 7.

征进行阐述的，是另一位德国地理学家李希霍芬（Ф. Рихтгофен）。他以地质学原则作为界定“Центральная Азия”的基础，在 1877 年提出，中央亚（Центральная Азия），是指与拥有出海口的亚洲大陆外围地区相区别的、存在封闭水域的亚洲内陆地区；其具体边界，是指亚洲大陆的广阔内部区域，北起阿尔泰山，南至西藏，西起帕米尔山口，东至大兴安岭。① 随着 19 世纪最后 25 年俄国旅行家对亚洲地区的考察，李希霍芬 1877 年对“Центральная Азия”的界定在俄国地理文献中的地位更加牢固。②

19 世纪的俄国东方学家，经常使用术语“Срединная Азия”和“Средняя Азия”指代亚洲内部地区，这两个术语与“Внутренняя Азия”是一致的。比丘林将古代和中世纪游牧民族居住的从东部海洋到里海的所有区域称为“Средняя Азия”，即中部亚洲地带。著名地理学家 И. В. Мушкетов 认为，“Внутренняя Азия”或“Средняя Азия”指没有出海口的所有亚洲大陆地区，主要包括：李希霍芬的中央亚（Центральная Азия）加上西藏一部分地区，伊朗加上小亚细亚部分地区，土耳其斯坦加上咸海—里海部分地区。俄国著名东方学家 В. В. Бартольд 也支持“Средняя Азия”这一广义含义。俄国东方学界这种定义亚洲大陆内部地区的传统一直到 20 世纪 30 年代。③ 19 世纪下半叶至 20 世纪初，俄罗斯帝国吞并中亚汗国，开始使用“西突厥斯坦”指代这片区域，相对于清朝控制下的“东突厥斯坦”或“中国突厥斯坦”。苏联时期，俄罗斯学术著作中固定用“Средняя Азия”来指代这片区域。“Центральная Азия”则指代李希霍芬界定的同名区域。苏联解体后，中亚五国独立，以“Средняя Азия”来指代这片区域。④

①②③ Понятие “Внутренняя Азия” в историко-культурном и рекреационном аспектах. С. 7.

④ Там же . С. 8.

另一个术语“Внутрення Азия”，当前同样活跃于俄语语境之中。尤其是近年来，该术语在地理学和经济学著作中被频繁使用。19世纪下半叶至20世纪上半叶，在“Центральная Азия”成为广泛使用的概念后，俄国地理学家继续使用“Внутрення Азия”这一术语。Э. М. Муравьев认为，“Внутрення Азия”涵盖了“Центральная Азия”、“Средняя Азия”两个术语包含的意义。Б. О. Гобоева认为，“Внутренняя Азия”，“指最为广阔的中央亚次大陆的深处区域，它连接了大陆内部，并构成亚洲的内核。但它以现代行政区划和国家边界为基础来界定中央亚地区，即包括蒙古、中国新疆维吾尔自治区和内蒙古自治区，俄罗斯联邦的图瓦和布里亚特共和国以及赤塔地区”。Ю. С. Худяков认为，“在当代条件下，‘Внутренняя Азия’概念应保留李希霍芬对‘Центральная Азия’的界定，但是，应以地理和历史文化边界而不是国家与行政边界来确定其范围。‘Внутренняя Азия’的概念包括亚欧大陆中部草原地带，北至萨彦岭—阿尔泰，南至西藏高原，东至大兴安岭，西至哈萨克斯坦中央地区。这片历史文化区域，是古代和中世纪游牧文明形成和发展的区域，其居民是今天的伊朗、突厥和蒙古民族”①。

可见，在当今的讨论中，俄语语境中的“Центральная зия”，受李希霍芬影响极大，现在也基本延续了李希霍芬的界定。“Средняя Азия”的概念在俄语中出现得最早，并且曾经涵盖比“Центральная Азия”更为广阔的地理区域，但当今仅指代苏联中亚五国。“Внутренняя Азия”，则涵盖了比“Центральная Азия”更为广阔的地域。

---

① Понятие “Внутренняя Азия” в историко-культурном и рекреационном аспектах. С. 8.

三　俄语语境中内陆亚洲视野下的中国边疆与边界

如果根据李希霍芬关于内陆亚洲的界定，清代中国的新疆（Чжунгария и Восточый Туркестан，即准噶尔地区与东突厥斯坦）、蒙古（Монголия）、西藏（Тибет）都在其范围之内。那么，在内陆亚洲视野下，俄语语境中的中国边疆与边界是怎样的呢？

（一）比丘林关于中国边疆地区的阐述

谈到中国边疆问题，首先应该关注比丘林的研究。比丘林于1808年作为第九届东正教传教团团长来到中国，在华居留13年，曾热衷于中国边疆地区的研究。他翻译、编辑或撰写了一系列这方面的著作和资料集，包括《西藏志》、《西藏青海史》、《准噶尔和东突厥斯坦志》、《蒙古纪事》、《卫拉特或卡尔梅克人历史概述》、《中亚各族史料汇编》、《中亚诸民族志》等。尤其是"《西藏志》和《蒙古纪事》令他名声大噪"①。这些研究，当时在欧洲受到的关注和赞誉甚至超过俄国国内。②

比丘林于19世纪初来华，这一时期，大清国历经康雍乾三朝的开疆拓土，版图已基本奠定，蒙古、天山南北及西藏地区都归属于中央政权。比丘林在《中华帝国详志》这部综合性著作中，勾勒了中国边疆地区的地理概貌和政治状况。

关于蒙古地区，首先他认为，"蒙古不是一个政治意义上的国家（государство），而是由一个拥有共同起源、语言、统一的宗教、上层

---

① 闫国栋：《俄国汉学史》，282页，北京，人民出版社，2006。

② 参见П.Е.斯卡奇科夫：《俄罗斯汉学史》，柳若梅译，134～140页，北京，社科文献出版社，2011。

政权和管理体制的民族组成的国家（страна）。从这个意义上讲，蒙古东与满洲，西与西藏、东突厥斯坦和大哈萨克汗帐接界，南邻长城，北与俄国接界”①。

他从蒙古人的生活方式与“国家特点”角度，极其生动地剖析了清政府的对蒙政策：

> 如果将蒙古王公的贡品花费的银钱，与中国在蒙古地区驻防部队的高额俸禄、奖赏及费用相比较，那么蒙古王公的贡品比起其实际价值要贵重十倍。从这点来看，中国在边境地区设置属国，毫无疑问，并非是为了专权和虚荣，而是其维护自身边境安全的一种手段。那么不禁令人疑惑，整个蒙古的居民和中国居民的比例是1∶120，并且中国又是一个建构完善的、文明的、资源丰富的国家，那么中国害怕蒙古什么呢？蒙古人在中国人面前有什么优势，是个人力量，勇猛，还是作战艺术？两者都不是，而是在于生活方式和国家特点。蒙古人过着游牧生活，能够在需要时迅速移动其居所。他们大多生活在草原上，那里除了草、水和牲畜，没有任何东西。战时他们可以带着自己的家人和牲畜转移到安全地带，然后全部上阵，既不用担心粮草，也不用担心饲料。这两者可以用咽气的骆驼、马肉和牧草代替。帐篷和锅是唯一的军需品。如果运气好就向前冲，不走运就分散开，然后很快出现在令人意想不到的地方。没有宣战就进攻，没有和平协议就结束战争。好的年头他们就平静地生活，不好的时候他们会没有任何理由随时进攻与他们相邻的农耕政权。但是不少时候，他们也会由于无所事事和野蛮虚荣在好年头向边境聚集。如果情况对他们有利，

① Статистическое описание Китайской империи. С. 245.

他们便会发起异常野蛮的进攻。中国与蒙古接壤地区自东向西横跨25度，但是在如此广阔的地区设置的堡寨不到10处，长城只是名义上的要塞。边防部队战线过长，一旦发生进攻，无力守卫任何一座哨所。而打造强大军队的费用，对于国家而言是繁重的，并且也无益，因为对于正常军队而言，追踪隐入草原的蒙古人，会由于地域原因存在很多困难。因此，中国政府选择了可行的最好办法，就是将蒙古地区设置为属国，但待之如宾，除了要求服从与和平，对他们毫无索取。现在中国和蒙古之间的联盟是根据形成于公元前2世纪的古代和亲体制，蒙古王公与统治中国的宫廷联姻。按照满族人内部的划分，蒙古各盟也被划分成旗……①

尽管清朝军队对蒙古地区实行了严密控制，但是比丘林仍然看到蒙古地区的潜在威胁：“现在蒙古地区东部被吉林和黑龙江的卫戍部队封锁，西部被伊犁、乌里雅苏台和乌鲁木齐的卫戍部队封锁，南部被位于长城以内直隶和山西的军队封锁。但是这些中国军队的战斗力有限，如果几个蒙古王公联合起来，他们将不堪一击。”②

关于南疆地区，比丘林首次提出“东突厥斯坦”（Восточный Тюркистан，也称Восточный Туркестан）的概念③，认为称其为“小布哈拉”（Малая Бухария）是不对的，布哈拉人属于波斯民族，而东突厥斯坦是纯种的突厥人。④ 比丘林认为，“对于俄国人而言，中国史籍中的‘西域’概念不容易理解，应将欧洲人所说的‘布哈拉斯坦’称作‘西突厥斯坦’，而把‘中国突厥斯坦’叫作‘东突厥斯坦’”，“需要改变‘中国突厥斯坦’这个我们已经采用的称呼，因为‘东突厥斯

① Статистическое описание Китайской империи. С. 297-298.

② Там же. С. 299.

③ 参见闫国栋：《俄国汉学史》，208页。

④ Статистическое описание Китайской империи. С. 301.

坦’不可能永远在中国的统治之下”①。

他十分了解清政府因民族文化差别在南疆地区实行的异于准噶尔地区的统治政策：“在过去的 2 000 年中，中国不断强大，控制了南部天山从哈密到克普恰克（指哈萨克草原——引者注）的地带，如今为了同样的政治理由，将广阔的准噶尔地区变为其殖民地。中国在那里安置自己的属民和布防军队。但是突厥人从根本上是农耕民族，从事手工业，留恋故土，因此中国宫廷完全采取了与准噶尔地区不同的统治方式，在准噶尔地区集结了军事力量，但在突厥斯坦地区只驻扎维持附近几处统治的少量军队。他们给予人民自治权和从事家庭经营活动的权利。对于沽名钓誉的伯克则授之以利，允许他们定期前往北京朝见时携带少量自己的商品，从中国运出的商品免税，往返路途费用由中国政府负担。通过这种经过深思熟虑的手段，中国政府笼络了平民和贵族，保证了自身边界的平安。”

尽管如此，南疆地区的民众起义仍有发生，比丘林认为：“中国在该地区的统治既不触及宗教，也不触及人民日常生活，但是一些大城市的贵族和移居到中亚地区的前突厥斯坦政权的后人，在民众间煽动对多神教压迫的仇恨，以宗教愤怒掩盖他们攫取权利的企图。然而由于起义不讲究方法手段和考量当时的环境，几乎总是以惨败告终。”

北疆和南疆地区不同的地理条件，也影响到清政府征服两地的难易程度：“从嘉峪关向西到哈密是蒙古大草原，终年风沙肆虐，但是这片缺乏水草的荒漠却是中国为数不多的军队向西渗透的唯一通道。相反，东突厥斯坦自身的位置构成一个长长的楔子，细的一端朝向东，另一端朝向西，突厥斯坦在东方的军事力量不足以阻挡中国军队从最终端极度艰难地越过沙地，而西部城市又异常偏远，很难支援东方。

① 闫国栋：《俄国汉学史》，208 页。

除此之外，势力强大的突厥斯坦宫廷贵族的内部纷争，减轻了中国政府占领其整个国家的难度。”①

关于西藏地区，比丘林认为：“古代西藏曾经建立过帝国（Империя），后来是王国（Королевство），现在由臣服于中国最高政权的宗教人物统治，因此西藏在中国的地位同朝鲜、安南、暹罗一样，只是被分为四个部分……”② 清政府征服蒙古、西藏和对这些地区的统治，都充分利用了藏传佛教：“藏传佛教在蒙古传播和扎根之初，便引起蒙古和中国统治者的关注……现今统治中国的清廷在征服蒙古之前首先与达赖喇嘛联络，给予其特殊尊荣，希望以此为手段，减轻征服压力。但后来认识到，要达到此目的，应首先征服西藏，再利用达赖为武器统治蒙古。现在达赖成为西藏和蒙古真正意义上的偶像，得到了神一样的尊敬，但是其神权统治却受到条条框框的严格限制。”③

综观比丘林对以上边疆地区的认识，主要包含两个方面：其一，他将蒙古、准噶尔、南疆、西藏地区视为独立的政治板块，这些板块被清朝变成了殖民地（属国）。其二，根据各地的具体情况，清政府采取了不同的统治政策，这类似于我们所熟知的“修其教不易其俗，齐其政不易其宜”的治边政策。但比丘林更加注重从边疆地区民族的历史文化角度，剖析清政府的治边政策。比丘林对中国边疆地区的见解，直接影响了后来俄国学者的研究。而这些观点也成为中苏（俄）边界谈判时俄国学者不断强调的内容。时至今日，俄文著述中对中国边疆及边界的阐述仍未发生改变。④

---

① Статистическое описание Китайской империи. С. 311.

② Там же. С. 321.

③ Там же. С. 331.

④ 参见叶柏川：《1980 年以来以俄文发表的清史研究成果综述》，见《清史译丛》第二辑，北京，中国人民大学出版社，2005；宿丰林：《关于中俄东段边界形成史问题的再探讨——兼评俄罗斯学者的“新观点”》，载《俄罗斯学刊》，2011（3）。

（二）长城是北方民族与传统中国的社会文化分界线

长城，是俄国人研究中国边疆与边界必然讨论的问题。早期俄国人来华，无论取道准噶尔游牧地、满洲地区还是蒙古地区，都要穿越长城后才能进入中国内地。长城被俄国人视为北方民族与传统中国的社会文化分界线，“尽管在不同历史阶段，中华文明通过各种形式传播到远远超过这些区域以外的地区”①。

最早留下关于长城的记载的是佩特林。他将中国长城称为“克里木”（Крым，蒙古语“赫雷姆”的讹读，意为城堡、城墙）②，并提到中国人告诉他，“造这条从海边延伸到布哈拉的长城，是因为这里有两个国家，一个是中国，另一个是蒙古国。两国之间以城为界”③。

斯帕法里使团在归途中专门考察了长城一带，也留有类似记载：“在北面，宏伟壮观的长城把中国同博格达人和其他蒙古民族隔开，这些民族生活在长城脚下和阿穆尔河以及松花江沿岸，西伯利亚就在这里（指东部——引者注）与中华帝国接界，这里有达呼尔地区的涅尔琴斯克和阿尔巴津城堡。”“从长城的终端（指西部——引者注）起，中国和蒙古人、喀尔木克人之间横卧着辽阔的荒无人烟的沙漠，宽的地方竟达十天的行程。”

斯帕法里认为，当时地理学家的一个“重大错误”是，认为“在长城以北，包括阿穆尔河和松花江以及西伯利亚帝国，有个支那大帝国”，“中国的京都和其他一些城市就在西伯利亚”。他更正说：“中国长城以北，没有任何帝国，不存在任何城市，有的只是蒙古人，他们按自己的习俗过着游牧生活，一部分归顺博格达汗，另一部分没有归

---

① Мелихов Г. В. Ивовый палисад-граница Цинской империи.《Вопросы истории》. №8. М., 1981. С. 115-123.

②③ 参见《十七世纪俄中关系》第一卷，第26号文件。

顺，这里没有固定的居住地。”[①]

比丘林也认为，长城是中国北部的人工屏障，“它作为军事防线，驻扎着守护边境的军队。现在的边境线在长城以北 60 里”[②]。

因此，当代学者 Воскресенский А. Д. 强调，只是“由于明朝领土归并于新兴的满洲统治者控制下的满洲，以及后来部分蒙古王公被兼并……清帝国的边界才越出了通常被认为是中华帝国北部传统社会文化边界的长城之外”[③]。

（三）清朝执行对外扩张的政策

基于对中国边疆地区的认识，俄国学者展开对清朝对外政策与中国边界的讨论。米亚斯尼科夫[④]认为，中国边界形成的一个主要方式，是吞并邻国的土地。决定边界形成的两个主要因素，一是中华帝国将周边相邻属国的部分地区吸引到中华文明圈中来，以此扩大自己的统治范围，如秦、汉、隋、唐、明朝时期的中国。另一因素是，在这些周边地区会周期性地出现由当地民族建立的强大政权，如契丹、女真、唐古特、蒙古、满洲等。这些政权的统治者向中国内部发起进攻，建立起包括其原有领土和中国本土在内的国家，如蒙古人和满洲人统治整个中国很长时间，并大大拓展了帝国统治的范围。统治者们在拓展领土方面竭力延续“前人未竟”的事业，如

---

① 尼·斯·米列斯库：《中国漫记》，7～8 页。

② Статистическое описание Китайской империи. С. 43.

③ Воскресенский А. Д. Исторические омуты книги профессора Акихиро Ивасита. М. АСТ: Восток-Запад. 2006. С. 16.《关于中俄东段边界形成史问题的再探讨》，载《俄罗斯学刊》，2011 (3)，59 页。

④ 米亚斯尼科夫是研究中国边界问题的代表人物，相关著作有：Договорными статьями утвердили. М.：РИО Мособлупр-полиграфиздата，1996. Границы Китая：история формирования. М.：Памятники исторической мысли，2001. （主编之一）Импреия Цин и Русское государство в XVII веке. М.：Наука，1980。

中国的帝王们为了控制丝绸之路，西汉和唐朝时都曾进军西域，而满洲皇帝乾隆则在 18 世纪中叶将准噶尔汗国和喀什噶尔地区并入清帝国。①

具体到清代中国边界的形成，米亚斯尼科夫认为，满洲统治者在对外政策方面完全接受了“中国中心”的教条，处理对外关系时采取宗藩体制，清朝皇帝是封建领主，而其他封建主和国君则为仆从，因此那些与中国发生联系的、实际处于独立状态的周边民族，也被列入其属国行列。这“给予”清朝皇帝作为最高调解人干涉邻国事务的权力。“清帝国每一次发动领土侵略战争的口实都经过专门设计，如康熙皇帝在进军阿穆尔河和蒙古地区时，打着天下太平和与邻国和平共处的口号；他的孙子乾隆占据准噶尔和东突厥斯坦时，则宣称是完成先祖遗愿。”②

关于清朝在中亚地区的边界，Н. В. Шепелева 认为，准噶尔汗国的灭亡，改写了中央亚的地图。清人占领了七河流域的大片哈萨克牧场，为取得使用牧场的权利，哈萨克人不得不向中国人表示臣服。但即使哈萨克同时臣服于中俄两国，尤其是 18 世纪中叶，“这（也）不能作为清朝封建主给予中国永久主张对哈萨克领土和人民控制权的足够证据”。

至于与哈萨克相邻的突厥斯坦，Н. В. Шепелева 认为，那里自古以来主要居住着农耕民族，尽管汉、唐时期，他们与中国发生联系，“部分（主要是东突厥斯坦）归属于帝国的行政管辖，但这种归属只是亚洲这片区域上演的不断更替的民族共同体和国家建制历史中的一个片段”③。

---

① Границы Китая：история формирования. С. 6.

② Там же. С. 12.

③ Там же. С. 146-147.

她还特别强调，“清朝时期建立的这种保护国体系，蒙古、西藏、新疆，在某种程度上还有龙兴之地满洲，都没有将确定对外边界、确定最终的统治范围或影响范围作为目的。这种体系的目的在于，通过保护国来保卫中国本土地区。这种条件下，在保护国与真正强大的国家的影响区域发生联系之前的任何情况下，谈论保护国的对外边界是没有意义的”①。

基于以上认识，中俄边界谈判过程中，俄国学者强调，历史上中俄之间的广阔地带是无主土地，居住其间的游牧和半游牧民族从未归属于任何政权，长城是中华帝国北部传统的社会文化分界线。《中俄勘分西北界约记》和《圣彼得堡条约》（《中俄伊犁条约》），使中俄在中亚细亚划分边界的原则被确定下来并得到加强。②

四　结语

通过考察俄语语境中的“中国”、“内陆亚洲”、中国边疆与边界等一系列概念与问题，可以总结出以下几方面认识：

首先，与“新清史”学者不同，在国家认同问题上，俄国人承认清朝对于传统中国的继承性。“新清史”学者强调满洲特性，“直言清王朝作为征服王朝的超中国意义，强调中国是明代的中国，其有效统治是中国内地，而将清朝剥离于中国之外”③，但在俄语语境中，俄国人十分自然地接受了满洲人成为中国实际统治者的事实，尽管满洲人的统治覆盖了传统中国与满洲人原来的控制区域。“大清国”与“中

---

① Границы Китая：история формирования. С. 148.

② 详见叶柏川的论文《1980年以来以俄文发表的清史研究成果综述》。

③ 刘凤云、刘文鹏编：《清朝的国家认同：“新清史”研究与争鸣》，序言2页，北京，中国人民大学出版社，2010。

国”两个词语的俄文表述有着完全相同的内涵。俄国学者并未像“新清史”学者那样质疑清朝与传统中国的继承性，而是仅仅将满洲人入主中原看作中国的一次改朝换代。

俄国学者认为，中国历史的发展具有周期性（Цикличность）。[①] 在他们眼中，清朝不过是中国历史发展进程中的一个时段。米亚斯尼科夫具体阐释了 С. А. Нефедов 的观点，认为自汉朝开始，中国的朝代更替就明显呈现出周期性特点。每一个周期都是在一系列的军事和政治动荡之后开启，中间经历恢复期、稳定期、危机期，然后进入混乱期。再往后旧王朝灭亡，新王朝建立，崩溃阶段又开启了新的社会人口周期。他们将中国历史划分为 8 个这样的周期：西汉（前 206—前 25），东汉（25—220），四百年之后进入第三个周期唐朝（618—907），第四个是宋朝（960—1279），第五个是明朝（1368—1644），清朝（1644—1870）是第六个周期，接下来是太平周期（1870—1949）和 1950 年至今的新“小康”周期。[②] 可见，在俄国学者对中国历史发展周期性规律的阐释中，清朝处于这个周期中的一个时段，也是中国的一个朝代，因此清朝历史是中国历史的有机组成部分，清代中国同样也是中国。

其次，俄国人初期对内陆亚洲的认识受到德国学者洪堡和李希霍芬的直接影响，并且随着俄国地理学家对中国边疆地区的考察不断深入，俄国学界更加认同李希霍芬对内陆亚洲的界定。在俄语中可以找到与“Inner Asia”相对应的概念“Центральная Азия”（中央亚），但是除此之外俄语中还有“Средняя Азия”、“Срединная Азия”、“Внутренняя Азия”等几个相关概念，分别指代亚洲地区的不同区域。

---

①② 米亚斯尼科夫认为，对该问题研究最透彻的是 С. А. Нефедов。Непомнин О. Е. История Китая. Эпоха Цин. XVII -началоXX века. М.：Наука. С. 7.

这几个概念的内涵也经历了历史的演变。

再次，同“新清史”学者一样，俄国人强调蒙古、新疆、西藏等边疆地区相对传统中国在地域上和政治上的独立性。并且，俄国人对该问题的提出，早于“新清史”学者一百余年。在俄文语境中，蒙古、准噶尔、南疆地区和西藏，都曾经是独立的国家。但同时，同样是“把清朝置于内亚的空间”，俄国学者并未像“新清史”学者那样，“放大‘可汗体制’即蒙古草原文化对清朝的影响”[①]，也没有强调满洲特性，而是强调边疆民族的地域文化特点及满洲统治者对这种地域文化的深刻理解。这表现为，清朝统治者根据边疆民族在历史、地理、“国家特点”与文化习俗等方面的不同，实行了迥异的治边政策，成功加强了对以上“属国”（俄文论著或称“殖民地”）的控制。

最后，以对中国边疆地区的认识为基础，俄国学者高度关注中国边界形成的历史，强调长城是传统中国的社会文化分界线，清朝继承了中国传统的政治文化，秉承“中国中心论”原则，向周边国家发动了“侵略战争”，成功将相邻国家（指以上边疆区）变成自己的属国。他们强调清朝建立这种保护国体系，是为保护中国本土地区，而从未“将确定对外边界、确定最终的统治范围或影响范围作为目的”。中俄两国在内陆亚洲地区曾经存在漫长的历史边界，双方在领土边界问题上又有过长时间的历史纠葛，因此，国家利益因素必然是俄国学者研究中国边疆的根本出发点。

此外需要说明的是，本文提出的任何一个问题，都可单独成文，深入论述，但鉴于国内尚未有学者对这些问题专门探讨，本文暂将之加以综合考察，以期收抛砖引玉之效。

---

① 刘凤云、刘文鹏编：《清朝的国家认同：“新清史”研究与争鸣》，序言2页。

“犬牙相入”的地方性实践：清代湘黔边界争端与晃州厅的设置

胡　恒*

边界是行政区划的要素之一，亦是“空间单元”的分割，“地方”亦因此而形成并呈现多重层次的组合。相关的研究，除了历史地理学界极为擅长的对界线的复原以外，围绕边界的形成及边界纠纷而导致的区域社会变迁也日益受到关注，从而使得边界不再仅仅作为一条界线而存在，更具有了以此来观察区域社会变迁的意义。① 省界是诸层界线中较为特殊的一种，它的设置与变动最能反映国家在行政区划设置上的意图，周振鹤先生提出的“山川形便”与“犬牙相入”依然是我们观察政区设置尤其是高层政区设置的两大基本原则，而省界走向及变动正是其最好的体现。

贵州在明代始建立布政使司，加之民族众多、土司广布、开发较晚，其与临近省份的边界一直呈现“犬牙相入”之态，“插花地”众

---

* 胡恒，中国人民大学清史研究所副教授。本文为国家社科基金青年项目“清代地方行政的制度变迁与空间结构研究”（项目编号：16CZS018）阶段性成果。

① 较具代表性的论著有：张伟然：《归属、表达、调整：小尺度区域的政治命运——以“南湾事件”为例》，见《历史地理》第21辑，上海，上海人民出版社，2006；胡英泽：《河道变动与界的表达——以清代至民国的山陕滩案为中心》，见《中国社会历史评论》第七卷，天津，天津古籍出版社，2006；徐建平：《政治地理视角下的省界变迁——以民国时期安徽省为例》，上海，上海世纪出版集团，2009；闫天灵：《民国时期的甘青省界纠纷与勘界》，载《历史研究》，2012（3）；等等。

多，清代的胡林翼曾论及其原因：

> 贵州所以多插花者，其故又有三：贵州之郡县，一因乎明之卫所，一因于元、明之土司，一因于剿抚蛮苗所得之土田。……三者之弊，皆勘定乱略之时，未暇深考，而其流弊乃百出而不穷。①

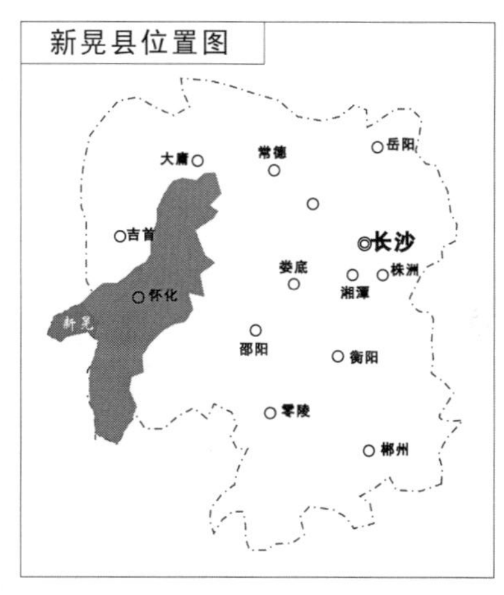

贵州与邻省几乎都存在类似“犬牙相入”的地方，在全国各省区中尤其突出，其中与湖南之间存在众多“争议地段”。尤其值得注意的是，如果细观地图并忽略两省边界一些微观层次的“插花地”的存在，总体上边界由北而南呈现一条直线，唯有今湖南新晃侗族自治县一带，像一把楔子直接插入贵州省之内，而临近的贵州省玉屏侗族自治县的县城正紧贴湘黔省界，这样的省界走向与县治的位置均有些“异常”，而边界两侧又属于传统的“苗疆”之地，族群关系复杂，与内地各省之间的边界划分显然又有极大不同，这就使得笔者对此产生浓厚的兴趣并力图追踪这条界线是如何形成的。通过仔细阅读档案而不仅仅是地方志中的记载，笔者发现这条界线在明清两代经历过复杂的变迁，并屡次产生争端乃至京控案件，最终通过设置厅这一清代新式政区的形式达成暂时的和解，但又滋生出新的问题。本文的目的就在于通过这一湘黔两省边界的典型个案，来揭示方志记载背后被隐没的一段历史，并试图重新理解“犬牙相入”背后、“地理”之外的丰富含义。

---

① 胡林翼：《胡林翼集》第二册，《书牍》之道光二十八年《论贵州境插花情形启》，胡渐逵等校点，9～10页，长沙，岳麓书社，2008。

一　插花：明代平溪卫的设置与湘黔边界

湖南、贵州交界沿线一带，明清两代被称为“苗疆”，分布着众多族群。明朝建立贵州布政使司后，就开始着手建立各类区划，其中既包括府县，也包括卫所，尤其是在“苗疆”，设置过许多卫所作为拱卫和控制手段。其中，位于今贵州省玉屏县的就是洪武二十三年设置的平溪卫。

之所以要设置平溪卫，是因为其所在正当“滇黔之孔道”[①]，负责护卫由湖南进入贵州、云南的驿路大道[②]。洪武年间设卫所时，“调诸万户，于五方附五所，千百户于郭内，铨流职以参军政，籍六郡良家子五千六百有奇”[③]，可见从外地调集了大量人员进入这一苗人广布的区域。这批官军大多来自江南，“官俸军饷取给于湖广衡、永等府”，因此，平溪卫所在虽为贵州思州府地界，却归属湖广都司管辖。尽管明代贵州官员多次奏请将平溪卫等划归贵州，甚至提出用黎平等府划归湖广以作交换，但因平溪等卫地处交通要道，湖广不愿割舍，而终未实现。万历二十九年时，因播州之乱，贵州方面再次提出将平溪等卫改拨贵州的请求并得到允准，但仅仅两年过后，经湖广巡抚的奏请，平溪等卫再次划归湖广。[④] 这一边界的特殊建置虽被明廷视作“犬牙相制”的典型[⑤]，明代王士性在《广志绎》中也谈到“出沅州而西，

---

① 康熙《平溪卫志书》之《旧志序》。

② 参见谢晓辉：《只愿贼在，岂肯灭贼？——明代湘西苗疆开发与边墙修筑之再认识》，见魏斌主编：《古代长江中游社会研究》，上海，上海古籍出版社，2013。

③ 康熙《平溪卫志书》之《旧志序》。

④ 关于思州府与平溪卫等府卫关系及平溪卫属黔属湖广的变迁，郑宁《明代黔东南的府卫设置与配合》一文（见《民族史研究》第十二辑）论之甚详，兹不赘述。又可参见郭红、靳润成：《中国行政区划通史》明代卷，500～505页，上海，复旦大学出版社，2007。

⑤ 参见《明宪宗实录》卷280，成化二十年七月己巳。

晃州即贵竹地。顾清浪、镇远、偏桥诸卫旧辖湖省，故犬牙制之”①，但也早早为未来湘黔边界争端埋下了伏笔。

平溪卫刚刚设置时，与其他卫所一样，其屯地是零散分布的，不仅与贵州思州府壤地交错，就是与邻省的湖广沅州也错壤频仍。诚如《平溪卫志》中所言：

> 平溪卫治东南则沅州错壤，西北皆黔郡地界，环属思沅，仅处一隅。编户三屯，俱界窎远，麻屯距卫五百余里，沅屯离卫一百六七十里，附近平屯山岗硗确。各屯地方原系有司拨出，瘠薄不堪。②

平溪卫的屯地处于两省交界的多个县份当中，根据《平溪卫志》所载顺治十六年偏沅巡抚将军粮依照有司民粮一例编改的训令，知晓平溪卫的屯地坐落于麻阳县、沅州等地，而这两地当时均属湖广辰州府。

平溪卫在明代时就处于这样“犬牙相制”的微妙态势中。于湖广而言，其属于湖广都司所辖，军饷又来自湖广各府，自然关系较为亲近；于贵州而言，其坐落于思州府境内，弹压思州府境内的土司要仰仗平溪卫的官军，更重要的是，平溪卫也有求于思州府，这就是科举考试。

平溪卫既属湖广，按道理应当到武昌参加乡试，可是，由于路途遥远，又要经历洞庭湖，往往有覆舟之患，明代也曾发生过这样的惨剧，嘉靖二十五年，朝廷批准平溪等卫的军生寄居贵州诸学者，可以到贵州参加乡试③，同时，拨湖广举人额内五名入黔，由此，平溪卫

---

① 王士性：《广志绎》卷5，见周振鹤点校：《王士性地理书三种》，398页，上海，上海古籍出版社，1993。

② 康熙《平溪卫志书》不分卷，《田赋》。

③ 参见乾隆《玉屏县志》卷9，《事纪》。万历年间平溪卫人曾凤彩就曾中万历壬子科贵州乡试第十九名。（参见铜仁地区文管会、铜仁地区文化局编：《铜仁地区文物志·曾凤彩墓志》，1985）

与贵州关系更进一步密切起来。

驿站问题同样需要两省之间的协调。永乐年间，思州府在平溪卫设置驿站，因其位于交通要道，便于应答。当时，设置了驿站官员一名管理马政，归属思州府，最初规定“卫属楚，驿属黔辖，夫属楚，马属黔”的分配办法，可是“卫有官而驿无官，部选驿官应日隆久未到任，以致夫马咸属卫官管理”，因此平溪卫官一直存有怨言。到了顺治年间，该卫请求仍沿用“楚夫归楚，黔马归黔，均平差遣”的办法平衡思州府与平溪卫的负担，但一直到康熙年间双方仍未能达成一致，以致到康熙年间编纂《平溪卫志》时编纂者仍在感慨：“岂以黔之马不必责之黔官而专累楚官耶？昔时之原额，今日之宪文，炳若日星，迄今十有余年，驿官不至，旧额未蒙查复，各府高下其手，任意支吾，马归民走，事无着落，贻害实非渺小；站倒民逃，必至之势也。”①

围绕平溪卫的设置，卫地属黔而建制属楚，虽明代一朝基本相安无事，但亦非风平浪静，边界争议始终潜伏。

二　划界：雍正年间的边界调整及其遗留问题

顺治十七年，经赵廷臣奏请，平溪等卫生儒照旧赴黔应试。② 康熙年间，对黔楚边界的调整就已开始。康熙二十三年，贵州巡抚有“划清地界之疏”，据康熙《平溪卫志》的记载，当时似乎要将平溪卫彻底划归湖广，包括马政，“黔人永卸走马之责，一切夫马驿费，俱于

① 康熙《平溪卫志》不分卷，《驿递》。关于黔楚交界地带的驿站管理及其问题，可参见吴春宏：《清初“一线路”上的驿站——以四边卫为中心的考察》，见《珞珈史苑》2011年卷，武汉，武汉大学出版社，2012。

② 参见乾隆《玉屏县志》卷9，《事纪》。

湖南驿道支领"。连科举考试也要完全划归湖广，但并未成功，"康熙二十三年忽有改楚之举，至康熙二十八年蒙抚军田大中丞题请归黔，子衿称便，纪石颂惠焉"[①]。所谓"田大中丞"，指的是"田雯"，因仍将平溪卫保留于黔省内参加乡试而备受平溪卫人称颂。一篇《题复平清学校碑记》对此事的前因后果有详细记述，碑记中记述"多士欢祝，咸欲揄扬"，这一方面当然是因平溪卫免除了到武昌千里奔波的困扰，更重要的其实是碑记中并不愿意明确提到的，"窃忆黔闱捷后，岁癸卯，曾经平城，满目断烟荒草，以昔之雅尚弦歌，一旦人文寥落"[②]。科举考试的难度，省际差异甚大，因此，在湖南中式几率当然要比在贵州小很多，在改属湖南的几年间，"人文寥落"，自然不能全部将其怪罪到"路途遥远"上，只是后者更易作为一个堂而皇之的理由加以表述而已。

到了雍正年间，清廷曾派员查勘省界，并作了一些省区的勘界工作。[③] 雍正三年时，雍正帝在谕令中还特意点名"经界所关，诚为至重。从来两省接壤之地，其界多有不清，云贵川广等省为尤甚"[④]。此后贵州进行了一些勘界工作，特别是对平溪卫所在的湘黔边界采取了一些调整的举措，其中包括政区的改置。雍正五年改平溪卫为玉屏县，并划归贵州思州府：

> 又平溪、清浪二卫，楚之防兵，亦已议裁。平、清二卫必得大员驻扎，始有裨益。思州府地方，昔与楚属接壤，即为黔之边地。今平溪、清浪归黔，思州即系腹里。……
>
> 又据署贵州布政司事按察使富贵等详称：平溪、清浪二卫一

---

① 康熙《平溪卫志》不分卷，《驿递》、《学校》。

② 康熙《平溪卫志》不分卷，《学校》。

③ 参见韩光辉：《清雍正年间的政区勘界》，载《中国方域》，1997 (4)。

④ 嘉庆《大清会典事例》卷 241，《户部》。

应人命盗案等件，卫官无刑名之责，向俱系移送沅州等州县审理，今改隶思州府管协，而思州府并无所属州县，但有命盗之案，不便再委楚省州县相验审理。若令州府相验提审，不惟难以分身奔驰，而且牵连人犯往返，有所拖累，应照五开、铜鼓改卫为县之例，将平溪、清浪二卫改为二县，一切刑名钱谷各专责成。①

自平溪卫改县，玉屏县继承了原平溪卫的辖地，但辖境甚少，“玉邑一弹丸耳……山溪之交错、关津要害之控扼、村寨田土之掺杂，孰黔孰楚”②，难以分划清晰。雍正六年时，为解决省界交错不清的情况，两省进行地界会勘，拟订方案是：

平溪卫所辖平屯、麻屯、沅屯三屯，雍正六年奉旨划清地界，经黔楚两省会议，将附近湖广麻阳县之麻屯拨归麻阳，附近湖广之沅州之沅屯拨归沅州，将附近玉屏县之沅州西溪六里拨归玉屏县。③

此次划界玉屏县有进有出，将距县治“五百余里”的麻屯与“一百六七十里”的沅屯拨出，同时将临近的沅州“六里”地区拨进。所谓的“六里”，明代于此曾设晃州驿，也就是文献中所说的“晃州”之地。这一方案照顾到贵州与湖南两省的利益平衡，看起来似乎是一个考虑周全的方案。但执行起来，却是另外一种情形。据玉屏县方面的说法：

前署县卢奉文到日，遵将沅、麻两屯册籍移送沅、麻两州县。

① 《清代吏治史料》第2册，854～855页，北京，线装书局，2004。
② 乾隆《玉屏县志·思州知府序》。
③ 乾隆《玉屏县志》卷2，《分界》。

雍正八年据沅州将平三里中之四、八两甲拨归玉邑。[①]

湖南沅州方面划拨之地不仅晚了两年，而且与原定方案大相径庭。原方案中为“六里”之地，而实际划拨的仅仅是“平三里”中的四、八两甲。对此，贵州方面的不满显而易见，也给玉屏县乃至黔楚之间的省界调整带来了更大的困难：

第一便是省界的“犬牙相入”更为复杂。划拨之后，玉屏县治所在黔楚省界之上，其县城东门外就与沅州的平二里、平三里田土相连，南门外与其平四里、平五里、平六里田土相连，仅存坡岭坟山自东门外起至鲇鱼堡黄泥坡止，属于玉屏县管理，其余地界皆与沅州参错。自两省划界之后，沅州所属幅员辽阔而玉屏则甚为局促，整个县域与县治的设置极不合理。再加上玉屏县本身就继承了平溪卫畸零的辖地，“东北八十里尚有玉屏地界，又皆村屯田亩，孤悬于本府黄道司及青溪并沅州三属，境内畸零掺杂”[②]。甚至连一座小桥的修筑，都难免会受到影响。曹家溪原有桥，春夏水涨，漫桥而过，泥沙淤积，不可履此，但可惜无人修理，芷江县令询问“久废不修之故”，方知“此楚黔犬牙交错地，夙传为三不管”[③]。

第二是差役繁重。玉屏原有三屯：平屯、麻屯和沅屯。其中，麻屯、沅屯皆割隶麻阳、沅州，仅剩平屯一屯，共分为两甲：一甲二十户，二甲十三户，共三十三户。玉屏本身处于黔楚交通要道，各项差役络绎不绝，本身应差就极为繁重，自然难以承受，“赋既无多，户尤寥落。又地处首冲，虽科派绝无而夫役例应不免，其支应之烦难……”[④]

正因如此，玉屏县一直未曾放弃向湖南沅州索回全部“六里”之

①② 乾隆《玉屏县志》卷2，《分界》。

③ 前芷江令黄允芃《曹家溪桥序》，见同治《晃州厅志》卷42，《艺文》。

④ 乾隆《玉屏县志》卷5，《粮户》。

地的希望，从雍正年间以后不断提出各种请求。但此时，湖南方面，对沅州作为湖南东南部控制苗疆之地的战略重视程度也在提高，乾隆元年时以沅州为“全省之咽喉、全楚之门户”，将其升为沅州府①，作为防御苗疆的重要行政举措之一，并设置附郭县芷江县，“六里”改归芷江县管辖。无疑，沅州府的设立，使得玉屏县索回“六里”的难度进一步增加了。

另外，雍乾年间，贵州一带的苗区正在推行改土归流，在临近黔湘交界地区设置了诸多厅作为统辖苗区的行政建制，而苗疆的反弹也一直此起彼伏。在这种情况下，清廷并不愿意轻易调整省界的归属，尤其是“六里”地区作为湖南插入贵州的一个“楔子”，作为“犬牙相制”的典型，更成为湖南方面保留其作为辖域的典型说辞。在乾隆年间纂修的《玉屏县志》和《芷江县志》中，虽有一些关于两县纠纷的记载，但都“模模糊糊”，并不清晰，大概两方都不愿意公开在县志这一代表官方意见的著述中表达出对国家政区安排的“不满”，也找不到双方关于此事的交锋记录。但嘉庆年间此事激化，由玉屏县民的状纸中，我们看到了雍正六年玉屏、芷江划界以后，玉屏方面的上控及其遭遇，也让我们看到并不公平的“疆域交换”在县志中“风平浪静”背后的诸多故事。状纸上写道：

> 雍正七年黔楚抚院奉旨清查地界，就近割拨，玉之沅、麻二屯近楚，应拨归楚；楚之沅州六里近玉，应拨归玉。玉县主遵旨奉咨割送，沅州主抗旨违咨，仅将六里中平三里内四、八两甲归玉塞责，其余五十八甲不拨送，致玉屏仅存孤屯，人不满千，户不满百，空存县分之名。雍正八年玉民、六里民先后赴省呈控，

① 湖南巡抚钟保奏疏全文，参见同治《芷江县志》卷55，《奏疏》。

两省咨委会勘经四五载，屡定勘期，楚省委员，叠次藉故违误，悬宕延至雍正十三年，逆苗猖獗，官办军需，下民逃难，案遂寝搁，案帙鳞集炳存。嗣后屡经呈请，或批驳不准，或准理不行。①

状纸中所写“玉民、六里民”共同赴省呈状，似乎六里之民也愿意改属贵州，此事因出自贵州玉屏县民之手，未必能反映全部的事实，但所说雍正七年以后，玉屏县民屡次呈请按原约定归还“六里”属贵州而湖南未允，则属事实。湖南方面的说法是“迁延未办”，或者以乾隆元年芷江设县时的奏疏为依据，认为“乾隆元年申划黔楚界，限以六里地方为楚省之藩篱，设官分汛，郑重分明，自有深意存焉。不然雍正七年奉旨清查地界，九年两省咨商会勘，距乾隆元年中间不过四年，而文书档案近而可征”②。

两省之间的疆界调整不仅牵涉各省间的协调，更需中央的介入。雍正七年勘界之后，两省虽一直在博弈之中，只是仍在“地方”的层面上，且湖南方面态度强硬，双方的争执若不带入中央的视野，似乎并无解决的希望。

三　设厅：嘉庆年间争议再起与晃州厅的设置

到了嘉庆年间，关于“六里”之地的归属问题再次升温。贵州玉屏方面，因事隔多年问题仍未解决，大概已是群情汹涌，难以遏制，

① 录副奏折，思州府玉屏县民具呈，见都察院左都御史诚安嘉庆二十四年奏折中所附《为湖南芷江县六里地方与贵州玉屏县接壤，请会勘将六里拨归玉屏事状》，档号：03-2405-118。

② 同治《芷江县志》卷62《杂记二》收录了嘉庆年间玉屏、芷江围绕“六里”归属的部分文书，可以看到雍正直至嘉庆年间芷江方面的意见。但将之放于志书之末，已可看出芷江方面对“六里”改拨一事低调处理的态度。此段关于雍正年间划界芷江方面的意见，参见嘉庆时任湖南沅州知府蓝嘉瓒的上奏。

背后恐怕也有贵州官府暗中的推动。

嘉庆十七年时，玉屏县民刘世华等人到云贵总督伯麟处呈请划拨六里之地属黔，据说收到“六里”愿归“甘结数千余纸”①，后经湖南、贵州双方协商会勘，但一如以往各次会勘一样，无果而终。嘉庆二十年十一月，云贵总督伯麟与贵州巡抚曾燠联名上奏嘉庆帝，请求将湖南芷江县“六里”地方改归贵州管辖。由此中央开始介入黔楚两省的划界争议，并真正在此后数年引发了一场风暴。伯麟奏折较为全面地反映了贵州方面的理由，其中主要有以下几条：

其一，“六里”距玉屏、芷江县治的距离，“距玉属甚近，离芷江甚远。从前分拨未定，凡遇完粮考试及词讼案件，均须远赴芷江，一切俱多不便”。且“六里”地方，“相距贵州玉屏县界近者止三四里，远者亦不过八九十里”，其相距湖南芷江县近者有九十三里，远者要到二百里，故而“远近不便，多年受累”。

其二，雍正七年划拨不公事，始终是贵州方面索要“六里”之地最强硬的理由。

其三，“六里”之民的意愿。两省会勘时，“六里”士民签署具结，“愿归黔者多至数千人，其不愿改拨者，仅至数十人”，而且就是这反对的“数十人”，“尚系现在芷江县充当书役，是以不愿归黔”。

其四，湖南方面的反对意见存有私心，即所谓“六里”乃湖南门户，若改拨贵州，则“楚南盖无扼要之处”，川盐会顺流而下，流入湖南淮盐之区。贵州方面反驳“门户顿失”之说过于夸张，而食盐销售，玉屏自有稽查之法。②

① 录副奏折，都察院左都御史诚安嘉庆二十四年奏折《为湖南芷江县六里地方与贵州玉屏县接壤，请会勘将六里拨归玉屏事状》，档号：03-2405-118。

② 参见录副奏折，云贵总督伯麟、贵州巡抚曾燠《奏为湖南芷江县六里地方请归黔省管辖事》，嘉庆二十年十一月初九日，档号：03-1638-044。

嘉庆皇帝收到伯麟的奏折不久，就下发谕旨：

又谕。伯麟等奏：近黔之楚省地方民人，愿归黔省管辖，会勘移商未定，请敕交楚省核议一折。湖南芷江县六里地方，距贵州玉屏县界甚近，离芷江甚远。所有完粮考试及词讼案件，远赴芷江，俱多不便。该处民人刘世华等呈请改归黔省管辖，经楚黔两省委员会勘，各执一词。前经伯麟等札商马慧裕，该督系湖广总督，并曾任湖南巡抚，何以意存推诿，因循疲玩，日久不为勘议？马慧裕著交部察议。①

嘉庆皇帝的态度明显受到贵州方面奏议的影响，并将划界不清的责任推到湖南方面。对于嘉庆皇帝来说，对两县的了解也许只是奏疏中的几句介绍或者提供的若干地图而已，若仅从单纯的“地理”因素而言，很明显，“六里”距玉屏县更近，且有雍正七年双方划界的最初方案可以援引，从“道理”而言，贵州方面显然占据了上风。

湖广总督马慧裕与湖南巡抚巴哈布迅速于次年正月会衔回复，当然，仍然是坚持“六里”仍应归属湖南，其理由要点是：

其一，强调“六里”之地的重要战略价值，即“芷江县，全楚之门户，六里又为芷江之藩篱”。

其二，坚持疆域不可轻改，即所谓“久定疆域，一旦忽议更张，且民情各怀意见，岂能轻言更改”?

其三，同样以民意为说辞，即同样有民人到湖南巡抚衙门表示“芷江相安已久，一经改拨，与应试纳粮内多有不便，恳请仍旧贯等情”②。

① 《清仁宗实录》卷313，嘉庆二十年十二月庚申。

② 录副奏折，湖广总督马慧裕、湖南巡抚巴哈布《奏报查勘湖南芷江县近黔六里地方应否改拨归黔事》，嘉庆二十一年正月十一日，档号：03-1639-006。

双方围绕划界争议，展开了舆论大战。当时的沅州知府蓝嘉瓒迅速集齐芷江县所存案卷册籍，同时，开始在芷江县搜集不愿改属的证据。当然，无论何种“证据”和“民意”，既可以是“真实”的表达，也可以是被“创造”出来的。果然，“该县六里民人田永洪等五十八名、吴锦江等五十七名递具公呈，以纳粮考试，向在芷邑，不愿改拨”，“该县绅士杨起虞等四十一名、耆民杨光禄等四十九名纷纷递呈，备述设县以来，疆界厘定，相安日久，不便改变情形”，同时，以知府权威控制舆论，以划界乃两省委员自会斟酌之事，“谕令该士民等安静候示，不许私行建白”①。沅州知府一面不许百姓私自表达意见，同时又在公文中以该县“民人”、“绅士”、“耆老”三方意见为依据，这样的公文显然是为表达己方意见而刻意“创造”出来的。同时，当时有“六里”民人到贵州方面具呈，有湖南方面差派兵役“闯屋搜捕，劝写悔结”②，不惜动用武力。

嘉庆二十一年，湖南辰沅道道员姚兴源、贵州贵西道潘恭辰等人在会勘之后，上奏了一份禀稿，很幸运的是，这份禀稿在中国第一历史档案馆保存有一份录副，使得我们能够摆脱此后来自芷江和玉屏两县出于自身的目的而作的有利于己的解读，而直接了解当时双方会勘的结果。这份禀稿题目是《楚黔二省委员查勘六里两议会禀稿》，真实记录了湖南、贵州两方各执一词、争论不休的状况。

湖南方面坚持的理由仍然是，“六里”作为控扼苗疆和湖南门户的重要战略位置，一旦划拨，川盐会经“六里”而至湖南，私盐充斥的景象，一如先前。另外，这份禀稿还新发现了对湖南有利的理由，即“芷江别里民户多有置买六里田地，六里民户亦多有置买别里田地”，

① 同治《芷江县志》卷62，《杂记二》沅州知府奏。

② 同治《芷江县志》卷62，《杂记二》所记嘉庆二十一年四月十六日嘉庆皇帝上谕。

若划归贵州，则需“两处完粮当差，多有未便”。又，将来田宅不清，“又启歧考之风，势必讦告不休”，即将来划归之后，籍贯所在多有不清，到湖南或贵州参加科考，势必会引起更多纷争。而对于贵州方面提出的玉屏县境狭小的问题，湖南方面也进行了反驳，“且各省分界之州县与各州县之乡村，离本省本邑远而与邻省邻邑近者，所在皆有，若俱援照呈请，将不胜其纷扰”。湖南方面甚至表示可以将“六里”之中部分归楚，部分归黔，以示调停。

贵州方面坚持的理由，一是雍正年间划拨不均，湖南方面未按双方约定分别划拨，已如前述；二是民情，先有递送愿拨玉屏甘结各“一千三百余纸”，后又有“六里”绅耆三千余人同日到晃州，递送年貌、住址等信息，情愿归拨玉屏管辖者共“二千六百三十二纸”，“内绅士一百十三名”，均称“离芷窎远，完粮考试词讼均属不便，呈以情愿归玉”。而据贵州方面提供的信息，不愿划拨者不过“绅耆旧二百余人”而已，且经过详细覆讯，真正不愿改拨者只六十八人，其中有五十人均系住在距芷江较近的地区，其余十八人在六里地方购置田产，其中生员三人，本来就是楚民，不愿归玉。即使有别里民户购置“六里”田地，及“六里”民户置买别里田地，均属寥寥，不及十分之一。况且，“粮随田纳，此天下之通例，有田在本里而粮在别里者，则应分别划清”，即使是科举考试，考其庐墓，凡籍粮歧考，随时照例查办即可，与改拨之事毫无关系。贵州方面还表示，如果“六里”划拨贵州，则该地原设置的通判、巡检、守备、千总、把总及额设兵丁，一体归黔统辖，一切仍其旧，如此一来，“并无纷更难办之事”[①]。

抛开细节问题，双方交锋的核心实际上在于三个方面：一是地理，“六里”之地确实距离玉屏甚近，且属于湘黔之间界限不甚清晰之地，

---

① 录副奏折，《为楚黔二省委员查勘六里两议会事禀稿》，档号：03-2480-045。

若依“形便”原则，则“六里”理应归属贵州；二是民心，上述会勘属于湖南和贵州各自派员调查的结果，故其中所反映的民意应较为可信，不然其中一方一定会在禀稿中提出异议，从贵州方面提出精确的愿意改拨的数字而湖南方面的意见对民意并无涉及来看，“六里”之民偏向贵州是显而易见的事实；三是从中央来看，“犬牙相入”是行政区划设置中与“山川形便”同等乃至更为重要的原则之一，因此，湖南方面最重要的说辞就是不断强调“六里”之于湖南的门户意义，“六里”之于苗疆的控制作用，而这显然比较能够打动皇帝的心思，尤其是考虑到乾隆与嘉庆之间，贵州刚刚发生一次规模巨大的苗民起义，这似乎也是湖南方面能够阻止“六里”划归贵州的唯一途径。多年以后，在参与此次决策过程的湖南方面的幕客沈光熙的墓志铭中，我们体会到了湖南方面的用意所在：

> 君为人真直而介，生平不作诳语，见不善疾之若仇雠，非义之取，一介不苟。其参谋幕府，能识大体，观察所至，尝倚重焉。芷江六里民诉于部，请拨其地隶黔之玉屏。檄黔楚大吏会勘，持议未决。君为观察草牍曰：“乾隆六十年，黔苗蠢动，蔓延楚边，而六里独安堵如故，则前人所以议废未行，其成效可见。地为黔楚门户，门户之设锁钥，宜在内不宜在外。湖南内也，贵州外也。隶湖南便。”牍上，议遂定。①

贵州方面未尝不知湖南方面的考量，自然也知要使得“六里”顺利划归贵州，必须在此方面有所回应。果不其然，贵州方面在会勘意见中提出，“果西溪四里有关楚省藩篱，何以不设立重兵驻守大员弹压，而仅设一把总、外委，并兵丁数十余名之理?”且“六里”划归贵

① 《秀水文学沈君病鹤墓志铭》，见《黄本骥集》第1册，199页，长沙，岳麓书社，2009。

州，贵州又岂能弃之不管而使湖南失其藩篱？事实上，在“六里”之地，湖南方面设置的仅有驻扎于凉伞的通判和驻扎于晃州驿的巡检而已。

双方各执一词，嘉庆二十一年四月，嘉庆皇帝委派湖广总督马慧裕与湖南巡抚巴哈布前去确查，随后贵州方面由云贵总督抗议湖南方面派兵役抓捕愿归贵州的百姓并劝写悔结。嘉庆帝一时亦不明就里，难以分辨是非，尤其是两位总督针锋相对，于是便将会勘之任交予了新任贵州巡抚文宁，令其在赴任时与巴哈布会同查办，主要原因是“文甫经简任贵州巡抚，巴亦到任未久，其两省委员争执之事，尚在该抚到楚以前，皆无所用其回护”①。嘉庆皇帝认为新任地方官员便会无所偏向，实属思维过于简单。巴哈布虽然到任湖南巡抚未久，但在此之前，先后担任过湖南知府和按察使多年，其偏向性应属显而易见。但显然，在嘉庆皇帝对两省其他官员均不信任的情况下，此次会勘的结果将会对“六里”的最终归属产生决定性影响。

表1　　巴哈布在湖南的为官经历

时间	官职
嘉庆元年至二年	湖南永州府知府
嘉庆二年至七年	湖南衡州府知府
嘉庆七年至十一年	湖南岳常澧道道员
嘉庆十一年至十二年	湖南按察使
嘉庆二十年至二十二年	湖南巡抚

资料来源：台北“故宫”权威人名档数据库，2015年12月25日查询。

湖南巡抚巴哈布与贵州巡抚文宁到了晃州驿之后，进行了实地考察并搜集人证等相验。在两人共同进奏的奏疏中，可以透视到一些政区划分原则的微妙处理。

---

① 同治《芷江县志》卷62，《杂记二》所引嘉庆二十一年四月十六日嘉庆帝上谕。

在奏疏中，首先对双方各执一词的“民意”进行了重新调查，“旋据黔楚委员公同接收愿拨呈结三千零三十六张，不愿改拨呈结八百七十张。此又六里士民愿拨者众，不愿改拨者少之实在情形也，以远就近，以寡就众，以拨归黔省管辖未宜”。

关于先前两省会勘时黔省委员姚兴洁认为“六里”乃黔省门户的说辞，两人也进行了批判，“若道员姚兴洁门户藩篱之说，未免心存畛域，不知六里即经改拨而藩篱自在，门户依然，岂得执此为不应改拨之确论?”实际上，因嘉庆帝在上谕中曾对姚兴洁提出过批评，故而此处必须对皇帝意见有所回应，其实所谓“门户藩篱”之说，又岂是姚兴洁一人所提？那可能是湖南方面的“共识”，即使是巴哈布本人也曾在与湖广总督马慧裕会衔的奏疏中谈到过这一点。

上述说辞看似对贵州方面有利，实则不然。谈“民意”之时，虽然点明赞同改拨贵州者众，但反对改拨者“八百七十张”亦多，且其中隐晦而曲折地表达出，之所以有大多愿拨贵州者，亦有从众的心理在。而对原贵州方面谈到的雍正年间划拨不均事，均未特别提及，可以想见，巴哈布在与新到任的贵州巡抚文宁的较量中，明显占据了上风，并精心制作了这份极为高明的表述文本，甚至可以说是“无懈可击”。

嘉庆帝并不具备他的先辈那样的雄略，守成有余而革新不足。巴哈布作为老练的地方大员，自然不会不了解皇帝的喜好。接下来，奏疏开始讲到：“奴才悉心参酌，秉公熟商，以为六里士民向背，虽分众寡而有愿拨，亦有不愿拨，强为之合，究恐未安。且地远苗疆，一动不如一静，欲合两造而归一，是莫如仍旧贯而酌其中。”①

巴哈布当然也深知，仅仅如先前一样，以暂时的说辞固然可以平

① 同治《芷江县志》卷62，《杂记二》。

息事态，但“六里”始终具有心向贵州的归属之心，也一定会继续提出划归贵州的请求，必须由湖南方面给予一些特殊照顾，方足宽慰人心，更使得作为湖南方面占据“六里”之地最重要的因素但又不宜明白宣示的“犬牙相入”原则具有“职官”和“地理”上的双重宣示。于是，将“六里”之地建为单独的行政区，便成为湖南方面的一着棋。

嘉庆二十二年，湖南方面奏请将凉伞通判驻扎于晃州驿，改为晃州直隶厅，“凡六里地方钱粮、考试、命盗、词讼事件并晃州驿站均归该厅管理”①，成为直属于湖南省的行政单元，与邻近的沅州府是同等级别。厅是清代新产生的政区形式，以往均将防御性和过渡性作为其两大特征。施坚雅在关于中国城市体系的研究中，认为无论是直隶厅还是散厅，多出现于所属更高一级政区管辖范围的边缘地带，“在帝国边境——南部和西南的国境、亚洲内地边境，以及沿海——防卫的主要负担由直隶厅和散厅承担。至于内部边境，在不同于省级边境的地区边缘，其主要负担由散厅治所承担”②。从晃州厅设置于黔楚交界地带的格局而言，其显然处于省级边境的边缘地带，是厅的“防御性”功能的具体体现，但若仔细分析晃州厅设置前后的背景，则

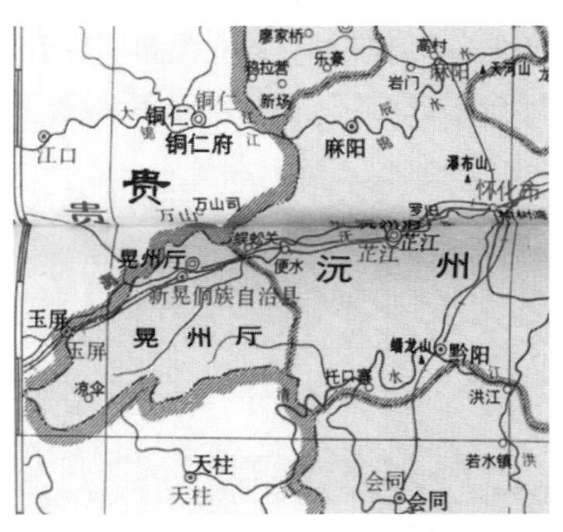

清代晃州厅位置（采自《中国历史地图集》）

① 朱批奏折，嘉庆二十二年八月二十二日湖南巡抚巴哈布《奏请准将晃州直隶厅通判定为题调要缺并移驻凉伞巡检事》，档号：04-01-16-0109-001。

② 施坚雅：《城市与地方体系层级》，见施坚雅主编：《中华帝国晚期的城市》，叶光庭等译，陈桥驿校，376页，北京，中华书局，2000。

可知该厅之设不过是省界争议中通过提升该地地位以便笼络人心的“权宜之计”而已，不然，我们无法解释为何在边界争议之前该地仅有巡检之置，而到了民国初年，该地便又迅速降为一个普通小县。

不过设立直隶厅后，对于“六里”地区而言，并未完全达到其要改属贵州的目的，而这显然是民意所在，并非仅仅给予一些恩惠所能遏制。果不其然，设立晃州厅后不久，“六里”地区便有民人吴继泽等人来京控告。嘉庆皇帝甚为不满，严加斥责：

> 该处民人，自当静受抚绥。此时甫经定制，何以即知该通判日后必致扰累地方，来京控诉。国家建官牧民，其柄操之自上，小民岂得妄兴訾议。似此刁抗之风，断不可长。惟该民人当更制之初，未谙禁令，地方官当善为开导，乃率任胥役人等，强拿滋扰，竟有抢掠民财、刀棍伤人之事，办理亦属错谬。著巴哈布亲赴该厅地方，传集绅士耆民，明白晓谕，令其遵照成议，守分安业，毋许妄生异论。其从前滋扰闾阎之县役，著该抚逐一查明，按律惩办，并示谕该民人等知悉。若有刁民始终抗违，即行查究治罪。①

行政区划的管理，自然是如嘉庆帝所言“其柄操之自上”，这几乎是古来之通则。在整个“六里”地区的改属之中，各方不断在强调民意所属，民人亦多积极提供甘结，表达政治意愿，不过这些不过是各省掌握权柄之人进行更高层博弈时的一些说辞而已。我们在各代区划变革中尽管见到那些因地方民意而进行政区调整的案例，但始终应清醒认识到，那些民意始终未曾成为区划变革中的决定力量，对其

---

① 《清仁宗实录》卷339，嘉庆二十三年二月甲戌。

作用与影响切不可高估，"其柄操之自上"更是区划变革的精髓所在。

自嘉庆帝同意设置晃州厅的那一刻起，"六里"地区的命运几乎就已决定了。权倾天下的皇帝要改变自己先前的意见，有损于"乾纲独断"的威名，而"六里"小小地区的民人意愿，与之相比，实在微不足道，所以，此后经年晃州民人不断"京控"，试图改变归属湖南的命运，其结局也可想而知。嘉庆二十三年，晃州厅民人吴继泽到京控告设厅不便七款，民人钟大祥控告芷江县役吴泰等索拿具结愿归玉屏民人、殴伤多人等事。[①] 嘉庆二十四年，玉屏县民人刘世荣、周昌儒、潘文魁、吴胜锡、姚大纯、周秀文、龙升、杨秀良等人到都察院衙门呈控，状纸有如哀鸣，"八十年旧案由兹永定章程，泣自雍正七年迄今相继之呈不已，非敢妄欲"[②]，甚至有吴映玙等人在晃州厅打伤朝廷命官、拒绝传唤等事[③]，又有晃州厅生员姚文贤、民人黄友开联名遣吴继海到都察院呈控，自然是毫无结果，且都察院竟称"该民人所控系属远年成案，何以事越数十年之久，至今始行牵诉，其中显有别情，或竟系六里士民串唆教使，亦未可定"[④]。雍正年间双方分割不均时，湖南方面未否认，而贵州方面连年诉讼，亦见于嘉庆设厅以前几乎关于此事交涉的所有奏疏文件，何以都察院竟有"六里"士民"串

---

① 参见台北"中研院"内阁大库档案：嘉庆二十三年二月六日兵部《左都御史景禄奏湖南新设晃州厅民吴继泽以设厅不便胪陈七款肯请改拨玉屏来京控告又据民人钟大祥控芷江县役等索拿具结愿归玉屏民人等情》，登录号：164507-001；朱批奏折，嘉庆二十三年五月初十日湖南巡抚巴哈布《奏为遵旨亲赴新设晃州厅晓谕并查办民人吴继泽等具控设厅不便等各款事》，档号：04-01-01-0587-053。

② 录副奏折，嘉庆二十四年都察院左都御史诚安等《为湖南芷江县六里地方与贵州玉屏县接壤请会勘将六里拨归玉屏事呈状》，档号：03-2405-018。

③ 参见录副奏折，嘉庆二十四年八月初六日湖广总督庆保、湖南巡抚吴邦庆《奏为驰赴晃州亲督查拿夺犯殴官吴映玙等人事》，档号：03-2486-021。

④ 录副奏折，嘉庆二十四年五月初四日都察院左都御史诚安等《奏为湖南晃州生员姚文贤等赴京呈控新设晃州厅地域划分不当事》，档号：03-2405-017。

唆教使”之想？这大概就是专制体制下的“表达”，“事实”本身从不比上层官员的意见重要，更何况民意一样是可以“创造”出来的。诚如嘉庆二十三年以后屡次有民人京控之举，显而易见的事实是晃州厅之置并未平息“六里”地区的根本问题，可是，等到湖南巡抚巴哈布亲往勘察之时，听到的和反馈给皇帝本人的“民意”却是“行至该厅境内，沿途绅士耆庶人等夹道欢迎，咸称设厅便民，共沐圣恩。伊等正殷感戴，何肯又请改拨？”①

四　冒籍：“犬牙相入”的地方性实践

晃州厅的设置虽稍微缓解了两省之间关于“六里”归属的紧张态势，但犬牙相错、壤地相接、插花林立的局面并未有丝毫调整。晃州厅设立之后，成为一个单独的学区，“冒籍”的问题迅速凸显。

理解明清地方区域的改属与变革，必须要深刻理解赋役与科举制度。前者关系到钱粮征收与夫役的轻重，后者关系到士子的晋身之阶。同时，钱粮征收与科举的定额制度，使得县与县之间存在较大的差异，而这两者几乎又与辖域内几乎所有百姓身家性命有关，故在政区的设置与改属中，常常会成为争论的焦点问题，它的处理关系到政区变革是否可以平稳推进。笔者先前在山西被裁之县京控的状纸中，看到了县民对于科举考试名额的担忧，也注意到清代为了裁县的平稳过渡，而在被裁之县设置县以下单独的学区这种特殊的政策。② 晃州厅同样存在这样的问题，而且由于晃州厅与玉屏县“犬牙相入”，土地买卖频

① 朱批奏折，嘉庆二十三年五月初十日湖南巡抚巴哈布《奏为遵旨亲赴新设晃州厅晓谕并查办民人吴继泽等具控设厅不便等各款事》，档号：04-01-01-0587-053。

② 参见拙文《关于清代县的裁撤的考察——以山西四县为中心》，载《清史研究》，2011 (2)。

繁，户籍所在不清，湖南与贵州科考难度存在较大差异，而更加复杂。

早在嘉庆年间设厅之前的争论中，已有人提到科举考试的问题。嘉庆二十一年双方的会勘中，提到划归贵州会开启“歧考”之风，已如前述。晃州设厅之时，便已考虑到学额的问题，湖南巡抚巴哈布奏请将原来为西溪四里垌民所编的新童字样取消，全部编为民籍，并从芷江等县划拨，共设厅学文生八名及廪、增生各四名，另增设武童进额四名。①

晃州厅设立专门学额只是解决了部分问题，“歧考”问题随即凸显。在嘉庆二十三年晃州厅民吴继泽等人京控之后，巴哈布到了晃州厅，已发觉“歧考”问题的存在。据巴哈布的调查，当时参与京控者有生员名姚湖者，其反对设厅的挂名原因是“孙姚桂林从前歧考贵州镇远府入学”，又“姚文贤之子姚秀魁亦歧捐贵州铜仁府籍贯贡生，诚恐清厘学校，查出歧考歧捐，致干革究”，故而才希冀“六里”地区改归玉屏。② 巴哈布在处理京控各人处理结果之后，向嘉庆帝提出关于“歧考”的处理意见：

> 再现在六里民人多有歧考贵州省入学，是否在于该省置有田产，年限已符，照例报名入籍，有无冒考等弊，咨会贵州省查明，分别拨归办理，以免歧考。

要在疆界不清的湘黔两省明晰籍贯，其难度显而易见。道光元年上谕，“湖南新设晃州厅，管理地方钱粮词讼，其所属士子自应俱归晃州考试。该厅邓姓一族前曾冒考黔省思州。兹查明田园庐墓俱在晃州，

---

① 参见朱批奏折，嘉庆二十三年正月十八日湖南巡抚巴哈布《奏为移驻晃州直隶厅遵旨妥议设学额事》，档号：04-01-38-0128-034。

② 参见朱批奏折，嘉庆二十三年五月初十日湖南巡抚巴哈布《奏为遵旨亲赴新设晃州厅晓谕并查办民人吴继泽等具控设厅不便等各款事》，档号：04-01-01-0587-053。

所有邓姓阖族之人与各姓冒籍贵州入学中式并报捐贡监职员，凡现居厅治者，无论年分久暂，均著改归晃州厅原籍管理，以杜歧冒而归画一”[①]。邓姓是晃州地区的大族，冒籍贵州的现象并非设厅之后才存在，乾隆年间，关于邓姓冒籍贵州的问题就已非常突出。《大清会典事例》中记载有乾隆五十三年关于邓姓冒籍贵州的处理意见：

> 查定例，本非此地之人，而新来入籍者，以居住二十年为限。至族大丁多之户，散处四方，以一姓而分隶两籍者，惟应严加察核，禁其两处跨考，以清冒滥。……今邓姓于康熙四十五年即在思州府应考，迄今已八十二年，若因其居住芷江县，遽将现在生员多人，全数勒归湖南，恐此例一开，凡入籍别县之人，已合二十年定例者，或仇雠忌嫉，或地棍挟持，告讦日繁，或援此案为借口，将不胜其纷更。……惟是芷江、思州地界毗连，邓姓生童应试者众，若不严立章程，恐跨考之弊，在所不免。应饬各该州县彻底清查，凡邓姓生员现籍隶思州者，其子孙永远不许在芷江考试；现籍隶芷江者，其子孙永远不许在思州考试。[②]

刘希伟曾注意到这则冒籍资料，认为这种并不居住于“入籍地”但却在“入籍地”参加科举考试的现象具有一定的特别性。此外，令“族大丁多”、“分立异籍”之户各归各籍应试，也是一种通常性规定。[③] 不过，若是考虑到“六里”地区玉屏、芷江“犬牙相入”的地理形势，要清晰划出属黔属楚的籍贯归属，恐怕也并不容易。邓姓在乾隆五十三年即由礼部确定籍隶思州者不许在芷江考试，籍隶芷江者不许在思州考试，而到了道光元年仍需再次商议并作出一刀切式的处

① 《清宣宗实录》卷12，道光元年正月己巳；又见道光《晃州厅志》卷18，《学校》。

② 光绪《大清会典事例》卷391，《礼部·学校·生童户籍》。

③ 参见刘希伟：《清代科举冒籍研究》，149页，武汉，华中师范大学出版社，2012。

理办法，已充分说明这一地区科举考试冒籍现象的存在有着深刻的地理背景。

到了道光八年，贵州巡抚又奏，晃州设厅以后，“曾经列拨之思州府属举人胡世校、生员向日中等，纷纷以祖籍贵州，族众俱在贵州，呈诉不已”。可见，胡世校等人大概是在设厅之后改划为晃州厅籍，但显然湖南科考难度要远大于贵州，故一直申诉。由此，也可以想见反对“六里”地区设厅的士人，应当也有一定数量的希望在贵州等文教相对落后地区参加科考的民众。经过调查发现，“廪生向日中等三十八名，既非原籍湖南，又不住居晃州，议将该生等改归黔省；岁贡胡钟显等四十四名，皆系本籍贵州，现居楚境，其族人皆黔多楚少，应否改拨贵州，以昭划一；抑或应以居址为断，但居晃州界内即应拨归晃州”。但经礼部商议之后，实行了更为严厉的政策，不仅胡钟显等人仍归晃州厅，即使是向日中等人也归晃州厅管理，至于同族之人，“有实系居住贵州，田庐坟墓俱在贵州者，除父子、兄弟不准异籍外，族远人多，不妨各归各籍。其捐考时，令地方官严行查明，不许稍有朦混，以杜歧冒而免攻讦”①。处于交界地带的科举大省与小省容易发生冒籍应试的问题，更何况所在各级考试，往往是在不同的时间举行的。②

这一问题愈演愈烈，终于引起了道光皇帝的注意。原来在追查冒籍案的过程中，尤其是在道光元年那次将邓姓改拨晃州的过程中，首任晃州厅通判俞克振，“不行查明，牵指思州府青溪等县、铜仁府铜仁县胡杨等姓十八族举贡生监职员共一百一十余人，捏称各姓田园庐墓皆在晃州，详请湖南巡抚咨部”，但“其实确在晃州者，不过十分之

① 《钦定科场条例》卷35，《冒籍》，2683～2684页，北京，燕山出版社，2006。
② 参见刘希伟：《清代科举冒籍研究》，149页。

三，其中错误不一而足。各姓因指拨多谬，纷纷呈请更正。内有经贵州学政咨部仍改回黔省者，其余各姓仍复呈控不已。道光七年两省委员会勘时，湖南巡抚因与从前咨部之案不符，不肯会咨贵州，独咨礼部请示，部覆概归晃州厅管理。各姓既不甘隶籍隔省，又不获坐安本籍，请旨饬查”①。皇帝下令湖南、贵州两省彻查。

湖南巡抚程祖洛随即覆奏，要“确切查明，以原查时住址田庐坟墓，分别隶楚隶黔为断”②。道光十二年，湖南巡抚吴荣光与贵州巡抚嵩溥会衔上奏汇报处理办法，从中可以发现晃州厅民人籍贯复杂，其中有“原籍本非晃州，考黔亦非冒籍，而移居厅治者”，他们又在黔楚两省均置有田墓，只是缴纳赋税及坟茔年份，贵州在先湖南在后而已；还有原籍非晃州，而一族之中居黔居楚各有其人，包括思州府的胡姓、郭姓，玉屏县的罗姓，镇远府的许姓，等等；还有一类是原籍在黔但又不居厅治者，不过田园庐墓均在黔省。以上三类情况共十四族均请改拨贵州考试。

在该奏疏中，还提到了嘉庆二十二年设立厅治时，“将现居厅治并有粮册可考者概行奏拨归楚，原因该厅专为管辖六里士民而设，且彼时不知各姓黔省先有田墓，是以如此办理，并非混行指拨，而各姓以历考贵州，并未在楚冒考，不愿改隶楚省，亦非有意抗违”。这里可以看到两省巡抚为当年冒籍士子所作的“回护”，又能看到清代政区设置与科举考试之间的内在矛盾，即政区本身为一地理区域，自然应当以地理实体为限，有着明确的界限，但科举考试以籍贯为凭，加之土地私有，买卖亦属平常，以致籍贯不清，若在科考难度相差较大的两省交界之地，显然就会更加突出。晃州“冒籍”问题的背后，体现更多

---

① 《清宣宗实录》卷179，道光十年十一月丙辰。

② 《清宣宗实录》卷182，道光十年十二月乙巳；又见录副奏折，道光十年十二月二十一日湖南巡抚程祖洛《奏为遵旨复查晃州厅民籍改拨情形事》，档号：03-2605-086。

的是地理区域和学区之间的内在张力。

本次会奏的结果自然是皆大欢喜，晃州厅要求到贵州考试的绝大多数族人皆得到满足，即使是道光八年被礼部强行划归晃州厅的“向日中等三十三名”，也被拨归黔籍并被免除因欠考三次而将受到的除名惩罚。道光皇帝开恩表示“依议”。与其说这是一次依照科考条例而制定的解决之法，毋宁说湖南方面以满足晃州厅不少大族到贵州参加科举考试的条件换取了他们对晃州厅的支持，从此以后，在文献中再未看到晃州厅京控的记录，事态似乎基本平息。只是，这样一来，晃州与玉屏除了疆界上的“犬牙相入”依然故我，连科考与赋役也无法按照地理区域施行，这些考生“钱粮、赋税、命盗、词讼凡隶晃州境内者，概归晃州厅办理；其现居厅治之文武生员既已改回黔籍，遇有一切应行传讯等事，难保不恃符藐抗，应请比照《学政全书》四川寄籍生员之例，由晃州厅学教官就近约束”①。

五　余论：政区划界中“犬牙相入”原则的再思考

黔楚划界争议历经雍正直至道光年间，到了道光十二年之后似乎平静下来。湖南仍具有此“门户”与“藩篱”之地，“六里”之民亦因厅的设立而具有了单独学区，在历经波折之后，不少大族获得了到贵州参加科考的资格。可是，黔楚边界的“犬牙相入”引发边界管理纠

① 以上所引俱见朱批奏折，道光十二年三月二十三日湖南巡抚吴荣光、贵州巡抚嵩溥《奏为遵旨查明湖南晃州厅属所拨贵州各姓改籍情形据实具奏事》，档号：04-01-01-0735-016。关于各姓改籍具体情形，原为附录，今存朱批奏折中不全，但见于台北“中研院”内阁大库档兵部《移会稽察房湖南巡抚吴荣光等奏为查明湖南省晃州厅属甘姓等十四族于黔楚两省均置田产惟有黔先楚后或黔多楚少者非属冒籍应拨归黔籍以清版籍》，登录号：156653-001。

纷的问题始终未得到丝毫改善，反而愈形严重。同治、光绪年间，贵州曾试图清理“插花地”以正经界，但均无果而终。[①] 直到民国，《玉屏县志资料》仍然记载着：

> 玉屏县城南约五里许即湖南晃县属天和、良知、登丰三乡，此三乡虽为晃县产米区，但距离晃县县城在百里以上，政令不易达到，常为变乱匪盗渊薮。……而本县大龙乡第十保飞插于晃县辖境，成十字小区，其中贵州街与晃县县城仅一河之隔，已形成晃县县城之一部，而晃县政令既不能达到本县，已有鞭长莫及之感，因此亦为晃县心腹之患。[②]

事实上，直到 1943 年，贵州玉屏县与湖南晃县为解决“插花地”问题才由内政部主持进行了会勘[③]，并拟定划拨方案。但对整个湘黔边界而言，“犬牙相入”及“插花地”依然存在不少，1949 年以后依然如此，1951 年到 1987 年新晃县与玉屏县先后签署边界协议 12 次[④]，可见其纠纷之多。对于晃县来说，除非将其全部划归贵州，否则“犬牙相入”的界线始终存在，不过对于湖南来说，失去一县显然损失巨大，故而至今这块黔楚间的“楔子”依然存在。

对于清代湘黔边界的调整而言，其变动不仅有“插花地”的局部调整，还包括了政区的诸多改置，“晃州厅”的设立正是其中的一个典型案例。“山川形便”与“犬牙相入”显然是我们观察政区设置的两把利器，尤其是从长时段的宏观历史的角度而言。贵州与湖南省界划分

---

① 参见录副奏折，光绪十一年六月二十四日署理贵州巡抚李用清《奏为黔省举办插花以正经界酌定章程事》，档号：03-6716-021。

② 民国《玉屏县志资料》第六节，《行政区划》。

③ 参见杨斌、张祥刚：《民国时期湘黔交界地区插花地的清理拨正》，载《广西师范大学学报》（哲社版），2014（2）。

④ 参见《湖南省志》第二篇，《行政区划》第四节《湘黔边界》，109 页。

常常被视为“犬牙相入”的典型案例，显然，这一划分原则背后体现的是国家对地方的控制。周振鹤先生在讲述行政区划划界原则时曾专门指出，“犬牙相制的目的自然是为了统治的需要，尤其是湖广与贵州间是为了稳定苗族地区的措施”①。可是，当讲到“犬牙相入”时，更多是从自上而下的角度来谈，并未顾及划界中的另外一方即该政区或边界附近的地方官员及人民，以致他们的声音是完全缺失的，每次划分不过是国家专制权力的又一种表达而已。但这很难解释得通，为何在苗地已日益纳入国家疆土管理，乃至苗族已不再构成对政权挑战的民国直到今天，这条看似并不合理的、“犬牙相入”的边界仍然长期存在。这背后，一定有另外的结构性力量在起巨大的作用。

笔者以为，在以“犬牙相入”作为分析工具来看待历史上的政区边界时，有两个问题是必须要重新思考的：

第一，“犬牙相入”是不是一种必然的划界结果？“犬牙相入”界线的形成，除了国家的统治性力量外，地方性力量是绝不可以被忽视的②，而且，正是各种复杂的地方性力量的介入，才使得政区界线变动似乎带有更多的“不确定性”。同一政区，往往一时属此而随即属彼，如此反复变迁者亦所在多有，既以平溪卫与玉屏县而言，属湖广与贵州则不乏多次。当我们用“山川形便”或“犬牙相入”去分析边界变迁时，往往会陷入以划界结果去臆测划界因素的逻辑链条当中，也正如在民国史研究中常常被批评的“倒放电影”式的分析路径。③“犬牙相入”绝非一种必然的结局，而只能是各方力量博弈平衡后的产

① 周振鹤：《中国地方行政制度史》，249页，上海，上海人民出版社，2005。

② 在政区变革背后，隐藏着相当多的地方性声音，而多数声音被遮蔽于历史书写当中，尤其是被遮蔽于地方志的书写当中。这就要求我们必须尽可能地发掘史料，尤其要注重档案资料的阅读与整理，才能真正在平淡无奇的方志叙述背后阅读到惊心动魄的故事。

③ 参见罗志田：《民国史研究的“倒放电影”倾向》，载《社会科学研究》，1999（4）。

物，带有相当大的不确定性。即以晃州厅而言，嘉庆皇帝开始的态度是非常明确的，“如应隶黔省，不可固执成见，即奏明拨入黔省，以符民情；如应隶楚省，亦不可曲徇人言，轻改旧章，即奏明仍归楚境，以杜争端”①，完全持一种开放型的态度。

这种政区划界的不确定性，背后的关键因素是由政区建置的政治主导原则决定的。政治本身就带有极强的不确定性，尤其是涉及政治背后复杂的人的因素时。无法否认的是，在具体的政区变迁中，除了地理因素之外，人及其背后的博弈与运作同样重要。对于晃州厅而言，其牵涉到湖南与贵州的省界划分，显然是一次比较复杂的动态博弈过程。皇帝、双方督抚、玉屏与芷江县乃至各道、地方生员都参与了这场博弈，其中最重要的显然是湖南与贵州方面的大员，因为在整个决策体系中，皇帝本人处于最高的位置，而如何影响到皇帝本人的决策是其中最为重要的环节。双方各自握有的底牌彼此也是非常清楚的，贵州方面当然是雍正七年划界不均的不公之感与民意，而湖南方面亦知贵州底牌，故才有衙役抓捕令写悔结并收集愿归湖南的甘结事，虽不能在争夺民意中占据上风，但至少可以搅浑清水。湖南方面同时掌握着皇帝的心结，那就是苗疆的稳定。恰值乾隆、嘉庆之际的苗疆起义，使得皇帝本人对省际安全的重要性考虑显然要超过其他，而湖南适时抓住这一契机，在会勘中将之刻意突出出来，最终赢得了这场博弈的胜利。尽管在贵州方面包括今人来看，贵州方面的意见仅就历史传统与地理状况而言，更具有合理性。这也充分说明，政区变革中的“地理”不仅是实然的物质实体，更是上层统治者心目中所理解的“地理”，一个并不确定的“地理”。甚至极端地讲，在某些情况下，“地理”只是一种被表述出来的“地理”而已，譬如本案例中，对于嘉庆

① 同治《芷江县志》卷62，《杂记》。

皇帝而言，“晃州”不过是在奏折与地图中被表述出来的文本而已，至于真实的“地理”如何，反倒无关紧要，那么地方督抚上奏文本的“修辞”与“技巧”也就显得格外重要了。这也提醒我们，在研究历史时期政区变革时，基于今日地形对政区地理状况的分析，是否只是代古人立言，而忽略了政区变动的行政运作过程中，“地理”究竟是怎样的“地理”？

第二，“犬牙相入”的划界为何会长期存在？晃州所在，自明代以迄今日，始终是黔楚两省边界中并不平整的一块，无论是强调国家控制的传统社会，还是讲求地方自治的民国时期，还是1949年以后，这条看似不合理的边界始终维系旧有走向。其中关键的因素自然在于省界调整中不能实现利益的调换、单纯使一方受损的方案很难实现。以晃州的地域体量，显然在相当长的一段时间内，贵州亦无地可换。其实，更关键的也许是，“犬牙相入”在形成之初还只是地域上的，但随着时间的推移，不同层次的“犬牙相入”同步叠压，如户籍、科举、人口、赋税乃至认同。清代晃州设厅之后的“冒籍”现象就是突出的表现，从而使得“犬牙相入”的消除不仅仅要处理复杂的地域划拨，更要将长期以来由于地域上的“犬牙相入”而形成的各种复杂局面厘清。这种复杂情形构成了一种结构性的制约力量，更限制了这一不合理局面的彻底解决。

[感谢台湾政治大学许富翔博士代为查阅“中研院”内阁大库相关档案]

清代外藩蒙古内札萨克旗牧地边界考*

——以锡林郭勒盟东西牧界为中心

宝音朝克图　董　方**

一　学术价值及史料来源

清政府于崇德至康熙年间将归附的蒙古苏尼特、阿巴噶、阿巴哈纳尔、浩齐特、乌珠穆沁五部分别划分左右翼，编成十个札萨克旗，令其在阿巴噶、阿巴哈纳尔左翼旗境内的锡林郭勒之地定期会盟，形成了清代的锡林郭勒盟，成为清代外藩蒙古内札萨克六盟49旗之重要组成部分。由于锡盟占据漠南、漠北及东北等几大区域之核心地带，其最东之乌珠穆沁左翼旗（以下简称“东乌旗”）东界与黑龙江将军所辖索伦，以及哲里木、昭乌达二盟部分蒙旗接壤，最西之苏尼特右翼旗（以下简称“西苏旗”）西界则与乌兰察布盟四子部落旗及察哈尔游牧八旗接壤。毋庸置疑，清代锡盟地理位置极为重要，其东西边界走向的考证关系到复原清代漠南蒙旗牧界[①]问题，尤其对编绘盟旗政区的历史地图具有极重要的参考价值。然而，学术界对清代锡盟东西边界迄今尚未进行专门的研究，本文拟就相关锡盟东西界物地名及其方

* 本文是国家社科基金重大项目“清史地图集”的阶段性成果，项目批准号：12&ZD146。

** 宝音朝克图，中国人民大学清史研究所副教授。董方，中国人民大学清史所2014级硕士研究生。

① 清代，蒙古人习惯将“旗地”称“牧地”，故本文所用“牧界”一词即指“旗界”。

位予以考证，复原清代锡盟东西边界走向，为绘制清代漠南地区盟旗历史地图提供学术基础。

清代，锡林郭勒盟最东和最西之两个旗，即东乌旗和西苏旗及其周边盟旗均属逐水草而居的草原游牧地带，旗境内未形成内地定居式的城、镇、村等行政聚落，当时的旗地界标均为自然地物，或所立旗界鄂博，或卡伦。有关清代上述二旗边界，相关文献档案记载的较少，且当地具有历史意义的自然地名受自然或人为因素的影响，有些早已消失，有些则多次经历了地名变更，不少现已变为乡、镇、村等各级政区名称，导致其方位与原地相距甚远。为此，我们将利用蒙、汉文史料和地图资料力求对相关边界地物予以翔实考证。

《大清会典事例》、《大清会典图》、《皇朝文献通考》、《大清一统志》、《蒙古游牧记》、《清史稿》等清代相关汉文文献所记载的有关清代东乌旗和西苏旗边界方面的内容基本相似，一般仅记载各蒙旗牧地四至八到。例如，《清史稿》载：东乌旗"东界霍尼雅尔哈赖图，南界库冽图，西界达赖苏图，北界额里引什里"[①]。又如光绪《大清会典事例》载：东乌旗"东至霍呢雅尔哈赖图，接索伦界，南至库例图，接札鲁特旗界，西至达赖苏图，接右翼旗界，北至额哩引什里，接喀尔喀东路车臣汗部左翼前旗界，东南至博罗霍吉尔，接巴林界，西南至乌兰哈达，接右翼旗界，东北至苏噜拨罗勒吉，接喀尔喀东路车臣汗部左翼前旗界，西北至温堆托罗，盖接右翼旗界"[②]。有关西苏旗的记载亦是如此，例如《皇朝文献通考》载：苏尼特右翼札萨克旗"东至左翼旗界，西至四子部落界，南至镶黄旗察哈尔界，北至瀚海，接喀

---

① 《清史稿》（关外本）卷 77，志第 52，地理 24。

② 光绪《大清会典事例》卷 963，《理藩院 · 疆理 · 内蒙古部落》。

尔喀界”①。

此外，部分清代古地图或历史地图也记载着相关牧界地物。主要有《大清会典图》、《大清帝国全图——内外蒙古》、《内蒙古地图》（康熙朝，美国国会图书馆地图部藏）、《二十世纪中外大地图——内蒙古地图》（光绪三十四年版）等汉文地图，还有德国柏林大学图书馆藏清代东乌旗王府于光绪二十七年绘制的蒙文地图《乌珠穆沁左翼旗游牧图》（以下简称《东乌蒙文地图》）、清代西苏旗王府所绘蒙古文地图《苏尼特右翼旗游牧图》，以及同一时期该旗周边其他蒙旗所绘蒙古文游牧图。上述地图中，汉文地图所标示的有关蒙古地区地物信息虽然不多，或属示意性游牧图，且存在一些讹误，但从整体上为考证相关各旗大致方位提供了一些信息；相对而言，清代东乌旗和西苏旗及其相邻盟旗游牧图，虽亦属示意性地图，存在未经比例测算、方位和距离偏差甚大等缺点，但所载地物信息较为丰富，成为目前考证盟旗边界的主要史料来源。

二　锡林郭勒盟东段边界考

清代锡林郭勒盟东段边界即东乌旗东界，该旗位于大兴安岭索岳尔济山之西南，苏克斜鲁山西侧，为锡林郭勒盟十札萨克旗最东一旗。该旗东部由北向南依次与黑龙江索伦和漠南蒙古哲里木、昭乌达二盟部分蒙旗接壤，详查史料可以发现，清代该旗东界曾发生过几次较大的变化。如上所述，清代汉文文献载，该旗东界为霍尼雅尔哈赖图。就此，我们从光绪二十七年东乌旗王府所绘《东乌蒙文地图》中有了新的发现，该图在东乌旗东部画有内外双重边界，这一特殊情形与清廷曾先后

① 《皇朝文献通考》卷 291，《舆地考二十三》。

组建和撤销索岳尔济围场一事有关。康熙三十六年，康熙帝以兴安岭山脉之索岳尔济山为中心组建了索岳尔济围场，周围一千三百余里，其地均由索伦、蒙古札萨克等相邻各旗献出，相关事务由黑龙江将军管理。① 据我们考证，索岳尔济山即今锡林郭勒盟乌拉盖开发区东北大兴安岭山脉之宝格达山。清代东乌旗东段旗界正是由于该围场的组建而发生变化，该旗索岳尔济山西南的大片牧地划入其中，使该旗东段旗界向内退缩到大兴安岭西麓之外，形成了自该旗东北部的卓特巴花向东南到色也尔济河源，再向南延伸的一条南北走向的内线旗界。有关清代东乌旗东部边界，上述汉文文献只提到这一内线边界，所记载的内容也大体一致。以光绪《大清会典事例》为例，其卷 963 中载：东乌旗“东至霍呢雅尔哈赖图，接索伦界……东南至博罗霍吉尔，接巴林界……东北至苏噜拨罗勒吉，接喀尔喀东路车臣汗部左翼前旗界”②。根据《东乌蒙文地图》，上述所谓“东至霍呢雅尔哈赖图”，即指内线上的一处地名，蒙古文作“Quniyar Qalagaitu”（图上该地名旁另标有“此东界接围场界”字样），今作哈拉盖图，为东乌旗哈拉盖图农牧场附近的一座山。该地名今用简称“哈拉盖图”，清代文献中汉文转写的“Qalitu”与原蒙语“Qalagaitu”一词读音上存在较大的偏差，加上未知内外两条边界之前，容易将该地误认为外围边界上的地名，确定其位置和核实古今地名受到极大的困扰。而《东乌蒙文地图》上，以该旗东北部的卓特巴花(Judba Quwa)③ 附近为拐点，到该旗东南角哈果勒郭勒音呼和楚鲁④，

① 参见《清高宗实录》卷 1345，乾隆五十四年十二月壬申。

② 光绪《大清会典事例》卷 963，《理藩院·疆理·内蒙古部落》。

③ 又作“卓特巴音花”。谭其骧主编《中国历史地图集》（清时期）内蒙古六盟、套西二旗、察哈尔 57～58 页标有此地，作“昭德包音花”（蒙古语地名的汉语转写，同“卓特巴花”），该地今在蒙古国境内，其位置在北纬 47°，东经 118°7′附近。

④ 哈果勒郭勒即今东乌旗与通辽市霍林郭勒市交界附近的霍林河，哈果勒郭勒音呼和楚鲁在今霍林郭勒矿区牧场南 10 公里处的呼和音温多尔布拉格所在之山。

清晰地标注了该旗内线东界的走向及沿线具体地物，具体如下：从东乌旗东北部的卓特巴花起，向南沿这条线右侧（即东乌旗一侧）依次有都日布勒津（Dörbüljin）、莫斯图（Möstü，右侧有卡伦）、桑萨尔布拉克（Sansar Bulaγ，左侧有卡伦，西南近处有呼和哈达）、尼仁高勒河源（Naringool，左侧有卡伦）、古日班赛罕（Gurban Saiqan）、色也尔济河源（Seyeleji in gool on Eqi，左侧有卡伦）、霍尼雅尔哈赖图（Quniyar Qalagaitu，左侧有卡伦）、古日班敖包图（Gurban Obugatu）、奴合图（Nüqetü，左侧有卡伦）、古日班淖尔（Gurban Nagur，左侧有卡伦）、哈登和硕（Qadan Qošigu，离该线稍远）、扎木图呼和温都尔（Jamtu Qöqe Öndür），最后为哈果勒郭勒音呼和楚鲁（Qagulongool in Qöqe Cilagu，该处左侧偏东北有卡伦）。该图右下角还特意标有“东南角接围场及科尔沁图什业图亲王（即哲里木盟科尔沁右翼中旗——引者注）、达尔罕亲王（哲里木盟科尔沁左翼中旗——引者注）等牧地”字样。

关于东乌旗东部外线边界。到乾隆朝，清廷撤销索岳尔济围场，东乌旗东部边界随之得以恢复。这一过程有较为翔实的史料记载。乾隆五十四年，乾隆皇帝谕曰：“索约勒积（即索岳尔济——引者注）围场甚远，俱与索伦蒙古扎萨克接壤。盛京、吉林地方现成围场甚多，俱足敷行围，何必每年又须各扎萨克等纷纷派人安设卡座巡察，滋多繁费。但与其废而不用，莫若分赏原献围场之索伦、蒙古扎萨克等，以作游牧，较为有益。”① 为此，派员前往车臣汗部查办，并令其会同黑龙江将军“酌定分给原献围场之索伦、蒙古扎萨克等。务须秉公查明旧日疆界分给，永杜争端”②。是年二月，钦差御前大臣到索岳尔济哈伦乌苏地方，召集喀尔喀车臣汗部、索伦巴尔虎、哲里木及锡林郭

①② 《清高宗实录》卷1345，乾隆五十四年十二月壬申。

勒盟相关官吏，传达皇帝将“赏给”围场地之事，并“对照旧存档案，各计有水草之处，分别勘定。…… 查本年索约勒济山前积雪甚深，暂砍树为记，俟立夏雪融，再立鄂博，报院存案。并严饬伊等派人留心巡察防护”①。此次划分的具体结果为：由黑龙江昂阿齐老台至索约勒济山脚东北为黑龙江所属。由喀尔喀郭勒台至索约纳济（即索岳尔济——引者注）山脚西北为喀尔喀所属。由乌珠穆沁哈布齐勒台至索约勒济山脚西南为乌珠穆沁所属。由科尔沁博罗和济尔台至黑龙江陀罗河南岸乌珠穆沁界为哲里木所属。② 就此次围场地划分，以下记载更为具体而详细：“将索约尔济围场分赏给黑龙江索伦巴尔呼及蒙古各部落札萨克等。以索约尔济山为界，东自哈哈河口（即哈拉哈河口——引者注）至索约尔济山根，北自察罕库图勒至索约尔济山根为黑龙江所属地方，分给索伦等。南自博罗哈济尔至索约尔济山根分给科尔沁部落。西自郭特尔至索约尔济山根分给喀尔喀部落。西南自哈普沁至索约尔济山根分给乌珠穆沁部落。”③

乾隆五十五年，清廷归还围场地使东乌旗东界得以向外扩展，还原了固有旗界。有关该旗东界外线，上述汉文文献未曾提及。而在《东乌蒙文地图》以及光绪三十三年绘制的蒙古文《喀尔喀车臣汗部左翼前旗游牧图》（以下简称《车臣汗左翼前旗蒙文图》）中可以清楚地看到清代东乌旗东部外线边界的走向以及具体的界点地名，具体如下。《车臣汗左翼前旗蒙文图》标明，从索岳尔济山西麓之第一个鄂博，沿该旗南界（即东乌旗北部边界）向西到第十一个奴克图花鄂博之间与锡林郭勒盟东乌旗交界。这十一个鄂博中第七个鄂博正是上面提到的东乌旗内线东界的最北点卓特巴（该图作“卓特巴音花鄂博”）。从该

①② 《清高宗实录》卷 1351，乾隆五十五年三月壬寅。

③ 光绪《大清会典事例》卷 709，《兵部·行围》。

图上看，东乌旗北部旗界由卓特巴鄂博继续向东延伸到索岳尔济山，在这条线上首先出现了额默格勒托鲁盖、希巴尔泰布拉克两个非鄂博的地名，之后按照顺序列出了第六至第一个鄂博，分别如下：第六玛克尔他拉鄂博、第五（郭玛）浩默克布拉克鄂博、第四温都尔鄂瑞鄂博、第三嘎勒达苏泰额沁鄂博、第二莫敦扎木察干达巴干鄂博、第一索尔岳济山西麓之鄂博。① 《东乌蒙文地图》在这段边界上也以红色圆圈标出了这些鄂博，只是鄂博附近所列出的地名后没有特意注明“鄂博”字样，但其数量和位置与《车臣汗左翼前旗蒙文图》所列边界鄂博完全一致。以索岳尔济山为拐点，车臣汗部左翼前旗边界鄂博在此接沿该山东侧（即车臣汗左翼前旗东界）由北向南设置的第三十个索岳尔济山东麓鄂博，继续向北延伸。② 而《东乌蒙文地图》显示，东乌旗东部外线旗界也以索岳尔济山为拐点，即从索岳尔济山西麓之鄂博接设在该山山阳之第一个鄂博，再向南沿东乌旗外线边界延伸，直至该旗东南角哈果勒郭勒音呼和楚鲁，并在该段沿线共标有六个鄂博，沿线附近另标有其数个地名。具体如下：从索岳尔济山山阳之第一个鄂博偏西南方向经过哈尔诺尔（在今科右中旗境内）、鄂尔虎河源（今乌拉盖河源）、阿喇巴济胡察干诺尔（左侧有鄂博）、哈勒达克台（左侧有鄂博）、和勒古尔胡苏台（左侧有鄂博）、多苏图山、哈剌图乌拉巴彦和硕（以上两地之间沿外线有鄂博）、陀恩探布拉克（该旗另一图标为“桑萨尔布拉克”）、扎木图哈喇（左侧有鄂博）、哈果勒郭林呼和楚鲁（即哈果勒郭勒音呼和楚鲁，东北侧有卡伦）。东乌旗东界外线附近的上述地名均在大兴安岭西麓山脉中。

根据上述记载可以复原组建围场之前，亦即康熙三十六年以前的

①② 参见德国柏林大学图书馆藏清代喀尔喀车臣汗部左翼前旗王府光绪三十三年绘：《喀尔喀车臣汗部左翼前旗游牧图》（蒙文地图）。

东乌旗东段边界。康熙三十六年组建索岳尔济围场之前的东乌旗东界应该与乾隆五十五年撤销围场后的外线旗界一致，亦即撤销围场后该旗东部边界再次向外扩展，实属恢复了设旗之初固有旗界。其依据为，乾隆帝划分围场地的原则是将其归还原主，即“秉公查明旧日疆界”，“分给原献围场之索伦、蒙古扎萨克等”，其目的在于“永杜争端”。

三 锡林郭勒盟西段边界考

有关清代锡盟西段边界，即西苏旗与乌兰察布盟四子部落旗交界地物，清代《大清会典事例》等汉文文献同样记载较为简略，仅记载了四至八到，但这仍为我们提供了如下关键信息，即，从西苏旗西界的角度，由北而南依次指出了如下三处地物名称：西苏旗西北至额尔柯图①，西至特莫格图②，西南至陀克陀瓦托罗盖③；从四子部落旗东部边界的角度又提供了该旗东北至额尔柯图鄂博④，东至什吉冈图山⑤，东南至陀克陀瓦托罗盖⑥等三处地物。由此可见，西苏旗西北和四子部落旗东北交界处地物均为额尔柯图，又作额尔柯图鄂博。“鄂博”（Obuga）为蒙古语，意为“堆”，汉文音译又作敖包，清代蒙地有边界或分界鄂博，这种鄂博立在旗与旗之间，或者设在牧场与牧场之间区分彼此的区域范围，以免相互逾越。此处的额尔柯图与额尔柯图鄂博实为同一地物。而陀克陀瓦托罗盖则为当时的西苏旗西南角与

① 参见张穆：《蒙古游牧记》卷4；光绪《大清会典事例》卷963，《理藩院·疆理·内蒙古部落》。

② 参见《清史稿》（关外本）卷77，志第52，地理24，内蒙古；《蒙古游牧记》卷4；光绪《大清会典事例》卷963，《理藩院·疆理·内蒙古部落》。

③④ 参见光绪《大清会典事例》卷963，《理藩院·疆理·内蒙古部落》；《蒙古游牧记》卷4。

⑤ 参见光绪《大清会典事例》卷963，《理藩院·疆理·内蒙古部落》。

⑥ 参见光绪《大清会典事例》卷963，《理藩院·疆理·内蒙古部落》；《蒙古游牧记》卷5。

四子部落旗东南角相接之地物，亦即额尔柯图（鄂博）和陀克陀瓦托罗盖分别为西苏和四子部落二旗交界的极北端和极南端地物，由此确定锡盟西界南北两个界点，同时该两处界点之间又记载了特莫格图和什吉冈图山两个边界地物。

在上述汉文史料的基础上，我们将借助清代西苏旗王府于光绪年间绘制的《苏尼特右翼旗游牧图》[①] 和四子部落旗王府绘制《四子部落旗游牧图》等蒙古文古地图[②]，对锡盟西段边界予以更深入的考证。该段边界除了上述四个界点地物之外，蒙文游牧图由北向南又分别提供察布其尔胡都格、诺莫罕乌拉（又作“脑木更乌拉”）以及德勒敖拉等三处地物，使我们掌握的锡盟西界地物数量从原有的四处提升到了七处。对上述七处边界地物的方位及其地名沿革等作如下考证。

额尔柯图（Erqetü）。这是两旗最北的交界地物，又作额尔柯图鄂博。《苏尼特右翼旗游牧图》标注该地物为额尔柯图莽罕。蒙语“莽罕”（Mangqa）汉译为“沙地”，依上述文献和游牧图，该地物位于今乌兰察布市四子王旗（即清代四子部落旗）东北与苏尼特右旗（即清代西苏旗），以及蒙古国交界处的沙地区域。《内蒙古自治区地图集》等公开出版发行的今地图中未标注该地名，但今地图恰好在四子王旗、苏尼特右旗与蒙古国交界区域标有一块沙地，大致方位符合，地物类型一致，故可断定额尔柯图（鄂博）位于今四子王旗东北与苏尼特右旗以及蒙古国接壤之沙地区域内。地理坐标大致为东经 111°10′，北纬 43°35′。

诺莫罕乌拉（Nomugan Agula）。根据《苏尼特右翼旗游牧图》，

---

① 参见德国柏林大学图书馆藏清代苏尼特右翼旗王府于光绪年间绘制：《苏尼特右翼旗游牧图》（蒙古文）。

② 参见德国柏林大学图书馆藏四子部落旗王府于光绪年间绘制：《四子部落旗游牧图》（蒙古文）。

察布其尔胡都格（Cabqaar Qudug）与诺莫罕乌拉两个地物是相邻地物，在此一并考证。蒙古语“胡都格”（Qudug）汉译为“水井”。诺莫罕乌拉汉译为“威严而高大的山峰”，即今四子王旗脑木更苏木东北45公里的脑木更乌拉山，地理坐标为东经111°36′，北纬43°02′。[①] 脑木更乌拉和诺莫罕乌拉为同一蒙文地名的不同汉语音译。脑木更乌拉该地曾名为“脑敏额尔德尼塔拉”，后简化为“脑敏塔拉”，汉译为“碧蓝色的草原”。[②]《苏尼特右翼旗游牧图》中，诺莫罕乌拉周围描绘了绿色的草丛，可看出是草地中的一座山。脑木更山因土质发红，又被当地人称为“大红山”，脑木更山下是草原地带。这样的地理特征印证了游牧图所示的诺莫罕乌拉的特点。今脑木更山北侧有一眼泉井，当地人称“察布其尔井”。[③] 这眼井也正好和该旗游牧图中诺莫罕乌拉北侧的“察布其尔胡都格”相对应。古今资料中察布其尔胡都格和诺莫罕乌拉两个地物相互印证，有助于考证和确定该地物的方位。

特莫格图（Temeget）。特莫格图为蒙语，意为“有骆驼的地方”，《苏尼特右翼旗游牧图》另作“特莫格图敖拉”（Temeget Agula），意为“有骆驼的山”，图示此为一座山，位于诺莫罕乌拉之南。查阅今地图，在脑木更山之南有一处特莫图“Temeget”牧点，显然该牧点以其所在特莫图这一自然地名命名。特莫图与特莫格图同为蒙文“Temeget”一词的汉文音写，地名一致，方位符合。该地位于今苏尼特右旗西北图门嘎查之北。地理坐标大致为东经111°92′，北纬42°95′。

---

① 参见内蒙古自治区地名委员会编：《内蒙古自治区地名志·乌兰察布盟分册》，549页，内蒙古自治区地名委员会，1988。

② 参见四子王旗地名办公室编：《四子王旗地名录》，376页，四子王旗地名办公室出版，1983。

③ 参见四子王旗地方志编纂委员会编：《四子王旗志》，722页，海拉尔，内蒙古文化出版社，2005。

什吉冈图山（Šajagaitu Agula）。蒙语意为“有喜鹊的山”。此山又有汉名“鹊山”，在四子部落旗东境与西苏旗接界。[①]《苏尼特右翼旗游牧图》上后人标有汉字“沙佳岗图敖拉”（ŠajagaituAgula），词义同前，亦属蒙语地名的汉文转写差异。《苏尼特右翼旗游牧图》显示，此山东侧有一座寺庙，蒙文标有：“Qurqu in Agula Gemeqü Gajar Jarlig eyer togtagsan Buyantou Amgulung some yi Baiguljuqui.”[②] 这一句蒙语汉译为“在浩日嘎之山建了钦定福安寺”。今地图该区域有浩日嘎庙，又称为浩日高庙，即当地人以其所在地名命名。地方志记载苏尼特右翼旗札萨克王府策仁道尔吉于乾隆年间从京师运来15尺高的白檀香木雕刻的白伞佛母神像，在今查干乌拉嘎查哈拉金达巴之坡建庙供奉，因此地得名叫浩日高（佛龛）庙，赐名“福安寺”[③]。“福安寺”与《苏尼特右翼旗游牧图》蒙文注释相符，其地理位置也符合《苏尼特右翼旗游牧图》所示区位，故确定该寺庙为今苏尼特右旗朱日和镇东南部的浩日嘎庙。由于此庙位于什吉冈图的东侧，因此什吉冈图山为浩日嘎庙之西附近的山峰。在今地图浩日嘎庙西部偏北的位置有两个村落，分别名为准沙金图和巴润沙金图，蒙文“准”（Jegün）意为“东”，“巴润”（Baraguun）则为“西”，而“沙金图”也为蒙古语“Sajagaitu”的汉文转写，同“什吉冈图”，这两个村因分别位于什吉冈图山东、西两侧而得名。故什吉冈图山即位于这两个村落之间，地理坐标大致为东经112°65′，北纬42°35′。

德勒敖拉（Del Agula ）。蒙古语“Del”意为“马鬃”，“Agula”为山，汉译为“马鬃山”。据《苏尼特右翼旗游牧图》，德勒敖拉位于

① 参见蒙藏委员会编：《乌兰察布盟四子部落旗调查报告》，9页，1948。

② 德国柏林大学图书馆藏苏尼特右翼旗王府于光绪年间绘制：《苏尼特右翼旗游牧图》（蒙古文）。

③ 巴雅尔主编：《苏尼特右旗志》，842页，海拉尔，内蒙古文化出版社，2002。

西苏和四子部落两旗交界极南端地物——陀克陀瓦托罗盖之北，处于两旗边界南部。根据游牧图大致方位，推断此地在今苏尼特右旗西南部或乌兰察布市察哈尔右翼后旗西北部。据《乌兰察布盟地名志》记载：察右后旗有东宝石山村，该村村西有马鬃山，因马鬃山别名宝石山，故名东宝石山村。① 因此德勒敖拉即位于今乌兰察布市察哈尔右翼后旗之西北的八号地乡东宝山村（今村名改为“东宝山村”）之西，地理坐标大致为东经 112°99′，北纬 41°93′。

陀克陀瓦托罗盖（Tugtu Tolugai）。后人将该地在游牧图上用汉字标注为“托克托托落盖”（Tugtu Tolugai），“陀克陀瓦”为“托克托”的汉语不同转写，蒙语“陀克陀”（Tugtu）意为“有旗帜的地方”，蒙语“托罗盖”（Tolugai）意为“山头”，即“有旗帜的山头”。该山为两旗交界极南端地物，位于西苏旗之西南、四子部落旗之东南。据《苏尼特右翼旗游牧图》所示，该山位于德勒敖拉山之南。查阅今地图，察哈尔右翼后旗红格尔图镇四道湾村之北有旗杆山。“旗杆山”与蒙语“陀克陀瓦托罗”意同，且地理方位亦符合。故陀克陀瓦托罗盖即为今乌兰察布市察哈尔右翼后旗红格尔图镇四道湾村之北旗杆山，地理坐标大致为东经 113°07′，北纬 41°72′。

依据上述考证，关于清代锡林郭勒盟东西边界可以得出如下结论。其东部边界，即东乌旗东段边界在清代经历了三个阶段的变化：第一阶段是从顺治三年到康熙三十六年，这一时期东乌旗东段边界为自东北角上的索岳尔济山到东南角上的哈果勒郭林呼和楚鲁，沿大兴安岭山脉延伸的外线旗界。第二阶段是从康熙三十六年到乾隆五十五年，这一时期的东段边界是由卓特巴花向南到哈果勒郭林呼和楚鲁之内线

① 参见内蒙古自治区地名委员会编：《内蒙古自治区地名志·乌兰察布盟分册》，143 页。

边界。第三阶段是乾隆五十五年到宣统三年，这一时期该旗东段边界恢复了最初的旗界，即同第一阶段的外线旗界。

有关东乌旗东界，光绪年间的上述文献和地图多以内线旗界为准，只有《东乌蒙文地图》将内外两条旗界同时画出。而对其内线东界以东区域，或内外两条边界线之间区域的归属权，各种资料表述不一。上述汉文文献称东接“索伦界”，《东乌蒙文地图》则在内线旁标注东接“围场界”。只有《车臣汗左翼前旗蒙文图》标注为从卓特巴音花到索岳尔济山一线向南为东乌旗界。究其原因，早在康熙四十年，康熙皇帝就索岳尔济山禁猎一事谕称：“此山形势崇隆，允称名胜，嗣后此山禁止行围。”[①] 可见清廷曾将该山加以保护，所以，自乾隆五十五年，清廷虽将索岳尔济围场地归还各旗牧放，但皇帝既已将此处称为“名胜”，即列入重点保护之列，原则上仍禁止闲人擅自进入，更严禁在此行猎、采伐等。正因这一缘故，光绪朝《东乌蒙文地图》上仍画出内线边界，并沿途画有八座卡伦。由于种种因素，“索岳尔济围场”这一概念一直延续到清末，加上外线以东为索伦，故在东乌旗东界地名中往往混淆使用“围场”和“索伦”两个概念，并逐渐成为普遍认可的两种习惯说法。这一情形自然会影响到相关文献记载的统一性。

清代锡盟西部边界，即西苏旗西段边界的走向，自崇德年间设旗到清末基本没有发生变化，即自极西北的额尔柯图（鄂博）起，经察布其尔胡都格、诺莫罕乌拉、察罕呼都克、特莫格图、什吉冈图山、德勒敖拉直至极西南的陀克陀瓦托罗盖一线，为其与漠北喀尔喀土谢图汗部及漠南乌兰察布盟、察哈尔游牧八旗之边界。这条边界线是北自今苏尼特右旗西北角与乌兰察布市四子王旗东北角接壤之中蒙边界沙地，南到乌兰察布市察哈尔右翼后旗红格尔图镇四道湾村北部的

① 《清圣祖实录》卷205，康熙四十年八月乙丑。

旗杆山。可见，清朝灭亡后，经过民国时期，以及新中国成立后的政区变迁，今天的锡盟西段盟旗边界与清代相比已有了一定的变化，尤其是原西苏旗西南地段已划入今乌兰察布市察哈尔右翼后旗红格尔图镇境内。

清代发遣制度在新疆的实施

华　立*

清代刑律的体系继承明代而来，分“笞、杖、徒、流、死”五种，即传统的五刑。流即流放，是仅次于死刑的重刑，所谓“流者，不忍加诛，则放流之，使之一去不返也”；或谓“去死一间，不忍杀之，流之远方”。这些解释，都清楚地指出了流刑在清代刑罚体系中的位置。同时，清代流刑的内容，包括正刑和闰刑两个部分，互为补充。正刑的“流”分流二千里、二千五百里、三千里三等，也称三流，而正刑之外的闰刑，则有迁徙、充军以及本文将着重讨论的发遣等数种。量刑上，迁徙较流稍轻，指将犯人及其家属迁至离开原籍地千里之外处安置；充军分为五等，附近二千里、近边二千五百里、边远三千里，极边和烟瘴均为四千里，也称五军，其惩处明显重于正刑的流。而清代创设的发遣这一刑种，更被认为是流刑中最为严厉的一种。这是因为“军罪虽发极边、烟瘴，仍在内地，发遣则发边外极苦之地”。也就是说，尽管充军或被发至云贵两广的烟瘴之地，毕竟仍在直省，未出内地范围，而发遣是将免死减等的重罪犯人发配至黑龙江、吉林以及新疆等令人生畏的“边外极苦之地”去充当苦差或为奴，境遇更加严酷。

中国历史上将罪犯发配边疆地区的做法起源甚早，除了重加惩罚，

* 华立，大阪经济法科大学教授。

减少此类罪犯对内地社会秩序的恶劣影响外，利用罪犯作为屯田劳力，开发边地，充实人口，也是历代统治者的重要意图之一。在清代，闰刑发遣的实施，更是将这一意图发挥到极致，为前代所未见。要特别指出的是，发遣制度滥觞于清初而盛行于乾隆以后，其契机乃是清朝完成对新疆的统一和对当地经营的全面展开。随着新疆成为清代发遣的主要实施地，无论发遣条例的扩充丰富，还是发遣规模的扩大，都达到了一个高峰。

关于清代发遣新疆的研究，自 20 世纪 80 年代以来受到关注，已陆续涌现一批成果。较早涉及这一课题的，在大陆地区有张铁纲、叶志如、齐清顺、周轩等人，在台湾地区有吴佳玲、廖中庸等人，在海外则有日本的川久保悌郎、加藤直人，美国的 Joanna Waley-Cohen 等人。① 此外，王希隆和笔者也曾先后论及发遣与清代新疆屯垦的关系。近年还可见到青年学者王云红等人的研究。② 经过上述一系列研究，有关清代发遣新疆的基本轮廓和主要史实已大体清晰，但是在一些方面，如确定以新疆为主实施发遣后，发遣条例的扩充与调整如何展开，其具体过程与背景如何；遣犯的来源、构成，清朝对遣犯在服刑地如

① 如张铁纲：《清代流放制度初探》，载《历史档案》，1989（3）；叶志如：《清代罪奴的发遣形式及其出路》，载《故宫博物院院刊》，1992（1），及《从罪奴遣犯在新疆的管束形式看清代的刑法制度》，载《新疆大学学报》，1994（4）；齐清顺：《清代新疆遣犯研究》，载《中国史研究》，1988（2）；周轩：《清代新疆流人研究》，乌鲁木齐，新疆大学出版社，2004；吴佳玲：《清代乾嘉时期遣犯发配新疆之研究》，（台湾）政治大学民族研究所硕士论文，1992；廖中庸：《清朝官民发遣新疆之研究（1759—1911）》，（台湾）东海大学历史研究所硕士论文，1992；川久保悌郎：《清代における辺疆への流罪配流について：清朝の流刑政策と辺疆　その一》，载《弘前大学人文社会》，15 号，1958，及《清代満洲の辺疆社会：清朝流刑政策と辺疆　その二》，载《弘前大学人文社会》，27 号，1962；加藤直人：《清代新疆の遣犯について》，载《清朝と東アジア　神田信夫先生古稀記念論集》，山川出版社，1992；Joanna Waley-Cohen，*Exile in Mid-Qing China*：*Banishment to Xinjiang*，*1758－1820*（Yale University Press，1991）。

② 如王希隆：《清代西北屯田研究》，兰州，兰州大学出版社，1990；华立：《清代新疆农业开发史》，哈尔滨，黑龙江教育出版社，1995 年第 1 版，1998 年第 2 版；王云红：《清代流放制度研究》，北京，人民出版社，2013。

何安置并进行管理，其供役与生活的实际状况如何；以及服刑期满后的遣犯有怎样的出路或去向，所谓“遣犯为民”的政策究竟如何付诸实施，发遣对清代新疆当地社会产生了怎样的影响等环节上，都还存在不少值得更深入且细致探讨的空间。有鉴于此，笔者拟在吸收已有成果的基础上，聚焦上述问题，充分运用第一手的档案史料并结合其他文献再做探讨，以期推动研究的进一步深化。

一　乾隆年间实施发遣新疆与发遣条例的制定

如许多先行研究已指出的，清代早期的应遣罪犯主要发往东北边地。顺治时期的事例多见于盛京地区及其周边，其中包括了尚阳堡、铁岭等地，同时抑或发遣至吉林的宁古塔。至康熙朝，黑龙江地区作为重要发遣地逐渐取代了原来的盛京和尚阳堡，除了宁古塔，发遣地点扩大至黑龙江、三姓、伯都纳、乌喇、墨尔根等处。这一时期的发遣案例很多受到当时政治的牵连，如有名的科场案、奏销案，有浓厚的政治流放意味，这也与后来在新疆地区以刑事犯罪为主的发遣形成区别。康熙末年至雍正时期，清廷为了防范准噶尔部入侵，曾在漠北的科布多、乌兰固木一带设立北路军营，同时开设屯田，将一部分原遣东北的罪犯改发该地耕种役使，但仅为一时之策，并未改变以东北为主实施发遣的一贯方针。然而到了乾隆二十三年，随着清朝平定准噶尔部和镇压大小和卓反清势力的战事节节进展，基本确立了对新疆的统治格局，清初以来的发遣制度也在此时出现了重大转变，新疆作为新的发遣实施地，开始进入清朝君臣的视野。

乾隆二十三年二月初四日，湖北道监察御史刘宗魏率先向清廷建议在新疆实施发遣。上奏后受到乾隆皇帝关注，立即指示军机大臣与刑部详议具奏。九天后的二月十三日，经军机大臣、大学士傅恒领衔将议复结果上奏，奉旨“著为定例”，正式确定了在新疆实施发遣的方针。对此事，《清高宗实录》卷 556 有如下记载：

> 军机大臣等议奏，御史刘宗魏奏，请嗣后盗贼、抢夺、挖坟应拟军流人犯，不分有无妻室，概发巴里坤，于新辟夷疆并安西回目扎萨克公额敏和卓部落迁空沙地等处，指一屯垦地亩，另名圈卡，令其耕种。其前已到配各处军流等犯，除年久安静有业者照常安插外，无业少壮曾有过犯者，一并改发种地，交驻防将军管辖。应如所请，并将此外情罪重大军流各犯一体办理。从之。

应该说，以上文字大体反映了发遣新疆方针问世的梗概，迄今为止的有关研究也多据此进行叙述。但是还要指出的是，本条记载并非刘宗魏奏疏和傅恒等议复的原文而是概括，而在概括当中，又略去了许多作为研究原本值得关注的要点，也因为过于概略，甚至带来文中部分字句的不易理解，故仍有回到原始史料的必要。所幸的是，笔者经过翻检档案，分别找到了刘宗魏和傅恒的原奏，又见到了实施早期的发遣款项单，给进一步还原历史原貌提供了可能。

首先来看刘宗魏奏疏的内容。①

奏疏开篇以“请杜盗贼之流蔓以靖盗源”破题，称“稂莠不剪，必害嘉禾，盗贼者，民之稂莠，而抢夺、发冢，更盗贼中之尤堪发指者也。只以罪分首从，情别重轻，除死罪外，定为军流徒杖，全其生命而惩创之，原欲使其改恶易行以安善良”，此乃军流等刑的本意。但是接下来又指出，由于国家境况的变化，考证军流等刑实施现状，流弊甚多，已难发挥原来应有的作用。

---

① 参见《清高宗实录》卷 556，乾隆二十三年二月己巳。

> 三流有宅自二千里、二千五百里至三千里，而充军地方则有边卫、边远、极边、烟瘴及黑龙江等处等名目。亦以若辈罪孽深重，必投诸水土恶劣之区，使任夫困苦难堪之役，以赎其死。今国家承平日久，生齿日繁，和气翔洽，无论二三千里之近，在在皆成沃土，即向所称烟瘴者，已渐化为泉甘土肥矣，向所指黑龙江等处者，今且既庶而富矣。是以定例内载应发黑龙江等处者，各按罪名，或照名例徒流迁徙地方条下，分别发遣之例问发，或照军卫道里表，分别极边烟瘴问发。而应问烟瘴充军者，若该犯离家四千里外并无烟瘴，即以极边为烟瘴，定卫发遣。其有应发遣之卫所已改设州县者，照旧发遣，仍注军籍当差，以该州县为专管等语。查近今数十年，卫所多改州县，配往军犯并无应当之差，全与安插徒流无异。况直隶、江南、山东、山西、河南、浙江、江西、湖广、广西、四川、贵州、云南等省，俱以陕西为极边，浙江、江西、福建等省人以直隶为极边，而直隶、山东、陕西、河南、陕西、湖广、四川、贵州等省，且以江南、浙江为边远。极边本系腹地，顾加以边远、极边之号者，盖最重之军罪，亦止以该犯离家四千里为断。里数既足，法无可加，不得不迁就其名也。

据上可知，刘宗魏认为现行的军流起不到应有惩罚作用的原因，一是随着国家承平，生齿日繁，原来流刑中的边远乃至烟瘴之地逐渐开发，转成沃土，使得“任夫困苦难堪之役，以赎其死”变得有名无实；二是与明代不同，清代不再实行卫所制，军犯到配无差可应，“与安插徒流无异”。加之流放地的规定及军流道里计算混乱、内陆省份与沿海省份互为极边，造成“极边本系腹地”的怪相。而大量军流人犯聚集内地各省，败坏当地风气，给社会治安带来严重隐患，正所谓

“犹移植稂莠，往害嘉禾，不可不重防其弊也”。

铺垫至此，刘宗魏话锋一转，点明了上奏的主题。

> 钦惟皇上天威远播，讨平准噶尔，辟地数千里，中多可垦之旷土，而安西回目扎萨克公额敏和卓部落业已迁往土鲁番，空出沙州地亩，现在招徕耕种，议设将军驻防。臣愚请在巴里坤等处指一屯垦地方，另立名色圈卡，以示区别。将嗣后凡犯盗贼、抢夺、挖坟，应拟军流人犯，不分有妻室无妻室，与例应佥妻并例听该犯情愿携妻与否者，一概发遣彼处种地。其从前定案业已到配之军流人等，并令直省督抚查明，除到配年久安静有业者照常安插外，其无业少壮曾有过犯人等，亦一并改发口外种地处所，交与该将军管辖。①

很显然，刘宗魏认为，随着讨平准噶尔，辟地数千里，新疆作为悬绝关外有待开拓的一片新土，是不折不扣的“边外极苦之地”。加之开展屯种急需补充劳力，将重罪犯人发遣至此役使，正符合发遣的惩创原则。同时也因其地遥远，与内地相隔，可以减少对内地社会的不良影响。“夫惕以重法以绝其为恶之心，资其筋力以收此屯田之利，于新辟疆境不无裨益，且使内地人民知所警惧，不敢复为盗贼、抢夺、挖坟等事”，一举而两得。在具体实施方法上，则提出了以下几点：

（1）关于何种罪犯适用于新疆的发遣，刘宗魏着眼盗贼、抢夺、挖坟一类应拟军流的恶性犯罪，主张不分有无妻室，连同例应佥妻并例听该犯情愿携妻与否者，一概按发遣新疆办理。（2）除今后拟罪发遣犯人外，业已在内地配所服刑中的军流犯人，凡无业少壮曾有过犯者，也均实行改发，令至口外种地处所。（3）关于具体安置地点，提

---

① 朱批奏折，乾隆二十三年二月初四日刘宗魏奏，档号：04-01-08-0001-001。

议发至巴里坤等处，指一屯垦地方，另立名色圈卡，以利管理。此处指名“巴里坤等处”，应是鉴于当时新疆其他地区新定或尚未全定，巴里坤在新疆东部，地近甘肃，经营已久，屯种亦有规模而有此建议。笔者前读《清高宗实录》卷556中所记刘宗魏关于遣犯安置建议，见有“概发巴里坤，于新辟夷疆并安西回目扎萨克公额敏和卓部落迁空沙地等处，指一屯垦地亩，另名圈卡，令其耕种”等语，曾疑惑前后文之语意牵混，不知何以既言“概发巴里坤”，又将安西之“迁空沙地”与“新辟夷疆”并列。现经比照奏疏，得以解惑，知实录这段文字中的“安西”云云，并非刘宗魏原文，而是他人之概括，也因此产生了文字上的偏离。

刘宗魏的建言，迎合了正在考虑大力经营新疆的乾隆帝的想法，他当即以赞赏的口吻批复：“此奏确有所见，军机大臣会同该部详议具奏。”以傅恒为首的军机大臣等秉承旨意，也以积极态度讨论，一方面肯定该建议颇多可取，同时指出“御史折奏专重强盗窃贼而言，夫贼盗中如鼠窃狗偷或懦弱疲惫，不皆堪以驱役之人，而军遣各犯内桀骜顽梗不由盗贼获谴而情节较重者尚多，若去此留彼，固不足以创惩凶恶，即一例改发，亦未得乎轻重权衡”。为纠正刘宗魏所奏过分拘泥于强盗窃贼等少数犯罪类型的不足，傅恒等人“详加酌议”，针对军流人犯全面权衡，拿出了一个包括二十余条发遣条例的详尽方案：

> 请于军流遣犯内，如①（引文中标注的序号系笔者所加，以便区隔各款）造谶纬妖书传用惑人不及众者、②师巫降邪神并一应左道异端之术煽惑人民为从者、③军民吏卒殴伤本管官者、④采生折割人已行而未伤人为从者、⑤谋叛未行为从者、⑥逃避山泽不服追唤者、⑦凶徒因事忿争执持军器殴人至笃疾者、⑧放火故烧人空闲房屋及田场积聚之物者、⑨聚众十人以上带有军器兴贩

私盐拒捕伤人为从者、⑩开窑诱取妇人子女勒卖为从者，并该御史所奏⑪强盗免死减等、强盗已行而不得财者、⑫强盗窝主造意不行又不分赃者、⑬窃盗临时拒捕伤非金刃伤轻平复者、⑭积匪猾贼、⑮抢夺伤人为从者、⑯捕役豢贼一二名至五名者、⑰发掘他人坟冢见棺椁为首及开棺见尸为从者、⑱窃赃数多罪应满流及⑲三次犯窃罪应充军者，以上各项，除实系老弱残疾不能耕作之人毋庸改发外，余均发往巴里坤等处种地管束。此外，寻常军流案内有情节较重者随时酌量请旨改发。至于⑳现在各省已经到配之军流遣犯内，如有怙恶不悛为匪脱逃者，亦照此办理。[①]

据此可知，刘宗魏原奏提议有九条，傅恒等酌议后增加了十条，作为今后发遣新疆时遵循的条例规定，在此基础上又加入了“各省已经到配之军流遣犯内，如有怙恶不悛为匪脱逃者，亦照此办理”一条，达到二十条，并规定寻常军流案犯情节较重者可“随时酌量请旨改发”，为实施发遣新疆提供了法律依据。在此之后，稍经增补，形成了“应发新疆项款二十二条”。关于二十二条的存在，我们从中国第一历史档案馆藏乾隆朝《原议改发巴里坤款项单》也能得到印证。该单逐条开列发遣条款，除原样收入经傅恒等议定的以上各条外，在最后增补了“窃赃满贯拟绞三次缓决以上者”和“私铸铅钱不及十千情轻者”两条，共计达到二十二条。[②]

不过对于发遣新疆，当时大臣中的认识并不尽一致，下令实施未久即出现反对声音，而这种反对声音的背后，其实还隐含了对乾隆帝经营新疆战略的不理解。六月，御史朱嵇以“递解多费口粮及渐染边

① 朱批奏折，乾隆二十三年二月十三日傅恒等奏，档号：04-01-08-0001-005。

② 参见朱批奏折，无上奏人及年月日，题名《原议改发巴里坤款项单》，档号：04-01-08-0158-017。

地习俗”为由，奏请将“改发巴里坤人犯酌量仍复旧例发遣”。十二月，御史李绶再上奏，称巴里坤为屯田要地，不宜令薰莸共处。乾隆帝痛斥此等持意见者对于发遣新疆一事毫无理解，愤然掷还李绶之折。[①] 同时又利用各种场合反复说明在新疆实施发遣的意义和必要，如当年五月乾隆帝即在一次上谕中表示：“此等人犯本系情重大应死之人，因有一线可原，未即置之于死，其实与黑龙江等处为奴人犯无异。不过因西陲平定，是以发往巴里坤等处给屯田绿旗兵为奴耳。”说明并非另创新刑罚，而是顺应西陲平定的新形势，将发遣地重点转至西北。乾隆二十五年为新科进士举行廷试，条对策问专门议论“以古之屯田为劳民，今之屯田，劳民正所以惠民”。于此再次颁布上谕，驳斥朱、李二人之谬，并宣示向新疆发遣乃至鼓励内地移民的深远意义。[②] 乾隆二十六年三月，又以更加明确的口吻谕示：“此等发遣人犯，本属去死一间，以之投畀远方，既不至染腹地民俗，而现在新疆屯垦处所在在丰收，该犯到彼，又可力耕自给，实为一举两得。”[③] 强调无论从维护内地治安或充实边疆人手出发，发遣新疆都势在必行。

在乾隆帝的大力推动下，发遣新疆很快在内地各省着手实施。乾隆二十四年六月，由各省解送至甘肃的遣犯及家属人数已经累计达到一千二百余名口之多。甘肃巡抚衙门对其随到随发，按照由近及远的方针，陆续发往安西、哈密、巴里坤等地安置。[④] 然而如此迅猛的势头也带来了意想不到的难题：一方面，对于遣犯的起解、途中押送等问题，各地州县对应不及，产生各种混乱；另一方面，新疆的用兵尚

① 朱嵇上奏事见《清高宗实录》卷565，乾隆二十三年六月乙亥；李绶上奏事见同书卷576，乾隆二十三年十二月癸亥。

② 参见《清高宗实录》卷612，乾隆二十五年五月壬子。

③ 《清高宗实录》卷633，乾隆二十六年三月辛酉。

④ 参见录副奏折，乾隆二十四年闰六月十三日吴达善奏，档号：03-1350-005。

未收尾，作为出入新疆之门户的甘肃省还需支应军务。一个更现实的困难是，这一年甘肃歉收，仓储匮乏，无力为汇集此地的遣犯提供口食，这一切都迫使刚起步的发遣不得不暂时中断。

两年后的乾隆二十六年，平定新疆大功告成，驻军屯田从巴里坤一带扩展至乌鲁木齐、伊犁等地，加之甘肃年谷时熟，各方面的条件已经具备。是年三月，清廷下令恢复发遣新疆，从此遣犯不断西来。不过，在经历了前番周折后，刑部认识到此前制定的发遣条例过多，不易执行，遂对二十二条酌量删减，确定了以重犯为主，"择其桀骜难驯，屡惩屡犯，如强窃、盗贼及抢夺、发冢凶徒等项，渐染甚易，驯化又难，请照原议发巴里坤给种地绿旗兵丁为奴，其余仍依各犯本律应配地方分别充配"的方针。①

需要指出的是，发遣新疆条例在乾隆二十六年之后还屡经修订，条例时增时减，头绪纷繁，要说清其变动细节并不容易。乾隆时期之变动大者，除了二十六年，还有三十二年、四十四年、四十八年数次。它反映出清廷力图"因时损益"，既要保持新疆的遣犯数量以便役使，又要兼顾当地的弹压能力以防止失控。以下概述其要。

乾隆三十二年，由于重开发遣以来每年改发新疆的遣犯人数不下六七百人，伊犁、乌鲁木齐等地遣犯"积而愈多"，且此类遣犯"多系顽梗性成，约束非易"，决定在旧定应发各条中酌量情节，选择"其非积凶，尚易约束"者六条照例遣发，而将"积匪猾贼、回人行窃"等情节较重的十六条各照本律地方发配。②

经过节年减发，乌鲁木齐等地转而出现了屯田遣犯数量不足的问题。乾隆四十四年，经乌鲁木齐都统索诺穆策凌奏请，决定恢复一度

① 参见《清高宗实录》卷632，乾隆二十六年三月庚子。

② 参见《清高宗实录》卷732，乾隆三十二年四月乙巳。

停发新疆的十六条，其中情节较重者给兵丁为奴，情节较轻者发巴里坤等处补耕屯缺额。① 根据乾隆末年成书的《新疆条例说略》，可知积匪猾贼、抢夺满贯、回民行窃、发冢见棺或开棺见尸、窃赃数多罪应满流、抢夺金刃伤人等凶恶犯罪都在此次重新列为发遣新疆的对象。

由于重罪发遣者的数量可观，恢复十六条后仅四年即乾隆四十八年，伊犁将军伊勒图便上奏表示伊犁遣犯积有四千余名，除去回籍、病故及已正法等项外，实有三千数百余名，“类多顽梗积匪，不安分之徒”，最易滋事。照此趋势下去，将导致遣犯多于防兵，不可不慎重考虑。② 为此，清廷再度修订发遣条例。伊勒图提议将对象缩减到从前的“易于约束者六条”，而刑部经过斟酌，再从以前改发内地十六项（条）及乾隆四十七年增入的一项共十七项（条）内选出相对情节稍轻、约束尚易的五项（条），如强盗窝主造意不行又不分赃等，连同乾隆三十二年以来实施的六条（项），共计十一项（条）作为发遣新疆对象，以其余十二项（条）改发内地。如吴佳玲所指出，这次规定的改发内地十二项（条）例，成为日后发往新疆遣犯增拨减删时首先考虑的罪名。③

乾隆五十年以后，条例的局部增改仍时有可见，但不再出现大幅度的调整，由“原例遣罪”、“流刑改遣”、“军罪改遣”、“免死改遣”四部分构成的新疆发遣条例形成体系。根据吴翼先对历次奏发条例所作的辑录，可知迄乾隆末，先后共出现过六十六项（条）原例发遣及由军流等罪改遣的规定，至乾隆末年仍在实行的有三十余条。④

---

① 参见《清高宗实录》卷1090，乾隆四十四年九月乙未。

② 参见朱批奏折，乾隆四十八年十一月十七日伊犁将军伊勒图奏，档号：04-01-30-0366-015。此奏说得更为明确，十六条中，“情节较重者八条给兵为奴，情节较轻者酌拨种地当差”。

③ 参见吴佳玲：《清代乾嘉时期遣犯发配新疆之研究》，26页，（台湾）政治大学民族研究所硕士论文，1992。

④ 参见吴翼先：《新疆条例说略》卷1。

综观新疆发遣条例，可知发遣对象的重点始终是刑事性罪犯，这也是清代发遣新疆的一大特点。以刑事犯为主发遣新疆，对清朝在新疆的政治统治不易产生不利影响，而就一般社会的罪犯构成而言，刑事性罪犯的比重远高于政治性罪犯，这又使遣犯来源得有较充分的保证，符合清朝在新疆屯田等经济生产活动中大量役使遣犯的基本意图。为此我们看到，在执行有关发遣条例的同时，清廷对发遣新疆人犯的年龄、身体条件也一再作出规定，以保证遣犯到配服役时的劳动能力。如："凡老弱残疾，不能耕作之人，毋庸发往新疆"；发遣之人年龄不得超过五十岁，即使情节恶劣，有意从严惩治者，亦不得超过六十岁，"各犯年在六十以外及废疾者，仍照例发往四省"。另外，为了遣犯能够安定于新疆当地，提倡携眷到配即佥妻发遣，"除老弱残疾及年逾五十不能耕作之人仍照原例办理外，余均佥妻改发乌鲁木齐等处"①。

二　遣犯在新疆的服役与生活

乾隆二十六年在新疆重开发遣以来，遣犯不断西来，发遣地也从最初的东部巴里坤、哈密等少数地点扩展到天山北部各地。总体来说，对遣犯的安置和管理，与新疆军政体制的构成及屯田之分布关系密切，因此对天山以北，大体可分作两个区域来考察，一是乌鲁木齐都统辖制的东路地区，包括乌鲁木齐及其周边（后设迪化州领辖昌吉、阜康、济木萨、玛纳斯、精河、库尔喀喇乌苏、吐鲁番等），以及巴里坤（后设镇西府领辖古城、木垒以及哈密）；一是伊犁将军驻节的北路地区（含伊犁九城与塔尔巴哈台）。至于天山以南的回疆（清代也称南路或南八城），出于对当地穆斯林居民在民族与宗教上之特殊性的考虑，初

---

① 吴翼先：《新疆条例说略》卷2。

期鲜有发遣之事，直到乾隆五十年之后才有所增加，但其人数规模与东路乌鲁木齐及北路伊犁完全不能同日而语。

关于遣犯在新疆的服役情况，较早研究这一课题的齐清顺将其区分为种地、当差、为奴三种供役类型，种地即屯田耕种，当差即从事耕种以外的开矿、运输、土木、河工等劳役，为奴即发给驻防官兵或回疆各城伯克为奴。他是在援引乾隆四十四年刑部议奏的基础上作此归纳，判断不为无据，但对刑部奏议的理解似乎还不够准确。在齐清顺之后探讨此问题的日本学者加藤直人就指出，他同意齐清顺将对遣犯的役使大体归纳为三类，但同时又指出，就刑部奏议中的分类本身而言，多是在遣犯脱逃时用作进行惩罚的量刑标准，因此不应简单看作只是对遣犯的供役进行分类。笔者也认为加藤直人的见解值得重视，刑部所说的种地、当差、为奴三种处置，不应浅显地理解为役使内容的区分，更应看到其在法律上的量刑意义，即根据遣犯的犯罪情节轻重、是一般常犯（民人有犯）还是官犯（官员有犯），以及是否具有旗人身份等情况而作出的对该犯到配后惩罚的轻重及服刑待遇上的区分。一个明确的事实是，分配给绿营屯田官兵的为奴遣犯都随同主人从事耕作即种地，而分配给察哈尔、厄鲁特等营官兵的为奴遣犯则随同主人游牧，乌鲁木齐、伊犁的矿山劳作也大量使用为奴遣犯，因此很难把“为奴”简单解释为供役内容。相反，把“种地”和“为奴”作为量刑标准，就可以很好地理解发遣条例中的有关规定，如乾隆二十七年定，犯“盗砍围场内木植”罪者，“初次、二次发乌鲁木齐等处种地，至三次发给乌鲁木齐种地兵丁为奴”[①]，“种地”和“为奴”显然在法律的惩罚程度上具有递进加重的关系。

根据笔者对史料的研读，新疆遣犯的发遣身份主要由为奴和当差

① 《清朝文献通考》卷200。

两种构成。一般民人罪犯即常犯中，为奴遣犯占压倒多数，官犯中的多数则为当差或效力当差遣犯。这一点从清代新疆政书类史料的记载中也可以得到证实。乾隆四十年代中期成书的《乌鲁木齐政略》[①] 设“遣犯”门，内有“自乾隆二十六年九月起，截至四十三年九月止，通共发来当差、安插及为奴各项遣犯××名”的记载。虽然原应写有人数的部分缺载，令人遗憾，但可知管理上对遣犯分为当差、为奴及安插，而不见种地。所谓安插，系指清朝对部分内地民人的强制性迁徙，其人身受到限制，类似遣犯，但在安插地作为民户对待，有关情况将在后文涉及。又如美国哈佛大学燕京图书馆藏《伊犁低（底）册》[②] 记载乾隆末年伊犁遣犯情况称，“每年各营脱逃兵丁闲散家奴并当差、为奴遣犯，年底造册汇咨兵、刑部”。又在“册房应办事宜”条中记载，此时册房存有“管理现在复用官员并效力当差废员册四本”、“管理现在当差人犯册三本”、“管理现在种地安插以及金川缅甸余丁册一本”、“管理现在为奴人犯册二十七本”、“管理金川逃兵册一本”、“管理金川溃兵册一本”、“管理河州逆回犯妇册一本”、“管理山东逆案胁从人犯册一本”、“管理闽省溃兵册一本”、“管理甘肃案官员子嗣当差册一本”。名册的种类及册数也清楚地表明为奴人犯是伊犁遣犯的主体。其次是各类当差人犯。这种遣犯构成在嘉庆以后也维持未变，据成书于嘉庆初年的《总统伊犁事宜》，册房的管理对象为当差、为奴各犯，每年十二月底止，查明一年内收除各项人犯并随带子侄总数，开单交印房查办。[③]

---

① 本书作者佚名，有抄本，藏北京大学图书馆。另有王希隆《新疆文献四种辑注考述》本（兰州，甘肃文化出版社，1995）。又，据辑注者考证，此书应成于乾隆四十四年或四十五年。

② 本书为抄本，佚名，共四册，无卷页。笔者2004年在给该馆访书时得见。书中年代最晚可见乾隆五十八年，应为乾隆末年的记载。封面的书名系后人手书，作《伊犁低册》，但“低”字不通，疑为“底”字之误，即《伊犁底册》。

③ 参见永保：《伊犁总统事宜》，见马大正等编：《清代新疆稀见史料汇辑》，全国图书馆文献缩微复制中心，1990。本史料为研究清代新疆必不可少的重要资料，可惜在进行重新排版时产生多处错字和断句错误，故引用时需加以甄别，以求准确。

发遣在新疆开始实施时，正值清朝在当地大力推动屯田，力求就地保障军粮供给。屯田的重心在东路乌鲁木齐一带，遣犯作为屯田急需的劳动人手，早期多以这一地区为中心安置，从事耕种，这就是研究者常常提到的遣犯屯田，又称遣屯或犯屯。

遣犯作为身份特殊的屯田者，必须置于官兵的严密监管之下，因此遣犯屯田始终采取兵犯合屯的形式，附属于各个绿营兵屯。根据遣犯不同的犯罪情节，又分成承种份地和在屯田兵丁的份地上随同力作两种对待。[①]

承种份地的对象，多是犯罪情节稍轻，发往种地当差的遣犯，此外还包括一部分携眷的为奴遣犯。[②] 各屯区对份地亩数的规定不完全一致，在乌鲁木齐、玛纳斯、精河、库尔喀喇乌苏及伊犁等地，承种份地遣犯每名给地十二亩，少于屯兵的二十亩；对有眷遣犯多拨地五亩，用作家属的赡养。[③] 而巴里坤、古城、木垒在乾隆年间给地二十二亩，与屯兵同额，嘉庆年间才改为十二亩。[④] 除了土地，还拨给少量牛具籽种等生产资料，并酌给盐菜钱。乌鲁木齐所属各屯，每三名承种份地遣犯额给马牛一匹（只），农具一副（后减为每六名给农具一全副）；巴里坤、哈密遣犯因承种地亩数与屯兵同额，每名给马牛一匹（只）。[⑤] 在早期，作为“补耕屯缺额”的劳动人手，巴里坤和哈密的

---

① 《清高宗实录》卷1090，乾隆四十年九月乙未条称：“请交部择其中情节重者给兵丁为奴，轻者即发巴里坤等处，补耕屯缺额。”可知清廷区别对待的原则。关于遣屯（犯屯），前引王希隆《清代西北屯田研究》第四章的论述颇为翔实，值得参照。

② 参见吴元丰：《清乾隆年间伊犁遣犯为民后的屯田》，载《中国边疆史地研究》，1994(4)。

③ 参见佚名《乌鲁木齐政略·遣犯》。

④ 参见达林、龙铎：《乌鲁木齐事宜·屯田》，见王希隆：《新疆文献四种辑注考述》，129页。亦参见《三州辑略》卷4。

⑤ 参见达林、龙铎：《乌鲁木齐事宜·屯兵地粮》，见王希隆：《新疆文献四种辑注考述》，129～130页。

种地遣犯曾设定额，但实际上因所属遣犯人数时有变动，并不始终保持足额状态，其他各屯则似乎并无定数。据《皇舆西域图志》对乾隆三十年至四十年东路各屯种地遣犯人数的记载，取其最高值，分别是乌鲁木齐 1 747 名，玛纳斯 207 名，库尔喀喇乌苏 105 名，精河 103 名，巴里坤 350 名，哈密 180 名。①

遣犯在份地上的生产所获，规定“其收获之粮，除给一岁口粮三百六十斤外，所余尽数交纳”②。乾隆四十年，为保证收获量，清廷议准新疆的“屯田分数赏罚例”。各屯的赏罚标准因土地条件而稍异。乌鲁木齐种地遣犯收获细粮四石以上为功过相抵，不赏不罚，六石六斗以上者每日加赏白面半斤，达到十石以上时加倍，每日加赏白面一斤，而不及四石时将受到重责。伊犁地区水土条件优于乌鲁木齐，故功过相抵的标准提高为六石以上。巴里坤和哈密则“所有劝惩之处，俱照该处兵丁分数一例办理”③。毫无疑问，对从事耕种的遣犯来说，每日口粮一斤的定量远不足以糊口，那么是否有可能通过加倍努力来获取条例规定的赏给呢？笔者根据史料考察了乾隆二十六年至四十二年共计十六年间乌鲁木齐提属各屯种地遣犯的收获量，结果是：收成四石功过相抵不赏不罚十一年，不足四石一年，六石六斗以上四年，达到十石以上的年份一次也没出现。④ 这也说明岁收四石，是这里的遣犯生产能力的常数。由于靠提高收成分数来增加口粮并不现实，而种地遣犯确实面临“口粮不敷、衣履无出”的严重困境，当局曾允许遣犯在规定亩数（也称正地）之外加种土地以谋补贴。然而这项地亩往往

---

① 参见《皇舆西域图志》卷 33，《屯政二》。

② 格琫额：《伊江汇览·屯政》，见马大正等编：《清代新疆稀见史料汇辑》，69 页。

③ 光绪《大清会典事例》卷 178，《户部·屯田》。又，参见拙作《清代新疆农业开发史》，93 页，1995。

④ 数字参见佚名《乌鲁木齐政略·屯田》。

又成为管屯官员盘剥侵吞的对象。乾隆三十二年五月，经乌鲁木齐都统吴达善揭发出来的哈密道员萨瀚虚冒案就是一例。当地蔡巴什湖屯的遣犯节年增垦余地达数百亩，原为“粘补遣犯口粮衣履等项”，而主管官员萨瀚却将余地所得补入正地产量之中，使屯地收成分数虚高，制造丰收增产的假象，以图邀功。① 由于种地遣犯生活确实苦累，当局不得不考虑略作补贴。乾隆五十年，经福康安等奏准，巴里坤种地遣犯照哈密屯田遣犯例，于月支面三十斤之外，增给十斤，并岁给鞋脚等银。

与承种份地的遣犯相比，发给绿营屯田兵丁管束的为奴遣犯的境遇就更为严酷。所谓“赏给屯兵为奴，自有该兵丁督课取力，牛具籽种，毋庸另为办给，所居土屋，令自行盖造”②，指的就是这种情况。为奴遣犯没有份地，不另给生产工具，由屯兵直接管束，配合屯兵劳作。因不提供官给口粮，须靠屯兵养活，生活最无保障。伊犁将军明瑞就承认：“赏给屯兵为奴人犯，皆系积恶盗贼，绿营兵得项无几，或难养赡约束。”③

关于东路种地遣犯的总数，受史料局限，无法举出确切完整的数字。就乌鲁木齐所属五堡、昌吉、罗克伦、玛纳斯、济木萨各屯来看，乾隆三十一年有一千二百十九名，三十三年进而达到一千七百四十七名。④ 这是种地遣犯人数的高峰期，考虑到还应加入兵丁管束下的为奴遣犯，则这个数字将更加庞大。与此相应，同时期乌鲁木齐地区绿营屯田官兵人数在三千数百名到四千数百名之间。负责弹压的官兵与遣犯的比例降至不足 3∶1，不能不引起当地官员的不安。乾隆三十一

① 参见朱批奏折，乾隆三十二年五月十六日吴达善奏，档号：04-01-23-0057-003。

② 《清高宗实录》卷 564，乾隆二十三年六月癸亥。

③ 《清高宗实录》卷 761，乾隆三十一年五月乙酉。

④ 参见《皇舆西域图志》卷 33，《屯政二》。

年，乌鲁木齐办事大臣伍弥泰奏称："乌鲁木齐遣犯太多，兵丁甚少，请将遣犯暂停发往。"却遭到乾隆帝斥责，称其过于姑息，传旨申饬。[①] 不过第二年四月，清廷还是同意调整发遣数量，将积匪猾贼等十六项凶恶罪犯停发新疆。事实上，伍弥泰等人的担心并非过虑，乾隆三十三年九月，昌吉发生遣犯暴动，约二百名遣犯半夜起事，打开城门，杀死把总和通判，并连夜向乌鲁木齐进发，后被赶来的官兵镇压。有关这场暴动的官方记载甚少，引发暴动的直接原因，参与暴动的遣犯构成，等等，至今难详。来自纪昀《阅微草堂笔记》的说法是昌吉屯官醉酒后调戏遣犯的女眷，以致遣犯们忍无可忍，起而反抗。纪昀获遣事在乾隆三十三年，他于次年到达乌鲁木齐配所，而此时距暴动过去不到一年，应该有可能听到真相，故他的记载有较高的可信性。不论真相的细节如何，不难想象是某种悲惨的生存状况逼迫遣犯们铤而走险去冒死一拼。昌吉暴动失败后，清朝受到极大震动。除了处死所有与事遣犯，乌鲁木齐地区的发遣规模也有变化。加上由内地移民组成的民屯在当地不断成长、兵屯趋向收缩的大背景，乾隆三十年代中期以后在乌鲁木齐各屯种地的遣犯人数一路下行。乾隆四十四年，因当地存留的遣犯劳力不敷分配，遂又奏请朝廷修改发遣条例，重新增加遣犯数量。

前已提到，《乌鲁木齐政略·遣犯》中除了当差、为奴外，还有"安插"这个类别，也称安插户。如王希隆指出，依清律，遣罪中有"边外为民"的规定，但具体不详。被安插人员中有不少人，其本身行为尚未触犯刑律，但清朝当局认为他们类非良善，对社会治安构成威胁，不宜留在内地，故强制迁徙至边远之地落户。乾隆年间新疆的安插事例主要有如下数次：

① 参见《清高宗实录》卷756，乾隆三十一年三月戊寅。

1. 乾隆二十八年，以湖北武昌府属马迹岭地方吴姓大族“盘踞为匪，怙恶不悛”，“久为地方之害”，将该族三十余户男妇大小近百人分批迁徙边外，先后递发乌鲁木齐、巴里坤、安西等地安置。①

2. 乾隆三十二年，因甘肃固原州徐帽儿庄有巨盗团伙，除将巨窝之马得鳌及其家属等重犯拟问发遣外，同庄其余人户也分三批发巴里坤、木垒、乌鲁木齐安插。②

3. 乾隆三十六年，安南国黄公缵在国内不能立足，率眷属请求内附。清廷认为黄公缵等“实非安静之人”，便将其十四户一百二十余名口，悉数迁至乌鲁木齐安插。③

4. 乾隆四十年，在安南开矿的内地民人发生械斗，先后逃回国内两千余人，时称“厂徒案”。清廷除将“滋事悍黠者”六十三名定为发遣，发往伊犁给种地兵丁为奴外，另将“迹涉犷悍”者九百余名发往乌鲁木齐所属各地安插。④

以上安插各例在待遇上与一般遣犯最大的不同，就是在安插地落户后，比照民屯待遇，拨给土地，借给牛具籽种，按民屯例升科纳税，在偿清借项后可拥有土地等生产资料，管理系统隶属地方官府。换言之，安插户在新疆是民户身份，其生存环境远胜过屯田遣犯。从这个意义上说，他们不同于一般遣犯，而介乎遣犯与民户之间，是清代新疆发遣中的特殊群体。

遣犯除了被用于屯田，还大量地被驱使于各种苦差劳役，在史料中通称为“当差”。必须提起注意的是，充当这些苦差劳役的绝不限于发遣身份为“当差”的遣犯，而包括了大批为奴遣犯。在“设有重镇，

---

① 参见《清高宗实录》卷 690，乾隆二十八年七月丁卯；卷 779，乾隆三十二年二月丁巳。

② 参见《清高宗实录》卷 779，乾隆三十二年二月丁巳。

③ 参见《清高宗实录》卷 863，乾隆三十六年九月。

④ 参见《清高宗实录》卷 888，乾隆四十年八月癸未。

统率六营，幅员辽阔，差务殷繁”[①] 的伊犁，对供役遣犯的数量需求尤为巨大，遣犯的“当差”（指充当苦差）内容也因此而十分多样。如果说东路乌鲁木齐地区对遣犯的役使主要体现在屯田方面，则北路伊犁地区对遣犯的役使更多地体现在充当苦差方面。下面就以伊犁地区为重点来对此进行考察。

从乾隆中期到同治初年新疆大乱之前为止，伊犁一直是统辖全疆的军政中心。伊犁河谷地带共建九城，以最高军政长官伊犁将军坐镇的惠远城为中心，余城拱卫呼应。在兵力上，由满蒙八旗组成的满营以及锡伯、察哈尔、厄鲁特、索伦四部落兵构成的四营，加上绿营屯田兵，共计占全疆驻军半数以上的清朝精锐部队集中于此。还在乾隆三十一年，陕甘总督舒赫德就根据伊犁的兵力以及当地对供役遣犯的需求，建议将发到新疆的遣犯按照伊犁三人、乌鲁木齐一人的比例分配，被清廷采纳。[②] 此后，伊犁便一直成为新疆最大的遣犯收容地。笔者看到两组有关乾隆后期伊犁遣犯（含官犯）的数字。一为乾隆五十五年时的数字。伊犁计有：(1) 当差项下遣犯三百六十一名；(2) 为奴项下遣犯二千五百二十三名；(3)“现在四厂力作捐帮者”八百九十七名。以 (1)、(2)、(3) 合计，共计三千七百八十一名。[③] 另一记载为乾隆五十七年时数字，称“自乾隆二十六年起至五十七年底止发来，现在遣犯共三千六百四十二名，随带子侄共三百八十名”[④]。两组数字的时间前后相差两年，总数相去不远，应该说大体反映了这一时期伊犁遣犯的人数状况，即维持在三千数百名的规模上。不过从第一组中 (2) 为奴项下数字有关常犯部分还附带了常犯一千六百十二名、已为

① 格琫额：《伊江汇览·差徭》，见马大正等编：《清代新疆稀见史料汇辑》，65页。

② 参见朱批奏折，乾隆三十一年五月十八日舒赫德奏，档号：04-01-01-0265-007。

③ 参见永保：《伊犁事宜》，乾隆年间抄本，北京大学图书馆藏。

④ 《伊犁低册·册房应办事宜》。

民者八百七十一名的说明来看，以上数字应是现役遣犯与已经年满为民遣犯的合计。

伊犁遣犯的当差供役，主要的大宗派拨地为“四厂局”，即铜厂、铅厂、船工和钱局四处。

铜厂先设在伊犁哈尔海图地方，乾隆四十一年由伊犁将军伊勒图奏请开采，后因哈尔海图地方铜矿不旺，在哈什另开新矿，嘉庆六年又从哈什移至巴彦岱呼巴海地方开挖。铅厂之设早于铜厂，乾隆三十一年即在惠远城东南的沙拉博和齐山开始采挖黑铅。所产之铜和黑铅，皆为伊犁铸币不可或缺的原材料。矿洞多在深山危岭之中，遣犯“或历危巅，或入深井，酷暑严寒，劳苦万状”①。船工乃是在伊犁河上从事与水运有关的作业，最主要的运输任务一为运粮，一为运送军需用品。伊犁满营的口粮主要由回屯供应，回屯的粮仓设在固尔扎城，空载船只顺流而下至固尔扎，载粮后重船返回上游的惠远、惠宁等城，因逆流而行，不仅需要水手驾船，还需要大量遣犯拉纤助力。伊犁河水湍急，又多砂石，浅滩磕碰，遣犯等还要随时修补船只，所以船工也是极重的苦差。② 钱局即宝伊局。乾隆四十年起设炉两座铸币，工作兵丁从绿营调补，另有遣犯名额，“从各处当差、为奴人犯内选择充当”③。当然，除了以上四厂局，各种与九城驻军日常生活相关的劳役也会驱使遣犯从事，如惠远城、固尔扎皆有渡口，每处设渡船二只，令遣犯常川伺候，以备往来行人并运送官物品之需。惠远城距伊犁河北岸不远，洪水时节要派

① 朱批奏折，乾隆四十九年二月二十六日伊勒图奏，档号：04-01-01-0409-020。

② 参见格琫额：《伊江汇览·船运》，见马大正等编：《清代新疆稀见史料汇辑》，74～76页。

③ 永保：《总统伊犁事宜·抚民同知应办事宜》，见马大正等编：《清代新疆稀见史料汇辑》，247页。

遣犯护堤。甚至伊犁军民筑城建房所用砖瓦石灰等材料，也多由遣犯烧制。[1]

乾隆后期在四厂局供役的遣犯为800～900名。以《伊犁低册》所记人数为例：

> 铜厂：遣犯八十余名当差打矿，每年约得铜八千四五百斤不等。耕种遣犯一百余名。另有捐帮衣履遣犯三十三名。
>
> 铅厂：额派遣犯一百五十余名当差打矿种地。另设捐帮衣履人犯二十名、捐帮口粮人犯十三名。每年约采获铅一万至一万二三千斤不等。
>
> 船工：设船十六只，派遣犯四百余名，内三百六十余名驾船运粮及当各项差使，四十名耕种。另有捐帮衣履人遣犯四十名。
>
> 钱局：派工作遣犯二十九名，由各处当差、为奴人犯内选择充当，与绿营调派的工作兵丁二十二名协同作业。开炉期间日给口粮二斤，停炉期间日给一斤。[2]

据上可知，四厂局中除钱局外，各处供役遣犯还需自筹口粮，为此设有专门从事种地的遣犯名额，以所产粮食供应矿夫船工口食。这里还出现了捐帮衣履遣犯或捐帮口粮遣犯的名目。充当此类的多是官犯或常犯中一些家境较好有经济能力的遣犯，用出资协助解决遣犯衣履口粮的方式来代替体力劳动的服刑。由于鼓励遣犯捐资帮办有助于减轻清朝在新疆当地的财政经费困难，这类措施不仅在伊犁，也在乌鲁木齐等处被普遍采用。乌鲁木齐铁厂规定，从遣犯内派拨二百名，以一百五十名挖铁，每日额交荒铁三百斤，所获铁斤用于打造各处屯田农具之用，另以五十名种地，所收粮食作为挖铁人犯口食，而铁厂

---

① 参见齐清顺：《清代新疆遣犯研究》，载《中国史研究》，1988（2）。

② 四厂局遣犯人数分别参见前引《伊犁低册》的有关部分。

中一切杂费，则于遣犯内酌募有力捐赀者，每名每年捐银三十两，以供厂费。铁厂开厂之初，捐赀遣犯曾达到百余名或七八十名，后来因为人数渐减，不敷支出，于是规定捐银不拘三十两之数，有愿捐二十两或十两者，也准许呈报。①

对遣犯供役情况考察到此，其实还留下一个重要疑问，那就是，除了坐给绿营兵随同种地以及被派拨四厂局等处承担苦差的为奴遣犯，那些规定坐给伊犁驻防八旗兵（满营以及察哈尔、锡伯、厄鲁特、索伦等四营）的为奴遣犯如何供役。齐清顺和吴佳玲都将北疆为奴遣犯区分为给绿营兵和给驻防八旗兵两种，将后者列为种地与当差之外的又一供役类型，但对于这类为奴遣犯是不是一直跟随主家官兵受其役使，其劳役内容为何，是否因主家生计需要或时代演变而有所不同，等等，都言之泛泛，难得要领。② 笔者近来通过进一步搜检档案，发现了一些案例，对目前的研究状况或可有所补充。其一，在乾隆时期，坐给伊犁驻防八旗官兵的为奴遣犯，特别是分在察哈尔、厄鲁特等营的为奴遣犯，确实随同主家劳动，受其驱使，如乾隆五十年九月察哈尔营的为奴遣犯马氏脱逃案即此一例。马氏因“河州逆回”案连坐发遣，她为主家放羊，因惧怕主家责打而逃走，后被捉拿正法。③ 其二，由于为奴遣犯大多为重罪犯，凶悍难驯不服管束，又要负担其衣食，而一旦发生脱逃，身为主家的官兵也要受到责罚，所以很多官兵并不情愿接受。乾隆三十一年，因为绿营不愿收容为奴种地的遣犯，清廷

---

① 参见吴佳玲：《清代乾嘉时期遣犯发配新疆之研究》，139～140 页，（台湾）政治大学民族研究所硕士论文，1992。

② 参见齐清顺：《清代新疆遣犯研究》，载《中国史研究》，1988（2），88 页；吴佳玲：《清代乾嘉时期遣犯发配新疆之研究》，141 页，（台湾）政治大学民族研究所硕士论文，1992。

③ 参见军机处满文录副奏折（中国第一历史档案馆藏），乾隆五十年九月二十五日奎林奏，缩微号：135-1974。

下令“改赏能约束之满兵为奴”[①]；乾隆五十二年，因发给厄鲁特营的为奴遣犯与兵丁“彼此语言不通，难于役使，未免不能约束，易致脱逃”，命令后发给伊犁驻防官兵为奴的遣犯主要发往满营及察哈尔营服役。其三，至嘉庆、道光时期，又有新的变化，即便是坐给满营或察哈尔、索伦等营官兵的为奴遣犯，也出现了到营后派往船工或其他厂局当差而非跟随主家役使的情况。以道光四年十二月的一起遣犯纠伙入室行窃案为例，参与此案的朱亚牛和谢肥古，皆系行劫案内照免死减等例发遣伊犁为奴遣犯，于嘉庆十九年和二十一年先后到配。朱亚牛坐给索伦营披甲额尔阿楞名下为奴，谢肥古坐给察哈尔营披甲索伦名下为奴，但两人均被派往船工当差。犯案当时两人因船厂隆冬停运，“告假偕至瞻德城佣趁，冀图得钱，添补衣履”，在已免罪释放遣犯李葵沇的鼓动下起意行窃。[②] 同时也可见到吴亚三这样的案例。该犯系嘉庆二十一年到配，坐给惠远城满营正白旗马甲柯什布名下为奴，派旗屯当差，道光元年十月十六日因误差惧责，乘间脱逃。[③] 以上虽然还只是部分事例，但提醒我们，关于坐给驻防八旗兵为奴遣犯的供役，还有进一步探讨的空间，其情形很可能多样并随时代而有变化，要慎下结论，切忌一言以蔽之。

最后还要说到发往南疆为奴的遣犯。内地各省的为奴遣犯进入南疆，大体始于乾隆五十三年。是年清朝在直隶、山东等地查办震卦教等“邪教案”，认为南疆回众信仰的伊斯兰教，与内地的民间秘密宗教“另是一教”，故决定将有关人犯“分发回城如乌什、叶尔羌、阿克苏等处回子为奴”[④]。此后，又陆续将天地会、白莲教、清茶门教、天理

---

① 《清高宗实录》卷761，乾隆三十一年五月乙酉。

② 参见朱批奏折，道光五年六月二十二日庆祥奏，档号：04-01-01-0678-049。

③ 参见录副奏折，道光二年四月二十一日庆祥奏，档号：03-4022-005。

④ 《清高宗实录》卷1306，乾隆五十三年六月甲辰。

教等秘密结社案内人犯及闽广等省海洋盗匪案内人犯陆续发往。据嘉庆二年奏报，截至上年末，发给回疆八城伯克为奴者累计已达六百余人之多，每名伯克须分领二三名。然而伯克们对这些人犯难以约束，不能很好地驱使供役，因此喀什噶尔参赞大臣长麟请求今后发遣仍以伊犁、乌鲁木齐为主，减少南路遣犯数量。[①] 道光以后，从便于管理出发，再将发往南疆为奴遣犯的役使顺序定为以发给各城之官员衙署供役为主，其次才是大小伯克。[②] 这些遣犯应是用于承担各项杂差苦役，但事实上由于管束松散，似乎不乏就地自行谋生的例子。[③]

三　遣犯的出路：关于遣犯“年满为民”与释罪回籍的一些考察

受史料所限，关于在新疆如何管理到配遣犯，有怎样的规定，曾一直难得其详。近二十余年，史料汇编的陆续刊出与档案发掘的深入为此提供了可能。收入《清代新疆稀见史料汇辑》的永保《总统伊犁事宜》对此更是言之颇详，值得重视。加藤直人是较早利用该史料来探究新疆遣犯到配后管理办法的学者之一，近几年王云红也在其《清代流放制度》一书中有所叙述。但是如笔者在前面已经提到的，《清代新疆稀见史料汇辑》在重新排版时出现了一些错讹（包括断句错误），因此这里除了结合上述已有的研究来加以说明外，还参照档案等相关史料酌作订正，对错字的更正用〔〕标出，以期还原史料的本来面

① 参见朱批奏折，嘉庆二年正月二十一日长麟奏，档号：04-01-08-0139-001。

② 参见《清宣宗实录》卷143，道光八年九月己未。

③ 和阗遣犯孙尔男重利放贷案即为一例。该犯于乾隆六十年发遣和阗拨给伯克为奴，却“在配营运为生”，当地伯克及回子多人均曾向其借贷。（参见录副奏折，道光四年闰七月初三日那清安奏，档号：03-4029-024）

貌。该史料虽然是就伊犁而言，但可以由此窥见新疆遣犯管理制度的大概面貌。

1. 遣犯到配，按规定记入档册，分发管理。

发来效力当差、充当苦差的官犯，于到配之日，查明原文，摘叙简明案由并原定罪名、原任职衔、现在年岁、籍贯及派往何处当差，详记档册。

凡当差、为奴常犯，于到配之日，查取原文，摘叙简明案由及何司案呈、年岁、籍贯、到配年月、有无家属、坐给何营、分发管主、派拨何处当差，详细记册。

凡收到种地编管安插人犯，于到配之日，查取原文，摘叙事由、年岁、籍贯及到配年月记册。种地者，交绿营安插者，交抚民同知衙门管束。遇有事故，随时报明注册。

发来充当半分步甲，到配之日，查明年岁、经过，摘叙案由，派拨惠远、惠宁两满营，交步军营当差。遇有事故，该管处报明注册。

以上各项人犯内，有签〔佥〕妻发遣，及自带眷口者，即于本犯名下，分别注明。到配后所生子女以及女人出嫁，子又娶媳者，均有该管处呈报册房，随时注册。

2. 发给腰牌和《普化易知》手册。

收到当差、为奴各犯，册房即发大〔火〕烙腰牌一面，注明该犯姓名、籍贯、到配年月、坐给何管〔营〕，交给该管处给领。如有遗失，该管处报请补给。如该犯当差年满为民，换给民牌。如有病故、回籍，各该管处随时将牌呈缴，册房注销。

新收当差、为奴各犯，册房按名发给《普化易知》一本，令其熟读，并令同伙识字之人互相讲解。

3. 定期呈报查核。

各厂局当差人犯，每月据该管厂员造册呈报，交册房查核，如有新收、开除，随时填注。

各处所管当差、为奴人犯，饬令按季造具四柱清册，送交册房查核。如有不符，随时饬驳更正。

册房于每月底，将前一月内收到人犯若干名，及年满回籍、减徒、起解、病故、脱逃等例，开列花名，除总数，缮稿呈堂，立案备查。

册房于每年八月终查造四厂当差年满报请为民各犯，造具底册，交印房办咨报部。

册房于每年十二月底止，查明一年内收除各项人犯并随带子侄总数开单，交印房查办。①

4．把握遣犯刑期，对年满者分别造册呈报。

废员，原犯为徒者，三年期满，奏请释回。原拟军流以上者，例应十年期满，奏请释回。

调派各厂局当差之犯，以供差之日起，期满五年并无过犯者，该管厂员于每年八月中查明，造具花名清册，保送为民。交册房查核原犯轻重，入厂年分久暂，汇造总册，粘签注明，分别准驳，呈堂咨报刑部核复。

凡当差人犯，五年期满，例应保送为民，分别旗、民办理。

以上四条，反映出新疆对于遣犯管理，从到配后造册，发给腰牌及《普化须知》手册，到坐给各处，定期查核，乃至年满之后呈报等，有一系列的规定。同时也说明，当局对于遣犯，不仅要负责在配服刑期间的监管，年满即服刑期满后的出路去向，也是遣犯管理的一个重要部分。

传统五刑关于“流”，原有“流者，不忍加诛，则放流之，使之一

---

① 参见永保：《总统伊犁事宜·册房应办事宜》，见马大正等编：《清代新疆稀见史料汇辑》，218～222页。

去不返也”[①] 的解释。但发遣作为清代流刑中的闰刑之一，并非绝对遵循“使之一去不返”的古意。服刑者有刑期规定，对服满刑期后的出路也有相应的规定，这当中，最基本的是年满为民，就地落户，在年满为民的基础上，也有条件地允许遣犯回籍，当然回籍条件相当严苛，能争取到这种机会并非易事。

遣犯的“年满为民”问题在乾隆三十一年提上日程。当时的对象为乌鲁木齐等地屯田的携眷遣犯。是年四月军机大臣议奏：

> 乌鲁木齐地土肥美，招募民人一时难以足数，且起程后一切需费亦繁，不如将应遣人犯悉令携眷遣发该处。其能改过者，拟定年限，给与地亩，准入民籍，不费帑项，地方渐至富庶，日久可编成卫所。[②]

这项议奏采纳了雅尔（即日后的塔尔巴哈台）办事大臣阿桂的提议。从内容不难看出，阿桂上奏的初衷乃是将遣犯就地转化为民户，以充实新疆迫切需要的农业人手。他因此主张让遣犯携眷赴乌鲁木齐等屯田处所，并将其中能改过者拟定年限，编入民籍，认为这是少费帑项而让地方渐至富庶的一条捷径。随后，经乌鲁木齐副都统温福等人奏请，进而制定出实施细则：其一，视遣犯原犯情罪轻重，分别为民年限。原犯死罪减等发遣者作为五年，原犯军流改发及种地当差者作为三年，实于限内毫无过犯，准入民籍。其二，定地安插。地点为昌吉河东旧堡，指给地亩，次年即令升科，照民人每亩纳粮八升。第二年，温福在“酌定遣犯为民章程”中除重申以上原则，又追加了对为民遣犯设立保甲进行编管，以及拣选千把一员，刊给“管理昌吉头

---

① 刘锦藻：《清朝续文献通考》卷250，《刑考九》。

② 《清高宗实录》卷759，乾隆三十一年四月庚申。

屯民户事务字样条记”作为专管官员等内容。[①] 稍迟，伊犁也开始对种地遣犯实施年满为民的规定。

“年满为民”实施之初，对象仅限于有眷种地遣犯，而将单身者排除在外，理由是一旦允许无眷遣犯改入民籍，恐或乘隙逃脱。然而面对单身遣犯较之有眷遣犯，在遣犯总数中所占比重更大，以及遣犯数量日增的现实，要让前者也能“守分”服刑，不至铤而走险，就不能不适当给以出路。乾隆三十五年，署理乌鲁木齐提督巴彦弼上奏表示，现在乌鲁木齐有眷遣犯年满为民者共二百三十五户，无眷遣犯年满者数百余名，“其已知悔悟守分当差者，徒以无力娶妻，遂永无复作良民之望，似于劝惩之道尚有未尽”，请求与有眷遣犯一体改入民籍；并强调今后对于年满遣犯，应当“不论有眷无眷，但论其有过无过，其现有过犯以及耕作懒惰者，虽有眷亦不准为民，其实在悔过迁善尽心屯种者，悉照原议三年、五年之例与有眷遣犯一体改入民籍”，这样才能起到敦促遣犯“感激天恩，自必群相劝勉，共效善良”的作用。[②]

遣犯年满为民改入民籍，落户当地，待遇有所改善，却并非就此完全摆脱曾经的遣犯身份。为了便于监管，在乌鲁木齐种地的为民遣犯被集中安置于三处，“将迪化为民遣犯于头屯地方、昌吉为民遣犯于芦草沟地方拨地耕种，玛纳斯及库精二屯为民遣犯于玛纳斯地方拨地耕种”。据乾隆四十二年的奏报，三处的为民遣犯加上被作为“安插户”移居此地的安南厂徒数百户，共计达到二千三百四十一户之多。[③]

---

① 参见朱批奏折，乾隆三十二年闰七月初一日温福奏，档号：04-01-01-0272-040。

② 参见朱批奏折，乾隆三十五年正月初四日巴彦弼奏，档号：04-01-08-0003-012。亦见《清高宗实录》卷851，乾隆三十五年正月甲辰。

③ 参见朱批奏折，乾隆四十二年七月初三日索诺穆策凌奏，档号：04-01-01-0366-029。另据前引《乌鲁木齐政略·户民》记载：“历年为民人犯内，头屯五百一十二户、芦草沟五百五户、塔西河二百二十五户，共为民人犯一千二百四十二户。”此处数字的年代应为乾隆四十三年前后，故可以与索诺穆策凌之奏相互参照。

巴彦弼也在奏疏中表示，为民遣犯“虽归民籍，刺字犹存，仍与常人有别”。即使回到当地社会，他们始终有别于一般民人，必须接受当局的严密监管。

以头屯、芦草沟、塔西河（即玛纳斯）三处集中安置乌鲁木齐为民遣犯的做法一直延续到嘉道时期以后。为民遣犯的大量聚居也使得这些地区形成了独特的流人文化风貌。纪昀《乌鲁木齐杂诗》中有不少诗作就描写这种情形。关于户籍之别，有“户籍题名五种分，虽然同住不同群。就中多赖乡三老，雀鼠时时与解纷”之句，诗下有注称：乌鲁木齐之民凡有五种，“原拟边外为民者，谓之安插户；发往种地为奴当差，年满为民者，谓之遣户”。关于遣户居住地，诗称：“鳞鳞小屋似蜂衙，都是新屯遣户家。斜照衔山门早掩，晚风时袅一枝花。”下注：“昌吉头屯及芦草沟屯，皆为民遣户所居。”又有“蓝帔青裙乌角簪，半操北语半南音。秋来多少流人妇，侨住南城小巷深”之句，并称：“遣户有妻者，秋成之后多侨住旧城内外，开春耕作乃去。”都非常形象而写实。① 关于为民人户在乌鲁木齐人口中占据的比重，据《乌鲁木齐事宜》中的数字，乾隆六十年底止，乌鲁木齐各属户民（商民除外）计有二万六百六十二户，男妇子女共十二万九千六百四十二名口，其中为民人户一千三百六十七户，男妇子女四千三百三十名口，约占户民户数的十五分之一和人口数的三十分之一。②

相比于屯田种地的遣犯年满为民，对在各厂局等处供役遣犯的年满为民规定要复杂得多。其特点是，在屯田遣犯的根据情罪轻重分别三年、五年准入民籍的规定基础上，增加了“减年为民”和“奏请回籍”的内容，而其细节在执行过程中又屡经修改。

---

① 参见纪昀：《乌鲁木齐杂诗》，以引用次序，分别见其九、其十六、其十五。

② 人口数字参见达林、龙铎：《乌鲁木齐事宜·民户户口》，见王希隆：《新疆文献四种辑注考述》，127页。

乾隆三十八年，经索诺穆策凌奏请，乌鲁木齐铁厂从调用兵丁改为役使遣犯。共派拨遣犯二百名入厂，以一百五十名挖铁，五十名种地，并准许老弱力不能作者，捐资用作众遣犯的衣履口食及杂费等项。与此同时，承诺原应三年为民者改为二年，应五年者改为三年，缩短年满期限，为民之后在厂服役八年，可进而准其奏请回籍。① 伊犁的铅厂、船工等处也采用了同样的原则。据伊犁将军伊勒图追述其前任舒赫德之上奏内容，可以窥知更多详情：

> 乾隆三十七年经前任将军舒赫德具奏，伊犁铅厂打矿耕作遣犯劳苦万状，未为民者，分别减年为民，已经为民及当差种地之人，能八年坚忍受苦，可否免罪回籍，出自圣恩。其秉赋软弱，不能耕凿，情愿捐输衣履口粮者一例办理。又，派运官兵粮石船只纤夫水手，寒暑涨溜，动关性命，亦请照例一体查办。俱经先奏奉谕旨允准，钦遵在案。嗣于乾隆四十六年三月，经臣查明，铅厂耕凿帮捐二十六名，船工纤夫水手三十三名，俱已八年期满，循例开列案由清单，恭请圣训，奉旨饬令军机大臣会同该部议奏。随经议复，准令一体回籍。②

由上可知，在乌鲁木齐和伊犁之矿厂及船工服役的遣犯，不但其为民所需年限分别减少为二年和三年，为民后继续在厂服役满八年者，甚至可以经过上报刑部奏请施恩，获得他们最梦寐以求的“回籍”机会。那么，这些优待条件为何屯田遣犯无缘而独针对在矿厂、船工服役者，包括为挖矿人员种地以及捐资效力的遣犯而设呢？其理由可以从两个方面来分析。首先，让从事屯田的遣犯就地转化为新疆本地的农业人口，是清朝决定在新疆实施发遣之初就已明确持有的构想。因此，经

---

① 参见佚名《乌鲁木齐政略·铁厂》，见王希隆：《新疆文献四种辑注考述》，74 页。

② 朱批奏折，乾隆四十九年正月十七日伊勒图奏，档号：04-01-01-0409-019。

过为民，让年满遣犯就地落户，最符合清朝的利益需要，是清朝力图推行的方向。其次，维持地方经济和清朝驻军的需用，离不开采矿和水运等劳作，而这些劳动的强度与环境之恶劣都超过屯田。为了提高这部分遣犯供役的积极性，需要采取不同政策，示以奖励，而最能打动遣犯的，恐怕莫过于将来某日可以返回内地原籍的许诺了。

乾隆四十八年末，乌鲁木齐铁厂曾发生一起为民遣犯因捐资报效已满八年而未获准回籍，愤而上告的案件。呈告人高相原籍山东，呈告时年已七十八岁。他于乾隆三十年发遣乌鲁木齐，因冀望年满回籍，报入铁厂效力八年，“称贷按季呈纳资银”，今已期满，却不料被告知奉部文称其情罪过重，不准释回，以致“前功俱消归为乌有”。他质疑既属情罪过重不得释回之例，当初就应查明，不准入厂，故今日之困境，系主事官员怠玩所致。[①] 以高相的为民遣犯身份，其呈告自然不会有好结果，审理以“该犯系发遣罪人，敢生异议，毁谤大臣，刁恶之极”，改发伊犁给厄鲁特为奴“以昭炯戒”而告终。[②] 但这件事也成为促使当局整顿有关规定的一个契机。乾隆四十九年，乌鲁木齐铁厂将在厂遣犯为民及回籍章程修订为：“查明悔过安分方能入厂，果能实心悔过，五年期满，准其为民，内当差情罪轻者，再限十年，准其回籍，为奴情罪较重者，五年后即令出厂，不准回籍。”[③] 伊犁将军伊勒图还建议，在厂满五年的遣犯是否为民，还要根据其表现进行甄别，不应一概而论；并强调要在入厂之初即对遣犯之情罪轻重先行查核，区别办理，以使其“知所凛遵”。[④] 经过此次整顿，为民遣犯为争取回

---

① 参见录副奏折，乾隆四十八年十一月，系高相呈词，原件无年月日，档号：03-1429-006。

② 参见朱批奏折，乾隆四十九年正月十七日海禄奏，档号：04-01-30-0366-009。

③ 朱批奏折，乾隆四十九年六月二十五日图思义奏，档号：04-01-01-0409-025。

④ 参见朱批奏折，乾隆四十九年闰三月十九日伊勒图奏，档号：04-01-01-0409-023。

籍而继续留厂服役的期限从八年延长为十年，而为奴遣犯情节较重者即便五年后能够为民也不准留厂，永远不得释回。

有关回籍的条例此后还多次变化。嘉庆六年，当局对以往历次条例再加以修订统合：

> 其有到配后呈请愿入铅铁等厂效力捐资者，除奉特旨发遣为奴及有关大逆缘坐发遣为奴人犯不准做工帮捐外，其余无论当差、为奴，罪由轻重，咨部记档，准其入厂。设日久怠惰滋事，随时惩治逐出。若果能始终实心悔过，入厂五年期满，俱准其为民，改入该处民户册内。查系当差人犯，再效力十年，准其回籍。为奴人犯，详核原犯罪由，罪重者不准留厂，罪轻者报部核复，再加十二年，如果始终效力奋勉，准其回籍。①

本次定例，对发遣身份为当差遣犯者，重申留厂报效年限为十年，同时明确了为奴遣犯之罪轻者可以留厂报效十二年，如始终奋勉，准其回籍。嘉庆十一年，再决定对七十岁以上遣犯根据在配年数酌情减释。(1) 其为奴一项内未经入厂及只令种地不准为民者，如在配二十年安分守法而又年至七十岁，或在配已满二十年安分守法年已七十岁，都即行释回；在配已满二十年而年未及七十岁者，减为内地充徒三年后释放。(2) 其当差一项内无力入厂种地为民，及为奴一项内入厂年满不准留厂只准为民各犯，如年至七十岁在配十五年安分守法，或年已七十岁安分守法而在配未满十五年，也都即行释回；在配满十五年安分守法而年未至七十岁者，减为内地充徒三年，再行释放。(3) 现在入厂期满准其留厂各犯中，如年已七十岁，按其例定十年、十二年期限酌减三年，准予释回；未及七十岁者，仍照留厂年限

① 光绪《大清会典事例》卷742，《刑部·名例律徒流迁徙地方二》。

办理。[1]

事实上，尽管嘉庆以后政策略有松动，但对在厂服役的遣犯来说，回籍的道路仍十分艰难而遥远。就捐资效力者而言，没有足够的经济实力就难以实现。嘉庆九年，在伊犁拨厂当差年满为民的为奴遣犯赵炳，告称母亲年迈恳请施恩，以加倍捐资纳银两千四百两的方式，获得了回籍许可。道光四年发遣伊犁充当苦差的遣犯石廷侯，被派在宝伊局服役年满，后纳银一千二百两，被准许回籍。如此巨大的数额，绝非一般遣犯力所能及。[2] 档案中也可见到遣犯主动报入铁厂从事劳作，以换取回籍机会的例子。但入厂后却每每“因工苦不过”，不堪忍受而逃走。[3] 回籍对广大遣犯来说，更多的还是一种渺茫难及的期盼。

道光以后，随着新疆政局形势变化，遣犯的年满回籍有了新途径，即充当遣勇，因立军功而免罪回籍。自嘉庆末年张格尔之乱以来，南疆连续发生和卓后裔的叛乱与浩罕势力的入侵，而清朝当局财政困难，八旗兵战斗力下降，动辄需从内地调集大军，花费浩大且鞭长莫及。面对如此困境，为弥补军力不足，清朝开始大量利用在新疆服刑的遣犯作为遣勇，随军作战。道光以后，更是频繁征用，几乎成为常态。作为奖励，清廷允许从征遣勇不计年限，提前释罪回籍。为平定前后历时七年的张格尔之乱，从伊犁派往南疆前线的民人及遣犯多达一千五百名，其中“已赦遣犯”即为民遣犯一百六十三名，“未赦遣犯”即

① 参见《清仁宗实录》卷156，嘉庆十一年正月丁巳。

② 赵炳事见朱批奏折，嘉庆九年三月初一日松筠奏，档号：04-01-08-0139-005；石廷侯事见道光七年八月二十九日德英阿奏，档号：04-01-01-0695-018。不过石廷侯的捐资并非用于矿厂或钱局经费，而是援引了“作为公用，援例纳赎”的规定。

③ 如照免死减等发遣新疆的孙四，拨派乌鲁木齐巩宁城守营给兵为奴，道光十二年报入铁厂效力，因工苦不过逃走，后被抓获。（参见录副奏折，道光二十一年二月十二日惠吉奏，档号：03-3992-008）又如照免死减等发遣新疆的黄安儿，到配后也拨派城守营给兵为奴，道光二十五年报入铁厂效力，“旋因穷苦”，一年后即乘间脱逃，后被抓获。（参见朱批奏折，道光二十七年九月三十日惟勤奏，档号：04-01-08-0141-002）

服刑中的遣犯九百三十九名，军事行动结束后，两者都被允准回籍。[①] 道光十年，和卓玉素普入卡骚扰，战事结束后经有关官员“奏请施恩”的伊犁遣勇达九百六十九名。[②] 道光二十七年的七和卓之乱及咸丰七年的倭里罕之乱时，也多次征集千名以上规模的遣勇，事后作为奖励，都下令将其“免罪释回”。[③]

既然清朝当局屡次下令准许大批遣勇回籍，那么是不是遣犯就此大量离开新疆了呢？有研究者甚至据此认为，“乾隆中后期以后，大部分的遣犯刑满可回籍也是事实，因此就整个清代史而言，‘遣犯后来基本上成为新疆永久居民之说’是不成立的”[④]。那么这个见解又是否成立呢？笔者认为，关于遣犯在多大程度上转变为新疆永久居民，以及如何估算清代遣犯落户新疆之规模等问题，确实还有进一步探讨和商榷的余地。不过要想得出更接近史实的判断，前提是更充分地占有第一手资料。如果只因为看到了铅铁厂对遣犯有回籍规定，以及道光以后曾数次下令释回遣勇，就下结论说清代新疆的大部分遣犯都得以刑满回籍，则未免有些草率。首先我们应当看到，相对于年满后就地落户的为民遣犯，留厂继续效力进而取得回籍许可的遣犯在人数上有限，前者才是为民遣犯的主体，这是一个基本事实。其次，考察遣犯为民时，要通观乌鲁木齐和伊犁两地，才能全面。加入民籍认垦的乌鲁木

① 参见朱批奏折，道光七年六月二十日长清奏，档号：04-01-01-0695-011。又，已赦遣犯人数参见另一附片，档号 04-01-16-0129-061。此附片原件无年月日，内容与长清所奏吻合，故采用。档案整理时著录为道光九年长龄奏，疑有误，特此说明。

② 参见《清宣宗实录》卷 181，道光十年十二月。

③ 据朱批奏折，道光二十八年四月十八日萨迎阿奏报，从伊犁派遣勇一千零三名赴南疆作战，“随同打仗搜捕，尚属奋勉，均著加恩，准其释回”。后又续派遣勇五百名赴巴尔楚克防堵，后者虽未经接仗，“往返三月有余，亦甚劳苦”，也恳请准予释回。咸丰七年为平倭里罕之乱，伊犁又有遣勇一千四百余人被征集，除去因病未到前线及阵亡者，一千三百七十名获准提前释回原籍。（参见录副奏折，咸丰八年正月十二日札拉芬泰奏）

④ 胡铁球、霍维洮：《清代新疆遣犯移民研究的几个误区》，见张海鹏、陈育宁编：《中国历史上的西部开发》，117 页，北京，中国商务出版社，2007。

齐遣犯在乾隆末年已经达到四千余名口，嘉道咸时期仍在增加，档案中还屡见遣户子弟成年后分户认垦的记录，可知遣户在当地已趋于安定。道光以后南疆的军事行动多次征用遣勇，都是募自伊犁，除了地理位置的因素（从伊犁翻越冰岭赴南疆较为迅捷），与乌鲁木齐已落户的遣犯多而有待回籍的遣犯人数较少，或不无关联。总之，不能只着眼伊犁而忽略了对乌鲁木齐等其他地区的考察。最后，即便遣勇获准释回，是否真的就此离开新疆而回到了内地，其实也还存在很大的疑问，不能只看奉旨时提到的数字。咸丰七年，伊犁将军札拉芬泰为新疆遣犯壅滞，请饬设法调剂。奏疏称查新疆遣犯人数，除乌鲁木齐及各城（指南疆各回城）不计外，“即伊犁现存各项遣犯并已奉文释免因系无资本未能回籍者，通计约近万名之多”①。足见当时伊犁遣犯何等壅滞，“近万名”这个数字，堪称惊人。关于获释遣犯（除遣勇，还包括遇到恩赦或其他有立功行为者）由于缺少资本等原因未能回乡，不得不继续滞留新疆，还可以举出一些档案中找到的案例。如原籍广东饶平的为奴遣犯麦如哲，“道光六年告充遣勇协剿逆回释罪”，但并未回籍，一直在惠远城北关给人佣工。道光十七年十一月他因起意纠约他人抢夺行人衣物而再度犯罪，这时距其获得释罪已经过去了十年多。② 又如原籍四川纳溪的杨鱼鳅，嘉庆十九年到配，坐给察哈尔营为奴，派稻屯当差，于道光十二年十月奉文释放，“因无盘费，未能回籍，在霍尔果斯佣工度日”③。再如原籍云南的遣犯杨春，嘉庆二十三年到配，道光元年赦免释放，于道光三年由伊犁请领路照回籍。但他走到乌鲁木齐呼图壁地方就停下来给人佣工，“希图趁得银钱以

① 朱批奏折，咸丰七年四月十三日札拉芬泰奏，档号：04-01-01-0865-052。

② 参见录副奏折，道光十八年四月初四日奕山奏，档号：03-3941-036。

③ 录副奏折，道光十八年正月二十七日奕山奏，档号：03-3882-017。

作路资”，直到道光十年仍滞留在当地。① 总而言之，鉴于遣犯为民后的情形非常多样，需要下力气把握其实态，而目前我们的了解还远远不够，无论从发遣制度研究本身，还是为了深入探究发遣给清代新疆社会带来的多方面影响，都值得将此作为今后的课题而继续努力。

四　简短的结语

以上三节，笔者重点运用档案中发现的大量史料，结合其他官私典籍，探讨了乾隆年间实施发遣新疆的时代背景及发遣条例制定与扩充的过程，遣犯在新疆的服役与生活，以及遣犯的出路特别是“年满为民”政策的形成与实施状况。如川久保悌郎等人所指出，将罪犯流放到边地，在加以惩戒的同时也借以充实边地的劳动人手，推动开发，这在古今中外都有先例。在中国，其源头至少可以追溯到秦汉时代。不过清代通过闰刑之一的发遣，将这种作法发挥到了极致。就清代本身而言，如果说早期向东北地区的发遣还带有一定的政治流放色彩的话，乾隆中叶以后向新疆的发遣，则借遣犯来充实当地屯田开发的意图更为鲜明。在以乾隆帝为首的最高决策层的大力推动下，新疆在收入版图未久便取代东北在发遣地中占据主导地位，并一直保持到清末。有清一代发遣新疆的人数规模之大，由此而陆续生成的相关条例之多，前所未见。可以说，在实施发遣新疆的过程中，清代发遣制度本身也达到了其产生以来最完备的状态。

当然，清代向新疆的发遣也一直伴随着各种大大小小的问题。因长途押解而产生的高额费用，因遣犯壅滞而给遣犯管理及地方治安带

① 参见朱批奏折，道光十一年四月十五日成格奏，档号：04-01-26-0058-045。

来的严重压力，始终伴随这一过程。一旦新疆当地统治秩序发生动摇，发遣更必然受阻。同治元年陕甘地区爆发回民起义，起事风潮继而蔓延至新疆。同治三年开始的全疆范围的穆斯林民众起义历时十四年，其间又发生浩罕军官阿古柏率军入侵和沙俄出兵占领伊犁等一系列重大事件。随着清朝在新疆的统治全面崩塌，持续了百年左右的发遣也因此中断。直到光绪十年，新疆建省，形势趋于稳定，恢复新疆发遣的事宜才重新提上日程。然而时过境迁，清朝统治能力的全面衰退使得向新疆的发遣再也无法如前施行而最终走入末路。

最后还要说明的是，有清一代的新疆遣犯由常犯和官犯两部分组成。限于篇幅，也为了讨论时主题更集中和突出，本文将考察的重点放在了构成遣犯主体的常犯，即“民人有犯”部分。至于官犯（也称“废员”）即“官员有犯”部分，其获罪缘由及获罪后的服役形式与待遇均与常犯有较大区别，是遣犯中另一类型，不便与常犯混一阐述，容今后另行撰文探讨。

王士禛与清初史学

阚红柳*

王士禛（1634—1711）字子真，一字贻上，号阮亭、渔洋山人，山东新城（今桓台县）人。顺治十五年进士，居官四十余年，历任推官、主事、侍讲、侍读、左副都御史、刑部尚书等官，著有《带经堂集》、《渔洋诗文集》、《精华录》、《精华录训纂》等诗文著述数十种。王士禛在清初诗坛享有盛誉，“当康熙中，其声望奔走天下，凡刻诗集者无不称渔洋山人评点者，无不冠以渔洋山人序者”①，故而，文学研究领域相关研究成果众多。在史学方面，王士禛传承家学，贯通经史，又四方游历，博闻多识，对清初史学亦多有建树，比较而言，学界关注王士禛史学成就的学者及相应的研究成果并不多。② 文史相通又相异，对王士禛史学层面的研究不仅是全面还原其学术成就的必要方面，而且也有益于深入探析王士禛的诗学观念，因而，本文以王士禛与清

* 阚红柳，中国人民大学清史研究所副教授。

① 《四库全书总目》卷 173，《集部别集类·精华录》。

② 以笔者所见，涉及王士禛史学成就的相关研究成果主要有：王云庆、尉迟慧丽《论清代王士祯的档案史料意识与实践——以〈池北偶谈〉为例》（载《档案学通讯》，2009（1）），以《池北偶谈》为例探析王士禛收集、保存和利用档案史料以及编修史志等事迹，认为他是一位具有敏锐档案史料意识的高级档案工作者和优秀史家；尤秋华《王士禛传记创作研究》（浙江师范大学 2011 年硕士论文），主要研究王士禛的传记文学创作的成就，传记兼具文史双重特点，故亦为王士禛史学研究的一个方面；谢贵安《王士祯家族历史撰述初探》（载《中原文化研究》，2014（5）），研究王士禛关于家族史的撰写，认为其谱写的家族史对研究其本人、家族和社会史，都有不可替代的重要价值。以上三篇研究文章从档案、传记和家族史的不同角度阐释了王士禛的史学成就。

初史学为主题，将从官方史学、私家修史及史学观念三方面探讨其与清初史学的学术关联。

一　王士禛与清初官方史学

王士禛最初与官方史学结缘，当为任翰林院侍读之时，参与《皇舆表》的编纂，大概是因熟悉家乡地方行政建置的缘故，他负责“分纂山东布政使司六府”[①]。康熙十八年二月，该书纂修完成，翰林院以写本进呈皇帝，得到康熙帝的肯定，皇帝称翰林院官员“尽心编纂，考核精准”[②]。入职翰林院之后，王士禛本人极为关注《明史》馆的情况，在致颜光敏的书信中，谈到博学鸿儒考核日期及史局的大体情况。[③] 他与入京应试博学鸿儒的士子如李因笃、潘耒、汪琬等均有交往，对五十博学鸿儒入职史馆也非常关注。不久，王士禛本人在康熙十八年，经当时《明史》馆总裁徐元文举荐，以翰林侍读的身份充《明史》纂修官。[④] 据实录：

> （康熙十八年十二月十四日）内阁学士徐元文疏言：纂修《明史》，请以翰林院侍读傅腊塔、内阁侍读学士王国安为《明史》馆提调官。右春坊右庶子卢琦，翰林院侍读王士正（即王士禛——引者注），侍讲董讷、王鸿绪，右春坊右谕德孟亮揆，左春坊左中

---

① 王士禛：《居易录》卷33。原文为：“康熙戊午奉旨，令翰詹诸臣修《皇舆表》，仿《史记》年表之例，代为一格，横书之，惟详历代沿革名号，他皆不及，与此书（指《九域志》）互有详略。予时官侍读，分纂山东布政使司六府云。”（《王士禛全集》（六）《杂著》，4380页，济南，齐鲁书社，2007；蒋寅：《王渔洋事迹征略》，240页，北京，中国社会科学出版社，2014）

② 《康熙起居注》，396页。

③ 参见蒋寅：《王渔洋事迹征略》，244～245页。据《颜氏家藏尺牍》卷2记载，王士禛对友人谈到：“博学诸公御试，约在下月中浣，史局仍在必开，但未知如何位置，留用多寡。”

④ 参见王士禛：《渔洋山人自撰年谱》卷下，见《王士禛全集》（六）《杂著》，5085页。

允李录予，左春坊左赞善陈论，翰林院编修翁叔元、沉涵、李应廌、李涛，检讨李振裕、沈上墉、徐潮、王尹方、李楠为纂修官。会同荐举考授翰林院编修彭孙遹等五十员分纂。从之。①

徐元文任《明史》馆总裁时期，被认为是清修《明史》的奠基时期，而该时期的标志性活动之一就是史馆官员的基本确定，这一举措为此后修史工作的进一步展开铺垫根基，从而使清修《明史》转入实质性的修纂阶段。可以说，这次荐举对官修《明史》来说意义重大。但是，王士禛任史馆纂修官在清修《明史》的研究中得到的关注并不多。② 一方面，可能王士禛很快升任国子监祭酒之职，在史馆任职不满一年，活动及建树难免有限。另一方面，《明史》馆官员虽然流动较大，但此一时期同入史馆者，确有一些成果，或是就修史原则提出方案，或是有初成史稿问世，但从现存王士禛著述来看，此一方面的成果很少。据现有史料，王士禛对官修《明史》的直接贡献主要包括：其一，为史馆献书，上明代山东即墨人王邦直所撰《律吕正声》于史馆③；其二，就明代历史人物评价问题，提供个人意见，"史馆诸臣撰《王阳明传》贬之太过，公（指王士禛）与总裁叶方蔼反复辩论"④。

应该注意的是，王士禛本人对此事还是颇为重视的，在《渔洋山

---

① 《清圣祖实录》卷 87，康熙十八年十二月乙亥。

② 相关研究成果提及实录中此条事件者不少，而将王士禛作为史官加以细致研究甚至予以提及者，则目前仅见蒋寅《王渔洋事迹征略》。

③ 《池北偶谈》卷 9 记载："王邦直，字子鱼，又字东溟，即墨人。以岁贡官盐山丞，上疏罢归。殚精声律之学，聚书千百卷，坐卧一小阁二十年，成《律吕正声》六十卷。其说谓君声最清，管以三寸九分，本《吕氏春秋》，其数配之杨子云《太玄》，缕析比合，而以诸家九寸之说为非是。万历甲午，诏修国史，翰林周公如砥上其书史馆，深为大学士南充陈公所叹赏。周公云：'班固《律历志》载即墨徐万且氏治《太初历》第一，而子鱼追配之于千载之后。'其外孙黄御史宗昌序刻之。康熙十八年，予在《明史》馆，亦上其书。"（《王士禛全集》（四）《杂著》，3038 页）

④ 蒋寅：《王渔洋事迹征略》，254 页。《池北偶谈》卷 9 记载："王文成公为明第一流人物，立德、立功、立言皆臻绝顶。康熙中，开《明史》馆，秉笔者皆訾謷太过，亡友叶文敏（方蔼）时为总裁，予与之辩论，反复至于再四。"（《王士禛全集》（四）《杂著》，3030 页）

人自撰年谱》当中，此次为官经历被写入其中。[①] 并且，这一段经历在王士禛的人生当中有不可磨灭的影响，此后与之相唱和的师友之中，有相当一部分是史馆的同僚，主要有彭孙遹、叶方蔼等，唱和之作甚多，不赘述。更为重要的是，王士禛与史馆同僚之间，还有史学方面的交流。王士禛曾与汪琬一起谈论《辽史》记述的不足，认为辽时不立史官，导致官方史料残缺，文献无征，给后世修史造成困难：

> 夏日过汪钝庵（琬），谈及《辽史》。予言："辽自圣宗统和六年开贡举，岁放进士二三人及第，自二十四年放杨佶等二十三人后，及道宗时遂至百余人。汉人由进士至大官者甚众，然列传所载，皆耶律、萧氏，所谓五院、六院及二审密国舅贵族，而汉人不与。即《文学传》，王鼎外亦寥寥。岂当时汉进士无一人事迹可书者耶?"钝庵云："此当时无史官，失记载之故也。"金国事迹人物，得元好问、刘祁数君而传。夫子曰文献不足、杞宋无征，正谓是也。[②]

同僚之间的交谈对增进修养、增广见闻、提升史识无疑有所裨益。王士禛曾提及，他在史馆好友叶方蔼处曾见过李清所著《南唐书》，称："（李清）又纂《南唐书》，推为正统，以陆游书为主，而以马令书及诸野史作注，此稿予昔于故友叶文敏讱庵（方蔼）处见之。"[③]

另外，史馆的经历和见闻也使王士禛可以阅览汇集到馆的各种史书，进一步开阔了视野，提高了鉴别及评论史书的能力和修养。王士禛在笔记中这样记述在史馆的经历：

> 鼎革时，小说纪载多失实。尝于史馆见一书曰《弘光大事

---

① 参见《渔洋山人自撰年谱》卷下，见《王士禛全集》（六）《杂著》，5085页。

② 王士禛：《池北偶谈》卷13，见《王士禛全集》（四）《杂著》，3138页。

③ 王士禛：《居易录》卷1，见《王士禛全集》（六）《杂著》，3677页。

记》，内言甲申年山东大姓新城王氏、淄川韩氏起义兵。尔时先伯父御史公（与胤）全家殉节，先祖布政公年八十余，家居，祭酒公奉侍避兵山中，无义兵事。其云韩氏，盖韩氏有仆王某、李某皆乘乱聚众为群盗，亦非义师。其济南伪制将军至济南，推官钟性朴死之。按：钟公字文子，顺天人，崇祯癸未进士，国初为济南府推官，迁本省提学道佥事。予顺治庚寅自童子为诸生，中辛卯乡试，皆钟公所拔。乌有甲申死难事耶？野史之不足信如此。①

明清之际史书数量众多，但良莠不齐。不轻信，而是根据历史事实确定态度，无疑是史馆经历带给王士禛的珍贵认知。另外，王士禛根据宋修《新唐书》纂修官不断变更，造成史书编纂辗转迁延的历史，结合个人的史馆经历，对清修《明史》有所总结，他认为：

近修《明史》，初以徐阁学立斋（元文）为监修，翰学叶讱庵（方蔼）、左庶子张素存（玉书）为总裁，分撰者数十人。后或迁官给假去，勿论纂修官，即总裁亦迁替不恒。最后，乃益以熊相国青岳（熊赐履）。首尾二十余年，成书之难如此。盖事权不专，其在宋时已有然矣。司马子长《史记》、班孟坚《汉书》皆成于一家父子之手，故其书千古不朽，而成书亦易，惟专故也。②

王士禛虽入职史馆时间不长，但以其实践体验以及与史馆同僚的接触，却能切中史馆修史的要害。他指出："康熙己未开《明史》馆，其后总裁及纂修官迁转、病、假不一，屡易其人，最后，乃增孝感相国熊公青岳（赐履）。"③ 各种原因造成的人员变动以及事权不专造成了《明史》难产的直接后果。虽然早从史馆离职，但王士禛一直关注《明史》

① 王士禛：《池北偶谈》卷10，见《王士禛全集》（四）《杂著》，3065～3066页。

② 王士禛：《古夫于亭杂录》卷1，见《王士禛全集》（六）《杂著》，4844～4845页。

③ 王士禛：《分甘余话》卷3，见《王士禛全集》（六）《杂著》，5004页。

纂修的进展，比如熊赐履入史馆后，自撰《明史》若干卷，并进献皇帝，康熙帝“命付内阁参详”，“其书熊自撰进，即同为总裁数公，亦不得而见也。内阁参详，覆旨如何，余甲申冬归田，无从而知矣”①。

另外一次担任史官是在康熙二十九年三月十日，57岁的王士禛升任都察院左副都御史，任三朝国史副总裁。康熙二十九年二月初八，清初名臣徐乾学之子，时任巡视南城山东道监察御史的徐树穀上疏，奏请纂修太祖、太宗、世祖三朝国史，其建议得到康熙皇帝的重视。四月四日，康熙帝任命王熙为国史馆监修总裁，伊桑阿、阿兰泰、梁清标、徐元文为总裁官。十三日，王士禛与其他十二名官员一起被任命为副总裁。同样，这次入职经历王士禛也写入《渔洋山人自撰年谱》之中②，以示重视。王士禛曾就三史纂修过程中官方提供档案史料的真实性问题提出疑问，“康熙庚午，御史上疏请修本朝国史，上命士禛为副总裁。然提调所行文移有不可通者，如各盐差、关差、例行户部转行各差，查取旧案，而必言太祖、太宗朝档案云云。当时龙飞辽左，尚未一统，安得有各直省盐关等差？屡为言之，终不易也”③。显然，王士禛的质疑未获重视。随之，当年九月，迁兵部督捕右侍郎，此任为时不长。

除了两任史官的经历外，王士禛对清初官方史学的另一大贡献是以国子监祭酒的身份提请修补国子监的“二十一史”刻版。

康熙二十二年，王士禛上《请修经史刻板疏》云：

> 窃惟列圣道法之传莫备于经，历代治乱之迹莫详于史。古帝王内圣外王之学，不外经史而毕具矣。我皇上聪明天纵，宵旰不

① 王士禛：《分甘余话》卷3，见《王士禛全集》（六）《杂著》，5004页。

② 参见《渔洋山人自撰年谱》卷下，见《王士禛全集》（六）《杂著》，5094页。

③ 王士禛：《分甘余话》卷3，见《王士禛全集》（六）《杂著》，5018页。

遑，犹日御经筵，研精经史，又以刊刻经书讲义颁赐诸臣，典学之勤，二帝三王蔑以尚矣。查明代南北两雍，皆有《十三经注疏》、“二十一史”刻板，今南监板存否完缺，久不可知。惟国学所藏原板庋置御书楼。此板一修于前朝万历三十三年，再修于崇祯十二年，自本朝定鼎迄今四十余载，漫漶残缺，殆不可读。所宜及时修补，庶几事省功倍，伏乞敕下部议，查其急宜修补者，早为鸠工，俾刓缺悉为完书，亦仰裨圣朝文教之一端也。①

这一事件也记入实录：

礼部议覆国子监祭酒王士正（禛）疏言：明代南北两雍皆有《十三经注疏》、“二十一史”刻板。今国学所藏漫漶残缺，宜及时修补。至南监板，请敕该督抚查明，行令学臣收贮儒学尊经阁中，毋致遗失。应如所请。从之。②

由于年久失修，国子监所藏“二十一史”版片字迹模糊，无法使用，必须加以修补，以提供较佳版本，供士子阅读使用。明代国子监曾经几次修版。嘉靖七年到嘉靖三十四年，南京国子监大规模修补“二十一史”。其后，在万历二年至万历三十五年，又有一次大补版，近于重刊。王士禛申请修版，远可追溯至明朝国子监修版的传统，而近则缘于其兄长王士禄的心愿。早在康熙元年，王士禄就准备写信给国子监祭酒，申请修补“二十一史”版片，但其事未果。③ 王士禛的

① 《钦定国子监志》卷53。

② 《清圣祖实录》卷112，康熙二十二年十月丙寅。王士禛《居易录》卷1则云：“康熙二十三年，予为祭酒，疏请重修经史刻板，得旨允行。”可见，清廷开始修补经史刻版，当在康熙二十三年。

③ 据《王考功年谱》：“（康熙元年壬寅，先生三十七岁）……先生在国学，恒以‘二十一史’与‘十三经’相表里，而实多舛谬。拟致书祭酒，疏请更定，不果。”（《王士禛全集》（六）《杂著》，2502页）

呈请有继承兄长遗志的因素，当然也出于国子监祭酒的职任。就清代而言，王士禛呈请修版，其意义却不仅仅局限于发扬官学，而是拓展至官方史学领域，有着非同寻常的意义。可以说，修补版片开启了乾隆朝钦定正史的举措。

继王士禛呈请修补“二十一史”版片之后，到乾隆朝，二十一部史书的修补重订问题上升至王朝重要政务高度，被重视并逐步制度化地确定下来。乾隆三年九月初三日，奏准重加校刻《十三经注疏》、“二十一史”及写本《旧唐书》一部，并交与庄亲王于武英殿御书处等处查办。乾隆五年十一月十九日，经史馆全权负责校刊“二十一史”。到乾隆十一年十二月十七日，和硕和亲王弘昼奉敕校刻“二十一史”告竣，呈颂乾隆帝睿鉴。到乾隆十二年二月初一日，乾隆帝御制《重刻二十一史序》，冠于《史记》前，附有御制序的二十一部正史刻成。借此，正史之钦定，到乾隆朝正式确定下来，正史被赋予官方正统的含义，史书内容的审定以及刊刻流传得到官方的全面控制以及支持。梳理钦定正史的历史脉络不难看出，经由修补版片，到重校重刻，及至对文章加以审定，清朝钦定正史逐步完成了制度化的过程，而王士禛的呈请无疑是该流程的先声。

二　王士禛与清初私家修史

王士禛与清初私家修史亦有密切的关系。他收藏并阅读清初私史，与私人史家有互动、交流，也提供学术支持和帮助，并且，本人还亲身创作了一些史部著述。

首先，王士禛乐于阅读和收藏清初私史，对清初著名史家抱有珍视、爱惜的态度并予以充分尊重。作为海内知名的藏书家，王士禛宦游南北，次第收书，“及官都下三十年，俸钱所入，悉以购书”[①]，“居家除读书外，别无他事”[②]。王士禛阅读最多的是前代的诗文集，另外还涉猎了其他典籍，尤其是史书。他自称，“予自束发，好读史传，旁及说部”[③]。自少时，对私史价值就有充分认识：

> 余少与考公西樵兄言：“史事自十七史外，如《史记》外，则有苏氏《古史》；前后《汉书》外，有荀悦、袁宏两《汉纪》；《三国志》外，有谢陛《季汉书》；《晋书》外，有崔鸿《十六国春秋》；《南北史》、《宋》、《齐》、《梁》、《陈》诸书外，有王通《元经》；《新唐书》外，有刘昫《旧唐书》、范祖禹《唐鉴》；《五代史》外，有薛居正《旧史》及马令、陆游《南唐书》，吴任臣《十国春秋》；《宋史》外，北宋有王称《东都事略》、曾巩《隆平集》，南宋有李心传《三朝朝野汇编》、叶绍翁《四朝闻见录》；《元史》外，有苏天爵《名臣事略》，凡此诸书，皆当兼收并采，不可以其不列学官而偏废之。”[④]

除了官方认定的正史系统之外，王士禛认为，对不同时代的私史著作，也应予以充分重视。不仅如此，生逢明末清初私史编纂风气鼎盛之时，他亦广泛搜集和阅读能接触到的时人所著私史。据王绍曾、杜泽逊所编《渔洋读书记》，大体可以看出王士禛收藏的清初私史情况。据《渔洋读书记》统计，王士禛总计评骘书籍达568种，其中史部书153种，约占27%。史部书中清初私史40种，约占史部书的26%，具体书目参见下表。

---

① 《渔洋山人自撰年谱》卷下，见《王士禛全集》（六）《杂著》，5102页。

② 《清圣祖实录》卷204，康熙四十年四月丙子。

③ 《居易录自序》，见《王士禛全集》（三）《诗文集》，1802页。

④ 王士禛：《分甘余话》卷1，见《王士禛全集》（六）《杂著》，4967～4968页。

王士禛所读清初私史书目表

作者	书名	作者	书名
李清	《南北史合注》	朱克生	《补汉纲目》
李清	《南唐书》	马骕	《绎史》
万斯同	《补历代史表》	佚名	《弘光大事记》
许重熙	《殿阁部院大臣年表》	姚宗典	《崇祯纪事》
周瓒	《南公庵稿》	黄汝良	《野纪蒙搜》
雷士俊	《通鉴纪事本末摘要》	施鸿	《史测》
尤侗	《明史乐府》	朱彝尊	《日下旧闻》
张泰来	《江西诗派图录》	张贞	《杞纪》
万斯同	《宋季忠义录》	田雯	《黔书》
佚名	《复社姓氏录》	杨端本	《潼关卫志》
佚名	《殉义诸臣考》	释智朴	《盘山新志》
李暄亨	《云中节义录》	陈奕禧	《皋兰载笔》
陈僖	《上古殉节纪事》	孙廷铨	《颜山杂记》
蔡氏	《江右齿录》	南怀仁	《坤舆图说》
宋荦	《豫章祠纪》	朱彝尊	《经义存亡考》
王埏	《孝行录》	曹溶	《静惕堂书目》
王康	《王端毅公遗事》	黄虞稷	《征刻宋元书目》
白子仲	《王东皋先生纪略》	高士奇	《西巡日录》
孙奇逢	《游谱》	高士奇	《东巡日录》
孙致弥、金居敬	《幸鲁盛典》	王氏	《长山县新志》

本表参考《渔洋读书记》及《王士禛全集》。

不遗余力地搜集和阅读，反映了王士禛对清初私家修史的关注。对清初私史，王士禛非常珍视，不忍私史湮没失传。如：

> 兴化李映碧（清）廷尉丞，好著书，常以陆游、马令二家为经，别修《新唐书》，而以《江表志》、《钓矶立谈》诸书为纬，尊李氏为正统。其书颇可传。子木庵（楠）官御史大夫，延余门人嘉定张云章汉瞻专司雠校之役。荏苒数年，竟未剞劂，而木庵死矣。右皆有贤子孙，且官通显，而不及传先人之书，使流通于后

世，况其下焉者乎？可叹也。[①]

康熙四十八年己丑，76 岁的王士禛在新城故里。侍读黄叔琳视学山东，路过王士禛府邸拜访，谈及康熙帝下旨令取故灵璧知县马骕所著《绎史》刻板入内库，王士禛感叹私史著作终于得见天日，特赋一绝句，以纪盛事，其诗见《蚕尾后集》：

闻黄昆圃侍读述诏旨取灵璧县知县马骕所著《绎史》刻版入内府始末感赋

当年经史自笺疏，岂有藜光照石渠。
寂寞文园三十载，所忠今见访遗书。[②]

对私人史家，王士禛爱惜其才华，尊重其学识。谈及万斯同，他认为，“季野贯穿史事，于明代三百年典故如指诸掌，史馆总裁诸公聘入京师，一切皆取衷焉”，并就编撰其伯祖王象乾传记一事，称“汪编修（琬）、倪检讨（粲）各有撰述，季野从实录搜采十许事补入，视二君为详”，赞其为“通儒”[③]，惋惜其早逝。

同时，王士禛在士林的地位和声望使其得以结识一批私人史家，与他们互相交流，并提供学术帮助和支持。

为史书作序是史学交流的重要形式。康熙二十年，王士禛为高士奇《西巡日录》作序，称：“予三复其书，如纪完县之赐金，纪阜平之复摄，皆关政事沿革之大者，而纪赐裘赐裳，则尤见皇上恩礼儒臣之雅。”[④] 观此可知，王士禛也看过高士奇的《东巡日录》。王士禛还为田雯所著《黔书》作序，赞其“篇不一格”[⑤]，富于变化。

---

① 王士禛：《分甘余话》卷 1，见《王士禛全集》（六）《杂著》，4969 页。

② 王士禛：《蚕尾续诗集》卷 10，见《王士禛全集》（二）《诗文集》，1440 页。

③ 王士禛：《香祖笔记》卷 1，见《王士禛全集》（六）《杂著》，4462 页。

④ 王士禛：《西巡日录序》，见《王士禛全集》（二）《诗文集》，1526 页。

⑤ 王士禛：《居易录》卷 10，见《王士禛全集》（五）《杂著》，3867 页。

晚辈、后学提出史事记述方面的疑问，王士禛也提供力所能及的学术帮助。如周瓒一生慕王士禛学识，以自撰史著《明史稿》向其问询：

> 太仓周瓒元恭以《南公庵稿》相示，所撰《明史稿》也，中间载先太师、先方伯、先侍御事略颇具。瓒熟史事，梅村晚年招与读书，或事有疑误，辄就问之。瓒庚午夏遗予书曰："瓒于三十年前知有阮亭先生者，非今之人而古之君子也。意欲望见颜色，而生于江南，蒿芦之下，志气弇鄙，见闻单陋，无以具行李。又为同里梅村先生留订《春秋》诸书，朝夕晤对，垂二十年，弗获造先生之门亲奉謦欬。梅村殁后，饥驱出门，糊其口于四方，又逾十年，而年渐迟暮，自伤终不得见先生矣。去年践故人之订，策蹇北来，私心自喜可以一见先生，而才至都门，疾病颠连，一身孑然。及健庵南归，寄食同里钱黄门之邸，暂为蒙师。嗟乎，如瓒之遭逢，亦可谓之不幸矣！惟是，先生一代之名贤，三十年所愿见而不可得者，今既在此，讵可觌面失之？然又不敢贸贸而前，遂恐终不得见，故以一言介于左右。瓒自少有志于史，于有明三百年之人物粗有纂辑，然中间尚缺十之二三，而贫家无藏书可以考证，又自以为才之不充，学之不裕，识之不确，未敢出而问世，藏弆箧中有年矣。前则梅村，后则健庵，俱未寓目。今欲是正于先生，乃既无纸笔，又无书人，草稿涂乙，不可以渎高明。终欲就先生谋之，倘不弃微贱而辱见焉，则请蠲吉以进，幸甚。"①

僧人智朴请王士禛参订其所著《盘山新志》②；王士禛的弟子陈僖

① 王士禛：《居易录》卷 13，见《王士禛全集》（五）《杂著》，3927 页。

② 王士禛：《居易录》卷 10，见《王士禛全集》（五）《杂著》，3867 页，原文为"盘山拙庵智朴禅师以所创《山志》若干卷属参订，颇有体裁，所录碑刻诗文等亦不泛滥，所述山中物产一卷尤雅"。

将史著《上古殉节纪事》呈交王士禛，请其评论，得到王的赞誉，认为他“甚得太史公笔”[①]。与私人史家的互动和交流是融入清初史学实践的必由之路。

当然，王士禛本人也有一些史部著述。简要列举书目如下：

1. 《古欢录》8卷
2. 《王考功年谱》1卷
3. 《迎驾记恩录》1卷
4. 《国朝谥法考》1卷
5. 《纪琉球入太学始末》1卷
6. 《水月令》1卷
7. 《广州游览小志》1卷
8. 《浯溪考》2卷
9. 《陇蜀余闻》1卷
10. 《长白山录》1卷
11. 《东西汉水辨》1卷
12. 《蜀道驿程记》2卷
13. 《池北书目》1卷，《碑目》1卷
14. 《渔洋书籍跋尾》2卷
15. 《选明代山左诗采访书目》1卷
16. 《金陵游记》1卷
17. 《南来志》1卷
18. 《北归志》1卷
19. 《北征记》1卷
20. 《皇华纪闻》4卷

---

① 王士禛：《居易录》卷14，见《王士禛全集》（五）《杂著》，3937页。

21.《赐沐纪程》1卷

22.《历仕录》1卷

23.《秦蜀驿程后记》2卷①

王士禛的史学才华，曾经得到韩菼推重。康熙二十三年，王士禛奉命至广东祭告南海，以途中见闻著成《皇华纪闻》，在序言中，韩菼认为：

新城王先生诗古文雄一代，学无所不窥，博物君子也。康熙二十三年奉命有事于南海，道间所经都邑、地理、山川、人物，与夫荒墟伏莽之遗迹、鸟兽草木，非常可喜奇怪，搜讨捃摭，为《皇华纪闻》四卷、《南来志》一卷、《北归志》一卷、《广州游览小志》一卷。壮哉斯行，可谓不负矣。往余读小录、逸事、琐言、杂记，诸家爱奇补亡，非不闳侈，间有牴牾，不无错漏。若斯直书即目，简而足信，质而不俚，兴寄于云烟杳霭之间，而托附于谨严《尔雅》之义，真有叙事之才。读《渔洋集》而知诗，读是集而知史，千载而下，可以仰先生奉使之德音焉。②

综上可知，王士禛涉足清初史学领域，兼及官方史学和私家修史，是清初史学的观察者、阅读者、评论者，也是修史实践的亲身参与者。

三 王士禛的史学观念

官方史学与私家修史的双重实践，使得王士禛在官私史学关系、

---

① 本书目主要参考骆伟：《清初王士禛著述考评》，载《古籍整理研究学刊》，2013（6）。零篇传记尚未计算在内。据尤秋华《王士禛传记创作研究》（浙江师范大学2008年中国古代文学硕士论文），王士禛的传记创作包括散传和年谱，其中散传152篇。

② 韩菼：《皇华纪闻序》，见《王士禛全集》（五）《杂著》，2657页。

史书体裁体例、史家个人修养诸方面有独到见解。

（一）关于官私史学的地位、作用和关系问题

首先，王士禛强调士人建立修史意识，树立记述并传承历史的史家责任感。他认为，“士君子平居读书，必明于古昔治乱得失之故，人才贤否之辨，世运升降之由，然后发于文章，施于政事，莫不沛然而有余，犁然而不惑”①。这种史家担当的责任感源于明末清初风云变幻的历史形势，在社会巨变面前，记录史事、以信史流传考验着每一个士人的文化自觉。他指出：

> 论曰：陈同甫有言，乱离战争之际，往往奇才辈出，故述龙可赵九龄事。至潜溪先生著《秦士录》，豪宕感激，至今想见其人。明之末造，海内罹兵革者数十年，深山大泽，豪杰不乏如孔和、遵坦辈。不有陈、宋之纪述，乌能自见于后世哉？②

为此，他将自己所见所闻一一记述，以备流传。王士禛自己曾经总结：“士禛以康熙十一年壬子奉命典四川乡试，二十三年甲子奉命广东祭告南海，至是丙子，又奉命陕西、四川祭告西岳、西镇、江渎，岁皆在子。”③ 三次奉使出行，分别留下《蜀道驿程记》、《皇华纪闻》、粤行三志（《广州游览小志》、《南来志》、《北归志》）、《奉蜀驿程后记》诸部史著。

其次，对忠义、仁孝等道德理念的追求和弘扬也是士人史家意识觉醒的重要因素。王士禛著史传，主要以记述忠孝节烈历史人物为主。他作《任民育杨定国传》：

---

① 王士禛：《览古诗集序》，见《王士禛全集》（二）《诗文集》，1558 页。

② 王士禛：《刘孔和王遵坦传》，见《王士禛全集》（二）《诗文集》，1590 页。

③ 王士禛：《奉蜀驿程后记》卷上，见《王士禛全集》（五）《杂著》，3543 页。

予以顺治庚子理扬州，士大夫为予述民育事甚烈。民育毕命处，在太守厅事西偏，血凝碧，阴雨犹仿佛可见，时距其死十六年矣。会修郡志，民育死节事略而不书，予惧其无传也，得杨谕德士聪所述任扬州始末，略之为传。①

作《孝靖颜先生传》：

论曰：汉东阳，颜乌有孝行，致群乌衔鼓之祥，因立县曰乌伤，历代或称乌孝，或称义乌，皆以孝子得名。唐天宝河北之乱，常山忠节公死之，子泉明负父骨于东京，行求宗属，先姑姊妹而后其子。予每读史至此，未尝不流涕嗟慕。今观先生父子间，其行事何相类也。仲尼弟子达者七十二人，颜氏有八人焉。韩子称儒分为八，颜居其一。颜氏之于忠孝，所由来远矣。予故拾先生事迹为传，使史氏有考云。②

作《董烈妇孙氏传》：

论曰：国家重伦常，崇教化，凡穷谷僻壤义烈之事，令有司条其名状，岁以上闻。何其视匹夫匹妇之行若是重与？勿亦以其有关人心世道而然与？唐李习之碑高愍女曰："赏一女子而天下劝，亦王化之大端也。"奇节如烈妇，而使之湮没草莽，事不上于礼部，名不登于太常，谁之责与？谁之责与？③

另外，在社会变乱之际，私人史家的作用得以凸显，王士禛认为，私家修史是官修史书的有益辅助。谈及刘祁所撰《归潜志》的作用，王士禛指出：

---

① 王士禛：《刘孔和王遵坦传》，见《王士禛全集》（二）《诗文集》，1592 页。
② 王士禛：《孝靖颜先生传》，见《王士禛全集》（二）《诗文集》，1596 页。
③ 王士禛：《董烈妇孙氏传》，见《王士禛全集》（三）《诗文集》，1611 页。

《归潜志》八卷，金人刘祁字京叔撰，盖纪载金源一代人物事迹，而国家盛衰兴亡之故，亦因以见焉。……按金自崔立之乱，中原板荡，文献放失，赖二三君子有志史事者，私相撰述。元开史局，蒐罗掌故。京叔、裕之之书，皆上史馆，捃摭多焉。[①]

为此，王士禛认为，私人史家应有意识地搭建官私史学互通的桥梁，他本人也亲身参与其中。作《五烈节家传》，其目的在于：

士禛曰：先方伯公教家严，闺门之内，俨若朝典。又尝以先高祖母刘太夫人《阃范图说》，教诸妇女，皆凛然知礼义，榛栗枣修，秩秩如也。壬午、甲申之间，诸母而下，节烈辈出，孰谓非方伯公之教渐渍使然哉？《春秋》于宋伯姬之卒，既书其葬，又载其谥，予死义也。会有命开馆撰修《明史》，谨摭次事实，俟史氏节取焉。[②]

他做《王考功年谱》，用意除了缅怀兄长，寄托哀思之外，更主要的是为了："世有史笔，倘怜先兄年不酬德，或传之《独行》，或录之《文苑》、《儒林》，庶几九原可作，死且不朽。"[③] 王士禛认为，私史的创作，既能保证历史记载的延续，又可为官方史学提供基础材料，私人史家在史学发展进程中兼具双重功能。

（二）关于史书的体裁体例问题

王士禛强调史书体裁要规范，如他认为僧人智朴所创《盘山新志》"颇有体裁"[④]。而对具体的史例问题，王士禛强调史书在内容上应记述

① 王士禛：《归潜志序》，见《王士禛全集》（三）《诗文集》，1531 页。
② 王士禛：《五节烈家传》，见《王士禛全集》（三）《诗文集》，1613 页。
③ 王士禛：《王考功年谱》，见《王士禛全集》（六）《杂著》，2522 页。
④ 王士禛：《居易录》卷 10，见《王士禛全集》（五）《杂著》，3867 页。

详细，文字雅致。修史以为流传，而详具事件首末尤为重要，故而，史书在记述环节上应首尾完备。为此，他以《新唐书》与《旧唐书》相较，认为《新唐书》不及《旧唐书》："予尝论《新唐书》不及《旧唐书》，盖矜奇字句，全失本色。又制诏等文词，率皆削去，虽谓事增于前，辞省于旧，远逊《旧书》之详雅矣。"① 又说："余每怪《新唐书》不载诏令，往往不详事之首尾。"② 而对李心传所著《建炎以来朝野杂记》，王士禛则十分欣赏，因"此书于宋南渡后朝章国故，大纲细目，粲然悉备，史家之巨擘也"③。

在内容详尽之外，文字雅致是体例方面的又一要求。明万历年间王学谟重修《朝邑志》，王士禛认为其"文增于旧，而精核古雅，有良史才"④。评论宋荦所撰《豫章祠记》，称其"赞词古雅"⑤。对僧人智朴所撰《盘山新志》的评价也有"所述山中物产一卷尤雅"⑥等语。

另外，王士禛还强调史书应注重文简而事核。

> 司马文正公作《通鉴》，以继获麟之后。朱子又作《纲目》，效《春秋》窃取之义。于是史家体例备矣。建安袁枢又概括贯穿，创为《纪事本末》，一事之首尾起讫，开卷了然，亦古籍必不可无之书也。泾阳雷伯吁以古文名，作《纪事本末摘要》一书，其子毅将谋刻之淮南，邮其稿示予。喜其简要，可便初学。然此特家塾之书耳，有志史学者自当取袁氏全书读之。⑦

---

① 王士禛：《池北偶谈》卷13，见《王士禛全集》（四）《杂著》，3137页。
② 王士禛：《古夫于亭杂录》卷2，见《王士禛全集》（六）《杂著》，4849页。
③ 王士禛：《居易录》卷8，见《王士禛全集》（五）《杂著》，3827页。
④ 王士禛：《跋朝邑志》，见《王士禛全集》（三）《诗文集》，1956～1957页。
⑤ 王士禛：《居易录》卷3，见《王士禛全集》（五）《杂著》，3722页。
⑥ 王士禛：《居易录》卷10，见《王士禛全集》（五）《杂著》，3867页。
⑦ 王士禛：《跋通鉴纪事本末摘要》，见《王士禛全集》（三）《诗文集》，1961页。

反之，对叶绍翁的《四朝闻见录》，王士禛则认为，对南渡事迹，“其间颇涉烦碎，不及李氏《朝野杂记》远甚”①。

在《长山县新志序》中，王士禛认为志书的体例应该“思精而体要，文赡而旨洁”②。又说：“志以简核为得体，康德涵《武功志》最称于世。”为此，对其赞叹不已，“康修撰对山作《武功志》，文古事核”③。并以此为标准评论所见秦中诸志，“而渭南史莲勺记事，尝知汾州之介休，作《志》七卷，义例精核”④。文字简洁，又要考证精核，方为史书的上乘之作，这种观念在王士禛评鉴史部著述时展现无余。在《盘山新志序》中，他称赞智朴：“至于发凡起例，简而严，核而有体，有史氏之义焉。其书必传于后而足备名山之掌故无疑也。”⑤ 又称赞“王元之《五代史阙文》，仅一卷，而辩证精严，足正史官之谬”⑥。万斯同向王士禛投书《禘说》，王士禛的评价是：“（其书）驳郑康成之非，而据唐赵匡、宋程子之说以为证，其言甚辨而核。”⑦

（三）关于史家个人修养问题

唐代学者刘知幾提出史才应具备“才、学、识”三长，以之概括史家个人的基本素质。王士禛在评鉴史书、品评史家之时也对史家的个人修养问题提出了自己的观念和看法。王士禛首重博通。他赞赏万斯同，称“观其目录可知其史学之淹通也”⑧，认为万氏史学才华重要的方面

---

① 王士禛：《跋四朝闻见录》，见《王士禛全集》（三）《诗文集》，1934 页。

② 王士禛：《长山县新志序》，见《王士禛全集》（三）《诗文集》，1527 页。

③ 王士禛：《居易录》卷 19，见《王士禛全集》（五）《杂著》，4062 页。

④ 王士禛：《池北偶谈》卷 11，见《王士禛全集》（四）《杂著》，3089 页。

⑤ 王士禛：《居易录》卷 10，见《王士禛全集》（五）《杂著》，4062 页。

⑥ 王士禛：《盘山志序》，见《王士禛全集》（三）《诗文集》，1795 页。

⑦⑧ 王士禛：《居易录》卷 11，见《王士禛全集》（五）《杂著》，4062 页。

是，“季野贯穿史事，于明代三百年典故如指诸掌”①，赞誉其为“通儒”。他之所以对马骕非常赞赏，也是因为其“博雅嗜古”，“其书最为精博”②。对其他时代的史家，王士禛也以此为标准加以衡量和评价：

《两汉刊误补遗》十卷，宋河南吴仁杰南英著，盖因刘仲原父、叔贡父《刊误》而增补厘正之。有汴人曾绛淳熙己酉序，称其的当精确，如目击东西都事者。周益公子充遗人书曰：吴斗南博物洽闻，今之五总龟也。③

在王士禛看来，史家修养的另外一个重要方面就是“持论之正”。保持客观公正的标准和原则，是史家最基本的素质和立场。他称赞，“黄毅庵尚书（汝良）作《野纪蒙搜》，明二百余年间大事稍备，其持论颇正”④。论及丘濬所著《世史正纲》，则认为，“丘文庄公濬著《世史正纲》，持论严正”⑤。

王士禛对李清所著《南唐书合订》十分赞赏，认为其以南唐为正统，在正统问题上持论较为公正。“予尝谓五代中原之君，史家所谓正统者，皆盗贼僭窃，无足比数，惟唐庄宗虽以沙陀赐姓，而能手除篡贼，复唐社稷，则君子引而进之，不忍斥也。其于南唐，亦若是焉已矣。以南唐为正统，不犹愈于朱温、石敬瑭之流哉！”⑥ 强调史家在史事面前保持严正的立场。

反之，如立身不定，持论不正，则会遭王士禛批评。如他认为《新唐书》虽然在史料上有失通贯，令史事记述不够完全，但肯定其在

① 王士禛：《香祖笔记》卷1，见《王士禛全集》（六）《杂著》，4462页。
② 王士禛：《池北偶谈》卷9，见《王士禛全集》（四）《杂著》，3042页。
③ 王士禛：《居易录》卷8，见《王士禛全集》（五）《杂著》，3826页。
④ 王士禛：《池北偶谈》卷9，见《王士禛全集》（四）《杂著》，3034页。
⑤ 王士禛：《池北偶谈》卷7，见《王士禛全集》（四）《杂著》，2982页。
⑥ 王士禛：《香祖笔记》卷7，见《王士禛全集》（六）《杂著》，4612页。

评论历史人物方面则有所长：

《旧唐书》为李巨川作佳传，列于《文苑》，始终无贬词。《新唐书》则置之《叛臣传》，特书其导韩建杀十六宅诸王及定州行营将李筠之罪。使非宋景文，则巨川首恶，网漏吞舟矣，《春秋》之义谓何？①

王士禛认为公论自在千古，不会因史家私议丑诋而影响后世的评判，故史家一旦受主观情绪和个人因素所操控，在历史人物评价问题上有失公正，则等同跳梁：

尹直《琐缀录》极诋尹恭简公旻。予顷阅《月山丛谈》，已录其说。二公邪正，了然可见。又骆两溪（文盛）《南野杂谈》云："吴康斋、陈白沙卓然一代人物，即有所短，亦白璧微瑕。而尹直《琐缀录》肆其丑诋，所谓丑正恶直，小人而无忌惮耳。"可见公论自在千古。但骆议梅圣俞以私憾作《碧云騢》毁范文正公，则非是。《碧云騢》出魏泰之手，假名圣俞耳。②

史家失去了公义，也就是失去了德行，对此类史家，王士禛予以强烈批判：

海盐徐咸著《西园杂记》，述嘉靖初议大礼，极言张、桂之论确不可议。诸元老大臣，徒以大功出一书生，不胜其愤，不论事之是非，义之当否，相率群相力排之，非正公正当之论云云。又载慈寿皇太后饰美姬数十人，列左右以惑帝，尤为悖诞，所谓不知世有廉耻事者矣。③

---

① 王士禛：《香祖笔记》卷4，见《王士禛全集》（六）《杂著》，4547～4548页。

② 王士禛：《池北偶谈》卷10，见《王士禛全集》（四）《杂著》，3055页。

③ 王士禛：《池北偶谈》卷2，见《王士禛全集》（四）《杂著》，2857页。

综上可知，在清初史学领域，王士禛既亲身参与官方修史，又实际加入私人史家行列，于官私史书地位、作用及相互关系，史书体裁体例，史家个人修养诸方面均有独特理念，其史学成就构成其学术成果的一部分，值得深入总结。

论明治维新的思想条件

郝秉键*

一　前言

明治维新何以成功是学术界深为关注的老问题。综观既往研究情况，或归因于日本具有与西欧类似的利于现代化启动的政治经济结构①，或归因于日本具有善于学习、模仿先进文化的民族性格和忠于集体、勇于奉献的民族精神②，或归因于日本具有兼收并蓄、调和中庸的文化形态③，或归因于日本具有比较成熟的市场经济基础④，等等。此等论点虽然各有所据，自成其理，但大体上只能说明日本具有比较有利的现代化启动条件，并不能说明为什么日本能够在短短几十

---

* 郝秉键，中央财经大学教授。

① 富永健一：《马克思·韦伯论中国和日本的现代化》，李国庆译，载《社会学研究》，1988（2）；王家骅：《半欧洲半亚细亚型的日本晚期封建社会》，载《世界历史》，1982（6）。

② 埃德温·赖肖尔：《日本人》，孟胜德、刘文涛译，上海，上海人民出版社，1980；鹤见和子：《好奇心和日本人》，詹天兴等译，西安，西安交通大学出版社，1986；宋东亮：《近代日本现代化抉择的精神动力》，载《河北大学学报》，1998（2）；林娟娟：《模仿与再创——日本文化的双重特质》，载《厦门大学学报》，1996（3）。

③ 依田憙家：《日本的近代化——与中国的比较》，卞立强等译，上海，上海远东出版社，2003；盛邦和：《内核与外源——中日文化论》，上海，学林出版社，1998；叶渭渠：《日本文明》，北京，中国社会科学出版社，1999。

④ 井上清：《日本现代史》第1卷，《明治维新》，吕明译，上海，上海三联书店，1956；祝乘风：《日本江户时代商品经济的发展》，载《世界历史》，1990（1）；程鸿儒：《试论中国与日本近代化成败之经济根源》，载《西北大学学报》，1990（3）。

年内就迅速实现了西方国家用一二百年时间完成的转变。“如果把日本的经济崛起归结于一大堆特殊因素的作用，那么就等于宣布它的经验是不可学习和借鉴的。”① 本文不拟再从上述角度继续深挖日本现代化的动因，而是试图从外源型现代化的一般规律来考察日本现代化的前提条件。

根据现代化基本理论，外源型现代化是按照先有现代化思想、后有现代化实践的逻辑推进的。作为外源型现代化的典型，日本的现代化也依循这一逻辑而展开。森岛通夫说，一国“政治和经济的选择都是依赖于一个国家的历史进程中意识形态配置的方式”②。笔者认为，日本现代化之所以能够快速启动，其要因在于明治维新之前已基本实现了思想的突破，形成新的哲学观、世界观、文化观，完成了现代化“意识形态配置”。否则，难以想象日本领导层何以能够迅速扛起维新大旗，积极推进以摄取西方近代文明为核心的现代化运动。

关于思想革新与日本现代化的关系问题，既有研究要么从对封建社会的批判思想中探讨近代思想的萌芽，要么以近代思想的基本特质为前提，从江户时代的日本思想中探索新的思想因素，或者从日本传统思想变化过程来探讨近代日本思想的产生。③ 其研究理路有别，研究旨趣则一，即力图探索日本现代化的思想前提。本文立意虽然也在于此，但不拟对现代化前夜日本思想流派作全面梳理，而是选择如下三个深关现代化“要害”的视点，来剖析日本现代化的思想根源。这

---

① 尹宝云：《现代化的通病》，122页，天津，天津人民出版社，1999。

② 森岛通夫：《日本为什么“成功”》，胡国成译，289页，成都，四川人民出版社，1986。

③ 参见丸山真男：《日本政治思想史研究》，王中江译，北京，三联书店，2000；羽仁五郎：《日本における近代思想の前提》，岩波書店，1949；源了圆：《近世初期实学思想の研究》，創文社，1980；松本三之介：《近世日本の思想像：歴史的考察》，研文出版，1984；王家骅：《儒家思想与日本文化》，杭州，浙江人民出版社，1990；Kakuzo Okakura：*The Awaking of Japan*，London：J. Murray，1922。

三个视点是朱子学、华夷观和锁国观。朱子学是江户时代日本官方政治哲学，华夷观是儒教世界传统的国际秩序观念，锁国观是德川幕府外交政策的基本理念。三者构成德川幕府统治思想的核心，也是启动现代化建设的思想藩篱，其崩解过程即是日本现代化思想的孕育过程。

二　朱子学的衰落

朱子学是江户时代日本官方政治哲学。它以“理”本源说和“天人合一”论为依据，不但将封建伦理道德绝对化、天理化，而且将封建等级关系固定化，为“以将军家为顶点、以农奴阶层为底层的封建的社会秩序，提供了形而上学的基础”[①]。正如日本朱子学家林罗山所言：“天自在上，地自在下，上下之位既定，则上贵下贱，循此上下而可知自然之理有序。人心亦然，上下不违，贵贱不乱，则人伦正，人伦正则国家治，国家治则王道成，此礼之盛也。”[②] 雨森芳洲也说：“人有四等，曰士农工商，士以上劳心，农以下劳力；劳心者在上，劳力者在下……颠倒则天下小者不平，大者乱矣。”[③]

在大乱之后的江户初期，朱子学理论无疑具有稳定社会秩序的积极作用，但是随着西势东渐以及继之而来的社会变动，便越来越与社会发展的要求不相适应。一方面，它以“天道不变”论对抗社会变革，有碍历史车轮向现代演进；另一方面，又以“官学”身份排挤包括西学在内的“异学”，以消极的“人欲”论对抗人的解放，阻滞了现代科学文化的传播和自由、平等、人权等现代精神的滋长。因此，如果不

① 近代日本思想史研究会：《近代日本思想史》第1卷，7页，北京，商务印书馆，1983。
② 同上书，6～7页。
③ 井上哲次郎、蟹江义丸编：《日本倫理彙編》第七册，320页，育成会，1901。

打破朱子学一统“天下思想”的局面，近代化的车轮就难以启动。事实证明，在江户200多年的历史发展中，朱子学虽然得到幕府的大力扶持，但终究不能抗拒新思潮的激荡，最终在各学派的内外夹击下失去官学地位。

（一）儒学内部的论争

日本朱子学的权威首先是在内部出现分化和阳明学、古学等儒学派的批判中开始动摇的。

江户时期，朱子学虽然位居官学，但非浑然一体，在其发展过程中逐渐分化为两大流派：一是以山崎暗斋为代表的“价值合理主义”派别，一是以贝原益轩为代表的“经验合理主义”派别。前者在理论上墨守朱学，缺乏怀疑精神，完全以朱子之是非为是非，被人指为“盲信朱子言说之精神奴隶”①；在实践上极端强调居敬修身，轻视格物致知，主张通过“守静持敬”来治国平天下，所谓“敬者一心之主宰，而万事之根本也”②。后者虽然崇奉朱子，但不囿于朱子，在本体论上否定了朱子的理一元论，主张气一元说；在认识论上反对朱子的“主敬”说，主张格物穷理，认为学问应以“博学洽闻”为基础，以经世致用为宗旨，可以说“首次在朱子学的框架内找到了探究自然事物的物之理的意义”③。

朱子学派的分化，一方面促使以贝原益轩为代表的“经验合理主义”派别成长起来，把学术目光初步从“天理”转向“事理”，走向朱子学和自然科学相结合的治学之路，为西学的传入奠定了思想基础；另一方面暴露了该理论体系的矛盾，引起他人的非难。

---

① 井上哲次郎：《日本朱子学派之哲学》，401页，富山房，1902。

② 朱谦之：《日本的朱子学》，302页，北京，人民出版社，2000。

③ 源了圆：《德川思想小史》，郭连友译，32页，北京，外语教学与研究出版社，2009。

首先批判朱子学的是阳明学派，其代表人物有中江藤树、熊泽蕃山和山重松庵等。在朱子的世界图式中，“理”是宇宙的本源，世间万象都是天理的流行，个人在天理面前缺乏主观能动性。阳明学家则否定了这一理念，提出以“心”为本的命题，主张以“心”作为辨别是非的标准，反对教条主义，强调知行合一，认为只要社会法则与“心”不合，理当因时变通。如中江藤树认为，朱子学过分拘泥于形式主义，人的行为纵然没有违背“儒书所载礼法，如不合时处位”，即为“异端”①。熊泽蕃山也指出，“朱子有过于寻文之弊”，贤明的政治不在死守圣经贤传，而在因时而动、因势而动，“谋时处位之至善”②。这一思想显然含有社会变革因素，具有一定的“反体制精神”。阳明学家又主张“良知”面前人人平等，在人性上否定“上下贤愚”的天理观念。熊泽蕃山说，“人皆为天地之子孙”，不可以贵贱来划分。③ 山重松庵也说，人们“虽由于所生之贵贱，或为君，或为臣”，但“元来皆天地之子”，故“皆与兄弟同理”④，不可强分高下。“这种思想，与认为人在先天上不平等、统治者和被统治者由命运决定，以及以这一思想为前提建立起来的德川世袭社会观相互对立。”虽然说阳明学“是一个很难被德川体制所容纳的思想，但正是阳明学培养出了对幕府不满以及立志建立不同于幕府体制的新体制的实践者，其所具有的感性（心情）特征有些地方与日本的国民性十分契合，其影响远远大于我们表面看到的这些”⑤。

阳明学和朱子学的论争，虽然撼动了朱子学的“天理”观，但也

---

① 源了圆：《近世初期实学思想の研究》，358页。

② 相良亨等：《江戸の思想家たち》上，81页，研究社，1979。

③ 参见源了圆：《德川思想小史》，44页。

④ 朱谦之：《日本的古学及阳明学》，263页，北京，人民出版社，2000。

⑤ 源了圆：《德川思想小史》，40～41页。

给人留下一个难题，即既然两者均以儒学正统自居，那么到底什么才是真正的儒学，才是真正的“圣人之道”呢？带着这一问题，一些儒学者纷纷脱离了原来的阵营，开始寻求新的答案，于是在日本形成了所谓的古学派，其代表人物有山鹿素行、伊藤仁斋、荻生徂徕和太宰春台等。他们认为新儒学或多或少受到佛老思想的影响，不能反映儒学真谛，因此极力主张返回古典，以古典重新构建不同于朱子学、阳明学的世界观。

首先，古学派否定了朱子学所谓“理”为万物之本的认识，或将“理”理解为融于有形事物中“生生不息”的条理（规律）[①]；或将“理”明确定格为“物理之理”即“自然之理”[②]；或认为“理无形，故无准”[③]，反对以“理”作为解释世界的圭臬，主张以“物”代“理”。这不但切断了朱子学中主张“物之理”与“心之理”相混一的“连续性思维”，而且将“物理之理”独立化。如果说过去的儒者认为佛老之说是空理，提出伦理纲常之学的儒学才是实学的话，那么也可以说古学家在当时已初步具有了这种思想，即与其说儒学是实学，毋宁说关于自然和社会的经验认识才是实学。这不仅是对作为“治心”之学的儒学的否定，而且也与自然科学的发展相适应。

其次，古学派否定了朱子学“天人合一”的世界观，把人道与天道、自然与人类社会区别开来。人类社会是自然的一部分，两者有其同一性、连续性，也有其异质性、非连续性，但朱子却将其糅为一体，不但认为自然界和人类社会是天理的体现，而且摭拾诸如天在上、地在下等自然现象来比附论证封建伦理原则的合理性，使封建伦理原则

① 参见井上哲次郎、蟹江义丸编：《日本倫理彙編》第四册，479页，育成会，1903。

② 赖惟勤校注：《日本思想大系》37，22页，岩波書店，1973。

③ 永田广志：《日本哲学思想史》，陈永年等译，141页，北京，商务印书馆，1978。

普遍化、绝对化，有悖于科学之道。古学家将“天道”与“人道”区别认识[①]，否定了人类现实的秩序以“自然法则”为基础的想法，认为“道既不是事物当然之理，也不是天地自然之道”，而是“先王之道”[②]。这使得“封建道德学的罗山朱子学有了一百八十度的转变”[③]，即把“天地自然之道”从意味着统治术的“先王之道”中分离出来，而将儒学限于旨在安民治国兴邦的政治学范畴内。这一转变的思想精髓在于：朱子学认为现实的社会秩序以“自然法则”为基础，所以是绝对的、不可变的，而古学家则认为社会秩序是先王、圣人创造出来的，所以是相对的、可变的。这显然包含着社会变革的思想，即“它承认以封建君主的统治为前提的社会制度的改良和发展”[④]。

最后，古学家排斥朱子学的“天理人欲”论，表示对人欲的宽容，一定程度上肯定了人的价值和尊严。山鹿素行曰：“去人欲即非人……先儒以无欲论之，其差谬甚矣!”[⑤] 伊藤仁斋认为，“情即性之欲”，“从人情时则行，背人情时则废”，朱子学所标榜的“灭人欲”本来出于老庄之意，“与圣人之道实天渊南北矣”[⑥]。荻生徂徕认为，人欲就是人的天性，不应掺入“义理”之类的道德前提加以制约，所谓“道自道，人情自人情，不可得而混焉”；“苟不知人情，安能通行天下?”[⑦] 同时，古学家也反对将四民等级绝对化，认为士农工商皆为不可或缺的“役人”[⑧]，彼此各司其职，共同服务于君主，含有一定的四民平等意识。

---

① 参见井上哲次郎、蟹江义丸编：《日本倫理彙編》第五册，18～19页，育成会，1903。
② 近代日本思想史研究会：《近代日本思想史》第1卷，8页。
③ 同上书，9页。
④ 同上书，10页。
⑤ 参见井上哲次郎、蟹江义丸编：《日本倫理彙編》第四册，167～168页。
⑥ 井上哲次郎、蟹江义丸编：《日本倫理彙編》第五册，35页。
⑦ 吉川幸次郎校注：《日本思想大系》36，222页，岩波書店，1973。
⑧ 韩东育：《日本近世新法家研究》，48页，北京，中华书局，2003。

古学派的出现，意味着日本儒学各派已全部登场，形成了朱子学、阳明学、古学三足鼎立的儒学思想格局，从而打破朱子学“一学独大”的局面。然而，阳明学、古学对朱子学的批判毕竟是“从封建道德学的内部来寻找批判封建道德学的立场”，缺乏足够的冲击力。于是，从江户下半期开始，一些学者便脱离儒学阵营，从儒学外部展开对朱子学的批判。

（二）非儒学派对朱子学的批判

18 世纪，日本兴起两个异于儒学的新学派，即国学和兰学。前者主张回归日本古典，力图从本国文化中寻觅“大和精神”，以对抗以儒学为主体的外来文化思想；后者则以西学为研究传播对象，不仅在日本播下科学的种子，而且在文化价值观上对传统意识形态予以批判。

国学派的代表人物有荷田春满、贺茂真渊、本居宣长、平田笃胤等。和古学派一样，国学家也是打着“复古”的旗帜，来批判朱子学的。如果说古学家认为朱子学和阳明学歪曲了六经的“真理”而将其摒弃，那么国学家则认为儒、佛等后世的思想遮蔽了“古道”的真情而将其排斥。由于国学以“商业资本家阶层为背景”，主要是以“城市知识分子为代表的封建制下的改良主义思想体系的产物”①，因此其对朱子学的批判也富有鲜明的“町人阶级”特色。

首先，国学家认为，包括儒、佛在内的一切外来思想都是“祸乱”之源，不但扭曲了威武雄壮的“大和心”，而且使人丧失了符合“天地自然”的古代生活和精神，因此对其大加挞伐。贺茂真渊认为，儒道有空虚无用、违背自然之道、诱致社会动乱三大“弊害”，理当排斥。

① 近代日本思想史研究会：《近代日本思想史》第 1 卷，13 页。

本居宣长更认为，儒教所谓圣人之道虽为“治国而作”，实际上是“乱国之基”，只有将其摒弃，发扬“神之道”，才能确立日本优于万国的地位。平田笃胤也认为，日本古道乃真实之道，儒道、佛道均非正道，儒道所言“殷汤周武出世为王，以臣伐君，君臣之义理乃绝……因此其国无代代永续之理”①。

其次，国学家从町人——市民的思想意识出发，反对朱子学的“天理人欲”论，提倡以人性的自然要求取代儒学的修身节行，以人的世俗生活取代空洞的说教，以个性解放、世俗享乐来取代禁欲主义，冲击了封建道德规范。本居宣长认为，“人欲即是天理”②，人生在世就应“自我享乐”。“圣人之道乃治国理天下之道，非自我享乐者所有。”③ 儒者“以不忧身之贫贱，不愿富荣，不求快乐为佳事”，“非人之实情”④。同时，国学家还批判了朱子学所倡导的尊卑思想，提倡社会平等，如贺茂真渊把天下一切有生之物统统视为平等的“虫类”⑤，主张男女平等。

国学家以“自我”对抗“天理”，以“大和心”对抗“唐心”，在一定程度上把作为社会主体的人从“理”的控制下解放出来，把日本民族从外来思想的束缚下解放出来，完成了解放“日本人感性的任务”⑥。

兰学是指日本江户时代经由荷兰、通过荷兰语传播到日本的所有西洋学术的总称，其代表人物有杉田玄白、前野良泽、司马江汉、本多利明等。如果说国学家对朱子学的批判主要立足于日本固有文化，

① 朱谦之：《日本哲学史》，99～112页，北京，人民出版社，2000。
② 永田广志：《日本哲学思想史》，陈永年等译，158页。
③ 吉川幸次郎等校注：《日本思想大系》40，568页，岩波書店，1978。
④ 大野晋、大久保正编集：《本居宣长全集》卷1，100页，筑摩書房，1968。
⑤ 永田广志：《日本哲学思想史》，陈永年等译，154页。
⑥ 同上书，14页。

从而表现为中日文化的对立，那么兰学家对朱子学的批判则立足于西方文化，带有东西文化之争的特色。

首先，兰学家否定了儒学宇宙观。“五行说”是儒学世界观的理论基础，认为木、火、土、金、水是构成世界万物的基本元素。前野良泽在《管蠡秘言》中作《戏论五行》，支持西学所倡导的物质“四元说”，排斥“五行说”，认为“五行之说，仅中国一区之私言；四元说则不同，乃浑天浑地之公言”①。司马江汉认为，自然界的一切现象是从水与火的和合中产生的，其消亡仍然还原为水、火，“众星及此地球围绕太阳旋转，此天之大机为水、火两者也”②。这些认识尽管有很大局限性，但“在从正面否定儒学的自然哲学这点上”自有其积极意义。③

其次，兰学家萌发了平等意识，对封建尊卑观念提出质疑。杉田玄白认为，除男女有别外，人“不应另有差别”④。司马江汉说：“上从天子将军，下至农、工、商、贱人、乞食，皆人类也。……贵贱上下皆同。”⑤ 海保青陵也说：“下愚亦罢，上智亦罢，凡人皆同格也。上人亦人，下人亦人也。”“民虽愚亦人也，吏人智亦人也，人人同格也。”⑥ 这些认识超出国学家的万物“虫类”论，而与明治时代福泽谕吉提出的“天不造人上人，亦不造人下人”的思想相类似，具有“潜在的近代性”。

最后，兰学家站在“学以致用”的实学立场，对儒学空疏的泥古学风展开批判。平贺源内将空谈性理的儒学家斥为纸上谈兵的

---

① 昭田次郎等校注：《日本思想大系》64，135页，岩波書店，1976。
② 同上书，469页。
③ 参见杉本勋：《日本科学史》，238页，北京，商务印书馆，1999。
④ 昭田次郎等校注：《日本思想大系》64，262页。
⑤ 朱谦之：《日本哲学史》，146页。
⑥ 韩东育：《日本近世新法家研究》，273页。

“腐儒”和不值一钱的“狗屁儒者”。海保青陵更从“天理活物也，圣语死物也，死物活用之”[①] 的见解出发，攻击了儒者的公式主义，强调结合实际，因时制宜，并断言：“孔孟之论不适于治世。”[②] 因此，兰学家提出只要有益于治世，不拘何种学问，皆应采纳吸收的为学原则[③]，并倡导学习西方科学技术。山片蟠桃说：“奇哉！西洋之说，天地之大论尽于此，非梵、汉、和之管见所能及，应拳拳而善思之。”[④]

兰学的诞生把日本人的认识从狭小的东亚文化圈推向更为广阔的世界。其倡导的“人人同格”论虽然未必代表新兴的资产阶级意识，但其精神与近代平等观念是相通的。其倡导的经世致用学风继承和发展了贝原益轩的“经验合理主义”和古学家“世事则学问”的实学思想，为西学的传入准备了条件。

经过上述学派的批判，朱子学的“正学”地位动摇。为了挽回颓势，德川幕府于1790年下令取缔朱子学之外任何学术流派，以复兴“圣学”，此即“宽政异学之禁”。这说明朱子学已衰微到不得不依恃政府的力量来为它输血打气的地步，但因其自身缺乏思想生命力，不能适应近代历史的发展潮流，故终难改变其日渐没落的命运。江户幕府末期，朱子学实际上已由官方意识形态降为“学校式的学问了”；而以兰学、阳明学、古学为代表的“异学”非但未被禁绝，反而乘官学之危，超乎寻常地发展起来。因此，有人说，幕府末期“与儒学相比，在幕府内部倒是洋学起了更大的历史作用”[⑤]。幕末明初的政治家、思

① 永田广志：《日本哲学思想史》，陈永年等译，216页。

② 相良亨等：《江戸の思想家たち》下，41页。

③ 参见永田广志：《日本哲学思想史》，陈永年等译，216页。

④ 同上书，222页。

⑤ 信夫清三郎：《日本政治史》第2卷，11页，上海，上海译文出版社，1988。

想家几乎都受到阳明学的熏陶，至于古学，据说“享保中年以后，实乃风靡一世”①。

三　华夷观的崩溃

“华夷观”是儒教世界传统的国际秩序观念。它以“孔孟之道”为价值标准，将整个世界划为华夷两极，“内夏外夷”为其文化分界，“贵华贱夷”为其基本精神，“用夏变夷”为其终极目的。千百年来，这一观念虽然屡受挑战，但直至西势东渐之前，不但没有发生大的波折，反而逐渐形成一种十分沉重的心理积淀，渗透于社会，弥漫于世间，左右着统治者的外交政策，影响着国民的文化心态。

华夷观虽为儒教世界共同信守，但因国情的差异，其表现形式有所不同。如果说中国人的华夷观主要以“贵华贱夷”为中心内容，那么日本人的华夷观则主要以“慕华贱夷”为基本特点。这一观念是“华强夷弱”格局的心理反应，一旦华夷力量对比扭转，如果不加改变，必然钝化进取意识，阻塞外来文明的传入。事实证明，明治维新之前日本在重新认识中国与西方的过程中，逐步摒弃了陈腐的华夷观念，实现了从以华为师到以欧美为师的文化战略的转变。

（一）中国观的演变

从“慕华”到“蔑华”，大体反映了江户时代日本人中国观的演变历程。这一思想变革是在儒学家、国学家、兰学家重新认识自己、认识中国、认识西方的过程中完成的。

儒学家虽然是中国文化的信徒，然在日本固有宗教“神道”的影

① 丸山真男：《日本政治思想史研究》，90页，北京，三联书店，2000。

响下，不自觉地流露出“慕华”与“尊日”两种矛盾思绪，从而冲淡了慕华观念。在日本儒学家的著述里，不难发现有关“日本胜于中国”的言论。如雨森芳洲以“神道”为依据，论证日本优于中国：“天下人心惟我国为淳厚近古，以今日视之，唐之与韩有所不如。”① 贝原益轩认为，“本邦风俗，本自淳美，超轶华夏者亦多矣”②，因此作《本邦七美说》赞美日本文化。山鹿素行则把中、日、朝三国加以比较，认为唯有日本“才确实可称为中国之地”，“即使大唐，亦不如本朝之完美”③。

同时，一些儒学家否定了“内夏外夷”理论，重新解释了华夷关系。山崎暗斋以“神道”思想为依据，推翻了日本“皇祖泰伯”说，将日本从“夷狄”世界中划出，冠以“中国”之名。他说：“中国之名，各国自言，则我是中而四外夷也，是故我曰丰苇原中国。”④ 太宰春台说：“中国名四夷为夷狄，较中华为贱，乃无礼仪故也。……四夷之人若备礼仪，则必与中华之人无异。”⑤ 浅见絅斋更作《中国辨》，批评了内夏外夷、华贵夷贱思想。⑥ 谷秦山不仅尊日本为“中国”，而且将中国视为篡弑频发的“无父无君”之邦。⑦

儒学家极力美化日本，只不过是一种空幻的民族自尊意识的冲动，但在理念上已初步跳出“中国中心”论的樊篱，拔高了日本国的地位，开启了日本人重新评估自己、评估中国的思想马达，初步刷新了日本人的中国观。

---

① 朱谦之：《日本的朱子学》，209页。

② 同上书，272页。

③ 信夫清三郎：《日本政治史》第1卷，49页，上海，上海译文出版社，1982。

④ 朱谦之：《日本的朱子学》，309页。

⑤ 滝本誠一编：《日本経済大典》第九卷，432页，史誌出版社，1928。

⑥ 参见西顺藏等校注：《日本思想大系》31，416页，岩波書店，1978。

⑦ 参见朱谦之：《日本的朱子学》，340页。

国学产生后，为了宣扬所谓“日本古道”，也对中国文化进行了检讨、批判。首先，国学家站在“神道”教的立场，极力美化日本，宣扬其优越性。本居宣长说，日本为“天照大神之御国，俊迈嘉秀，优于他邦”。其徒平田笃胤进一步发展了“神道”思想中的宗教成分，一再强调日本国的“神”性，放言“皇国即天地根源，所有事物较万国为优”①。其次，在宣扬“日本至上”论基础上，国学家对中国文化及“华夷秩序”展开严厉的批判。贺茂真渊认为，唐人“卑四方之国为夷戎……其言之不通也”，日本社会之种种积弊皆由“忘却我国之道”而盲目模仿中国所致。② 因此，他建议杜绝“慕华”之习，发扬“大和魂”。本居宣长认为，中国国无定主，习俗混乱，“上下交争，互相仇视，自古国家难得安治”③，“儒者心目中，无他国能超越唐土，推崇其王为天子，视如天地自然之理，此最最不可理解”；“称其国为中华、中国、上国等等，一味尊崇；相反，对于我皇国却有意称为东夷，此种行为乃与叛逆之罪人同”④。平田笃胤批评儒学者曰：“那些儒学家们，他们称颂汉土，说什么彼国是圣人之国，是中华，我国乃小国，且为夷狄、虾夷之国，都在贬低我国。”⑤

国学家以“神”的灵性来维护日本的尊严，以“神国”完美思想对抗崇外观念，一定程度上激发了日本民族自尊自立意识，动摇了慕华观念，推动了日本重新审视华夷关系的思想进程。但其对慕华观念的批判毕竟是以宗教思想为精神支柱，带有极大的空幻性，难以激起巨大的社会反响。

---

① 朱谦之：《日本哲学史》，107～113页。

② 参见上书，101页。

③ 大野晋、大久保正编集：《本居宣长全集》卷9，51页，筑摩書房，1970。

④ 大野晋、大久保正编集：《本居宣长全集》卷8，66页，筑摩書房，1972。

⑤ 平田笃胤全集刊行会：《新修平田笃胤全集》第8卷，60页，名著出版，1976。

兰学问世后，兰学家以西学为依据对中国及其文化进行评判，进一步刷新了日本人的中国观。一方面，兰学者以新的地理观为武器，驳斥了“中国中心”论，认为地球是圆的，是“没有上下的”，任何国家皆可为“中土，中国亦东海一隅之小国也”[①]。这不仅意味着日本人地理知识的进步，而且撼动了慕华观念，因为地圆说根本不承认各国间地理上的不平等关系，不承认世界地理中心。另一方面，兰学者对中国文化也展开批判。如杉田玄白从医学角度否认了中国文化的权威性，认为《神农本草经》、《黄帝内经》等圣贤之书皆“欺人之书”，而荷兰医书才是“其本明，其法正”的医学要典。[②] 渡边华山也指出：“在此地球内，诸如唐土之类，视一国为天下……毕竟皆为空疏无稽之谈，只知炫耀上古圣人之德，不察古今之变化。”[③] 兰学者虽然力责儒学的空疏，但还没有从政治、道德领域彻底清除“圣人之道”，没有扭转“对中华文明充满敬意”的总体趋势，直到鸦片战争以后，随着中国的沉沦，日本人的中国观才发生根本改变。

鸦片战争一方面使日本民族从锁国的睡梦中惊醒，产生了更为紧迫的危机感；另一方面，也重创了日本人崇拜已久的偶像，促使其对传统中国观进行检讨。有感于“周公孔子之国”败于“英夷”的严酷现实，佐久间象山不仅指出儒学“溺于高远空薮之谈，流于训诂考证之末”的流弊[④]，而且批评清政府昏庸无能，不知“通达时变”[⑤]。斋藤竹堂在总结了鸦片战争的教训之后，力指中国人因循守旧，“眼孔如豆”，不能洞悉世界形势的变化。[⑥] 加藤弘之也说，清朝“自夸为中

① 昭田次郎等校注：《日本思想大系》64，230页。

② 参见上书，592页。

③ 佐藤昌介等校注：《日本思想大系》55，51页，岩波書店，1971。

④ 参见王晓秋：《近代中日启示录》，22～23页，北京，北京出版社，1987。

⑤ 佐藤昌介等校注：《日本思想大系》55，284页。

⑥ 参见斋藤竹堂：《洋外纪略》下。

华、中国云云，鄙视异邦之人，以其皆为无智浅虑之夷狄禽兽，殊不知中华已非古之中华，而夷狄已非古之夷狄”①。佐藤信渊也指出，中国已从昔日之强国变成不堪“英夷”打击的弱国，其失败的一个重要原因是妄自尊大：“唯顾己国之物为优，言外国则轻视之，贱之为夷狄蛮貊。”②

显而易见，由于鸦片战争的冲击，“周公孔子之国”的社会弊病已经曝光。曾几何时，日本士人还在交口称赞“中夏”、“唐土”，此刻已将其变成批评的对象。由于这些批评立足于“华夷秩序”大变动的客观现实之上，因此更有说服力。从此，中国在日本人心目中的地位陡转直下，批评之声纷至沓来，蔑华意念溢于言表。

1855 年，福泽谕吉在大阪绪方学塾求学时曾表示：“我不仅讨厌中医，即连儒家也很憎恶，总认为中国派的东西都应该打倒。”③ 1860 年，横井小楠在《国是三论》中批评了清政府因循守旧，终致“国体陨坠”④。1862 年，德川幕府派遣“千岁丸”到上海贸易、考察。目睹上海情势，日本藩士们感到中国“没有一样是值得日本学习的。祖祖辈辈长年憧憬的偶像中国，如今展现在眼前的是一幅如此凄凉的景象”⑤。1865 年，福泽谕吉著《唐人往来》，将中国列为居于上国与下国之间的亚流国家，并力指中国是一个“不善于变革之国，一两千年来只知固守古人之言，根本不知随机应变，妄自尊大之风强劲”。到了明治时代，蔑华乃至仇华情绪风行日本。福泽谕吉在《脱亚论》中公然将中国视为“极不廉耻”的“恶邻”和“傲然而不自省”的落后

① 信夫清三郎：《日本政治史》第 2 卷，13 页。

② 佐藤昌介等校注：《日本思想大系》55，284 页。

③ 福泽谕吉：《福泽谕吉自传》，78 页，北京，商务印书馆，1995。

④ 横井小楠：《国是三论》，43～44 页，北京，中国物资出版社，2000。

⑤ 日比野丈夫：《幕末日本における邑中国観觀の变化》，载《大手前女子大学論集》第 20 号，1986。

国家、"文明的对立物"。

不言而喻，蔑华是一种偏狭的心理形态。但是，从慕华到蔑华这一思想转换过程却给人以重要启示，即日本是个勤于思考的民族。在江户、明治时代几百年的历史巨变中，日本并未囿于传统的慕华思维定势、在中国古老的文化中去探求近代历史发展的动力，而是在不断认识中国、认识自己、认识西方的过程中，不失时机地甩掉了"中夏为四海之师"的思想包袱，把学习的目标由中国转向西方，从而为日本近代化的启动创造了条件。

（二）西洋观的演变

以欧美的冲击为契机，日本人的西洋观——"夷狄观"逐渐由"贱夷"向"师夷"演变。按照汤因比的"文化反射"理论，当两种层次不同的异质文化相撞时，低级文化体对高级文化体的认同，总是从物质技术层面开始，然后才上升到宗教政治层面。同样，日本人对西方的认识也经历了一个从物质文化到制度文化不断深化的过程。

从文化形态看，日本文化属并存型而非单一型。这种文化形态一般表现为"什么都可以"而不是"非什么不可"[①]。因此，在日西交通的最初年代，日本人虽对西方人持鄙夷态度，但对其科学技术并不排斥。葡萄牙人把火药枪传到日本后，日本人立刻产生了浓厚的兴趣，诸大名竞相仿制，至1556年日本全国大约已有30万支步枪。其传播之快，令葡萄牙旅行家平托（Fernad Mendez Pinto）大为惊讶。[②] 诚然，其时日本人对西方科技成果的认同，尚处于自发接受阶段，并未自觉认识到"夷狄"至少在科技领域已超过"中华"，因此也没有

---

① 依田熹家：《日本的近代化——与中国的比较》，332～334页。

② 参见杉本勋：《日本科学史》，123页。

提出“师夷”的主张。直到18世纪，日本人的西洋观才发生大的转机。

1706年，贝原益轩在《红毛外科宗传》序文中写道：“和兰国，又名红夷……其国俗穷理，往往善外治，治疗有神效。其术可为师法，邦人学之者不鲜矣。”[①] 1715年，新井白石在《西洋纪闻》中也指出，西人“自天文、地理直至方术、技艺之小者，无不悉皆有学”，“似有不可企及者”[②]。这表明贝原益轩、新井白石等人已开始跳出“用夏变夷”的思想樊篱，萌生了“师夷”的意念。日本学者永田广志曾这样评论：《西洋纪闻》“不仅是禁教以后第一部研究西方的著作，更因为它是姑且把承认欧洲的科学和技术的优越，同基督教区别开来而把握的，所以它还是一部饶有兴趣的文献，它启发了后来的文化政策：主张虽然禁止基督教，但是还应该移植西方自然科学和技术”[③]。当然，对西方科技认可的绝非他们二人，而是“邦人学之者不鲜矣”。就连幕府老中松平定信也承认“蛮国懂理，天文地理、武器或内外科治疗等格外有不少益处”[④]。有据可查，18世纪初以前，日本就出现了不少“师夷”著作，如《红毛火术录》、《南蛮天文书》、《华夷通商考》、《采览异言》等。在此气氛的熏染下，德川统治者逐渐意识到绝对排斥西方文化之弊，乃于1720年颁布了具有划时代意义的“缓和令”，允许输入与天主教没有直接关系的汉译西洋科技书籍。这不但创造了对西方文化初步开放的条件，而且表明日本政府已认可了贝原益轩提出的“其术可为师法”的思想。从此，日本人在科技领域迅速向“师夷”迈进。

---

① 佐藤昌介：《洋学史研究序說：洋学と封建権力》，31页，岩波書店，1964。

② 永田广志：《日本哲学思想史》，陈永年等译，122页。

③ 同上书，121页。

④ 杉本勋：《日本科学史》，273～274页。

兰学者可谓日本第一代“师夷”活动家。他们敏锐地看到，“远西诸洲，学格物穷理……万巧精妙，它洲不及之”[①]，“天地人才，果什百于支那诸说”[②]，因此致力于西学的研译传播和人才培养。据统计，1774—1852年，日本翻译西书的学者共有117人，译书约500部[③]；18世纪末，江户有兰学四大家，其中大槻玄泽开设的芝兰堂于1789—1826年，以指血署名的门徒就有94人[④]。这表明19世纪以前日本已形成一支相当可观的“师夷”队伍。

随着“师夷”实践的展开，“师夷”思想进一步理论化。基于西学的惊人发展及优长，兰学家佐久间象山、桥本左内、横井小楠、中村正直等人先后提出以“西艺”佐资“圣学”的文化建设思路。这一思路被佐久间象山概括为“东洋道德，西洋艺术”：“只以汉土之学不免空疏之议，而仅以西学之学则无道德义理之研究”，唯以西洋艺术辅之以东洋道德，方可达到“精粗不遗，表里兼赅”[⑤]。“东德西艺”说是一种“华夷调和”论，其旨趣在于试图将日本传统的社会伦理与“古圣贤未识”之“西洋艺术”融于一体，用西洋之长补东洋之短，并以此回应来自西方的历史性挑战。它突破了“华夷之辨”的古训，对“夷狄”文化给予部分肯定，同时表明日本人物质文化观趋于成熟，在科学技术层面冲垮了“华夷”思想堡垒。以此为指导，日本人开始移植西方科学技术，如1851年萨摩藩设立精炼所制造理化诸器，1854年又设立了造船所。1855年幕府在长崎设立海军传习所，不久又订购了第一艘军舰“威宁丸”。1857年，萨摩藩建立起包括熔矿炉、玻璃

① 昭田次郎等校注：《日本思想大系》64，447页。

② 同上书，319页。

③ 参见吕万和、罗澍伟：《西学在封建末期的中国和日本》，载《历史研究》，1983（3）。

④ 参见杉本勋：《日本科学史》，240～242页。

⑤ 永田广志：《日本哲学思想史》，陈永年等译，261页。

厂、陶瓷厂等在内的“集成馆”。1858年，佐贺藩以荷兰进口机器造出步枪200支。1862年，幕府派出第一批留学生……曾几何时，日本还是一个古色苍然的“华夏”社会，而此时却呈现出一派“夷化”景象。

与对西方物质文化认同过程相随，日本人对西方社会制度的认识也逐渐深化。18世纪初，西川如见在《百姓囊》中就对西方的一夫一妻制表示肯定。[①] 1752年，农民思想家安藤昌益在《自然真营道》中更满怀激情地赞美了荷兰社会太平清明，“实为世界最光明纯洁之国”，非中国、印度、日本所及。[②] 兰学诞生后，由于介绍西方的书籍不断增多，日本对西方社会制度的观察更趋深入细致。一方面，兰学家对西方宗教的教化、救助功能予以肯定[③]，对西方崇尚科技技术的教育体制和“以航海、运输、交易为国之首务”的经济政策表示赞赏[④]。另一方面，已觉察到西方议会制度之独特而予以介绍，如朽木昌纲的《泰西舆地图说》将英国国会视“国中诸官人集中议论政事之衙门”；青地林宗的《舆地志略》将国会译为“政府”，并说“分为上下二厅”，“为使国王之威福不致误用，创立新法与征敛租税二事委交政府”；箕作阮甫的《八纮通志》将国会称作“政廷”，上院称作“上政省”，下院称作“下政省”，议员称作“官员”，并说：“上政省由国之名族任之，即高僧官及亲王”，“下政省有五百九十八员，由士民身份中选举贡上任官”[⑤]。这些关于“国会”的描述虽然比较粗疏甚至错误，如将

---

① 参见依田熹家：《日本的近代化——与中国的比较》，370～371页。

② 参见信夫清三郎：《日本政治史》第1卷，65页。

③ 参见昭田次郎等校注：《日本思想大系》64，130页。

④ 参见塚谷晃弘、藏并省自校注：《日本思想大系》44，103～106页，岩波書店，1970；佐藤昌介等校注：《日本思想大系》55，46～49页。

⑤ 依田熹家：《中日两国近代化比较研究》，56～57页，上海，上海远东出版社，2004。

国会当作衙门、把议员视为“官人”皆属误解，但将“议会”作为一项有别于幕藩政治的制度专门介绍给国人的行为，似可表明兰学者已朦胧地意识到“议会”有着某种不同寻常的价值。

如果说书本知识尚不足以打消日本人对西方文明的疑虑，那么实地考察则全然改变了日本人的“恶彼之心”。19世纪50年代、60年代，随着开国进程的推进，日本使节、留学生纷纷前赴欧美考察、学习。目睹西方政经情势，莫不感到无比新奇，并形诸笔墨之中。如遣美使节福岛义言在其《航海日记》中称赞美国“为官者亦无侮下人或炫耀权力之事，国泰民安，和平富庶”①。遣欧使团医生高岛祐启在其《欧西纪行》中指出英国国会“政治诚公平也，国人亦无不心服”②。赴法使节筑后守池田归国后上书幕府，认为西方“君民同权之政治”之长在于“争取国民之心”③。这些实际见闻进一步刷新了日本人的西政观，其认识或许仍然处于“似懂非懂”的状态，但对西方宪政的理解显较前有所深入。由是日本人逐渐跳出“东德西艺”的思想藩篱，肯定了西政之优长。

1860年，横井小楠著《国是三论》，其中赞美美国政制有三大优点，即以“息宇内战争为务”的和平精神，“取知识于万国，以裨益治教为务”的进取精神和“大统领之权柄让于贤而不传于子，废君臣之义”的平等精神。④ 1861年，西周在给朋友的信中也明确肯定了西方治国之本高于儒家“王政”，西方文物制度也超过“尧舜官天下之意和周召制典之心”⑤。同年，时任幕府“蕃书调所”教授助手的加藤弘之

① 家永三郎：《外来文化摄取史论》，76页，长春，吉林教育出版社，1990。
② 依田憙家：《中日两国近代化比较研究》，61页。
③ 同上书，62页。
④ 参见佐藤昌介等校注：《日本思想大系》55，448～449页。
⑤ 大久保利谦编：《西周全集》第2卷，170页，宗高書房，1971。

作《邻草》，“比较东西方政治之良与不良、正与不正”，认为西方“上下分权与万民同权之政体实为光明正大”①。1866年，福泽谕吉著《西洋事情》(初编)，其中不仅赞同贸易自由、社会平等、职业自由等西方价值观念，而且对西方政治体制表示认可，并认为英国政体既具有立君政体的形式，还兼有贵族会议、共和政治的内涵，可称得上是“一种无与类比之制度”。

日本有识之士既已肯定了西方政制之优长，那么如何借以改良日本政制便提到思想日程上来。1862年，横井小楠通过松平庆永向幕府建议参照西方政制，建立“公议”制度，“不限外藩、谱代，选贤为政官”，“与天下为公共之政”。1863年，幕臣大久保忠宽上书政事总裁松平庆永，建议开设“公议所”，建立将军、公卿、诸侯乃至四民参加的会议制度，以为“永世之基本”。1866年，萨摩藩士大久保利通建议立“公论之法”，创“众议之制，决议是非”。这些建议并不是对欧美制度的简单介绍，而是企图参考它来改造日本制度比较具体的设想。尽管其用意在于集结各方人士“众议”国政以改良政治，而非宪政建设，但仍不失为日本认识西政的重要一环。到了倒幕运动的前夜，日本思想者构想日本未来国家前景时，终将议会制作为日本政治建设目标而非改良幕藩体制的手段提了出来。如1867年5月，赤松小三郎在给福井藩主的信中建议设立上下两院，根据民主程序选举，“不拘门阀贵贱”，选举议员，商决国家大事。同年6月，坂本龙马在著名的“船中八策”中明确提出建立议会制，制定宪法，“参赞万机”。1867年9月，津田真道在其对日本国“总制度”的设计中也提出创设两院议会制，“制定法律之大权”②。这些构想既阐明议会制的基本立法职能，

---

① 依田熹家：《日本的近代化——与中国的比较》，372页。

② 江村荣一编：《近代日本思想大系》9，28～35页，岩波書店，1989。

又说明议会的构成与职责以及议员的产生方法，在理论上比较准确地把握了议会制度的基本框架，描绘了日本的政治未来。虽然他们认为在当时还难以付诸实施，但仍可以论定，明治维新前夕日本不仅树立起以西方科技为蓝本的近代化目标，而且萌生了师法西方政治制度的意向。

四　锁国观的破灭

锁国观是德川幕府对外政策的指导原则。其基本理念是，禁止基督教及洋书流传，以保持正统观念的“纯洁”；禁绝除中国、荷兰以外的一切对外贸易，以削弱藩国势力；除与朝鲜、琉球保持“通信”关系，拒绝同其他国家进行国事交往，以维持“政治太平”。锁国政策不但减少了日本接触外界的机会，阻塞了日本人认识学习世界的途径，而且切断了与海外市场的广泛联系，使日本自缚手足，在“停滞、太平、孤立”的梦幻中生活。如果不打破支撑这一体制的锁国观念，日本就难以同世界接轨并顺利启动近代化车轮。事实证明，以西方的冲击为契机，日本在明治维新前逐步摒弃锁国观念，确立了开国进取理念。

（一）文化封禁观念的松动

日本的锁国观首先是在文化领域被打破的。毋庸赘言，西方对日本的冲击最先表现为以天主教领军的文化渗透，这也正是德川幕府力行锁国之策的要因。但为了保证“国体”的安全，幕府并未完全切断对外联系的孔道，仍保留长崎一口作为窥探外部信息的窗口。通过这一窗口，西方文化知识如涓涓细流，源源不断地渗入日本，并逐渐积淀起来，以至在1720年以前就出现了一些介绍西方文化的著述，如泽野忠庵译述的《商蛮天文书》、向井元升所著《红毛派外科秘要》、新井白石所著《采览异言》等等。西学著述的出现既表明日本人对西方学术的认可，也意味着幕府文化封闭政策的松动，还为此后兰学的兴起做了知识准备。

1716年，德川吉宗继任将军，决定修订历法。基于“中国历法不足信”，而西方历书又颇为缺乏，乃于1720年颁布“缓和令”，准许输入与天主教无关的西学书籍。这意味着日本统治者开始改变文化封禁观念，不仅打破了此前的禁书令，而且创造了对西洋文化初步开放的政策条件。到了田沼时代（1767—1786），日本社会兴起一股时称“兰癖”的崇尚荷兰文化的风潮。于是日本有借荷兰书籍而成之西学著译陆续问世，其中以《解体新书》在日本西学史上影响最为深远。

《解体新书》为德国医学家克鲁姆斯（J. Kulmus）所著。1774年，驻江户藩医前野良泽、杉田玄白等人据荷译本将其译成日文并在日本出版。该书虽然不是日本最早的荷文译著，却是专业人士而非一般译员“看到西方医学优越性以后想直接从原典学习”而苦心翻译之作，其学术意义在于“开辟了直接通过荷兰书移植和研究西欧科学技术的道路”①。因此，学术界一般将《解体新书》的出版作为兰学开始形成的标志。

兰学是经由荷兰、通过荷兰语传播到日本的所有西洋学术的总称。作为一个异于儒学、佛学、国学的新兴学派，兰学的产生既以儒学世界观的解体和华夷观的崩溃为思想前提，又以日渐积累起来的西方学问为知识条件，还以禁书“缓和令”的颁布和“兰癖”风潮的兴起为政策和社会条件。兰学家或著书立说，普及西方科学文化知识，或建立学堂，培养兰学人才，有力地推动了兰学的发展。据考证，自兰学

---

① 杉本勋：《日本科学史》，234页。

初兴至幕末，日本的兰学塾多达30余家，培养了大批西学人才，仅江户的芝兰堂、大阪的适适斋和肥前的象山堂等几所学塾，就学人数前后达几千人。[①] 如果说1720年的“缓和令”标志着日本文化闭关政策开始松动，那么兰学正是这一政策松动的结果。对于德川幕府来说，“缓和令”原本是用来引进西方科技、强化锁国外交政策的，殊不知这一法令本身就是一项“文化开国”措施，其结果是培养出一批面向世界、要求开放的兰学者。兰学者是日本开眼看世界的先驱，当西势东渐大潮呼啸而来时，他们站得高、看得远，率先展开对锁国政策的批判。

（二）开国通商观念的萌动

从18世纪下半叶开始，西方对日本的冲击已突破原先的文化渗透方式，而主要采取“叩关”要求通商的形式，由是打破了“元寇”入侵日本以来相安无事的气氛，在日本朝野引起了人心的波动。德川幕府逐渐意识到锁国外交已陷于危机之中，力图通过加强防务、引进“西艺”等措施加以补救；而兰学者则凭借其新知识对既有外交政策加以检讨和批判，建议开国通商。

海保青陵认为，“物品之买卖，世界之理也”[②]，人生万事都离不开商业交易，致富之道在商人兴利之法，故当鼓励通商。工藤平助认为，锁国是导致日本贫弱的重要原因，欲增加国力，须开发虾夷地，开展对俄贸易，开放包括长崎在内的一切重要港口。司马江汉也建议开展对外贸易，从中既可赚取货币，又可“携回吾国所无之物、药及奇器”[③]。本多利明

---

① 参见李文：《武士阶级与日本的近代化》，323页，石家庄，河北人民出版社，2003。

② 依田熹家：《日中两国近代化中经济论之比较》，46页，北京，中国社会科学出版社，1994。

③ 杉本勋：《日本科学史》，273页。

极力反对幕府的经济封闭政策，主张实施依靠对外贸易和海外经略的富国政策，认为只有“互通有无”，方可“成为富饶强盛之大国，得永世不变之大治”。尤为可贵的是，他还提出了商战思想，认为“与外国之交易乃为提高自身之国力，亦与战争相同耳”。马场正通也对外贸加以肯定，认为“外国之货物为我邦之用者多矣，交易以通有无，古圣人之道也。此当为不可无有之事，唯其制度为我所希冀者也”①。

如果说工藤平助、本多利明等人是站在经世论立场对锁国禁商政策展开批判的，那么志筑忠雄则是从“造物者天赋法则”出发，对禁商政策提出质疑。“造物者天赋法则”是志筑忠雄从德国学者肯普弗尔（Engelbert Kaemper）所作《日本志》中引来的，其内涵是：上帝创造天地万物时，并未给自然界设置边界，人类相互之间的自由交往，正是造物者天赋的自然法则，所谓“举世之人同见唯一之太阳，同踏唯一之土地，又同吸唯一之空气。天地为我所立之标准，造物者天赋之法则，无不与交往偕生之道有关”②。如是而论，人类自由交往就化为永恒的自然法则，锁国也就成了“其罪之大几同于杀人”的政策。志筑忠雄将《日本志》一章译为《锁国论》，在日本引起较大反响。时人太田南亩读后，特作《读〈锁国论〉》以表心志。其中云：“国可锁乎，则不可通其用，而易其物也。国不可锁乎，则不可闭其物，而守其疆也。一启一闭者，治国之要也。”③

在多样化的人类社会发展格局中，社会开放促进了不同国家或地区的互相接触和交流，各个国家或地区正是通过相互交流得以发展。不管兰学者是否认识到这一点，其所倡导的开国贸易思想已切中了时代发展的脉搏。无论是海保青陵所言“物品之买卖，世界之理也”，还

---

① 依田熹家：《日中两国近代化中经济论之比较》，53～54页。

② 信夫清三郎：《日本政治史》第1卷，80页。

③ 刘岳兵：《日本近现代思想史》，26～28页，北京，世界知识出版社，2010。

是本多利明的商战思想，都突破了贸易乃以“我国有用之物”同“外国无用之物”相交换的传统观念，把日本人的认识引向新的境界，为幕末明初的开放理论提供了思想营养。

（三）锁国政策的崩溃

如果说18世纪下半叶西方对日本的冲击主要以“叩关”为基本形式，那么19世纪上半叶西方对日本的冲击则开始转向武力胁迫。其间英、俄、美等国军舰不顾锁国禁令，多次强行驶入长崎、浦贺、大津滨等口岸，要求开国通商。

对幕府来说，锁国是其维持幕藩体制的重要途径，因此于1807年、1825年先后两次颁布“攘夷令”，指示沿海大名如遇外国船只来临，视其情节轻重，或驱逐，或扣押，或击沉。这一转变意味着作为维持幕藩体制工具的“锁国”政策已不足恃，幕府不得不打出“攘夷”旗帜，以延鼻息。然而，西人并未因“攘夷”而停止其东渐步伐。1837年7月，美舰“马礼逊号”驶抵浦贺，浦贺奉行开炮驱逐。这迫使日本统治者不得不再行考虑应对之策。以佐藤信渊等人为首主张开战，以林述斋等人为首主张避战。两者虽然在战与和问题上意见分歧，但在贸易问题上皆主张拒绝通商。佐藤信渊说：“不但不应许莫利逊通商，且宜停止与华、荷通商，此后外人绝不许近我海岸，方为日本万年永久之长策。”松本胤通说：“至于通商，则先以祖法以禁谕之。”①面对这一争议，幕府无所适从，只得拖延观望。

正当日本统治层无所措置时，鸦片战争的消息传到了日本，直引得人心浮动，朝野人士或上书献计，或著书警世，纷纷提出应变之计。综观时论，大致有如下三种观点：一主张对外开战；二主张开国通商；

① 张水淇：《日本明治维新前史》，79～88页，国立编译馆，1940。

三主张“先许通商，以慰彼心，再整武备”，一旦“国威能制海外”时，“立禁通商”。[①] 显而易见，第一种看法是锁国攘夷论，第二种是积极开国论，第三种看法虽依违于两者之间，但大体也属于开国论。这样，经过鸦片战争的震慑，日本统治层已分裂为两派，除仍旧坚持闭关锁国的一派外，出现了新的开国通商派。

但对于幕府来说，无论“锁国”还是“开国”，均不能解决幕藩体制所面临的危机。因为锁国并不能阻止西人叩关，而开国又与幕藩体制精神相违。于是只好再行妥协，于 1842 年发布“天保薪水令”，指示沿海大名，当外国船只要求供给食物、燃料和淡水时，“应相应给予所需之物，并令其离去”。然而，西人并未满足于此，时隔不久又频频叩关，要求开国，其中震动最大的莫过于“黑船”来航。

1853 年 7 月，美国海军准将佩理率“黑船”四艘径抵浦贺，向幕府递交美国总统的国书，要求通商。面对如此形势，幕府一则决定接受国书，以为“一时权宜之策略”，二则向大名征询对策。当时，受幕府咨询的大名计有 54 人，其中 8 个藩为主战的拒绝论者，26 个藩为避战的拒绝论者，2 个藩为积极的接受论者，其余 18 个藩或主张追随幕府，或主张有条件接受论，大体均持妥协态度。[②] 由此可见，“黑船”来航后，日本社会上自幕府，下至各藩，虽有不少人仍然坚持“攘夷”，但避战论、妥协论已占上风。因此，当 1854 年春佩理率舰再次抵日要求开国贸易时，幕府与之订立《日美亲善条约》。该条约虽未议及贸易问题，但规定：美国船只可在下田、箱馆两港停泊、购物；日本有义务向途经开放口岸的美国船舰提供煤炭、淡水、粮食及其他所需物资；日本给予美国最惠国待遇，并准许其在下田设置领事馆。

① 参见张水淇：《日本明治维新前史》，91 页。

② 参见信夫清三郎：《日本政治史》第 1 卷，201～210 页。

这就打破了锁国体制下仅同朝鲜、琉球保持“通信”关系，同中国、荷兰保持“通商”关系的外交秩序。从此，德川幕府的外交观由妥协一变而为“亲善”，从 1854 年 10 月到 1856 年 1 月，又与英、俄、荷缔结了亲善条约。

然而“亲善”条约只是打破了日本的政治壁垒，并没有破除日本的经济封闭政策，缔约国没有获得对日贸易权。因此，美国领事哈里斯于 1857 年正式向幕府提出缔结日美通商条约。面对这一请求，日本朝野初则犹豫不决，部分人士甚至仍持排拒态度，但随着第二次鸦片战争消息的传来，其态度迅速向开国通商转化，纷纷主张破除“锁国割据旧习”，以与“宇内万国共同交通”①。因此，1858 年日本先后与美、荷、俄、英、法签订了通商条约，史称《安政五国条约》。条约彻底打破了日本经济锁闭政策的防线，意味着日本已向西方敞开了贸易之门。

从此，开国通商成为幕府外交政策的主调。尽管当时“锁国攘夷”论仍未止息，“开国锁港互相党伐”，幕府大老井伊直弼也因签署条约而惹杀身之祸，但在由萨摩和长州藩发动的“攘夷”之战——萨英战争、下关战争失败后，“攘夷”者终于切身感悟到“外夷方今之战争与我国古来之战争，乃有天壤之别”②，乃迅速转向开国“师夷”。对于日本“攘夷”者表现出的灵活性，本尼迪克特评价道：“英国对萨摩的这次炮击却带来了意外的结果。萨摩藩不是宣布将对英国实行永无止息的报复，而是寻求英国人的友谊。他们看到了敌手的强大，并试图向敌人请教。他们与英国人建立了通商关系，并于次年在萨摩设立了学校。”③ 史学家诺曼也对日本攘夷运动的迅速转向表示认同：“不论

① 信夫清三郎：《日本政治史》第 1 卷，239、256～261 页；山崎正董：《横井小楠传》上卷，194 页，日新書院，1942；佐藤倡介等校注：《日本思想大系》55，506 页。

② 信夫清三郎：《日本政治史》第 1 卷，330 页。

③ 本尼迪克特：《菊与刀》，147 页，杭州，浙江人民出版社，1987。

排外的领袖诸藩在这种幡然改途的背后有如何复杂的动机，我们对于这种做法所表示的现实主义和沉着却不能不肃然起敬。”①

从此，日本统治者摒弃锁国观念，走向开放之路。1860 年 2 月，幕府派出了以新见正兴、村垣范正为正副使节的所谓“万延使团”赴美交换日本修好条约批准件。使团一行 80 人，先后游历了华盛顿、纽约、费城等城市，满载“新知”而归。其中福泽谕吉、福地源一郎、胜海舟等著名学者列身其间。此举为打破锁国体制后日本首次远航太平洋，无论从外交角度看，还是从吸收西学角度看，“都是日本在近代主动跨出国门而走向西方世界的名副其实的开端，它揭开了一个新局面的帷幕”②。“福泽谕吉等人经历这次远航，直接考察美国近代文明，见识大增，这成为他们幕末—明治间卓有成效的启蒙活动的开端。”③

1862 年 1 月，幕府派出了以竹内保德、松平康直为正副使的遣欧使团，以与有关国家进行国务交涉，并探求外国情况，“以供我国处理与外国关系时参考”，福泽谕吉与福地源一郎再为使团成员。此行历时一年之久，大大开拓了日本人的视野，所获西方见闻经福泽谕吉著为《西洋事情》(1866)、《西洋旅行指南》(1867)、《西洋衣食住》(1867)、《掌中万国一览》(1868) 等书籍，在日本民众中得以传播。

1862 年 11 月，幕府向荷兰派出了第一批留学生，人数总计 15 名，其中包括内田正雄、榎本武扬、津田真道、西周等日后在维新改革过程中发挥重要作用的人士。1865—1866 年又先后派山内作左卫门、川路太郎等 20 人留学英国，1867 年又派绪方洪哉等留学荷兰、法国。

1867 年，幕府派民部大辅德川昭武率团赴法参加巴黎世界博览会。

---

① 诺曼：《日本维新史》，47 页，北京，商务印书馆，1992。

② 李少军：《甲午战争前中日西学比较研究》，170 页，武汉，湖北人民出版社，2007。

③ 冯天瑜：《“千岁丸”上海行》，20 页，北京，商务印书馆，2001。

随员中有后来成为著名企业家并提出"《论语》加算盘"的涩泽荣一。

尤值一提的是，幕府于1866年5月正式撤销禁令，准许日本人出洋贸易和留学。这意味着禁止日本人走向外部世界的制度性障碍终于完全消除。

在幕府开步走向世界的同时，诸藩也相继接踵其后。1863年5月，长洲藩暗派井上馨、伊藤博文等5位藩士偷渡英国考察学习；1867年，又派藩士留学英、美、荷等国。1865年3月，萨摩藩也秘密派出以新纳刑部、町田民部为正副使的19人使团赴欧洲考察学习；1866年，又派仁礼平辅等分赴美、法留学。此外，还有加贺藩派遣藩士关泽明清、冈田秀之助留学俄国，佐贺藩派遣石丸安良、马渡八郎等留学英国，等等。据统计，幕末通过幕派、藩派形式，共有92名日本学生留学西方。①

出洋考察和留学是国家和地区间进行文化交流的重要渠道，也是衡量一个国家或地区开放程度的重要标识。赖此二端，日本人对西方的认识从书本走向现实，视野大开。如"万延使团"归国后，其成员留下《遣米史日记》（村垣淡路守）、《奉使米利坚纪行》（木村喜毅）、《航米日记》（玉虫氏）、《米行日记》（佐藤秀长）等十余本出使日记，让日本人更加真切地感受到西洋文明不可不"取法"，开放观念进一步明确。五代友厚游历欧洲数国后，认为发展产业和贸易是西洋各国"蓄财之基础"、"商民之生计"，英国之所以能"横行地球之上"实赖此"二事"，故欲振兴国政，需先破除蒙昧，开国贸易。② 伊藤博文留学英国后也很快转变为坚定的开国论者。他曾这样回忆道："虽然当时我亦为攘夷论者，但当我初渡海外，目睹欧洲之大势，察其文化之进

① 参见石附実：《近代日本の海外留学史》，104页，讲谈社，1977。

② 参见山中园子：《五代友厚秘史》，352页，五代友厚七十五周年追悼记念刊行会，1960。

步后，方觉攘夷论实无立足之处。列强文明开化之状况与日本实不可同日而语，而锁国之论调亦渐不可取矣。我以为锁国即害国也。归国之后，我即向上进言道：攘夷之说不可行，应倡导与外国和平共处，接受欧洲之进步文明。"①

上述一系列开放性举措意味着日本长达二百余年的锁国体制已基本解体。这是“日本历史踏入新时代的证明，它意味着统治者排外思想的没落”，更是“这个国家的人们从过去的束缚中解脱出来，走向解放的巨大进步的标志”。

综上所述，日本的“开国”是以西方的冲击为契机，以文化“开国”为先导，以政治、经济“开国”为尾章。这一进程恰与西方对日本从文化传播到政治胁迫、经济渗透的冲击过程合拍。通过这一开放历程，我们可得到如下启示：由于日本的开国是从思想文化领域开始的，所以当列强发动政治经济攻势时，日本已对西方有了初步认识，已有了一定的心理准备。这就使日本的开国形成了这样的特点，即在日西交锋过程中，日本并未一味采取盲目排斥态度，相反因势利导，一面逐步接受开国要求，及时调整自己的对外政策，一面不失时机地引进西方学术，加紧改革和充实国防，以避免毁灭性的打击。因此，日本尽管也是在西方武力胁迫下开国的，但却避免了大规模战争的破坏，减少了无谓的损失，为明治维新历史性选择与变革奠定了比较好的基础。日本学者加藤祐三在分析中日两国开国进程后指出：“不平等条约的产生，或为战争的结果，或为交涉的结果。作为战争结果生的不平等条约体制叫作‘败战条约体制’，作为交涉而产生的不平等条约体制叫作‘交涉条约体制’。具体地说，前者是《南京条约》后的中国，后者为《日美和亲条约》后的日本。‘败战条约体制’与‘交涉条

① 家永三郎：《外来文化摄取史论》，77 页。

约体制’的主要区别在于：其一，败战条约往往伴随着惩罚性的赔款和领土割让，而交涉条约则没有；其二，败战条约具有极强的事后约束力，改正非常困难，而交涉条约则可通过谈判加以修订；其三，在对签约国的内政干涉上，败战条约更强。”① 那么日本何以与西方形成相对宽松的“交涉条约体制”而非“败战条约体制”，或可从上述开国历程中得到解释，即没有思想文化的先行开放，没有对国际形势的清醒认识，难以形成主要通过交涉而建立的“交涉条约体制”。这或许也是日本现代化成因之一。

五　结语

对于任何一个民族来说，最为可贵的是能够在历史的转折关头，认清形势，作出正确的判断和合理的选择，把握时代发展的契机。

江户时代，世界正经历着一场亘古未有的社会巨变。西方国家率先启动现代化的车轮，并借其“文明”强势将一切后进国家卷进由其开创的新的国际秩序中来。如何应对这一挑战，考验着每个国家或民族的想象力。按照汤因比的“挑战与应战”理论，一个旧的文化碰到新的文化的叩击，必然有所反应。反应有适当与不适当之分，适当者获得新生，不适当者则趋于混乱与衰弱，而决定反应适当与否之关键因素在于人。人对挑战所作反应可分为两种：一种是无意识的反应，另一种是有意识的反应。无意识的反应没有认识及展望作为指导，只能算作一种条件反射动作；而有意识的反应有意识或思想作为反应作用的指导，是一种理性的行为选择。“如果我们对于外来新文化与文明之叩击自始即能有意识地采取以适当的反应原则，那么便如善治水者，

① 加藤祐三：《黒船前後の世界》，144～145页，岩波書店，1985。

使众水不致激荡，导其平稳合流，以形成新的文化与文明。”①

一如其他后进国家，日本也是被“卷到文明中来”的，不能不作出回应。不同于其他后进国家，日本的回应是有意识的而非无意识的。这或许正是它成为世界现代化进程中一个“重大例外情况”② 的基本原因。日本的回应之所以是有意识的，是因为在江户时代已基本实现了思想的突破，初步完成能够指导现代化的“意识形态配置”，即摒弃陈腐的“华夷”之见，不失时机地推倒业已“过时”的偶像，把学习的对象转向西方；跳出以朱子学为主导的儒学知识圈子，走上探求西学之路，培育出一批具有近代化意识和世界眼光的领导者、先觉者；逐步冲破闭关锁国思想藩篱，克服盲目排外意识，顺势走向开国通商之途。

因此，我们或可把朱子学世界观、华夷观、锁国观的崩解看作日本思想文化史上的“第一次启蒙”。在启蒙中，日本初步确立了“相信理性”、“对传统思想和价值观的怀疑、相对化以及批判的新精神”③，从而一定程度实现了“人的自觉”。

日本思想的突破虽说是后进国现代化建设中的一个“例外”，然其带来的历史启示却具有普遍意义。社会学家孔德说：“旧体系不消亡，旧的心灵秩序的潜力不枯竭，新体系就不能产生。”④ 一个国家或民族，尤其是领导阶层能否摆脱“旧的心灵秩序”，树立现代化意识，对能否启动和推进现代化进程起着至关重要的作用。明治维新之前，居日本统治地位的武士阶层已久经“洋学”的熏陶，萌发以西方为模范

① 贺照田编：《思想与方法——殷海光选集》，4～5 页，上海，上海三联书店，2004。

② L. S. 斯塔夫里阿诺斯：《全球通史——1500 年以后的世界》，吴象婴、梁赤民译，359 页，上海，上海社会科学院出版社，1999。

③ 源了圆：《德川思想小史》，100 页。

④ 刘易斯·A·科瑟：《社会学思想名家》，石人译，6 页，北京，中国社会科学出版社，1990。

的变革意识，站在时代的前列。在“开国”50年之际，日本贤达如新渡户稻造、大隈重信、浮田和民不约而同地将国家的“勃然独兴”归于百余年来近代文化思想之“养蓄”。[①] 假如没有思想的先行，绝难理解武士阶层何以会挺身推动维新实践。日本现代化史再一次证明了“人的意识不仅反映客观世界，并且创造客观世界”的原理，也再一次昭示了那个非常平凡的道理：思路决定出路。

① 参见大隈重信等：《日本开国五十年史》下册，41、525、788页，上海，上海社会科学院出版社，2007。

何为“国语”

——试探日本明治时期文字文体改良的选择

曹　雯*

一　前言

具有现代意义的“国语”一词乃创于日本明治时期。① 顾名思义，乃一国统一之语言。中国并非没有统一之语言乃至文字，自秦朝以来，中国实现中央集权下的大一统政治管理，应对大一统政治的需求，文字需要统一，更要组织能通行四方的语言，所以我们中国便有了“书同文”，又将可以行之四方的语言称为“官话”。若此，凡受教育者，必要习此书写统一之文字，亦必要练此能为四方所理解之“官话”，否则只能囿于一方天地而不能驰骋天下。我们通过中国的经验可知，凡书写统一之文字、通行域内不受阻之语言乃大一统社会应具备的工具。

中国邻国之日本，本无文字，只有土语。在与中国相通后吸收中国文字，并以为日本文字。然完全用外国文字表达土语，实在是一件非常困难之事，在日本，遂有借用汉字偏旁表达土语发音之文字的发明，这便是假名字。假名字起初并不被正式书写所采用，它的使用价

* 曹雯，中国人民大学清史研究所副教授。

① 参见上田万年：《关于国语的纯粹》，东京，皇典讲习所·国学院大学出版，1936。

值更体现在日本人的日常起居层面，尤其是贵族女性书写的层面上。但纯正的汉字汉文修养到底不能为大多受教者所掌握，因此假名或多或少也慢慢渗透进男性，甚至正式书写中。这样一来，日本的书写状态呈现出五花八门、令人眼花缭乱的特征来，即根据书写者的汉字汉文修养，其撰书的文章或接近汉文，或偏离汉文，而若要草就一篇纯正的汉文，非“鸿儒”不能为，更多场合乃接近汉文抑或偏离汉文者。所谓接近抑或偏离汉文，不过是看撰写者将多少程度的日本口语带进了文章，文章里的口语成分多了自然就会偏离汉文，反之，就是接近。需要注意的是，口语即便被带进文章，也不是以假名字出现，而是借用了汉字，也就是日本人撰写的文章里，有些看着是汉字的字并不是作为汉字在使用，它们仅是标注口语的汉字，即这些标注口语的汉字失去了其本义，只是一种起着假名字作用的符号而已。结果，一篇文章，这样的符号越多，将越偏离汉文，若要摆放在中国人面前，真是丈二和尚摸不着头脑。我们仅从这一现象即可知，汉学在日本之地位曾经有多高大。不过，在明治维新以前的日本，受过教育的人群中，也有不愿被汉字束缚的男性，他们将口语带进文章里时，直接用假名字而非汉字。这些破除成见的人，到了明治维新以后被称为具有独立精神的人，他们使用的书写方式被称为汉和体抑或两文体，而随着日本进入江户时期以后平民社会的发展，这种夹杂着假名字的汉和体被越来越多的日本人所接受。① 总之，日本在进入明治维新前，其书写状态是纷繁而不统一的，凌驾于一切众多方言的通用语言亦未确立。

明治维新的最初含义并不是指日本迈出了对于西方现代化发展模式吸收的第一步。明治维新的最初意义在于它打破了日本的封建状态，

---

① 参见菅沼岩藏：《文字文章改良论》，东京，嵩山房出版，1895。

开始实施大一统政治，即推行中央集权制下的废藩置县，中国人称之为郡县制。如前所述，大一统政治需要统一的文字以及可通行四方的语言，进入大一统政治状态下的日本也不例外，也就是说，不论早晚，日本书写文字的统一、通用语言的建立都将是其必行之道。而通过本文，笔者仅就日本统一之书写文字文体——国语的建立过程略作探究。

二　日本的"国字"形态

通过明治维新，日本建立了中央集权制下的大一统政权。也就是在把大政奉还给天皇后的4年即明治四年，日本果断实施了废藩置县。这一变革导致日本内战的爆发，直至明治十年即1877年，随着内战的结束，废藩置县的局面趋于稳定。需要说明的是，明治维新并不是一场阶级革命，而是日本武士阶层内对现行政治管理方式进行强制性变革的一场运动，反对者被打压下去，拥护或附和者被吸收进新政府参与新政管理，这就是废藩置县虽然遭到了日本国内部分势力的反抗却很快被平定的重要原因。这一时期，日本处于激烈变动时期，新政府不断颁布各种新政令，而就面向民众的各种官文书应以何种文字文体撰写，开始有人上奏建议以通俗易懂的假名字取代复杂难解的汉字，只不过这种建议在日本推广国民教育之前并不能引起当政者的重视。

随着日本国民教育的实施以及展开，文字文体的形式开始受到民间学术界的关注。面对突然增多的受教育者，如何使得他们在短短几年内成长为能够读、写自由的符合日本社会发展的新体制下的可用人才？一部分学者甚至在政官员根据自己的成长经历知道，要熟练掌握汉字以及"汉和文"或汉文，非短时间所能做到，简化文字进而采用更加易于表述的文体即文字文体改良是推进国民教育过程中必须要开展的改革。需要注意的是，这一时期虽然有主张文字文体改良的改革者出现，但在他们的倡议里尚未出现对类似“国语”这样统一语言确立的诉求，他们只是强烈感觉到现有的文字文体过于繁复，故于初学者尤其初学的蒙童非常不利，如果不给予改正，会影响国民教育所应达成的预期效果。

因此我们看到，19 世纪 80 年代，在日本，鼓动文字文体改良的民间呼声虽然此起彼伏，但这些舆论多指向书面表述里的汉字使用状况，过激者以为当以假名字或罗马字彻底取代汉字，温和者则倾向于减少汉字数量即限制汉字在普通文书尤其是面向大众的公文书里的使用等改革意见。为了能够获得最大范围的认可，这一时期的改革者依据各自的立场，纷纷成立学会，以向世人昭示其改革目的。其中较为著名的就有“假名的会”和“罗马字会”。顾名思义，“假名的会”是要以假名字取代汉字，以真正实现文字之独立，也正是从这时起，具有文字独立精神意义的“国字”一说开始进入人们的视线，以何种文字为“国字”则成为文字改良者议论的焦点。与“假名的会”不同，同样积极主张改良文字的“罗马字会”的成员们，更期盼日本能早日同欧美国家齐头并进，而首先要做的便是不仅要废除汉字，更应一步到位地以罗马字取代汉字，以实现日本在文字上与欧美国家的统一。①

这两派主张显然突破了一般知识大众对于文字改良的接受程度。这一时期，新教育体系下的受教者尚未成人，受教而长成者自孩童起无不于汉字耳濡目染，令他们突然抛弃无日不用的汉字，无异断臂锯腿，新主张所描绘的前景再炫目璀璨，对他们而言也不过似空中楼阁，

---

① 参见拙文《19 世纪 80 年代日本民间对于汉字汉文的态度》，载《江海学刊》，2015 (3)。

太过脱离现实。加上，此两派主张的改良目标完全朝着两个方向发展，这种不统一使得其本身就消耗了改革的力量，所以虽然在初期时还有风起云涌之势，但其势力随着应和者的寥寥无几不久便呈现出衰竭之态。于是，我们清楚看到，无论是“假名的会”，还是“罗马字会”，在整个80年代，其呼声几乎被埋没，以至于两会中的部分成员，为了挽回颓势，不惜兼顾上述两种主张，既拥护“假名的会”，又支持“罗马字会”，来回奔波，以期说服两派人员联合起来，壮大力量，首先打到汉字，再图确立以何种文字为“国字”。

需要强调的是，“假名的会”、“罗马字会”等激进改良主张虽然于此时期没有取得令人瞩目的进展，但日本的文字状态还是出现了显著的变化。只要与明治以前的文书相对照，就能轻易发现：假名开始堂而皇之、不再被规避地出现在正式的官文书内。也就是说，以汉字代假名的做法被废除，假名进入官文书被认可，撰文者不再避讳使用假名，汉字、假名并驾齐驱的状态被世人接受。另一个变化就是，随着汉字限制论这一温和文字改良主张的悄然而起，在近代国民教育的逐步开展中，上述主张些许被付诸实践，那就是政府鼓励小学校在实施小学初级阶段的授课时多使用表音的假名字，尽量将汉字的学习放入小学的中高级阶段，以提升学童的学习兴趣而保证学龄期儿童的就学率。

总之，在大一统政治初步形成的19世纪80年代，确立“国字”以统一文字是日本顺应社会发展的一种需求，然围绕“国字”的形态为何，争论不休，其主要表现为：是继续保留汉学的传承工具——汉字，还是启用本国的表音文字——假名字抑或欧美的表音文字——罗马字？不过，我们清楚看到，无论怎样争执，若完全以其中一种文字为“国字”，显然超脱现实而不可为，结果有识者据此指出，以何种方式将上述三者杂糅并用或将成为日本“国字”发展的方向。

三 日本的“国语”形态

如果说 19 世纪 80 年代是日本文字文体改良的舆论时代，那么到了 90 年代，尤其甲午战争以后，文字文体的改良已到了箭在弦上不得不发的地步。其社会背景就是，随着明治二十二年即 1889 年立宪体制的推行，日本在发展西方近代化方面进入加速状态，与之相匹配，简易而统一的文字文体的确立已刻不容缓。

如前述，日本在确立“国字”一事上意见并不统一。除了“国字”问题，因为长期使用汉字并尊崇汉学，在日本的文章语中尚存在着大量汉语。需要注意的是，日本在吸收中国语言的过程中，并未完全照搬，而是做了日式处理，即其在和刻汉籍的过程中，开始将汉字表述里并不固定使用的双字词、四字词给予固定使用，形成大量的日式汉语词，这虽然方便了日本人对于汉字、汉词的利用，却毫无疑问是对中国自古文章语多以单字成词状态的一种破坏，这一做法不仅深刻影响了日本现代语的发展，也严重影响了中国现代语的发展方向。因为日本语里存在大量汉语，在文字文体改良的过程中，自然涉及如何去处理这些汉语的问题，也就是说，对于同一事物的表述，同时存在以汉字为结构的汉语和以假名字为结构的日本土语时，应该选择哪个？由此，“国语”这一观念被提起。与“国字”一样，“国语”的提出同样是在追求统一用语的过程中自然形成的现象，而且自问世起，它便朝着“言文一致”的方向在发展。

顾名思义，所谓“言文一致”就是口语与文章表述达到一致，而在书面表述向着简明易懂方向发展的背景下，此处的一致显然是指文章表述应朝着接近口语的方向改良。这就意味着，口语，实际上是以假名字为结构的日本土语应取代汉语，进入书面表述。因此，所谓

“国语”也就是确认，在通常表述中，哪些表述应使用汉语，而哪些表述应使用日本土语？进而，日本土语被使用的程度应占据多大比例？就像“国字”不能完全由假名字或罗马字充当一样，如果“国语”完全由日本土语占据，由此引发的表述混乱反而影响日本社会对于西方文化的吸收。

此外，土语进入书面表达带来了一个急需解决的问题，就是在尚未形成“官话”的日本，何地的土语可以作为标准土语被吸收进书面表达。我们由此又可探知，由于假名字的大量进入，到了这一时期，日本的书面表述极为繁杂而混乱，因为土语的方言特征，相信京都人读着东京人撰写的汉和体文章（即汉字、假名并用的文章），会时不时遇到一些似是而非的语句而无法透彻理解文意，大都市间这样的隔阂可能有限，但偏远地区与大都市间的差距必然显著，而偏远地区与偏远地区间的隔膜更是无法预测。因此，日本如果要达成“言文一致”，即如果要将土语带进文章表述，其首要任务似是要尽快确立“官话”，并予以大力推广，也只有在“官话”被日本全域普遍接受后，以“官话”为基础的土语方能大量进入书面表达。而在此之前，为避免不必要的歧义发生，只能保持汉语一定的使用比例。

总之，当“国语”被提出时，它要实现的目标虽然符合日本近代化发展的需求，却由于日本本身所存在的种种问题，不能一蹴而就，即随着文字文体改良过程中具体问题的出现，“国语”的打造只能分段进行，也只有将具体问题解决了，“国语”的真正形态才能显露出来。不过，有一个倾向是不容置疑的，就是未来的“国语”一定是实践“言文一致”主张的产物，并且应是“文”向着“语”靠近发展的结果。①

① 参见自治馆编：《国语改良异见》，东京，自治馆出版，1899。

在日本，关于文字文体改良，这一时期不再简单停留于各种主张。主张虽好，若无法付诸实践，皆变成空谈。改良者们开始对各自提出的主张进行评价并给出一些可行性方案。在此过程中，他们发现大量存在的种种现实性问题，比如上述提及的各地土语不统一问题，而如果这些问题不予解决，要实现“言文一致”，要将土语带进文章，都将变得困难而不可行。在此背景下，改良者中潜心于日本语言研究的学者日渐增多。其中著名者就有留学归国后就职于东京大学的上田万年。

因为“国语”是日本近代化发展的产物，所以自其诞生起便具有明显的近代性，这就是要体现出日本作为一个自主国家的独立精神，日本人称此独立精神为“爱国心”。我们可以看到，凡具有近代性质的事物，均带有促进“爱国心”的作用，而“爱国心”的养成是近代国家国力壮大以及国势维护的保证。① 对于日本来说，自有历史以来，它的语言，尤其书面语言深刻受到外国即中国的影响，当新时代到来之际，虽然不能将与自己的历史融合在一起的外国影响完全剔除出去，但如何将这种影响降到最低程度，却是其独立精神建构的前提。而“国语”所要提现的“爱国心”就在于，如果不能完全抛弃汉字、汉语，那么将被弃之不用的汉字、汉语是哪些？进而，如果以本国的土字（这里指假名字）土语代之，又以何种标准的土字以及何处地方的土语代之？这显然需要进行缜密调查以及基于调查基础之上的研究后才能获得合理的答案。这种调查首先启自学者的个人行为，后来发展为由政府组织的行为。调查的主要区域被限定在首都东京，而东京方言别无他选地成为日本未来“官话”的基础。

---

① 参见上田万年：《关于国语的纯粹》，4～6页。

四 “国语”建构下应采用何种文体

在日本，“国语”的建构并不只局限在文字以及语词范围内，文体的统一化问题其实一直伴随着文字、语词的改革。就像其复杂的文字、语词一样，日本书面表述的文体也是多样的。维新以来，至少存在以下几种文体：(1) 基本满篇皆为汉字的汉文体；(2) 夹杂片假名的汉文直译体；(3) 汉字、平假名或片假名并用的两文体；(4) 假名体；等等。在上述文体中，汉文体因越来越不适应日本社会发展的状态而急剧衰退，仅局限于依然尊崇汉学的老派守旧人士和汉学者中；汉文直译体作为官文书的样板体，在文字文体改革未取得显著结果之前保持着它应有的地位；几种文体中，使用率不断提升的倒是汉字、假名字并用的两文体，这种文体被公开发行的报纸杂志等广泛利用，深受阅读者的喜爱；而假名体，因其冗长而不易辨识，除了它原有的固定使用人群以及被推崇假名字的改良者以实验的方式偶做尝试外，它的实际使用率非常有限。稍带需要补充的是罗马文体，这种文体被推崇罗马字的洋学者仅作为一种实验体加以实践过，并不具有真正的文体“生命”。

在上述几种文体中，尤要关注的是两文体。两文体其实是汉文直译体的简化体，即在减少汉字使用量的同时，将假名换做更易辨识的平假名，并在汉字边上标注表音的假名。减少汉字使用意味着大量加入土语，保留下的汉字又以人们终日耳濡目染者居多，故这样一种文体，因其简明易懂，被面向大众的普通读物，尤其小学校阶段的读本所利用，其推广程度随着日本识字率的提升不断得到提高。依照当时日本著名文字改良者矢野文雄的话来说，对于汉字识字率高的人来说，可以将其视为一种汉字减少了的汉文直译体，而对于汉字识字率低的人来说，则可以将其视为一种假名文体，并且这些掌握汉字不多的人，完全可以借助这种文体达成逐渐提升汉字识字能力的目的，可谓一举两得，方便人人。① 从矢野文雄的言谈里我们可以知道，两文体的地位之所以不断在提高，实在是因为它符合了近代日本社会发展的需要。

有数据表明，甲午战争时期，日本特殊阶层——士占据着日本总人口5%的比例，大部分的民众，或为文盲，或为仅接受过几年小学即近代国家教育的初通文墨者，要让这部分广大的民众迅速成长起来，成为逐步加快、加深的近代化建设的主力，为其预备的启蒙以及明智的读物不能深奥难解。虽然，直接使用以发音文字构成的文体，更能让初涉文字读物的人体验读书的快乐，但汉字汉语在日本语言中的不可取代性又决定了这种快乐只能停留在一定高度。比如贯彻日本近代国民教育里的“忠孝”精神，如果不用汉字，日本人实在不知以何种土字土语才能精到准确地描述出“忠孝”两汉字所体现的一切精神。既然必须保留一些不可或缺的汉字汉语，那么两文体在文体改革过程中不失为一个好的选择。我们现在来看日本现代语的发展历程，日本确实于文体改革方面最终抉择了汉字、假名并用的两文体。不过，两文体的标准只能跟随汉字汉语用字用语标准以及土字土语用字用语标准的确立而确立。因此，“国语”的建成可说有赖于汉字汉语用字用语标准以及土字土语用字用语标准的确立。

五　以“国语”建成为标志的文字文体改良运动的完成

看今天的现代日语，根据其政府颁发的基础教育阶段的教学大纲，

---

① 参见矢野文雄：《日本文体文字新论》，88～89页，东京，报知社出版，1885。

我们可知日本将常用汉字数量定为1 500字。日本自1872年起开展近代国民教育，初定小学阶段需完成3 000字的汉字教学。常用汉字3 000字也是文字改良者最初所设定的削减汉字方案，由此可知，在汉学地位牢不可破的明治初期，将常用汉字设定在3 000字已是底线，若再继续削减，将影响受教者的阅读范围。不过，随着近代教育的展开，越来越多的人认识到，小学生在识记汉字方面所花费的功夫太多，这严重妨碍了他们在实学即西学方面的学习，因为当他们初通汉字后，他们已经要面临毕业了，而日本当时的义务教育仅局限于小学阶段。这就意味着大多接受过义务教育的日本孩童，除了掌握一些汉字并能够进行基础阅读外，在实学修养方面并不会有多少收获，这样的结果显然不符合日本以近代教育培养发展近代化人才的热切期待。

应对的方策自然是从继续削减常用汉字着手，其目的是尽量减少初学儿童在汉字学习方面的负担，以增加他们在学习实学方面的时间。但是我们看到，似乎是很简单易行的提案，日本政府却迟迟没有发布调整常用汉字方面的法令。甚至到了19世纪90年代初期，日本文部省虽然指示各小学校应尽量在小学一、二年级的初级阶段，多使用假名字，以减低初学时期的学习难度，保证学龄期儿童的就学率，但并没有改正小学3 000字汉字的学习目标。① 究其原因，凡涉及思想文化方面的表述，非汉字汉语不能完成。也就是说，在没有确认哪些土字土语可以取代这些汉字汉语前，就不能不学习汉字汉语，否则受教者就不能完成对于思想文化方面书籍的阅读。因此，对于土字土语的调查以及确认成为文字文体改良进入实质性运作阶段的第一步。

步入上述阶段并不是一帆风顺。包括改革者自身，到了90年代初

---

① 参见日本文部省编：《学制百年史》，教育法规，http://www.mext.go.jp/b_menu/hakusho/html/others/detail/1317930.htm。

期，依然看不到文字文体改良的前景，他们互相鼓励，并做好打持久仗的准备，哪怕需要花费几代人的努力，也要完成对于日本文字文体的改良。不过甲午战争之后，日本的社会风气大变，效仿近代西方的日本打败了以汉学自持的中国这一事实使得日本民众开始诚心向往西学，了解并领悟西方思想文化、学习并掌握能带来富国强兵的西方近代实学成为社会潮流。在这股潮流中，更多的人意识到，以汉字汉语表达东方思想文化里比较陌生的西方思想文化是多么不便，同样，以汉字汉语表达西方近代实学里的诸多观念是多么困难，以前不放弃汉字汉语，是因为汉字汉语更能精确表达出思想、观念，如果汉字汉语不能精确表达出来自西方的新思想、新观念，又为什么非要拘泥于汉字汉语，至少表述那些新思想、新观念的字词可以在自身土字土语中寻找，或者直接导入西字西语也不失为一种便捷的方法。这样的观念，在甲午战争前只能流转于洋学者以及信奉近代西洋学的群体中，而甲午战争后却逐步在普通民众中散播，并日益被越来越多的人接受。需要注意的是，洋学者之所以在文字改良上大力主张“弃汉从西”，有其自身原因。这就是他们中的一部分人作为洋学的介绍者，从事着“西学和译”的翻译工作，缘此会经常遇到以现有的汉字汉语无法对译西字西语等诸多问题，无奈之下，只能用汉字新造汉语以为对应，但这又带出新造汉语能否精确传达西语原意等新问题。因此，为着自身的方便，他们也想要从这被汉字汉语包裹的束缚中解脱出来。总之，无论从怎样的角度去考察，甲午战争都是日本史的一大分水岭，就日本文字文体改良而言，甲午战争后，汉学在日本的地位急剧下落，日本民众对于中国传统的尊崇心似将留在过往的历史里。

这样的状态给汉字汉语的精简创造了社会条件。不过直到明治三十三年，日本的文字文体改良才真正迎来了关键时刻。这年的1月，日本帝国教育会会长过新次向内阁、文部省以及其他各省大臣、贵众两议院议长提交关于“国字国语国文改良”的请愿书。同日，日本帝国教育会国字改良部也向各省大臣以及贵众两议院提交了同一内容的请愿书。其中有“为使得国字国语国文能得到改良并给予实施，政府应尽快着手调查其改良方案”之语。其所列举的理由为：日本语言文字文章复杂多样，日本学生所肩负的重荷举世无双，国字国语国文之改良是教育事业能得到改善的根本之处，而国字国语改良的当务之急即在于尽早实施有效的各项调查。同年 2 月 6 日，众议院议员根本正等 5 人向众议院提交《关于国字国语国文改良的建议案》，几天后，这一提案便在众议院获得通过。2 月 16 日，高等教育会会长加藤弘之等向贵族院提交《关于国字国语国文改良的建议案》。三天后的 19 日，帝国教育会会长辻新次之前提交的关于“国字国语国文改良”的请愿书在贵族院被采纳。2 月 21 日，《关于国字国语国文改良的建议案》中所提及的在贵族院设立调查会一项经修正后获得通过 。翌日，帝国教育会国字改良部汉字部议定以下事项：(1) 收集关于汉字削减的材料；(2) 凡固有名词均用汉字；(3) 形容词以及动词尽量不用汉字；(4) 简化汉字并保留日常惯用汉字。至 4 月 2 日，文部省选定文字文体改良的首倡者前岛密等 7 人为国语调查委员，其中任命前岛密为委员长，文学博士上田万年、那珂通世，文学博士大槻文彦、三宅雄二郎、德富猪一郎、汤本武比古等 6 人为委员。4 月 16 日，文部省召开第一次国语调查会。① 随着政府组织的调查活动的展开，日本文字文体改良的步伐加快。

国语调查的范围大致被圈定在常用汉字表的确认、假名遣（即假名词尾变化规则）的确立、字体的统一等几个项目内。到大正十年即 1921 年，该调查会被设置为固定机关，在文部省大臣的监督下，陆续

① 参见自治馆编：《国语改良异见·序》。

发表当用汉字表（后改为常用汉字表）、假名遣改正案、字体整理等。比如，在文部省 1922 年颁布的当用汉字表内，将当用汉字即常用汉字设定在 1 962 字，而于小学阶段，需完成 881 字的学习。此后这一机构虽然在昭和九年即 1934 年改称国语审议会，但其作为常设机构一直肩负着适时调整日本国语状态的职责。比如，在昭和四十六年即 1971 年发布的常用汉字表里，常用汉字被限定在 1 850 字；在昭和五十六年即 1981 年发布的常用汉字表里，常用汉字被限定在 1 945 字；在离现在最近的平成二十二年即 2010 年发布的常用汉字表里，常用汉字被限定在 2 136 字，这揭露出常用汉字数量又存在着缓慢上升的发展趋势。需要特别注意的是，前述第一次国语调查会启动于明治三十三年的 4 月，同年 8 月 21 日，文部省便颁发了小学校令施行规则第十六条，规定寻常小学校教授汉字数量为 1 200 字左右，一举打破之前的 3 000 字目标。[①] 文字文体改良犹如冲破瓶颈，迅速朝着既定的方向发展。如果要说“国语”何时在日本最终被确立，大正十年国语调查会被固定为一个常设性机构当被视为标志性事件。在既成的“国语”里，假名字的发音、字体以及词尾变化规则被统一，常用汉字的数量被规定在一定范围，可以说统一化了的土字土语配上一定数量的常用汉字是“国语”的基本形态，以如此“国语”构成的表述可称为“国文”，“国文”难易程度视夹入汉字多少而定。因此我们可以看到，在小学校低年级的国文教科书内，几乎不见汉字，随着学年的递升，汉字出现的频率呈上升状态。有意思的是，越是趋向历史思想文化类的书籍，其汉字使用的频率越高，在经历了西方近代化的日本，汉字的不可取代性现象依然存在。

---

① 参见日本文部省编：《学制的百年》，国语调查机关的设置，http://www.mext.go.jp/b_menu/hakusho/html/others/detail/1317732.htm。

六 余论

在日本近代文字文体改良运动中，为尽快追上欧美国家发展的步伐，日本一部分改良者极力主张以欧洲罗马字为国字，就像当初向中国汲取文化营养时他们义无反顾地导入了汉字一般，但汉学自唐以来在日本的生根落户，使得汉字已经融入日本社会的命脉，抛弃汉字犹如割除自己的血肉，这样的主张必定不能为大多民众所接受，据此日本最终为汉字在书面表述里保留了一席之地。不过，汉字的留用并不意味着日本放低了效仿近代西方的速度，为大量、迅速汲取西学，通过各种尝试，日本指定片假名为直接导入西学尤其是实学方面词语的文字，而平假名专用为表达土语以及汉字发音的文字，使得汉字、假名字、罗马字（以片假名方式呈现）各成为日本“国字”的组成要素之一，进而以“国语”的方式将汉语、土语、西语（即外来语）三者统合在了一起，形成汉学、西学并举的局面。明治后期，日本明确提出“东洋道德，西洋艺术”一说即是对上述局面的真实写照。

自19世纪下半叶以来，近代西方学无疑对世界各地域产生了重大影响，其影响之一便是各地域在语言文字表述方面的变化。在日本，形成于20世纪初的“国语”便是上述影响的产物。日本“国语”的形成过程中对于汉字汉文所进行的改造反过来又影响了中国现代语的发展。比如，中国现代语吸收了日语以双字表现的词语构成方式，这打破了中国惯以单字为词的表述传统；在西学和译过程中，日本翻译家曾经自创大量汉语以对译西语，这样形成的汉语中的一部分最终被中国在吸收西学时所采纳，最鲜明的例子就是，起初中国以“格物”对译“science”，但自日译词“科学”进入中国后，“格物”与“科学”持续并用了一段时间，最终在统一用语的过程中，中国弃“格物”，选用了“科学”，而类似的事例，举不胜举；“言文一致”即文章表述向口语靠近是现代语发展的显著特征，日本现代语在“言文一致”方面的努力为中国现代语的发展起了示范作用，可以说清末民初大量从日本归来的留学生是中国现代语形成过程中的重要参与者、使用者以及推动者，民国以后，中国将对语文科目统一为“国文”、“国语”就是受日本影响的重要例证。其实，“国语”里所内藏的“爱己一国”之含义深刻凸显了西方近代发展所特有的专顾自己本地域发展的利己性质，中国几千年来惯以兼顾天下众生为己任，随着“国语”等近代概念在中国的落户，共享天下太平的大同理念何尝不是被收藏了起来。

如何超越内发与外源之争？
——中国近代工业化起步进程的实践逻辑探析

朱 浒*

对于中国近代工业化的发生问题，学界多年以前就存在着以发掘资本主义萌芽为代表的“内因论”和强调外国资本主义冲击作用的“外因论”之间的根本对立。[①] 然而，在这样的认识遭到相当深入的批判和反思之后，在学术研究已很少受到非学术因素影响的情况下，这种内外对立的状况却依然延续着。对此，两位著名经济史学者李伯重和汪敬虞近年来所表达的看法可谓典型。李伯重根据对“江南早期工业化”道路的揭示，认为“非西方地区的工业化，绝非一种完全由西方所创造出来的现象。从根本上来说，一个国家（或地区）能否工业化，主要取决于内因而非外因”，因此“西方对中国的近代工业化当然非常重要，但毕竟只是外因”[②]。汪敬虞则通过对“中国资本主义的发展和不发展”的考察，指出在“中国资本主义现代企业产生的历史条件中，带有决定性的因素是外国资本主义新的生产力的引进”，同时“中国原有的手工业以至整个经济，远远没有为资本主义机器大工业的产生，准备必要的条件”[③]。

---

* 朱浒，中国人民大学清史研究所教授。

① 参见许涤新、吴承明主编：《中国资本主义发展史》第一卷，758～759页，北京，人民出版社，2005。

② 李伯重：《江南的早期工业化（1550—1850）》，2、17页，北京，社会科学文献出版社，2000。

③ 汪敬虞：《中国资本主义的发展和不发展——中国近代经济史中心线索问题研究》，59、62页，北京，中国财政经济出版社，2001。

这样一来，中国近代工业化的起步进程同时拥有“内发”与“外源”两幅面相的情况也就没有得到改变。那么，这两种看法及依托的认知方式是否都还存在缺陷呢？这个进程又是否具有尚未被充分认识的实践逻辑呢？本文正是试图从解决这些问题出发，以便为超越这种内发与外源之争作出一定的尝试。

一 “江南早期工业化”步入近代的困境

乍看起来，对于李伯重阐述的“江南早期工业化”所存在的问题，完全可以像批判“资本主义萌芽”那样予以解决。有人就曾指出，由于其经验内容“实质上是原有资本主义萌芽研究的深化”，且不能成功回答明清江南工业发展的确切前景问题，从而“陷入与旧有‘资本主义萌芽’研究一样的困境中，不免有‘新瓶装旧酒’的嫌疑，成为一种‘资本主义萌芽新论’了”[①]。事实上，这种批评并不充分，因为它未能抓住李伯重立论所借鉴的“原工业化”（Proto-industrialization）理论[②]的根本意旨，以及这种借鉴做法的逻辑结构。

按照“原工业化”理论创始人门德尔斯（Franklin Mendels）的说法，“原工业化的研究会告诫发展经济学家们持简单的单线发展观是危险的，包括那种从静止的封建社会直接向生气勃勃的资本主义社会过渡的观点”[③]。在他看来，工业化是一个由两个阶段组成的渐进过程，

---

① 周东华：《新瓶与陈醋：早期工业化、现代化还是资本主义萌芽新论?》，见北京大学世界现代化进程研究中心主编：《现代化研究》（第一辑），北京，商务印书馆，2002。

② 在国内学界，“原工业化”也常被译作“原始工业化”或“原初工业化”等名称。对于这些译名以及该理论的基本发展状况，主要可参见刘兰兮：《门德尔斯原始工业化理论简述》，载《中国经济史研究》，1988（3）；史建云：《〈工业化前的工业化〉简介》，载《中国经济史研究》，1988（3）；严立贤：《中国和日本的早期工业化与国内市场》第一章，北京，北京大学出版社，1999；王加丰、张卫良：《西欧原工业化的兴起》第一章，北京，中国社会科学出版社，2004。

③ 转引自王加丰、张卫良：《西欧原工业化的兴起》，7页。

原工业化是工业化的第一阶段，以机器大生产为标志的近代工业化则是第二阶段。就其本质而言，这个理论其实是对先前那种反对将工业革命视为突变和工业化的前提，而“强调发生在 16、17 和 18 世纪的经济变化的重要性，认为这种变化奠定了 19 世纪工业社会的基础”的看法，作出了一种更为具体和详细的论述。①

除了把仅注重农村工业的“原工业化”改换为包括农村工业和非农村工业的“早期工业化”外，李伯重的立论逻辑正是对上述意旨在中国语境下的发挥。这就是说，既然近代工业化在其发源地欧洲都表现出了不以英国经验为基准的非线性发展脉络，那么也就应该批判和反思从“西方中心论”出发而把非欧洲地区近代工业化视为“本地对西欧挑战的回应”的历史发展单元论。用李伯重本人的话来说，“一个国家（或地区）没有出现近代工业化，并不意味着这个国家（或地区）也没有出现过早期工业化。而一个国家（或地区）是否有过早期工业化，则又对其近代工业化的发生（不论是否是在外因影响下发生的）具有非常重大的影响”，而只要“不把中国的近代工业化完全归功于西方影响，从而回到‘西方中心论’的老套上去”，就必然得承认“尽管中国没有自发地发生近代工业化，但是中国早期工业化的历史意义并未因此削弱”②。

在这种思路指导下，李伯重首先发现，明清时期的江南经济存在着一个持续发展的“早期工业化”阶段，推动这种经济发展的最主要力量与工业革命前的西欧一样是由劳动分工和专业化的发展所构成的“斯密动力”（the Smithian Dynamics），只不过由于缺乏煤铁等资源的生态限制，而走上了一条堪比近代早期的“英国模式”却又自行其是

---

① 参见刘兰兮：《门德尔斯原始工业化理论简述》，载《中国经济史研究》，1988（3）；王加丰、张卫良：《西欧原工业化的兴起》，23 页。

② 李伯重：《江南的早期工业化（1550—1850）》，13～16 页。

的“江南道路”，即重工业畸轻而轻工业畸重的“节能省材型超轻结构”[①]。按照他最后得出的结论，中国近代工业化的发生当然具有一条起主导作用的内发式线索，而“江南早期工业化”也就成为中国近代工业化最重要的基础和前史。还是引用一下他自己的话，“江南在早期工业化方面曾有出色的表现，从而使得江南一度成为世界上最发达的工业地区之一。这个早期工业化虽然没有导致自发的近代工业化，但是它毕竟为后来的近代工业化提供了一个相当良好的基础，使得19世纪后期以来江南在近代工业化方面比中国其他任何地区进展远为顺利”，而江南工业在19世纪中期以后的那些表现“虽然与其在明清时期的经历已有天渊之别，但如果仔细去看，仍然能够看到二者之间有着一种承继的关系”[②]。

应该说，如果仅仅根据上述论证的字面逻辑，那么有人称李伯重的研究体现了“一种确立中国史学新典范的主流倾向”[③]，或许是有一定道理的。其原因在于，这就完全可以主要根据一种内在连续性，来真正打通甚至超越中国工业化进程从“传统”到“近代”的发展道路。这样一来，李伯重就对中国近代工业化的起源问题给出了一个大大优越于“资本主义萌芽”的内因论解释，并且使其既根本用不着顾及“原工业化”过程中的“逆工业化”（Deindustrialization）现象，也可以避免面对与当初“资本主义萌芽论”一样的尴尬。

但问题是，李伯重的论证并不完善。本来，他所揭示的“江南早期工业化”阶段成立与否就是一个问题。这是因为，对其核心内

① 李伯重：《理论、方法、发展趋势：中国经济史研究新探》，30～36页，北京，清华大学出版社，2002。

② 李伯重：《江南的早期工业化（1550—1850）》，542页。

③ 马敏：《据之以实情：建立中国史学新典范的若干启示——以李伯重〈江南的早期工业化（1550—1850）〉为例》，载《历史研究》，2003（1）。

容即明清时期江南经济发展的动力和水平问题，学界至今还存在很大的分歧。[①] 不过，本文加入这样的争论无疑会把战线扩得更长了。对于本文的主旨来说，这里需要关注的问题是，即便确实存在一个所谓的“江南早期工业化”阶段，它果然就能成功地解释中国近代工业化的发生吗？根据李伯重上面的说法，“江南早期工业化”与中国近代工业化之间肯定应该具有一种相当直接的因果性联系，否则也谈不上前者为后者“提供了一个相当良好的基础”，以及两者之间“有着一种承继的关系”。那么，我们要做的工作，也就是具体勘察一下这种因果联系是否存在了。

遗憾的是，一旦据之以中国近代工业化起步进程的“实情”，就可以发现李伯重对中国近代工业化起源给出的解释，更多属于一种经不起实际检验的推论。因此，他没有交代近代资本主义入侵后江南近代工业化的发生过程和历史特征就绝不是“一种遗憾”，而是这个“江南早期工业化”步入近代时根本无法面对的困境。这显著表现在，如果上述李伯重揭示的内发式脉络确实能够实现“早期工业化”与近代工业化的对接，那么以“超轻结构”为核心的“江南道路”理应在近代继续居于主导地位。可是李伯重本人就指出，正是西方“使江南工业的发展突破了能源、材料的制约”，同时“也在江南建立了一个近代机器制造业，使得江南工业有了一个真正意义上的重工业”，从而“进入近代工业化时代”[②]。退而言之，江南近代工业化是否又主要从其“早

① 在这方面，最典型的情况就是近年来以黄宗智与彭慕兰（Kenneth Pomeranz）为中心的争论。有关这场争论的概况，可参见龙登高：《江南市场史——十一至十九世纪的变迁》，214～219页，北京，清华大学出版社，2003。另外，严立贤虽然也借鉴了“原工业化”理论，却与李伯重有着根本分歧。严立贤认为，在中国原初工业化时期的劳动生产率和市场需求量的条件下，“只允许长江三角洲这一原初工业化区的存在”，而这个原初工业化不足造成的市场狭窄和投资能力不足，正是“使中国的近代工业发展步履艰辛而迟缓”的主要原因。（参见其著：《中国和日本的早期工业化与国内市场》，187、223页）

② 李伯重：《江南的早期工业化（1550—1850）》，519页。

期工业化”中承继了良好的基础呢？根据以往的中国近代经济史研究不难看出，当以现代机器生产为代表的新生产力在中国出现时，“江南早期工业化”并不能为之让渡多少活动空间，也很少能为中国近代工业化的启动提供必要支持。反而在不少时候，属于“江南早期工业化”范围的一些重要进展，却发生于近代工业化在江南得到落实以后。关于这一点，仅从纺织业和船舶业那里即可得到明证。这是因为，这两个行业具有毋庸置疑的代表性，它们既是“江南早期工业化”阶段轻工业和重工业中最大、最发达的两个部门①，又是中国近代工业化时期启动较早且最重要的两个行业。

纺织业主要由棉纺织业和丝织业两大类组成。根据李伯重的研究，在“江南早期工业化”时期，纺织业的生产规模是，清代中期年产棉布 1 亿匹，而江南出产的丝织品在全国市场中的流通量在 19 世纪中期约为 3.9 万担。在从业人数上，清中期仅直接从事纺织业生产的江南农妇即有 300 万人，丝织业的从业人数则在 50 万以上。在生产技术方面，棉纺织业和丝织业的生产工具、生产工艺都有了明显的改进和提高，特别是清代江南三锭纺车的发明和运用，“在世界棉纺织业史上是一个伟大的技术进步”。在分工和专业化程度上，到清代中期，丝织业中许多工序已形成独立的生产部门，而棉纺织业中最重要的纺和织两大工序的分离与专业化也已相当明显。在生产组织方面，到清代中期，丝织业中被称为“帐房”的包买商在苏、宁、杭等大城市以及镇江等中等城市达到了全盛，支配了当地的生产，将丝织业的主要工序全部控制起来，成为全部生产过程的中心。在棉纺织业中，以“布号”为代表的商业资本在棉布加工业的中心苏州和上海，基本上控制了其中两个主要工序即染布业和踹布业，从而使分散的个体小生产开始向社

① 参见李伯重：《江南的早期工业化（1550—1850）》，37、225 页。

会化生产转化。[1]

可是，一个无法否认的事实是，最早在中国把使用蒸汽动力和金属构件的机器引入纺织工业的尝试，始于1861年怡和洋行开办的纺丝局和1868年轧拉佛洋行所设的火轮机织本布公司。[2] 至于国人举办近代纺织业的情形，姑且不论以华侨商人陈启沅为代表的广东地区的情况，就江南而言，当地最早的一家近代丝厂是1881年由浙江人、祥记丝栈主人兼公和洋行买办黄佐卿设立的公和永丝厂[3]，而该厂的全部重要设备都是向法国订购的，甚至该厂创办之初的业务都委托公和洋行代为经理，以至外国人称之为公和洋行丝厂[4]。大约同时，杭州人蒋廷桂向日本选购了新式的铁制绸机，从一个绸业包买商转变为建立了织绸工厂的近代产业资本家。[5] 在棉纺织业方面，1878年开始筹建的上海机器织布局为最早，而其主持人都与江南传统棉纺织业无甚关联，且其全套生产设备和总工程师都来自美国。[6] 中国第一家机器轧花厂即1887年出现的宁波通久轧花厂，虽然号称原来是一家手工工场，其实开办之基就是从日本购买的40台轧花机，到1887年又从日本购进一些较大的机器以及锅炉、发动机等辅助设备后才正式立厂，并且其创办人严信厚在办厂之前长期作为李鸿章的幕僚，是个与江南传统纺织业无甚联系的士绅。[7]

况且，如果把这种依靠外部引进的技术突破说成是一种次要因素，

---

① 参见李伯重：《江南的早期工业化（1550—1850）》，集中见第二章。

② 参见汪敬虞：《十九世纪西方资本主义对中国的经济侵略》，369、392页，北京，人民出版社，1983。

③ 参见严中平主编：《中国近代经济史（1840—1894）》，1430页，北京，人民出版社，1989。

④ 参见许涤新、吴承明主编：《中国资本主义发展史》第二卷，471页。

⑤ 参见许涤新、吴承明主编：《中国资本主义发展史》第一卷，391页。

⑥ 参见易惠莉：《郑观应评传》，297～298页，南京，南京大学出版社，1998。

⑦ 参见汪敬虞：《中国资本主义的发展和不发展》，59～60页。

如果“江南早期工业化”时代纺织业的积累果然成为江南近代纺织业所承继的良好基础，那么后者至少应该获得差强人意的发展。可是事实又如何呢？对此，该行业到甲午战前的发展状况显然是最好的证明，因为外国势力到这时还没有取得在内地设厂的权利，也就使外国资本对国内经济的压迫程度远较战后为轻。即便在这种情况下，棉纺织业中唯一形成生产规模的上海机器织布局从筹建到开工竟然经历了 12 年时间，且投产后年产量约为 18 万匹（一说为 24 万匹）[①]，而上海全部 8 家近代丝厂的年总产量仅为生丝 2 782 担[②]。在从业人数上，前者雇工总数约为 2 000 人，后者共计 5 850 人，此外 4 家轧花厂和 2 家纱厂有 2 300 名工人。[③] 在生产技术方面，上海各家近代丝厂都使用国外丝车，轧花厂则普遍使用日本轧花机。[④] 在分工和专业化方面，江南近代纺织业中各类厂家完全是对西方亦步亦趋的结果，而不是对传统纺织业中各道工序的进一步发展。例如，外资丝厂侧重于机器缫丝，江南近代丝厂也全部集中在这道工序上；外资着力于棉纺织业中的纺纱和织布，上海机器织布局也只生产棉纱和棉布。在生产组织方面，丝织业中的帐房制度直到 19 世纪末 20 世纪初并无实质变化，直至此时才把丝织业至多推进到工场手工业阶段。[⑤] 至于棉纺织业的布号制度中原先最重要的基础即染坊和踹坊，染坊在 20 世纪初才刚刚进入工场手工业阶段，踹坊在此期间则日趋衰落。[⑥] 到了这个时候，进入机器大生产的近代纺织业已在江南存在 20 多年了。鉴于这种情况，可以说到底谁为谁提供了发展基础还是一个需要探讨的问题。因此，对于江

---

① 参见夏东元：《洋务运动史》，394 页，上海，华东师范大学出版社，1992。
② 参见许涤新、吴承明主编：《中国资本主义发展史》第二卷，470 页。
③ 参见上书，423、470、478 页。
④ 参见上书，472～474 页。
⑤ 参见上书，928～930 页。
⑥ 参见上书，922、941～942 页。

南纺织业从传统到近代的“质变”来说，根本看不出“江南早期工业化”具有关键性意义。

在船舶业方面，按照李伯重的看法，明清时期的江南船舶业是当时总体成长缓慢的江南重工业中的一个例外，其中最重要的则是漕船和海船的发展。在数量和载量方面，清代中期江南漕船总数约为 3 000 艘，载量约为 45 万石；江南海船在道光中期达到 5 000 艘，比明末增加了 4 倍，实际载量则增加了 9 倍以上。在生产规模上，道光中期江南每年约造漕船 300 艘、海船 100 艘，两项总产值共计 110 万两，从业总人数约 8 800 人；修船业总产值为 530 万两，维修工人则可能达数万之众。在生产组织方面，明清时期江南造船业很早就形成造船工场即船厂，而船厂中不仅有颇大规模的劳动协作，也有较为发达的劳动分工。即使是专业化水平较低的建造小型民船的活动，也不能被视为一种农家副业。在生产技术方面，清代江南的造船技术虽不像明代那样领先世界各地，但并未停滞，特别是沙船建造中的肋板和片帆技术，在世界造船史上都具有重要意义。①

然而，在中国最早使用现代机器的船舶业还是外力引进的。姑且不论 19 世纪 40 年代出现在广州一带和 50 年代出现在上海的外资船舶业，国人在江南创办的近代船舶业也与“早期工业化”阶段的江南船舶业没有本质联系。在造船修船业方面，江南最早的近代船厂是江南制造局内设的轮船厂，而该厂不仅制造轮船的机器基本来自先前从美商手里购买的旗记机器铁厂，李鸿章本人还承认“沪局各船虽系自造，而大宗物料无非购自外洋，制造工作亦系洋匠主持，与购买外洋船只略同”②。在商办江南近代船舶企业中，以 1858 年开设的甘

---

① 参见李伯重：《江南的早期工业化（1550—1850）》第六章。

② 中国史学会编：《洋务运动》第 4 册，33 页，上海，上海人民出版社，1981。

章船厂为最早，但其创办人是一个与江南传统船舶业毫无关系的广东买办郭甘章。① 稍后出现的首家能够修造小火轮的发昌机器厂，其实是从外资船厂的附属工场转化而来②，且其转变标志也是1869年开始使用车床③。在航运业方面，轮船招商局的最初主持人虽是与上海沙船业渊源甚深的朱其昂，然而该局初期最主要的资本其实来自李鸿章从直隶练饷中借拨的款项。更重要的是，该局从一开始就是向外国购买新式船只。④ 因此，上海沙船业根本谈不上为该局提供了立业之基。

不仅如此，江南近代船舶业的发展亦与清中期江南船舶业的盛况形成了鲜明反差。在数量和载量方面，轮船招商局到1895年共有各类船只24艘，总吨位为34 531吨，其中除个别船只是由完全引进西方技术的福州船政局所造外，全部系向外国购买。⑤ 在此时期，江南仅有的2家民办轮船公司只有小轮数只。⑥ 在生产规模和组织方面，江南制造局下设的船厂从1867年到1885年共造各类船只15艘，且全为仿制，吨位很小。⑦ 同一时期，商办船厂中最具规模的均昌船厂只在80年代初造出轮船6艘。⑧ 其他设在上海的民办船舶机器修造厂主要从事的都是船舶修理业务，造轮数量并不多，且工人总数最多不超过270人。⑨ 在生产技术方面，江南制造局船厂和均昌船厂的造船水平为当时国内最高。前者虽然在1876年和1885年分别造出了铁甲暗轮和

---

① 参见严中平主编：《中国近代经济史（1840—1894）》，1374页。

② 参见汪敬虞：《中国资本主义的发展和不发展》，62页。

③ 参见许涤新、吴承明主编：《中国资本主义发展史》第二卷，461页。

④ 参见张后铨主编：《招商局史（近代部分）》，30～31、33～34页，北京，人民交通出版社，1988。

⑤ 参见上书，64～68、226页。

⑥ 参见许涤新、吴承明主编：《中国资本主义发展史》第二卷，509页。

⑦ 参见夏东元：《洋务运动史》，81～83页。

⑧ 参见严中平主编：《中国近代经济史（1840—1894）》，1378页。

⑨ 参见许涤新、吴承明主编：《中国资本主义发展史》第二卷，461～464页。

钢板暗轮，但长期跟不上世界先进水平。[①] 后者1884年所造“淮庆”轮船载重量在该厂6艘船中最大，为115吨，船身最长不过90英尺，而外资开设的耶松船厂同年所造的“源和号”轮船长280英尺，载重2 000吨。[②] 另外，直到道光中期还颇为兴盛的江南沙船业，到19世纪60年代末就主要因西方轮运业打击只剩下四五百号船只了[③]，而上海朱、郁、沈、郭等沙船世家至此都已衰败[④]。因此，江南传统船舶业也根本不可能为江南近代船舶业的产生提供多少基础。

二　外发性中国近代工业化向江南的倾斜

既然上面业已指出以“江南早期工业化”来解释中国近代工业化的发生并不成立，并且集中体现新生产力的技术突破主要是由外力输入中国的，这是否意味着我们就得完全接受前述汪敬虞所表达的那种看法呢？应该说，汪敬虞将“中国资本主义的发展和不发展”作为中国近代经济史的中心线索而进行的论证，确实相当精辟和周密。然而，对于中国近代工业化的起步进程来说，仅仅强调外力冲击因素和内部发展条件的不足，终究无法与那些从“冲击—回应”或“传统—近代”等框架出发的“外因论”式认知划清界限。于是不难发现，汪敬虞的论述缺乏从内部视角的观照，也就不能对内部因素的复杂性和能动性给予足够重视。至于这方面最明显的表现，就是他既未注意也无法解释中国近代工业化起步进程所具有的空间背景。那就是，尽管这个进

① 参见夏东元：《洋务运动史》，83页。

② 参见严中平主编：《中国近代经济史（1840—1894）》，1379页。

③ 参见张国辉：《洋务运动与中国近代企业》，130页，北京，中国社会科学出版社，1979。

④ 参见许涤新、吴承明主编：《中国资本主义发展史》第二卷，499页。

程的整体态势是西方对作为民族国家单位的中国的冲击，但是其重心所在，恰恰是在此前中国经济结构中就处于中心地位的江南地区。

这里需要强调的是，这种空间背景的形成，其实从外国资本主义在中国开展近代工业化的情况那里就已略显端倪。众所周知，以机器大生产为标志的近代工业化在中国的出现，是1840年后西方经济入侵和移植的结果。而鸦片战争后的第一批不平等条约就表明，西方当然试图全方位地打开中国经济的大门。可是结果又如何呢？起初，西方向中国移植近代工业的落脚点集中在广州及相邻的香港一带①，可是这种状况刚刚进入19世纪50年代就出现了巨大变化。至于这个变化的原动力，肯定与此一时期中外贸易的中心发生了从广州到上海的转移有莫大关系。这种转移当然不全是西方主动选择的结果，因为它们在鸦片战争后本来期望的是五口通商。而直到50年代末，正如马克思当时指出的那样，“让出五个新口岸，并没有造成五个新的商业中心”②。甚至在第二次鸦片战争增加九个口岸后，中外贸易集中在上海的局面依然如故；到60年代结束，上海一处即占当时中外贸易总额的一半以上。对此，汪敬虞认为这表明“外国资本主义的入侵，在七十年代以前，还没有力量同时扩张到新开的各个口岸”③。那为何是上海一家独大呢？在此显然不能忘记，近代上海的成长有着不容低估的“江南因素”④，而江南又是传统时期国内市场的中心之所在⑤。与贸易中心的转移相对应，西方向中国移植近代工业活动的重心亦从50年代

---

① 参见许涤新、吴承明主编：《中国资本主义发展史》第二卷，90页；汪敬虞：《十九世纪西方资本主义对中国的经济侵略》，146页。

② 中共中央编译局编译：《马克思恩格斯论中国》，79页，北京，人民出版社，1997。

③ 汪敬虞：《十九世纪西方资本主义对中国的经济侵略》，72页。

④ 马学强：《近代上海成长中的“江南因素”》，载《史林》，2003（3）。

⑤ 参见范金民：《明清江南商业的发展》，143～147页，南京，南京大学出版社，1998；龙登高：《江南市场史》，194～199页。

起转到了上海。并且，除了在产地和运输等问题上受到很大限制的出口加工工业外，就行业种类和经营规模的总体而言，上海不但远远超过 40 年代的广州和香港，甚至达到了为同时期国内其他地区的总和都不及的程度。对此，下面依照行业区别略作说明：

1. 金融业。这方面最重要的内容是银行业。从 1845 年丽如银行在香港和广州设立分行开始①，到 1894 年为止，西方国家在中国前后共开办过 19 家银行机构，而其中国分行所在地设于上海的则达 15 家之多②。此外，从 19 世纪 40 年代到 90 年代，西方在中国境内共成立了 6 家保险公司，上海和香港各有 3 家。③

2. 航运业。50 年代末期中国被迫开放长江航运后，至甲午战前，专业外轮公司共出现过 16 个，其中有 10 个公司在上海成立。④ 不过，从 60 年代到 90 年代，这个行业中规模最大也最有影响的其实只有 3 家，它们是美商的旗昌公司以及英商的怡和、太古公司，其中旗昌公司在 1867 年后独占长江航运达四年之久⑤，而这三家公司的总部都设在上海。

3. 船舶修造业。甲午战前，西方在华共开办过船舶修造厂 66 个。起初，这类修造厂在上海的数量略少于黄埔和香港，但是由于黄埔的外资船舶修造业在 70 年代后衰落，因此到 80 年代初，上海实际存在的厂数已与华南大体持平。⑥ 而在经营规模方面，上海则更胜一筹。例如，香港黄埔公司在 1894 年的资本总额为 156 万元，90 年代初上

---

① 参见许涤新、吴承明主编：《中国资本主义发展史》第二卷，93 页。

② 参见汪敬虞：《十九世纪西方资本主义对中国的经济侵略》，145～234 页；许涤新、吴承明主编：《中国资本主义发展史》第二卷，91～95 页；刘云柏：《近代江南工业资本流向》，28 页，上海，上海人民出版社，2003。

③ 参见许涤新、吴承明主编：《中国资本主义发展史》第二卷，98～99 页。

④ 参见聂宝璋：《中国近代航运史资料》，727 页，上海，上海人民出版社，1983。

⑤ 参见汪敬虞：《十九世纪西方资本主义对中国的经济侵略》，268～270 页。

⑥ 参见上书，317～321、345～346 页。

海两家最大的船厂耶松和祥生便各自拥有资本 75 万两和 80 万两。并且，耶松和祥生船厂在 1900 年实现合并后，总资本猛增至 557 万两，成为当时中国境内最大的外资垄断资本。①

4. 纺织业。1861 年，怡和洋行在上海兴建的纺丝局是中国境内第一家外资机器缫丝工厂。② 从此到甲午战前，这类丝厂共出现过 12 家，其中只有 1 家位于上海之外。③ 在棉纺织业中，虽然甲午战前的西方投资还停留在筹议阶段，但这些筹议依然是以上海为中心展开的。例如，最早的一次筹议是英商轧拉佛洋行于 1868 年准备在上海设立火轮机织本布公司；1877 年，英人施克士再度提出开办上海火轮机织本布公司的计划；1882 年，美商华地码又试图在上海建立名为“丰祥织洋棉纱线公司”的纺纱厂。此外，只有美商富文曾于 1871 年在广州筹办过一个纱厂。④ 到了 80 年代后期，外资还是首先从上海打开了棉纺织业的缺口。1888 年，以日本三井洋行为首成立的上海机器轧花局在浦东开工。1894 年，怡和洋行强行把纺纱机运到吴淞口，由于《马关条约》确认了外国在华设厂的权利，不仅怡和纱厂很快成立，其他一些大型外资纱厂也纷纷在上海出现。⑤

5. 一般轻工业。在这方面，上海几乎拥有所有种类的外资厂家，并且其中绝大部分都是最早在上海出现并集中在上海的。例如，在甲午战前的 3 家外资打包厂中，有 2 家位于上海，而 1870 年开设于上海的平和洋行打包厂是最早的一家。在印刷出版业中，15 个印刷厂中的 9 个在上海。在食品业中，面包、面粉、汽水、酿酒和制冰等行业最

---

① 参见许涤新、吴承明主编：《中国资本主义发展史》第二卷，113～114 页。

② 参见严中平主编：《中国近代经济史（1840—1894）》，1278 页。

③ 参见汪敬虞：《十九世纪西方资本主义对中国的经济侵略》，322～325 页；许涤新、吴承明主编：《中国资本主义发展史》第二卷，117～118 页。

④ 参见汪敬虞：《十九世纪西方资本主义对中国的经济侵略》，390～404 页。

⑤ 参见严中平主编：《中国近代经济史（1840—1894）》，1304～1308 页。

早的厂家都出现在上海。在制药业中，3家外资药厂全部位于上海。在木材加工业中，4家木材加工厂都设在上海。在玻璃制造业中，3家外资厂家中的2家出现在上海。在卷烟业中，这一时期国内仅有的2家外资烟厂也在上海。此外，最早出现在上海的其他较重要行业还有70年代末设立的美查肥皂厂和1880年开办的制造火柴的燧昌自来火局。①

6. 公用事业。这主要是指向城市供应煤气、自来水和电气等企业的统称。由于该行业较多地牵涉到近代工业的内容，所以以往许多论著都将之列为近代工业化活动的一个组成部分。甲午战前，外资经营的公用事业共有5家，其中4家在上海，此外仅有1890年开办的天津煤气公司，且其资本额要少于上海4家中的任何一家。②

7. 铁路电报业。从19世纪40年代后期起，西方便多次策划在中国建造铁路，但是直到70年代才落实了一次投入运营的行动，也是甲午战前唯一的一次，即1876年在上海建成的吴淞铁路。③ 至于西方在中国设立电报的试探，则集中在上海和福建两处，其中在上海有3次活动，福建有2次。而电报首次接触到中国的土地，则是大北电报公司约在1873年擅自在吴淞口“设馆竖柱”，将海线牵引上岸。④

按照公认的说法，中国近代工业化起步时期的主体内容是洋务运动中举办的工业。而这种以江南为重心的空间背景，甚至在洋务运动最早着手的内容即军事工业中就有明显的体现。首先，在从1861年到

---

① 这部分内容主要依据汪敬虞编制的《十九世纪外国在华工厂明细表》，见其著：《十九世纪西方资本主义对中国的经济侵略》，327～331页。其中部分行业参考了徐新吾、黄汉民主编：《上海近代工业史》，18～21页，上海，上海社会科学院出版社，1998。

② 参见许涤新、吴承明主编：《中国资本主义发展史》第二卷，124～126页。

③ 参见严中平主编：《中国近代经济史（1840—1894）》，1315～1317页。

④ 参见夏东元：《洋务运动史》，217、221页。

1895 年间总共出现的 24 家军用工业中，江南一地就有 6 家，是国内最为集中的地区。[①] 其次，江南也是军工企业最早成型的地方，其标志是李鸿章在 1865 年成立江南制造总局和金陵机器局[②]，而另外两家大型企业即福州船政局和天津机器局，分别成立于 1866 年和 1867 年[③]。最后，在质的一面即经营规模和生产能力上，江南的优势地位更为明显。到 1895 年为止，江南制造总局、金陵机器局、金陵火药局和浙江机器局四家经费接近当时全部军工企业经费的 40%，同时仅江南制造总局一家的收入即超过全部军工收入的一半。[④]

不仅如此，江南之外的许多军工企业其实也与江南有着密切关联。在 1861 年开设的安庆内军械所中，业务工作的主持人就是金匮县的华蘅芳和无锡县的徐寿。[⑤] 在福州船政局的创办过程中，主持“延洋匠、雇华工、开艺局”等工作并参与制定规章制度的关键人物，乃是著名浙商胡光墉。[⑥] 天津机器局虽由崇厚于 1867 年创办，可是其形成生产规模是李鸿章接手之后的事情，而李鸿章于甫一接手就将江南制造总局督办、江苏江阴人沈保靖调任天津机器局主持人。[⑦] 并且，李鸿章还任用大批南方人到天津机器局，同时逐批解雇局中原有的旗人和北方汉人。[⑧] 左宗棠于 1869 年设立西安机器局时，主要从江南制造局和金陵机器局调募了一批熟练工人，而 1872 年成立的兰州机器局不仅沿

---

① 参见严中平主编：《中国近代经济史（1840—1894）》，1615 页。

② 参见上书，664 页。

③ 参见张国辉：《洋务运动与中国近代企业》，24 页。

④ 参见上书，67 页。

⑤ 参见中国史学会主编：《洋务运动》第 8 册，18 页。

⑥ 参见孔令仁主编：《中国近代企业的开拓者》下册，179 页，济南，山东人民出版社，1991。

⑦ 参见《筹议天津机器局片》，见《李文忠公全书·奏稿》卷 17，17 页，台北，文海出版社影印本，1980。

⑧ 参见夏东元：《洋务运动史》，126 页。

用了西安机器局西迁的设备，还新招募了一批来自宁波的工匠。[①] 1875 年，丁宝桢开设山东机器局主要依靠徐寿次子徐建寅[②]，嗣后丁宝桢又主要依靠来自山东机器局的技术力量来开设四川机器局[③]。1881 年，奏请设立吉林机器局的官员是奉命帮办东北防务、籍隶江苏吴县的吴大澂，无锡绅商李金镛则是筹备工作的主要负责人。[④] 另外，该局技术骨干大多是来自上海和宁波的熟练工人。[⑤]

至于以往更加重视同时也是洋务运动更重要的第二阶段，即洋务派在甲午战前以“求富”为目标而开办民用工业时期，江南的领先优势更要超过第一阶段。鉴于民用洋务工业大体上可以分为三个大类，即交通运输业、纺织业和采矿冶铁业，下面依此进行说明：

1. 交通运输业。该类中的主要内容包括两项，即航运和电报。至于甲午战前的铁路事业，因其到 1894 年仅建成 447 公里[⑥]，并未形成气候，故而可以忽略。众所周知，民用洋务工业起步于航运业，其标志是轮船招商局的创办，这也是第一家民用洋务企业。1872 年夏，李鸿章委托具有上海沙船业世家背景的朱其昂负责轮船招商局筹办事宜，又于同年底向朝廷奏请试办招商轮船，并得到了批准。[⑦] 1873 年 1 月 17 日，轮船招商局在上海洋泾浜南永安街正式开局。[⑧] 直至清亡，该局都是国内同业中最大的一家，并且是为数不多的经营状况较好的洋务企业之一。

虽然洋务派对电报业的筹划最早发生在福建和台湾，不过并未取

① 参见张国辉：《洋务运动与中国近代企业》，62 页。
② 参见中国史学会主编：《洋务运动》第 8 册，35 页。
③ 参见严中平主编：《中国近代经济史（1840—1894）》，1579 页。
④ 参见中国史学会主编：《洋务运动》第 4 册，393 页。
⑤ 参见严中平主编：《中国近代经济史（1840—1894）》，1579 页。
⑥ 参见上书，395 页。
⑦ 参见《试办招商轮船折》，见《李文忠公全书·奏稿》卷 20，32～33 页。
⑧ 参见张后铨主编：《招商局史（近代部分）》，34 页。

得成效。因此，中国电报业的真正开展，其实始于李鸿章。1880 年，李鸿章鉴于上年在大沽至天津试设 40 里电报有成，于是奏请架设津沪电线。① 该线自次年三月兴工，十月竣工，正线、支线共长约 3 000 里②，成为中国自行开办的第一条陆路电线。电报总局最初设在天津，上海只是 7 个分局中的一个，但随着业务迅速发展的需要，总局于 1883 年间即由天津迁往上海，此后上海一直是中国电报业的中心地。③ 并且，上海电报局是所有洋务企业中经营状况最好的一家。④

2. 纺织业。在这方面，最早出现的企业应该是左宗棠于 1875 年在兰州设立的机器织呢局，而其主要机器及部分工匠都是通过胡光墉在上海购募的。不过，该局一开工就困难重重，于 1884 年被裁撤。⑤ 因此，真正开始产生较大影响和实际效果的洋务纺织企业，应是上海机器织布局。该局早在 1876 年就开始筹办⑥，并于 1878 年正式成立⑦。尽管此后几经波折，该局终究还是在 1890 年实现了正常生产，并且销售额逐年上升。而张之洞开设的湖北织布官局直到 1893 年方才投产，且管理混乱，刚投产一年产品便大量积压。⑧

不幸的是，1893 年秋间的一场大火，使上海机器织布局几乎尽成灰烬。不过，上海的纺织业并未就此沉沦。因为盛宣怀立即在该局原址上开办了华盛纺织总厂，且于次年便开工生产。⑨ 并且，按照李鸿

---

① 参见中国史学会主编：《洋务运动》第 6 册，325～326、335～336 页。

② 参见《创办电线报销折》，见《李文忠公全书·奏稿》卷 44，22 页。

③ 参见丁日初主编：《上海近代经济史》第一卷，581～582 页，上海，上海人民出版社，1994。

④ 参见许涤新、吴承明主编：《中国资本主义发展史》第二卷，397 页。

⑤ 参见上书，393～395 页。

⑥ 参见《复沈幼丹制军》，见《李文忠公全书·朋僚函稿》卷 16，3 页。

⑦ 参见张国辉：《洋务运动与中国近代企业》，274 页。

⑧ 参见夏东元：《洋务运动史》，393～394、402 页。

⑨ 参见张国辉：《洋务运动与中国近代企业》，281～282 页。

章的计划，华盛纺织总厂欲设纱机 32 万锭、布机 4 000 张，远远超过同时湖北织布官局所定纱机 8 万锭、布机 1 000 张的规模。① 虽然华盛后来并没有完全达到李鸿章的设想，但是上海仍然成为中国纺织业最大的中心。

3. 采矿冶铁业。虽然有着地理条件的严重限制，江南仍然在这个行业扮演了举足轻重的角色，因为这个行业的绝大部分启动资金都依赖从上海市面上招徕股份。正如上海一家西报在 1883 年初针对此前社会资本流动的总趋势所归纳的那样，1882 年"自春徂冬，凡开矿公司如长乐、鹤峰、池州、金州、荆门、承德、徐州等处，一经禀准招商集股，无不争先恐后，数十万巨款，一旦可齐"。据时人估计，这一时期中各类洋务民用企业通过发售股票大约吸收到 300 万两的资本，而其中很大一部分投向了此时开设的许多厂矿企业。对此最有力的证明是，在 1883 年的金融风潮严重打击了上海市场上的投资热情后，许多厂矿企业的股票都形同废纸，最终导致这些企业被迫中止活动。②

在中国近代工业化的起步进程中，最后还应包括的一个有机成分是由民间资本开办的近代工业。这类工业虽然总体规模偏小，且主要偏向轻工业，但是其毕竟覆盖了不算太少的门类，并且表明中国社会已经开始在更广泛和更深入的范围内接受近代工业化，因此并不能将之忽略过去。而不出意料的是，这部分近代工业同样表现出了向江南倾斜的空间特征。顺便指出，由于民间开办的近代矿业大都打着洋务企业的旗号，所以下面的说明不再提及：

1. 船舶机器修造业。按照教科书的通行说法，中国民间工业以 1872 年华侨商人陈启沅在广东南海县设立继昌隆缫丝厂为起点。然而

---

① 参见《推广机器织局折》，见《李文忠公全书·奏稿》卷 78，10～12 页。

② 参见张国辉：《洋务运动与中国近代企业》，301～302、315 页。

有论者指出，在50、60年代，“上海地区原有的锻铁、冶铸、铜锡器以及造船手工业等，便有相当一部分与外国机器工业发生了业务联系，代制机器配件”，从而逐渐向近代机器工业转化。[①] 进入70年代后，具有更明显近代性质的这类企业在上海略有发展。其中，特别值得一提的是1874年在虹口出现的附属于轮船招商局的同茂铁厂。这家铁厂最初只能做些小的轮船修理工作，而到1876年，据英国驻上海领事称：“它的经理向我保证说，轮船的锅炉、小火轮的机器和锅炉，以及轮船的螺旋桨，确实都是在没有外国人的帮助下制成的。”[②] 据汪敬虞先生统计，1894年以前，上海的这类民间厂家共有29家。[③] 同一时期，国内其他地区只有寥寥几家。[④]

2. 纺织业。在这方面，继昌隆缫丝厂的确是第一家，并且珠江三角洲的民间缫丝业到1894年为止共出现过88家缫丝厂，从而率先成为中国缫丝业的一个中心区域。[⑤] 上海的民间缫丝厂出现得较晚，直到1882年才由浙江丝商兼买办黄佐卿创办了该处首家丝厂——公和永丝厂。不过该厂规模较大，初创时即有缫车100部，1892年更扩充到858部。[⑥] 尽管上海到1894年存在的丝厂仅有8家，但是广东88家丝厂的总资本额是163万余两，而上海8家丝厂的总资本为206万余两。[⑦] 另外，浙江在1895年以前亦开设了3家丝厂，并有1家建成投产。[⑧] 至于这个行业中的轧花业和棉纺织业，江南则占尽优势。1887

① 参见严中平主编：《中国近代经济史（1840—1894）》，1361页。

② 李必樟译编：《上海近代贸易经济发展概况——1854—1898年英国驻上海领事贸易报告汇编》，419页，上海，上海社会科学院出版社，1993。

③ 参见汪敬虞：《中国资本主义的发展和不发展》，325～326页。

④ 参见许涤新、吴承明主编：《中国资本主义发展史》第二卷，463页。

⑤ 参见上书，468页。

⑥ 参见严中平主编：《中国近代经济史（1840—1894）》，1430～1431页。

⑦ 参见许涤新、吴承明主编：《中国资本主义发展史》第二卷，470页。

⑧ 参见汪敬虞：《中国资本主义的发展和不发展》，327～328页。

年，中国第一家轧花厂即通久机器轧花局在宁波成立，资本 5 万两，购置了蒸汽动力设备。90 年代，国内又出现了 3 家机器轧花厂，全部位于上海。在棉纺织业方面，甲午战前国内仅有 2 家纱厂建成投产，它们也都是在上海开办的。①

3. 一般轻工业。除一些需要靠近原料产地的行业外，此类中开设 2 家企业以上的行业只有造纸、印刷、面粉加工、火柴、锯木和制药业，而上海拥有的种类最为齐全。在造纸业中，1882 年成立的上海机器造纸局为全国最早。在印刷业中，1882 年在上海开办的同文书局是同业中的首家，且全国 10 家纸厂中的 6 家位于上海，宁波和杭州亦各有 1 家。在面粉加工业中，首家企业虽是 1878 年在天津开办的贻来牟机器磨坊，但创办者却是轮船招商局的首位总办、上海船商朱其昂，且国内 8 家面粉厂中的 3 家在上海。在火柴制造业中，虽然广东在数量上要超过上海，但位于上海的燮昌火柴厂却是同业中最大的一家，其资本甚至大体相当于其他所有厂家的总和。在锯木业中，1878 年出现的上海锯木厂是国内同业中最早的一家。在制药业中，国内仅有的 2 家制药厂都在上海。②

4. 保险业。1875 年，轮船招商局总办唐廷枢和会办徐润在上海发起成立保险招商局之举为国人正式自办保险公司之始，并且得到了积极的响应。到次年 7 月间，申请入股数额已达 20 万两。③ 在此基础上，徐、唐等人复设仁和保险公司，共计招募股本 50 万两。1878 年，徐润等又创办济和水火险公司，招股 50 万两。④ 1886

① 参见许涤新、吴承明主编：《中国资本主义发展史》第二卷，474～476 页。

② 参见汪敬虞：《中国资本主义的发展和不发展》，334～335 页。部分行业参考了许涤新、吴承明主编：《中国资本主义发展史》第二卷，486 页。

③ 参见汪敬虞：《中国资本主义的发展与不发展》，361 页。

④ 参见中国史学会主编：《洋务运动》第 8 册，116～118 页。

年，仁和与济和合并为仁济和保险公司，成为当时中国最大的一家保险公司。①

5. 航运业。90年代以前，民间曾经多次出现创办轮船运输的尝试，这些尝试主要集中在华南和江南两处。尽管它们都因官方的阻挠而失败，但进入90年代之后，情况有所改变，而这种突破依然发生在这两个地方。1890年，在香港和上海同时出现了两个由华商创办的颇具规模的轮船公司，前者的资本为30万元，后者为20万两。同年，在汕头的一些华商开设了一个较小的轮船公司。1893年左右，上海又出现了一家民间轮船公司，不过资本未详。在甲午战前，它们是中国民间航运业仅有的企业。②

三　中国近代工业化通过江南的落实

根据上述这种空间背景可以发现，尽管李伯重所谓的“江南早期工业化”不能与中国近代工业化直接接轨，但是他的思路中至少有两个方面还是值得重视的：首先，在探讨中国近代工业化的起步进程时，的确无法绕过以江南这个地方空间为基准所提供的视角；其次，江南与中国近代工业化之间相对于国内其他地区的亲和力，当然意味着本土的内在活力并非不能构成一条颇具能动性的线索。可是，前文刚刚确认了位于宏观层次、具有外在性质的新生产力对中国近代工业化起步进程的重要性，这岂非陷入了自相矛盾吗？事实上，造成在外来冲击和内部因素尤其是内在活力之间各执一端的主要原因，很可能是过多地受到某些既定的认知方式的限制，而没有认真观察两者在具体社

① 参见汪敬虞：《中国资本主义的发展与不发展》，361～362页。

② 参见许涤新、吴承明主编：《中国资本主义发展史》第二卷，508～509页。

会情境下所遵从的实践逻辑。对此，只要我们仔细勘察一下近代工业化在中国初步实现本土化落实的实际过程，也就是新生产力开始切入中国社会经济基础结构产生作用和反作用的过程，即可得到有力的证明。

正如以往许多研究证明的那样，洋务运动中从国家层面出发、自上而下地创办近代企业的活动，标志着中国本土开始有意识地引进和接受作为一种经济机制的新生产力。不过，这种新生产力得到落实的过程，并不始于首先着手的洋务军事工业，因为这部分工业的“生产不是为了交换的目的”，“产品更不是社会所必需的物质资料”①，所以其与基础性的社会经济结构之间还有相当大的距离。只有到了以建设民用工业为核心的“求富”活动展开后，洋务运动所引进的新生产力才真正出现了力图实现社会化的进程。

在这个社会化进程之初，国家很可能就产生了通过江南与近代工业化的接轨来推进该进程的意识。这方面的一个显著表现是，当民用洋务工业开始启动即筹建轮船招商局时，李鸿章之所以选择出身上海沙船世家的朱其昂出任该局首任总办，显然存在从江南沙船业中为该局获取社会资源的意图。然而，这种把近代航运业嫁接到传统沙船业的努力并不成功。其中一个重要原因，很可能在于朱其昂还不是一个熟悉新生产力的买办化商人②，正如刘坤一指责的那样，“既于外洋情形不熟，又于贸易未谙，买船贵而运货少，用人滥而糜费多，遂至亏折”③。在他主持局务期间，轮船招商局不但招股极形寥落，且仅有轮船 4 只，开辟航线 2 条。④ 而这样的成绩当然不足以证明近代航运业

① 张国辉：《洋务运动与中国近代企业》，69 页。

② 参见张国辉：《洋务运动与中国近代企业》，144 页。

③ 《刘坤一遗集》第 2 册，601 页，北京，中华书局，1959。

④ 参见张后铨主编：《招商局史（近代部分）》，58、63 页。

的优越性，也就难怪大批旧式沙船主对于投资招商局的态度是“群起诧异，互相阻挠”，“竟至势同水火”①。由此可见，依靠传统商人来引进新生产力并非一条行得通的道路。

至于江南仍然成为相对成功地引进新生产力的地区，主要是因为当时江南另有一批人可以承担这种引进任务，那就是从19世纪60年代起就在上海相当活跃的广东买办群体。正如前辈学者指出的那样，近代买办商人是当时最熟悉新生产力的中国人士，并且最早拥有在中国兴办近代工业的知识和资本。② 由于较早接触西方而得风气之先，广东人不仅首先显示出胜任买办的能力，也是崛起最早、最具实力的买办群体。③ 于是，在依靠像朱其昂这样的旧式商人打不开局面的情况下，李鸿章等人迅速把目光转向了以唐廷枢、徐润为首的广东买办，从而使之进入了中国近代工业化进程的中心舞台。而广东买办随后在引进新生产力方面也的确取得了令人瞩目的成绩。其主要表现是，唐廷枢和徐润接替朱其昂入主轮船招商局后，整个局面即大为改观：他们接手后仅一年时间便招入股本40余万两，并使该局船舶拥有量年年稳定增长，到1877年已拥有各种船只29艘，总吨位达3万多吨，该年度的总收入亦达154万多两，此外还开辟了许多新的航线甚至是远洋航线。④

随着民用洋务企业扩展到煤矿业和纺织业，广东买办被大力借重的强势地位亦不断延伸。在煤矿业方面，这一时期进入实际操作阶段的官督商办煤矿共有3座，即1877年的安徽池州煤矿、1878年的直

① 《字林沪报》，1883-11-10，转引自张国辉：《洋务运动与中国近代企业》，146页。

② 参见许涤新、吴承明主编：《中国资本主义发展史》第二卷，第二章第四节；汪敬虞：《中国资本主义的发展和不发展》，81～100页。

③ 参见郝延平：《十九世纪的中国买办——东西间桥梁》，李荣昌等译，57页，上海，上海社会科学院出版社，1988。

④ 参见张后铨主编：《招商局史（近代部分）》，49、60、63页。

隶开平煤矿和1879年的湖北荆门煤矿。[①] 其中，池州煤矿的主要经营者杨德同样是一位广东买办[②]，开平煤矿的初期经营基本上由唐廷枢经理[③]。至于当时唯一一家纺织企业即上海机器织布局，虽然创议者彭汝琮并非广东人士，然而他的禀请会被李鸿章批准的重要原因，就是他提出由时为太古洋行买办的郑观应充任该局会办。[④] 因此可以说，广东买办在引进新生产力并使之产生示范性作用方面确实作出了最重要的贡献。

不过，广东买办的这种贡献，并不意味着近代工业化在江南得到了落实。也就是说，他们还不足以使新生产力在更深入和广泛的社会层面中被接受，也没有使中国经济实现传统与近代的衔接。首先，他们与中国传统经济的关联极少，而与西方渊源至深。这方面最明显的表现是，他们虽然在中外贸易中拥有举足轻重的地位，但是这种地位根本不能在其原籍即广东得到维持。这是因为，通过西方列强巩固下来的不平等条约制度，各国洋行纷纷在新辟口岸设立新的分支机构，随之“广东买办像食客一样跟着外商到各口岸去”[⑤]。前已述及，由于西方对中国的冲击很快集中在江南一带，中外贸易的中心在19世纪50年代以后便从广州转移到了上海。由此可见，大批广东买办之所以在江南出现，完全是其必须紧紧跟随西方的步调而行动的结果。

其次，尽管唐廷枢等人进入了民用洋务企业的经理层，然而他们对中国原有社会经济基础的影响并没有波及更大的范围。例如，唐廷枢和徐润接手轮船招商局后，虽然在招股方面颇有进展，但是这些股

① 参见夏东元：《洋务运动史》，252～253页。

② 参见张国辉：《洋务运动与中国近代企业》，211～212页。

③ 参见许涤新、吴承明主编：《中国资本主义发展史》第二卷，413～414页。

④ 参见夏东元：《洋务运动史》，389～390页。

⑤ 郝延平：《十九世纪的中国买办》，李荣昌等译，60页。

本基本上只能依靠他们自身以及与之联系密切的其他买办商人的投资。在他们首期招到的股本中，徐润一人即入股24万两，唐廷枢则不少于8万两。[①] 另外唐廷枢本人还承认，在其他许多投资者中，“其最初附股之人，固由廷枢招至，即后来买受者，廷枢亦大半相识”[②]。同时，徐润也“设法招徕各亲友”投入了大量股份。[③] 张国辉的分析表明，即使不能把凡与唐、徐交往的商人都看作买办，但买办资本在招商局这时的资本构成中无疑占据了压倒地位。[④] 在开平煤矿的招股活动中，情况亦复相同。唐廷枢起初计划招股80万两，实际只招到20余万两，而主要投资者仍然是唐廷枢和徐润以及与之联系密切的“港粤股商”[⑤]。

最后，江南社会对广东买办群体也采取了非常明显的排斥态度，特别是广东买办群体的社会地位急剧上升之后，这种态度更为强烈。70年代在上海频繁出现的嘲讽商人的“竹枝词”，其实主要就是针对广东买办而发。[⑥] 而1873年底发生在上海的名伶杨月楼偷情案，更是成为江南社会宣泄对广东买办敌对情绪的突破口。[⑦] 一位署名“赴粤宦客”的人士甚至在《申报》上发表了“香山既多寡廉鲜耻之人”的激烈人身攻击。[⑧] 尽管此人身份不明，但是与当时社会情势联系起来，仍然可以认为这里体现的是江南社会的基本立场。反过来说，寓沪广

---

① 参见张后铨主编：《招商局史（近代部分）》，50页。

② 《沪报》，1885-12-05，转引自汪敬虞：《唐廷枢研究》，178页，北京，中国社会科学出版社，1983。

③ 参见中国史学会主编：《洋务运动》第8册，176页。

④ 参见张国辉：《洋务运动与中国近代企业》，140页。

⑤ 同上书，203页。

⑥ 参见李长莉：《晚清上海社会的变迁：生活与伦理的近代化》，178、185页，天津，天津人民出版社，2002。

⑦ 参见易惠莉：《郑观应评传》，228页。

⑧ 《申报》，1874-01-19，转引自易惠莉：《郑观应评传》，229页。

东人士同样没有忽视自身的地方认同。对此，1872 年唐廷枢与徐润等人在上海设立广肇公所的举动是最好的证明。[①] 另外，针对江南社会的对立情绪，广东买办也强化了群体意识。1874 年，他们以“从前《申报》持论有不允当处，恐将来有偏袒不公”为由，创办了一份《汇报》[②]，并且与《申报》每每在与广东买办利益相关的问题上发生争论[③]。在这种情况下，江南社会显然没有多少兴趣加入广东买办进行的近代工业化建设。

或许有人会认为，广东买办主持的近代工业在江南遭到上述冷遇，不过是引进新生产力初期的应有之义，并不见得他们的努力就不能实现与中国传统经济的接轨。其理由是，到了 19 世纪 80 年代初期，在唐廷枢、徐润和郑观应等人仍然主持轮船招商局、开平煤矿和上海机器织布局等重要洋务企业的情况下，正如张国辉曾指出的那样，在官督商办的洋务企业步入初步兴盛阶段的同时，近代企业也普遍地赢得了社会上的信任[④]，从而形成了中国近代工业的第一个发展高潮。这难道不意味着新生产力开始在中国社会中得到落实了吗？可是，只要仔细分析一下这种发展势头的形成过程，就可以发现广东买办在其中并不能专美，而来自江南社会的一批绅商所作的贡献更大。特别是中国近代工业化经受 1883 年上海金融风潮的严重打击后，不仅原有的一些大型企业得以幸存下来并有所发展，而且创办新式企业的势头还扩散到了民间社会之中，更是在很大程度上依靠了江南绅商的这种贡献。

这批江南绅商的主要代表，也就是以往被视为最初向中国资产阶

① 参见易惠莉：《郑观应评传》，227 页。

② 参见《中西闻见录》，1874 年 6 月，转引自汪敬虞：《唐廷枢研究》，181 页。

③ 参见易惠莉：《郑观应评传》，230 页。

④ 参见张国辉：《洋务运动与中国近代企业》，295、302 页。

级转化的旧式上层商人代表李金镛、经元善和谢家福等人。[①] 他们都出身于江南士绅社会，在民用洋务工业开始建设的 19 世纪 70 年代以前，他们皆未留下与新生产力有过密切联系的痕迹，因此在最初引进新生产力的过程中亦没有崭露头角的机会。至于他们的社会知名度和社会地位开始迅速提高的机缘，也不是借助对近代工业化建设的参与，而是针对 70 年代中后期华北地区爆发空前惨烈的旱灾即“丁戊奇荒”所举办的义赈活动。在这次义赈活动中，他们表现出了极其强大的社会能量，尤其是开创了一套新颖而有效的募捐办法，在将近四年的时间中从极其广泛的社会范围内募集到了 100 多万两赈款。[②] 也正是由于这次义赈活动，他们开始有机会接触李鸿章和盛宣怀等洋务大员，并得到后者的赏识而产生了参与近代工业化的契机。[③]

可以肯定，李鸿章和盛宣怀等人最初赏识这批江南绅商的主要原因，与后者显示出来的强大社会集资能力有着莫大关系。并且，这批江南绅商一开始也的确是依靠集资活动为自身赢得了在近代工业化建设过程中不容忽视的地位。而他们能够在这方面取得成功，在很大程度上是因为其创造了一套具有本土化意味的办法，即把他们此前在义赈活动中形成的募捐办法应用于近代企业的招股活动。同时，由于这批江南绅商业已在救荒过程中赢得了极其广泛的社会信任，所以由他们来运用这套方法为近代企业筹集资金，显然就比其他社会群体更具优势。就后来的结果来看，正是他们成功地运用这套集资方法，才引

---

① 参见张国辉：《洋务运动与中国近代企业》，367～371 页。李金镛籍隶无锡，其个人情况可参见谢家福：《李金镛行状》，光绪年间刻本；经元善籍隶上虞，其个人情况可参见虞和平：《经元善集·前言》，武汉，华中师范大学出版社，1988；谢家福籍隶苏州，其个人情况可参见柯继承：《我国电报事业的开拓者——谢家福》，载《苏州杂志》，2002 (3)。

② 参见朱浒：《江南人在华北——从晚清义赈的兴起看地方史路径的空间局限》，载《近代史研究》，2005 (5)。

③ 参见虞和平：《经元善集·前言》。

发了向中国近代企业投资的第一次热潮，从而极大地拓展了中国近代工业化的资金来源。

从目前掌握的材料来看，最早在招商活动中运用这套集资方法的是李金镛。1878年9月间，盛宣怀向李鸿章举荐李金镛出任湖北开采煤铁总局总办，并得到了批准。① 而李金镛为该局所做的第一项重要工作，就是次年与盛宣怀共同制定《湖北荆门矿务招商章程》，并且试图以自己此前办理义赈的经历来取得江南社会的响应：

> 前经宣怀据实禀奉南北洋大臣、湖广督抚宪批准招商试办，并蒙札委金镛总办局务，在沪纠集股分，会商筹办。窃维东南士民莫不急公好义，前金镛经办三省助赈数十万金，尚蒙信任。此次矿务，实为中国富强之基，试办有效，获益全局，想官绅商富同抱公忠，必能众力相扶，乐观厥成。②

这份章程最后还声明："开办以前，陆续收集股分。开办以后，各项支用款目及煤吨收销各数，悉照办赈章程，随时录数刊登《申报》，以供众览，俾得周知。"就此而言，李金镛在这里几乎原封不动地借鉴了义赈的某些募捐手法。

不过，李金镛的此次招股活动并未取得显著成效。其主要原因很可能是义赈此时仍处于繁忙阶段，同时谢家福、经元善以及其他许多江南绅商又在义赈活动中承担着重要事务，也就无暇给他多少帮助。而到了1880年中期，即从1877年兴起的大规模义赈活动终于暂时告一段落之后，当这套方法再次被用来筹集近代企业资金的时候，就与1879年的情况完全不同了。只不过，这一次招股活动的发起人和

---

① 参见《湖北开采煤铁总局、荆门矿务总局——盛宣怀档案资料选辑之二》，340～341页，上海，上海人民出版社，1981。

② 同上书，415～418页。

相关企业已非李金镛和荆门矿务总局，而是经元善和上海机器织布局。

虽然经元善主持的这次招股活动非常著名，然而以往研究都未能充分揭示的是，其使用的招股方法同样来自义赈的募捐实践。尽管没有在章程中公开声明“悉照办赈章程”，但经元善本人明确承认，此次做法正建立在筹赈活动的基础上：“即以筹赈平实宗旨，变而通之，凡所招股本、户名、银数及收款存放何庄，每月清单布告大众。”① 同时，义赈之外的人士也对这种渊源有清楚的认识，如当时织布局的官方代表戴恒和龚寿图之所以对经元善不满，一个重要原因便是他们认为“商务非办赈，收款何必登报”②。另外，其他许多因义赈而结成的同人关系亦为经元善的招股活动提供了很大的帮助。能够反映这一点的主要事实是，正如虞和平先生指出的那样，在当时设立的、分布于国内外 36 个城镇的织布局股份代收处中，许多地点的股金接收人正是先前该地义赈收捐处的主持人。③

关于经元善此次招股活动的成功程度，只需指出其中一个方面就足够了。那就是，仅在织布局招商章程公布后不到一个月，社会上的认股金额便达 30 万两，后又增至 50 万两④，甚至还出现了“尚有退还不收”的情形，远远超过了原定 40 万两的计划。⑤ 那么，此次招股成功又意味着什么呢？显然，为织布局募集足够的经营资金只是次要问题，更重要的是，这次成功标志着中国近代企业的投资状况进入了一个新阶段。其实，经元善本人已经意识到了这种转变的发生。他在

①② 虞和平编：《经元善集》，286 页。

③ 参见虞和平：《经元善集·前言》。关于这方面的具体情况，可以比较该书中所收的《上海详报晋赈捐数并经募善士禀》（36～38 页）和《江苏上海机器织布局启》（297～298 页）两文。从中可以看出，两者所列的代收处地址和主持人大多相同。

④ 参见张国辉：《洋务运动与中国近代企业》，276 页。

⑤ 参见虞和平编：《经元善集》，287 页。

比较唐廷枢、徐润与自己的企业集资方法时曾说："溯招商、开平股份，皆唐、徐诸公因友及友，辗转邀集。今之登报招徕、自愿送入者，从此次始。"[①] 对于这种转变的意义，张国辉认为，这反映出近代企业投资"开始突破商帮亲友的狭隘范围，扩大到以全国主要商业城市的商人作为争取对象"[②]。也就是说，从这时起，中国近代工业化所需的社会资金已不再仅仅依靠买办资本，而能够从传统经济中吸取养分了。

其后的事实表明，上海机器织布局此次成功招股应该说是中国首次近代企业投资热潮的起点。首先，正是在此之后，这个投资热潮才开始出现。例如，轮船招商局和开平煤矿都迅速扭转了其在 1880 年以前集资困难的局面。前者完成第一次招股 100 万两的计划用了 8 年时间，而第二次招股 100 万两的目标仅用 1 个年度就实现了[③]；后者亦在 1 个年度中便使自身资本总额从 30 万两增长到 100 万两[④]。并且，两者的股票价格在此期间也大幅上扬：到 1882 年初，轮船招商局股票已涨至 220 两（票面额为 100 两），开平煤矿则为 170 两（票面额为 100 两）。[⑤] 至于其他企业在这一时期的集资情况，当时《申报》曾报道："现在沪上股分风气大开，每一新公司起，千百人争购之，以得股为幸。"[⑥] 其次，上海机器织布局招股的成功表明，江南绅商使用的这套集资方法率先为近代企业投资赢得了社会信任。与轮船招商局和开平煤矿在部分上借助实际经营业绩来强化社会投资信心的状况不同[⑦]，织布

① 参见虞和平编：《经元善集》，287 页。
② 张国辉：《洋务运动与中国近代企业》，368～369 页。
③ 参见张后铨主编：《招商局史（近代部分）》，49～50 页。
④ 参见许涤新、吴承明主编：《中国资本主义发展史》第二卷，418 页。
⑤ 参见《申报》，1882-02-02，转引自张国辉：《洋务运动与中国近代企业》，301 页。
⑥ 《申报》，1882-08-12，转引自张国辉：《洋务运动与中国近代企业》，300 页。
⑦ 参见张国辉：《洋务运动与中国近代企业》，293 页。

局在没有任何业绩的条件下，却先一步取得了招股的成功。不仅如此，1882 年电报局成功招商时，该局也只是刚刚投入运营，并没有显示出多少绩效。[①] 可以说，当时其他许多没有实绩的企业能够得到不错的集资结果，与搭上这套招股方法的便车有着很大的关系。因此，经元善将织布局招股的成功称为“商务联群机缄，以将萌芽勃发”[②]，并非夸大其辞。

这些江南绅商通过招股活动而在近代企业中站稳脚跟的同时，也迅速掌握了新生产力的运行机制，从而为近代企业建设提供了一批更具本土背景的经营人才。本来，李金镛、经元善和谢家福等人在参与中国近代工业化之前并没有多么显赫的经济背景。根据现有资料，李金镛仅仅有过“少为贾”的经历，经元善的产业不过是一家钱庄，谢家福甚至连与“江南早期工业化”相关的联系都不曾出现。而进入近代企业的建设进程后，他们不仅很快熟悉了这个领域，而且其表现出来的经营才能以及做出的实绩，绝不亚于唐廷枢等广东买办商人。例如，正是通过李金镛的努力，近代中国规模最大、成效最好的一家金属矿即漠河金矿才得以建成并实现了正常运营[③]；经元善从 1881 年起总理上海电报局事务，直到 1900 年因通电反对“己亥立储”而被迫逃亡前，始终在电报局的发展中起着主要作用，该局也一直是洋务企业中经营得最成功、效益最好的一家[④]；谢家福除在创办电报事业上多有贡献外[⑤]，还从 1885 年起成为轮船招商局的主要经理人[⑥]，成为不能长期驻局的盛宣怀最倚重的人物，盛宣怀于 1891 甚至还希望由谢家

① 参见严中平主编：《中国近代经济史（1840—1894）》，1467 页。

② 虞和平编：《经元善集》，287 页。

③ 参见贾熟村：《创办漠河金矿的李金镛》，载《江海学刊》，1998（5）。

④ 参见虞和平：《经元善集·前言》。

⑤ 参见《奏保谢家福片》，见《李文忠公全书·奏稿》卷 54，54 页。

⑥ 参见《申报》第 29 册，765 页，1886-11-02，上海，上海书店影印本，1982。

福出任该局“商总”一职[1]。

在这些江南绅商成长为近代企业经营人才的同时，他们亦逐渐完成了从传统士绅或商人向近代绅商的社会身份转化。应该承认，对于这种转化的性质和意义，以往的研究在事实上已经有所涉及，如张国辉关于中国资产阶级的来源分析[2]，以及马敏对近代绅商所做的类型划分[3]。不过，他们由于只注重了这个新兴阶层的基本构成状况，而没有仔细探察不同社会群体融入该阶层的具体过程，从而未能全面揭示这种转化的意涵。而其中最关键的一点，就是这种转化对于新生的近代绅商阶层所起到的巨大巩固作用。

从张国辉的研究中可以看出，到 19 世纪 70 年代末为止，近代绅商阶层的主要来源只有洋务派官员和广东买办商人两个社会群体。[4]由于这一时期官员出身的洋务企业经营者大都没有成为合格的近代经营人才，所以其时近代绅商的中坚力量应属近代企业中的广东买办群体。然而，由于这个群体的代表人物即唐廷枢、徐润和郑观应等人都在 1883 年上海金融风潮中遭到了致命的打击，所以他们不仅迅速失去了在近代企业中的主导地位，在政治上也彻底失势，社会信誉亦一落千丈。[5] 对于近代绅商阶层来说，这显然危及它刚刚在中国社会中赢得的社会地位。幸运的是，从 80 年代初才大批进入近代企业的这些江南绅商，不仅在金融风潮来临前基本完成了向近代绅商的转化，而且受这场风潮的影响也远较广东买办绅商为小，并且在不少领域中填补

---

① 参见《轮船招商局——盛宣怀档案资料选辑之八》，340～341 页，上海，上海人民出版社，2002。

② 参见张国辉：《洋务运动与中国近代企业》第六章第一节。

③ 参见马敏：《官商之间——社会剧变中的近代绅商》第三章，武汉，华中师范大学出版社重刊本，2003。

④ 参见张国辉：《洋务运动与中国近代企业》第六章第一节。

⑤ 参见易惠莉：《郑观应评传》，353～354 页。

了因后者的退出而造成的空白。这样一来，这些江南绅商的作用就不仅仅是扩大了近代绅商队伍，而且使其已有的社会地位和影响没有因广东买办绅商的下沉而萎缩，从而极大地巩固了这个阶层继续发展的基础。

值得注意的是，正是在这批江南绅商参与近代企业的建设之后，江南传统经济才真正出现了与近代工业化接轨的势头。在这方面，扬州著名盐商李培松应是第一个例子。1880 年间，在郑观应和经元善的劝说下，他和宁波富商蔡鸿仪一起加入了上海机器织布局主要投资人的行列。[①] 此后李培松又在电报局、内河航运公司和徐州利国驿煤铁矿中都表现得相当活跃。而恰恰又继李培松和蔡鸿仪投资织布局后，甚至包括具有买办背景的江南商人才开始创办近代企业。例如，1882 年，浙江丝商兼买办黄佐卿在上海开办了公和永丝厂[②]；同年，另一位具有买办经历的浙江商人叶澄衷进行了创办私人轮船公司的尝试[③]；1886 年，以盐业起家的宁波帮开山鼻祖严信厚在宁波创设国内首家机器轧花厂即通久源轧花厂[④]。这样一来，江南与近代工业化之间的隔膜状态就被彻底打破了。

最后，不仅中国近代工业化进程是在江南落实后才向国内其他地区展开的，甚至这个展开过程在相当程度上也借助了江南绅商们的努力。在这方面，最明显的例子出现在湖北和东北。正如有人指出的那样，荆门矿务总局实为湖北近代工矿企业的滥觞。[⑤] 虽然该局督办是

---

① 参见张国辉：《洋务运动与中国近代企业》，276 页。

② 参见许涤新、吴承明主编：《中国资本主义发展史》第二卷，463 页。

③ 参见《交通史航政编》第 1 册，222 页，转引自孔令仁主编：《中国近代企业的开拓者》，上册，129 页。

④ 参见孔令仁主编：《中国近代企业的开拓者》上册，366 页。

⑤ 参见陈建林：《荆门地区近代工矿文明的滥觞——简论荆门矿务总局的历史地位》，载《攀枝花大学学报》，2000 (6)。

盛宣怀，但是从该局设立到停撤期间，他实际上并未亲驻湖北，而是由一位苏州绅士、从1876年就随同李金镛办理赈务的金德鸿（名少愚）在当地主持局务。[①] 至于东北地区，则如一些研究表明的那样，李金镛创办的漠河金矿正是东北近代工业化的起步点之一。[②] 而由于漠河金矿的良好示范作用，黑龙江北部其他许多金矿也相继得到了开发[③]，从而强化了东北地区的近代工业化进程。

本文的论述表明，出现在中国近代工业化发生问题上的“内发”与“外源”之争，其实都存在偏颇之处。就“外源论”而言，它虽然正确地指出了出现在中国的新生产力的外发性质，及其依托西方冲击而来的宏观态势，却忽视了从内部视角观察中国怎样接受这种新生产力及其地区发展不平衡的一面。就“内发论”而言，它又过度拘泥于内部视角，在一个新陈代谢的过程中仅仅强调了“渐变”和似乎“不变”的一面，甚至还把内部视角化约为地方视角，把发生在民族国家层面的问题化约为地方性问题。因此，对于中国近代工业化的起步进程来说，这两种观点都只具有部分的合理性。而只要我们抛开既定认知方式的制约，就可以发现它们各自的合理性之间并不存在一种对立关系。这是因为，这个起步进程本来就是一个由冲击与回应、传统与近代、内因与外因、宏观与微观等一系列二元关系发生复杂互动和交汇的过程。一方面，我们当然不能否认以新生产力为核心的近代工业化是随着西方对中国的冲击而来的，然而这种冲击毕竟不能摆脱中国

---

① 参见《湖北开采煤铁总局、荆门矿务总局——盛宣怀档案资料选辑之二》，456页。有关金德鸿早先跟随李金镛办赈的情况，可参见《申报》第12册，273页，1878-03-28。

② 参见衣保中、林莎：《论近代东北地区的工业化进程》，载《东北亚论坛》，2001（4）；葛玉红：《东北近代工业的形成与发展》，载《辽宁大学学报》，1999（1）。

③ 参见孔令仁主编：《中国近代企业的开拓者》上册，307页。

传统经济结构所给定的条件，因此才出现了试图以江南为主要突破口的倾向；另一方面，中国确实也不是在一片空白的基础上作出对西方冲击的回应或者仅仅是消极回应，否则就无法解释传统经济最发达的江南表现出了相对其他地区更为成功地引进和接受近代工业化的能力。总之，这两个方面的综合才是中国近代工业化的起步进程所遵循的实践逻辑，才是该进程中内因与外因之间的实践辩证关系。

从空间角度看近代中国城市体系的变迁

行 龙*

注重空间概念的地理学家视城市化为一种地理景观，20 世纪以来，从伯吉斯（E. W. Burgess）的同心圆学说，霍伊特（H. Hoyt）的扇形学说，哈里斯（C. D. Harris）、乌尔曼（E. L. Ullman）的多核心学说，埃里克森（E. G. Ericksen）的折衷学说，一直到日本学者木内信藏的三地带学说，有关城市体系的理论学说可谓五彩纷呈①，但对中国城市研究影响最大者乃是德国地理学家克利斯泰勒（W. Christaller）的中心地学说（Central Place Theory）。施坚雅先生对晚清城市的研究正是以中心地学说为基本理论框架，他大胆突破传统的以行政区划界定区域的框框，采取山脉水系走向、人口密度等综合标准将晚清城市体系划分为九大区域，认为“在各个区域中都发展起了一个相当分立的城市系统，即形成了一个城市间贸易聚集于此，而其城乡之间的贸易则又以该区域为范围——遍及但不超越这个区域——的城市群”②。施坚雅先生对晚清城市研究的贡献是足可称道的，以“独辟蹊径，颇有建树”③ 誉之也不为过，然在我看来，过分地强

---

* 行龙，山西大学教授。

① 参见于洪俊、宁越敏：《城市地理概论》，166～173 页，合肥，安徽科学技术出版社，1983。

② 施坚雅：《十九世纪中国的区域城市化》，见《国外中国学研究译丛》第 2 辑，5 页，西宁，青海人民出版社，1988。

③ 施坚雅：《中国封建社会晚期城市研究》，李洵、赵毅代序，3 页，长春，吉林教育出版社，1991。

调这种理论的模式构筑在一定程度上又不免削弱其科学性，因为中心地学说是建立在许多规定的假设条件之上，并在对德国南部地区“均质平原”的地理景观的实证研究基础上提出的抽象理论，将其引用到中国问题的研究上难免有削足适履之感，如以六边形图式的市场区解释中国的市场结构即不适合。美国两位经济史学家桑德斯（Sands）和迈尔斯（Myers）20 世纪 80 年代中期即在《亚洲研究期刊》撰文，对施氏理论发起挑战，他们列举水利、人口密度、农户百分比等六个变项进行比较验证，进而得出施坚雅宏观区域划分理论经不起实证材料考验的结论。[①] 人类学家王铭铭先生也对施氏的理论提出“批评”：“施坚雅理论弱点之根源，不在于他对中国社会的考察不够全面，而在于他在中国研究中简单化地套用了西方经济地理学理论。从而，我认为，施坚雅忽视了一个值得我们加以认真思考的大问题：西方理性经济人的概念是否适用于传统中国这个非西方、非资本主义社会？”[②] 我以为，施坚雅模式的贡献和缺失一样是显见的，苛责其缺失与一味模仿其理论同样都是不可取的。研究晚清以来的中国城市体系，应当将城市体系纳入整个半殖民地半封建社会的变迁过程中，探讨其“变”在何处，变迁程度如何。本文就是在施坚雅等人研究基础上，从空间角度对近代中国城市体系变迁的审视。

一　传统城市体系的变动

所谓城市体系即指一个国家或地区一组城市的集合，这种集合又不是平行的城市堆积，而是等级分明的垂直立体结构。年鉴派大师布

---

① Barbara Sands and Ramon Myers, 1986, “The spatial approach to Chinese history,” *Journal of Asian Studies*, 45: 721-743.

② 王铭铭：《社会人类学与中国研究》，115 页，北京，三联书店，1997。

罗代尔强调“一座城市总是一座城市”——每个城市都有其共同的特性，“城市之间都有等级关系”——任何城市都不能独立存在：

尽管每个城市各有特点，它们必定要说同一种基本的语言：与农村不断进行对话这是日常生活第一位的需要；取得人力补充（这与水对于磨坊一样同样不可缺少）；表现自命不凡，力求与众不同；必定处于范围大小不等的网络中心；与城郊和其他城市保持联系。没有其他城市相伴，任何城市都不能独立存在。一些城市是主人，另一些是仆人，甚至奴隶。它们相互维系，有尊卑之分，这在欧洲、中国和其他地方都是如此。[①]

布罗代尔同时谈到了中国传统的城市体系：

在中国，城市的级别体现在地名后头的缀词上：“府”是一等城市，“州”是二等城市，“县”属三等，这还不算在贫困省份为“遏制常思反叛的半开化民族”而设立的雏型城市。[②]

现代考古学的研究已证明，中国城市的起源最早可以追溯到原始社会末期，而城市体系的产生则在奴隶社会末期。有研究者认为，周代王城、诸侯城、卿大夫都三级城邑网的形成，“可视为我国从历史上一直延续下来的以政治为中心，从上而下的等级规模关系的张本”[③]。秦汉封建制度的形成，同时标志着中国传统城市体系的形成。秦灭六国初，设36郡，800～900个县，西汉末凡郡国103，县邑1 314，道32，侯国241[④]，各级城市已达1 690个，奠定了中国以行政为中心的

① 布罗代尔：《15至18世纪的物质文明、经济和资本主义》第一卷，顾良、施康强译，570页，北京，三联书店，1996。

② 同上书，573页。

③ 顾朝林：《中国城镇体系——历史、现状、展望》，25页，北京，商务印书馆，1992。

④ 参见《汉书·地理志》。

城市体系主体。在此后长期的封建社会历史中，尽管王朝更迭频繁，政区变换多端，然城市体系却垂两千年而无大变。以行政为中心的城市体系最大的特征就是城市的政治功能十分突出。中国古代城市的规模和地位，往往首先是由其政治地位所决定：鸦片战争前，人口规模在百万左右的南京、开封、洛阳、杭州、北京毫无例外地都是国家权力的区域性乃至全国中心，而远离政治中心、仅仅依靠商业和经济发展起来的大城市却极为少见。“许多研究古代城市的论著给我们一种印象：古代的城市主要是上层建筑的中心，而经济基础的重心不在城市，在乡村。政治上城市统治乡村，经济上城市依赖乡村。古代的城市序列，基本上是以行政权力划分的上下垂直等级序列，依不同功能划分的水平序列并不明显。”① 清代的城市体系仍然以行政为中心，罗兹曼在《中国的现代化》中强调指出：

> 最重要的是，从都市的高墙可以感觉到帝国政权象征性的存在。19 世纪初，拥有 3 000 或 3 000 以上居民的城市将近 100 个，其中至少 80%是县政府所在地，人口 1 万以上的城市将近一半是府治，有些还是省府的所在地。在大多数情况下，城墙不能包容所有的集市、货店及其居民，但这些庄严的城墙，却体现了政府权威的尊严。为了强化这一印象，官府和用于其他国事的宏大的院落、特殊的庙宇，在广大的帝国之内，使城市的作用犹如矗立着的纪念碑，随时提醒平民百姓，使之产生一整套的联想，即强调秩序与天下其他部分的相互协调作用。②

值得引起我们重视的是，中国封建专制统治的基本行政单位是县

① 章开沅、罗福惠主编：《比较中的审视：中国早期现代化研究》，4 页，杭州，浙江人民出版社，1993。

② 吉尔伯特·罗兹曼主编：《中国的现代化》，209 页，上海，上海人民出版社，1989。

级政权，而县级城市在传统城市体系中数量上也占绝对优势，按照施坚雅的看法，“整个帝国历史上县级单位的数量是非常稳定的”[①]。如果这一说法不误的话，清代，尤其是鸦片战争以来新增设的县城就格外引人注目，清代在明代基础上共新设县城 208 个，占清代县城总数的近 1/6，东三省、新疆、台湾第一次由中央政府设置各级行政机构，三处新设县城即占 208 个县城的一半以上，承德、唐山、本溪、丹东、辽阳、营口、大连、赤峰、长春、吉林、延吉、浑江、白城、齐齐哈尔、佳木斯、海拉尔、满洲里、乌鲁木齐、伊宁、哈密、青岛、烟台、汕头、湛江、安顺、个旧等 26 个城市均发祥于清代，尤其是在清代得到进一步发展。民国以后，又有石家庄、包头、集宁、鞍山、阜新、通化、四平、通辽、牡丹江、宝鸡、株洲、蚌埠等 12 个城市得以崛起。[②] 这些近代新兴城市至抗日战争前均具有相当的人口规模，其中多数在数万人口之间，多者达数十万。与此形成明显对比的是，内地许多以行政为中心的传统城市在近代却处于相对停滞和衰落的境况，顾朝林先生曾作《1843—1949 年间中国主要城市人口累计增长统计表》，从中可以看出，就人口增长幅度而言，成都、保定、南昌、赣州、北京、安庆、吉安等 24 个城市属“停滞型”，潮州、佛山、泉州、苏州、景德镇、西安、淮阴等 7 个城市属“衰落型”。[③] “主要城市”，或曰大中城市如此，等而下之的县城级城市中此类处于停滞、衰落的当不会在少数，兹不赘举。总之，中国传统的以行政为中心的城市体系在近代遇到了新的挑战，一面是新兴城市的崛起，一面是传

---

① 施坚雅认为，就各个朝代兴盛期所用的大约数字来看，汉朝有 1 180 个，隋朝有 1 255 个，唐朝为 1 235 个，宋朝为 1 230 个，元朝为 1 115 个，明朝为 1 385 个，清朝为 1 360 个。（参见施坚雅：《中国封建社会晚期城市研究》，40 页）

② 参见胡焕庸、张善余：《中国人口地理》上册，251 页，上海，华东师范大学出版社，1984。

③ 参见顾朝林：《中国城镇体系——历史、现状、展望》，154～157 页。

统城市的滞落，传统城市体系的变动正体现在崛起和滞落的历史过程之中。

中国传统城市体系除以行政为中心的省、府、州、县序列外，还有一种就是运河城市。如果说，明清以来，以行政为中心的城市是以首都北京为核心呈四周放射状的话，运河城市则是以北京为北端贯穿南北的大动脉。自吴王夫差开凿邗沟，中经隋炀帝时开挖通济渠和永济渠，元代科学家郭守敬主持下开凿通惠河而使大运河“变弦为弓”，明清以来大运河“南粮北运”的功能已发挥得淋漓尽致。“大通桥上望漕粮”，运河北端起自首都北京，经天津、河北、山东、江苏、浙江四省二市蜿蜒直达杭州，横贯海河、黄河、淮河、长江和钱塘江五大水系，全长 1 700 多公里。由于中国的河流大多为东西走向，自北而南的运河就成为沟通南北经济和文化交流的大动脉。元、明、清以来，东南地区成为全国最重要的“财赋之邦”已成定势，而燕山脚下的北京则是全国政治文化的中心，由是航运大畅的大运河愈益繁忙，沿岸城市也极一时的繁盛，《明史·食货志》云：“淮安、济宁、东昌、临清、德州、直沽，商贩所聚。今都北京，百货倍往时。”王士性抽绎的“天下马头，物所出所聚处”即有“苏、杭之币，淮阴之粮，维扬之盐，临清、济宁之货，徐州之车赢，京师城隍、灯市之骨董”[①] 8 处，均在沿运河一线。让我们以最简单的笔墨勾勒一下运河沿岸主要城市的繁盛景象与人口状况：

运河漕运的北终点是北京东面门户——通州，通州取名“漕运通济”，可见它与运河的密切关系。清人吴锡麒谓“国家岁转漕数百万，咸会于此”[②]。俄国使团在 17 世纪末路经此城，描述“通州城很大，人

① 王士性：《广志绎》卷 1。

② 吴锡麒：《南归记》，见《小方壶舆地丛钞》第五帙。

口众多，店铺鳞次栉比，因为这里是通江苏省及日本和朝鲜商路的起点，河上舟楫云集”①。傅崇兰先生推算清代后期通州总人数4万余。②

天津原为“海滨荒地”，运河开通后，南运河与北运河汇合于此，天津顿成海运和河运的重要交通枢纽，雍正九年升州为府，置天津县为府治。乾隆初，海禁解除，由天津去奉天贩运米谷的船只大增，方志载：“初岁运牛庄米豆七千二百石。嗣益锦、宁、广、益四州县，视前几加三倍。”③ 天津不仅成为北方工商业发达的城市，且发展成为华北地区的粮食集散中心，据1846年刊行的《津门保甲图说》统计，城内与各城关合计32 722户，人口198 716。④

德州也是因运河而兴起的城市。洪武初年，德州城址从远离运河的陵县迁到运河沿岸，此后修建粮仓，大批储存粮食，“靖难之役”中成为建文帝与朱棣必争之地。明清五百年间，德州与淮安、徐州、临清一样是大运河沿岸的四大名仓之一，并称“南北咽喉”。估计1837年德州已有人口16万之众。⑤

临清也是明初从离运河尚有数里的旧治迁至运河北岸的城市，此城位居会通河和卫河交汇处，由是“两水交渠，千樯云集，关察五方之客，闸通七省之漕”，时称“南北襟喉扼要之地”⑥。明景泰以后，又以济宁左卫为临清卫治此，“于是薄海内外，舟航之所毕由，开府分曹达官要人之所递临，而兵民杂集，商贾萃止，骈樯列肆，云蒸雾滃，而其地遂为南北要冲，岿然一重镇矣”⑦。估计1820年临清已是拥有

---

① 《俄国使团使华笔记（1692—1695）》，97页，北京，商务印书馆，1980。

② 参见傅崇兰：《中国运河城市发展史》，170页，成都，四川人民出版社，1985。

③ 《（重修）天津府志》卷33，《榷税》。

④ 参见道光《津门保甲图说》。

⑤ 参见傅崇兰：《中国运河城市发展史》，180页。

⑥ 《大清一统志》。

⑦ 民国《临清县志》第十一册。

32 万人之众的城市。①

济宁位于济州河南端，秦治县，魏治郡，元治路，明又改路为府，清升为直隶州。明洪武始，由于水源条件的改善而漕运大盛，每年有江淮四百万石漕粮，一万一千多艘漕船，通过济宁北上。清康熙年间，城内旧有街衢 45 条，城外 43 条，至道光年间，城内新增街衢 62 条，城外新增 140 条②，乾隆时已是“百物聚处，客商往来，南北通衢，不分昼夜”③ 的繁华都市。估计明万历时城市人口 8 240，清乾隆后期增长到 104 790。④

淮阴市的前身——清江浦，原为淮安城西淮河南岸的一条支流名，永乐初于附近设造船厂，专造南直隶、浙江、江西、湖广各省运船，成化时在清江闸置东西两坎，漕船由此可车盘入河，清江闸附近遂成为交通要津，清代江南河道总督久治于此，乾隆后又为清河县治，一时“舟车鳞集，冠盖喧阗，两河市肆栉比，数十里不绝”⑤。据方志记载，咸丰初年有户 3 万余家⑥，估计人口有 15 万。

“广陵繁华今倍昔”，乾隆南巡至扬州留下的这一赞叹道出了清代扬州的今胜于昔。虽然扬州自隋唐以来就是一个因盐业而著称的繁盛都市，但就其从筑城就与大运河有关来讲，明清南北大运河的畅通对其进一步繁盛乃有推波助澜的作用。扬州西濒运河，东临大海，尤富渔盐之利，明清盐税在国家岁入中所占比例很大，又有“扬州繁华以盐盛”的说法。志曰：“其煮盐之场较多，食盐之口较重，销费之量较

---

① 参见民国《临清县志》第十一册。
② 参见邹逸麟主编：《黄淮海平原历史地理》，375 页，合肥，安徽教育出版社，1993。
③ 乾隆《济宁直隶州志》卷 1。
④ 参见傅崇兰：《中国运河城市发展史》，195 页。
⑤ 乾隆《淮安府志》卷 5。
⑥ 参见咸丰《清河县志》卷 3。

广，故曰利最夥也。”乾隆时，扬州城“四方豪商大贾，鳞集麇至。侨寄户居者，不下数十万”①。傅崇兰先生具体估计万历年间扬州城有2万人，康熙年间为2.4万人，嘉庆年间增加到7.5万人②，似属低估。

苏州自隋朝得名，也因隋代江南大运河而日趋繁盛，隋大业六年开凿京口至余杭运河，苏州遂成为南北运河与娄江（今浏河）的交汇处，具备了内河航运和海上交通的便利条件。清中叶有“语其繁华，都门不逮”③之语，至于户口，则“郡城之户，十万烟火。郊外人民，合之州邑，何啻百万”④。清中叶苏州的繁华程度也许超过了都城北京，但人口百万则显有夸张，傅崇兰先生估计1820年苏州有人口50万多一点。⑤

大运河最南端的杭州，曾为吴越古都和南宋都城，其兴衰变迁也与运河息息相关。傅先生讲到，杭州城址选择在前，而江南运河开挖在后，说明城址选择与运河无关，然唐宋时期杭州城内水系的形成以及自元末开始把凤凰山割在城外，并延续明清两代的杭州城址与规模，却与运河有关。宋元以来，杭州已成为著名的三大丝织业中心之一，康熙时，杭州城已是“广袤四十里”的东南重镇，若据乾隆府志所载钱塘、仁和两县市民数推算，此时杭州城市人口有14万余。⑥

除以上九个主要城市外，运河沿岸尚有许多中小城镇在明清之间也呈繁荣趋势，杨正泰先生曾总结道：

① 乾隆《淮安府志》卷13，《盐法》。

② 参见傅崇兰：《中国运河城市发展史》，212页。

③ 孙嘉淦：《南游记》卷1。

④ 沈寓：《治苏》，见贺长龄、魏源编：《清经世文编》卷33。

⑤ 参见傅崇兰：《中国运河城市发展史》，220页。

⑥ 参见上书，227页。

> 一般说来，明永乐至清中叶，运河城镇的发展条件未发生重大变化。变迁的总趋势，是兴起和繁荣，具体表现是：经济萧条能较快复苏；战争破坏能较快复元；河道决溢能较快修治，凋敝时间不长。虽有个别城镇因运道废弃而衰落（如沛县），但新运道沿线立即有城镇（如夏镇）代之而起。位于漕、盐转运路线两侧的城镇，始终保持着繁荣。①

鸦片战争之后，中国步入半殖民地半封建的社会，运河城镇也经历了衰落和复兴的沧桑之变，其最可注意者当为以下数端：

其一是近代交通的兴起使运河城镇逐渐失去昔日的优越地位，成为相对衰落的城镇。清末兴起的轮船和铁路运输以近代化的快速和安全开始取代河运，原来位于运河沿线的临清、淮安、清河、张家湾、河西务等城镇，因远离铁路而僻居一隅，或“夷为僻壤”，或“遂成下邑”，大多处于颓势。

其二是河患对运河城镇的打击。明清以来河道的泛滥曾使清河、王家营、沛县等城镇屡迁城址，1855年黄河铜瓦厢的决口，更使沿运河城镇失去了优越的交通条件。铜瓦厢决口，使河水汇至张秋镇，穿流大运河，总汇大清河入海，此后山东黄河泛滥屡年不断，境内北运河告废，而山东北运河乃是沟通南北的关键河段，它的废弃加速了大运河的堙塞。到清末，长江以北大运河除天津至德州、镇江至清江浦800余里外，其余各段均已不能通航。

其三是近代以来运河沿岸城镇又迭遭兵燹，损失惨重。自19世纪50年代以来，太平天国及捻军战争，八国联军侵华战争主要集中在江南及直鲁地区，沿运城镇自北而南通州、天津、沧州、德州、临清、

---

① 杨正泰：《明清时期长江以北运河城镇的特点与变迁》，见复旦大学中国历史地理研究所编：《历史地理研究》第1辑，上海，复旦大学出版社，1986。

济宁、徐州、淮安、扬州、苏州、杭州无一不受战争之虐，有些甚至屡次罹难，破坏程度不难想见。

运河城镇在近代的衰落与其城市人口的停滞乃至倒退是一致的。城镇的衰落，使一时鳞集蝇聚、五方杂处的外来人口缓缓离城而去，失去优越地理位置和主要经济功能的环境又不能吸附更多的外来人口，城市人口的缓慢增长以至停滞和倒退便成为运河城镇在近代的主流，通州、沧州、临清、济宁、扬州、杭州等城市在近代人口增长均属缓慢的停滞型，苏州、淮阴、德州等则较近代以前有所减少或维持平衡。以德州为例，近代以来“商埠开而京道改变，漕运停而南舶不来，水陆商务因之大减，而生齿盛衰亦与有密切之关系焉”①。1837 年德州人口已有 16 万之众，宣统时期大约未有增长。当然，就总体而言，运河城市在近代也有程度不同的发展，若以人口总数而论当会超过鸦片战争之前的数量，天津、徐州等还有相当快的人口增长，但是这种增长已不属传统的大运河城市体系所赐，而是近代新的通商和交通运输条件所惠，传统和近代的嬗变才是运河沿岸城市人口消长的决定力量。

“山中方七日，世上已千年”。中国传统城市体系在近代遇到了时代性的挑战，如果说，以北京为代表的传统城市变动主要体现在内地某些省、府、州、县城镇的败落和边疆一批新兴城镇的崛起的话，那么，贯通南北的大运河沿岸城镇昔日的繁华旧梦在近代已荡然不存。时势的变迁推动了一个新的、近代的城市体系——以上海为中心的口岸城市体系的出现。

二　口岸城市体系的形成

英文 port 一词，中文作“口岸”和“港口”两解，由于近代中国

① 宣统《德州乡土志》。

许多通商口岸，尤其是首开五埠属海港地区，故英文中又多将条约口岸称为“条约港口”（treaty port），其实，条约口岸、条约港口都可视为一种口岸城市体系，1842 年规定首开五埠的第一个不平等条约——《南京条约》的英文本就是广义的城和镇（cities and towns）。

近代中国口岸城市体系的形成，不仅在时空上经历了一个不断延续和扩展的过程，而且经历了一个外国侵略势力由沿海沿江逐步深入腹地的风腥血雨的历史过程。叙此过程，不免使人笔端沉重。

在古代漫长的历史岁月里，“东西对视，隔雾看花”（陈旭麓语），中国把西方叫做泰西，西方把中国叫做远东，“泰”与“远”表达了彼此的遥遥相隔。虽然中西之间的交往可以追溯很久，但这种交往毕竟是间接而少量的。15 世纪的地理大发现，打破了东西长期对视而不识的局面，早期西方殖民主义者，先是葡萄牙、西班牙、荷兰，而后是英国、法国、美国一茬接一茬地来到物产丰盈的中国，明代以来在东南沿海骚扰的“倭寇”变成了金发碧眼的“西夷”。对此，明清两代实行海禁，正是在国力强大的“乾隆盛世”，闭关政策也达到了极致：1757 年，乾隆下令封闭江、浙、闽三关，只准粤海关一口通商。其后颁布种种“防范夷人”章程，严格限制外商活动。1760 年又在广州恢复公行制度，一切对外贸易均由公行垄断包办。英国人最终以鸦片和大炮打开了中国闭关的大门，1840—1842 年的鸦片战争最后以中国饱受屈辱的《南京条约》签订而告结束。《南京条约》不仅成为中国近代第一个不平等条约，而且以首开五埠为起点，标志着近代中国口岸城市体系的发端。英国侵略者选择广州、厦门、福州、宁波、上海作为第一批条约规定的通商口岸是煞费苦心的，对此，费正清（John King Fairbank）在其成名作《中国沿海的贸易和外交》中分析道：

> 厦门一直是比广州更可谓海峡间的贸易中心；福州不仅是福建的省城，而且是一个同属地琉球和台湾贸易的重要港口；宁波是从浙江到达中国北部以及日本海岸和朝鲜的国际贸易中心；上海的规模虽不及上述几座城市，但也不是有些作者所描述的偏僻村庄，几个世纪以来，它一直被公认为长江出口处的港口。①

上海在开埠以前确实不如上述四城的发展程度，它只不过是清代1 300多个县城中历史不久、规模不大的普通县城之一，而英国人偏偏选中了它，其中的关键乃在于上海处于长江口的顶点这一重要的地理位置。在英国侵略者看来，上海不仅是长江的咽喉，而且是最能“征服未开发市场的地方”：

> 这座有城墙的城市离长江十二英里，位于其最下游的支流即黄浦江的左岸这一事实，并不妨碍它在商业上的重要性，而毋宁是提高了它的重要性。因为，上海通过一连串的水道和湖泊，与苏州这个颇有前途的号称丝绸之乡的都市相连。而过了苏州，重载的沙船可以沿大运河直达北京。向南不远就是富庶而可爱的湖光山色的杭州城；而向西，既然扬子江在亚洲大陆上奔流三千英里，这片大陆就不得不向上海纳贡。
>
> …………
>
> 上海是一块分配英国工业品的地方，也是一块征服未开发市场的地方。从这块地方到产茶区、产丝区和产棉区去，都很方便。而且，它恰好位于一片人烟稠密、充满着生气和活力的平坦而异常丰饶的地区的中部。这就是西方人听说过的中国：富庶的城市，客货往来不绝的水陆路线，有竹林和果园的乡村，精心灌溉过的

---

① John King Fairbank, *Trade and Diplomacy on the China Coast*, Cambridge: Harvard University Press, 1952, pp. 155-156.

田地，河边的垂杨，布有柏树的寂静的墓地。这片地区非常活跃，而上海是它的枢纽。[①]

沿海五口的首批开埠，并不能满足外国侵略者的贪欲。苦于 40、50 年代列强对华贸易的不景气状况，自 1854 年起，英、法、美等国发起了要求“修约”的外交攻势，要求“开放更多的通商口岸，在内地各水道行驶汽船，发展铁路事业、内地贸易和居住权，承认外国商品可以完全免交一切内地税，对于外人所受的损害给以确定的、迅速的以及就地的补偿，总之，用他们的话来说，就是要针对中国工业的落后和中国政府的口是心非，‘厉行’条约权利并保持英国的特权”[②]。1858 年英法联军挑起第二次鸦片战争，战火烧毁了圆明园，同时吓跑了咸丰皇帝，结果又以屈辱的《天津条约》和《北京条约》的签订而告终。第二次鸦片战争后，中国又迫开牛庄、登州、台湾、淡水、潮州、琼州、汉口、九江、南京、镇江、天津、喀什噶尔、伊犁、塔城 14 处通商口岸。更为要命的是，第二次鸦片战争后所开通商口岸已不限于沿海地区，长江流域和东北地区甚至西北地区通商口岸的开辟，使侵略势力渗入腹地和边疆，尤其是长江新开四埠与上海的通航，更使侵略者的触角延伸到“无限富饶的扬子江流域”中游。费正清认为，至此“条约体系才真正建立起来”[③]。口岸城市体系使中国传统城市体系面临着严重的现实挑战，作为一种新的城市体系，它既带来了西方资本主义的新气象，更带来了渗透血腥味的滔滔罪恶，国人对此表现出了一种民族的愤怨与无奈。褚维垲《人境结庐诗稿》中有一首《立口岸》的诗即表达了此种社会心态，诗曰：

---

① 霍塞：《出卖的上海滩》，7～8 页，北京，商务印书馆，1962。

② 伯尔考维茨：《中国通与英国外交部》，2 页，北京，商务印书馆，1959。

③ 费正清：《美国与中国》，118 页，北京，商务印书馆，1989。

都门被围御园火，五口通商弭兵祸。
骎骎自海达长江，惟所欲为无不可。
互市在前朝，边防限城壕。
横行乃使走腹地，飞轮激水乘风潮。
洋楼压岸耀金碧，媲媠衣冠纷异域。
游人到此眼迷离，四顾浑忘是中国。
中国自有疆，杂处为夷场。
下流镇与扬，上流武汉及宜昌。
数千里江畿要隘，联络津梁入租界。
寄言租界但作坌断看，莫肆鲸吞和议败。

甲午战争是中国近代社会变迁的一个重要转捩点。庞大的中华帝国被蕞尔小国日本打得惨败，这一残酷无情的现实震惊了朝野上下，也使列强识透了清朝本来的虚弱，时任法国驻北京公使的A. 施阿兰记叙了当时亲身的感受：

在一八九四年四月这一时期，中国确实处于一种酣睡的状态中。它用并不继续存在的强大和威力的幻想来欺骗自己，事实上，它剩下的只是为数众多的人口，辽阔的疆土，沉重的负担，以及一个虚无缥渺的假设——假设它仍然是中心帝国，是世界的中心，而且像个麻风病人一样，极力避免同外国接触。……然而，仅仅几个月的工夫，它就不得不从傲慢的梦中惊醒，而且发觉它并不是世界上独一无二的国家。①

甲午惨败，中国迫开沙市、重庆、苏州、杭州为通商口岸，清朝统治者似乎真“从傲慢的梦中惊醒”，1895年夏，本着“争得一分即

① A. 施阿兰：《使华记：1893—1897》，12页，北京，商务印书馆，1989。

有一分之益”的态度，清廷电谕各省督抚为“添设各处口岸”等事宜出谋划策[①]，拉开了晚清自开商埠的帷幕。然而，急剧变化的时局不容帷幕的徐徐开启，1897 年 11 月德国派兵侵占胶州湾，俄国紧接着租占旅顺口和大连湾，瓜分豆剖已迫在眉睫，为“隐杜觊觎”，1898 年 6 月光绪正式发布上谕自开口岸，谕曰：

> 欧洲遍例，凡通商口岸，各国均不得侵占。现当海禁洞开，强邻环伺，欲图商务流通，隐杜觊觎，惟有广开商埠一法。……著沿江沿海各将军督抚就各省地方悉心筹度，如有形势扼要、商贾辐辏之区，可以推广口岸展拓商埠者，即行咨商总理衙门，惟须评定节目，不准划作租界，以均利益而保事权。[②]

以 1898 年 3 月岳阳、三都澳、秦皇岛三地开埠为开端，直至 1924 年，清政府及后来的北洋政府共自开商埠 33 处[③]，有学者指出：“自开商埠与约开商埠有本质区别，自开商埠在发展对外贸易的同时，保证了中国主权的完整，自开商埠设立以后，晚清再也没有设立租界。”[④] 应当说，自开与约开之间的区别确是存在的，然区别之外仍有共同性存在，这就是约开与自开商埠城市一般都较非商埠城市发展较快，两者的共同存在构成了近代口岸城市的主体。

甲午战争不仅刺激促成了清政府开商埠，而且引发了帝国主义瓜分中国的狂潮。1900 年 12 月，列宁在《火星报》创刊号上撰文指出：“欧洲各国政府一个接一个拼命掠夺（所谓‘租界’）中国领土，无怪乎出现了瓜分中国的议论。如果按照真实情况，就应当说：欧洲各国

---

① 参见王彦威、王亮：《清季外交史料》第 116 卷，119 页，台北，文海出版社，1985。

② 朱寿朋：《光绪朝东华录》第 4 卷，4189 页，北京，中华书局，1958。

③ 自开商埠始于何时何年，学界认识不一，此处取岳阳、三都澳、秦皇岛三处说。（参见张践：《晚清自开商埠述论》，载《近代史研究》，1994（5））

④ 张践：《晚清自开商埠述论》，载《近代史研究》，1994（5）。

政府（最先恐怕是俄国政府）已经开始瓜分中国了。不过它们在开始时不是公开瓜分，而是像贼那样偷偷摸摸进行的。”① 以俄国策动“三国干涉还辽”为起点，通过激烈角逐，列强将中国划分成为大小不同的“势力范围”：俄国盘踞长城以北，英国控制长江流域，法国据有两广和云南，德国称霸山东，日本占据福建。新起的日本帝国主义是不甘于偏居福建一隅的，1904—1905年日俄战争的结局，决定了日本对东三省的控制权，战后订立的《中日会议东三省事宜》正约及附约，不仅迫使清政府承认日本继承俄国在东北的全部利权，而且增开凤凰城、辽阳、新民、铁岭、通江子、法库、长春、吉林、哈尔滨、宁古塔、珲春、三姓、齐齐哈尔、海拉尔、瑷珲、满洲里等16处为通商口岸，营口、安东、沈阳等地又划定了日本租界。从此，作为口岸城市体系的东北城市群形成。东北而外，甲午战后，列强还迫使清政府在内地包括广西、广东、云南、西藏、新疆等边疆地区约开口岸多处。截至清末，依据不平等条约开辟的通商口岸共达77处。②

100多处约开或自开通商口岸相对于1 700多处③省、府、州、县行政系列的城市还不到1/10，但它在近代中国城市体系中的作用却不容忽视，对通商口岸颇有研究的美国学者墨菲形容说，通商口岸“就像一块投入池塘、激起圈圈波纹的石头一样”，是日益增加的对外贸易的中心及国内交通的枢纽，同时也是改变国家制度的核心。“所有中国的通商口岸都在中国原有主要贸易中心的附近”，通商口岸“日益发展的商业交错现象，本就是越出传统层面，日益商业化和交易的征

① 列宁：《对华战争》，见《列宁选集》，3版，第1卷，279页，北京，人民出版社，1995。

② 参见张洪祥：《近代中国通商口岸与租界》，321～324页，附录三《近代中国约开通商口岸一览表》，天津，天津人民出版社，1993。

③ 行政系列的城市数量是变动不居的，晚清台湾、新疆及东三省设省后，“凡府、厅、州、县一千七百有奇”（《清史稿》卷54，《地理志》）。

兆，有时许多城市还超过或取代了传统的商业中心和较低层次的贸易制度”①。如果说传统的以行政为中心的城市在近代中国尚无太大变化的话，通商口岸城市却显出一幅迥异的面貌，还是看看费正清的描述：

> 各主要通商口岸在外貌和制度上彼此都非常类似。每一口岸都有一条拥挤嘈杂的沿江或沿海马路和货栈，那里有成群的苦力代替机器，受中国买办的监督，而买办在外国大班（公司经理）的领导下办事。每个通商口岸都以人烟稠密的中国城市边缘新建的外国地段为中心，那里高耸着英国领事馆的旗杆。这新地段里的部门有俱乐部、跑马厅和教堂，它由英国的一个正式领事和其他国家的一些领事管理，并受停泊在江上或海边的粗短炮艇的保护。在广州、厦门、汕头和福州的外侨，由于居住区在靠近航道的小岛上，就更多了一层保护。在宁波、上海和其他地方，外国地段同中国城市隔一条河——运河、小河或其他水道。②

这就是我们通常所谓的“国中之国”，这就是通商口岸“外貌和制度上”的特征。正是这些异于传统城市的通商口岸，日益明显地影响着传统城市的变迁。如果说，鸦片战争前的城市体系是以北京为中心的省、府、州、县各级行政城市呈四周放射状的话，那么，鸦片战争后则形成了一个以上海为顶点（中心），长江为主干，东南和东北为两翼的“T”型口岸城市体系，虽然传统城市体系在近代仍然存在，但其地位和影响却不能与后者同日而语了。

---

① 墨菲：《通商口岸与中国现代：走错了哪一步？》，转引自罗荣渠、牛大勇编：《中国现代历程的探索》，98～115页，北京，北京大学出版社，1992。

② 费正清：《美国与中国》（第四版），119页，北京，商务印书馆，1989。

三　东南城市带

在近代中国“T”型的口岸城市体系中，形成了东南和东北两大城市密集区，就开发的时间而言，东南城市带又比东北城市群早了许多。

广义的东南城市带，系指江苏、浙江、福建以至广东的沿海城市带，在此带状的地理结构中，上海、宁波、福州、厦门、广州以首开五埠的地位使该区域成为中国近代城市化发展速度最快的区域，张仲礼先生主编的《东南沿海城市与中国近代化》就“将东南沿海城市作为一个城市群来研究”①。狭义的东南城市带则指安庆以东，南通、扬州以南，宁波、杭州以北的长江中下游地区，或有学者将此笼统称作“江南地区”，刘石吉、樊树志等学者均取此义。施坚雅划定的“长江下游”区则包括江、淮分水岭以南的江苏、安徽两省，上海及浙江钱塘江和甬江流域。从近代中国口岸城市体系的角度出发，也为了与施坚雅等人规定的区划更趋一致，这里先就狭义的地域范围论之。就清代政区而言，具体包括江苏省的江宁、镇江、常州、苏州、松江五府及太仓直隶州，浙江省的杭州、嘉兴、湖州三府所属各县。

大体而言，东南地区在历史上开发较华北为晚。黄河中下游地区自古以来就是全国的政治、经济、文化中心，也是全国人口重心所在，唐“安史之乱”以前，黄河中下游地区在全国总人口中的比重至少为60%。“安史之乱”后，黄河流域在全国总人口中的比重跌至40%，长江流域第一次取代黄河流域成了中国人口分布的重心。② 时至清代

---

① 张仲礼主编：《东南沿海城市与中国近代化》，1页，上海，上海人民出版社，1996。

② 参见胡焕庸、张善余：《中国人口地理》上册，36页。

中叶，东南地区已成为全国人口最为稠密的地区，按《嘉庆一统志》所载，1820年江苏全省人口密度已高达每平方公里424.6人，浙江也达293人。若以全国近300个二级行政区观之，在11个人口密度超出500人的府级行政区中，东南地区即占有8个：苏州府1 073.2，嘉兴府719.3，松江府626.8，绍兴府580.0，太仓直隶州537.0，宁波府523.3，镇江府522.5，杭州府506.3。[①] 一定区域内人口总数的增长是经济发展和城镇人口增长的基础，唐宋以来，尤其是明清两代东南地区雨后春笋般城镇的崛起与发展，正是社会经济发展的重要表征。刘石吉在《明清时代江南地区的专业市镇》一文中写道：

> 近世以来，中国城市发展的过程中，江南地区，尤其是太湖流域及沿长江三角洲各地，无疑居于最显著的地位。这因为江南地区自唐宋以来即已成为中国经济史上的枢纽地带；无论就人口、税额、农业生产与商品经济，甚至人文政治的发展，在全国都是首屈一指的。随着宋代工商业的发展，原有乡村地区的草市逐渐演变为商业性的聚落，而军事性及以行政机能为主的城镇也渐次蜕化为工商业的据点。明清以来，商品经济的发展与商业市镇的兴起，在江南地区更是普遍与突出的现象，经济结构在此起了大变化，初期的资本主义业已萌芽发展。[②]

有关明清以来江南市镇的研究，早在20世纪50、60年代的资本主义萌芽问题讨论中已多有涉及，然迄今最详备的研究当属樊树志先生的成果。据樊氏统计，明代正德年间苏州府各州县市镇共72个，松江府44个，杭州府52个，嘉兴府41个，湖州府22个。清代前期市

---

① 参见梁方仲编著：《中国历代户口、田地、田赋统计》，273～279页，甲表88，上海，上海人民出版社，1980。

② 刘石吉：《明清时代江南市镇研究》，1页，北京，中国社会科学出版社，1987。

镇继续发展，其中尤以苏、松二府的进展最为引人注目，统计乾隆年间苏州府已有市镇 139 个，比明正德年间几乎增加一倍；松江府也由明正德年间的 44 个，增加到乾隆时期的 116 个，清中叶比明中叶已增加一倍半有余。①

19 世纪 50、60 年代的太平天国战争使东南沿海市镇经历了一场由破败而复兴的沧桑之变。太平天国战争持续十四年之久，波及范围达十六省之多，600 余个城镇经历了这场战争的烽火洗礼，而人烟稠密、城镇林立的东南沿海又是此次战争双方交战最烈的地区，大量的官私文书对太平天国后江南城镇的破败情况已有了足够的描述。同治初年，时任苏省巡抚李鸿章奏称："苏省民稠地狭，大都半里一村，三里一镇，炊烟相望，鸡犬相闻。今则一望平芜，荆榛塞路，有数里无居民者，有二三十里无居民者。"② 毛祥麟则以亲眼所见描述了上海至南京沿途各城镇的破败残敝之状，毛氏《甲子冬闱赴金陵书见》写道：

自沪至昆（山），炊烟缕缕，时起颓垣破屋中。而自昆至苏（州），境转荒落。金阊门外瓦砾盈途，城中亦鲜完善，虎丘则一塔幸存，余皆土阜。由是而无锡，而常州，而丹阳，蔓草荒烟，所见一律。其余宿莽中，时露破墙一片，或于巨流内横矗乱石数堆者，皆贼负隅处也。两岸见难孩数千同声乞食，为惨然者久之。余若奔牛、吕城、新丰诸镇，向称繁庶，今则一望平芜，杳无人迹……泊至燕子矶，虽茅屋参差，稍有市集，亦仅数十家而已。江宁城濠两岸，铅丸累累，沙中白骨纵横，想见历年战争之苦。城中房屋，惟西南尚称完善，然亦十去四五，东北

① 参见樊树志：《明清江南市镇探微》，66～69 页，上海，复旦大学出版社，1990。
② 李鸿章：《李文忠公奏稿》卷 3。

则一览无余矣。[①]

除江苏江宁、镇江、常州三府外，浙西沿海杭、嘉、湖三府城镇也遭到极大破坏，左宗棠奏言，战后自苏州至杭州，“白骨黄茅，炊烟断绝”[②]，《湖州府志》载菱湖镇“居民向约五千家，劫后有四千家”，双林镇存户也不及四千[③]。值得注意的是，太平天国战争虽使江南大量城镇破败凋敝，但“乱后成市”、“乱后更盛”的城镇也不在少数，刘石吉先生曾作《十九世纪中叶后江南新兴市镇表》，统计共有116个。[④] 刘先生总结太平天国前后江南市镇兴衰情况是从两方面来观察的：

> 其一是遭受严重破坏地区，以表现在彼时作为太平军主要战场的江宁、镇江、常州府及浙西三府（杭州、嘉兴、湖州）较为明显；其二是市镇及商业迅速繁庶增长的地区，以同治、光绪年间沿长江三角洲的松江府、太仓州各县最显著。沿太湖周边的苏、杭、嘉、湖属各商业市镇，虽然也受到战火摧残，但在运动后均迅速恢复，其蚕桑及丝织业的发展均有增无已。[⑤]

近代以来东南沿海城镇的进一步发展更多地得益于新的交通运输与工商业的刺激。咸同以后，河运衰而海运兴，沪宁、沪杭甬铁路的修筑，大大改变了东南沿海地区的交通条件，昔日傍依大运河的湖墅、塘栖、石门、平望、枫桥、浒墅等镇相继衰落，有些甚至一蹶不振，而铁路沿线的黄渡、白鹤江、张华滨、南翔、诸翟、安亭、陆家行、真义、洛社、许村、周王庙、硖石、长安、临平、茧桥等镇却迅速崛

---

① 转引自刘石吉：《明清时代江南市镇研究》，75页。

② 左宗棠：《左文襄公奏稿》卷4。

③ 参见同治《湖州府志》卷22。

④ 参见刘石吉：《明清时代江南市镇研究》，109～118页。

⑤ 同上书，74页。

起，或较前更为繁盛。因工商业发达而兴起的新市镇更有一日千里的发展势头，嘉定县的曹家渡就是一个典型的例子，1922年续编的《法华乡志》记载，该地同治年间仍然“地甚荒僻，绝少行人”，清末已是市面甚为发达的“烟火万家”之大镇。① 东南沿海地带不仅是全国市镇最为密集的地区，同时也是人烟稠密、大镇林立的地区，刘石吉统计明清以来至民初该区“千户以上的市镇”即有56个，且不包括方志中没有任何户口记载的市镇。樊树志则列出了“万户大镇”10个：南浔镇、盛泽镇、乌青镇、王江泾镇、双林镇、濮院镇、唯亭镇、硖石镇、法华镇、新城镇。② “湖州整个城，不及南浔半个镇”，乌青“名为镇而实具郡邑城郭之势”，这些说法道出了州县城郭于此类大镇的相形见绌。需要说明的是，虽然20世纪20、30年代以来，有些市镇因不同原因趋于衰落，但多数市镇却日渐繁盛。就城市人口在总人口中的所占比例而言，东南沿海地区一直居全国前列。施坚雅估计1893年长江下游共有城镇270个，城镇人口475万，城市化率为10.6%，较全国平均值高出4.6个百分点。③ 竺可桢在1924年发表的《论江浙两省人口的密度》则据《中华归主》（*The Christian Occupation on China*）一书求得，江苏省2万人口以上城镇34个，占江苏全省人口的17.6%；浙江省2万人口以上城镇20个，占该省人口的11.2%；5万人口以上城市全国共96个，江浙两省即占有27个。④

若以广义的东南城市带而言，自长江三角洲以至珠江三角洲也是全国大城市最为集中、城市化水平最高的地带。20世纪30年代初，东南沿海至少有32个城市人口规模超出10万人，兹据杜格谢夫的估

① 参见民国《法华乡志》卷1，《沿革》。

② 参见樊树志：《明清江南市镇探微》，103～104页。

③ 参见施坚雅：《十九世纪中国的区域城市化》，见《国外中国研究译丛》第2辑，99页。

④ 参见竺可桢：《论江浙两省人口之密度》，载《东方杂志》，第二十三卷第一号。

计罗列如下：上海 2 818 866，无锡 900 000，南京 521 700，苏州 350 000，扬州 300 000，南通 150 000，镇江 146 700，清江浦 130 000，常州 125 000，松江 100 000（以上江苏）；杭州 467 600，绍兴 400 000，宁波 212 400，温州 202 700，湖州 100 000，嘉兴 100 000（以上浙江）；福州 1 682 700，厦门 300 000，漳州 500 000，建宁 200 000，崇安 100 000，泉州 130 000（以上福建）；广州 829 500，佛山 450 000，香港 450 000，潮州 300 000，潮阳 250 000，广州湾 211 000，新会 200 000，澳门 190 300，江门 168 000，汕头 125 200（以上广东）。[①] 在施坚雅的区域城市化研究中，我们也可以发现东南沿海地区（广义）是近代全国城市化水平最高的地区。按施氏估计，1843 年，全国城市化中心地共 1 653 个，城市人口 2 072 万人，城市化平均指数 5.1%，而长江下游、岭南、东南沿海三大区即有中心地 539 个，城市人口共计 848.9 万人，三大区城市化平均指数 6.7%，高出全国 1.6 个百分点；半个世纪后，1893 年全国城市化平均指数为 6.0%，而长江下游最高达 10.6%，岭南、东南沿海两区紧随其后，分别达到 8.7%和 6.4%。值得重视的是，施坚雅在《十九世纪中国的区域城市化》中，还就近代城市化程度最高的区域——长江下游和城市化程度最低的地区之一——华北地区作了富有意义的比较。他“苦苦搜集了各种必不可少的数据”，列出了按人口等级、行政地位和经济等级划分的城市中心地和城市人口两个详备的表格，由此我们可以看出长江下游和华北地区城市化的诸多差异：

其一，1894 年华北的总人口几乎是长江下游地区的两倍，而城市人口则几乎与长江下游相等——长江下游近 510 万，华北近 530 万。

① Boris P. Torgasheff, “Town Population in China,” *The China Critic*, April 3. 1930.

其二，在所有不足 2 000 人的城市中心地中，长江下游仅占四分之一弱，而华北则占一半以上。在居住人口不足 4 000 人的城市中心地中，长江下游仅为 13%，而华北则为 20%。1843 年长江下游城市人口的 2/3 都居住在人口为 16 000 以上的城市中，而华北比例则刚超过 1/2。换言之，长江下游城市人口集中居住在大城市中，而华北城市人口则集中居住在中小城市中。

其三，华北的县级首府 70%人口不足 4 000 人，而长江下游此比例仅 32%；长江下游县级首府平均人口 12 200，而华北仅 4 400；长江下游高级首府平均人口 109 000，而华北仅 44 000。①

东南沿海地区属中国近代城市化程度最高的地区是毋庸置疑的事实。如果说，城市化不仅体现在城市人口占总人口的比重的数量上，而且体现在政治、经济、文化高度集中，城市人口规模庞大的质量上，那么，东南沿海地区在数量上和质量上都是近代中国城市化程度最高的地区也同样是毋庸置疑的。

四　东北城市群

施坚雅在《十九世纪中国的区域城市化》一文中指出："在 1890 年代前，满洲还是极为落后的，它的城市系统仍处于胚胎阶段，或者至多刚刚萌现。至于那些使它变成中国城市化程度最高区域的迅猛变化，则都是二十世纪的发展了。"基于这种认识，在施坚雅主编的论文集《中华帝国晚期的城市》中，东北地区缺而不论。当我们把城市化的下限延及 1937 年全面抗战开始时，东北则是一个必须重点讨论的区域。

① 参见施坚雅：《十九世纪中国的区域城市化》，见《国外中国学研究译丛》第 2 辑，41～48 页。

考察东北地区的历史地理，据金毓黻先生言，在公元前3世纪的战国时代，本区南部辽阳至独石口一带已经开发，并且设立郡治，山东、河北的部分居民已向此移居。[①] 唐初征服高句丽后，曾设安东都护府于南部。唐中叶以宁安为中心的渤海国兴起，形成了一时著名的“海东文明”。之后是契丹灭渤海，女真灭契丹，蒙古灭金，此区变成游牧民族互相杀伐的战场，原有的经济基础也遭到了严重的破坏。直至明代，内地政权对东北一直很少经营，明代仅在鸭绿江下游有过局部开发，广宁、开远设立的马市也仅属于一种局部的商业活动。

东北地区的全面开发始自清代，而开发的前提则是内地人口向东北的流动。明末清初，东北地区，尤其是奉天一带受到战争的严重破坏。清军入关后，满洲八旗及其眷属“尽族西迁”，明代寓居辽东的汉民，也因逃避战祸而大量入关，整个辽东辽西出现了“荒城废堡，败瓦颓垣，沃野千里，有土无人”的破败局面，对此，自顺治初年起清政府采取种种措施予以充实，顺治十年正式颁布《辽东招民开垦条例》，鼓励官员招募内地汉民前往开垦。康熙七年鉴于关外民人聚积日多，“于旗人生计未免有碍”，清政府又改变初衷而撤《辽东招民开垦条例》，甚至建立“柳条边”，禁止汉人前往开垦。然而，绵亘千里的柳条边并不能实际阻挡民人的移入关外洪流，清政府对此也是睁一眼闭一眼地采取默认态度，至鸦片战争前奉天人口已超过200万。[②]

近代以还，外力侵入，局势骤变。自19世纪50年代始，沙俄屯兵筑垒，武装移民，将侵略魔爪伸入黑龙江流域。第二次鸦片战争后，通过《瑷珲条约》、《北京条约》和一系列的勘界条约，沙皇俄国侵占了中国一百四十四万多平方公里的领土，“大有日进无疆之势”[③]，由

---

① 参见孙敬之主编：《东北地区经济地理》，6页，北京，科学出版社，1959。

② 参见梁方仲编著：《中国历代户口、田地、田赋统计》，262页。

③ 《黑龙江志稿》卷8，《巡抚周树谟奏稿》。

此，“移民实边”成为朝野上下的一致呼声，开禁放荒成为历史之必然。1860年，据景淳、瑞麟奏请垦荒一折，清政府谕令：“吉林荒地，即可援案招垦，别无违碍，于经费不无裨益，著即按照所请办理。”[①]次年，东北地区局部开禁放垦，光绪以后，又采取放荒、免税、补助等措施，积极鼓励关内人民到关外开垦荒地，一时间，“直隶、山东游民出关谋生者，日以众多”[②]。到宣统年间，东三省人口总数已达1 800余万，最突出的奉天省人口从咸丰元年的258万增加到1 101万[③]，净增人口三倍余。20世纪后，东三省城市是伴随着帝国主义迫开通商口岸的侵略活动而发展的。1861年，根据中英《天津条约》，营口成为东三省土地上第一个通商口岸，也是帝国主义势力侵入东北的第一个门户。时东三省交通运输全赖运河，地处运河口的营口可得其地利，上溯腹心，1862年，清政府实行“各海口豆石开禁”，允许外轮从营口运载大豆出口，营口顿成为东北大豆和豆制品运出的最大口岸以及东北榨豆油业的发祥地。1898年，根据中俄《旅大租地条约》，大连被辟为通商口岸。大连位处冲要，港湾条件优越，尤其是南满铁路通车后，大连后来居上地替代营口而成为东三省输出输入的中心。20世纪初，大连已由小小的青泥洼渔村发展成为拥有4万人口的城市。经过日俄战争，日本取代沙俄掌握了东三省的控制权。与沙俄相比，日本帝国主义一开始即显出吞并整个东三省的咄咄之势，至1909年，日本通过《通商行船条约》、《新订东三省条约》和《图们江中朝界务条约》，从奉天的沈阳、大东沟直到黑龙江的瑷珲、满洲里，共迫开通商口岸22处。这些通商口岸不仅成为日本帝国主义侵略东北的重要据点，而且成为人口发展迅速的城市。20世纪20年代初，海关报告的

---

① 《大清会典事例·户部》。

② 徐宗亮：《黑龙江述略》卷4，《贡赋》。

③ 参见梁方仲编著：《中国历代户口、田地、田赋统计》，甲表86。

11个东北通商口岸城市人口数目是：哈尔滨155 000，大连116 000，安东84 000，牛庄66 600，三姓40 000，瑷珲27 200，满洲里11 300，绥芬河7 400，大东沟4 900，珲春7 400，龙井村2 300。①

在增开通商口岸的同时，日本帝国主义还将修筑铁路作为侵略东北的重要手段。日本学者天野指出："在日本开发满洲的事业中，以铁路为中心的基本建设起重要作用。对满洲投资的渠道和经营满洲的主要参与者就是南满洲铁道株式会社。"② "南满洲铁道株式会社"（"满铁"）是1906年日本天皇亲下诏书指令成立的殖民机构，日本帝国主义将其视为"日俄战争日本胜利的果实"，垄断所有铁路及其附属财产权。1931年"九·一八事变"后，日本又强迫东北人民修筑了3 000多公里铁路③，至抗战前"满铁"经营的东北铁路即有24条，总长6 800余公里。铁路所经之处，自然是吸附人口的集中之地。许兴凯编《日本帝国主义与东三省》曾列有东北地区铁路沿线人口规模超出万人的城镇，特转录如下④：

表1　　20世纪20、30年代之交东北铁路沿线万人以上城镇表*

站名	人口数	站名	人口数
哈尔滨	325 382	沈阳	285 580
大连	260 000	泰来	140 000
安东	110 691	吉林	86 100
营口	75 640	齐齐哈尔	70 000
龙江	70 000	库伦	70 000
长春	68 000	抚顺	67 000
锦州	56 000	郑家屯	52 000
辽阳	51 557	通辽	50 000

① 参见《申报年鉴》（1922年），国内人口，6页。

② 天野元之助：《满洲经济的发展》，85页，"南满洲铁道株式会社"，1932。

③ 参见严中平等编：《中国近代经济史统计资料选辑》，184～185页，北京，科学出版社，1955。

④ 参见许兴凯编：《日本帝国主义与东三省》，160～162页，昆仑书店，1930。

续前表

站名	人口数	站名	人口数
铁岭	38 790	宁古塔	35 000
张家口	35 000	呼兰	33 000
绥兰	33 000	开原	31 716
赤峰	29 000	昌图	25 215
热河	25 000	盖平	24 040
旅顺	22 000	多伦诺尔	22 000
范家屯	20 400	本溪湖	20 000
黑河	20 000	绥东	18 000
铁开原	17 764	凤凰城	16 040
恰克图	15 000		

* 许著出版于1930年，但自序资料“都是1928年、1929年及1930年发表最近材料”，将其视为20世纪20、30年代之交资料看更为合适。又，转录时省略了所列各站经由的铁路名。

东北地区纵横交错的铁路网不仅使铁路沿线，尤其使铁路交叉点形成了人烟稠密的大小城镇，而且为内地移民进入东北提供了近代化的交通条件。英人肯德在其《中国铁路发展史》中写道：“关内外铁路最有价值的功绩就是把人烟稠密、人口过剩的直隶省和山东省的人口移到富饶而人口稀少的满洲去。”① 民国以降，随着关内外铁路的通车运营，“走关东”的移民浪潮较晚清出现了更为迅猛的态势。据日人近藤康男统计，1913年至1921年移民东北总计586 000人，平均每年6万余人。② 20年代后，冀、鲁、豫、晋饥荒连年，匪乱频仍，前往东北的移民每年以数十万的数量猛增，有人统计1923年至1930年移入人数有552万之多。③ 从“满铁”对1927年上半年和1928年上半年关内进入东北的“出嫁移民”统计中，我们可以清楚地看出铁路运输对人口流动的巨大作用：1927年上半年“出嫁移民”共345 718人，其

① 肯德：《中国铁路发展史》，李抱宏译，190页，北京，三联书店，1958。

② 参见近藤康男：《满洲经济的封建性研究》，转引自石方：《中国人口迁移史稿》，410页，哈尔滨，黑龙江人民出版社，1990。

③ 参见石方：《中国人口迁移史稿》，412页。

中由大连、营口乘货车者 202 655，由大连、营口乘车免费者 20 744，由大连、营口及沿京奉线徒步者 111 372：三项共占移民总数的 97%。1928 年上半年"出嫁移民"331 928 人，除 60 人属"安东难民收容所"移民外，其余全部由大连、营口及京奉线输往东北。① "九·一八事变"后，伪满洲国在相当长一段时间内限制移民进入东北，民国以来铁路对移民车费减价的优惠被取消，进入东北的移民人数开始减少，1932 年至 1935 年进入东北移民数不过 172 万余人。

如果说 19 世纪末以前东北还是一个地广人稀、尚待开发的荒漠之区，那么，进入 20 世纪后短短 30 年时间，东北已是交通便利、人烟稠密的富饶之区。葛勒石将东北径称为中国的"大西部"（Great West），认为："东北殖民的迅速性，只有美国庶几近之，此外在今日的世界中，没有一处能比得上它的。但是这种渗入现象大都为了饥寒交迫、饱经忧患，以及为了苛捐杂税、横征暴敛而陷入绝望的深渊才发生起来的。"② 应当说，葛氏对东北殖民"迅速性"的原因只道出了个中的一面。东北地区的迅速开发，不仅与千百万胼手胝足的关外人民移入开发分不开，而且与帝国主义尤其是日本帝国主义的侵略掠夺紧密相连，历史的代价可谓沉重！

在东北迅速开发的过程中，城市人口的增长十分引人注目。据《满洲开发四十年》统计，日俄战争后，东北尚无一座人口规模超出 20 万的城市，1 万至 20 万人口的城市共有 37 个；而到 1930 年，东北已有 20 万人口以上城市 2 个，1 万至 20 万人口城市发展到 73 个，城市化指数由 6.0%上升到 10.2%（以万人为界线）。③ 另据 1931 年由张

---

① 参见陈翰笙等：《难民的东北流亡》，见《国立中央研究院社会科学研究所集刊》第 2 号，5 页，1930 年上海铅印本。

② 葛勒石：《中国区域地理》，谌亚达译，85 页，正中书局，1937。

③ 参见《满洲开发四十年》（日文本）上卷。

学良题名、东北文化社刊行的《东北年鉴》统计，辽、吉、黑、热四省“各县城内居民”总计达 3 244 383（其中有“未详”及人口不及 2 000 者 47 处），若以该书四省总人口 27 735 925 计，城市化指数也在 11.7%。其实，《东北年鉴》的统计仅包括各县城，像哈尔滨此类的省城及县城以外的大中城市并未统计在内。笔者据 20 世纪 30 年代各种资料估算，东北城市总人口已在 500 万左右，城市化指数为 18%左右，大大高于全国城市化的水平。

东北城市化过程中的一个明显特征是大城市极为有限，10 万人口以下中小城市数量居多。20 世纪 30 年代初，只有沈阳、哈尔滨、大连三城人口规模超出 20 万，其余多属数千至数万人口的中小城镇。《满洲开发四十年》认为，东北的城市由于商业发展而兴起是不无道理的：

> 满洲的城市并不是作为工业城市而是作为商业的城市发展起来的。这就是说，在这里大城市很少（总人口约 3 000 万，而超过 20 万人口的城市只有 3 个），大半都是人口不满 3 万人的小城市，而那些大城市后来则都发展成为随着一般游民来满洲的中国本土商人的据点。这些商人充当杂货商，将日用必需品卖给和他们接触的农民，同时放高利贷以自肥，很快就完全控制了农民，还利用农民的弱小与愚昧，以不公平的价格收买农产品，继续肆无忌惮地剥削农民，从而积累了大量财富。①

东北地区大城市人口规模有限、小城市星罗棋布、城市化水平较高的特点与全国大城市人口畸形庞大而城市化水平提高缓慢形成鲜明的对比，它不仅说明东北城市群是在短期内由外来移民填塞而成，分布范围十分广阔，而且说明抗战前东北并没有工业集中的、发达的大

---

① 《满洲开发四十年》（日文本）上卷。

城市。以商业为主体的城市发展必然受到客观条件的种种限制，而这种限制又是一种不可超越的历史限制。

五　几多兴盛几多衰

“三十年河东，三十年河西。”此语不虚！在近代中国口岸城市体系取代传统封建城市体系的历史巨变过程中，许多城市都经历了兴衰存废的沧桑之变，力倡“商战”的郑观应将此看作一种“变局”，《盛世危言·商务四》曰：

> 且夫天下商埠之盛衰，视水陆舟车为转移。有昔为荒区，今成天府者，如中国之香港、上海、燕（烟）台、牛庄等处。有昔为大埠而今衰落者，如中国之清江、周家口、樊城等处。观船舶之多寡，知河道必有变迁；观海道之飞轮，知中道河南、东道山东之必有衰落；观火车之渐通，知旱道必增巨埠。有识者固思捷足先得，亦惟多财者乃能力着先鞭也。况通商之利固有常经，亦多变局。①

中国封建时代的大小城镇多分布在主要交通线路和军事要冲，且与政治、军事中心休戚相关，荣辱共存，正因为如此，古代中国城镇虽由少积多，由小聚大，然分布格局却垂千百年无大变动。近代以来，随着资本主义的侵入和商品经济的发展，城镇的商业性色彩日益浓厚，殖民性的色彩也日益浓厚，五口通商、轮船通航、铁路运行之类前所未有事物的出现，剧烈地改变着中国封建的传统城市体系，在一批昔日繁盛一时的城市日趋衰落甚或被淘汰的同时，一批向不起眼的集镇

---

① 夏东元编：《郑观应集》上册，624～625页，上海，上海人民出版社，1992。

或人烟稀疏的村落却骤然蔚为大埠，以“变局”概括这一沧桑变易的历史过程，亦属的评。

我们还是从“五口通商”及通商口岸城市的变动说起。

通商口岸城市是外国侵略者打开中国市场、冲破中国传统城市体系的“滩头堡”，墨菲敏锐地指出：“除了青岛是唯一的，并且是相当晚期的一个例外，所有中国的通商口岸都在中国原有的主要贸易中心的附近。事实上西方人有意寻找这样的地点，尽可能接近原来的商业中心，期望以他们的力量（正如他们自己所说的）去‘打开’中国的市场。”[①] 在首开五埠中，上海就是一个被侵略者精心选择的腹地宽广的口岸，早在1832年阿美士德号（Amherst）经过半年之久的沿海侦察后，即得出了“上海地位的重要，仅位于广州。它的商业十分活跃。如果欧洲商人准许来上海贸易，它的地位更能大为增进”[②] 的结论。1843年上海开埠后，沪盛穗衰顿成定局，50年代后，上海对外贸易后来居上地超过鸦片战争前垄断对外贸易的广州，更大大超过同期开埠的福州、厦门和宁波。近百年上海人口增长速度之快也使其余四埠瞠乎其后，20世纪后，上海人口已超出百万而跃居全国第一，抗战前达到385万之巨，百年间由一个普通的县城骤变而为远东巨埠。上海与苏州的一盛一衰更富戏剧性。鸦片战争以前，苏州是全国城市手工业最为发达的繁华都市，人口之众号称百万，时人有“语其繁华，都门不逮”之誉，那时的上海作为江南地区一个普通县城，虽为“江海之通津，东南之都会”，但与苏州相比只能是一个“小苏州”而已。近代百年，上海骤升而苏州渐衰，上海遂成为东南乃至全国最大的城市，

① 墨菲：《通商口岸与中国现代：走错了哪一步？》，转引自罗荣渠、牛大勇编：《中国现代历程的探索》，100页。

② 南木：《鸦片战争以前英船阿美士德号在中国沿海的侦察活动》，见《鸦片战争史论文专集》，110页，北京，三联书店，1958。

苏州在世人眼里蜕变成了一个“小上海”。

山东近代城市体系的变动经过了鲁西和胶东的大换位。明代初年，海运废止，大运河通航，鲁西运河区成为整个山东的经济重心，德州、临清、济宁等大运河沿岸城市占尽风骚，盛极一时。鸦片战争后，随着大运河淤塞，烟台开埠，尤其是青岛开埠及胶济铁路和津浦铁路的兴建，胶东区成了全省的核心，而鲁西运河城市却一蹶不振。

烟台是山东境内第一个通商口岸。烟台又名芝罘，原本为一渔村而已，然其位居山东半岛北岸，湾广水深，水面辽阔，且终年不冻，是一个天然的良港。1862 年被迫开放后，洋货纷纷由该港入口，极盛时贸易值占到全省的 70%以上。19 世纪末，德国侵占胶州湾，青岛继烟台后成为境内第二个通商口岸，随后胶济铁路、津浦铁路相继通车，青岛成为山东最重要的海港和铁路终点站，烟台的优势地位很快为其所夺。第一次世界大战前，青岛的贸易比值已占山东全省的 60%，而烟台仅占 35%，两地整个倒了个个儿。不仅如此，青岛开埠后很快发展成为可以与天津分庭抗礼的北方大港，与上海、广州、天津、大连并列为近代中国五大贸易港口。在人口增长速度上，青岛也足使烟台瞠乎其后。资料表明，胶济路通车前，青岛人口不过万余，此后不到十年时间猛增，抗战前已成为拥有人口 50 万的中等城市。烟台在 1872 年据海关估计有 2.7 万人，20 年后仅增加 3 000 人，1933 年将近 14 万人。①

青岛开埠及胶济、津浦铁路的开通，还大大推动了胶东地区城镇的发展和人口的增长。胶济铁路通车后，济南、周村、潍县三地自辟商埠，济南由一个附近土产的集散地发展成为“山东工商业之要埠”，宣统年间统计人口 24 万余，20 年代初超过 40 万，1933 年达 427 772。

① 参见实业部国际贸易局编纂：《中国实业志·山东省》第四编，《都会商埠及重要市镇》，1934。

潍县本为富庶之地，明清有“金胶州，银潍县”之称，清末以来，风云际会，“商业日臻繁盛”，胶济沿线，首屈一指，抗战前人口已近10万。潍县东邻之坊子，原为胶潍官道路侧一小村庄，方圆不过三公里，青岛开埠、胶济通车后，坊子顿成铁路沿线煤矿开采之地，又为胶东烟草收购之要区，遂由“三四小屋”之“坊子”发展到30年代初近5 000人的繁华城镇。除此以外，淄川、博山、金岭镇等地，也因铁路的通达与矿山开掘，发展成为工商业集中的城镇。

东北地区20世纪后成为全国城市化水平最高的地区，很大程度上得益于四通八达的铁路网络。铁路敷设以前，东北仅有沈阳、吉林、长春及营口几个城市而已，关内外铁路及中东铁路开通后，本区内部铁路运输系统渐次形成，沈阳等老城进一步发展，哈尔滨、齐齐哈尔、四平、通化、法库、满洲里、海拉尔等却多由渔村或僻壤一变而为重要城镇，大连后来居上地超过营口而成为东北最重要的对外贸易中心，与山东境内青岛取代烟台颇相类似。抗战前夕，整个东北城市人口在500万左右，是全国城市化发展最快的地区。

边疆地区也有足可记述者，云南即为一例。明清以来，云南城镇的兴起多与屯田、矿业有关，近代以来却多由开埠通商和铁路的修建进一步发展。1887年，法国强开蒙自作为云南的第一个通商口岸，随即思茅、腾冲相继辟为商埠，1905年昆明又被清政府批准为自开口岸，资本主义经济势力由边疆深入腹地。清末滇越铁路通车后，形成了河口、蒙自、碧色寨、开远、宜良、路南、个旧、建水、石屏等沿线中小城镇，其中蒙自市镇经济发展最为迅速。蒙自地距蒙河四十里，向为越南进口货物的集散地，1910年滇越铁路通车后，贸易比前更为发展，法、德、希腊、意大利等国设立了洋行、酒店和金融机构，

1889年设立海关，当年收入四万余两，越六年海关收入即达二十八万两。[①] 思茅虽为通商口岸，且处云贵及通缅甸和泰国交通要道，但随着滇越铁路的通车而顿趋衰落。通海原来也是省内一重要商品集散地，滇越铁路通车后，贸易转向，户口亦因之减少，30年代初本城户口7万余，抗战前已不足6万，县志云：

> 商业极盛时期在滇越铁路未筑以前，先时港、沪外来货物由各地集中香港，水运至蛮耗入口，再陆运至通海，分销昆明及各地，以通海为集散地。商旅云集，店肆云连，外省客商多驻地经营于此。滇越铁路通车后形势转变，不可同日而语矣。[②]

内地城市作为通商口岸者甚少，但由于新的交通路线的出现，尤其是铁路的兴建，也有许多城镇经历了兴衰交替的变迁过程，且看以下几例：

现为河南省会的郑州，历史上是一个普通的县城，京汉、陇海路相继通车后，郑州成为两路交汇点，此地遂成为集散湖北、河北、山西、山东、河南、陕西、北京、天津等地货物的重要商业中心，1916年郑州城仅有3 000余人，抗战前已接近20万。

新乡为豫北重镇，京汉路开通后，新乡进一步兴盛起来，成为豫中煤炭的重要输出地，又因此地为卫河终航点，水陆运输称便，又使它成为天津、博爱、汉口、北京间的中心地；抗战前，新乡已取代古城安阳成为豫北最重要的城市。其余如郾城和漯河取代名镇朱仙镇，朱集之替代商丘县城，都与境内铁路之修建联系紧密。

石家庄直至20世纪初还是一个荒凉的小村落，正太路开始修筑时，此地已发展为集镇。正太、京汉两路在此处交汇，遂使石家庄在20世纪初年很快发展成为山西的物资转运站和冀南地区农产品集散中

---

① 参见民国《续蒙自县志》第10册。

② 民国《通海备征志·建设志》。

心，30 年代已发展成为拥有 10 万人口的重要城市。

地处皖北的蚌埠原为以乞讨出名的凤阳县下属一小镇，1911 年英国投资修建的津浦铁路通车，蚌埠遂成淮河与津浦路的交汇点，借铁路之便很快发展起来，豫东、皖北货物大都集散于此。20 世纪 20 年代，此地已取代旧时重镇临淮关的经济地位，成为淮河流域的重要城市。抗战前人口规模已超出 20 万。

近代以来，随着通商口岸的设立和铁路运输及新的交通路线的带动，新兴和进一步发展起来的城镇用雨后春笋形容并不为过，以上所举可谓大而显者，等而下之者为数更多：通县、正定、塘沽、连云港、徐州、戚墅堰、樟树、温家圳、鹰潭、玉山、上饶、金华、青湖、包头、集宁、张北、榆次、株洲、衡阳、柳州、独山、都匀……①另外，近代以来，工矿业的发展也使一些新的城镇得以兴起，南通、无锡、井陉、焦作、萍乡、唐山、抚顺、本溪、大冶、鞍山、阳泉等均属其例。

长江后浪推前浪，近代化的新兴城市取代传统的封建城市乃为事势发展之必然。在蕞尔小村浸成大镇、荒僻渔港变为巨埠的过程中，昔日商贾云集繁盛一时的传统城市，却因世事的变迁而风采大减甚或衰没无闻了，古运河沿岸的城镇就是近代衰落城镇中的典型，即以郑观应所举清江浦为例，在顾炎武的《天下郡国利病书》中，此地已是“舳舻毕集，居民数万户”的运河要镇，乾隆时方志载：“舟车鳞集，冠盖喧阗，两河市肆，栉比数十里不绝，北负大河，南临运河，淮安扼塞，以此为最。”② 乾隆二十六年后改为清河县治，咸丰时城内已有 3 万余户。时至近代，随着海路运输的兴起和黄河的改道，昔日繁荣

---

① 参见宓汝成：《帝国主义与中国铁路：1847—1949》，600～616 页，上海，上海人民出版社，1980。

② 乾隆《淮安府志》卷 5。

的商业趋于萧条，清末津浦路的通车更给以致命打击，据日人调查，民初城内人口仅 15 000。[①] 运河沿岸其他城市昔日人烟稠密的繁华景象与清江浦一样，繁华旧梦一去不返！

从空间的角度鸟瞰中国城市地理景观，近百年经历了一个由封建传统城市体系向近代口岸城市体系过渡的巨变过程：中国封建传统城市体系是以北京为中心，以省、府、州、县城市和运河沿岸城市为支撑的内向性城市体系。近代则是以上海为顶点、长江为主轴、东南城市带和东北城市群为两翼的“T”字型开放性的城市体系。在外力入侵、世变日亟的近代社会，封建的以行政为中心的内陆城市昨日辉煌已不复存在，运河沿岸城市的繁华旧梦也一去不返，而以通商口岸为主的城市却风云际会，勃然而兴，日益取代传统城市体系而成为城市化过程中的主体，历史就是这样一个新陈代谢的辩证过程。

附记：本文是笔者博士论文《人口流动与近代中国城市化》的一部分。1995 年至 1998 年，笔者在中国人民大学清史研究所追随戴逸先生攻读博士学位，博士论文是在戴逸先生的直接指导下完成的。时光飞逝，这篇博士论文自完成之日到现在已近 19 个年头，先生已届 90 高龄，学生也已年过半百。“人貌老于前岁，风月宛然无异。”现重捡原文，敝帚自珍，略为修改，为先生寿。汗颜无地，感慨系之。

---

① 参见东亚同文会编：《支那省别全志》第十五卷，《江苏省》。

留日学生的派遣与清王朝命运的终结

——以晚清留学生政策演变为中心

孔祥吉　村田雄二郎*

武昌起义的星星之火，能在很短时间内，使延续二百六十多年的紫禁城宝座迅速焚毁、坍塌，留日学生立下了汗马功劳。许多著名革命领导人，如黄兴、宋教仁、胡汉民、朱执信、吴禄贞、陈天华、杨毓麟等，无一不是从日本各个不同学校课堂走上革命征途的。孙中山先生虽然并非留学生，但是，他同样在留日学生中发动群众，组织革命力量，与日本的关系亦属至为密切。事实胜于雄辩。在清王朝覆灭之后，一些清朝官吏直言不讳地指出，留日学生是导致清王朝灭亡的最重要的原因。翰林院学士恽毓鼎曾于宣统三年十月初一日日记中写道：

> 资政院建议剪发，改西历（从日本洋历）。当此分崩离析之秋，救之不暇，忽为此大改革，惑民观听，愚氓误以为国家已亡，必生变动，是无故而搅之也。议员见识若此，何值一钱？亡国三妖，一东洋留学生，一新军，一资政院谘议局。三妖之中，尤以第一种为诸魔之母。毓鼎闻中官言，孝钦皇太后大渐时，忽叹曰："不当允彼等立宪。"少顷又曰："误矣，毕竟不当立宪。"

* 孔祥吉，美国哈佛大学费正清研究中心研究员，日本东京大学客座教授，国家清史编纂委员会特聘专家。村田雄二郎，日本东京大学大学院综合文化研究科教授。

是则侈言维新之足以亡国，圣母盖悟而深悔之矣，不料监国初政更扬其波也。①

恽毓鼎是清朝颇有点名气的史官，正如他在《崇陵传信录》的自序中所说："毓鼎事先帝十九年，侍螭头，领兰台，所居皆史职，起居注名记言动，第录排日谕旨，而以懋勤殿内记注附益之。"② 他头脑机敏，长于随机应变，对时政格外留意。恽氏所说，慈禧在临终之前，曾后悔实行立宪等新政。此虽得自传言，然颇可信。恽毓鼎认为，导致清朝亡国的"三妖"中，留日学生居首，是最重要的因素，因为其他"二妖"新军与立宪派，其中的骨干分子，亦与留日学生密切相关。因此，分析辛亥革命前的清王朝与留日学生关系，探讨清王朝对留日学生所采取政策之得失，是深化晚清史研究的一项非常重要的课题。

一　带头派遣留日学生高官的困惑

日本是中国一海相隔的近邻，自古以来，受中国文化影响甚深，然而，自明治维新之后，日本开始引进西学，奋起更张，全国上下，面貌一新。甲午一战，日本居然把清王朝这个庞然大物打得落花流水。于是，在甲午战争之后，一些有志之士纷纷向朝廷建言派留学生赴日本。建言者中间，不但有康有为、梁启超等维新派人士，也包括一些地方上的封疆大吏。于是，在百日维新后，神州大地逐渐出现了留学日本的高潮。

湖广总督张之洞是带头向日本派遣留学生的封疆大吏。他一面派遣武职官员，短期赴日"观操"学习，一面仔细挑选青年学子赴日本

---

① 恽毓鼎：《澄斋日记》（稿本），宣统三年十月初一日。

② 恽毓鼎：《崇陵传信录·序》，见翦伯赞等编：《戊戌变法》第1册，471页。

留学。他还以身作则，将自己的晚辈亦派往日本留学。与张之洞一起的，还有两江总督刘坤一以及浙江巡抚廖寿丰、直隶总督袁世凯等。再后来，内地如四川、云南等省份一些督抚也纷纷向日本派遣留学生。这种往日本派留学生热潮的出现，是晚清历史上的一件大事件，影响实在非同小可。

随着留日学生数量的日渐增多，影响不断扩大，清政府对于留日学生政策的调整亦提上了日程。最先发现派留学生问题的，就是那位最早带头向日本派留学生的湖广总督张之洞。

清廷派学生赴日的目的，原本是要学习日本的富强之术，其主要目标是学习日本的军事，引进日本的先进科学技术，达到富国强兵目的。然而，出乎清王朝预料之外的是，那些留学生到达日本之后，发现中国之所以落后于西方各国，根本不在于军事与科技，而在于清朝政治制度的腐败。因此，留日学生很快掉转枪口，把斗争矛头指向腐朽的清王朝，也指向用公费将他们派往日本的湖广总督张之洞。最突出的便是庚子年的自立军起义。

盖自戊戌变法失败后，清廷政治更加腐败。两湖书院的高才生唐才常到了日本，除了与康、梁及孙中山接触外，还广泛联络由国内派往日本的留学生，密谋策划成立正气会事宜。庚子夏天，北方义和团运动如火如荼，许多留日学生响应唐才常召唤，纷纷内渡，发动了以反对慈禧为代表的清政府的自立军起义。最后，因寡不敌众，被张之洞击败。在这次事件中，许多刚刚由武汉两湖书院派往日本的留学生，站在反对清政府斗争的前列。最使张之洞感到震惊的是，他昔日选拔的最有培养前途的高才生，刚到日本一年多，居然变成了无父无君的“逆贼”，严重威胁到清王朝的生存。在武汉被抓获的自立军骨干中，有许多是留日学生，如林圭、傅慈祥、黎科等多人，均为在日本注册的留学生。此事对张之洞刺激尤深。

自立军起义事件，向张之洞敲响了警钟：留日学生的派遣是否有后患？日本的教育与管理是否有问题？

张氏认为，中国耗用巨资派出留学生，日本政府就应该负起责任，培养合格的人才。在唐才常领导的起义中，傅慈祥、林圭、吴禄贞等如此众多的留日学生出面反对政府，使张之洞认为，日本的教育一定存在问题。

据有关史料记载，在自立军事件过后，张之洞曾经有过将已派往日本的留学生召回中国的想法。其证据有二：

其一，陶模于光绪二十七年正月二十一日致电张之洞，十分婉转地为留日学生求情。电文谓：

> 闻吾师将调回出洋学生。少年尚气，不可遏抑，彼未必尽信康、梁。恐召回无以自活，转铤而走险。乞酌。①

十多天之后，张之洞复电解释，称："并无将出洋学生全调回之说。学生助乱者甚多，皆予以自新。"②

其二，张之洞派往日本的留学生监督钱恂，曾致函汪康年，回答其关于撤回留日学生的疑问。钱恂称：

> 计开奉询各事：
>
> 八月间是否南皮有撤回学生之事？有此意，无此事。
>
> 又是否南皮有不发留学生零用之事？无此事。
>
> 又是否有电请日本勿干与〔预〕复辟之事？共约七八电，不外此旨。
>
> 代学生复南皮书，闻作者数十人，以沈祥〔翔〕云为首，即今所刊者，是否？沈翔云为首，章仲和、戢元丞辈助之，中有名

①② 苑书义等编：《张之洞全集》第10册，8513页，石家庄，河北人民出版社，1998。

言，岂一人之力哉？

二雄合一，是否？门下士极力图合，然孙昏而康诞，均非豪杰。

二雄能再雄鸣否？有志未逮，七八月间患太骤，近患太颓。

香港刺死者为杨云衢，是否？此事毫不知端绪。

鄂省下半年昏昏，往岁声名坏于一举，可惜！言之难尽。弟之辞差，亦半因不愿与之共败也。在鄙意亦深恐受弟之累，然又不敢竟许我辞。

下半年来，四万万中，惟《中外日报》稍存公理，弟意犹以为未足。不敢恭维，辣也。兄何遽自夸耶！然以四万万中杰出相恭维，未免太甜。[①]

上文中，问号句中其前的文字，系汪康年的提问，问号后面的文字，则是钱恂的答案。最后两句，前半部分，系汪康年的文字；后半部分系钱恂作答。“鄂省下半年昏昏，往岁声名坏于一举”，此处“一举”究竟是指什么？由上下文观之，毫无疑问是指张之洞镇压自立军，以及“电请日本勿干与复辟之事”。

八国联军侵入北京之后，要不要追究慈禧盲目排外、荒唐误国之行为？要不要由光绪帝取而代之？这是改变中国政局千载难逢的机遇。但是，刘、张诸人，非但不争取，竟反其道而行之，这正中英、美、日等国下怀。尤其是张之洞，在八国联军入都之后，千方百计掩饰自己在镇压自立军问题上，长时间想入非非、犹豫不决的立场。因此，当政局稍微明朗之后，他起劲地讨好慈禧与荣禄等满人亲贵，极力劝日本出面保全慈禧之权位，扼杀光绪重登帝位的一线希望。他甚至想

① 上海图书馆编：《汪康年师友书札》第3册，3008～3009页，上海，上海古籍出版社，1986。

过撤回留日学生，故钱恂指责张之洞“往岁声名坏于一举”，并且愤而“辞差”。钱恂的做法颇有些正义感。但是，张之洞思前想后，最终还是决定，放弃召回留学生之念，改为亲自出面，直接同日本交涉。在日本外务省外交史料馆，保存有张之洞光绪二十六年底给日本的一个照会。其文曰：

> 大清钦命二品顶戴，湖北汉黄德兵备道，江汉关税务兼办通商事宜岑为照会事：
>
> 光绪二十六年十一月初八日，奉督部堂张札开：照得本部堂于前年冬间，遵旨派出洋学生，前赴日本学习武备、工商、测绘等事，一切衣装资斧及常年学费，均由公家筹备等因。日本士民风气，素重尊亲；学校营伍条规，首明忠义。其于在营卒伍，在校生徒，训练教导，意美法良，能使人人具有尊君亲上之诚，爱国保邦之志。是以湖北派遣学生甚多，期其熏陶睹感，造就成材，储备国家干城之选。
>
> 承日本国外部、文部、参谋部、陆军省，推诚优待，照料周详。各学校校长、教师，训迪殷勤，规程严密。本部堂实深感佩。乃访闻诸生中，竟有惑于康、梁邪说，不知自爱，亲附乱党，勾通会匪者，如刘赓云、吴祖荫、程家柽、王璟芳、卢静远五名，到东后，竟为康党所煽惑，潜与结交。近日所发议论，专宗《清议报》之邪说，设立私会，奖助乱人，赞美逆谋，极为悖谬。
>
> 其中，刘赓云、吴祖荫两名，尤为狂悖，查出与湖北乱匪书信，其中言语种种，骇人听闻。兹将格外从宽，暂予涵容，予以自新之路，望其为改行率教之人。应请日本学校校长、教师、各军队长，严加管束，恺切训诫，如真能醒悟改悔，涤去旧染，屏绝乱党，不与往来，痛戒邪说，不再妄论，确有改悔实绩，方可

准其留东毕业；若罔知悛改，自外生成，应即立予屏逐，不稍姑容。

又吴禄贞一名，闻其托故潜行回华，并未回到湖北，曾在大通滋事，现又潜回日本学校。

又沈翔云一名，本系湖北武备学生，因事革除，旋自备赀斧，前往日本亦入学校肄业，凡乱谋悖论，皆该生所倡首，尤为险谲之徒。

以上两名万万不可教训，应请日本学校查明，即行斥除。

所有革退学生空额，湖北当即日另派学生前往补数，经此次声明在先，俾中外各国，皆知系湖北已经查明屏逐之人，将来即使别有悖乱之事，亦不与湖北相涉，务望日本学校、军队，勿再使其逗留生事，引诱善类，惑众败群，是为至祷。

此外，各学生中，如有于邪正辨识力未坚、依违两可者，务请各校长、各教师、各队长，随时开导，设法防闲，端其趋向，俾免误入迷途。其深明义理、守正不挠者，往往为附乱者恫吓劫制，相处颇系为难。尤望各部、各衙门大臣转饬各校长、各教师、各队长，力为保护，优加奖劝，令各安心向学，克底于成，则本部堂企望感佩，定当永矢弗谖。

总之，湖北苦心筹措经费，派遣学生出洋肄业，深望学成致用，供他日国家之任使，是不能听其甘心从乱，倒戈反噬，致为大义所必绝，公论所不容。若不予行杜绝，则莠草不除，嘉禾难植，明理安分、专心学习之士转致心怀恐惧，不能自安，以后人多不敢再赴东游学，是于大局有关。倘为众论指摘所加，湖北实不能当此重咎，且亦于日本学校声名有碍，想日本各部大臣，断断不以此等悖乱之徒为然也。

除咨出使日本李大臣，并札监督钱守外，合亟札饬该关道即便遵照，迅速照会驻汉日本领事，请其转达外部、文部、参谋部、陆军省各大臣，转饬成城士官学校暨各联队长官，查照文内指出各学生姓名，分别训诫，管束开除，以弭乱衅，而防效尤。其明理安分、专心学习者，务望力加保护，实纫邻谊，窃嘱其速办并照复，是为至要等因。奉片相应照会。为此照会贵领事，请烦查照，希即按照督宪文内指明各节，迅速办理见复，以便转报察核，望切施行。

须至照会者，右照会

大日本钦命驻扎汉口兼管九江、岳州本国通商事宜领事濑川浅之进

光绪二十六年十一月十二日[①]

此照会堪称一篇奇文。它不是通过清政府，而是由张之洞通过“湖北汉黄德兵备道，江汉关税务兼办通商事宜”的岑春蓂以照会形式，寄给在汉口的日本领事。张之洞之所以采取这种方式，是因为不愿意让他人知道照会中的内容。张氏将留日学生的反政府行为，归咎于日本政府管教不严。他认为，日本是“素重尊亲”、“首明忠义”的国家，为何培养的学生个个成了“无父无君”的叛逆？因此，他除了要求日本外务省、文部省、参谋本部及相关学校严惩闹事学生之外，还希望日本政府有关方面加强对学生的管理与思想引导。

汉口濑川领事在收到此照会后，于明治三十四年一月七日（光绪二十六年十一月十七日）将此照会转呈日本外务大臣加藤高明。其文称：

湖广总督张之洞，通过海关道转来照会一件，其中有关清国

① 日本外务省外交史料馆藏：《在本邦清国留学生关系杂纂·留学生监督等》。

派往本国留学生教育问题。张之洞希望能转达至陆军、文部两省及参谋总长，希望他们予以协助。①

濑川的信件及其所附张之洞的照会，十天之后送达日本外务省。日本外务省要人，如外务大臣加藤高明、政务局长内田康哉等，对张之洞的要求进行了认真研究与讨论，并于明治三十四年1月27日（光绪二十六年十二月初八日）起草了一件机密公文，次日将张之洞的照会及其处理意见分别转达给参谋总长、陆军大臣和文部大臣。② 可见，日本政府对张之洞照会是十分重视的。

加藤高明等日本政府首长，事实上不同意张之洞所提出的对留学生政治思想加以限制的非理要求。他们也反对对留学生的政治行动按张之洞的要求予以监督。因为在他们看来，张之洞的要求非常荒唐。外务省很快致函汉口的领事濑川。其文称：

外务大臣加藤高明致在汉口濑川领事函（明治三十四年一月二十七日起草，明治三十四年一月二十八日发遣）。

湖北留学生监督所上有关该地海关道转达湖广总督张之洞之照会，及本月七日来函及所附第一号文件收悉。起初，日本政府为清国培养留学生提供方便，希望他们在文、武学业上，各有成就，日方提供各种方便。张之洞对此中情形，应该是早已知道的。其照会中所提出，有些留日学生政治上走入邪路，是原来未曾预料的，我们不能为此承担责任。日本政府及有关部门，只能对于留学生的学业教育负责，至于其内心的政治主张，非常难以了解，也很难改变其政治信仰。对于留学生所采取的政治立场及其行动，日本政府也难以进行干涉和监督。对于留日清国学生的政治思想

① 日本外务省外交史料馆藏：《在本邦清国留学生关系杂纂 · 杂之部》，3-10-5，3-4。

② 参见上书，3-10-5，3-4。

> 及其活动进行干涉与监督，应该是在本邦驻扎的清国公使以及张之洞所任命的学生监督的职责。我国政府，不想承担对于学生的思想与政治行为进行监督的责任，也不想过问此事。你可口头将此意见传达给海关道并转达张之洞。①

平心而论，张之洞的要求的确是毫无道理的。因为日本自明治维新之后，抛弃了沿袭多年的封建专制制度，引进西方民主议政体制，国家面貌日新月异。而清政府却抱残守缺，不思进取，使一个泱泱大国处于被帝国主义列强奴役的境地，也被比自己领土面积小数十倍的日本欺辱蹂躏。青年留学生思想活跃，很容易接受新鲜事物。他们刚刚出国之时，并未想到反对将自己派出深造的清政府。可是，踏上东瀛列岛之后，他们眼界大开，很快发现中国的问题恰恰出在制度上。他们逐步认识到，清政府的专制制度已经到了山穷水尽的境地，于是，对清政府离心离德，自觉地站到了反对清政府的一边。日本政府当然不能够为这些青年学生政治立场的转变而承担责任。

日本政府对留学生的政治倾向，从根本上来说，并不想约束。因此，张之洞在照会中要求惩处的留日学生如吴禄贞、沈翔云等，这些带头参加反对清政府活动的留学生，没有任何一个受到日本教育部门的限制与惩处。

二　驻日公使蔡钧的釜底抽薪“妙计”

对于留日学生中早期出现的问题，远在北京的满洲亲贵中也有人

① 日本外务省外交史料馆藏：《在本邦清国留学生关系杂纂・杂之部》，3-10-5，3-4。

觉察。此人即是戊戌政变后独当一面、执掌军政大权的荣禄。在荣禄看来，留日学生中出现的反政府倾向，与康有为、梁启超的宣传鼓动，有直接关系；当然，与清廷派驻日本的公使李盛铎对留学生约束不力，亦有关系。因此，荣禄费尽心思，物色能够取代李盛铎管住留学生的官员。他最后选中的是蔡钧。

蔡钧是近代小有名气的外交家，是晚清留日学生运动史上的一个重要人物。他在日本的时间虽然不太长，但是，却有许多重要活动，对清廷留学生政策的形成，曾起过不小作用。

蔡钧早年随使欧美，回国后先是在总理衙门任职，搜罗钱财，结交权贵[①]，于光绪十二年二月十五日（1886 年 3 月 20 日），被分发到江南差遣委用。数年之后，他通过行贿，得到了上海道这个重要职位。上海道是当时有名的肥缺，依照腐败不堪的晚清官场实际判断，蔡钧如果不向荣禄大量送银子，根本无法得到这样的缺位。

据文廷式的《闻尘偶记》记载：

> 同治癸酉，崇礼由粤海关监督归，一月七迁，遂由郎中授山海关副都统。嗣是凡关差回者，无不奉巨款，亦无不升授三院卿者。至光绪十五六年后，谋粤海关者，至费五十万。然鸦片之税，多半归公，留任之期竟难三载。于是有迁延不得归者，有因债负自引决者。而是时津海、上海两道，福建闽海将军兼管一差，其售价亦加重至数十万矣。[②]

当然，蔡钧在向荣禄行贿的同时，对两江总督刘坤一亦有奉献。[③]

---

① 参见录副奏折，太仆寺少卿延茂《奏为营员董梦兰采买废枪，总理各国事务衙门委员蔡钧扶同捏禀，请饬交刑部一并严讯折》，光绪朝，档号：03-7412-062。

② 文廷式：《闻尘偶记》，载《近代史资料》，1981 (1)，37 页。

③ 关于蔡钧其人及其与刘坤一的关系，参见孔祥吉、村田雄二郎编著：《中岛雄其人与往复文信目录》，71～76 页，北京，国家图书馆出版社，2009。

在任上海道期间，蔡钧与刘坤一、荣禄之关系非同寻常，故在被罢免上海道后，蔡钧又能顺利转赴日本当公使。① 沃丘仲子《近代名人小传》曾揭示其中奥妙云：

> 蔡钧，字和甫，仁和人。官江海关道，适甬人争四明公所地，几肇大衅，乃开缺。后贽荣禄门，称弟子，得使日。以假日警力隶治诸生，群起讥之。②

沃丘仲子称，蔡钧通过向荣禄行贿，故能在被免去上海道之后转赴日本。沃丘仲子的推断，在蔡钧到日本后写给荣禄的密信中，也可稍稍得到证实。③

蔡钧于光绪二十七年十月，正式接替李盛铎担任驻日公使。他抵达东京之时，正值戊戌政变后，康有为、梁启超亡命日本，创办《清议报》，以“主持清议，开发民智”为宗旨，大肆抨击慈禧、荣禄等满洲贵族倒行逆施，扼杀变法，为光绪帝鸣不平，在海外留学生中，引起了连锁反应。④

蔡钧受荣禄之委托，来日伊始，即以防范留日学生倾向康、梁为己任。他千方百计地往华人与留学生集中的横滨地区派遣亲信。这些亲信对康、梁在日本所办的报纸与大同学校极尽破坏之能事，且收到一定效果。蔡钧在致荣禄的密札中得意忘形地宣称：

---

① 参见孔祥吉、村田雄二郎编著：《中岛雄其人与往复文信目录》，71～76页。

② 沃丘仲子：《近代名人小传》上，150页，北京，中国书店，1988。

③ 参见杜春和、耿来金、张秀清编：《荣禄存札》，371页，济南，齐鲁书社，1986。蔡钧与荣禄之间不同寻常的关系，在其日后所寄密信中，略有流露：“敬密肃者：前上寸丹，恭叩崧龄，并附陈各事，度已早邀慈览。近因披阅报章，内载有芎躬不适等语，钧仰托宇下，无事不心驰左右。惟冀矍铄康强，上以奠国家巩固之基，下以造斯世和平之福，钧得以优游于爱日中，是则为孺慕之私，所稍足以自慰者。乃承垂示，以福体尚足耐劳，尤令钧闻之鼓舞欢欣，而颂祷不置者也。”

④ 对于康、梁戊戌政变之后活动，学界评价时以保皇责之。然由日档观之，康、梁在逃亡日本后的活动，尤其在光绪二十九年之前，恰恰是形成后来革命力量的主要动力。

钧回忆廿年前因事条陈，不幸言多微中，奈遭忌斥，未敢吁请施行，至今热血满胸，尚图倾洒。所以到东不过三月，竭虑殚心，先欲解散康、梁死党，以纾九陛之忧，虽根株未易言尽拔，而釜底抽薪，亦可戢其凶焰。究之康、梁之所以能容身于东海，以内有前文部大臣犬养毅、前外部大臣大隈伯两公为之力庇，下则华商受其愚弄，集资以济其奸，故有《清议报》、大同学校等举，得以售其奸谋。《清议报》布散颇远，甚至欧洲亦信其横议，蛊惑人心，莫此为甚。至大同学校，则遗害游学诸生实无涯矣。钧目击情形，万分焦灼，惟隐与犬养、大隈两公极意联络，济我阴谋，幸皆能推诚相与。而华商则早经讽劝，悔悟良多，刻已不助其资，并索取学堂房屋。《清议报》昨经停止，即学校亦恐难持久也。不谓逋逃逆党，钧仅用此口舌之劳，竟能先杀其势，此尚足以仰副我宫太保中堂之平日期望者也。

各省遣派生徒来东游学，刻原不能遽行阻止，最妙由内地自设学堂，一面酌量减派，人数无多，流毒亦有时而尽。钧以与是邦爵绅执政结纳通诚，颇承推重，不便奏请减派游学，恐事机不密，反为日人所恶，转致有碍邦交。所以审顾踌躇，惟有密陈于宫太保前，或有策以维持也。①

蔡钧自称“到东不过三月”，即提出了用减少派遣留学生的办法限制革命党人活动的策略。因为害怕日本政府的反对，因此“审顾踌躇”，未敢轻举妄动。由此可见，蔡钧其人，遇事好用心计。在东京期间，他对于留日学生的反政府活动进行了仔细调查，发现康、梁在日本办报纸，开学堂，对青年留学生在政治上产生了巨大影

① 杜春和、耿来金、张秀清编：《荣禄存札》，370 页。

响。而“各省之咨送来东学者实繁有徒，加以自备资斧游学者鱼贯而来”①，长此以往，必然后患无穷。因此，蔡钧于光绪二十八年初，即迫不及待地对留学生的政策提出一项十分重要的建议。此项建议先后被日本驻上海、天津的总领事馆获得。

据日本档案记载，最早获得此项情报的是日本驻上海总领事馆的代理岩崎三雄。其报告称：

外务大臣男爵小村寿太郎阁下：

关于如何应对派遣至我国的清国留学生，驻本国清国公使蔡钧氏向清国当局所递报告之主旨，已于二月二十五日以机密第三号报告。今再将此事件中蔡钧氏向外务部所递报告书全部，及外务部发至刘总督书简之复件，由在南京分馆主任天野恭太郎附件呈报，以备查阅。敬上。

在上海总领事馆事务代理岩崎三雄

明治三十五年三月十九日②

岩崎三雄报告所附日本驻南京分馆主任之密报称：

不久前，驻本国清国公使蔡钧氏致书刘总督，言及留学之学生许多变成康有为一党，劝告须就将来向本国派遣留学生时加以应对。此间已就所知于上月十八日以机密第三号呈递。据事后探知，如汪嘉棠对小官言道，或有蔡公使建议停止学生派遣劝告之事。此事尚未定论。另，陆师学堂总办俞明震于本月六日来访之际，就此事谈及，蔡公使向外务部呈递报告，外务部将抄件致转刘总督，就蔡氏报告及外务部来简之概要，有所述及。

① 杜春和、耿来金、张秀清编：《荣禄存札》，366页。

② 日本外务省外交史料馆藏：《在上海总领事岩崎三雄机密第五号》，见《在本邦清国留学生关系杂纂·杂之部》，3-10-5，3-6。

现在外务部致刘总督书简之抄件，以及蔡公使致外务部报告之摘录，均由与俞明震有交谊者之手获得。但均未经俞氏承诺许可。此处尚请包含。上述两书简，日期脱落亦诚为憾事，而俞氏向小官所述始末，与附件内容相符，可见出自俞氏之手无疑。

最后，蔡公使之报告对清廷有关方面产生了何等影响。据目下探知，其结果尚未显现。去年已经决定派出的陆军学生亦于本月二十四五日左右由俞总办带领，从当地出发，渡向本国。谨以附件呈报。敬上。

在南京分馆主任天野恭太郎

明治三十五年三月十四日①

上文中所提到的汪嘉棠，字叔芾，安徽歙县人，光绪拔贡，朝考一等，初任职礼部，升主事，并考取总理衙门章京，后赴江苏，任金陵洋务局总办、金陵制造局等差，可谓消息灵通；俞明震，字恪士，号觚庵，出身于浙江绍兴世家，擅长诗词，光绪十六年进士，授刑部主事，时任南京江南水师学堂督办，与派遣留学生事有直接关系，故得闻此中消息。

由此密档可知，日本驻南京的外交官最先获得此项情报。而泄露机密者，先是汪嘉棠，而后是俞明震。最后由与俞明震“有交谊者”，提供了有关留日学生政策调整的两通密札，即外务部致南洋大臣刘坤一函及蔡钧致外务部函。

当时，日本对中国派遣留学生一事，非常关注。除了南京、上海之情报外，日本档案还保留了天津总领事伊集院彦吉致外务省的机密报告。其文如下：

---

① 日本外务省外交史料馆藏：《关于送付蔡公使之派遣本国留学生对应方法报告并外务部书简复件的报告》，见《在本邦清国留学生关系杂纂·杂之部》，3-10-5，3-6。

外务大臣男爵小村寿太郎：

关于清国向本国派遣学生留学事，本年一月一日（清历），驻本国清国公使蔡钧，向清国外务部呈递的文件，已通过某种途径得到。其报告之主旨，专言停止清国政府向日本派遣官费留学生，建议将该项费用用于清国各省学校之设立，或欧美教习之聘任。如此，修业者将合乎清国之国家利益。该报告文句称，日本民德久衰，风俗淫乱，政府腐坏，天皇徒具虚名于上，庇我逆臣，袒我匪徒，且暗引诱我学生作乱谋。

此乃是无中生有之事，以不逊之语，谓我国体，阻害彼我两国之亲睦。至于为何蔡钧提此建议，尚难解释。据详细事实及内部侦探，该报告最初由蔡公使向北京外务部直接提出。外务部则直接将该公使意见书，以附件甲号抄件之训令，送至南洋大臣刘坤一处。刘坤一幕僚候补道台陶森甲氏，时时留意，将其写送至我当地之日日新闻社。事实清楚，准确可靠。现另纸乙号抄件送呈，以备查阅。

又：本文报告之抄件，乃陶森甲氏私下密报于我日日新闻社，此事务请内部充分保密。谨呈。

在天津总领事伊集院彦吉

明治三十五年四月一日①

天津总领事伊集院彦吉报告透露，蔡钧请停添派留学生的密报，是光绪二十八年正月初一日提出的。此项情报是由陶森甲向日本的日日新闻社所提供。

陶氏，字榘林，“湖南宁乡人，由副贡生遵例报捐内阁中书，光绪

① 日本外务省外交史料馆藏：《驻本国清国公使就清国留学生致外务部报告之件》，见《在本邦清国留学生关系杂纂·杂之部》，3-10-5，3-6。

五年到阁行走；七年经督办新疆军务大臣刘锦棠奏调出关办理营务；十年十月于六载防边案内经刘锦棠保奏，奉旨著以同知归部即选，并赏戴花翎；嗣经钦差大臣、督办福建军务大学士奏调福建军营差委"①。据两江总督刘坤一于光绪二十五年十二月二十四日向清廷推荐书称赞：

> 再二品顶戴江苏试用道陶森甲，于光绪十三年随同兵部侍郎洪钧出洋，派驻德国，熟悉交涉情形。经臣汇保使才在案。该道先经前新疆巡抚刘锦棠、前大学士闽浙总督左宗棠、前台湾巡抚刘铭传次第奏调新疆、福建、台湾等处办理军务，盘错功深，韬钤风俗。及到江苏候补，经臣委办两江营务处，调和诸将，整饬戎行，颇有起色。嗣经委往日本阅操。该道文采可观，议论动听，其于周旋晋接，悉合机宜，该国大臣竞称其能。事竣回省，随将所历各处情形，以及风土民情并该国行军之号令、营阵，一一绘图贴说，编为成书。其识略之优长，深通兵法，熟谙邦交，为方面中不可多得。该道前在陕西，受知于西安将军今大学士荣禄，每与论及人物，极称该道为有用之才。可否仰恳天恩，发往荣禄军营效力，以资指臂之助，俾展所长，抑于沿江沿海各省简放一缺，俾能措置裕如，于时局不无裨补。理合附片具陈，伏乞圣鉴训示谨奏。②

由刘坤一此折可以看出，陶森甲既能"调和诸将，整饬戎行"，又能"周旋晋接"，熟谙邦交。刘坤一、荣禄均看重其人。然而，他们并不知道陶森甲向日本提供情报之事。通观日档记载，可以看见两江总

---

① 秦国经主编：《清代官员履历档案全编》第5册，200页，上海，华东师范大学出版社，1997。

② 录副奏折，光绪二十五年，吏治类，档号：406-3243。

督刘坤一周围，布满了向日本方面提供情报的官员。晚清官场严重腐败，于此可见一斑。官员们以向日本出卖机密情报而换取好处，此事由来已久，国家毫无机密可言。

日本档案中保存了上海、天津的日本总领事馆获得的外务部与蔡钧密函抄件。现将两者对照参酌，整理如下：

蔡钧致外务部函（附件乙号）。

查各省遣派生徒，例给咨文，由使臣送学及查察照料。殊不知照料自属应为，查察实难越俎。诸生徒不受范围，犹属细事。溯自康、梁毒焰销息以来，其逋逃潜匿日邦者，指不胜屈，类皆窃其余唾，巧肆簧鼓。借合群之谊，而自由之说益横；醉民主之风，而革命之议愈肆。各省聪俊子弟，来兹肄业，一闻邪说，误入迷途，竟有流荡忘返之势，譬诸螟寄果生，楚书郢说，父兄之教训莫能及，官长之督率无所施也。

伏思朝廷岁费巨资，分遣生徒，寄学异国，原冀培植人材，周知外事，增益新能，以为他日干城之选。讵料学业未成，而根本已失。宗旨一变，则心术全乖。将来卒业回华，散布各省，倚为心膂，假以事权。其中或亦有良知未丧之徒，能为国家效力，然莠多良寡，煽惑已深，则何难扬彼颓波，徼幸死灰重炽。窃恐曩岁湖北之变，难免不复见于南北各省。此不得不为之深思熟虑者也。

钧本拟将此等情形，密陈天听，独以此事关系日本体面，既重且大。彼方穷乏已极，常冀我多派学生，藉其膏火，联助学校经费，而外则以同文之说，欲使文明输入中国，若真心相助者。反复踌躇，投鼠实有忌器之思。且虑事机不密，一泄春光，将招日人之嫉忌，不特使者有履虎之危，转大与邦交有碍。职是再三慎重，审顾彷徨耳。

比闻各省仍须添派学生，恐将来愈聚愈多，流品愈杂。（日人利用中国之乱，常肆言诬谤宫闱，污毁荣相，希冀皇上亲政。从此）转相煽诱，堕其术中，不啻为虎添翼。

现计诸生来者，数已逾四五百人，综核所费巨款，即各省自设学堂，亦应敷用。但能延聘东西著名教习，主讲学堂；慎选清白子弟，分门肄业。再由使臣多译东西有用书籍，而无民权平等诸邪说者，咨送贵衙门核印，颁行各省学堂，亦足资借镜，从长之益将见，成材转易，乐育尤多矣，奚至有入主出奴之患，舍己从人之虞也哉。

钧未至日本以前，曾立论各省宜多派生徒，游学观摩，藉开风气。乃至此细加考察，而后（知日本之号称维新者，有名无实。其政府多树党援，各分门户，不顾公义，每）叹所闻不符所见。又缘未能预料康、梁以逋逃之薮，为邪说之丛，败坏人心，一至于此。诚尤不敢自护片言前失，而弗为国家大局久远计也。至康、梁余孽，现聚于横滨一埠为多，在东京者，则深藏固匿，不敢与使署人相一面也。横埠商民受愚已久，所以有借中华会馆房屋，为彼逆党开设大同学校之举。

钧自莅此邦，密图解散其党，借会馆请宴，亲与诸绅商几席周旋。初讽以微言，次晓以大义，藉捐廉提倡，劝会馆自立学堂，以教育其子弟，开导再三，诸人乃顿悟前非，咸愿改邪归正。合议收回会馆学房，重建商民公学，求钧做主，予以自新之路计。自今以后，凡彼自由革命之党，一旦顿失众商欣助经费，无可为固结团聚之资，徐以俟之，势将解体而涣散矣。若各省更能永停添派游学，俾卒业者有去无来，则根株悉拔，流毒有时而尽。至于商民自开公学，好名畏罪，势业与彼党分驰，自当由官长提倡督率，晓以忠君爱上之忱，与以上进出身之路。夫而后人心一正，学术自端，邪说不禁而自止，彼党不驱而自远矣。

区区祷昧之见，知无不言，言无不尽，系为仰承枢意，顾全大局，筹画久远之计，是否有当，务求密回堂宪，请示周行，俾有遵循而无陨越，不胜祷切屏营之至。①

上文括号中的文字，为上海总领事馆报告所独有。蔡钧此函所称"曩岁湖北之变"，系指庚子年唐才常所领导的自立军起义。蔡钧认为如果继续向日本派遣留学生，则南北各省均会出现唐才常、林圭那样的起义事件。蔡氏所云，颇有先见之明。因为留学生到日后，将两国政体相互比较，孰优孰劣，昭然若揭，故很快转向革命。因此蔡钧建议的核心内容，是要永远停止向日本派遣留学生，而将派遣经费用来做国内传播西学之用，可谓解决留学生问题的釜底抽薪之计。外务部将此函转交刘坤一斟酌，并附有一函。日档记曰：

外务部致南洋大臣函（附件甲号）。

（岘庄制军阁下：密启者，近接蔡和甫星使来函，详言各省派赴日本留学生徒，因康、梁余孽逋逃潜匿者尚多，不免惑于邪说，误入迷途，恐为将来之患。现在密图解散，若各省更能暂停添派游学，俾卒业者有去无来，则流毒有时而尽等语。）查日本步武泰西，学校称盛。中国与之同洲同文，取法较易。近年各省遣派生徒，前往肄业，原期相观而善，蔚为通材，以副朝廷乐育振兴之意。（若如蔡星使所论情形，是使聪颖子弟，转为异说所蒙，非徒无益，而又有害，实与本义，大相刺谬，诚）不得不为杜渐防微之计，以免贻患将来。用特照录原函，寄尘台览。嗣后如能停派游学，固可渐为解散；倘以学业所关，未便因噎废食，则宜慎选

① 日本外务省外交史料馆藏：《在本邦清国留学生关系杂纂·杂之部》，3-10-5，3-6。

根底深厚、志趣端正一流，俾往就学，庶不致更滋流弊。方今屡奉明诏，饬各省设立学堂，并予多士以出身之路，但使整齐画一，薄海从风，则日月之明，岂容爝火；江海之大，不纳横流。（彼入歧趋者，将睹指而知归，肆异议者亦不禁而自绝矣。）此事正本清源，固非一日，而欲为目前之挽回补救，则蔡星使之言，亦不为无见。

执事关怀时局，烛照群情，应如何熟筹审处，以善其后，尚希卓裁酌度，默运权衡，务于学术人心，有所维系，是为至要。（专此密布，顺颂勋绥。）

庆亲王、王文韶、瞿鸿禨、那桐、联芳①

上文括号中的文字，亦为天津总领事馆报告所独有。仔细玩味外务部此函，可知奕劻等人一方面认为，蔡钧之建议“不为无见”，另一方面却又称“未便因噎废食，则宜慎选根底深厚、志趣端正一流，俾往就学”。盖当时留日学生之派遣，尚处于初始阶段。不少清廷要员，将派学生赴日深造，视作富国强兵之要策。因此，在是否停止留日学生的派遣问题上，外务部并未完全采纳蔡钧之建议。

蔡钧原本以为他的建议会得到清廷之嘉奖，不料，非但未达到目的，反而引起廷臣许多非议。② 他在给荣禄的密信中写道：

---

① 日本外务省外交史料馆藏：《在本邦清国留学生关系杂纂·杂之部》，3-10-5，3-6。以上括号内文字系在上海总领事岩崎三雄文件所独有。

② 录副奏折，江南道监察御史蒋式瑆《奏为特参出使日本大臣蔡钧肆意妄为事片》：“光绪二十八年四月初二日。再，出使日本大臣蔡钧，前在苏松道任内久著米贼之号，上年初膺简命，人言啧啧，谓以六万金营谋保荐。道路传闻，虽未必果为实据，而其不孚众望，已可概见。近因挟妓饮酒，被留学生当面诘责，因羞变怒，贻书外务部阻止游历，谓此后可以为所欲为矣。不知廉耻自砺而后可以责人，锐意招徕而后可以弥隙。近年留学生远在海外，言行失检不知自爱者诚不乏人，然亦视使臣之如何耳，若竟因噎废食，恐自古无此办法。且果如该大臣所请，窃计此后必致不肖之徒结交一二日人，随之东渡，政府莫能过问，关吏无可如何，更将视使臣领事若赘旒，放言横行，弥复无所忌惮，驱鱼驱爵，莫甚于此。又书中痛诋日人日政，颇为彼国所恶，其势汹汹，将不可收拾。朝廷若不早为设法，恐非所以尊国体而重邦交。臣愚昧之见，是否有当，谨附片密陈，伏乞圣鉴。谨奏。”

宫太保中堂座右：

…………

钧近与日东讲求邦交，差幸公私应手。若小村外部尤为交笃，如能将逋逃逆党歼除尽净，则外交事更易措手也。《清议报》已自今岁停止，前禀中早详陈之矣。大同学校因各华商索取房屋，并追欠租，刻经构讼，听候讯断，不日亦必有水落石出。至游学生易染其习气，经钧微讽于小村前，小村亦若有默喻其意者。谓学校规条有不妥善者，行将从而改订之。即以后遣派游学，弊亦未必有如前日之甚者也。

惟钧前以游学各弊，密陈于我宫太保中堂及外务部与南北洋各处，固知阻止游学深犯日人之忌，不然钧当自上封章，所以密陈外务部及南北洋时，即请其秘而秘，以昭慎重。讵此竟为南洋陶道所闻，到处宣泄，幸尚未知其详。致驻宁、沪各领事，即据以禀报该政府，以为阻止游学皆钧意也，而各报亦乱肆訾议。昨晤小村外部，幸小村尚不深信，举此事以告钧，谓皆若辈妄听之过，予知贵大臣向曾倡多派之议，今断为谣言无疑。予已函告各领，以后勿再妄报，致碍交谊云云。

钧细绎此事，若小村竟以此为无据之言，置之不论，固可勿虑。乃彼反以与钧交稔，呵斥各领，恐各领为奸人所煽，或竟耸令贿求所上之密函稿呈于该政府，则小村亦无言置辩可奈！何况中国内而外务部、军机处，外而督抚、各署，凡有密事，外人无不了如指掌，盖其中受贿而密递消息者，固大有人在也。此事在曾使中国者皆知之，皆能言之。而且，此项行贿之款，各国家皆认为正项报销者也，或竟将钧之函稿为若辈所得，则不惟有碍外交，即钧亦何能于外部相周耶！以后遇有要紧交涉，亦何能令其倾心相信耶！

兹幸此时南北洋派来学生已经就道，此事亦可水〔冰〕释，应恍然实非钧之所阻。然以后遇有要事，仍不能不密为禀陈，若各处不秘，如此尚复能为朝廷做事耶！惟有仰恳宫太保中堂密为知照，凡遇与外人交涉要事，均宜存置秘处，虽苏拉供事，亦勿令其经手。非然者，则可虑甚多也。用特密陈颠末。专肃敬恳，叩请崇安，伏乞慈鉴。

蔡钧谨肃

二月十八日①

蔡钧此函称，他的请停止添派游学生建议，曾密陈于荣禄、外务部及南北洋大臣。可是，日档中所存，只有外务部转给南洋大臣刘坤一的一份。

特别应该探讨的是，外务部没有将此函转给最积极提倡派出留日学生的张之洞，是非常值得注意的一件事。

本来张之洞是最早、最积极提倡派员赴日本留学的封疆大吏，与此事极有关系。可是，无论蔡钧，还是荣禄，均未提及让张之洞在留日学生问题上发表意见。盖因为军机首辅荣禄，对张之洞常存有戒备之心。荣禄虽然读书不多，却有机敏过人的头脑。对官员们的表现，在清廷高层只有荣禄掌握得最为清楚。庚子年唐才常诸人长期在武汉地区活动，张之洞却熟视无睹，迟迟未动手镇压，荣禄远在北京、西安，虽未揭穿，但是，很难说他内心没有想法。荣禄对刘坤一的态度却与对张之洞完全不同。他将刘坤一视作知己。刘坤一去世后，荣禄破例致送奠仪白银一千两。② 清廷大员给地方督抚送厚礼，是很罕见的现象。爱财如命的荣禄以军机首辅之尊，很少向哪位封疆大吏送千

① 杜春和、耿来金、张秀清编：《荣禄存札》，371～372页。

② 参见中国社会科学院近代史所资料室藏：《荣禄存札》，未刊稿本。

金大礼，故荣禄致送奠仪一事，使刘坤一家人受宠若惊，慌忙将原物奉还。正因为如此，荣禄只要刘坤一参与讨论是否停派留学生，而此等要事，却不使重要当事人张之洞闻之。

再有，蔡钧此函谓，“此竟为南洋陶道所闻，到处宣泄”。此处陶道即指陶森甲。蔡钧不知道，早在一个半月之前，即二月十八日，汪嘉棠、俞明震以及与俞明震“有交谊者”已经提供了完整的版本。

蔡钧是晚清最早走出国门的外交家之一，对西学的了解，亦比一般的官员要多，号称“熟谙条约公法，并通晓外国语言文字”[①]。但是，他所提出的停止添派游学生的办法，却是因噎废食，自我禁锢，是最愚蠢的政策。他为荣禄出谋划策，以为只要不让学生走出国门，就能防止革命党的滋生发展。然而，这只不过是螳臂当车，无法实现的梦想而已。因为国门一旦打开，即如洪水宣泄，想要关闭，只能是不切实际的幻想。

此外，蔡钧的机密信件说明，直到光绪二十八年，在海外留学生中产生的与清廷离心离德的革命思想，主要应归功于康有为、梁启超的鼓动，而不能说是以孙中山为首的革命党。康、梁在《清议报》上对以慈禧为首的清政府的倒行逆施进行连篇累牍的抨击，以及创办大同学校，广招湖湘子弟来东，这三件事在留学生中产生巨大影响，为后来革命派的发展壮大，奠定了思想和组织基础。我们对于康、梁在戊戌政变后三五年的积极作用，实在不应低估。

三　慈禧要张之洞筹划防患之策

为了讨好荣禄等满洲亲贵，蔡钧到达东京之后，对留日学生格外

---

① 录副奏折，光绪十七年十二月二十日，闽浙总督卞宝弟请交军机处存记折。

蛮横，尤其是对自费留学生更是百般挑剔，充满偏见与歧视，对他们所选专业严加限制。蔡钧的倒行逆施，使东京留学生与清政府的对抗情绪日趋尖锐，革命思潮暗流涌动，由此引发了成城学校入学事件。

所谓成城学校入学事件，是指光绪二十八年夏季，自费赴日的留学生吴敬恒、孙揆均等人，要求进入成城学校学军事。在办理入学申请时，蔡钧蛮横地拒绝保送。于是，吴敬恒带领学生至使署请愿，蔡钧非但拒不接见，反而串通日本警察，将孙、吴二人"带回警署"，严加审讯。蔡钧与日本警察的举动，激起留日学生反政府的浪潮。对此事件，日本档案记载甚详。警视总监大浦兼武对此事件的报告称：

小村外务大臣殿（并转呈内相、外相、文相、警备局长）：

昨天二十八日（光绪二十八年六月二十四日）午后一时许，清国自费留学生吴敬恒、孙揆均及另外十五名青年，来到永田町清国公使馆访问，要求面见公使。公使拒见，留学生等强请，进而跪求，非见公使，不肯退去。当此冲突发生之际，清国访问客人吴汝伦及外务省通译官小林幸太郎等来，劝告学生，慰抚谕解。而后，麹町警察署长接获清国公使报告，请求派员赴公使馆。于是，警察署员赴馆，内外警戒。午后七时，警察署员于公使馆询问吴敬恒等，吴氏陈述彼等学生求见公使，系为其入成城学校提供入学介绍被拒，力争不得，于是嘲骂公使，引起冲突。当夜警察属员，将留学生中吴敬恒等二人带回警署。

警视总监大浦兼武

明治三十五年七月二十九日①

① 日本外务省外交史料馆藏：《在本邦清国留学生关系杂纂》，甲秘第91号。

日本警察进入公使馆，押捕吴敬恒、孙揆均的事件，使在东京的中国留学生义愤填膺。青年学子认为，他们千辛万苦，远渡重洋，以求学海外报效国家，公使非但不予协助，反而借用外国警力，迫害自费留学生，实属有辱国格。他们联名致电外务部，要求撤回蔡钧。其电文称：

> 请将蔡使撤回电，收日本东京留学生致外务部请代奏电 光绪二十八年六月二十六日（1902 年 7 月 30 日）
>
> 蔡使违背上谕，屡拒保送留学生。昨诸生至署，再三恳求，反令警察入署押捕，实损国权而辱士类，伏乞王大臣代奏，将蔡使撤回，无任待命之至。日本东京留学生公电。①

此电以日本东京留学生公电的名义发出，说明广大留日学生对蔡钧不顾常理、胡作非为的愤怒与不满。与此同时，蔡钧则反唇相讥，为自己的无理行为辩护。据清档记载：

> 收驻日本蔡大臣致外务部电 光绪二十八年六月二十七日（1902 年 7 月 31 日）
>
> 南洋公学逐学生九人，自费来东，要求保送陆军学堂未成。彼乘机纠结自费众学生，连日来馆，昼夜哄闹，破门碎窗，无礼已极。幸日捕弹压无恙，余函详。钧。沁。②

数日后，东京警察署循蔡钧之请，将吴、孙二人押解出境，在押解过程中，吴敬恒欲于皇城附近二重门护城河投水自尽，虽被日警救起，然其悲壮之举，在留日学生中反响强烈，群情激愤，不可遏抑。有的学生甚至因此事愤而归国，以示抗议；留下来的学生，亦大多站

---

① 中国第一历史档案馆藏：光绪朝电报档，综合类收电档，档号：2-04-12-028-0589。

② 中国第一历史档案馆藏：光绪朝电报档，综合类收电档，档号：2-04-12-028-0590。

在反对蔡钧的行列。

成城学校入学事件，是晚清留日学生运动中的一件大事，其结果是留学生与政府之间的鸿沟日深。许多原来持中间立场的学生，被推到了革命派方面，浩浩荡荡的留学生革命队伍从此初具规模。成城学校入学事件所引发的学潮，使清政府统治者感到震惊。

为了加强对留日学生的防范与管理，清政府采纳了载振的建议①，于光绪二十八年十月开始选派专职的留日学生总监督，并且开始考虑应对留日学生之策。

光绪二十九年春夏之交，张之洞奉慈禧之命进京，商谈要政。据《张文襄公年谱》记载："光绪二十九年四月中旬，奉懿旨出洋游学多流弊，饬筹防范之法。"②

《张文襄公年谱》此处记载小有失误，因四月中旬张氏还在赴京的路途中，他不可能于四月中旬接奉慈禧懿旨。张之洞是四月二十二日才到颐和园宫门请安的，二十三日才奉旨召对，当日即奉上谕：

湖广总督张之洞，加恩著在紫禁城内骑马。

二十四日谢恩召见，皇太后赐御笔青松紫芝画扇。

二十五日召见……又奉上谕，张之洞著在西苑门内骑马。连

① 据清档记载："光绪二十八年七月初三日，奉旨日本游学生聚集使馆肆闹，著载振确查具奏。七月初三日谕军机大臣等，电寄载振。有人奏，前赴日本游学生，有聚众至使馆肆闹情事，经日本巡警兵弹压始散。学生聚众滋事，闯入使馆，应从严惩办，以儆刁风。出使大臣蔡钧，不洽舆情，激成巨变，请严予惩处。参赞铨林，任性妄为，士心不孚，应一并撤回等语。著载振按照所参各节，确切查明，据实具奏，毋稍徇隐。寻奏：此案原因游学日本自费生，联请使臣蔡钧送入成城学校。该使臣以其人数稍多，未遽保送，系为慎重起见，办理尚无不合。而诸生平素安静勤学，并非有意滋事之人，偶因求见不获，致生龃龉，出自彼此误会，其心实可共谅。惟使臣外交事繁，不能随时接见诸生，周旋戒勉，致有隔阂。应否饬下管学大臣，遴派游学总监督，与日本政府商订章程，妥为调护之处，伏候圣裁。至原参赞铨林任性妄为，士心不孚一节，密加访察，并无实据。下部知之。"（光绪朝电报档，电寄谕旨档，档号：1-01-12-028-0067；《清德宗实录》卷502，光绪二十八年七月上）

② 胡钧编：《张文襄公年谱》卷5，5页，1939。

日荷赐内馔。

二十六日谢恩。①

慈禧为什么对张之洞如此垂青，迭施恩宠？一个重要的原因就是，老谋深算的慈禧已经预感到留日学生问题的严重性。清王朝的最高统治者已隐隐约约地觉察到，如果对这些“年少无识、惑于邪说、言动嚣张”的留日学生不加防范，早晚会闹出大的乱子。

当然，慈禧召张之洞进京，与清廷高层的人事变动很有关系。光绪二十九年三月十四日（1903 年 4 月 11 日），慈禧太后的亲信军机首辅荣禄病故，于是，才有张之洞的北京之行。倘若荣禄在世，张之洞是否会有此机会进京，是一个值得考虑的问题。慈禧在把张之洞召到北京之后，又是“紫禁城骑马”，“西苑骑马”，又是屡赐内馔。慈禧这一系列表示恩宠的举动，并不是没有目的的。她把张之洞千里迢迢召来北京，其重要目的之一，就是要张为她筹划防范留学生之策。

由张氏年谱的上述记载可以看出，慈禧大约是在光绪二十九年四月下旬，在张之洞抵京请安后不久，即迫不及待地提出留学生流弊关乎国家大局，令其赶快筹划防范之策。

四　奖励章程居然是由日本人提出

张之洞出身清流，在出任封疆后，又以兴办洋务为己任。甲午战争之后，国势危迫，张氏改革意愿强烈，成了最早提倡向日本派遣留学生的封疆大吏，故对其中利弊，了然于胸。他深知：要筹划约束留日学生，当然离不开日本行政当局的配合，为方便起见，首先应与日

① 胡钧编：《张文襄公年谱》卷 5，3 页。

本驻京公使进行交涉。

张氏后来在奏折中称：慈禧太后“以出洋学生流弊甚多，饬筹防范之法。当经面奏，学生在外国境内，中国法令难行，必须先商彼国政府，允为协助，事始有济。仰蒙慈允，遵即晤商驻京日本使臣内田康哉与筹办法。该使臣以两国法律不同，办理动多窒碍，谈次颇有难色。继经剀切开譬，告以出洋学生如不妥筹约束，听其浮游废学，任性妄为，犯义干名，陷于罪戾，则此后有志之士，不复敢远游就学，往取师资。其先已在洋笃志力学者，亦且惧为牵累，废然思返，永无成就通才之日，为害不可胜言。该使臣审思至再，始谓如有妥善办法，亦愿电彼政府赞成此举。惟必须中国于安分用功学成回国之学生，予以确实奖励，使各学生有歆羡之心，并使彼国学堂确见中国有劝学求才之实意，始于不安分学生，有助我约束之法，属先酌拟章程，再为商办”①。

以上文字，言简意赅，它说明张之洞是秉承慈禧的懿旨，向日本驻京公使内田康哉筹商防范约束留学生之法的。可是，在商谈过程中，日本公使却提出了两个问题：一个是两国的法律不同，日本政府不可能完全按照清朝的要求，惩治在日从事反清活动的留学生；另外一个问题是，不能只搞约束，而没有奖励，特别是要订立对留学生的奖励章程，日方认为这是谈判的先决条件。内田专门强调：“惟必须中国于安分用功学成回国之学生，予以确实奖励，使各学生有歆羡之心，并使彼国学堂确见中国有劝学求才之实意”，只有这样日本政府才会答应帮助清政府约束在日留学生。

内田康哉开门见山地提出奖励问题，并非偶然。一方面是考虑到只有奖励，才能提高来日留学生的积极性，从而保证日本各学校的教

---

① 舒新城编：《中国近代教育史资料》上册，183页，北京，人民教育出版社，1979。

育质量；另一方面，随着留日学生数量逐渐增多，给日本各学校相应带来的财政收入，亦比较丰厚。因此，内田首先想到的是，不能因为清政府的约束政策，而影响留日学生的源源东来。

经过中日双方的反复磋商，张之洞于是年闰五月二十九日（1903年7月23日）向慈禧禀报了在京与内田康哉会谈的结果，并根据慈禧的旨意拟定了约束留学生章程与奖励毕业生章程各一通，然后，交给日本驻京公使。"复由该使臣转达其政府，与各学校校长公同会议，期于中国学生有裨，而于彼国法权无碍，斟酌至于再四，日来始克议成。计拟定约束章程十款，鼓励章程十款，又另拟《自行酌办立案章程》七款。"①

到了光绪二十九年夏天，张之洞将他与日本反复磋商的章程，送交军机大臣瞿鸿禨与鹿传霖，由他们再转呈军机首辅、慈禧的亲信庆亲王奕劻。张氏还附有专函称：

> 前奉旨与日本政府商订约束留学生一事，尊指最重要者，以不安分学生必须驱逐回国、私学奖励应与官学有别两端。随即与内田公使晤商，辩论多次，现经彼政府复电允许，无可再争矣。两条分别如左：
>
> 一　不安分留学生宜遣回一条。此条彼甚不愿。告以如不安分学生不肯遣逐，则安分学生之奖励不能从优。始勉允商之彼国政府，添此一条。惟驱逐、押送、勒令等字，彼坚执不肯，现改为如察其无悛改之望者，即行饬令回国，不准稍有逗留。虽不明言驱逐，其语意似已切实。
>
> 一　奖励私设学〈堂〉毕业生，宜示区别一条。内田谓：私

① 舒新城编：《中国近代教育史资料》上册，183页。

设学堂，必其教育管理确实可信，与官学堂毫无差别，方能认可。现在约束章程，私设学堂既与官学堂一体照办，若奖励显分区别，即不能使其照章认真约束。当嘱其切商彼政府，其政府复电仍坚执不可两歧之说。

因与商云，如此则以后官学多送，私学少送。内田云：保送学生之权，在使臣、监督，私设学堂如实不放心，尽可少送入学，将来毕业回国，尚须钦差大臣察核考验。如私学堂之学生，其品行、科学实不如官学堂，届时中国自可斟酌办理，日本可不过问等语。所言亦尚有理。

窃思此条只可由我自加权度，默为限制，将来保送时先尽官学，其私学不得过三分之一，至多不得过半。如实不妥，尽可不送。其回国奖励时，私学较官学格外慎重，可不必再与日本商也。

以上两条，系新与增议之款。此外各条，间有经日本政府商酌增损字句者，核与原拟无甚出入。此事一切俱已议妥，谨另录清稿，计照会日本约束、鼓励章程一件计十六条，中国《自行酌办立案章程》一件计三条，分别签注，送请鉴裁。即请转陈邸座、夔相，裁定示复后，即作为定议。敝处当一面知照内田，一面具奏请旨，发交外务部，由部照会日使，并由部咨行出使大臣、总监督遵照办理。光绪二十九年七月十一日。①

上文中邸座，指庆亲王；夔相，则指军机大臣王文韶。张之洞此处所称“不安分”之留学生，指的正是那些从事反清活动的革命党人。

由张之洞此信可以看出，清统治者关心的是约束管制出洋的留学生。他们想把留学生的行动约束在清政府允许的范围之内。对于奖励，

① 赵德馨主编：《张之洞全集》第12册，101页，武汉，武汉出版社，2008。

清政府则千方百计地缩小范围。他们首先提出来，私立学堂的留学生只应实行约束章程，而不给或少给奖励。日本方面则认为，只要私立学堂达到了文部省规定的标准，无论公、私学堂，理应公平给奖。清政府对自费生的不信任之情，已跃然纸上。

张氏此函呈递后不久，就得到了答复。以慈禧、庆亲王为首的满洲权贵，变换手法，只希望将约束章程落到实处；至于奖励章程，他们认为，应灵活掌握，实际上是尽量不奖，或少奖。奕劻的如意算盘，在张之洞的另一通复函中，表现得淋漓尽致。张氏曰：

> 奉函示邸意：以约束留学生章程内，第一条保送学生、第七条斥退学生末数语声明，日本官、私学堂不遵章照办者，学生毕业后概不给奖两节，应行删去。又，鼓励章程内，所拟各学堂毕业学生出身毋庸明叙，应改为从优奖励等因。遵即订晤内田公使，商令删改约束章程内所删数语，彼已照删。
>
> 至奖励学生出身一节，内田一闻即怫然，曰：如此是全翻了。且云：前因中国欲商定约束留学生章程，此事本系极难办之事，日本官设学堂规矩虽好，然出学堂以后岂能处处防察，且私设学堂甚多，敝国政府实难代为料理。嗣后言明毕业生有实在优奖，则各学生各有希冀功名之念，自不致放纵为非，而私设学堂，愿其学堂内学生成才显达，自觉有光，必亦乐于约束裁成，顾此名誉。我政府责其约束，各学堂方肯实力遵行，是以允定约束各章，事事极为严密。今若但言从优奖励，殊不足以坚学生之信，岂能坚其励品勤学不染恶习之心，则约束章程我政府即无从相助为理。况回国后，中国仍须派大员察核考验，其权仍在中国。且此系中国自定章程，并非两国条约，不过照会日本借此以惩劝学生耳。我政府此次允为相助，原是格外帮忙之事，并非有必须担承约束

之责。设我政府敬谢不敏，则私设学堂日多，私往学生日杂，将来无论留学生流弊如何，中国亦不能责我等语。告以政府之意，并非靳留学生出身，只因此是中国自主之权，可自行酌办，毋须于照会贵国章程内叙明而已。

内田云：既可定学生出身，何不可使日本知之，且此系从前上谕已有之奖。坚不允改。再四与商，内田谓当自见邸座面谈。敝处无从再说，谨将商办情形驰陈清听，敢祈转陈邸座，敬候会晤后速赐裁夺示知，再与设法商办。光绪二十九年七月十五日。①

此函中所谓“出身”，是指科举的头衔，乃封建社会读书人安身立命的基础。早在唐代，科举考试中礼部试者称及第，中吏部试者称出身。宋朝中殿试者，称及第出身。清朝凡中科举者，均称正途出身。张之洞此函系指留学生回国后，通过考验，可以得到与参加科举考生同样的贡生、举人、进士等头衔。奕劻认为，奖励章程只应该笼统称“从优奖励”，而不必明确表示给留学生“出身”。实际上是想把留学生归国后的奖励，流于空言。因此，奕劻意见刚刚提出，即受到日本驻京公使内田的强烈反对。可见，满洲权贵想约束留学生是真，而奖励则是迫不得已而采取的措施。因此，奕劻让张之洞与内田公使再行交涉。

日本外交档案中保存了一通张之洞于光绪二十九年七月十七日（1903 年 9 月 8 日）致内田康哉的信件，与此事颇有关系。张氏之函曰：

内田大人台启：

径启者，鼓励留学生出身一节，昨将尊论缕述敝政府，并声

① 赵德馨主编：《张之洞全集》第 12 册，101 页。

明执事拟自见庆邸面谈。顷接政府复函述，庆邸意谓：尊意既以为必须将学生出身叙明，亦无不可。仍嘱敝处与台端妥商订定等语，特此奉答。

仍祈知事晤庆邸时，将所以必须明定出身、专为实施约束章程之意，切实详告，以坚其信。并使知：此论实出自尊意，庶将来可无更变。曷胜感祷。专此布意。顺颂日祇。

名另具（张之洞）①

张之洞此信反映出当时官阶最高的汉族官僚，在清政府中没有发言权的尴尬境地。此信称："仍祈知事晤庆邸时，将所以必须明定出身、专为实施约束章程之意，切实详告，以坚其信。"张之洞似乎是要同内田统一口径，要内田康哉面见庆亲王时强调：对留学生"明定出身"，予以奖励，是日本人自己提出来的，并不是张之洞本人的意见；而且是为了实施约束章程而设立的，以释慈禧、庆亲王等满洲亲贵之疑惑，便于将来付诸实施时可无变更。

张之洞此信，与上引张氏之奏章内容是相辅相成的。它说明，在晚清教育事业中曾起过积极作用的奖励留学生章程，并非清政府主动提出，而是由日本驻京公使内田康哉提出，而且再三坚持的。张之洞在拟定此章程时所强调的不是鼓励，而是赤裸裸的约束。因为在清朝统治者看来，这种鼓励实际上也是对留学生的一种变相的约束。

张之洞与内田康哉会谈之后，遂将约束出洋留学生及鼓励其毕业生章程递上清廷，八月十六日（10月6日），奉旨："著照所请，外务部、管学大臣知道。钦此。"②

---

① 日本外务省外交史料馆藏：《在本邦清国留学生关系杂纂·张之洞来函》。该信未署日期，据日方在信尾批注，是明治三十六年九月八日收到的。

② 中国第一历史档案馆藏：光绪二十九年上谕档。

十天之后，即八月二十六日，清廷外务部向日本驻京公使正式递交了照会。据日本外务省档案记载，其照会内容为：

> 钦命全权大臣便宜行事，军机大臣总理外务部事务和硕庆亲王为照会事。本年八月十六日，准军机处钞交张之洞奏，遵议约束出洋游学生章程呈览一折。奉旨："著照所请，外务部、管学大臣知道。钦此。"钦遵前来，相应恭录谕旨，抄录原奏约束、鼓励各章程，照会贵大臣，转达贵国政府，分饬各学堂，一律查照办理可也。须至照会者：
>
> 大日本国钦差全权大臣内田康哉。
>
> 右照会附钞件。①

奕劻此照会明言，张之洞递上并奉旨允准的是"遵议约束出洋游学生章程呈览一折"，是为了让日本同意"约束"，方才增加了鼓励章程。因此，与此照会同时送到日本公使馆的只附有约束、鼓励两个章程。

张之洞在向慈禧递呈章程之时，曾满怀信心地声称：他所拟定的章程，可以"严防范考察之方，广鼓舞裁成之道，纲领粗具于是"。只要能够"切实施行，则以后游学生护符逃薮，失所凭依。已往者当知敛戢，续往者亦有范围。上以示朝廷彰瘅之公，下以昭学术邪正之辨，庶足挽横流而宏造就"。后来的实践证明，留学生的问题，绝不是靠几个章程所能解决的。张之洞的这些大话，未免有些盲目乐观，自欺欺人。

本来，对于留学生进行奖励是一个主权国家自己的事情，是为本国培养人才的必要途径。可是，清政府却要求日本文部省、外务省等

① 日本外务省外交史料馆藏：《在本邦清国留学生关系杂纂》。清朝外务部照会，文尾有内田批注："我十月十六日"。

部门予以配合。更可笑者，清政府的当政者，千方百计地避免实行给予出身的实质性的奖励，而只是希望日本方面配合其对留学生进行约束，实在是荒唐之至。清末奖励留学生章程的制定过程，说明这个国家政权已处于众叛亲离、日暮途穷的危险境地。

五　日本方面拒绝《自行酌办立案章程》

在此还应予以讨论的是，张之洞向慈禧呈递了三个章程，除了本文上面讨论的约束、奖励章程之外，还有一个《自行酌办立案章程》。这个章程，军机或外务部均未敢向日本方面出示。因为已有的奖励、约束章程，张之洞与内田几经协商，日方尚未能全部接受。为了避免因日本方面拒绝而丧失已经取得的谈判成果，张之洞等在此用了一个瞒天过海的缓兵之计，即暂时把《自行酌办立案章程》隐蔽起来。直到光绪三十年六月二十五日（1904 年 8 月 6 日）才由驻日公使杨枢将未经商讨的《自行酌办立案章程》作为约束、奖励章程之附件，转致日本外务大臣小村寿太郎。此章程在日本外务省档案中亦有保存，其原文如下：

自行酌办立案章程

一，无论官、私费生，均由出使大臣及总监督查有犯过及品行不端者，知会该学堂，请为斥退。应即责成出使大臣及总监督将现在日本各省之游学生，确加考核，择其言行端谨、安分用功之学生，从前未有公文保送者，饬传各该学生报明三代籍贯、年岁、出身，取其遵守约束甘结，汇列各该生姓名、籍贯，补具公文，分别保送各该学堂，准其留学。

其素不安分、有据可凭之学生，亦即开列姓名，备文知会各该学堂，请其即行斥退。仍将留学、退学各该学生姓名、籍贯，咨明外务部并管学大臣，暨该学生原籍省分督抚查考。

一，将来游学日本之各省学生，章程内已订明，非出使大臣、总监督公文保送，不准收学，并订明私设学堂，须经文部省认可，其教育学程度与官堂相等者，方为合格。应即责成出使大臣、总监督，嗣后游学生入学，须先尽官学堂保送。一面确切访查文部省认可之各私设学堂，其一切教育管理之法是否认真，其程度是否果与官学堂无异，细为比较，择其名誉最优、确实可信之私学堂，始准保送。学生入学仍酌定限制，每年保送留学生入日本私设学堂者，其人数至多不得过官学生之半，以昭慎重。

一，此次定章以后，各省自备资斧出洋之游学生，应先由其家父兄或亲族，呈报本籍或留寓所在地方官，查明本生实系性质驯良、文理明顺者，准其申送该省学务处，详加考验，禀请督抚，复核给发咨文转给该学生领赍出洋，各衙门办理出洋学生文件，不准书吏需索分文。

一，凡不遵约束、不安本分之学生，商明日本各学堂斥退后，应由出使大臣、总监督，随时严密稽察。其无悛改之望者，务须查照现定章程，商请日本该管官署，勒令该学生附船回国。一面分别所犯轻重，详叙事由，咨明该学生原籍督抚酌量办理，并咨明外务部管学大臣查考。

一，保送学生入日本各学堂，除农工商各项实业学堂，及文科、理科、医科各专门不限人数外，其政治、法律、武备三门，宜分别限定名数，每年只准保送若干名。武备一门非官派学生，不准保送。政治、法律两门，亦先尽官派学生保送。如自费生本系职官请咨前往者，不在限数之列。

一，在日本私设学堂毕业回国之学生，除由出使大臣、总监督，确查其平日品行果系端谨，科学果系优娴，始准保送进京候考外，应请钦派大臣考察，试验时格外认真，查核其品行学业兼优者，自应与官学堂毕业生一律给奖，勿庸加以区别。如品行实有可议，科学程度实有不符，即酌量减其奖励，以示区别。

一，凡各省选派官费学生出洋游学，俟毕业回国后，无论得何奖励，均须在本省当差五年，以尽职务。五年期内，概不准另就他省差使，他省亦不得遽请调往差委。①

《自行酌办立案章程》集中体现了中国历代封建统治阶级，用“政审”与“家庭出身”等手段来钳制知识分子思想的传统做法。主管学部的荣庆，在日记中写道：“接王世澄、卓宏谋两门人伦敦来信，称日本遣派到欧，大半学成之人士，而又慎选门第、品地、年龄，三者合格乃遣，故其收效宏。请嗣后派学生必以中学优者为第一，如学生尚未卒业，可多派通籍之士，及大员子弟之在三十下者。此论与袁嘉谷太史由日回国之言同，又与香帅之论合。”②

按照张之洞筹划的方案，首先对已经在海外的留学生，要查明“三代籍贯”，如有出格举动，非但其本人被开除，还要祸及“原籍省份”的父母及家人；其次，对国内留学生之挑选，先要对“其家父兄或亲族”进行审查，本人还要“性质驯良”，方可派出留学；最后，文、理、医各科学生，名额不限，而政治、法律、武备却要限定人数，武备学生则只能收官派学生。

清统治者认为，不让留学生学习政治，他们就不懂得追求民主自由；不让留学生学习法律，他们就不懂得争取权利平等；不让留学生学习武备，他们就不会掌握军事枪炮。为了防范留学生，清朝统治者

---

① 日本外务省外交史料馆藏：《在本邦清国留学生关系杂纂·自行酌办立案章程》。

② 谢兴尧整理：《荣庆日记》，91页，西安，西北大学出版社，1986。

可谓机关算尽，无所不用其极，但是，事实证明，在波涛滚滚的历史大潮面前，专制政府所做的一切全都是徒劳的。

《自行酌办立案章程》的出炉，反映了清政府对留学生中日益兴起的革命运动的忧虑，试图通过这个章程，来抑制留日学生中不断出现的革命倾向。清政府明知日本政府不会同意这种赤裸裸约束学生行动、压制学生思想的条文，因而在商讨时，张之洞闭口不谈，等到中日之间协议已经达成，才将这份《自行酌办立案章程》直接送交日本学校，和其他两个章程一起实行。

对于清廷提出的所谓《自行酌办立案章程》，日本外务省很快发现与张之洞、内田康哉二人上年在北京所商讨之内容完全风马牛不相及。因此，当即予以拒绝。杨枢于光绪三十年六月二十七日（1904年8月8日）又重新致函日本外务省，对此事进行了辩解。杨枢此函原文如下：

敬启者：

昨接贵大臣覆文，以敝国所立《约束游学生章程》及《鼓励游学毕业生章程》，曾经敝国张之洞总督与贵国内田公使商定，至于《自行酌办立案章程》一款，前未议及等因。

查此等章程原议分送贵国各学校，校长查阅后即转给校内之敝国留学生，是以将《自行酌办章程》开附印于鼓励章程之后，以便该生等一并遵照。

贵大臣既称，因有此款未便代为分送，自应将此款分出，由本大臣饬令该生等遵照，兹仍将印刷之《约束游学生章程》及《鼓励游学毕业生章程》函送贵大臣，希即分移文部省、陆军省、参谋部并各学校校长查照办理，是所切祷。

又约束章程第十条，所谓无望悛改之留学生，应即令回国一节，系指留学生中如有不安本分之事，确系紊纲纪，害治安，察其无悛改之望，必不得已者而言，正与贵大臣之意相合，并非不论如何情形，遽令回国也。

杨枢[①]

杨枢的辩解，非但不能自圆其说，反而暴露了清廷试图蒙混过关的诡计。由杨枢所送章程与信件可知，张之洞代表清廷所拟定的三个章程，名目虽然不同，但始终围绕一个中心思想，即对所派出的留学生加强政治约束，使其遵守朝廷纪纲，不犯上作乱，以求禁止革命思想在留学生中传播。张之洞所拟订的奖励章程，虽然对鼓励留学生有一定积极作用，对其消极影响实在是不宜忽视。

青年学生是一个国家的未来。对于这些走出国门的学生，政府部门应该关心培育，充分信任，让他们充分发挥自己的聪明才智，为他们提供施展才能的舞台。清朝的做法却恰恰相反。清政府对于派往外国的留学生，不是充分信任，关怀支持，而是千方百计地防范，挖空心思地限制。这种愚蠢的做法，说明这个国家对自己的前途已经失去信心，政治上已经到了山穷水尽，找不到出路的境地。清王朝的例子说明，连自己所派出的留学生都不相信的国家，肯定离垮台已经不远了。尽管清廷手中还有军队，可以猖獗一时，但是，终究逃脱不了覆亡的命运。

六　惶惶不安中推行留学生奖励政策

张之洞所草拟的《鼓励游学毕业生章程》被通过之后，清廷逐步

---

① 日本外务省外交史料馆藏：《在本邦清国留学生关系杂纂》。杨枢原函未署日期，日方以红笔批注：“明治三十七年八月八日收”。

兑现对留学生的奖励政策。光绪三十一年六月，清廷在派出五大臣出洋考察之前两天，颁布上谕称：

引见出洋毕业学生，得旨金邦平、唐宝锷均著给予进士出身，赏给翰林院检讨。张锳绪、曹汝霖、钱承鋕、胡宗瀛、戢翼翚，均著给予进士出身，按所习科学以主事分部学习行走。陆宗舆著给予举人出身，以内阁中书用。王守善、陆世芬、王宰善、高淑琦、沈琨、林棨均著给予举人出身，以知县分省补用。①

这些被给予进士、举人出身的，不少是甲午战争后陆续赴日的佼佼者。湖北留学生“元老”、革命党人戢翼翚也名列其中。此事说明清朝的审查并非十分严厉；“政审”也不像后来那么严酷，那么不留情面。当然，这也可能同张百熙、张之洞等当事人的宽大有关系。

光绪三十二年九月，学部又奏拟了详细的《考验游学毕业生章程》，“分两场考验所注学科，及中外国文。由襄校手记分数，再由大臣覆校。最优等给予进士出身，优等、中等给举人出身，加某学科字样。由学部带领引见，酌予实官”。从之。②

光绪三十三年九月，验放学部考验游学毕业生。得旨章宗元等七名，赏给进士；叶基桢等三十名，赏给举人。③

奖励政策的实施，对留日学生确实产生了吸引力。由于革命高潮尚未到来，所以，绝大多数留学生选择了归国。以张之洞于光绪二十四年十一月初七日派出的“专习武备学生贰拾名”为例④，可知在日本的留学生，几乎都选择了归国服务，留在日本的只有极少数。甚至

① 《清德宗实录》卷546，251页。

② 参见《清德宗实录》卷564，462页。

③ 参见《清德宗实录》卷580，672页。

④ 参见孔祥吉、村田雄二郎：《从东瀛皇居到紫禁城——晚清中日关系史上的重要事件与人物》，84页，广州，广东人民出版社，2011。

有些已经站在革命阵营一边的留学生，也踏上了回国之路。沈翔云堪称一个非常典型的例子。[①]

尽管奖励政策起了颇大的吸引作用，然而，清政府一面推行奖励政策，一面对留日学生所产生的后患，仍然耿耿于怀。随着反满革命浪潮风起云涌，清政府更是在惶惶不安中推行留学生奖励政策。尤其是在光绪三十一年十一月，东京爆发了规模浩大的反对“取缔规则”的留日学生运动之后，这种忧虑有增无减。军机大臣瞿鸿禨的亲家余肇康在密函中宣称：

> 止盦先生钧右：折弁回，奉手教，款款深情，溢于言外，敬闻命矣。大局系于全权，而属目尤在元辅。来书谓随在荆棘，是中国此后无复有康庄也。究竟如何挟持？尤而效之，其又甚焉。所谓仗义执言，乃如是耶？
>
> 近两大患，一在日本，一在学生，治乱存亡，胥于是乎在。而此中消息，则视夫宪政之行不行，一行，则更不可为矣。今宜一切新政为后图，而专力于富强二字。于何富？节流尤急于开源也。于何强？练兵倍重于兴学也。（河间大操，用百数十万；卢汉庆成，用数十万。但举游学一项，岁数百万，加以学堂及一切新政，岁非二千万不可。语其归宿，尽如慈圣所谓皮毛。即如游学，未收其效，先受其害。鄙意不如尽调各学生回国，多延东西教育家来华讲授，暂停游学五年，俾不致耳濡目染，不复知有中国。治标之法，莫急于此。）否则，徒事纷更，画虎刻鹄，未见其有当也。在都时，辄与公持此论，观于近事，益信。寒雪霄分，率贡一二，无当宏旨。……敬叩钧安。弟敏顿首。亲家夫人年安，阖

---

① 参见孔祥吉、村田雄二郎：《从东瀛皇居到紫禁城——晚清中日关系史上的重要事件与人物》，330～348页。

潭全苐。①

上文中的全权，系指奕劻；元辅则是指瞿鸿禨等军机大臣。此函作者余肇康（1854—1930），字尧衢，号敏斋，晚号倦知老人，湖南长沙人。瞿鸿禨进军机处后，余氏步步高升，光绪三十一年出任江西臬司。他头脑机敏，才气十足，早年与瞿鸿禨结为儿女亲家，其幼女嫁给了在京师大学堂译学馆肄业的瞿希马，故与瞿鸿禨交深情密，无话不说。

余氏认为，派留学生赴日本是一件“未收其效，先受其害”的蠢事，他为瞿鸿禨设计的锦囊妙计是：只要富强，不能立宪；只要发展经济，万万不可碰政治体制改革。否则亡无日矣。而当务之急则是：尽调留学生回国，“暂停游学五年”。事过多年，余肇康又回到蔡钧所提出的那条老路上了。

事实上，不仅仅是余肇康一个人对留日学生的革命举动表示忧虑，京城翰林院的许多文人均持此观点。翰林院侍读学士恽毓鼎在余肇康写信的同时，也在日记中表达了他的担心。其日记称：

> 因近出《鹃声报》乃四川官费留学生所撰，以排满革命为宗旨，污蔑悖乱，令人眦裂发指。此报若行，将乱中国，请设法封禁。奉旨交外、商、学、警四部从严查禁，并行文川督，将官费学生撤回。②

恽毓鼎与余肇康的想法不谋而合，都主张撤回留日学生。

七　尽撤东洋留学生的争论

随着革命形势的迅速发展，特别是在留日学生中的革命党人频频

① 余敏斋：《致止盦先生函》，光绪三十一年十一月廿七日，见《瞿鸿禨朋僚书牍》，中国社科院近代史所资料室藏。

② 恽毓鼎：《澄斋日记》，光绪三十一年十一月二十八日。

采取暗杀行动，向清王朝统治者发难的情况下，官场已是人心惶惶，以至于谈学生而色变。厘定整顿留学生政策，成为亟待解决的课题。特别是光绪三十三年五月发生的徐锡麟枪杀安徽巡抚恩铭事件成了这场争论的导火索。

徐锡麟（1873—1907），字伯荪，号光汉子，浙江山阴（今绍兴）人。徐氏出身于富裕的绅商之家，曾为绍兴府学堂教习，他于光绪二十九年借赴参观大阪博览会之机来到日本。在东京期间结交陶成章、龚宝铨，接受了革命思想，归国后宣传反满，次年在上海加入光复会。后创立大通学堂，并再度赴日；归国后在安徽任武备学校副总办和警察处会办。徐锡麟在日本期间，与同乡的留日女学生秋瑾颇多联络，志同道合，都认为只有实行革命，推翻满人专制政权，中国才有前途；只有暗杀清朝政府的高官，方能促使革命早日成功。他们几经商量，决定在浙皖两省同时发动起义。光绪三十三年五月二十六日（1907 年 7 月 6 日），徐锡麟利用巡警学堂毕业典礼的机会，枪杀安徽巡抚恩铭，仓促发动安庆起义，不幸失败。在绍兴的秋瑾，亦被清政府捉拿杀害。全国上下，为之震动，尤其满洲权贵更是人心惶惶，不可终日。当时，在京师任职的孙宝瑄，于光绪三十三年六月二十五日记曰："皖抚遇刺，内外戒严，革命势焰益复涨盛。……政府顾惶惶然不可终日。"① 三天之后又写道：

> 晴。……风闻内外大臣有更调之说，并欲组织内阁，盖为革命党人声势所动摇也。……前有二表侄来都投效，皆江南武备学堂毕业生也。铁帅不敢留，曰防其为革命党；又闻是浙人，愈不

---

① 孙宝瑄：《忘山庐日记》下册，1055 页，上海，上海古籍出版社，1983。

> 敢用。嗟嗟，广立学校，教育人材，所以备用也；今于学之既成者，又惮焉而不敢用，设学将何为乎？学部殆可裁去矣！[①]

铁帅者，系指铁良（1863—1939），字宝臣，穆尔察氏，满洲镶白旗人。铁良本人就是留日学生。他是张之洞第一批派往日本学习军事的士官生。据驻日公使李盛铎的《两湖书院选派游学日本学生年岁学分班次姓名清折》记载，“铁良，年二十五，湖北荆州驻防附生，图学头班，算学二班”，“身长五尺六寸八”[②]。铁良在日本留学多年，回国后，颇得满洲亲贵器重。正年轻气盛之铁良，对留学生尚且如此害怕，其余满洲权贵更是可想而知。

恰在此时，日讲起居注官翰林院侍读学士周爰诹，于是年六月三十日，向清廷呈递了《为条陈学务厘定整顿办法折》，从而在清政府上层掀起了一场关于如何对在日本留学生的大讨论。

周爰诹，字政伯，号帜山，晚号逸叟，又号漫上逸叟，陕西蒲城人。周氏自幼饱读诗书，醉心科举，光绪十二年中进士，改庶吉士，留馆授职编修，此后长期于翰林院任职。在担任侍读学士后，周爰诹屡屡上书言时政，除去建议撤回留日学生外，还于光绪三十三年三月二十日建议“消融满汉畛域尚须一律推行”[③]。周爰诹虽然出身于汉族读书之家，他的一系列建议却反映了满洲权贵及守旧文人的心声，代表了清王朝的根本利益。周氏对清廷可谓忠心耿耿。

据军机处随手登记档，光绪三十三年六月三十日记曰：

> 翰林院侍读周爰诹折，学务关系重要，凡宜厘定整顿由。片：

---

① 孙宝瑄：《忘山庐日记》下册，1057 页。

② 《李盛铎存札》（稿本），中国社科院近代史所资料室藏。

③ 录副奏折，档号：03-9293-015。

请饬会议公同平决由。片：请饬禁女学生出洋由。[①]

周爰诹的《为条陈学务厘定整顿办法折》是清末守旧文人反对留日学生的代表作。周氏提出一系列整顿学务的办法，首要一条即尽快撤回东洋留学生。该奏折开头称：

东洋留学生急宜尽撤回也。人知排满邪说，起于留学生，而不知实受煽惑于倭也。盖日本居心久欲吞噬中国，而自知其力量不足，则专以排满之说离间中国，欲使中国自乱，而彼因以利。从前犹阴施毒计，今则明目张胆，日日于讲堂宣演。查各省官费生二千余人，岁需约二百万元，私费更加十倍。掷不赀之财，以招未有之乱，诚可痛心。今急撤回官费生，腾出此款，于内地设舍延师，其何功不成哉？[②]

对于已经出国的留学生，周氏主张全部撤回；对那些已归国的留学生，周氏则要求："东洋卒业生，宜暂停考试也。……今徐逆既出于东洋留学生，似此后由日本卒业者，宜概令先回乡里，补习中学，三年后由本籍取具切实保结，送部考试。"此外，周爰诹还有"留学生不可用为乡官"、"学堂阅报宜极严查"、"洋教习宜通中学"、"休沐不宜袭用礼拜期"等等十分愚昧的建议。

周爰诹将留学生的革命思想产生的重要原因归咎于受日本政府的煽惑，是缺乏事实根据的主观臆测。事实上日本政府在许多情况下，都是极力配合清政府管理学生的。如成城学校入学事件中，日本警方押解吴敬恒、孙揆均离境，以及阻止章太炎等发起的支那亡国纪念会在上野精养轩的召开等等，均为配合清政府的典型事例。周爰诹奏折

① 中国第一历史档案馆藏：随手登记档，光绪三十三年，夏季档。

② 录副奏折，档号：03-7220-098。

中多次提到的“徐逆”，即指徐锡麟。周爰诹的奏折，即在徐锡麟刺杀皖抚恩铭之后呈递。① 周氏奏折递上后，清廷十分重视，清档记载：“交片一件，交考察政治馆、学部，本日翰林院侍读周爰诹奏，学务关系重要，凡宜厘定整顿各折片，奉旨会议政务处、学部议奏，分交领去。”②

周爰诹上书是晚清留日学生运动史上的一个重要事件，尤其是在徐锡麟枪杀恩铭之后，留日学生的问题，已经成为朝廷上下关注的焦点。周爰诹的奏折呈递之后，经过会议政务处、学部两个半月的反复商讨，仔细论证。光绪三十三年九月十六日，军机大臣奕劻领衔呈递了《为遵旨会议翰林院侍读周爰诹奏请整顿学务折》，奏称：

> 臣等会同复核，该侍读所奏，盖有鉴于新学流弊，致有近日乱党之祸，因思整顿补救之方，用心良苦。惟于两次奏定章程，及学部历年办法有未尽悉者。谨逐条论列，为我皇太后、皇上陈之。
>
> 中国论学，于人伦道德，最所注意。其余专门各科学，向时士大夫以为曲艺小道，不屑讲求，故实业反逊于外人，处此竞争之时，不能不遣留学东西洋者，势也。顾留学西洋其费不赀，所以留学东洋为节省经费起见。其官费生由各省遴选资遣，尚多谨饬之士。而自费者，纷纷前往，人数尤众。其中浮薄少年，学无根柢，不免务于新奇，惑于邪说，至有悖逆之词。惟应饬令驻使、

① 参见录副奏折，档号：03-7220-098。恩铭遗折亦告诫皇帝“慎选”留学生。其言谓：“奴才今年六十有二矣。奏刀之际，生死尚不可知，特令奴才之子咸麟至前口授此折。奴才死不足惜，顾念当此世变方多、人心不靖之时，不得竭尽心力以报国恩，奴才实不瞑目。徐锡麟系曾经出洋分发道员，且以其系前任湖南抚臣俞廉三之表侄，奴才坦然用之而不疑。任此差甫两月，勤奋异常，而不谓包藏祸心，身为党首，欲图革命，故意捐官。非惟奴才所不防，抑亦人人所不料，足见仕途庞杂，流弊滋多，出洋之学生良莠不等。奴才伏愿我皇上进用之时，慎选之也。奴才身当其祸，或足以启发圣明。”

② 中国第一历史档案馆藏：随手登记档，光绪三十三年，夏季档。

> 监督，随时访查劝导，湔除恶习。其宗旨纯正、有志劬学者，亦颇不乏人，未可一概而论。若昔筹资遣，今遽撤回，事实必不能行，办理诸多窒碍。[①]

面对国内守旧的士大夫中强大的反对留日学生的声浪，奕劻等人否定了周爰诹要求全部撤回留日学生等项建议，而使留日学生继续合法留在日本，这是一个值得肯定的举动，客观上成全了留日革命学生推翻清王朝的使命。

当然，奕劻等人之所以做出此项决定，并非自愿，而是由以下多种因素所促成的：

其一，基于以前张百熙、张之洞等人奏定的学务章程，以及后来张之洞与内田公使所议定的约束、奖励留学生章程等，清廷对留日学生的派遣是经过反复思考、反复论证后采取的重大决策，立即撤回一事，显然系出尔反尔，很难付诸实行。

其二，奕劻等人已经认识到，中国科学技术远远落后于世界先进国家，“处此竞争之时，不能不遣留学东西洋者，势也”。此处所谓的“势”，是指世界发展的潮流，而“势”是只可顺不可逆的，中国不可能孤立于世界之外。派留学生出洋，是大势所趋，没有人可以阻挡。

其三，奕劻等亲贵，对于留日学生所带来危机的严重性认识不足。他们觉得留日学生对清王朝之危害，并不像周爰诹所说那么可怕。他们天真地以为，只要“恪遵钦定章程，不得率意更改，违背逾越，并速行编定各级教科书，颁行天下，使学堂有所遵循，切实教授，庶几人才蔚起，不致误入歧途”[②]。

---

① 录副奏折，档号：03-7222-017。

② 录副奏折，奕劻等《为遵旨会议翰林院侍读周爰诹奏请整顿学务折》，档号：03-7222-017。

其四，据该奏折声明，“此折系会议政务处主稿，会同学部具奏”。显然，这不是奕劻等少数人独断，而是集体讨论的成果。该折最后由会议政务处和学部的官员联合署名，共包括以下官员：庆亲王奕劻，醇亲王载沣，军机大臣世续、张之洞、鹿传霖、袁世凯，大学士孙家鼐、那桐，以及参加会议政务处的各部尚书、侍郎陆润庠、善耆、载泽、溥良、荣庆、铁良、戴鸿慈、溥颋、陈璧、寿耆、严修、达寿、宝熙等。参加讨论者，人员甚多，立场各异，故此折堪称清廷最高层各种意见互相妥协的结果。

又据清档记载，翰林院侍读周爰诹还有另一个重要建议，即各省不准再遣女学生留洋，并限定国内学堂入学女生年龄等事。这些建议均于六月三十日奉旨交军机处与会议政务处讨论。①

对于周爰诹提出的撤回留学东洋女学生的建议，奕劻等奏称：

> 附片所称裁抑女学堂，并撤回留学东洋女学生等语，查各省女学生出洋，未经官派，皆系自费，风气所趋，殊难强禁。近时惟两江督臣端方有咨送者。嗣后非确查其家世性行，不至稍滋流弊者，不轻予官派，以防其渐。
>
> 其男女自行择配，政治之集会演说，则学部奏定女子师范学堂章程，业经声明，严切屏除，苟管理得人，此等流弊自少矣。②

“自行择配”系指男女可以自由选择配偶，在清末“自行择配”和“政治之集会演说”一样，统统都被统治者严格禁止。周爰诹的不准派遣女学生出洋，及在国内限制女学生入学的主张，实在是荒谬不堪的奇谈怪论，奕劻等却大体认可，并重申严禁男女自行择配及政治集会演说的禁令。此事居然发生在 20 世纪初期，可见中国与世界潮流是何

①② 录副奏折，档号：03-7220-099。

等隔阂！这实在是了解近代妇女史不应忽视的绝佳史料。

总而言之，奕劻等人的奏章，否定了守旧派文人极力要求尽快撤回东洋留学生的要求，客观上帮了革命派的大忙，使大量留学生可以继续留在日本，从事反清活动，为革命力量的发展壮大提供了便利条件。

八　留日学生成了清王朝的掘墓人

历史同清王朝开了一个大玩笑。本来，清王朝决定向日本派出留学生，是为了跟上时代潮流，实现富国强兵，江山永固，结果却适得其反。慈禧等权贵坚持封建专制，不知因时制宜，改弦更张，对于留日学生这样一种新生事物，不知如何面对，只是竭尽全力，予以防范压制，结果，花了许多银两，派往日本取经的留学生，却站到了自己的反面，最终成了清王朝的掘墓人。

辛亥革命的爆发与胜利，可以说与留日学生有着密不可分的关系：

其一，留日学生在国内外大力宣传从日本学到的西方民主思想，针锋相对地批判清政府坚持专制，导致官场黑幕重重，腐败丛生。这些宣传旗帜鲜明，针对性极强，从根本上动摇了清王朝维系封建统治的思想基础，导致人心涣散。从康有为、梁启超早期创办的《清议报》，到后来留日学生创办的《译书汇编》、《浙江潮》、《国民报》、《民报》等革命刊物，种种报刊如雨后春笋般出现。这些鼓吹革命的刊物，大多选择在东京印刷，然后送回国内发售。无论是首都北京，还是各省会城市，到处都散布着留学生的反满出版物，到处都有留学生集会结社，鼓吹革命，整个社会处于一种人心惶惶不可终日的状态。

其二，留日学生接受了孙中山等革命党人所传播的满汉种族矛盾的观念，不但撰写反满书籍，大造舆论，而且还在行动上组织革命团体，宣传反满，宣传革命，或者置生死于度外，对权贵要员实行暗杀。

一位铁了心跟着清王朝走的守旧文人沈祖燕，于光绪三十一年二月写信给军机大臣王文韶，曾列举亲身经历的一幕。其文称：

> 轮船中遇东归学生数十人，多隶湘籍，皆以暑假回国者。闻其聚论鸱张，乘间与之接晤，荒谬狂肆，全无顾忌。如云："我辈有志之士，遇此中国积弱之机会，断不可以不革命，断不可以不排满。彼族入主中华，以异种奴隶汉人，专杀害我同胞，此仇何可不报。即使乘乱暂借，已二百余年，亦宜物归故主。洪秀全等首倡义举，为千古杰出之英雄，曾、左、胡、彭不明大义，反创立湘军，戕杀同种，实为万世罪人。"又云："在东学生有官费，有私费，往来无定，约计常有五六千人。初至时或不知大义，久之，则无不与我等有同志者。我辈虽是官费，岁需三百余金，然此本是我汉人脂膏，满洲人抄掠我中夏赀财，不可数计，大仇未报，而乃感此区区私恩小惠，弃大丈夫之所为？我辈祖宗虽已臣服，甘为奴虏，今日志在干蛊，身家性命，已置度外。此时东归，各尽义务，竭力运动，使国民皆闻风兴起，得以还我旧山河。"①

由于留日学生人数颇多，遍布全国城乡，因此，他们的反满宣传逐渐深入人心。这些活动使原来国内已经逐渐消弭的满汉矛盾重新尖锐起来，使占全国人口绝大多数的汉人，对清政权离心离德，貌合神

① 张篁溪：《沈祖燕赵尔巽书信中所述清末湘籍留东学生的革命活动》，载《湖南历史资料》，1959（1）。沈祖燕罗列留日学生的出版物有：《瓜分惨祸预言记》、《现世政见之评诀》、《支那革命运动》、《浏阳二杰文集》、《浏阳二杰论》、《中国自由书》、《野蛮之精神》、《并吞中国策》、《最近之满洲》、《新湖南》、《荡虏丛书》、《新民丛报》、《新民汇编》、《新中国》、《黄帝魂》、《革命书》、《猛回头》、《独立吟》、《新小说》、《广长舌》、《清俄之将来》、《支那化成论》、《支那活历史》、《二十世纪之怪物帝国主义》、《新广东》、《浙江潮》、《中国魂》、《孙逸仙》、《沈荩》、《热血》、《迷津宝筏》、《醒梦歌》、《多少头颅》、《仇满歌》、《警世钟》、《革命军》、《清密史》、《兄弟歌》、《惨世界》、《马前卒》、《自由旗》。

离。尤其在读书人当中更是如此。

其三，清末留日学生的绝大多数选择了回国服务，在清王朝的政府、军队或学校等部门任职。他们有新思想、新知识，因此在实行预备立宪以及法律、官制等项改革中，成了冲锋陷阵的人物。他们的做法大大开阔了人们的眼界，推动了社会向前发展。在宪政、法律改革方面打头阵的留学生，尽管得到王公贵族的赏识与宠信，但是，这并不等于他们会像旧的封建官吏那样，对清王朝忠心耿耿，至死效忠。这些留学生在日本期间，已经接受了外国民主思想的熏陶以及孙中山等人的革命思想的影响，认识到封建制度最终要被共和取代，个人专制最终要被民主顶替，深知这是历史发展的客观规律，是任何人也无法改变的历史趋势。因此，不少留日学生回到国内后，虽然身着花翎顶戴，可是一旦有了风吹草动，他们会立即转变立场，背叛清王朝。

其四，许多留日士官生回国后，被提拔到各地新军的领导岗位，直接掌控军权。尤其是张之洞在两湖地区，大量启用在日本学习军事的留学生为新军军官。明知他们在日本期间，曾参加革命党，或是曾经回国参加自立军起义，张之洞居然能摈弃前嫌，大胆录用①，这实在是难能可贵的。这些士官生回国后，大都在北京、武汉等地军队中担任要职，不少人成了策动起义的骨干分子。武昌起义爆发前后，在清政府军队里任职的大量留日士官学生，迅速转向革命阵营。武昌起义的领导人孙武以及吴禄贞、蓝天蔚等，即是其中的代表人物。当武昌起义的消息传到京城后，恽毓鼎于日记中惊呼："军士见无辫而似留学生者，则怒目而丑骂之。呜呼！怨毒深，杀机动矣！恐终有激愤相

---

① 参见孔祥吉、村田雄二郎：《从东瀛皇居到紫禁城——晚清中日关系史上的重要事件与人物》，77～106页。

屠之一日也。此次乱事皆成于留学生，背负国家，荼毒生灵，天道犹存，此辈断难幸免。”①

“此次乱事皆成于留学生”，恽毓鼎此话可谓一语中的。至于那些昔日把清王朝的封疆大吏当作靠山或主子的士官生，在武昌起义爆发之后，也纷纷掉转枪口，重新回到了革命阵营。总之，留日学生最终成了埋葬清王朝最重要的力量。

日本与中国，同样是把青年学子派往异国留学，学习那里的政治制度之优越，掌握那里的科学文化之精华。但是，日本于明治维新开始后，将年轻学子派往欧美留学，收到了立竿见影的效果。这些留学生归国后，成了日本政治改革的骨干力量，促使日本的社会制度发生了深刻的变化，使日本从没落的长达六百年的武士封建制度，逐步转变为三权分立的议会制，国家欣欣向荣，国力迅速膨胀，随之向外扩张侵略。再看清朝的留学生派遣，其派出规模比日本大，人数比日本多得多，但是，却没有收到日本那样的效果。清廷派往留日学生中的精英，如章宗祥、曹汝霖、陆宗舆等所谓“学问优长”者，归国后，并未展其所能，在政治体制改革方面，只促成了一些枝节的更张，根本没有促成国家体制转型，实现真正的立宪。这些人也逐步沦落为封建制度的同流合污者。至于那些没有归国者，都憎恨清政府没有改革的诚意，憎恨清政府一意维护满洲贵族的家天下，于是义无反顾地踏上了革命征途，并最终促成了辛亥革命的成功。派遣留学生，对清王朝来说，本来是个起死回生的绝佳机会，可惜当政者懵懵懂懂，抱残守缺，以为封建专制可以久远，最后只能落得一个仓皇辞庙、拱手让权的可悲下场。

① 恽毓鼎：《澄斋日记》，宣统三年十月初五日。

现代统计知识和观念的传入与清末新史学之关系

黄兴涛　李章鹏*

西方现代史学的产生和发展与统计学有着较为密切的关系。受日本和西方史学思潮的影响，清末中国新史学的兴起，亦与现代统计知识和观念的传入及早期应用有着不解之缘。迄今为止，学界对于清末新史学的研讨已经很丰富，但关于统计知识与清末新史学的历史关系，仍然缺乏专题论述，学者们只是在讨论 20 世纪 20 年代梁启超对历史统计学的贡献或相关问题时，稍有涉及而已。[①] 本文打算简单考察现代统计观念在晚清中国的传播过程，在此基础上比较系统地探讨一下现代统计知识、观念与清末新史学的关系问题。

一　现代统计知识和观念的传入

中国的传统统计史可以追溯到比较久远的年代。据《禹贡》记载，早在夏禹时期中国就已产生统计现象[②]，但《禹贡》乃战国时的作品，

---

* 黄兴涛，中国人民大学历史学院教授。李章鹏，中国华人华侨历史研究所副研究员。

① 如宋学勤、石莹丽关于梁启超对历史统计学的倡导与实践的研究，秦文等关于陈黻宸史学方法的探讨等，下文都会述及。

② 参见刘大钧：《中国统计事业》，见《统计论丛》，146 页，上海，黎明书局，1934。

故有学者指出，中国最早的统计应该发生在殷商，甲骨文中有关“登人”的记载为其明证①。周代每三年清查一次户口，即所谓三年一“大比”，户口编查已形成制度且具规模。② 战国时期，韩、赵、魏、秦等国推行上记制度，对民户、垦地均进行登记调查。③ 此后，各个朝代也均有人口统计的事实发生，有些朝代甚至出现过统计制度化现象。另外，中国传统社会还存在较为丰富的调查统计思想，如《管子·问》篇就被学者视为有关当时全部社会状况的调查统计提纲。④ 商鞅主张欲强国必知十三数，《商君·去强第四》认为：“不知国十三数，地虽利，民虽众，国愈弱至削。”不仅如此，古人还发明过一些统计工具，如战国时期谱牒已经出现，据说职方氏还发明了统计图表。⑤ 至于说古人曾零散使用过类似今天的一些统计法来分析当时的社会问题，更是难以否认的现象，如李惠村就认为，中国古代曾经使用过分组法、图表法、平均数法和估算法等四种统计方法。⑥

不过尽管如此，传统的调查统计终归与现代调查统计存在重要差别，它通常只是将事实进行简单的罗列而已；传统的统计思想，也往往只是一种直观的经验总结，缺乏学理的深度。而现代调查统计，则以统计学为其理论基础，统计方法也渐成一种专门的学问。莫曰达教授曾比较中国传统统计思想与欧美统计学说的差别，认为“欧美统计学说，从古典统计学到近代统计学，再发展到现代统计学，它的发生

① 参见卫聚贤：《历史统计学》，88页，上海，商务印书馆，1934。

② 参见吴大钧：《户口普查》，见中央统计联合会编：《统计演讲集》，219页，上海，中华书局，1937。

③ 参见李惠村、莫曰达：《中国统计史》，23页，北京，中国统计出版社，1993。

④ 参见李香亭、梁如霞：《〈管子〉中的统计思想及其应用》，载《管子学刊》，1991（2）。

⑤ 参见卫聚贤：《历史统计学》，91页。

⑥ 参见李惠村：《中国古代应用统计方法的若干事例》，载《统计研究》，1987（5）。

与发展，继承与发扬，脉络清晰、线索分明、层次井然、有章可循。而中国的统计思想，片断分散，研究者相互独立”，“几千年来似乎一直在一些简单的概念上徘徊，发展缓慢”[①]。这种看法不无道理。

在西方统计学系统传入中国之前的晚清时期，以具体统计为载体的现代统计知识和统计观念，已在一定范围内得到传播，如 1859 年海关册的编制，就常被后来的学者们视为中国现代统计事业的开端。[②]事实上，此前中国境内也已有现代统计调查产生，如早期西方人出版的期刊里，就刊登过大量的统计事例。[③]

据《中国近代期刊篇目汇录》第一卷[④]和上海图书馆“晚清期刊全文数据库（1833—1911)”，1897 年前在中国发行的期刊所载的统计事例情况，可以 1868 年《中国教会新报》（《万国公报》前身）的创刊为界，分为前后两个阶段。1868 年之前的统计，多以简单的统计报表的形式表现出来，缺少分析，即使是海关册发表在报刊的内容，也大多如此，其内容多集中于与贸易有关的事项上，其关注的地域多以中国和英国为主，尤以中国为重。1868 年之后的统计，关注的地域则非常广泛，其内容所涉范围亦十分宽广，人口统计受到较多的注意，表现统计的形式也呈现出多元化的态势，出现了一些具备一定深度的统计分析报告，以及少数利用统计数据和统计方法来分析有关问题的文章。如 1873 年，艾约瑟就以比较详尽的统计数据，绍述了英国的铁路发展史，分析了铁路在客运、货运两方面带给英国的便利，以及铁路公司所负担的成本和获得的利润，认为中国如果修筑铁路，必能促进

---

① 莫曰达：《“中国统计思想史”若干问题》，载《统计研究》，1995（5）。

② 参见刘大钧：《中国统计事业》，见《统计论丛》，147 页。

③ 参见黄兴涛、李章鹏：《现代统计学的传入与清末民国社会调查的兴起》，见黄兴涛、夏明方主编：《清末民国社会调查与现代社会科学兴起》，3～4 页，福州，福建教育出版社，2008。

④ 参见上海图书馆编：《中国近代期刊篇目汇录》第一卷，上海，上海人民出版社，1965。

煤铁等大宗产品的运输，降低运输成本，从而推动商业的发展，扩大人民的就业，国家税收也因此能得到增加。[①] 又如1877年发表的《大英国事：前后三十年比较兴旺清单》一文，则列表比较了英国1844年和1874年的人口数、收入支出和进口出口总值及其人均价值，用以说明英国这三十年的发展状况。该文还强调一国所生产的财富足敷国民使用，即使人口增加了，国民人均使用之价值不见减少，此种财富方可称为“取之不穷、用之不竭之财”[②]。此文不仅运用了统计分析法，而且反映了资产阶级自由主义关于国力竞争、国民财富的观念。

应当说，当时国内早期报刊所载的类似统计事例，确实程度不同地反映了西方的现代统计理念，但其所传播的统计学理论和知识却是零碎的、不成系统的。不过，这样的理念和知识还是在一定范围内得到了传播，使得部分中国人受到了影响。这里，特别需要提到的是，报刊之外，当时还有一些公开出版的译著，也成为传播现代统计知识和观念的重要载体。1873年由江南机器制造总局组织翻译的《列国岁计政要》一书[③]，就是一个典型，全书共12卷，由英国人麦丁富得力编撰，美国传教士林乐知口译，中国人郑昌棪笔述。它分卷叙述了世界各主要国家的人民、土地、商业、军事、交通等各方面的情况，且带有大量统计数据。可以说，该书就是通过这些统计数据来说明这些国家的情形，体现其国力和国际地位的。该书对清末知识界和思想界，都产生过积极的影

---

① 参见艾约瑟：《铁路有益说》，载《中西闻见录》，第10号，1873年；《铁路有益说：下货价表附》，载《中西闻见录》，第11号，1873年。

② 《大英国事：前后三十年比较兴旺清单》，载《万国公报》，第435卷，1877年。

③ 刘叔鹤先生认为，《列国岁计政要》一书翻译于1870—1880年间。（参见刘叔鹤：《我国“统计学”一词的由来和西方统计学的传入》，载《统计》，1983（4））而依据《丁酉列国岁计政要例言、丁酉列国岁计政要目录》的记载，该书实翻译于癸酉年，即1873年。（参见《丁酉列国岁计政要例言、丁酉列国岁计政要目录》，载《知新报》，1897（24））至于《列国岁计政要》文本，可见上海图书馆整理：《江南制造局译书丛编》（政史类）第1册，95～324页，上海，上海科学技术文献出版社，2012。

响，并曾获得时人较高的评价（后文还会详述此点），如1908年，新史学先驱人物之一陈庆年就认为，该书之长在于“体之善，义之精，用之大”①。而贵州学政赵惟熙则认为，该书为“言西政极要之本”②。

1897年，《农学报》在上海创刊，它对现代统计知识和统计观念在中国的传播发挥了重要作用。一方面，该刊大量刊登了日本人所做的统计报告，这预示着中国人学习日本统计的开始；另一方面，一些人通过该刊及与日本作者的联系，对现代统计方法也有了一定程度的了解，并以此为基础开始了现代统计调查的尝试，如黎宗鋆就比较早地进行了现代意义的统计调查活动，罗振玉也提倡土产调查等，这些都与《农学报》所传播的、来自日本的现代统计知识和观念有关。

义和团运动之后，大批中国人赴日留学。正是在他们的推动下，中国迅速掀起了一股现代调查统计的潮流③，统计学从此开始系统地输入中国。单是孟森翻译横山雅男的名著《统计通论》，就先后出版过10次。这一时期，统计学还逐渐走进课堂，如京师大学堂、京师法政学堂等，就都开设有统计学课程。④ 1904年颁布的大学堂章程明确规定，政法科大学政治学门须开设全国土地民物统计学。⑤ 为了顺利推进统计工作，一些地方甚至还开办了统计学培训及研讨机构，如吉林就建立了统计学会⑥，直隶、奉天也开设了统计讲习所⑦，湖北则计划

---

① 陈庆年：《列国岁计政要问答》，载《时务报》，第61册，1898年。

② 赵惟熙：《西学书目答问》，3页，1901年贵阳学署刻本。

③ 参见李章鹏：《清末中国现代社会调查肇兴刍论》，载《清史研究》，2006（2）。

④ 参见北京大学、中国第一历史档案馆编：《京师大学堂档案选编》，155～157页，北京，北京大学出版社，2001；《筹设京师法政学堂酌拟章程折》，载《学部官报》，第14期，1907年。

⑤ 参见陈元晖主编：《中国近代教育史资料汇编：学制演变》，355～356页，上海，上海教育出版社，2007。

⑥ 参见《吉林统计学会简章》，载《现世史》，1908（3）；《时闻：设立统计学堂》，载《直隶教育杂志》，1908（6）。

⑦ 参见孙建冰：《涛末的统计讲习所》，载《兰台世界》（工作版），2006（21）。

创建统计学研究所[①]，等等。

按照统计学界的一般看法，现代统计学有两大源头，一是英国的"政治算术派"，它比较重视数字材料的搜集和分析；一是德国的"国势学派"，它不太重视数字，相对注重以记述和比较的方法对各国领土、人口、财政、军事、政治、法律制度等进行分类描述，进而探索国家兴衰的因果关系。后者因其调查统计内容几乎涉及一个国家的所有方面，所以有学者将之称为"国家的描述性的科学"[②]。也许正因为如此，国势学派往往将历史和统计等同起来，如其代表人物阿亨瓦尔的学生斯勒兹[③]就曾声言："统计是动态的历史，历史是静态的统计。"[④] 这成为一句名言，流传甚广，影响了人们关于历史与统计之间关系的看法。后来，德国经济学家、统计学家克尼斯、恩格尔、梅尔等人融合国势学派与政治算术派的观点，并借鉴国际统计学的新近发展，开创了一种社会统计学派[⑤]，但国势学派的传统所施予的影响，在一段时间内仍根深蒂固，德国社会统计学对数字的重视程度，依然不如与"政治算术"关联较为密切的数理统计学。

清末中国，统计学新知深受日本的影响，而日本的统计学又受德国社会统计学的直接影响。[⑥] 以横山雅男为代表的日本社会统计学派，虽然也认识到统计数字的重要性，但其更强调对国家重大事情的记述。与数理统计学派相比，他们对数字的重视程度要弱得多。以横山雅男

---

① 参见《统计学设所研究》，载《北洋官报》，第2739期，1911年。

② 西奥多·M·波特：《统计学和统计学的方法》，见西奥多·M·波特、多萝西·罗斯主编：《剑桥科学史》第七卷，《现代社会科学》，第七卷翻译委员会编译，205页，郑州，大象出版社，2008。

③ 参见施祖辉：《国外综合国力研究》，载《外国经济与管理》，第22卷第1期，2000年。

④ 转引自王玉敏：《对统计学史发展的探索》，载《统计与决策》，2006（3）。

⑤ 陈希孺曾将对社会事物进行政治算术式或概率分析的统计，归为社会统计，同时他又将这些统计纳入数理统计学史进行探讨。（参见陈希孺：《数理统计学小史》，载《数理统计与管理》，第18卷第3期、第4期，1999年3月、7月）

⑥ 参见高野岩三郎：《统计谈》，载（东京）《法政杂志》，第1卷第3号，1906年5月。

的《统计通论》为例，该书只以不到二十页的篇幅介绍一些数学问题，而同时期问世的英国学者鲍莱的《统计学原理》，则几乎以全部篇幅探讨数理统计的原理和方法。①

日本社会统计学的这种特点，导致深受其影响的清末中国调查统计和时人的统计观念具有更多的"记述"特色，也就毫不足怪。值得指出的是，对清末中国统计影响巨大的横山雅男，在《统计通论》中曾对统计学与各个学科的关系作过介绍，其中关于统计学与历史学的关系，即认为从巴克尔的研究中可知统计学有助于史学，而根据统计学家斯勒兹之有关论述，研究统计学又必须有历史的眼光。② 这已涉及本文的主题。

清末时，人们之所以大力提倡统计学和统计调查，除了与维护利权、新政改革需要直接相关之外，也与人们对统计学功效的认识有密切关联。当时很多人都认识到调查统计的重要性和紧迫性，如面对国人不谙国事的状况，湖北留日学生即大声疾呼："殆哉，殆哉，岌岌乎！盲人骑瞎马，夜半临深池，其危急孰过于是哉？""读美著支那人气质之书，阅法刻支那势力圈之图，譬之山鸡对镜，自见其形，其安能不慽心栗魄，大声疾呼，而告我四万万同胞以自谋也乎？"③ 由此可见，了解国情的需要，成为人们呼唤现代统计学知识的社会基础。在《统计不可再缓论》一文中，作者更是从统计与政治、统计与经济、统计与学术等关系的角度，阐述了其关于统计的认识。在讨论统计与学术的关系时，该文将学术研究分为纯理研究和应用研究两类，认为纯理研究必须"材料丰富、整齐比较"而后有所取资，而欲求得丰富材

① 参见鲍莱：《统计学原理》，李植泉译，长沙，商务印书馆，1938；横山雅男：《统计通论》，孟森译，上海，商务印书馆，1936年，第10版。

② 参见横山雅男：《统计通论》，孟森译，69页，上海，商务印书馆，1913年，第7版。

③ 程明超：《湖北调查部纪事叙例》，载《湖北学生界》，1903（1）。

料、整齐比较之资，又非借助现代统计不可。他甚至同意“统计为现在之历史，历史为过去之统计”这样的观点。[①] 应该说，该文作者对于统计的认识还是比较深刻的，其关于统计与历史的关系的认识同前述统计学的国势学派代表斯勒兹的看法也基本一致，而其知识背景，又与日本的影响密不可分。在《统计不可再缓论》中，作者盛赞日本的统计，可见其对日本的国情和统计状况已有比较深入的了解。

值得指出的是，在清末，有些中国人对统计的认识已达到相当深度，如涂景瑜（生平不详）就是其中一个突出代表。他曾根据现实统计经验及统计中存在的问题，结合统计工作的一般要求，对现实工作中的统计方法作出比较全面系统的批评、讨论和总结。清末新政期间，涂景瑜曾在直隶统计讲习所开讲统计课程，其成果汇成《统计学讲义》公开发表。[②] 甚至可以说，涂景瑜的《统计学讲义》在一定程度上开始了统计学的中国化努力，或可称之为“实践统计学”。实际上，清末新政也为现代统计学在中国的早期传播和实践创造了条件，提供了机会。换言之，现代统计实践也构成清末新政的有机组成部分。

二 清末输入史学理论中有关统计与历史关系问题的论述

自鸦片战争以后，西方的一些史学书籍、史学理论就已逐渐被翻译成中文，并在一定的范围内得到传播。19世纪末，日本的史学著作也开始传入中国。庚子之后，对中国新史学思潮产生影响的主要是经日本消化吸收的西方史学理论，不过，这个时期也有西方史学理论著

① 参见言之：《统计不可再缓论》，载《云南》，1907（14）。

② 参见涂景瑜：《统计学讲义》，载《北洋法政学报》，第141、142、143、144、145、146、147期，1910年。

作直接被翻译引进中国，一些中国学者深受其影响。

众所周知，1900 年章太炎在《哀清史》所附的《中国通史略例》中提出了修纂新式中国通史的构想，同年，梁启超发表《中国史叙论》，1902 年又发表《新史学》，率先在中国举起了新史学大旗。有人将梁的两篇文章与浮田和民的《史学通论》（或译为《史学原论》）进行了比较，认为梁启超所阐述的新史学理论，主要是从浮田和民《史学通论》中有选择地移植过来的。[①] 如今，浮田和民对梁启超新史学思想影响巨大的事实，已不是什么秘密。而梁氏所论述的新史学框架，在清末民初的十来年间独步一时，似并无其他学人能够完全突破其限制、创建出一套全新的史学架构来。

清末时，浮田和民《史学通论》的中文译本，就有五六种之多。但该书并没有拿出专章或专节来论述统计学与史学的关系。1903 年李浩生和侯士绾的两种译本，几乎没有涉及这方面内容的文字[②]，而刘崇杰和罗大维的译本各有一处涉及这方面的内容。刘、罗译本所涉内容大体一致，都是在论述史学是否可以成为科学时提到统计学。当时有人提出，人有自由意志，所以有关人类的学问不能成为科学，意思是说，人类的历史也不能成为科学。但浮田和民则针锋相对，认为统计学早已证明，自由意志非无限度，非无法则。他强调史学可以与生物学、心理学、人类学、社会学并肩进步，因此史学成为科学是可以期待的。[③] 刘、罗译本所涉统计学与历史学之关系的文字虽不太多，

① 参见尚小明：《论浮田和民〈史学通论〉与梁启超新史学思想的关系》，载《史学月刊》，2003（5）。

② 参见浮田和民讲述：《史学通论》，李浩生等译，合众译书局，1903；浮田和民讲述：《史学通论》，侯士绾等译，上海，文明书局，1903。

③ 参见浮田和民：《史学原论》，刘崇杰译，见浮田和民：《史学通论四种》，李浩生等译，邬国义校，179～180 页，上海，华东师范大学出版社，2007；浮田和民：《史学通论》，罗大维刚父译，见浮田和民：《史学通论四种》，李浩生等译，邬国义校，234～235 页。

却非常重要。从浮田和民的有关表述中可知，统计学的发展事关史学能否成为科学这一关键问题。如果我们将浮田和民的有关论述与英国巴克尔的《英国文明史》相关部分进行比较，可以发现，两者之间存在很大的相似性。以巴克尔为代表的实证主义史学，十分强调统计学等其他学科研究方法在历史学中应用的必要性，兰普雷特甚至认为，历史研究必须在应用统计法之后，乃能成为科学。① 由此可见一斑。

1889年，德国学者伯伦汉撰写出影响深远的《史学方法论》。该书在清末虽然没有直接的翻译介绍，但是其基本观点，却通过日本坪井九马三的有关著作得到间接传入。关于伯伦汉《史学方法论》与坪井九马三《史学研究法》之间的关系，杨鸿烈在1939年曾说过："坪井九马三博士的《史学研究法》即直接承受柏恒氏的衣钵。"② 而今人李孝迁教授更直接指出："《史学方法论》经过日本史家坪井九马三的改头换面，变为《史学研究法》。"③ 伯伦汉是兰克的再传弟子，他在《史学方法论》中阐述的主要是兰克史学的理论，不过他也十分重视包括统计学在内的其他学科方法在史学中的应用问题，并将这些关系密切的学科称为史学的"补助科学"，他说："至十九世纪之初，其中博采各种重要的补助科学，述其大纲，如……统计学等……各种补助科学之参考书，尤不胜枚举，就中以凯特拉（Gatterer）氏之贡献为特多。""所谓某一科目之补助科学者，系指若干其他之科学，能助该科目实践其方法上的任务者。"④

坪井的《史学研究法》一书，在清末也并未被全部译成中文，学界只翻译了其中的部分章节，如1903年的《汉声》和《游学译篇》，

① 参见伯伦汉：《史学方法论》（下），474页，上海，商务印书馆，1937。

② 杨鸿烈：《历史研究法》，52页，上海，商务印书馆，1939。

③ 李孝迁：《德国伯伦汉史学东传考论》，载《史学月刊》，2009（2）。

④ 伯伦汉：《史学方法论》（下），177～178、200页。

1907年的《学报》等都有一些译述。[①] 汪荣宝（即兖父）1902年发表在《译书汇编》上的《史学概论》一文，是以《史学研究法》为底本、参考他人著作辑译而成，亦可视为一种译述。与伯伦汉相较，坪井更加注重探讨史学与其他学科的关系[②]，对史学研究中统计调查的作用也颇为重视。在坪井看来，史家的著述不可不经一番学术性调查，这是各国治史者固有的职责。欲明白一国在历史进程中活力元气之所在，必先考察该国社会之所繁殖、该国之地势以及该国族群之性质。如从故纸堆中研究它们，常常不能求得真谛。而欲求得真谛，该国现世社会之实物调查必不可少。史家研究历史，必须就现代之人群即所谓社会的实物从多方面进行考察，"就其所得而后持以参究于史学，则治史之道，思过半矣"[③]。

英国巴克尔的《英国文明史》写成后，在欧洲风靡一时，对欧洲各国的史学研究产生了重要影响。稍后，它传入日本，其史学观点也影响了日本的新史学，复通过日本的渠道转输中国。当然同时，它也有直接传入中国的渠道。庚子后，《英国文明史》被翻译过来，据俞旦初先生初步考证，《英国文明史》有三种译自英文原文的译本，还有一种从日文转译过来的译本。[④] 巴克尔主张史学与自然科学一样也是一门科学，只不过史学是研究历史规律的科学。他认为天然物理和精神意志是制约人类历史发展的两大力量，非欧洲文明受制于天然物理，而欧洲文明则可凭借精神意志突破天然物理之制约。在精神意志中，

① 翻译情况可参见前引李孝迁《德国伯伦汉史学东传考论》一文和俞旦初《二十世纪初年中国的新史学思潮初考》一文（载《史学史研究》，1982（3））。

② 据李孝迁的研究，坪井日文本的《史学研究法》讨论"补助科学"的篇幅要远远超过伯伦汉的《史学方法论》。（参见前引其《德国伯伦汉史学东传考论》一文）汪荣宝的《史学概论》，也以大量的篇幅探讨史学与其他学科的关系。（参见汪荣宝：《史学概论》，载《译书汇编》，第2期，1902年）

③ 坪井九马三讲说，张玉涛译述：《史学研究法·总说序论》，载《学报》，1907（6）。

④ 参见前引俞旦初的《二十世纪初年中国的新史学思潮初考》一文。

理智是历史演化的决定性因素，而感觉、情绪等全无影响。因此，只需研究理智之定律，即可发现历史定律。[①] 在《英国文明史》中，巴克尔还以一定篇幅探讨了统计学与史学之间的关系问题，认为尚处于幼稚阶段的统计学已经证明了犯罪、自杀、婚嫁等由自由意志决定的社会现象具有一定的法则，他进而由此说明随着统计学等学科的发展，历史学必将臻于科学境界。[②] 巴克尔十分重视史学研究中的统计作用，强调“我们将洞察以上所述我们动作受定律支配之例证，乃从统计上得来的”，“其对于人性研究上所启示的光焰却已较其他科学之总和为多了”[③]。尽管如此，他并没有忽视其他学科的作用，认定“不能推度以为自然科学从未应用于史学，故于史学为不实用”[④]。有学者曾将巴克尔史学的特点概括为三个方面，其中之一就是提倡以统计方法研究历史[⑤]，可见在巴克尔的史学思想中，统计方法具有格外重要的地位。

应该指出的是，自严复译述《天演论》后，进化论在中国的思想界和史学界产生了广泛而深远的影响。可以说，在清末各种新史学主张中无不可以找到进化论的影子。而进化论的产生和发展，又与统计有着密切的关联。20 世纪 20 年代，梁启超曾比较形象地说明统计与进化论之间的关系：“且宇宙间之科学，何一非积无限辛劳以求得区区数字者？达尔文养鸽莳果数十年，著书数十万言，结果不过诒吾辈以‘物竞天择，适者生存’八个大字而已。”[⑥] 今天，实际上国际学术界

① 参见伯伦汉：《史学方法论》（下），470～471 页。

② 参见巴克尔：《文明史》，魏易译，载《学部官报》，第 3、5、7、9、11、12、13、17、18、20、25、28 期。

③ 博克尔：《英国文化史》上册，胡肇椿译，18 页，上海，商务印书馆，1936。

④ 同上书，19 页。

⑤ 参见李孝迁：《巴克尔及其〈英国文明史〉在中国的传播和影响》，载《史学月刊》，2004（8）。

⑥ 梁启超：《中国历史研究法》，71 页，南京，江苏文艺出版社，2008。

依然在争论进化论中的统计特性问题①，这对今人理解以进化论为灵魂的现代新史学与统计方法的内在逻辑联系，不无裨益。

三　国人以统计法研究历史的自觉观念之生发

20 世纪 20 年代，梁启超在中国大力提倡以统计法研究历史，并将之命名为“历史统计学”，他自认为这一名称是其和几个朋友杜撰的。② 然而依据波兰史学家托波尔斯基的考证，“历史统计学”的概念在 19 世纪末就已经出现。③ 今人在谈论中国历史统计学之史时，往往只溯及 1922 年 11 月梁启超在东南大学史地学会的一次演讲，据此便认定梁氏是中国最早倡导历史统计学的史学家。虽有人曾提及清末陈黻宸等人已提倡以统计法研究历史④，也有人注意到梁启超已开始以统计法来探讨具体历史问题或讨论现实中的统计问题⑤，但清末学人提倡和应用统计法研究和撰述历史这一学术现象，却并未受到应有的整体性重视，学界也没有展开较为详细的讨论。

早在 1897 年，唐才常和潘清荫均曾撰文认为，中西史学都有使用统计图表来表述历史事物的现象，在这点上彼此是相通的。⑥ 同年，梁启超在《续译列国岁计政要叙》中明确表示，《丁酉列国岁计政要》虽是世界列国重要事项统计材料的汇编，但从中可以探知各国强弱盛

---

① 参见李建会：《进化论统计特性根源的哲学解释》，载《自然辩证法通讯》，2001（4）。

② 参见梁启超：《历史统计学》，载《史地学报》，第 2 卷第 2 期，1923 年。

③ 参见耶日・托波尔斯基：《历史研究中的数量方法》，转引自项观奇编：《历史计量研究法》，3 页，济南，山东教育出版社，1987；魏峰：《国外计量史学述评》，载《滨州师专学报》，第 10 卷第 1 期，1994 年。

④ 参见宋学勤：《梁启超对历史统计学的倡导与实践》，载《史学理论研究》，2006（3）。

⑤ 参见石莹丽：《梁启超与中国近现代史学：以跨学科为中心的分析》之第六章《对历史统计学的倡导与实行》，山东大学博士学位论文，2008。

⑥ 参见潘清荫：《经史之学与西学相为贯通说》，载《渝报》，1897（2）；唐才常：《学报史・史学第一》，载《湘学新报》，1897（1）。

衰，以及各国即将或正在采取的内外政策与影响。对于中国人来说，则从中更可以见及中国衰弱的程度和应该奋起改革的理由。因此，梁启超认为，《丁酉列国岁计政要》是一部良史，“斯国史之良哉”。在该文中，梁还将历史划分为君史、国史、民史三种，认为民史盛于西国，而中土几绝，中国正史、编年史等多半是君史，后代的断代史不过为一代之主作谱牒。在该文中，梁氏已流露出比较明显的民史观的倾向。①

不可否认，梁氏在此文中所表达的史学观念受到了西方史学理论的启发。据李孝迁考证，英国思想家斯宾塞的史学思想应该对梁启超此期将史学区分为君史、国史、民史产生了某种影响。② 梁启超的《西学书目表》收有《肄业要览》一书，并附有按语，其《读西学书法》也对《肄业要览》进行了评价，而《肄业要览》则是斯宾塞《教育论》一书中《什么是最有价值的知识》一文的中文译本，译者为颜永京。③ 同样，我们也应该看到，《列国岁计政要》等统计材料所传播的统计知识和观念，也对梁启超产生了直接刺激作用。在《西学书目表》中，梁氏收录了《癸酉列国岁计政要》和刊载有大量统计事例的《万国公报》，对《万国公报》的评价较高④，《列国岁计政要》也给他留下了深刻的印象，《丁酉列国岁计政要》翻译出版时，他还特地为其作叙予以介绍，并将丁酉、癸酉《列国岁计政要》作了简单的比较，从中发现了更多的“史”的意义。同时，他视统计资料汇编为历史的观点，同德国国势学派的有关主张，至少在精神

① 参见梁启超：《续译列国岁计政要叙》，载《时务报》，第33册，1897年。

② 参见李孝迁：《梁启超早年新史学思想考源》，载《史学月刊》，2007（3）。

③ 参见颜永京：《肄业要览序文》，载《格致汇编》，第4卷第12期，1882年。

④ 参见何兆武：《广学会的西学与维新派》，载《历史研究》，1961（4）；马金华：《〈万国公报〉与维新派》，载《东方论坛》，2000（1）。

上也是相通的。

戊戌时期，唐、潘、梁等人虽已在某种程度上认识到统计与史学之间的密切关系，但还都没有明确提出以统计法来研究历史的主张。进入20世纪之后，这种情况很快发生了改变。自梁启超等公开倡导新史学后，中国学界、思想界许多人纷纷发文或出版专著，介绍各自对于新史学的理解和主张，重要者如邓实、曾鲲化、刘师培、陆绍明、陈黻宸、马叙伦、许之衡、陈怀、曹佐熙等等。这些学人政治立场、思想和学术背景不同，其有关新史学的主张自然也不尽相同。其中，对统计学与史学的关系问题进行过明确论述的，主要有陈黻宸、陈怀、邓实和曹佐熙等人。

关于陈黻宸的史学思想，已经有人做了多方面的研究，其思想被视为会通中西史学之结晶。① 这里，我们只拟就其有关以统计法研究历史的主张进行专门的梳理，这也是他史学思想中很有特色的地方。陈黻宸的相关看法，主要集中在《独史》和《地史原理》两文中，他称得上是20世纪初年中国自觉倡导以统计法来研究和撰述历史的史学理论先驱。

在《独史》一文里，陈氏比较系统地阐释了其史学观念，并站在"史例"的高度来论述统计与中国史学建设的关系问题。他认为："欧美文化之进，以统计为大宗，平民之事，纤悉必闻于上，是故民之犯罪者、自杀者、废疾者、婚嫁者、生者、死者、病者、有业者、无业者，每年必为平均分数，而以其所调查者比而较之。比较既精，而于民人社会之进退，国家政治之良否，析薪破理，划然遽解，斯所谓弥纶一代之巨作矣。"在他看来，"今泰西史学所以独绝于一球

① 参见吴忠良：《略论陈黻宸的历史观和新史方案》，载《东方论坛：青岛大学学报》，2002（2）；秦文：《陈黻宸的史学方法——20世纪中国"新史学"影响下写"民史"方法》，载《湖北社会科学》，2010（9）；等等。

者”，实正在于此。[①] 在中国的史书中，他以为只有司马迁、郑樵等人的作品有点民史的意味，但与欧美那种贯注统计法的民史已不可同日而语。陈黻宸感慨曾写“《平准》、《河渠》、《货殖》诸篇”的司马迁，虽“反覆抑扬，怀抱独远，磊磊自转，大概皆协于生民之经，损益之统，而以观欧人统计比较之学，望尘轶步，渺然难追，盖亦太史公之阙笔也”。至于此后的史家，除了作过“二十略”的郑樵之外，就更多不足道了。在他看来，造成这种差距的原因，乃在于西方的“君与民近”，而中国自秦以降则“民义衰矣”。中国自秦以后虽有户口册报、物产清查，但均藏匿不实、虚浮难信。因此，中国即使要想与西方“比而同之，使适合于欧美统计之事，斯必非作史者所能为力也”。也就是说，由于难以找到可信可靠的统计数据，中国的史家在这方面，往往不得不面临格外的困难。不过尽管如此，陈黻宸仍然主张中国宜效西方统计和比较“史例”，多搞“调查之册、统计之史”[②]。他非常强调“民”在史中的地位，公然提出“民者，史界中一分子也”，“史者民之史也，而非君与臣与学人词客所能专也”[③] 这样响亮的口号。这是其民史观的明确表达。为了确保修出民史，他进而提出了“史权”问题，认为史官的命运最终应由民来决定。同时，他还提出修撰通史的具体主张，即作表八、录十、传十二。其中，“表八”里有三表是关于平民的，他倡导秉持司马迁、郑樵的意图，作平民表，即平民习业表、平民户口表和平民风俗表[④]，其中明显包含了以统计图表来表述历史的内容。而之所以要作平民户口表，原因即在于：“我闻欧美统计之学，所以振社会之文化，而树政体之先声者，于户

---

①② 陈黻宸：《独史》，见《陈黻宸集》上册，562～563页，北京，中华书局，1995。

③ 同上书，563、574页。

④ 参见上书，564～575页。

口特加详焉。"[1]

这里，陈黻宸实际提出了一种新的“史例”，也就是他所谓“史家之独例”[2]，即以统计来表述、研究平民之事，进而通过比较（如使用比例法、平均数法）以获得各国强弱变化趋势及其缘由。统计、民事是陈黻宸史学思想中的两个主要支点，而寻求各国国势的变化及其因由，自是其史学研究的重要目的。不妨说，旗帜鲜明地提倡民史，乃陈黻宸史学思想的重要特色，而以统计法来表述和研究民史，则可谓其史学思想特色中之特色。

《地史原理》一文重在介绍地史的研究对象和研究方法。该文上半部分主要阐明地史的研究对象。在讨论了各个领域的地理学分支以后，陈黻宸认为这些领域的地理学均不是其认可的地理学。他引用西方学者之言来说明其中意的地理学为何物：“达识哉西儒之言曰：‘地理之精蕴，自国家之社会而来；国家之社会，实自国民之天性及感情而来。’民之于地理亦大矣。是故地理者，统斯人之种类、习俗、性情、德行、学术以合而成焉者也。”[3] 可见，陈黻宸所要论述的地理，应是某个地域民众的社会、生活及精神特性之总和。据此可推知，他所说的地史，实即某地之民史。该文的后半部分重在介绍地史的研究方法。《地史原理》一再声称要以包括统计学在内的诸多学科的方法来研究地史，但其介绍的却主要还是统计法。陈黻宸从四个方面阐述了他所理解的统计方法，即调查贵实、区划贵小、分类贵多、比例贵精，并声称欲凭此四者，“为我中国之民辟一新地理史”[4]。陈氏借助西方的事例来说明这些统计方法的重要性，但他却没有交代如何才能达到调查

---

① 陈黻宸：《独史》，见《陈黻宸集》上册，570页。
② 同上书，563页。
③ 陈黻宸：《地史原理》，见《陈黻宸集》上册，587页。
④ 同上书，592页。

贵实，如何去划分区划，如何去分类，如何去计算比例，等等，也没有说明这四者之间的关系问题。在该文中，陈氏还提出要创作十表，作为地理史的主要内容，这十表分别为：户口表、宗教表、族类表、学校表、职业表、疾病表、罪人表、儒林表、文明原始表、历代君主表。

《地史原理》与《独史》虽有重要差别，但在重视民史、提倡以统计方法研究或表述民史的精神方面，则是相通的。已有学者论证巴克尔文明史观对陈黻宸产生过影响①，实际上，巴克尔所提倡的史学研究法，也曾对陈黻宸发挥过一定效力。在《英国文明史》中，巴克尔不仅要展示其文明史观，而且想阐明其历史哲学和历史研究法。《英国文明史》里虽然也提倡以自然科学及其他学科方法来研究历史，但论述得更多的还是统计法。不过，德国国势学派关于统计与历史关系的观念——统计即历史的主张，在两文中也留下痕迹。陈氏在《独史》里曾说过，“吾又观于泰西之言史者矣，曰统计史者，非今日所能尽行也”②，意思是说中国应当模仿这种统计史，只不过当时的条件还没有完全具备而已。在《地史原理》一文里，陈氏虽然介绍了统计调查的一般方法，但并没有讨论统计调查与从事历史研究所作的一般统计有何差别和联系，他似乎有一种将两者等同起来的倾向。不仅如此，他的有关以统计学等学科方法来研究历史的主张，可能也来自巴克尔，但巴克尔《英国文明史》并没有“调查贵实、区划贵小、分类贵多、比例贵精”的相关论述。相反，横山雅男的《统计通论》有关地方的观点，与“调查贵实”、“区划贵小”、“比例贵精”主张却十分相似③，而且《统计通论》以一半以上的篇幅阐释各类统计，其分类不可谓不

① 参见俞旦初：《二十世纪初年中国的新史学思潮初考》，载《史学史研究》，1982（3）。

② 陈黻宸：《独史》，见《陈黻宸集》上册，563页。

③ 参见横山雅男：《统计通论》，孟森译，80、95～98、125～131页，上海，商务印书馆，1913年，第7版。

多。事实上，“调查贵实、区划贵小、分类贵多、比例贵精”在一定程度上，还是道出了现代统计的部分窍要之所在。调查贵实，讲的是统计调查最为基本的要求；调查不实，统计调查就会毫无意义。区划贵小和分类贵多，讲的是统计调查应注意的两项要点，唯有如此，调查统计才能深入细致，才能获得更多可用、可靠的信息，也才能为最后的统计分析打好基础。比例贵精，讲的就是一种统计基本分析方法。由此可见，陈黻宸对横山雅男《统计通论》一书的有关内容，似并不陌生。

陈黻宸的学生、侄子陈怀也持有与陈黻宸类似的观点。在《方志》一文中，他极力主张历史即是民史，而方志则是一国历史的基础，在修撰好方志的基础上，可以合众多方志而成一国之历史，因此方志也理应记载民事，且修撰方志的人与地方民众较为接近，具有了解民情的便利。他还主张修撰方志的权力应掌握在民众的手里。与陈黻宸相比，陈怀有关统计与方志（历史）的观点更为直接：“史必得欧人统计之学而后于史家可无憾。方志者，统计之学之所由出也。”① 如果说陈黻宸只是认为统计方法乃研究历史的一种方法，那么陈怀所强调的研究历史特别是方志之方法，则似乎只有统计法一种。

邓实在《民史总叙》一文中，对统计学与史学的关系也进行了一定程度的探讨，其看法与陈黻宸《独史》一文所表述出来的观点相似。他认为，中国欲修民史，必须学习西方的历史哲学，西方史学记载民事，农、工、商皆有史。由于西方的政体是民主政体，因此人民的生死婚嫁、废疾患病、犯罪自杀都有精密的统计调查，报告于政府，政府也就能够知道国家社会之进退、政策之良腐，而史家亦可据此修成

① 陈怀：《史学：方志》，载《新世界学报》，1902（7）。

历史著作。[①] 显然，邓实是想学习西方，在精密的统计调查基础上撰成民史。邓非常重视民史，他公开发文，提出了撰写民史的提纲及各部分组成架构，这在清末是绝无仅有的。然而，他对“民史”中“民”的理解与陈黻宸不同，其前后观点也不尽一致。在《史学通论》中，他认为“民”指的是人群：“夫民者何？群物也。”而人群指的又是政治家、哲学家、美术家、教育家、生计家、探险家及历史中的英雄。[②] 在《民史各叙》中，他论述了西方对各种民事的调查统计，“古民之生子也、寿夭也、结婚也、罹病也、废疾也、执业也、犯罪也、自杀也，每岁皆有精密之统计调查”[③]，这里的“民”应为一国之国民。陈黻宸在《独史》、《地史原理》中所表述出来的“民”虽有国民的意思，但更侧重于一国之平民。清末，学术界、思想家大力提倡撰写民史，但各人对民史的内涵、外延之理解却不尽相同，当时与民史相关的概念主要有平民、人群、社会、民众、国史等，与之相对的则是君史。各人从不同的角度出发，其观点自然也就有所分别。

1909年，曹佐熙发表其“陶冶古近中外百家之言”[④] 而成的《史学通论》，其中第六篇“史学之通旁”论述了史学与其他学科的关系，特别是对史学与统计学的关系问题也作了专门论述。他认为社会演进之事至为繁赜，不知其实数，则其真理无由阐明，而欲求得实数，则非有统计不可。因此，欲对社会演进进行分门别类的、精博的研究，必须借助统计学。[⑤]

以笔者之见，梁启超、陈黻宸等人的相关主张除了受西方史学理

---

① 参见邓实：《民史各叙》，载《广益丛报》，第64期，1905年。

② 参见邓实：《史学通论四》，载《政艺通报》，1902（12）。

③ 邓实：《民史各叙》，载《广益丛报》，第64期，1905年。

④ 曹佐熙译述：《史学通论题词》，见曹佐熙编辑：《史学通论》，湖南中路师范学堂，1909。

⑤ 参见曹佐熙编辑：《史学通论》第六篇“史学之旁通”之二十三“统计学”。

论的影响之外，现代统计知识和观念所施予的影响也不容忽视。而在感受和体会西方现代统计于史学的意义的过程中，除了前文提到的《列国岁计政要》那样的译著外，还有大量运用了现代统计数据的欧美国家和日本等国的国别史译著、编著，像《美理哥合省国志略》、《日本国志》，以及一般性综合介绍世界各国情形的《西国近事汇编》，还有相关史地著作如《四洲志》、《海国图志》、《瀛寰志略》等；另有一些专史译作，如《万国商业历史》等，也都不同程度地发挥了启发和引导作用。[①] 以《美理哥合省国志略》为例，其中关于美国的户口、土产、学馆、书籍等，都有大量的统计资料。林则徐组织翻译的《四洲志》里关于“育奈士迭国”（美国）赋税、田价、人口、进出口贸易额等的变化，也都有连续性统计数字。译自英国的《万国商业历史》，则分别以表和统计数字的形式，说明英国某一时期对外贸易的状况和 17 世纪对外贸易发展变化的情况，不一而足。

实际上，从晚清新出现的各种“国别史”或“万国史”参照中不难看出，呼唤和期盼国富民强，以及国富民强所体现和依赖的社会文明整体进化论，乃是清末国人以统计法研究历史之自觉意识的支撑性观念底蕴。

四　统计分析法在清末历史研究和撰述中的初步应用

清末时，不仅已有人大力提倡以统计方法来研究、撰述历史，也

---

① 参见基宾斯：《万国商业历史》，林曾登吉译，110～113、116～117 页，上海，商务印书馆，1903。

有人有意无意地在实践这种构想。当时倡导以统计法研究历史的，当以陈黻宸师徒最为有力。不过查阅现有资料，无论是陈黻宸还是其弟子陈怀、马叙伦等，均没有在具体的历史研究中，很好地贯彻这一想法。陈黻宸编著的《京师大学堂中国史讲义》、《中国通史》中，几乎见不到统计法运用的影子。尽管如此，还是有人在这方面作出了可贵的努力。据现有的资料，统计法在清末史学中的应用，主要体现在以下三个方面：

首先是一般通史、专史特别是国别史的编纂方面之初步运用。应该说，在传统的中国史书纂修中，本就存在以图表或统计图表来表述事情的现象。司马迁《史记》的“十表”开了此项工作的先河，此后的史家将图表或统计图表渐渐地用于各个方面。必须指出，传统的图表虽有的也带有一点统计的意味①，但总体说来，其更在意的还是清晰简明地呈现同类事情，计量分析的因素十分不足。清末时，有些史家在继承和发展传统图表功能的同时，也对这些表加以改造，以增强其计量意味。如刘师培在他那部著名的《中国历史教科书》中，就使用了多种图表，其中有些就是他带有统计意味的创作，像“西周人民之职业”章中的《民数校比图》②，即是如此。通过该图，读者还可以对西周户口统计的机构设置、职责及流程有个简单直观的了解。又如汪荣宝的《中国历史教科书·本朝史》一书，有的部分就自觉采用了统计分析的方法。其关于鸦片战争的部分，对鸦片输入的箱数、价值，不同记载的考量，乃至岁漏银数，都有多年连续性的量化数据及分析，

① 如在后来有些提倡历史统计学的学者看来，史迁的“十表”和顾栋高的《春秋大事表》等，就深具西方统计法之意蕴。参见卫聚贤：《应用统计的方法整理国学》，载《东方杂志》，第26卷第14期，1926年；梁任公：《历史统计学》，载《史地学报》，第2卷第2期，1923年。前述陈黻宸在《独史》中的看法，也属此类。

② 刘师培：《中国历史教科书》，152页，扬州，广陵书社，2013。

同时配合其他论述，以揭示鸦片战争爆发的原因及其“实近世中国变局之造端”的历史转折意义[①]，十分难得。

专史方面，沈同芳 1911 年出版的《中国渔业历史》可为代表。该书材料的主要来源之一就是统计调查。其第五章捕捞，即为该书作者的学生调查所得[②]，该章共 37 页，占全书篇幅近 1/2。除此之外，此书其他地方还有一些统计图表，其中有四张表是科学试验的成果，这四张表依次是《吕垣煎盐、旧法盐田、日本法洋盐、欧洲法为盐质分析比较表》（甲表、乙表），《一斗卤中主成物实验表》和《光绪三十一年四月下旬改良盐试验成绩（平均）表》。[③]

国别史书写，是晚清至清末格外繁荣的领域。仅以黄遵宪 1887 年完成、1895 年首次正式刊行的《日本国志》为例，其中的统计数据及其分析随处可见，尤其是“食货志”的国债（各种类型）、商务部分，“兵制”的海军等部分。如“食货志”的商务部分，就列有《金银输出入比较表》、《新（旧）货币输出入超过表》、《外国货币及金银块输出入超过表》等等。虽然该书的统计材料并非黄遵宪本人采集，而是照搬了日本相关著作的成果，但他经过了自己的选择消化，并予以重新结构编撰，还是体现了中国史学的进步。可以想见，梁启超最早谈论有关统计法对于新史学的意义时，应该也受到过他极为推崇的《日本国志》中有关统计内容的影响。

其次，是地方志纂修方面的运用。清末，有些地方在纂修方志、乡土历史时大量使用了现代统计方法。具体说来，存在如下几种情况：

---

① 参见汪荣宝编纂，张元济校订：《中国历史教科书·本朝史》（学部审定，中学堂、师范学堂用），41～45 页，上海，商务印书馆，宣统元年六月初版，宣统三年元月四版。

② 参见沈同芳：《中国渔业历史》，27 页，1911 年铅印本。

③ 参见上书，76～79 页。

1. 清末已有多地在编纂地方志时设立调查员，调查统计有关事宜。如1910年《奉天辉南厅志》奉命修撰时，就设有专门调查员①；1910年《长白汇征录》襄办人员中，也有测绘兼调查员、安图调查员、抚松调查员等职别②；宣统年间为修《江南通志》，便曾设立调查局③。我们在国家图书馆曾发现一本《各厅州县采访修志底册格式》，图书馆网页上标明其出版于1912年以后，而依据其内容，其应该成书于清朝覆灭之前。④ 该书形成的具体年代，目前虽尚难确认，但其形成于清末方志纂修的高潮阶段，大体可肯定。⑤《各厅州县采访修志底册格式》将所须采访的事项，分为54卷分志，每卷下分若干大项，大项下又分若干细目，并有简单的说明。从其内容和体例上来看，它所列各项与传统的志书较为接近。然而，过去在修纂方志时虽也有采风、采访的做法，但这么详细、全面、系统、专门地列出调查采访提纲的情况，此前还是很为罕见。不仅如此，该书编者还将调查了解地方情势对于通志编纂的意义，提升到一个非常高的高度，表示："查编纂通志一事，必以州县采访为凭，而采访必得之绅耆，然后州县不致任怨。一事采访不到，即无以成一县之志。一县志书不到，即无以成通省之志。"⑥ 此种认识和主张在此前实不多见。从某种意义上说，该书乃是一份对各厅州县历史、地

---

① 参见薛德履：《奉天辉南厅志·序》，宣统二年刻本。

② 参见《襄办人员衔名籍贯》，见张凤台：《长白汇征录》，宣统二年刻本。

③ 参见明光摘注：《〈横山乡人日记〉选摘》，见镇江市政协文史资料委员会编：《镇江文史资料》第25辑，188页。

④ 该书使用"国朝"字样多达十余处，使用"皇清"的地方更多，由此可判断此书应成书于清朝灭亡之前。

⑤ 此书在某州厅县志卷7《户口志》下，有这样的记载："嘉庆年曾否奉行清查，拨出、增入某处若干户。现在十七年报部实在承粮花户若干户。"卷8《田赋志》下也有"嘉庆年"、"现在十七年"等字样。初看上去，似成书于嘉庆年间。然而，在卷15《学校志》下，却有"中、大、小学额"的记载。学校分大、中、小学三级，无疑是清末新政期间才有的事情。

⑥ 《各厅州县采访修志底册格式》，版本不详，1页。

理以及现实进行调查统计的完整提纲，它虽然没有强调搜集数字材料，但有些项目，如户口、田赋等，显然是非以数字表述不可的。

2. 在清末修成的方志、乡土历史中，已存不少现代统计内容。如宣统时《奉天辉南厅志》的修纂，就得益于和有赖于统计调查、现实工作总结。当时的辉南厅刚刚设立，所以从某种意义上说，《奉天辉南厅志》可直接视为调查统计的结晶。而且最终修成的《奉天辉南厅志》也确实含有大量的统计成果，如户口、庙宇、农产、矿产、植物、药材、动物、水产、学堂、社址等项内容，均包含大量的统计调查成果。《长白汇征录》也是如此，其中的《长白府阖境十五社户口一览表》很有特点，它不仅包括华民户数和人数，也包括韩侨户数和人数，且前者要远远低于后者。这不仅在一定程度上反映了当时长白府的经济和社会状况，也多少可以同当时中、日、韩三边关系，甚至同当时中国与日属韩国的边境冲突事件联系起来。《泰州乡土志》既包含整个国家历史的图表，也有与泰州本地历史密切相关的图表，在介绍泰州的田地、漕米、田赋、丁银、户口、兵业等时，还使用了大量的统计数字，在介绍邮政时，竟然将中国、日本、西洋各国的邮政情况进行了列表比较。[①]

3. 在体例上，以调查统计报告充当地方志。这样的例子非常少，我们仅发现一例。康敷镕（生平不详）其人，曾撰述过青海地方志，成果之一为《青海志》，之二为《青海调查事项》。[②] 如果将两者进行仔细比较，就会发现其在内容上几乎一模一样，因此可以判断，两者实际上是同一本书。康氏的调查报告水平在当时还是比较高的，它不

---

① 参见马锡纯：《泰州乡土志》，泰州教育会劝学所发行，上海锦章书局印刷，1908。

② 两书版本不详。

仅以简洁的笔法大致说清楚了各个项目，而且包含大量的统计数字，有些论述还具有一定的深度。如他认为，青海各地可开垦的地方很多，将高寒之区留作牧场，移民经营可垦之地，则垦、牧二事两不相妨，所获之利可能数百倍于甘肃。[①] 清末民国时期，中国地方志的体例出现了比较大的变化，地方志的修纂者引进、创作了不同形式的体例，调查报告形式的体例就是其中的一种，可惜的是，至今还没有引起学者们足够的重视。

最后，体现在具体历史问题的研究方面。中国是个没有精确统计传统的国度。清末时，关于中国人口的数量，国际上曾有多种说法，其间的差距非常悬殊。1903 年，梁启超加入这种讨论中。他这年发表了《中国史上人口之统计》一文。在该文中，他借鉴马尔萨斯人口理论，利用《文献通考》、《续文献通考》和《皇朝通考》等资料，比较、考证、探讨中国历史上的人口数量问题。他认为，中国历史上人口数量的发展变化，在很多时候都是符合马尔萨斯人口理论的。不仅如此，他对人口问题的一些具体分析，应当说也不乏真知灼见，如他认为南宋时期中国的人口总数（南宋与金朝的人口总和）应在一亿二三千万，这要比官方统计的数字高得多，并认为唐朝的人口总数也应比官方公布的数字高。官方数字不确的原因在于隐匿，“宋之所隐匿者在口，而唐之所隐匿者在户”。唐朝人民之所以隐匿户数，又在于其租庸调的税收制度。他还认为，康熙五十一年后实行滋生人丁、永不加赋的政策后，乾隆十四年第三次编审人丁始得实数。当然，他的论述也有不当的地方，如他依据马尔萨斯人口论，推论光绪十五年时中国人口应有七亿二千万，而 1903 年应达到八亿。[②] 这就过于离谱了。除了梁启超

① 参见康敷镕：《青海志》，版本不详，15～16 页。

② 参见梁启超：《饮冰室文集》之十，35～45 页，《中国史上人口之统计》，见《饮冰室合集》第 2 册。

外，章太炎在戊戌时期、杨志洵在1907年、明水在1911年，也都对中国历史上的人口问题进行过初步探讨。[①]

前述《列国岁计政要》是统计类著作，却在一段时期内被当作史政类书籍介绍。它虽不属于专门“史学”，却也可说属于广义史学，有助于国人了解世界以及本国的情形和历史，并对清末思想界产生了广泛的影响。1898年，康有为向光绪帝进呈《列国政要比较表》，而《列国政要比较表》实乃照抄《丁酉列国岁计政要》而来。[②]长乐高凤谦曾综合《丁酉列国岁计政要》的比较表，而成《光绪二十四年列国岁计表》。[③]《江南商务报》又将高凤谦的表格析为四表，以展示“列国盛衰强弱之势”[④]。此外，还有很多人撰写、翻译了各种各样的列国比较表，发表在报刊上，这些表格形式上与《列国岁计政要》中所刊载的比较表相似，在精神上也有相通之处。如《列国海军力与其海运及海上贸易额之比较》就自觉揭示了英、俄、德、法、美、日等国海军军费与商船吨数和贸易之间的关系。[⑤]《列国国富比较表》则简单比较了日、法、奥、俄、美、意等国国富、岁出、岁入、国债、出入口额、储蓄总量和均值的不同。[⑥] 从这些比较中，很容易看出各国国力的强弱来。在这些图表中，时人似乎更加关注各国军事力量尤其是中国周边的海军力量对比，如《列国海军力之比较》[⑦]、《列

---

① 参见章太炎：《民数第二十一》，见《訄书》，331～338页，上海，上海古籍出版社，2000；杨志洵：《中国人口考》，载《商务官报》，1907（28）；明水：《中国人口问题（附表）》，载《国风报》，第2年第5期、第2年第9期，1911年。

② 参见李章鹏：《“列国岁计政要”的翻译出版及其意义》，载《统计研究》，2015（9）。

③ 参见高凤谦：《光绪二十四年列国岁计表》，收入麦丁富得力编：《列国岁计政要》，见《丛书集成续编》第51册，233～234页，台北，新文丰出版公司，1989。

④ 《列国岁计比较表》，载《江南商务报》，第4、5期，1904年。

⑤ 参见《列国海军力与其海运及海上贸易额之比较》，载《新民丛报》，第30号，1903年。

⑥ 参见《列国国富比较表》，载（北京）《商务报》，第22期，1904年。

⑦ 《大陆报》，1902（1）。

国东洋舰队之比较》①、《列国陆军力之比较》②、《列国海军费及东洋舰队之比较》③、《东洋列国海军力比较案（本年最近调查）》④、《列国海军比较表》⑤、《海牙和平会条议、五大海军国战舰之比较》⑥ 等表，均是如此。通过这些表的编制，编者和作者一方面在一定程度上掌握了现代统计分析方法，另一方面也加深了对世界各国国力和中国国家衰弱及其原因之所在的认知。

综上所述，清末时已经有人在一般通史和专史编纂、方志纂修、具体历史问题研究方面，尝试引入统计分析方法，并且已有人大力提倡以统计法来分析、研究、说明和表述历史，可以说“历史统计学”的有关意识和实践，在当时已经悄然酝酿、生发。只不过，清末尚没有人明确提出“历史统计学”的概念。这一任务直到 20 世纪 20 年代才由梁启超、丁文江等人大体完成。⑦ 还应指出的是，清末学人在使用统计图表分析历史问题时，绝大多数都还没有真正重视起数字，更没有产生如何以精确的数字科学有效地分析、表述历史的普遍观念和系统见解，这是其明显不足。实际上，清末民初时的中国史学，还远不具备重视量化统计分析的社会文化基础。美国传教士明恩溥在《中国人之气质》一书中，曾辛辣地批评传统中国人缺乏“精确”的观念；五四时期，胡适曾著《差不多先生传》，将精确意识的培育视为启蒙中国的新文化运动之使命所在：凡此均绝非偶然。甚至迄今，我们的史学在这方面仍有很多的课要补、很长的路要走。

---

①② 《大陆报》，1902（1）。

③ 《新民丛报》，第 35 号，1903 年。

④ 《政艺通报》，第 2 卷第 9 期，1903 年。

⑤ 《新民丛报》，第 95 号，1906 年。

⑥ 《南洋兵事杂志》，第 15 期，1907 年。

⑦ 参见梁任公：《历史统计学》，载《史地学报》，第 2 卷第 2 期，1923 年；丁文江：《历史人物与地理的关系》，载《史地学报》，第 2 卷第 4 期，1923 年。

“不以男女当别为义”：晚清使臣看西洋

杨剑利*

第二次鸦片战争之后，应西方列强的建交要求，同时也为了解远道而来的对手，缓解外事交涉上的不利，清廷“纡尊降贵”，开始向外遣使，打开了中国人直接接触西方世界的官方渠道。自此，以前多凭想象揣测或靠道听途说而知的西方世界，通过使臣的记录和言说，以中国人亲历的方式进入了中国人的视界。晚清使臣有一个使命是记录国外的“风土人情”并向朝廷汇报。光绪四年，总理衙门就此作了明文规定：“凡有关系交涉事件，及各国风土人情，该使臣皆当详细记载，随事咨报。”① 而使臣咨报的“风土人情”的一个重要内容便是当地的“男风女俗”。本文关注的是，在西洋场景中，经儒家性别观念的有色眼镜扫视，西洋“男风女俗”会以一种什么样的姿态进入使臣的记载，填补中国人对西方的想象？又会被赋予什么样的意义，为后人编码和挪用？

一　初使印象

探寻西洋“风土人情”的开路先锋是斌椿。同治五年，在英国人

* 杨剑利，中国人民大学清史研究所副教授。

① 薛福成：《出使英法义比四国日记·咨呈》，见《走向世界丛书》VIII，59页，长沙，岳麓书社，2008。

赫德（Robert Hart）的撮合下，清廷组建了一个“外交使团”出访欧洲诸国，迈出了主动与“化外”世界接触的第一步。使团领队斌椿，年已周甲，曾做过知县，赋闲后助赫德办理文案；随员有斌椿之子和同文馆三名年未弱冠的学生，其中之一是后来当过光绪皇帝英文老师并出任过驻英大使的张德彝。斌椿一行没有外交任务，按恭亲王说，其主要使命是“沿途留心，将该国一切山川形势、风土人情随时记载，带回中国，以资印证”①。

出使前，斌椿壮怀激烈又不无忧虑，对即将到来的陌生世界的恐惧，使得这次观光旅行在不少人看来像是前途未卜的冒险。亲友同僚劝言阻止，但他还是慨然愿往。② 他“壮士去兮”般的英勇之举带来了回报：行前跃升三级，领三品衔，随员也跟着加官晋爵。有惊无险抵达欧洲后，他们一行在不到四个月的时间内游访了法、英、普、俄等十多个国家，此前担心的局面并没有出现。由于系“中土西来第一人”，各国政府对他们热情有加，当地媒体和民众对他们也很好奇。他们观览，也被观览。

与洋人打过交道的斌椿对西方世界多少有些了解，出访时还携有徐继畲面赐的《瀛寰志略》备考，但扑面而来的新世界还是让他吃惊。从第一站马赛，经里昂到巴黎，都市一个比一个繁盛，他见后不禁感叹连连：街市“气局阔大”，楼宇“高列云霄”，夜晚市肆灯火“密如繁星”，“通明如昼”③。同行的张德彝也不例外，观巴黎后说：“道阔

① 《筹办夷务始末》（同治朝）卷39，1页。斌椿使团应该算一个非正式的外交使团，有关其介绍另见理查德·J·司马富、约翰·K·费正清、凯瑟琳·F·布鲁纳编：《赫德与早期中国现代化：赫德日记（1863—1866）》，陈绛译，450～465页，北京，中国海关出版社，2005。

② 斌椿在一首长诗中说：“此行古未有，祸福畴能许？或云虎狼秦，待人以刀俎。又如使匈奴，被留等苏武。洪涛高荡云，所经多险阻。谁与涉重洋，试触蛟龙怒？所以千百年，此议无敢与。忽惊命自天，言王欲玉女。嗟予系何人，感奋岂推沮。衔命辞亲朋，萧萧易水渚……”（斌椿：《天外归帆草》，见《走向世界丛书》I，203～204页）

③ 斌椿：《乘槎笔记》，见《走向世界丛书》I，107～109页。

人稠，男女拥挤，路灯灿烂，星月无光，煌煌然宛一火城也。朝朝佳节，夜夜元宵，令人叹赏不置。”[①] 都市繁华令他们惊叹，而随处可见的“奇技淫巧”同样令他们侧目。斌椿和张德彝在游记中对西洋的火轮车、自行车、火轮造钱、火轮织布、电机寄信、照相、显微镜等都做了生动描述。仿佛乡下人进城，他们在惊奇中感受文明，也在无形中“受到指导”[②]。

除了器物，西洋“人情”也令斌椿一行耳目一新。

在中土到泰西的火轮船上，斌椿就观察到，“二十七国”各色船客，“惟泰西各大国，则端正文秀者多，妇女亦姿容美丽，所服轻绡细縠，尤极工丽”。泰西夫妇的举止吸引了他：妇“每起，则扶掖登船楼，偃卧长藤椅上。而夫日伺其侧，颐指气使，若婢媵然。两餐后，或掖以行百余武。倦则横两椅并卧，耳语如梁燕之呢喃，如鸳鸯之戢翼，天真烂漫，了不忌人”[③]。徐继畬编《瀛寰志略》有奥地利女子“美姿容，淫佚无闺教”一说[④]，魏源编《海国图志》有葡萄牙“重女而轻男”、英吉利“贵女贱男”、佛兰西“其女巧言如簧，甚悦人意，但不甚守礼”等说[⑤]，斌椿笔下的此情此景与先前这些转述颇相合。

火轮船上的见闻只是开始，西洋“人情”随后向斌椿一行展示了另一种光鲜。先是让他们倍感“奇妙”的剧院表演。到巴黎第二天，他们即受邀观剧。第一次看西洋剧，斌椿惊异又着迷：“台之大，可容二三百人。山水楼阁，顷刻变幻。衣着鲜明，光可夺目。女优登台，

---

① 张德彝：《航海述奇》，见《走向世界丛书》I，490页。

② 此行的组织者赫德有一个没有挑明的愿望，即让中国人见识西方的文明，“受到指导”，然后放下架子，“善待西方若干技艺和科学”（理查德·J·司马富、约翰·K·费正清、凯瑟琳·F·布鲁纳编：《赫德与早期中国现代化：赫德日记（1863—1866）》，陈绛译，513页）。

③ 斌椿：《乘槎笔记》，见《走向世界丛书》I，100～101页。

④ 参见《瀛寰志略》卷5，《奥地利亚国》，137页，上海，上海书店出版社，2001。

⑤ 参见《海国图志》，见《魏源全集》第六册，1118～1189、1411～1422页，长沙，岳麓书社，1998。

多者五六十人，美丽居其半，率裸半身跳舞。剧中能作山水瀑布，日月光辉，倏而见佛像，或神女数十人自中降，祥光射人，奇妙不可思议。”① 张德彝也颇有同感，除了表演本身，他还观察到，“卖座者服色一律，年齿相约，皆二八丽姝”，“看戏者男女咸集，皆手持千里眼，有戏看戏，止戏时则以之四面看人”②。戏里戏外的景象皆为儒家社会稀见。

宫室宴会给斌椿留下了难忘的印象，他记下了赴白金汉宫会宴的场景：“是日入宫者，公侯大臣四百余人，命妇八百余人。……乐人于楼上奏乐，音节铿锵。男妇跳舞十余次。武职衣红，文职衣黑，皆饰以金绣。妇人衣红绿杂色，袒肩臂及胸。珠宝钻石，项下累累成串，五色璀璨，光彩耀目。法英官员隔三差五的宴请给斌椿的印象也颇深：法相国家“门内外烛光如昼”，“珊珊其来”的各官夫人“无不长裾华服，珠宝耀目，皆袒臂及胸”，“罗绮盈庭，烛光掩映”，令他如觉在“贝阙珠宫”；英勒姓大臣家，“罗绮满堂，极人物宫室之美”，女客有鼓琴者，“歌声绕梁，音韵动人”，让他似觉“董双成下蕊珠宫”；侯爵米君公所，“女客咸集，不下一二百人”，“罗绮丛中，女居停应接不暇”；伯爵德君家，“高朋满座，夫人款待甚周”，园中女客击球，伶工奏乐，“翠袖红裙，芳菲满眼”；海关税司察公家，“屋宇壮丽，园林幽胜”，家眷同席宴饮，入夜“鼓琴作乐，音韵锵然”；等等。③ 西方上流社会男女相杂、其乐融融的场景给了斌椿别样的刺激。

除了这些别样的光鲜，西俗留给斌椿的总体印象是“男女无防”且“最敬妇人”。“出门游女盛如云……淡巴菰（烟草）味莫教闻”，而与中土尤异的是，男女相见，“以握手为礼，间有接吻者”。儒家素讲

---

① 斌椿：《乘槎笔记》，见《走向世界丛书》I，109 页。

② 张德彝：《航海述奇》，见《走向世界丛书》I，493 页。

③ 参见斌椿：《乘槎笔记》，见《走向世界丛书》I，110～120 页。

"男女授受不亲"，斌椿身处异域，难免"入乡随俗"，他赋诗打趣："柔荑不让《硕人》篇，一握方称礼数全。疏略恐教卿怪我，并非执手爱缱然。"①

也许受行程和精力所限，除了上流社会和他感兴趣的戏剧表演，斌椿对西方其他社会层面的记述不多且相对简略。年轻的张德彝比他观察要广，记述也丰。其实，作为随团译官，张德彝并没有写游记"咨报"的任务，但他是个有心人，逐日书所未见未闻之事，回国后集录成册并刻行。或因年轻，张德彝比斌椿对新鲜事物更敏感，笔下的西洋也更生动具体。

就世俗人情而言，与斌椿一样，张德彝记述的也是一个与中土大不相同的西洋。譬如，巴黎的店铺，开铺者多是须眉，而伙计则多是"袅娜佳人"，"有人买物，必有娇女酬应"，如此主顾会"不忍驳价"②；英国女子多工作，织布处"女工二千余名，男工六百余名"，造针处"男女作工各三百余名"，造纽扣局"红颜少女三百余人"③；不同于儒家女子，洋女"先读书，后习天文算学，针黹女红一切略而不讲，性嗜游玩、歌唱、弹琴、作画、跳舞等事"，还能上大学院，某所"内有男女学生三百余名"④；有别儒家"父母之命，媒妁之言"，"西俗男女婚嫁，皆自主之。未娶未嫁之时，彼此爱慕，相交如友。再计其一年所得财帛，比之相等。然后告之父母，复同往官署声明，官以一纸书，内载某人娶某氏为妻，某女嫁某男为夫，彼此情愿，男不许娶二室，女不许嫁二夫"⑤；与"男女授受不亲"不同，"闻西俗或

① 斌椿：《乘槎笔记》，见《走向世界丛书》I，108、165页。

② 张德彝：《航海述奇》，见《走向世界丛书》I，491页。

③ 同上书，529、527页。

④ 同上书，520、523页。

⑤ 同上书，581页。

久别或远行，男女皆彼此接吻为礼，以示亲近之意，虽父母兄弟夫妻姐妹皆然，甚至至亲要友亦如之”[①]；又观英国德比赛马，当中“游人皆买吹筒豌豆，无论男女，彼此对吹。……又女子有立门首者，与游人彼此嬉笑，各以嘴啜自己手背，其意如交颈亲吻，以示爱慕之诚。车上男女相遇乍逢，而彼此垂情溢于眉目，已去而秋波回顾，百态横生，虽铁石人，亦为之情荡”[②]；在俄国遇二女，交谈数语，“途中又遇二女乘车，女欲隔车携手，明（张德彝）饬车急行，彼亦急随，盖欲并车，以便携手交谈”[③]；等等。

张德彝对泰西“风尘女子”也有生动的记述。夜游巴黎“梦丹街吗逼园”，“通城名妓，皆集于此。……时见灯烛辉煌，游人稠密。女子淡妆浓抹，备极妖艳。有人在乐亭对跳者，亦有男女对坐畅饮者。彼见明等，有假惊者，有佯羞者，有偷视者，故作引人之态”，“园散时有携妓回家者，有随往妓家者”；“又闻英法国有售肾衣者”，宿妓者用之防疾。[④] 又亥正游布国（普鲁士）“熬尔佛木园”，“中有六角亭，名妓满座，皆赤臂露肩，长裙委地，半启樱桃之口，一捻杨柳之腰，如花解语，比玉生香，堪以持赠。游者或与文饮，则豪放自若；或与之舞，则宛转生风；更有携手同归者。适有数妓款步前来，故作许多娇媚引人态，而明等弗顾也”。张德彝对其所见作了个总结：“夫妓女莫多于泰西，而携妓女又莫胜于泰西；男私女而不为耻，女通男而不为羞，更有酷好男风者。又闻男子至二十岁似应宿妓，虽父母不能禁阻；男女虽各私数人，少〔而〕无彼此竞争者。”[⑤]

---

① 张德彝：《航海述奇》，见《走向世界丛书》I，582页。

② 同上书，504～505页。

③ 同上书，553页。

④ 参见上书，497～498页。

⑤ 同上书，564页。

张德彝耳闻目睹的这些“奇闻异事”，连缀起来就是一幅与中土反差极大的西洋“男风女俗”图，尽管其中不乏想象、演绎和曲解。与儒家“男女有别”相对，这幅图的主旨是“男女无别”。从繁华街市、奇妙剧场、满眼芳菲到“妓女莫多于泰西”，西洋令人心动的“男女无别”的浮华下似乎隐伏人情的堕落。斌椿说，儒家“重书礼”，“戒奢靡”，“今上圣且仁，不尚奇巧技”①；张德彝说，泰西“好兵喜功”，“贵武贱文”，“虽曰富强，不足多焉”②。斌椿与张德彝虽然年龄相差大，阅历也大为不同，但这一老一少的独白却有相通之处，也别有一番意味。

二　西洋男女再述奇

随斌椿“率天下之人而共游”③ 后，张德彝于同治七年至八年随总理衙门章京、花翎记名海关道志刚等再度出访④，目的地是美国和欧洲。与第一次相仿，他本次游历还是以猎奇的心态来记述西洋的“男风女俗”。

第一站是美国。或因美国地广，行程紧张，张德彝的记述相对概略。该国女子“莲船盈尺”，给他的总体印象是“少闺阁之气，不论已嫁未嫁，事事干预阃外，荡检逾闲，恐不免矣。甚至少年妇女听其孤身寄外，并可随相识男子远游万里，为之父母者亦不少责。不为雌伏而效雄飞，是雌而雄者也”⑤。与“天尊地卑”相对，该国“乾卑坤

① 斌椿：《天外归帆草》，见《走向世界丛书》I，202 页。

② 张德彝：《航海述奇》，见《走向世界丛书》I，521 页。

③ 李善兰读《乘槎笔记》后说：“令读其书者，亦若身至之而目见之也。然则斌君非独一人游，率天下之人而共游之也。”（斌椿：《乘槎笔记·李善兰序》，见《走向世界丛书》I，87 页）

④ 这次出使由前任美国驻华公使蒲安臣率领，史称“蒲安臣使团”。蒲安臣使团是清廷向西方国家派出的第一个正式的外交使团，由三位“办理中外交涉事务大臣”组成，除蒲安臣与志刚，还有礼部郎中孙家穀。

⑤ 张德彝：《欧美环游记》，见《走向世界丛书》I，670 页。

尊”，“贱男贵女”，“男子待妻最优，迎娶以后，行坐不离，一切禀承，不敢自擅。育子女后，所有保抱携持皆其夫躬任之，若乳母焉。盖男子二十岁后，即与其父析产，另树门墙，自寻匹配。而女子情窦初开，即求燕婉，更数人而始定情，一则财产相称，一则情意相符。故娶妻求完璞，实戛戛其难之”①。儒家讲阃内阃外，女子更讲从一而终，该国女子反其道而行，“不为雌伏而效雄飞”，难免会让有“完璞”情结的儒家士子诧为奇事。当地新闻纸连续报道的一则男女私通事件引起了张德彝注意：

> （初四日）闻有傅尔达者，私于武官卫卜之妻吴氏，其夫廉得之。是日，募二侦役，俟其妻出，令二役尾之，每事通一报。先报云，二人在某馆早餐，继则游于某处，末则宿于某店。其夫鸣之于官，遴干役数名，缘梯登楼，破窗而入，二人被获。……
>
> （初五日）见新闻纸云，卫卜之事经官审定，奸夫罚洋银五百圆赎罪，淫妇令伊父领回，因其夫不喜也。若其夫仍恋旧情，不忍他适，官亦听之。是璧虽不完而镜可重圆矣。

在他看来，这起有伤风化之事的起因还在当地的风俗：“盖国外风俗，妻禁其夫，不令一夕宿于外，而妻终夜街游，其夫莫之敢问。”②

美国的风俗倍受张德彝訾议。美国之后，他来到英法。旧地重游，采风问俗，令他感慨良多的还是当地的“淫风”。他戏谑而又不无鄙夷地记到，伦敦大小园囿数十处，囿内“每隔数武，安设椅凳，土人名之春椅、春凳。盖每夕自六点钟至一点钟，街市游行妇女率多不洁，而囿内尤多。男子欲寻春者，即于囿中择其尤者，携登凳椅，权作鸳

① 张德彝：《欧美环游记》，见《走向世界丛书》I，650～651页。

② 同上书，674页。

帷，沿途颠鸾倒凤，同入阳台。昔人云，同床异梦，今则异床同梦矣。气灯虽亮，而入夜永系雾气迷漫，不知淫风流行而天光蒙蔽，以示儆耶”；圣诞节，女有从圣诞树下过者，“男女必狎抱接吻以为欢”；又“闻英都每夕女子街行，有男子狎抱，接唇为戏，而不为无礼者，殊堪诧异”①。巴黎与此相类，“法京妓馆，处处棋布星罗。……其游妓每夕往来闾巷，以候寻春之客，拥挤如蚁。男女相悦，或投宿旅舍，或携手归家。有托为雇车者，告由某处至某处，车行如电掣风驰，车止则云收雨止矣”；法京浴堂，“男女皆浴，夫妻可以共屋，更有同盆而浴者”；又观假面会，“男女跳舞，嘲笑亵狎，无所不至，任听欢喜，严禁怒詈。跳至天明，有相识者则男女同入酒肆沽饮”；又“闻法京妇女家道稍裕者，其梳裹妆饰，一切需人而理。若鬓发超群，裙衫别致，必缓步街游，以供途人顾盼，斯亦诲淫之甚者矣”②。

张德彝耳目所及，英法除淫风流行，女子亦率多浮浪，以取悦、吸引男子为能事：“闻西洋女子修饰容止，意外翻新，有将脚小趾旁之骨令医生损去二三分，以求其瘦小者；有面孔洁白，故着黑点于口旁目下，以张其美者。一则矫揉造作，一则点污清白，殊乖培养脂粉之道。近又有以乱头为俏，侧帽称佳者。至于眉目面庞，无不极力粉饰，以邀情人一盼，能不令人魂消耶?”③ 据他观察，与美国娶妻难求“完璞”相似，英法女子虽不乏节义之人，但“不贞者亦复不少”。贞与不贞，“定情之夕，不能立辨真伪”，如“英吉利王韩利第八，连聘六室。其第五者名郝阿，系世袭侯爵讷茀之侄女，甚丽；娶后数月，始知于未嫁之前，已先时而破瓜矣”④；而法国男女私交不为例禁，奸生子女

① 张德彝：《欧美环游记》，见《走向世界丛书》I，708、719、724页。

② 同上书，730～731、775页。

③ 同上书，720页。

④ 同上书，734页。

最多，“男女初婚，其是否处女不得而知”①。

这些见闻强化了张德彝的初访印象与想象，也“验证”了儒家的说法——“男女无别致淫辟”②。而在淫风和浮浪之外，西洋女子在工作、教育等方面则给他留下了与上次大致相似的印象。与上次不同的是，他注意到了英国的“女子参政”，并记述了与此相关的一些讨论：“闻英国会堂内，欲将妇女厮入。有云可者，言其心细见高，胜于男子；有云不可者，言其病产子女，诸多烦扰，不能入厅，反为误事。又有云，女子未嫁而有田产者，皆应有荐举之权。彼此争论未决。”③儒家女子无外事，西洋女子欲干政，两者的确大不相同，对中土而言，后者无疑是件闻所未闻的奇事。

同治九年至十一年，张德彝又随崇厚使法。时逢巴黎公社革命，张德彝得以目睹让他倍感惊奇的法国贫民女子“是雌而雄者”的一面。他在“三述奇”中写道：“（叛民）男皆当兵，女则有造火药者，有缝布袋装沙石以筑土城与炮台者，有能文工书草露布者，竟有荷戈而骁勇倍于男者，奇甚”；“未正，由楼下解去叛勇一千八百人，妇女有百余名；虽被赭衣，而气象轩昂，无一毫袅娜态”；“又由楼下解叛勇一千二百余人，中有女子二行，虽衣履残破，面带灰尘，其雄伟之气，溢于眉宇”。不过，在张德彝惊叹之余，这些“助虐”女子也让他觉得可怖：她们“所到之处，望风披靡。居则高楼大厦，食则美味珍馐，快乐眼前，不知有死。其势将败，则焚烧楼阁一空，奇珍半成灰烬”④。

巴黎公社革命期间，中国使者有一段时间避居凡尔赛，穿越法国

---

① 张德彝：《欧美环游记》，见《走向世界丛书》I，739 页。

② 《礼记·昏义》云：“男女有别，而后夫妇有义。”《礼记·经解》说：“昏姻之礼，所以明男女之别也。……昏姻之礼废，则夫妇之道苦，而淫辟之罪多矣。”这两者合起来就意味“男女无别”会导致淫辟。

③ 张德彝：《欧美环游记》，见《走向世界丛书》I，713 页。

④ 张德彝：《随使法国记》，见《走向世界丛书》II，446、454、451～452 页。

各处。有感于洋人曾笑华人不洁，张德彝也看到了洋人光鲜之外的另一面，其“下等人不靧面，不整容，衣服蓝褛，多生虱蚤……女子则首如飞蓬”①。尽管是非常时期，张德彝发现，巴黎之外上等人生活却亵狎依旧，“女扶男腿，男捧女腮，大笑亲吻”的“殊不雅相”之举随处可见。② 而革命失败后，巴黎的世俗生活也很快回归从前：“马逼”园开，“妓女结群，轻盈绰约，宛如仙子临凡。而纨绔子弟之往来追随者，亦举国若狂也”③。这些熟悉的景象皆“风俗使然也”。

同治年间连续三次随访，张德彝以猎奇的方式描绘了一幅“男女无别”的西洋风情图。除了“不拘男女”的教育等为数不多的方面让他赞赏外④，这幅与中土相悖的风情图让他多觉“不适”、“不雅”。志刚的体会与张德彝大致相似，他观察到，西洋的舞会、冰嬉、观剧、海澡，乃至立君主，“皆不拘于男女”，宴会座位也是“男女相间”，每与中土反。“然不可行之中国者，中国之循理胜于情，泰西之适情重于理。”⑤“中国重理而轻情，泰西重情而轻理”，或可看作儒家士子给西洋“男风女俗”图下的一个画外注脚。

三 “男女无别”的两种观感

光绪二年，清廷开始在建交的西方大国设立使馆，派常驻使节。是年冬，首任驻外使节郭嵩焘使英，陪同人员包括副使刘锡鸿以及第

---

① 张德彝：《随使法国记》，见《走向世界丛书》II，421页。

② 参见上书，433页。

③ 同上书，478～479页。

④ 西洋教育不拘男女，张德彝观察到其女子不乏聪慧绝伦、才学出众者，堪比《镜花缘》黑齿国之才女。他总结说：“西国儿童，不拘男女，凡八岁不送入学者，议罚有例。故男女无论贫富，无不知书识字。而学堂之制亦善，有男学堂、女学堂、大学堂、小学堂。”（张德彝：《随使法国记》，见《走向世界丛书》II，404、479页）

⑤ 志刚：《初使泰西记》，见《走向世界丛书》I，325、332、314页。

四次出洋的译官张德彝。除张德彝继续“述奇”外，首次出洋的郭、刘二使也都记述了对西洋“男女无别”的观感。

刘锡鸿是一个讲礼教的保守官员。抵伦敦未久，他就发现，英人“不以男女当别为义”：“凡妇女产子，皆男医为之接生”，有违“中国圣教”；白金汉宫国主接见会，“凡妇女皆肉袒，不以男子挤拥为嫌”；外相夫人茶会，“妇女盛饰，袒露胸背之半，摩肩蹑踵于堂，与男子见，辄握手”。让他更为吃惊的是，竟“有白石琢成裸女子形，全体胥露，卧立不一，在于众目交集之地”；而跳舞会上，“女袒其上，男裸其下，身首相贴，紧搂而舞”，“殊不雅观也”①。与张德彝此前观察到的“浮浪”相似，刘锡鸿发现英俗“女荡而男贞”：男女婚配，女有所悦于男则约至家相款洽，“问其有妻否，无则狎而约之”，男则“不敢先也”；而“新婚后如何成妇礼、明妇顺，均未之闻”②。另外据他观察，西洋“女子恒厌有夫之拘束，不如无夫之放荡自得，以是终身不嫁者比比”③。

到伦敦两个月后，刘锡鸿有感于所见总结道：“细察其政俗，惟父子之亲、男女之别全未之讲，自贵至贱皆然。”④ 儒家礼教有云：“男女有别，然后父子亲。父子亲，然后义生。义生，然后礼作。礼作，然后万物安。无别无义，禽兽之道也。”⑤ 刘锡鸿认为：“此数语直将天地间应然之礼，彻头彻尾，全数揭出，至明显亦至精深也。”⑥ 然而身处异域，却难免遭受相反的质疑。刘锡鸿记述了他对儒家阃教的一次捍卫：

---

① 刘锡鸿：《英轺私记》，见《走向世界丛书》VII，96～97、100～101、151～153页。

② 同上书，181～182页。

③ 同上书，224页。

④ 同上书，109页。

⑤ 《礼记·郊特牲》。

⑥ 刘锡鸿：《英轺私记》，见《走向世界丛书》VII，182页。

……（洋人）博朗与刘孚翊论中国闽教之严。博曰："妇女亦人也，何独幽诸室而不出?"刘无以答。洎晚，余谓刘曰："君何不云，胸吾体，背亦吾体，何为胸则前而背则后乎？以胸阳而背阴也。头吾皮肤，少腹以下亦吾皮肤，何为头则露，而少腹则覆之乎？以头阳而少腹阴也。"他日刘君述之，博亦无以答。

刘锡鸿颇为自得地接此按道："洋人性情，能于论辩间据理相驳，愈透彻则愈佩服。否则，自以为是，其焰遂张。"①

刘锡鸿敦守礼教，以为天地间之精义。他对英伦的观感与此前的少年卫道者张德彝十分相似。由于与郭嵩焘不合，他在英伦只待了九个多月就被派往他处。调离前，他对这里的政俗作了个有趣的总结：

英人无事不与中国相反。论国政则由民以及君，论家规则尊妻而卑夫（家事皆妇倡夫随，坐位皆妻上夫下，出外赴宴亦然。平时，夫事其妻如中国孝子之事父母，否则众訾之），论生育则重女而轻男，论宴会则贵主而贱客（主人居中，客夹之），论文字则自右而之左（语言文字皆颠倒其先后，如伦敦的套儿，则曰套儿的伦敦；父亲的花园，则曰花园的父亲。此翻译之所以难也），论书卷则始底而终面（凡书自末一页读起），论饮食则先饭而后酒。盖其国居于地轴下，所戴者地下之天，故风俗制度咸颠而倒之也。②

无独有偶，或因同行常交流之故，张德彝也有一个雷同的总结："英俗无事不与中国相反：论国政则民议君听，论家规则妇倡夫随……其故或由赋性使然，或因其地在中华对面，故风俗制度，颠而倒之欤?"③面对"颠而倒之"的西洋风俗，持守礼教的儒家士子除了疑惑，更多

① 刘锡鸿：《英轺私记》，见《走向世界丛书》VII，171页。

② 同上书，205页。

③ 张德彝：《随使英俄记》，见《走向世界丛书》VII，532页。

的还是感到无所适从。

与刘锡鸿的贬责不同，被英人誉为“所见东方最有教养者”的郭嵩焘对西洋“男女无别”则持一种接受甚至欣赏的态度。光绪四年，他记述了赴白金汉宫参加跳舞会的观感：“男女杂沓，连臂跳舞，而皆着朝服临之。西洋风俗，有万不可解者。……跳舞会动至达旦，嬉游之中，规矩仍自秩然。其诸太子及德国太子，皆与跳舞之列。以中国礼法论之，近于荒矣。而其风教实远胜中国，从未闻越礼犯常，正坐猜嫌计较之私实较少也。”[①] 郭嵩焘是当朝士大夫中少有的认为西洋“政教修明，具有本末”[②] 的一位，尽管他也觉得其“无男女”、“无上下”等现象“万不可解”，但与讲繁文缛节的儒家社会比，“猜嫌计较”反而较少，他又不由得不赞许。

让他更为欣赏的是，西人无论男女皆“尚学问”，即便是贫女院，“其所以教女子者，皆中国士大夫所未闻见者也”[③]。据他观察，西洋教育普及有方，学堂等次分明，教学循序渐进，成就人才之法“尽善尽美”。就女子而言，“妇人之学有专精，亦司教事”，“盖凡妇女入学五年，粗有成，可以授读”，即可入女子师范学馆课以授读之方，“如传授某艺应如何入门，如何分别次序，如何立言开导，使童子易明。如是两年。……两年学成，国家遣人就试之，取中者记其名。乃令入各小学馆授读，试其能否，然后给以文凭，听人延请课读”[④]。西洋各国于人才教育不分男女，不遗余力，而中国则“漠然处之”，“切切焉以评论西人长处为大戒”[⑤]。两相比较，郭嵩焘不禁大为感慨：“三代

---

① 郭嵩焘：《伦敦与巴黎日记》，见《走向世界丛书》IV，580页。

② 陆玉林选注：《使西纪程——郭嵩焘集》，42页，沈阳，辽宁人民出版社，1994。

③ 郭嵩焘：《伦敦与巴黎日记》，见《走向世界丛书》IV，677、762页。

④ 同上书，435～437页。

⑤ 同上书，733页。

以前，独中国有教化耳，故有要服、荒服之名，一皆远之于中国而名夷狄。自汉以来，中国教化日益微灭；而政教风俗，欧洲各国乃独擅其胜。其视中国，亦犹三代盛时之视夷狄也。中国士大夫知此义者尚无其人，伤哉!"[①]

与刘锡鸿坚守夷夏观念不同，郭嵩焘有心法西，居西国能依西俗行事[②]，或因为此，他对"男女无别"也能持开放态度。不过，他对"男女无别"的欣赏并不是孤例，其实在他之前，漫游欧洲的民间使者王韬就曾有过一番类似的"颂美"。

同治六年，王韬助汉学家理雅各（James Legge）译儒典，随其到了欧洲，在此游历、生活两年多，感受了西洋的方方面面。初来乍到，王韬眼中的西洋既有斌椿式的"光怪陆离"，也有张德彝式的"戏狎淫泆"。[③] 但随着考察和与西人交往的深入，他的观感起了变化。王韬主要居在英国，英人重"实学"，心思慧巧，制造精奇，"日竞新奇巧异之艺，地少慵怠游惰之民"，给他留下了深刻印象。而"尤可羡者，人知逊让，心多悫诚。国中士庶往来，常少斗争欺侮之事。异域客民旅居其地者，从无受欺被诈，恒见亲爱，绝少猜嫌"，此风在中土"亦罕"。据他观察，英国"风俗醇厚"，人知向学，且"最重文学"，女子与男子同，皆有学，"幼而习诵，凡书画、历算、象纬、舆图、山经、海志，靡不切究穷研，得其精理"，而"中土须眉，有愧此裙钗者多矣"[④]。

西俗令王韬感触最深的是"男女无防"。"每莅访友人之舍，悉皆倒

---

① 郭嵩焘：《伦敦与巴黎日记》，见《走向世界丛书》IV，491页。

② 张德彝记述了郭嵩焘的一次请茶会，郭欲依西俗以太太名印请帖，张知后进言："在西国，若如夫人出名，自然体制无伤。苟此信传至中华，恐人啧有烦言，不免生议。"郭听后仰思良久而作罢。（参见张德彝：《随使英俄记》，见《走向世界丛书》VII，560页）

③ 参见王韬：《漫游随录》，见《走向世界丛书》VI，82～88页。

④ 同上书，107页。

屐相迓，逢迎恐后。名媛幼妇，即于初见之顷，亦不相避，食则并席，出则同车，觥筹相酬，履舄交错，不以为嫌也。然则花妍其貌而玉洁其心，秉德怀贞，知书守礼，其谨严自好，固又毫不可以犯干也。盖其国以礼义为教，而不专恃甲兵；以仁信为基，而不先尚诈力；以教化德泽为本，而不独讲富强。”有意思的是，王韬在写这段感触时还特别加了个声明：“余亦就实事言之，勿徒作颂美西人观可也。”[①] 从当初的“戏狎淫泆”到“秉德怀贞，知书守礼”，从“中国为西土文教之先声”[②] 到西人“以教化德泽为本”，久居地轴之下，王韬的观感也完全“颠而倒之”。

与王韬相仿，第四次造访的张德彝对英伦的观感也起了微妙的变化。尽管仍觉“男女无别”、“重女轻男”颠而倒之不可解，但英俗并非如此前所感的那般淫狎浮浪，而是有自己的礼数。譬如：“男女相识者遇诸途，必待女先鞠躬，或点首，男子方敢答礼。……男女遇诸园囿山林，皆男趋女旁，偕行数武。男女同游，则女前男后，非老妇不得携手并肩”；“登车必女先男后。女坐正面，男坐对面”；跳舞会，“男女相见，必待女子先施，方敢与之相握”，“女不愿跳则辞之，男不愿跳则不得，必陪跳一场，方为尽礼”[③]。英人不仅有“礼”，而且有“教”，行事也相对文明：“英人虑喜逸而恶劳为人之至情，难善而易恶为人之习染，乃设法教养，使就范围。为子女广设学校，给以衣食，教以文字各艺。言语有时，步履有方，规矩极其严肃”；“伦敦闾巷之间，终日往来男女，既无伛偻提携，亦无前呼后应，更无手提雀笼者。虽值盛暑，鲜有露胸袒背赤脚科头者”；“伦敦绅富以及学士名人，相接以礼，鲜有骄傲强横，以势夺人者”，仆婢“亦皆循谨”，无“张狂恶习”[④]。张德彝这种

---

① 王韬：《漫游随录》，见《走向世界丛书》VI，126～127页。

② 王韬：《原学》，见《韬园文录外编——王韬集》，6页，沈阳，辽宁人民出版社，1994。

③ 张德彝：《随使英俄记》，见《走向世界丛书》VII，399、400、515页。

④ 同上书，610、534、539页。

体悟此前未有，他的变化或是受郭嵩焘影响，或如他自己所言，“前三次在伦敦，不及半年，一切多未详考”，浮光掠影，所见多是表面，而此次随使八九个月以来，“细察英国风土”，感觉自有不同。局部观感的改变带来了泛及整体的联动效应，昔者目英人“浮浪骄饰”，今则“诚实，不尚虚文”，循规蹈矩，“不伪为殷勤，不故为谦让”，不妄言负约，“可谓严以处己矣”①。

四　去男女之别可致富强

郭嵩焘与刘锡鸿代表了观西洋“男女无别”扞格的两类，而洋务学人薛福成或可算是居其间者。

光绪十六年至二十年，薛福成奉命出使英、法、意、比四国。出国之前，薛福成像大多数同僚一样，认为西国富强有余而政教不足，听郭嵩焘“叹羡西洋国政民风之美”，“亦稍讶其言之过当”②。不过，抵欧洲后，他开始相信郭嵩焘所言“不诬”，也表达了对西洋政教的赞赏：“西洋各国经理学堂、医院、监狱、街道，无不法良意美，绰有三代以前遗风。至其所奉耶稣之教，亦颇能以畏天克己、济人利物为心，不甚背乎圣人之道。”③ 当中尤可歆者为其“教民之法”：“凡男女八岁以上不入学堂者，罪其父母。男固无人不学，女亦无人不学，即残疾聋瞽喑哑之人亦无不有学。其贫穷无力及幼孤无父母者，皆有义塾以收养之。……非仅为士者有学，即为兵为工为农为商，亦莫不有学。”薛福成认为，“此西洋诸国所以勃兴之本原”④。

---

① 张德彝：《随使英俄记》，见《走向世界丛书》VII，489页。
② 薛福成：《出使英法义比四国日记》，见《走向世界丛书》VIII，124页。
③ 同上书，272页。
④ 同上书，290～291页。

不过，在他看来，西洋各国当勃兴之际，虽“一切政教均有可观”，然其“君臣”、“父子”、“夫妇”三伦均“稍违圣人之道”，“三纲之训，究逊于中国”。就夫妇一伦而言，他有与张德彝、刘锡鸿类似的观感：“西俗贵女贱男。男子在道，遇见妇女则让之先行。宴会诸礼，皆女先于男。妇人有外遇，虽公侯之夫人，往往弃其故夫，而再醮不以为异。夫有外遇，其妻可鸣官究治，正与古者扶阳抑阴之义相反。女子未嫁，每多男友，甚或生子不以为嫌。所以女子颇多终生不嫁者，恶其受夫之拘束也。此其夫妇一伦，稍违圣人之道者也。”[①] 基于男本位的礼法或“圣人之道”，薛福成对西国女子亦可继承王位的做法颇有微词：“西洋各国通例，有子立子，无子立女。女复传其子，则以外孙为孙矣。又有立其姊妹之子者，则以甥为子矣。即如英君主维多利亚，赘日耳曼某国公为夫，生子为太子，是英之国统，暗中已易姓矣。在中国必有莒人灭鄫之嫌，且有‘不歆非类，不祀非族’之说。然耶稣之教，本以祭祀为非，英人视之，并不谓为易姓也，以为仍系旧主之后人而已矣。今荷兰、西班牙诸国，亦皆立女为王，而俄皇实非彼得罗皇帝之后，盖日耳曼某国公爵之裔也。余是以知西人辨别族姓，究不如中国圣人之精。”[②]

出使前，薛福成力倡变古就今，效法西人富强之术。抵西国两年，他借西人言总结富强之要有三：“曰安民，曰养民，曰教民。”[③] 前揭“男女无别”的“教民之法”即为其一。不过，此见不独薛福成所有。十多年前，郭嵩焘就曾指出，西方诸国强盛之因在教育。[④] 而与郭嵩焘差不多同期出访的李圭则更为详尽地申述了其中之理，“天下男女数

---

① 薛福成：《出使英法义比四国日记》，见《走向世界丛书》VIII，272～273页。
② 同上书，531～532页。
③ 同上书，589页。
④ 参见郭嵩焘：《伦敦与巴黎日记》，见《走向世界丛书》IV，642页。

目相当，若只教男而不教女，则十人仅作五人之用。妇女灵敏不亚男子，且有特过男子者，以心静而专也。若无以教导之提倡之，终归埋没”，而观泰西，其风俗“男女并重，女学亦同于男。故妇女颇能建大议，行大事。……近年来，各国女塾，无地无之。英国大书院，男女一律入学考试。德国女生八岁，例必入塾读书，否则罪其父母。美国女师、女徒多至三四百万人。其所以日兴日盛者，亦欲尽用其才耳”①。李圭是在光绪二年作为中国工商业代表赴美国费城参加世界博览会观“女工院”时记下这番言论的，或可算是近代中国最早论及女学与国家强盛关系之人。与同治年间的张德彝不同，他对“举止大方，无闺阁态，有须眉气”的美国女子是“心甚敬之，又且爱之”。

教育去男女之别可致国家富强，是李圭、郭嵩焘、薛福成三人的共见，也是后来社会改良家们的共识。不过，薛福成在此之上还有更进一步的发现。他在光绪十八年二月二十日记道：

> 泰西风俗无男女之别，余意其自古以来相沿久矣，而正不然。闻三四百年以前，法国某王始改妇女之礼，其用意专以谋致富强为主，而欧洲诸国从而效之者也。古者欧洲妇女守礼之严，大旨亦与中国相似：男女不同席而坐，不共几而食；恪循闺训，不出户庭。法王思致富强之术，莫先于人民之繁庶；繁庶不可骤几也，则莫如化妇女之无用为有用；欲求妇女之可用，则莫如略其礼法，去其防闲。于是毅然以改俗变礼为务。其初不得不用非常之劝惩，驱迫于无形之中，厥后风气浸成，而妇女之为用，果不异于男子。用之战守，则男子荷戈，妇女馈饷矣；用之学问，则男子精锐，

① 李圭：《环游地球新录》，见《走向世界丛书》VI，237～238页。

妇女沉静矣。于是通国之中，向之有十万人者，不啻骤得二十万人；向之百万人者，不啻骤得二百万人。①

去男女之别，“化妇女之无用为有用”，法国霸业于是得成。薛福成反观西洋历史，在“男女之别”与“国家富强”之间建立了有趣的联系。

有意思的是，在变古就今求富强的他看来，改“男女有别”之圣道古礼以求富强却并非正道，于地广人众的中国也不合适。法国之所以有此下策，乃是“由于地不甚广，民不甚众，而欲创霸国之雄图，不得已而出此也”。而“迨其计既行，其效既著，欧美诸洲各国无不效之；今各国之人视为当然，渐忘其所以然，且有见中国之礼而笑之者矣”。西洋诸国失古礼反笑中国，而依薛福成所见，古礼在西洋其实也并未完全泯灭：“俄罗斯在西洋之中，风气较晚。其改妇女之礼，始于彼得罗皇帝，亦已二百年矣。西俗宴会则男女杂坐，行步则男女携手。俄之妇女初有不愿者，至杀数人而其风始渐开；然至今俄国皇宫茶会，男女犹分列左右两行，非若他国之男女杂沓。则较之诸国，犹稍存古意焉。”②

“男女有别”是儒家的伦理底线，《国语·鲁语上》曰：“男女之别，国之大节也，不可无也。”在社会生活方面，儒家典籍对“男女之别”的解释非常具体，如《礼记·内则》曰：“男子居外，女子居内”，“男不言内，女不言外。……外内不共井，不共湢浴，不通寝席，不通乞假，男女不通衣裳。内言不出，外言不入”，“男女不同席，不共食”。《礼记·曲礼上》曰：“男女不杂坐，不同椸枷，不同巾栉，不亲授。嫂叔不通问，诸母不漱裳。外言不入于梱，内言不出于梱。女子

① 薛福成：《出使英法义比四国日记》，见《走向世界丛书》VIII，516～517页。

② 同上书，517页。

许嫁，缨，非有大故，不入其门，姑、姊、妹女子子已嫁而反，兄弟弗与同席而坐，弗与同器而食。……男女非有行媒，不相知名；非受币，不交不亲。”等等。千百年来，儒家世俗男女大致是依这套具体规范行事。受强大惯习左右，薛福成选择坚守“男女有别”的圣道古礼，这一抉择令人回味。然而，历史往往带有反讽。“去男女之别可致富强”或许是薛福成不经意的一个发现，他不经意的发现阴差阳错成了国人后来的信条，而他所坚守的圣道古礼却被寻求富强的人弃如敝屣。

五　余论

清廷向外遣使正值西人特别是基督教传教士加速进入中国之际。传教士为证明文明的“中劣西优”，为福音开道，提出了以妇女的地位作为判定文明程度高下的标准①，对中国的女俗与教化展开了激烈的批判，认为中国之教道“皆为暴虐女人之教道”②、野蛮之教道。在此情形下，清廷要求使臣记录“化外之邦”的“风土人情”以资“印证”，多少含有针锋相对的意思。不过，使臣反馈的结果却并不那么尽如人意。

从斌椿到薛福成，晚清使臣在西洋看到了一幅与中土迥异的“男女无别”的图景。在与儒家社会相对的层面，他们对西洋图景或“男女无别”之现象的描述并没有抵牾，然而由于识见不同，关怀各异，他们从中体悟的道德意蕴却出现了意想不到的分裂。在赏玩家看来，西洋图景虽然新奇，不无诱惑，但充满道德危险；在卫道者看来，西

---

① See Ira Tracy, “Remarks Concerning the Condition of Females in China,” *The Chinese Repository*, vol. 2, pp. 313-316.

② 林乐知撰，吴江任保罗述：《论女俗为教化之标志》，载《万国公报》，光绪二十九年四月号，396页。

洋图景淫辟丛生，“男女无别”无疑是禽兽之道；在一些主张师法西方的人看来，西洋图景秩序井然，意味着一种更好的风教。不仅不同的人体悟不一，即便是同一个人，其体悟前后也有变化，有的还是颠覆性的。在西洋“男女无别”的冲击下，儒家性别观念的有色眼镜出现了裂痕。而裂痕，预示一种破碎的可能。

且为两浙分畛域*

——《宣统三年浙江省图》之编绘

华林甫　赵旭腾**

一　引言

《宣统三年浙江省图》（以下简称为《浙江省图》）为华林甫主持的国家社科基金重大项目“清史地图集”（批准号：12&ZD146）、国家清史纂修工程项目“清史地图集”（项目编号：201510120503001）中的一幅，由华林甫、施剑和赵旭腾共同研制。

“清史地图集”系规划中的全国第一部断代史地图集，反映的是有清一代的地理形态，项目组计划编绘七十幅历史地图，包括五大部分。第一部分为五幅全国总图。这是出于反映清代疆域发展历程的考虑。选取的五个标准年份从清前期开始至清末，画出府界。第二部分为二十七幅分省图，为地图集主体。以宣统三年为标准年代的有直隶、奉天、吉林、黑龙江、山东、河南、山西、陕西、甘肃、江苏、安徽、江西、浙江、福建、湖北、湖南、广东、广西、四川、云南、贵州、新疆、内蒙古、外蒙古、青海、西藏二十六幅地图，仅台湾省图以光

---

* 本文之能够草成，应感谢施剑博士、李诚博士等做的前期工作；同时，感谢中国地图出版社芦仲进先生在底图方面的协助。本文为“清史地图集”阶段性成果，项目批准号：12&ZD146。

** 华林甫，中国人民大学清史研究所教授。赵旭腾，写作时为中国人民大学清史所硕士研究生。

绪二十年为标准年代，以反映割让前夕的状况，全部绘出县级政区界线（除非当时不存在）。第三部分为十六幅专题图。选择经济、军事、海疆、近代失地等在清史上具有重要意义的、能够以地图形式表达的少量主题。这类专题图的内容丰富，在本课题完成之后还可就清代的农业、人口、灾荒、聚落、交通、军事与战争、文化、民族等问题研制专门化的地图集。第四部分为十四幅局部地区放大图。这些地区或为首善之区，或为江南沃壤，或为沿海门户，或为边疆繁荣之地，小地名非常多，不放大不足以反映其繁盛之实况。第五部分为八幅小幅插图。这些图以租界、殖民地为主，包括皇家离宫和边疆失地，主要反映了晚清中国之历史变迁。

《浙江省图》为上述第二部分的二十七幅分省图之一，草图已经绘制完成，并交由中国地图出版社加工成试制图。

二　地名考证

研制“清史地图集”的学术要求之一，是所有上图地物都必须经过严谨考证，图上任何点、线、面都必须有文献依据，并且做到孤证不立。故在开始绘制地图之前，首先要选取资料，对上图地物进行严密的考证，其反映形式即为《编稿表》。为此，第一作者在项目启动之初即融合集体智慧，编订了《〈编稿表〉则例》。

《浙江省图》的资料分为史料和现代资料两类。第一类是史料，主要有档案（如中国第一历史档案馆藏朱批奏折、录副奏折），政书（包括五朝《大清会典》、《清通典》、《清通志》、《清朝文献通考》、《清朝续文献通考》、各朝实录等），地理总志（清代三修《一统志》、《皇朝地理志》），地方志（包括康熙和雍正两部《浙江通志》、清代浙江各府县方志），古地图（包括“清廷三大实测地图”、光绪二十年和民国四年两版《浙江全省舆图并水陆道里记》、光绪《大清帝国全图·浙江》、光绪《大清会典图》、方志地图、宣统二年《宁波府全图》、民国浙江地图和日本近代绘制中国地图），以及私人著述。第二类是现代资料，包括研究著作、现代新修地方志、地名录和当代详细地图集（如《浙江省地图集》，北京，中国地图出版社，2008）等资料。在两类资料中，史料用于确定地望和相对位置，现代资料用于确定今地，两者完美结合才能将历史地名标示在地图上。

当然，史料不见得全部都可靠，拿来就用则是危险的。如《清史稿·地理志》中，浙江省仅湖州一府就错了五处：（1）归安县下原文："东北：太湖"。按：归安县不临太湖，归安之北的乌程县才濒临太湖。太湖在乌程县东北境，西连长兴县界，北至府城北三十六里，湖中小雷山与江苏吴县分界，根本与归安无关。作为湖边地物，大钱口、注入太湖的小梅港十一溇和里塘河二十五溇、南浔镇均属乌程县。（2）长兴县下原文："大雷、小雷西南自安吉入"。按：大雷、小雷是太湖岛屿，属长兴县，与内陆的安吉县无关。（3）德清县下原文："西北：白岘山"。按：白岘山位于浙江、江苏、安徽三省交界处，属长兴县，与不临省界的德清县无关（如图 1 所示）。（4）德清县下原文："钱市镇巡检司"。按："钱"为"新"之误，新市镇位于该县东北部，雅称"仙潭"。（5）安吉县下原文："乾隆十七年移州判驻南溪"。按："南溪"为"梅溪"之误。《清高宗实录》卷 302 乾隆十二年十一月上壬辰："移浙江安吉州州判驻梅溪镇"。《嘉庆重修一统志》卷 289《湖州府一》："梅溪镇在安吉县东北三十里，明初于城东关置批验所，洪武三年徙于此，六年改为税课局，并置河泊所，今皆裁；旧有州判；乾隆三十九年以安吉降县，改为县丞，仍驻此"。正因为如此，"尽信书不如无书"。

《编稿表》分为正编和辅编两部分。正编以县级政区为单位进行编

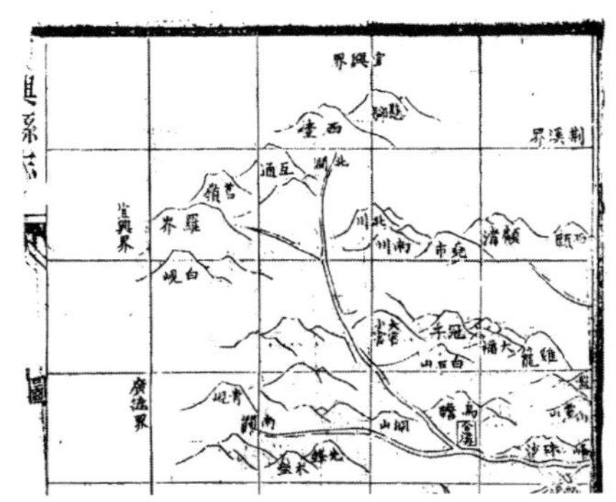

图1　光绪增补《长兴县志》卷10三省交界“白岘山”

纂，所载的该政区内地物原则上应全部标示在地图上，故其基本要素为“地物名称”、“资料根据和结论”、“图面表示”、“今地”和“备注”五项。辅编以府级政区为单位进行编纂，所载地物则一般不标在地图之上，其作用在于确定界点，为绘制各级边界提供依据，基本要素为“地物名称”、“今地”、“史料来源”、“界段线”和“备注”。下面，逐一讨论。

（一）正编考证

1.“地物名称”选自新修《清史·地理志》浙江省部分所记载的地物，该志书为邹逸麟教授主持的国家新修《清史》之典志，浙江省部分由本文第一作者撰稿（16.8万字）。今可举招宝山、银场山、钱塘江三例。

（1）招宝山

《读史方舆纪要》卷92浙江定海县：“招宝山，在县城东北。本名候潮山，以诸番入贡停舶于此，因改今名。南临港口，屹然耸峙，极为要害。旧设台堠于此，今改设城堡。”《清国史·地理志》宁波府镇海县下则载：“县东北一里有招宝山，临海口，西岸上有城曰威远，对岸为金鸡山，炮台林立，为由海入江扼要处。”中法战争时，1885年清军在此击退孤拔所率法国舰队，清史上意义重大。该山即今宁波市镇海区甬江口的招宝山（如图 2 所示）。

图 2　草图中的招宝山

（2）银场山

银场山位于处州府丽水县东部，县治东北部。《清史稿 · 地理志》处州府：丽水县“东银场山、杨梅冈”。其清史上意义在于，咸丰八年清军曾与太平军大战于此。据光绪《处州府志》卷 2 丽水县记载：“银场山，县东三十二里。明季开矿时设炉冶于此。国朝嘉庆初，阮文达相国巡抚浙江，刻‘括苍古道’四大字于石壁。咸丰八年，行营总兵周天受依山为营，壁垒未立，贼绕出其后，大败。白骨累累，事平，瘗为一大冢。”从这段记述不难看出银场山之战亦是清代浙江处州府少有的大战，值得一书。关于银场山的位置，因志文提及阮元的“括苍古道”石刻（如图 3 所示），可以确定为今丽水市莲都区岩泉街道下辖的银厂村附近的山岭（如图 4 所示）。

（3）钱塘江

钱塘江为浙江省内第一大河流，清代钱塘江与今日钱塘江之间有两大区别：一是清代钱塘江入海口曾发生改动，雍正《浙江通志》

图 3　阮元“括苍古道”石刻

图 4　草图中的银场山

卷 1《海塘》：钱塘江“江流入海有三道，在龛、赭两山之间者曰南大亹[①]，在禅机山之北、河庄山之南者曰中小亹，自岩风山至独山为北大亹，亹北数十里则为塘。今江流不趋南而趋北，海潮逆流而上，昼夜汕刷，直逼塘身”。《清朝文献通考》卷 6《水利田》：乾隆十一年，浙江“江海之门户有三，省城东南龛、赭两山之间名曰南大亹，禅机、河庄两山之间名曰中小亹，河庄之北、宁邑海塘之南名曰北大亹，惟中小亹当南北两岸之中，江水、海潮若由此出入，则两岸无虞，但其地面不及南北两大亹之半，潮过沙淤，偶通旋塞，不徙而南即徙而北，南岸尚有龛、常诸山连络捍卫，北岸惟恃一线塘堤而已”。《清国史·地理志》浙江海宁州：“钱塘江在州南，自仁和东北来，至翁家埠入州境，东流径州南里许，又东经姚家场，江中有北大亹、中大亹、南大亹，迤东南经大尖山南麓，又东南出鳖子亹为大海。”明末钱塘江本由南大亹入海，康熙至乾隆年间曾在中小亹与北大亹之间摇摆，至乾隆二十四年后由北大亹入海。翟均廉撰《海塘录》卷 8：“江海之门户有

① 据《康熙字典》，亹即山峡中两岸相对如门之处。

三，省城东南龛、赭两山之间名曰南大亹，禅机、河庄之间名曰中小亹，河庄之北、海塘之南名曰北大亹。此三亹形势横江截海，实为浙省之观澜也。”因此在绘制《浙江省图》时，不仅绘出了宣统三年时入海的北大亹，同时也根据构成“亹”的龛山、赭山、河庄山的位置，标示出南大亹和中小亹（如图 5 所示）。二是清代钱塘江干流、支流之名称更为丰富。以钱塘江干流为例，自安徽歙县入境至严州府桐庐县桐君山河段为新安江，过桐君山后为桐江。《读史方舆纪要》卷 90 浙江桐庐县：桐江“在县治南，即浙江上源也。经桐君山下，因曰桐江。合衢、婺、歙三州之水，东北流九十里而至此。又东流入杭州府富阳县界，亦曰睦江。两岸山高，水深如黛”。桐江往北，入富阳县境而为富春江，《读史方舆纪要》卷 89 浙江条云：“三源同流，东过桐庐县或谓之桐江，又东北入杭州府富阳县界而为富春江。”富春江北流过杭州府城之南而为钱塘江。以钱塘江主要支流衢江为例，马金溪自安徽入境，在开化县内仍称马金溪，入常山县后部分河段名为金川，如《清史稿·地理志》常山县下所载：“马金溪北自开化入，合马尪溪，径源口，合谢源水，径叠石，为金川。”同时，马金溪又称常山港。常山港入西安县境后又名信安溪，常山港与江山港合于双港口，以下至龙游河段称为衢江或衢港，过龙游县城又称龙游港或瀔水（如图 6 所示）。

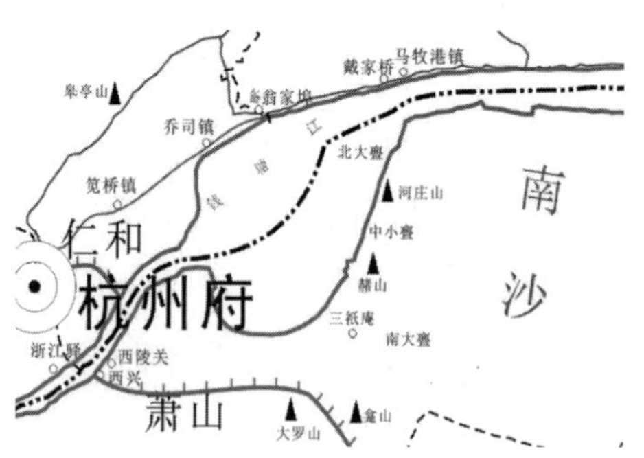

图 5　草图中的北大亹、南大亹和中小亹

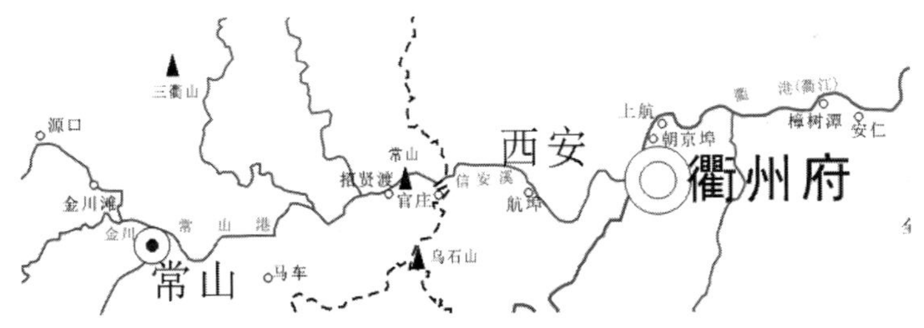

图 6　草图中衢江不同河段的名称

2. “资料根据和结论”为用于考证的史料，并附有部分考证。可举诸暨包村、江山大溪滩二例。

（1）包村

包村为绍兴府诸暨县东北七十里处的一个村落。在咸丰十一年之前，它默默无闻，不要说地理总志，即使是府志、县志也鲜有提及者。然而在咸丰十一年，太平军与本地由村民、难民组成的民军大战包村，战胜之后屠戮村民，死者过万，是清末的一次重要战役。

关于包村地望之记述，主要依靠同治年间以后的史料加以确定。光绪《诸暨县志》卷首图于县治东北标示有“包村”。根据清代佚名《秦鬟楼谈录》卷 2 记载：“包村之陷，死者十余万人，老稚男女，无一屈辱者，则里乘之壮烈，不可不纪也。因述所闻，证诸载记，以实吾《谈录》。诸暨县城之东北七十里，有村落，居者多包氏，故以包村称焉。枫溪带其前，白塔湖环于后，林深箐密。且以离城远，其地遂为乡僻之区。”而在咸丰十年，任诸暨知县的许瑶光在其《雪门诗草》卷 11《白鲎仙人咏有序》中亦云：“诸暨离城东北七十里有包村，前带枫溪，后枕白塔湖。”清代秦缃业与陈钟英合撰《平浙纪略》卷 9：“诸暨县民包立生聚众杀贼，颇著战功。然传闻异词，未敢遽信其真可倚任。后印度兵船果不至，而包立生据包村阻水为堑，贼屡来攻，皆破之，杀伤甚众。邻境被难士民挈家从之者数万人。每战胜，掠贼金帛至于山积，以分犒力战者。人皆不暇取，徒受之而已。叠次杀贼及团练战死物故者，各十余万。贼愤怒，大合众昼夜力攻，卒陷其村，歼其人，鲜得脱者。”谢章铤所撰《赌棋山庄集》、民国《杭州府志》均对包村之战有所记录，此处不再赘述。这一地望是非常可靠的。据此可以推断包村位于诸暨县城东北约七十里之处，位于白塔湖水与枫桥港之间，光绪《浙江全省舆图并水陆道里记》之《诸暨县图》则绘出了其相对位置（如图 7 所示）。

图 7　光绪《浙江全省舆图并水陆道里记》之《诸暨县图》中的包村

根据地望，包村即今天诸暨市东北的阮市镇东北部的包村（如图 8 所示）。

因此，包村乃成为一处具有清史意义之地名。《中国历史地图集》第八册的浙江图中也标出此地（如图 9 所示）。

图 8　草图中的包村

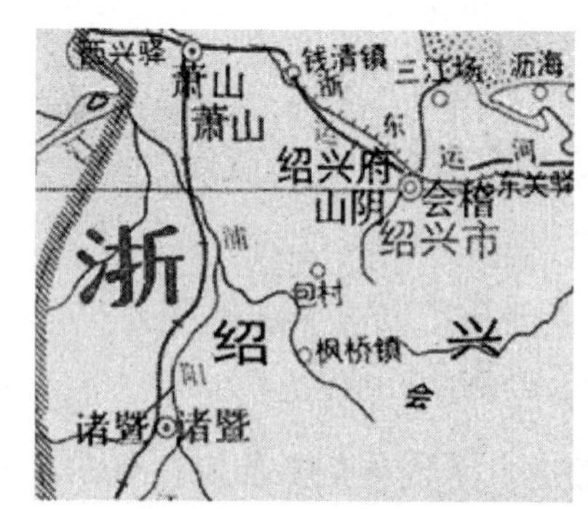

图 9　《中国历史地图集》第八册中的包村

（2）大溪滩

三藩之乱时，耿精忠部下马九玉占据衢州，清军曾与之大战于江山县大溪滩。据《平定三逆方略》卷 25 康熙十五年八月乙亥载：“总督李之芳奏官兵歼贼于大溪滩。时伪将军马九玉等率贼众数万人据守衢州，河西贼将林福营于大溪滩挽运粮饷。大将军康亲王杰书承诏进兵衢州，集都统赖塔等议，先断贼饷道，以夺贼势。遣赖塔等于是月十五日率满汉官兵直抵大溪滩，奋击大败之，乘胜进取江山县城，九玉大惧，弃营遁走。”《平定三逆方略》卷 26 康熙十五年九月庚辰朔：“总督李之芳奏克仙霞关……皇上即知闽有内乱，趣杰书赴衢约勒士马，克期进讨，未几，遂有大溪滩之捷。”光绪《浙江全省舆图并水陆道里记》之《衢州府江山县图》有“大溪滩市”。此地即今江山市上余镇西南的大溪滩村（如图 10 所示）。

图 10　草图中的大溪滩

3. “图面表示”为最终呈现在地图上的地物名称，是经过考证的地名，其选定有以下几个标准：（1）从数量上以记述较多者为主；（2）从权威性上以官方政书为主；（3）从时间上以接近标准年代为主。这是因为同一地物在不同年代、不同文献中记载的名字有可能是不一致的，必须制定标准予以确定。今以台明屿为例。

台明屿的考证，较为复杂，首先其名称有不同记载。《宝庆四明志》卷 21 象山县："台明屿，县西南海中，两山相对，一台山一明山，此台、明分界之所。"《大明一统志》卷 46：台明屿"在象山县西南一百五十里，乃台、明二郡分界之处"。《读史方舆纪要》卷 92 浙江象山县：大佛头山"县南百五十里海中……稍西为台明屿，两山对峙，中流为台、明二州分界处，故名"。雍正《浙江通志》、《嘉庆重修一统志》所载俱与此同。光绪《宁海县志》之《宁海县分图十二》标有"台明屿"。然而，光绪《浙江全省舆图并水陆道里记》之《象山县图》（如图 11 所示）和光绪《南田县志》之《南田县全图》俱作"台宁屿"，《清史稿・地理志》亦作"台宁屿"：

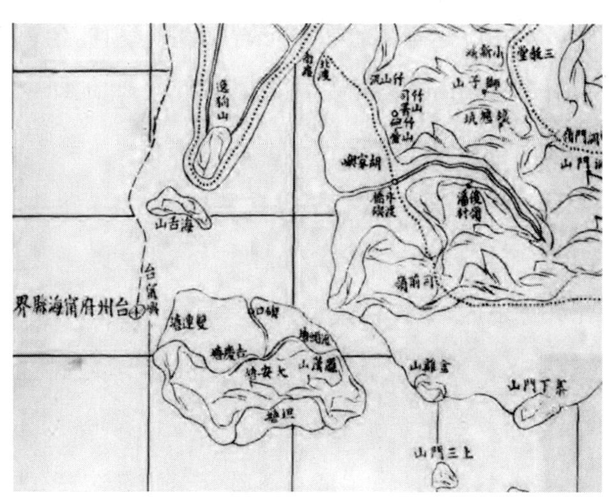

图 11　光绪《浙江全省舆图并水陆道里记》中的台宁屿

光绪年间"台明屿"与"台宁屿"混用。因在台州、明州界上，取两州首字作"台明屿"。明初改明州为宁波府，故有"台宁屿"之称。但清时为避道光帝名讳，更多地避开"宁"字，多作"台明屿"。其次，其今地与文献记载有出入。今天在象山县西南处有地名为"台宁峙"，从字面意义上看与古文献记载的"台明屿"应是一处，不称"屿"应是因为今天此处已经与象山县陆地相连，不再是岛屿。"台宁峙”的地望与光绪《浙江全省舆图并水陆道里记》之《象山县图》和光绪《南田县志》之《南田县全图》所标“台宁屿”一致，而不合《读史方舆纪要》中“南田稍西”的地望。综合看来，“台明屿”作为宁波和台州的界点，不应在南田稍西，而是应在光绪《浙江全省舆图并水陆道里记》之《象山县图》所标处为宜，即今天的台宁峙。

4. “今地”即为古地物在今天的位置，其确定亦是需要细心考证的，其中必须包含两大关键要素：确切位置和今名。今地考辨主要通过以下几步：第一，根据古地图、政书、档案等古代文献，大致确定其在今天的地望，同时根据其周边地物进行复校；第二，查找今人研究成果中对其今地的考证结果，比如《辞海》历史地理分册、史为乐主编《中国历史地名大辞典》、上海辞书出版社版《中国古今地名大词典》等工具书和一些相关研究著作；第三，查找今人所编著的地方志、地名志、地名录中对聚落、山川等的追述，因为其一般都为当地人实地考察和研究后所得，相对而言可信度较高；第四，结合现今出版的大比例尺地图集，于本地区则是八开本的《浙江省地图集》，根据相对地理位置找出今地。

今地的考证工作，是最为复杂的，因为若无确切位置是在底图上找不见的，缺了今名也无法精确定位。今以慈溪海塘为例说明之。

今慈溪市北部海岸线，这一区域虽然于清代在绍兴府余姚县境内，但它现在已归于宁波市之行政区域下，在此也对其考证过程作一说明。历史时期今慈溪市境北部平原的滨海地带因土地不断涨出，加之一系列海塘的修筑，故平原海岸淤积显著，海岸线逐渐往外推进，今日慈溪北部海岸线比之清代已向北拓展了许多，对于清代这一地区海岸线的形态，需要进一步考证。① 今慈溪海岸线沿岸地带留存有历代修筑

① 华林甫绘制的、1992年浙江人民出版社出版的《慈溪县志》卷首《慈溪县历代境域变迁图》即是对这一问题的初步探索。

之海塘遗迹，可以作为历史时期海岸线的地标参考。根据清代余姚、慈溪、镇海三县的方志、地图，民国资料和新中国成立后新修方志的记述可知，清宣统三年时，海岸线约在今七塘一线。据乾隆《绍兴府志》卷16《水利》记载：“《余姚旧志》：余姚沿海共七塘，一大塘、二新塘、三周塘、四夜塘、五湖塘、六二新湖塘、七三新湖塘，界牌离六七里。”《清国史·地理志》浙江余姚县：“县北距海五十里，有海塘。塘外有沙涂塘，列四层，外曰新圩塘，内曰永清塘，又内曰晏海塘，又内曰利济塘，利济塘外炮台七所，为海防津要。西接上虞，东接慈溪界。”由此可知，海塘从海至岸应是“新圩塘”、“永清塘”、“晏海塘”、“利济塘”。光绪二十五年《余姚县志》之《余姚分境图》载有利济、晏海、永清、新圩四塘之地理位置。光绪《浙江全省舆图并水陆道里记》之《余姚县图》清楚描绘了四处海塘的走向和所经之处的地名（如图12所示）。

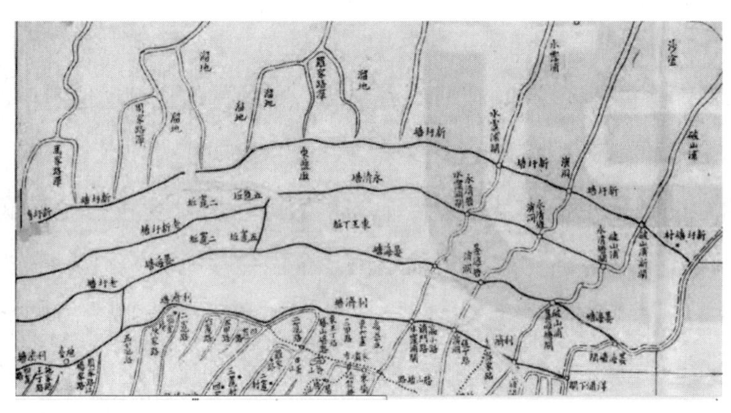

图12　光绪《浙江全省舆图并水陆道里记》中的清代余姚北部海塘

通过舆图中所留地名和海塘走向考证可知，“新圩塘”今地在慈溪市东北部七塘一带，自东向西经过的地点有：洋浦、新闸、破山路、马潭路、袁家、马中、周潭。“永清塘”在今慈溪市东北部的六塘一带，自东向西经过的地点有：洋浦（沿六塘横江往西延伸）、新铺镇陈家舍、胜山镇黎明村、崇寿镇相公殿、六塘凉亭、庵东镇南、长河镇高兴街、周巷镇小安街，至建塘乡协同心村入余姚市小曹娥镇境。“晏海塘”在今慈溪市东北部的五塘一带，自东向西经过的地点有：新浦镇洋龙村、新浦镇街、胜北乡街、五塘南村、坎墩镇五塘村、长河镇老新街、长河镇大牌头、周巷镇定海殿村、周巷镇周丁村。“利济塘”在今慈溪市东北部四塘一带，自东向西经过的地点有：洋浦利济塘船闸、新铺镇高桥村、胜山镇四灶村、坎墩镇四塘头、坎墩镇、长河镇四塘头、长河镇垫桥路、周巷镇劳家埭、周巷镇周家路、周巷镇牛角尖，至板桥路村与今余姚相接。早在1989年，第一作者就在《慈溪县志》卷首中对此做过探索，今再予以考证（如图13、图14所示）：

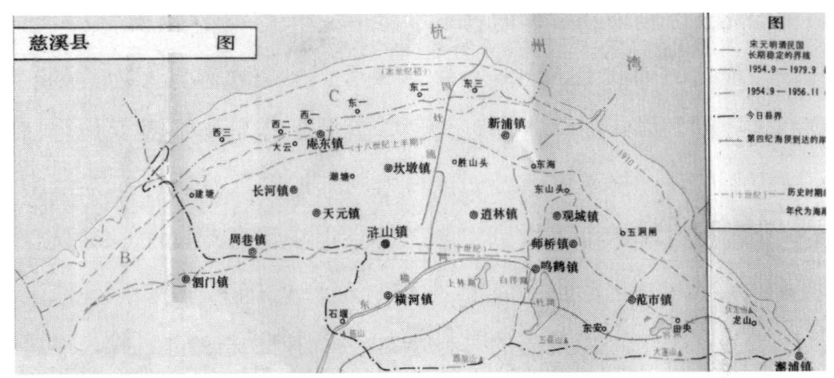

图13　今慈溪市北部历代海塘（华林甫绘制）

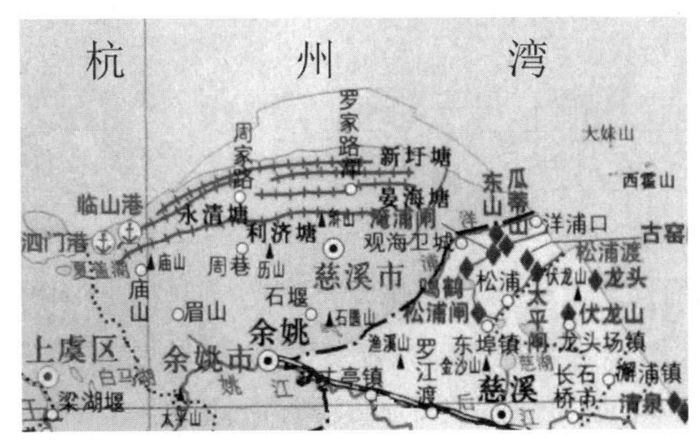

图14　草图中的清代余姚北部海塘

5. “备注”一栏用于说明一些特殊情况，如部分地物过于集中，难以全部上图，需予以说明。例如杭州府城之西，西湖景致颇佳，地名很密集，但在全省地图上要标出西湖及其周边的宝石山、灵隐寺、净慈寺、孤山、文澜阁、阮公墩、雷峰塔、白堤、苏堤甚至断桥、西泠桥等等，是不可能的。

以上正编，共七十九表，包括七十六个县、一个直隶厅、一个散州和一个散厅，约计 50 万字。

（二）辅编考证

辅编与正编相辅相成，内容则不比正编粗疏，同样需要逐一考证。首先，在地物的选取上，正编有新修《清史·地理志》作为基础，辅编则初无凭借。以《浙江省图》为例，首要工作是确定界点是否一定是宣统三年的。严格来说，诚如项目顾问邹逸麟教授所言：“‘清史地图集’中对政区标示可以做到宣统三年，但小地名难以一一确认，不可能做到每年的变化都研究清楚。”但从理论上来讲，在参照晚清（尤其是光绪、宣统年间）舆图的基础上，结合各种文献的记载，加之小地名本身所具有的稳定性和历史继承性，可以相对准确地认定其为宣统三年存在的界点。其次，地物的性质不同，辅编地物全为界点。且从界点所处位置来看，其分为两种情况：第一种是在边界线之上的界点，即其在政区归属上，并不是明确归属于某个界邻区域，而是其本身就在边界线上，或者其本身就是作为边界线存在的，譬如界河、界山、两属性质的聚落等；第二种界点是边界线附近之点，边界线虽然是客观存在的，却不是一条能看得到的“线”，只能通过其附近“界点”的归属，来显现其“界”的本质，辅编中更多是对此类界点的确定。针对这两种界点，不仅要通过对古地图、政书、档案等古文献的爬梳来确定边界线附近的界点，更重要的是确定边界线与界点之间的相对方位、相对里距。从理论上来讲，界点的寻找是无止境的，因为“连点成线”中，点愈多，线愈准确，所以在界点确定时，为了能够更加准确地复原边界，应在最大限度地扩充可信界点的数量的同时，注重关键界点的把握。另外，现代政区边界也是部分继承清代边界，这些边界可能并未发生太大变化，在绘制地图时可以作为参考（但是千万不能作为依据）。

今以井硐岭（井硐山）为例。[①] 井硐岭为严州府建德县与金华府浦江县之界山，在南宋绍兴九年《严州图经》建德县境图上，于县境东南与浦江县交界处即作“井硐岭”。《读史方舆纪要》卷90严州府建德县：“井硐岭在府东南五十里，路通浦江。明初李文忠克严州，进兵下浦江，盖取道于此。”雍正《浙江通志》严州府建德县：“东南到金华府浦江县界七十五里，以井硐为界。”《皇朝地理志》（进呈本、定本）和《清国史·地理志》作“井硐山”，以为浦阳江发源处。金兆丰《清史稿·地理志》初稿、王树楠《清史稿·地理志》修正稿均作“井硐岭”。井硐岭作为建德、浦江两县之间的交通要道，太平军于咸丰十一年曾取道此地。金兆丰《清史稿·地理志》（初稿）：“咸丰十一年，贼由兰溪犯此。”井硐岭即今浙江省建德市东三都镇东南的凤凰村、东方村稍东南的井坑岭（如图15所示）：

图15　草图中的井硐山

① “井硐岭”是严州府建德县的写法，在金华府浦江县作“井硐山”，两者实为一山。

从图中可以直观地发现井硎岭地理位置的重要性，它不仅仅是两县界山而已，其为建德县苔溪与浦江县浦阳江的分水岭，亦是连接两条河流的关键点，从建德县城可沿苔溪而上，翻越井硎岭即可沿浦阳江而下直达浦江县城，因此李文忠和太平军均取道于此作为行军路线。以井硎岭为例证的意义不仅在于还原清代这一地理要道的位置，也昭示了地图较于文字的优越性：通过还原聚落、山、河，地物的地理特征一目了然。

《浙江省图》边界包括省界、府界和县界。今以江苏浙江两省海上分界线、於潜西部与昌化东部分界线、将镇海县一分为二的慈溪县骆驼桥走廊，新昌县飞地，灵昆岛、大麻村之归属为例，考证、说明如下。

（1）浙江省与江苏（江南省）之海上分界线

最核心之问题为以今嵊泗列岛的隶属为核心的海界划分。通过梳理方志文献可知，嵊泗列岛之行政建制始于北宋熙宁六年两浙路明州昌国县蓬莱乡设北界村，南宋时嵊泗列岛一度属两浙东路庆元府昌国县辖，元代则属江浙行省庆元路昌国州辖。自明嘉靖年间后，因倭寇骚扰，属于浙江与南直隶交界处的嵊泗列岛成为海防要地，需要两省合力巡防，则必须划分管辖范围。根据明代侯继高《全浙兵制》卷1《全浙海图总说》所载：

> 先年尚书胡公宗宪论，直隶、浙江名虽异地，而实则一家。若不设兵总理，则彼此自分门户。故必共守陈钱，分守马迹、羊山、大衢三道，而后贼无遁情。查兵部原题总兵俞大猷统领战船在海如陈钱山所当屯泊，又尚书马公坤、通政何公云雁题云速集太仓、崇明、嘉定、上海沙兵及福苍等船分哨专守羊山、马迹，又将宁、绍、温、台采捕及福苍等船分哨专守大衢、普陀，其陈

钱山为浙直分路之始所。……今陈钱山依然为浙直要害，而官不统摄，又远在极险之洋，非惟自分彼此，抑亦置之罔闻者久矣。①

其中陈钱山系因“浙直要害”而需两地共守，由此“陈钱山”遂成为海上分防的重要界点。除了“陈钱山”外，文中还提及南直隶负责巡防“马迹、羊山”，浙江负责“大衢、普陀”，但是嵊泗列岛的其他岛屿则未提及，隶属不明，因此两省海上分界亦未能构成可以连续的界线。

清初沿袭明制，后为进一步明确辖区，防止海上监管的混乱，康熙二十九年两江总督、福浙总督委江南苏镇左奇营游击丁际昌、郭龙与浙江定海镇左右两营游击叶纪、原尔怀等会同详细查勘江浙洋面分界。雍正《浙江通志》卷96《海防二》对这次官方勘界记述如下：

马迹在羊山之东，羊山在马迹之西，东西对峙中间，虽隔有海洋及山峦，南北参差不一。今议以羊山、马迹两山南面之诸山及海面总属浙江，北面者总属江南，是以两山之南北分界，非以两山之东西为界限也。今除羊、马两山南面各山系浙省之汛不造外，其陈钱、苏窦、蒲岙、小七、大七等山相应备册呈送，核定颁发碑文，前赴羊、马两山勒石可也。②

通过这次的官方勘界，江、浙确定以大羊山（亦名大洋山）、马迹山为界，两山北面为江南管辖，两山南面为浙江管辖。此后，江、浙两省曾多次就界邻区域的各山岛进行以防汛分辖为目的的会勘分界，其界线也在不同时期有所变动。如乾隆五十五年，朝廷勘定马迹山东

① 侯继高：《全浙兵制》卷1，《全浙海图总说》，见《四库全书存目丛书·子部》第31册，102～103页。

② 雍正《浙江通志》卷96，《海防二》，见《中国地方志集成·省志辑·浙江》第6册，109页，南京，凤凰出版社，2010。

南之尽山归浙省管辖，东北陈钱、花鸟二山归江南省（江苏）管辖，马迹南之黄龙、梅子二山则全系浙江省管辖[①]，此时崇明县辖宝山、蛇山、大七山（亦名大戢山）、小七山（亦名小戢山）、金鸡山、龟山、小洋山（亦名小羊山）、了巳山、长山、马迹山等山岛，以上“诸山在大洋，为水师巡哨之地”[②]。乾隆五十八年，因官员蔡云山被海盗劫持，两省再次勘定洋界，划分管辖范围，最后议定以陈钱山脚为界，南归浙江，北归江南。至此，两省之海上分界厘定为西自大羊山（山岛本身属浙江，界在其北），经马迹山（山岛本身属江苏，界在其南）、黄龙山（山岛本身属浙江，界在其北）、花鸟山（山岛本身属江苏，界在其南）、陈钱山（山岛本身属江苏，界在其南）一线，界线以南、以北的洋面岛屿分属浙江、江苏。

此后这一界线的主体走向一直为两省因袭。及至清末，只局部界段所经因山岛隶属关系的变动而稍有调整，如光绪二十一年《江苏全省舆图》之《崇明县图》上明确指出：“浙省分汛洋面，以洋山、马迹山为界，马迹山脚以南洋岛属浙省管辖，大洋山脚以北洋岛属南省管辖，自西至东洋面山岛俱以两山为准，勒碑小洋山为定制焉。今崇邑所辖洋中诸山每出汇头，先至大、小七二山，次东行至马迹山，又东至花鸟山，又东至陈钱山而止，余皆浙界。”[③]（如图 16 所示）

另据光绪三十三年《定海厅洋面岛屿表》有关当时江、浙两省分界的记载：“是山（大羊山）为江浙交界，南面洋岛属定海，北面属江南。故由大羊山而西北为小羊山，为大、小戢，由羊山而东北为上、

---

① 参见嘉庆《直隶太仓州志》卷 23，《兵防上》，见《续修四库全书·史部地理类》第 697 册，382 页。

② 嘉庆《直隶太仓州志》卷 24，《兵防下》，见《续修四库全书·史部地理类》第 697 册，407～409 页。

③ 光绪《江苏全省舆图》之《崇明县图》，见《中国方志丛书·华中地方》第 144 号，430 页，台北，成文出版社据清光绪二十一年刊本影印，1974。

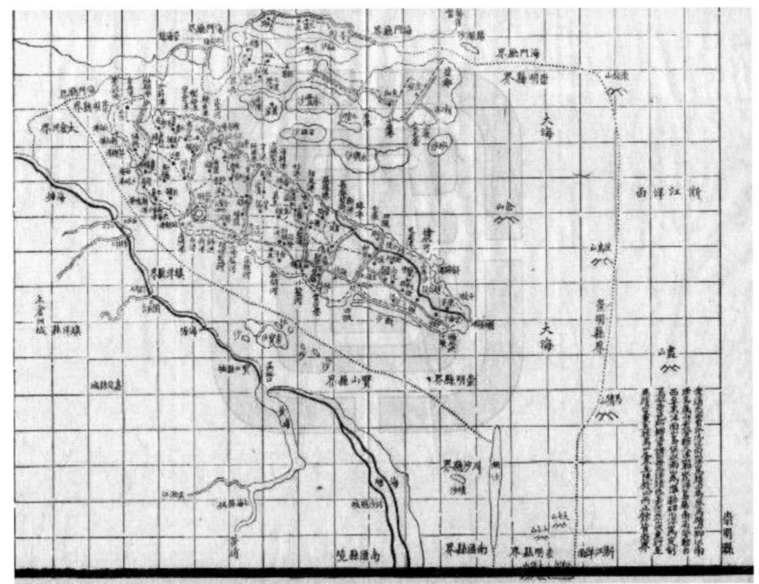

图 16　光绪《江苏全省舆图》之《崇明县图》(部分)

下川，又东北为黄龙、泗礁，皆江省。由羊山而东为徐公，由徐公而东南为黄泽，西南径虎条蛇、马鞍，此山为江省。……今人以陈钱、李西、璧下、柏子、络华、花脑为江南属境，则定海东北悬海山至浪冈环山已尽矣。”① （如图 17 所示）民国十三年《崇明县志》中也记载清末勘定以小洋山、徐贡山（徐公山）、马迹山等为江南所属。

可见，此时两省之界又有所变动，原浙江所辖的黄龙山岛划归江苏，故中部界段之走向应在原界之基础上，稍加调整至黄龙山岛以南，而全部海界则应厘定为：西自大羊山（两省之界，北为江苏，南为浙江），经徐公山（山岛本身属江苏，界在其南）、黄泽山（山岛本身属江苏，界在其南）、黄龙山（山岛本身属江苏，界在其南）、花脑山

① 钱增勋：《定海厅洋面岛屿表》（光绪三十三年石印本），4～6 页（国家图书馆特色资源之数字方志，URL：http://mylib.nlc.gov.cn/web/guest/shuzifangzhi，检索日期：2015 年 10 月 25 日）。

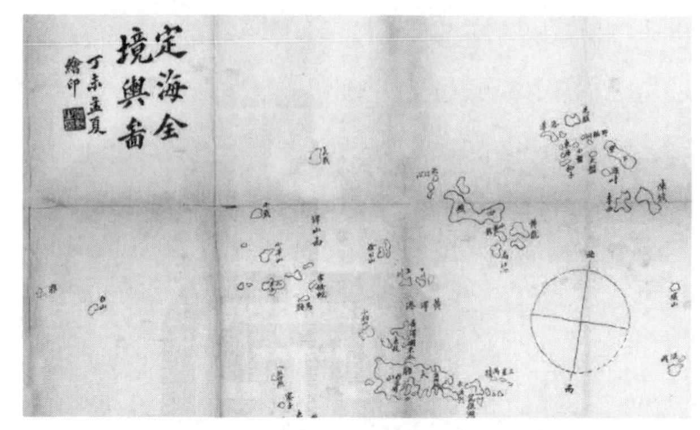

图 17 《定海全境舆图》(部分)

(山岛本身属江苏，界在其南)、陈钱山（山岛本身属江苏，界在其南），至浪冈（山岛本身属浙江，界在其北）一线，此后截至清末宣统三年，江、浙两省这一海上界线大体维持不变（如图 18 所示)。

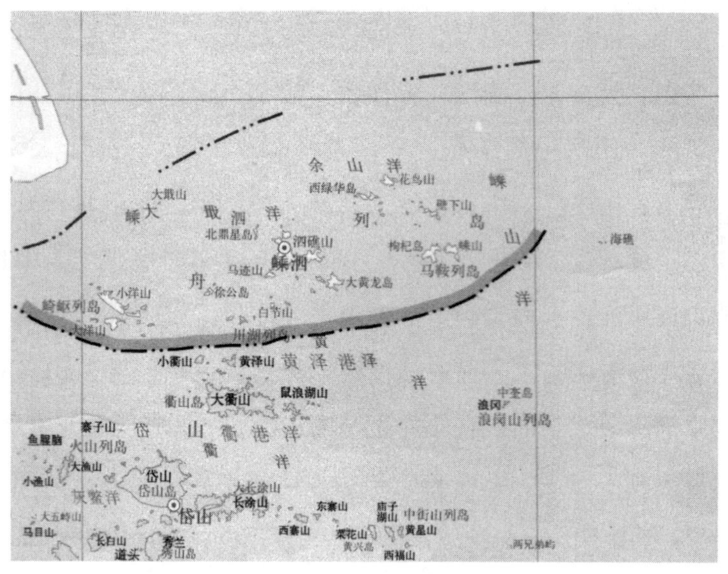

图 18 草图中的江苏、浙江两省海上分界线

(2) 於潜西部与昌化东部分界线

今杭州临安市包括清代杭州府临安县、於潜县、昌化县三县，在

考证复原其县界时，最为困难的是於潜西部与昌化东部分界线。通过光绪《浙江全省舆图并水陆道里记》之《昌化县图》可知其界线较为平滑（如图19、图20所示）。

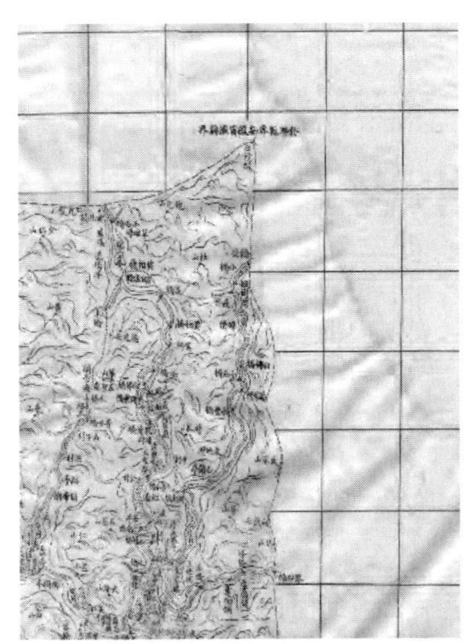

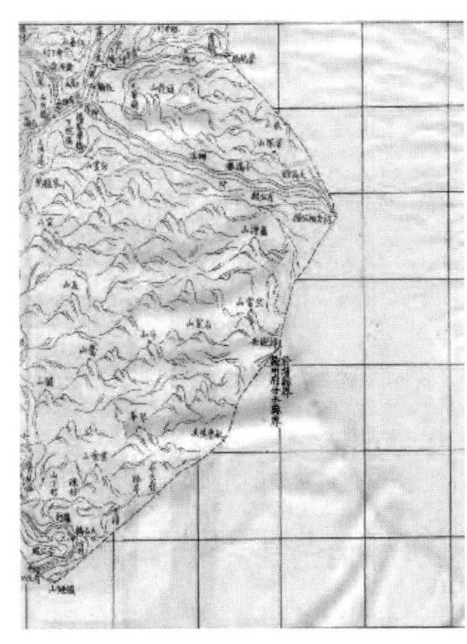

图19　於潜西部与昌化东部分界线（北部）　图20　於潜西部与昌化东部分界线（南部）

从图19、图20中可以发现，於潜西部与昌化东部分界线不仅线条平滑，而且在重要节点上地名不多，故复原这一界段线的关键在于找出关键界点以及界线平滑的原因。这就需要更多的史料，尤其是舆图史料，而通过对民国时期舆图的分析，这一界段线的复原是可以实现的。现存晚清至民国的於潜、昌化地图，基本收录于杭州市档案馆编、浙江古籍出版社出版的《杭州古旧地图集》中，其中的民国四年杭州武林印书馆石印本《修正浙江全省舆图并水陆道里记》之《昌化县图》、《於潜县图》，民国三十一年浙江省浙西行署编、军令部浙江陆地测量军务处印《浙西行政区划图》之《浙江省於潜县行政区域图》等舆图具有重要的参考价值。关于於潜西部与昌化东部分界线，《修正浙江全省舆图并水陆道里记》之《昌化县图》提供的信息最为重要（如图21、图22、图23所示）。

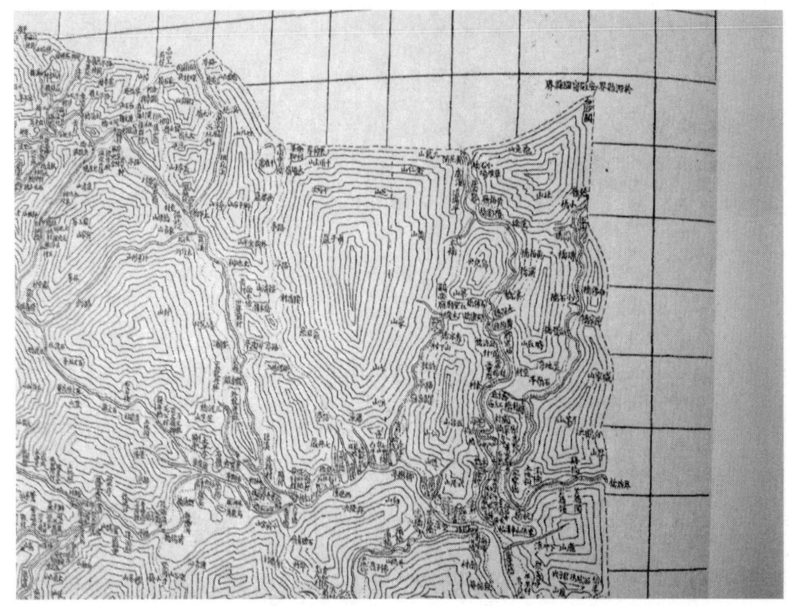

图 21 《修正浙江全省舆图并水陆道里记》之於潜西部与昌化东部分界线（北部）

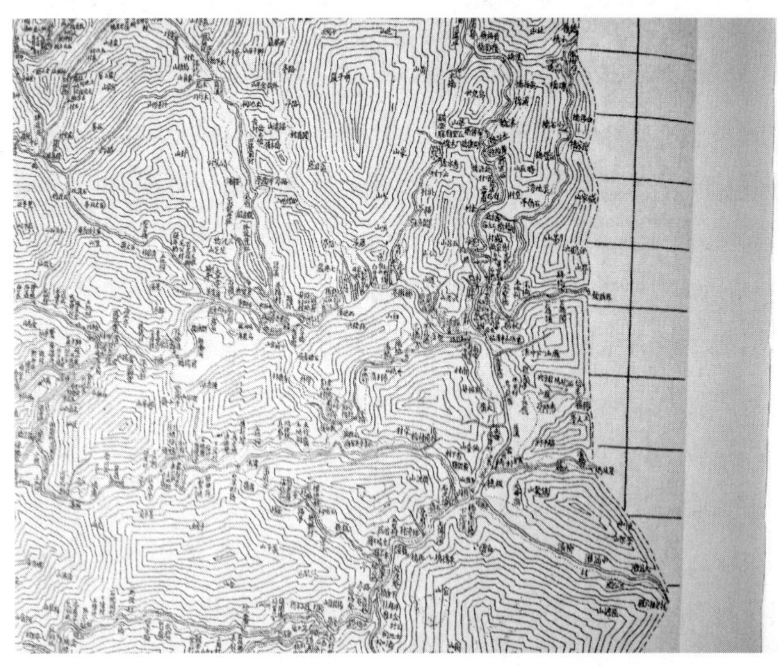

图 22 《修正浙江全省舆图并水陆道里记》之於潜西部与昌化东部分界线（中部）

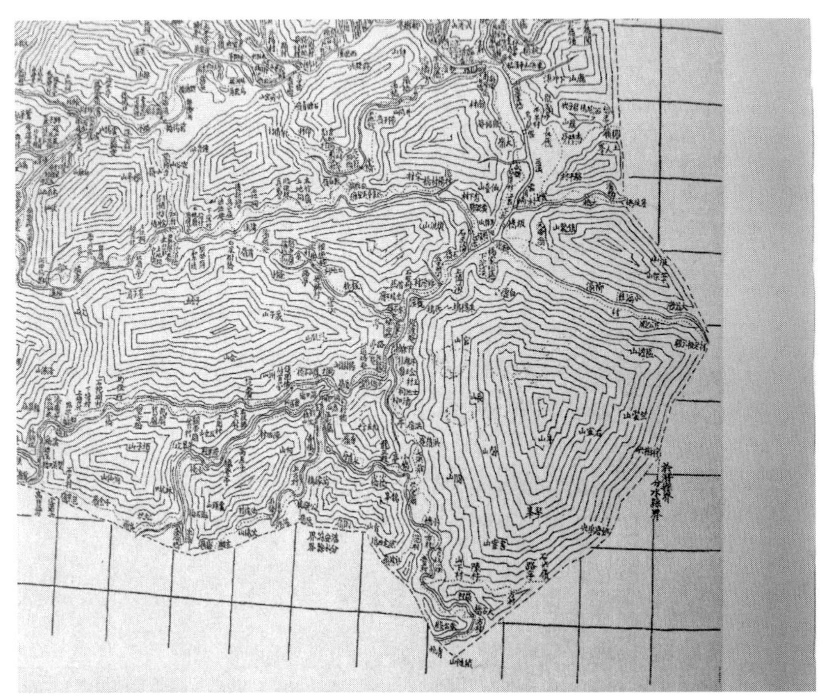

图 23 《修正浙江全省舆图并水陆道里记》之於潜西部与昌化东部分界线（南部）

从三幅图中的地形信息可知，该段界线几乎全部以山为界，而其之所以显得平滑，是因为其界线是沿着界山之山麓划分的。而其沿线聚落极其稀少，通过考证能找到今地的只有白沙关、孙家桥、柯老相公殿三处，要复原这段界线，还是要结合边界上之界点（如白沙关、柯老相公殿等地物）的坐标，确定山体的位置。在与《浙江省地图集》比对后可知，这段界线北起今临安市北部白沙关（安徽省宁国市云梯畲族自治乡西南，临安市横路乡西北处），沿今天临安市太阳镇北部的谢家桥、章家、沈家、孙家附近山体的山麓南下，过界头村，沿光山脚、杨岭脚附近山体的山麓南下，东南过笔架尖山，河桥乡东南的大流滩、老相公殿，折而往西南，至仙姑娘尖附近止（如图 24 所示）。

图 24　草图中的於潜西部与昌化东部分界线

（3）骆驼桥走廊

清代镇海县为慈溪县骆驼桥镇附近的狭长地带所分割，这一隶属于慈溪的狭长地带将镇海县一分为二，使得包括澥浦镇在内的县境成为一大块飞地，其作用、形态类似于“走廊”，暂将之称为“骆驼桥走廊”（这一情况容易被研究者忽视，中国历史地理信息系统项目 CHGIS 未绘出这一状态）。能够用于复原这一地物的主要资料为光绪二十年《浙江全省舆图并水陆道里记》和宣统二年《宁波府全图》两份舆图，两份舆图清楚地记载了这一走廊的位置、走向以及相关地名。根据光绪《浙江全省舆图并水陆道里记》之《慈溪县图》可知，这一走廊在清代慈溪县东北部，其先是向东突出，南部经过“骆驼桥镇”、“中大河”，北部经过“堰头王村”，此间还有“钟毓桥”等小地名，走廊在经过“界牌楼”时，往东北折（角度约为四十五度），直至大海，此间还有“顺风桥”等三处小地名（如图 25 所示）。

在光绪《浙江全省舆图并水陆道里记》之《镇海县图》中，走廊界南有“憩桥市”、“余村”等地名，走廊北界有“沙河头市”、“福田

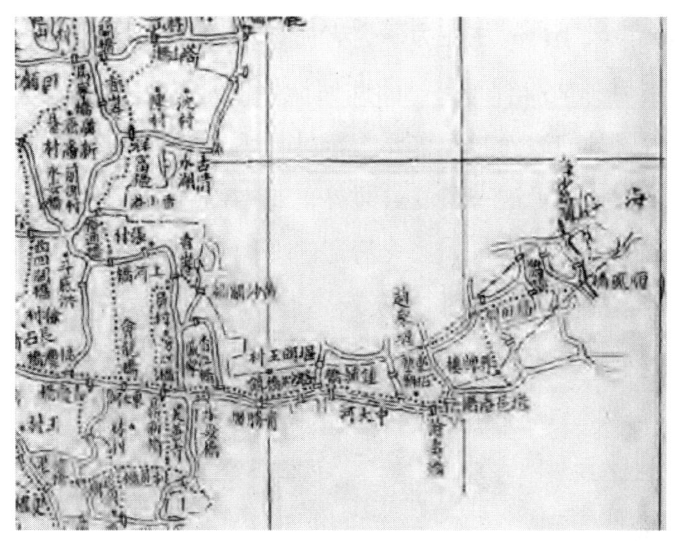

图 25　光绪《浙江全省舆图并水陆道里记》中的“骆驼桥走廊”

闸”、“新钱村”、“清水湖市”等地名。宣统二年《宁波府全图》所载内容与之相符。通过考证这些地名的今地，即可相对准确地复原这一走廊的边界（如图 26 所示）。

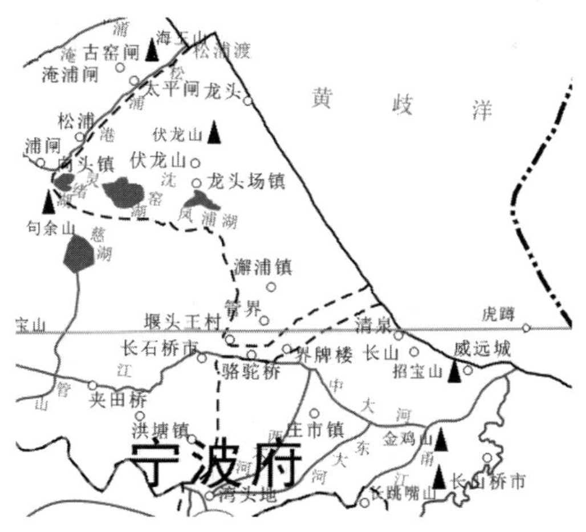

图 26　草图中的“骆驼桥走廊”

（4）新昌县飞地

绍兴府新昌县亦有一块飞地位于台州府天台、宁海两县之间。这一飞地的面积较小，故往往为研究者所忽视，这一飞地的地域不如镇海县飞地，却涉及两府三县，因此厘清该飞地的边界对于考证新昌、宁海、天台三县的边界非常重要。新昌县飞地面积远远小于镇海县飞地，方志等文献对于这一区域的边界也基本没有记载，即使是当时的地图中也往往语焉不详，如《大清帝国全图》中，仅仅在其地域内做了“新昌地”的标志（如图 27 所示）。目前能够用于复原这一区域边界的资料为光绪《浙江全省舆图并水陆道里记》之《新昌县图》（如图 28 所示）。

图 27 《大清帝国全图》中的“新昌地”

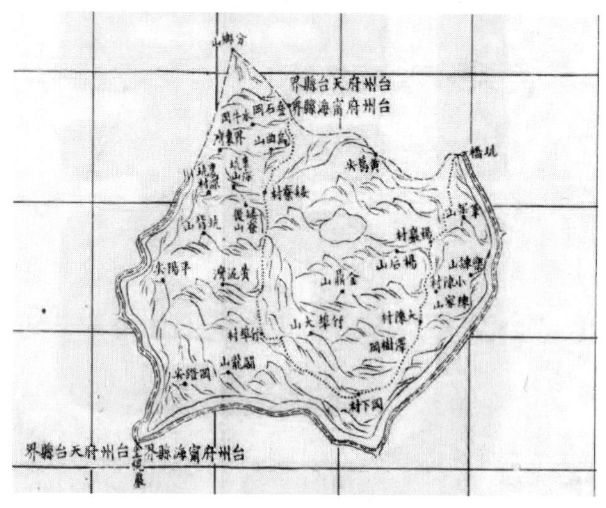

图 28 光绪《浙江全省舆图并水陆道里记》中的新昌县飞地

从光绪《浙江全省舆图并水陆道里记》中可以看出，新昌县飞地是一个完整的地域单元，其东部、南部、西部边界与自天台流出的混水溪（在宁海县内称为白溪）重合，北部边界由界里湾、水牛冈、分乡山、叠石冈、黄葛尖一系列山地构成。其间还有冈下村、竹埠村等聚落。因此复原新昌县飞地的边界主要还是依凭古地图中的地名信息，尤其是混水溪（白溪）。混水溪（白溪）所经之地为山间谷地，清末河道与今天的河道基本一致。根据河流的位置和形状看，该区域位于今天宁海县白溪水库的北部，这一区域内还有“岗下村”的地名，与光绪图中的“冈下村”极为相似。再根据北部山脉走向，基本可以还原其边界情况（如图 29 所示）。

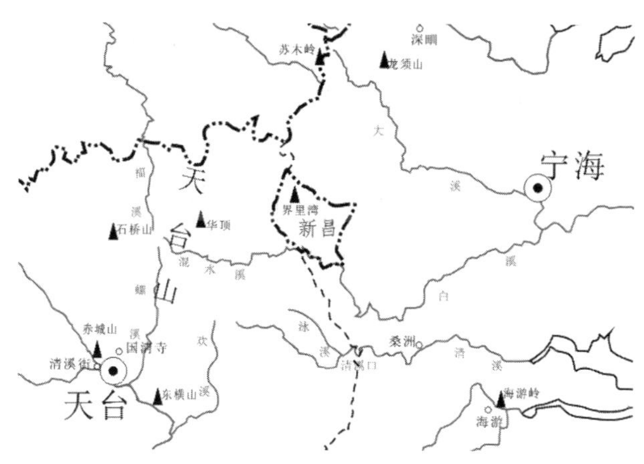

图 29　草图中的新昌县飞地

（5）灵昆岛、大麻村之归属

瓯江口的灵昆岛，清时为大、小两山。齐召南《水道提纲》卷 16 瓯江：“此水合二府众溪，水势甚盛；口在府城之东九十里，有二洲，曰大灵昆、小灵昆。”《嘉庆重修一统志》卷 304 温州府：“中界山在永嘉县东三百里海中，明洪武二年倭尝犯，此旧有中界巡司戍守，后迁于永昌堡；又有灵昆山，与中界山并峙海中。”大、小灵昆，又见光绪二十二年《浙江便览》温州府图。可见，它应属于永嘉县。但是，光绪八年《永嘉县志》卷2“海中诸山”并无灵昆山，所附瓯江口舆图之今灵昆岛位置亦未见标注，而光绪八年《玉环厅志》则有《灵昆图》。因此，草图以灵昆岛属玉环厅。

大麻村，今为桐乡市西南之大麻镇，清时属德清县管辖，因此湖州府东南就像伸出了一个小舌头，夹在仁和、石门两县之间。雍正《浙江通志》卷55《水利·湖州府四》：“大麻渎在大麻村金鹅乡，国朝雍正七年总督臣李卫动给帑银一百三十两，委员重修筑大麻一带塘岸。”《嘉庆重修一统志》卷283：“新江塘河在海宁州东北二十里，一名滓江塘，源自德清县大麻溪，流入运河，其东南流通袁花塘河。”傅泽洪撰《行水金鉴》卷154《运河水》：“运河自大麻十里至宋老桥，十里至石门县皁林驿（便民仓在运河东，去县七十步），二十里至石门巡司，二十里至桐乡县皁林镇巡司。”民国十二年《德清县志》卷1《疆域》：“东至石门（即今之崇德）界九十里，以大麻村东边为界。”大麻塘在德清县的长度为五里，见民国十二年《德清县志》卷1《河渠》“大麻渎”、“大麻塘”条。按：大麻原属德清县，1950年5月改属桐乡县（今桐乡市），故同治十三年《湖州府志》的德清县境全图上标示：“东南到海宁县界”。但今海宁市并不与德清县为邻。

以上辅编，每府一表（其中宁波府与定海直隶厅合在一处），共计十一表，小计8.3万字。

历史地理研究以政区为基础，政区研究分层级、幅员、治所、等第、边界、名称等要素，而边界要素的研究向称薄弱。上述通过对边界的考证，不仅可以完成“清史地图集”的编绘任务，更可以在考证过程中有所发现，从而开拓出边界研究的新成果。施剑的博士学位论文即为《清代浙江省政区边界研究》，不仅对清代浙江省的边界作出复原，并且总结了它形成和变化发展之规律，受到好评。

三　地图的绘制

在完成《编稿表》正编、辅编的考证后，即可开始进行地图草图的绘制。

（一）绘图软件的选择

“清史地图集”所选取的绘图软件为 ArcGIS 和 CorelDRAW。

ArcGIS 为项目组首先选择的绘图软件。直隶省永平府图与浙江省宁波府图为首先使用 ArcGIS 绘制的实验图。这两幅地图采用卫星地图为底图，通过《编稿表》中所确定今地的经纬度定位。ArcGIS 的优点在于所有的点、线、面都是通过经纬度定位，其精确性较高而且所有的数据都记录在文件当中，除了地图，其本身也是一个数据库。其缺点在于制作周期长，底图的要求也很高，同时通过其绘制的草图效果不是非常理想：通过 ArcGIS 绘制的边界较平滑，难以反映边界实况的曲线。因此在之后的绘图过程中，项目组决定改用 CorelDRAW 绘制草图。

CorelDRAW 之优点在于操作简单，即使是从未接触过绘图的人员，也可经过短期培训掌握基本的绘图操作，且通过 CorelDRAW 绘制的草图较为美观细致，能从图中相对精确地反映边界、聚落、河流等要素的形态。其缺点则是通过 CorelDRAW 绘制的草图，仅仅是一份地图而已，不具备 ArcGIS 的数据分析功能。

ArcGIS 和 CorelDRAW 各有利弊，为按时完成项目进度，目前采用的是 CorelDRAW 作为绘图软件，而 ArcGIS 则将在建设清代地理信息系统的研究中继续发挥作用。

（二）草图的绘制步骤

CorelDRAW 绘图的基本原理是在载有诸多要素的现代地图上，将通过《编稿表》确定下来的古地名之今地位置标于其上。在开始绘图前，应当先准备合适的底图。

《浙江省图》的底图是由中国地图出版社专门研制、供给我们项目组使用的 1∶750 000 的现代浙江省地图。底图具备今省界、市界、县界、海洋、聚落、河流、山峰等绘制地图所需的基本要素。因浙江省《编稿表》的信息量非常大，故浙江省底图所提供的地物实际上只能达到所需地物今地的 70％左右，还有大量的地物需要通过其他大比例尺地图来寻找相对位置。

绘制草图的第一步是确定图层，通过 CorelDRAW 所绘制的地图实际上是图层的叠加，而在实际的绘图过程中，常常会发生不同要素出现在同一位置的情况，因此图层的顺序是十分重要的。经过《浙江省图》的试绘，图层顺序应以底图、河流、省界、府界、县界、聚落、山岭、边框的顺序为宜。第二步则是确定注记、符号。首先从整个地图集的角度看，所有地物的符号应该是统一的，这在“清史地图集”项目启动之初，主持人华林甫就委托李海萍副教授研究、确定。① 就单幅地图而言，在保证图例符号统一的情况下，还应保证所有的符号、注记保持大小一致。第三步为边界的绘制，包括省界、府界和县界。依据《编稿表》辅编所载之关键界点，参考古地图与现代地图，依次绘制出省界、府界和县界。

在绘制完边界后即可按照《编稿表》正编将河流、聚落、山峰等

---

① 参见李海萍、王欣、华林甫：《基于 GIS 的历史地图集符号库设计方法探讨》，载《地理空间信息》，2015 (1)。

地物上图：找到《编稿表》“今地”一栏所列内容，然后在大比例尺、相对精确且有较多地物的现代地图集上找到相应位置，之后再标上相应图例符号，添加注记。最后加上边框、比例尺、经纬网等要素后即可完成草图绘制。

根据《浙江省图》的经验，因篇幅限制，《编稿表》所有地物尚无法全部表现在出版成图上，故需要对地物进行重要性的分等，以便中国地图出版社处理时取舍得当：

第一，所有河流都可以上图，而境内名川（著名河流，清史上有意义的河流）需要加注记，一些县内的小河流只要绘制其符号，不需要加注记。第二，聚落方面，有衙署驻扎（县治、通判、县丞等驻地）和清史上有意义的聚落（像威远城、包村之类）必须上图，在有冲突时优先考虑，其余聚落尽量上图。第三，山岭、山脉方面，清史上有意义的山岭、山脉需要上图，如招宝山、井硎岭；境内名山须上图，如浙江境内的会稽山、四明山；界山可上图，其余县境内诸小山视图幅情况而定。

地图的草图绘制完成后，还需要对地图进行全面的检查，这是因为《清史地图集》浙江省部分的地物极多，且图层复杂，极易发生错误，故而有必要在初步完成后对草图进行全面的检查。首先是对地图本身注记、符号的检查，看是否有多字漏字、符号重复等问题；其次是与古地图、历史地图相关内容的对照，是否有错误；最后，也是最为重要的，与《嘉庆重修一统志》、《皇朝地理志》、《清国史·地理志》等文献对照，从文献中记载的地物的特点判断地图绘制之正误。

（三）地图制图

制图学是一门专门技术，成本很高，做得最为成熟的是测绘部门，出版界则要数中国地图出版社执行业之牛耳。经过友好协商，目前已为项目组试制了浙江、广东两图。为此，“清史地图集”项目完成之后，打算与该出版社继续合作，制成可供公开出版的历史地图集。

作为先期试验的两幅省图之一，《浙江省图》（试制图）由中国地图出版社制图、清绘、打印（如图 30 所示）。如果要正式出版，还有待于制图学上的进一步加工。

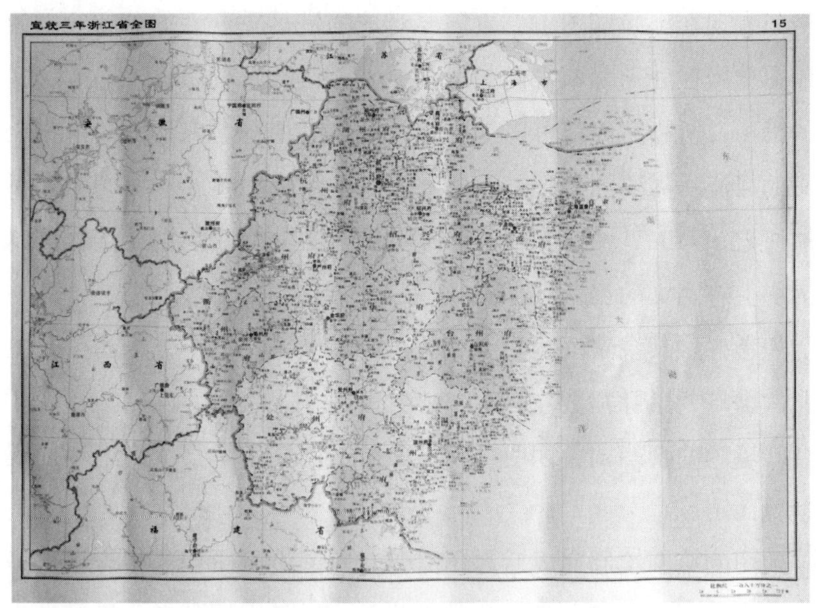

图 30　《浙江省图》（试制图，原图为彩色）

四　学术意义

“清史地图集”之《浙江省图》的绘制，是对于历史地图绘制的一次有益尝试，也是目前在详细考证基础上绘制的较为翔实的清代浙江历史地图。历史研究者应具备“舆图也是史料”的观念，诚如谭其骧院士在《禹贡半月刊》发刊词中所言：“历史好比演剧，地理就是舞台；如果找不到舞台，哪里看得到戏剧!”凡是清代历史上的政治、经济、军事、文化、外交等活动，无不带有地理的印迹，故而清史中具有地域性特征的要素，都构成清史地理的研究对象。将此论断放置于浙江省亦然，清代浙江省的诸多历史活动，必在浙江省这一舞台上进行，将历史活动发生的舞台考证复原，对于历史研究大有裨益。清代浙江发生诸多重大事件，如鸦片战争的定海之战、乍浦之役，太平军在浙江的征伐，甚至杨乃武与小白菜案等，《浙江省图》的绘制将有助于研究者进一步了解这些历史活动的情况。

《浙江省图》只是“清史地图集”的一部分，其绘制不只是反映有清一代浙江省的地理状况，更是为“清史地图集”的编绘积累经验，其意义应该放置于“清史地图集”的宏观视野下衡量。

“清史地图集”的编绘，是历史地理学界的一次有益探索。清代地理格局的形成、发展和变化不仅仅是清朝本身的问题，亦是中华民族在两千多年的传统政治体制和小农经济基础格局下为求生存、发展而形成的各种地理要素的最终沉积。今后，读者通过“清史地图集”，将进一步了解统一的多民族国家的缔造和发展进程，既能一睹康乾盛世的辽阔版图，亦可了解晚清边疆丧失领土的状况，这不仅是对清代历史的客观记录，也是激发爱国热忱之举。

总之，《浙江省图》作为“清史地图集”首幅地图之试绘，将为其他地域的研究、绘图提供经验。

目录编纂与学术研究

——从《清史书目》管窥百年清史研究状况及其得失

黄爱平*

目录索引是学术研究的基础，也是学术研究的利器。中国古代有见识的学人士子对目录都非常重视，唐代目录学家毋煚曾专论目录的重要性说："苟不剖判条源，甄明科部，则先贤遗事，有卒代而不闻；大国经书，遂终年而空泯。使学者孤舟泳海，弱羽凭天，衔石填溟，倚杖追日，莫闻名目，岂详家代？不亦劳乎，不亦弊乎！"① 清乾嘉时期的著名学者王鸣盛亦言："目录之学，学中第一紧要事，必从此问涂，方能得其门而入。"② 而从汉代的《别录》、《七略》，到宋代的《崇文总目》、《郡斋读书志》、《直斋书录解题》，至清代的《四库全书总目》、《书目答问》，这些目录著作深受学人士子推崇的原因，正在于它们不仅记录了各个历史时期文献的著述、典藏、流传和存佚的状况，而且还反映了中国古代学术思想文化的渊源发展和知识门类的分合流变。也正因为如此，中国古代高水平的目录著作，往往能够起到"辨章学术，考镜源流"的作用，从而成为士子读书的门径、治学的指南。

《清史书目》（以下简称《书目》）③ 作为清史研究所基地重大项目"百年清史学术史"的中期基础性成果，收录了从 1911 年到 2011

---

* 黄爱平，中国人民大学清史研究所教授。

① 《旧唐书》卷 46，《经籍志》引。

② 王鸣盛：《十七史商榷》卷 1，"《史记集解》分八十卷"条。

③ 黄爱平主编，北京，中国人民大学出版社，2014。

年百年间中国境内以汉文发表、出版的清史研究著述及整理影印的清代文献档案资料。全书按著述性质别为上、下两编，其中上编研究著作依据其内容分为总论、政治、经济、军事、法律、社会、边疆民族、宗教结社、教育科举、思想文化、文学艺术、科学技术、文物考古、历史地理、中外关系、人物凡 16 大类，下编文献档案则分为经部、史部、子部、集部、丛书、档案共 6 大类。每类之下又各据其具体情形，进而划分小类，小类之下或再分小目。总计 22 大类、146 小类、103 小目，著录书目包括重印和再版在内约 4 万条，涉及责任者，包括作者、编者、译者、点校者、整理者及以集体或机构署名者在内，达 1.9 万余人，不仅包罗了百年来国内外清史研究的主要成果，而且涵盖了清代文献档案整理的绝大多数重要书籍。虽然不免存在遗漏、讹误乃至重复等问题，类目划分也有不够完善之处，但仍较为全面地反映了百年清史研究的基本脉络和整体面貌，为学者了解清史研究的历史和现状提供了可资参考的线索，也为查找相关研究成果和文献档案资料提供了极大的便利。本文即以《书目》为依据，从类目设置、书籍著录、内容特色、时段先后等略窥百年间清史研究状况，初步提出若干问题，期冀有裨于学者的进一步思考。

一 “历朝”和“晚清史”类目的设立与一代王朝史研究

《书目》在上编研究著作所分“总论”大类之下，分别设有“历朝”和“晚清史”两个小类。其中“历朝”之下又进而细分为入关前、顺治朝、康熙朝、雍正朝、乾隆朝、嘉庆朝、道光朝、咸丰朝、同治朝、光绪朝和宣统朝，共计 11 个小目。从《书目》收录的著述中，不难看到，学界对有清一代各王朝史的研究，以清入关前之时间段最受重视。清“入关前”历史，亦即清朝开国史，包括与之相关的明清史、南明史，早在民国初年就得到学者的关注，自孟森撰《满洲名称考》、《清朝前纪》、《清国号原称后金考》等，合编为《心史史料》（第一册，1914）刊行，开启清开国史研究之先声以来，萧一山踵而继之，所撰《清代通史》（卷上，1923），成为清早期历史研究的扛鼎之作，在学术界产生了很大影响。20世纪80年代之后，国内外学术界也多有研究，如孙文良《满族崛起与明清兴亡》（1992）、美国魏斐德《洪业：清朝开国史》（1992）、顾诚《南明史》（1997）、美国司徒琳《南明史（1644—1662）》（2007）等。但以有清一代各个皇帝在位的王朝史为对象的研究，长期以来均付阙如。直至21世纪以来，随着国家大型文化工程《清史》纂修的展开，清史研究得到全面发展，王朝史的研究才陆续开始，如由陈捷先、庄吉发、王思治、冯尔康等海峡两岸学者合作编著，始自《努尔哈赤事典》，迄于《宣统事典》，包括皇太极、顺治、康熙、雍正、乾隆、嘉庆、道光、咸丰、同治、光绪共十二朝统治者在内的“事典”系列书籍（2003—2008）；由白新良、李小林、姜胜利等学者分别撰写，始自清入关前，终于清朝灭亡，依次按王朝分卷的十卷本《清史纪事本末》（2006）；由阚红柳、胡忠良等学者分别撰写，上自《顺治王朝》，下至《宣统王朝》的“十大王朝”系列书籍（2008—2009）等。这一状况的出现，无疑反映了清史领域的拓展和研究的细化。但细读《书目》著录各书，也能明显地感觉到，迄今学界有关王朝史的研究，还多停留在一般性的叙述层面，真正有分量的研究成果并不多。学者于此还大有深入开拓的空间。

关于“晚清史”类目，有学者认为，就时间段而言，与“历朝”小类中道光、咸丰、同治、光绪和宣统各朝有重复之嫌，亦与其后“中国近（现）代史”小类有所交叉。此说不无道理。但从学界研究的实际状况来看，这一类目的设置，恰恰反映了清史研究的亮点以及中国大陆改革开放以来出现的新变化。以“晚清”为名的著述，在《书目》著录的著述中，除港台地区徐哲身编《晚清遗事》（香港，1956）和杨家骆编《新修清季史》（台湾，1973）外，绝大多数都出现在20世纪80年代之后。较早的是由美国费正清、刘广京编，中国社会科学院历史所译，由中国社会科学出版社1985年出版的“剑桥中国史”系列的第一部《剑桥中国晚清史（1800—1911）》。该部译著的推出，曾对当时中国的学术界，特别是对清史和中国近代史的研究产生了极大的影响。自此而后，“晚清史”研究很快开展起来，以之为名的著述也不断涌现，如茅家琦编著的《晚清史论》（1989）、袁伟时《晚清大变局中的思潮与人物》（1992）、李文海《世纪之交的晚清社会》（1995）、孔祥吉《晚清史探微》（2001）、杨天石《晚清史事》（2007）、戚其章《晚清史治要》（2007）、戴鞍钢《晚清史》（2009）等，迄今方兴未艾。

合而观之，王朝史和晚清史的出现及其兴盛，实际上反映了学者观念的转变，即不再人为地割裂有清一代的历史，而是把清史作为一代王朝完整的、前期和后期相衔接的历史，重新加以认识、解读和评判。并且，晚清史的研究也摆脱了以往近代史研究强调基本线索（帝国主义和中华民族的矛盾，封建主义和人民大众的矛盾）、中心主题（反帝反封建）、三个高潮（太平天国、义和团运动、辛亥革命）、八大运动（鸦片战争、太平天国、洋务运动、中法战争、甲午战争、戊戌变法、义和团运动、辛亥革命），重视政治、运动、革命的框架，而注重从社会、经济、制度、教育、科举、民族政策、思想文化、对外关系等方面，对一代王朝自身的兴衰进行探讨，“晚清史”研究也因此而成为改革开放以来清史研究的热点和亮点。

二 长盛不衰的中国近代史研究

近代史研究历来是中国史研究的重中之重，以其百年历史而与此前三千年史平分秋色，甚至学科体系亦如此划分，可见其地位之重要。但近代史研究受到学者之重视，并非始自新中国成立，更非改革开放之后，而是早在20世纪20年代就已开始。从《书目》来看，最早以"中国近代历史"命名的著述，是阎人俊编《中国近代历史讲义》(1926)，系当时沪江大学历史政治系的讲义；而最早以"中国近代史"定名的著述，则是李鼎声的《中国近代史》(1933)。此后，相继出现了2部同名著作，分别是陈恭禄和蒋廷黻的《中国近代史》(1935、1941)。值得注意的是，民国时期有关近代史的著述，尚多以"近百年史"或"近世史"命名，其中又以"近百年史"居多，在总共35部著述中占15部，有的还多次再版，如颜昌峣的《中国最近百年史》，就于1929、1930、1932年先后出版了三次。有意思的是，有的学者既写"中国近代史"，又写"近百年史"，如陈恭禄，就有题名为《中国近代史》(1935)和《中国近百年史》(1936)之著述各一部。30年代末，毛泽东与范文澜等学者合作，共同研究中国历史和现实的重大问题，并撰写《中国革命和中国共产党》一书，其中第一章为毛泽东修改定稿，第二章则为毛泽东撰写。该书以毛泽东的名义发表后，以其对中国社会矛盾和革命对象、任务、动力及性质的深刻分析，对共产党员和中国人民起到了极大的教育作用，而书中关于"帝国主义和中华民族的矛盾，封建主义和人民大众的矛盾，这些就是近代中国社会的主要矛盾"① 的论断，也在学术界和全社会产生了广泛而深远的影响。

---

① 《毛泽东选集》，2版，第2卷，631页，北京，人民出版社，1991。

自此而后，以“近代”的概念指称从1840年鸦片战争至1919年五四运动，或至1949年中华人民共和国成立，即中国半殖民地半封建社会从开始到终结，中国民主革命（包括新民主主义和旧民主主义两个革命阶段）从产生到胜利的百年历史，便逐渐成为学者的共识。特别是20世纪50年代以后，此前“近百年史”、“近世史”和“近代史”并存的情形销声匿迹，学界几乎成为“中国近代史”的一统天下，学者撰写从1840年至1919年，或从1840年至1949年的历史，绝大多数以“中国近代史”命名。而在中国历史的研究和教学中，中国近代史也无可争议地成为学术界关注的重点。尤其是清后期历史亦即晚清史的研究，几乎被“中国近代史”所取代，有清一代的历史也因此被人为地划分为两个阶段，并分别隶属于不同的学科。但无论如何，1840年以来的近代史，以其自身的特殊性和重要性，受到社会的关注和学界的重视，乃势所必至，理所当然。也正因为如此，中国近代史的研究，自20世纪初迄今，百年间几乎长盛不衰。据《书目》的著录统计，出版的相关图书（包括再版、重印）达360余部，而尤以近30年（1982年迄今）为最盛，包括新著和再版，每年都有多部出版。其中最多的是1991年20部，其次为2010年17部。当然，近代史研究虽然表面上看起来“年年岁岁花相似”，时间段照旧，著述的名称也大体相同，但研究的视角和关注的重点，乃至对史事、人物的看法，都已有很大的变化。这些更深层次的问题，当留待从事近代史研究的专家来予以进一步解析评判。

三　中国的改革开放与“洋务运动”和“现代化”研究

20世纪80年代以来，随着改革开放政策的实施和中国社会经济的发展，学术研究也出现了新的变化。一些长期被忽视的问题开始受到关注，一些新的课题也被提出。前者如对洋务运动的研究，后者如对现代化的探讨。

对19世纪60年代至90年代三十余年间清廷开展的学习西方、引进西方先进的科学技术以富国强兵的运动，学界一般称为洋务运动。长期以来，由于种种原因，学者对清廷这场自上而下，由洋务派官员主持，强调“师夷制夷”、“中体西用”的自强运动大都评价不高，甚至多所忽视，研究者寥寥无几。从《书目》著录的情况来看，在20世纪上半叶，几无对洋务运动的专门研究。直至50年代中期，才出现了一部专著，即牟安世《洋务运动》（1956）。此后20年间，又趋于沉寂，成果屈指可数。80年代之后，随着中国大陆改革开放的逐步深入，走向世界，发展经济，实现国家繁荣富强和人民共同富裕的目标成为全社会的共识，晚清的洋务运动也开始受到学者的关注和重视，先后出现了几部有分量的研究专著，较早的如夏东元《晚清洋务运动研究》（1985）、徐泰来《洋务运动新论》（1986）。此后又有夏东元的《洋务运动史》（1992，又有2010年修订本）、樊百川遗作《清季的洋务新政》（2003、2009）等。当然，著述的总量仍然不多，许多有争议的问题也尚待进一步探讨，研究仍有很大的空间。

对现代化问题的探讨，则始于20世纪80年代。较早的是台湾“中央研究院”近代史研究所分区域进行的《中国现代化的区域研究》（1981—1991），在十年时间里，先后推出6部，涉及湖北、湖南、江苏、闽浙台、山东、安徽等地区。大陆学者则在介绍、评论国外相关现代化理论的基础上，努力探索中国的现代化历程，力图建立中国自己的现代化理论体系和分析框架。继80年代中期李安民《漂泊的大地：近百年中国现代化的进程》（1986）问世以来，90年代迄今，又陆续出现了多部有分量的专著，如罗荣渠、牛大勇主编的《中国现代化历程的探索》(1992)，章开沅、罗福惠主编的《比较中的审视：中国早期现代化研究》(1993)，许纪霖、陈达凯主编的《中国现代化史》(1995)，虞和平主编的多卷本《中国现代化历程》(2001、2007)等。可以说，中国改革开放以来的现代化诉求，催生了学界对中国近代以来现代化问题的研究，并且在30年间，一直保持稳步发展的态势，成为学界关注的重要问题之一。

四　通俗读物的盛行与清史知识的普及

自20世纪末，特别是21世纪以来，清代历史似乎一夜之间成为社会关注的热点，各种有关清代皇帝、清宫内廷、帝后妃嫔、秘史疑案等史事传闻，都成为通俗读物乃至影视创作的热门题材，或正说，或戏说，或图说，或演义，或探秘，或猎奇，有的一本正经开讲坛，有的紧锣密鼓拍影视，闹哄哄你方唱罢我登场，大有一发不可收拾之势。一时之间，各种通俗读物占据书店甚至书摊的显要位置，各部“辫子戏”充斥荧屏，其影响所及，不少人都是通过这类途径来了解所谓的清史，甚至是有关皇帝、后宫的秘史。这种情形的出现，有力地说明全社会和广大民众确有了解中国历史和传统文化的需求，而清代历史，则由于其本身的特殊性和重要性，再加上改革开放以来清史研究的突飞猛进，特别是21世纪以来国家大型《清史》纂修工程的开展，故其成为社会关注的热点并非意外。当然，清史本身的热得发烫，各种文化快餐的频繁推出，并不都是好事：一是这些读物、作品良莠不齐，鱼龙混杂，严肃认真的不多，胡编乱造的不少，误导社会，也误导公众；二是这类快餐式读物的流行，也助长了社会和学界的浮躁之气、浮华之风。

面对清史领域通俗读物盛行的情形，关于《书目》是否收录这类著述，也曾有过不同意见。有认为应收，有主张不收，有提议选收（选择标准如书名、内容、出版社等）。最终决定还是予以收录，因为这些读物毕竟是一段时期内清史领域现实状况的反映。今人乃至后人，能够通过《书目》，了解到昔日"高大上"的皇帝、后妃等曾被当作大众文化快餐消费的对象，清史领域曾一度出现如此喧嚣热闹的情形。至于其背后所反映的社会现象、民众心态、读者兴趣等深层次的问题，则有待于史学工作者，特别是清史研究者深入分析并理性应对。

五　思想解放与学术文化史研究的兴盛

清代学术文化的研究，是清史研究的重要组成部分。尤其是清代的学术文化集前代之大成，达到发展的高峰，为后人留下了丰厚的文化遗产，非常值得研究总结、整理利用。从《书目》收录的有关著述情况来看，学界对清代学术文化的研究，情形各有不同。

其一，清代经学。对清代经学的研究，大体经历了一个从放逐到回归的过程。经学本是清代学术的主体，占据清代学术主流地位的朴学，其研究考据就是以经学为中心而展开的。但五四运动之后，"孔家店"被打倒在地，经学的地位随之一落千丈。再加上新的学科分类体系的建立和近代知识系统的形成，原先讲求融通的经学，分别被归属于哲学、伦理学、史学、文学、语言学（文字、音韵、训诂）等学科，经学作为一个整体不复存在，学界也鲜有对之进行专门研究者。新中国成立以后，经学更是被贴上"封建主义"的标签，成为研究的禁区，几乎销声匿迹。这一情形，直到改革开放之后才有所转变。20 世纪 80 年代以来，伴随改革开放的进程，人们的思想得到解放，各种禁锢被陆续冲破，清代经学研究也得以回归，包括心学、理学、《易》学、《尚书》学、三《礼》学、《春秋》学、《公羊》学、《论语》学、《孟子》学等在内的各项研究也先后开展起来，成为清代学术研究的重要组成部分。

其二，清代学术。对清代学术的研究，可谓从高峰到低谷，再到重振，经历了一个曲折的历程。20 世纪上半叶，梁启超、钱穆、胡适以及萧一山等学者筚路蓝缕，以其深入的研究和卓越的成就，开启了清代学术研究的先路。诸如梁启超的《清代学术概论》(1924)、《中国近三百年学术史》(1929)，钱穆的《中国近三百年学术史》(1929、1937)，胡适对清代考据学及其著名学者戴震等人的研究，萧一山对清代学者著述的考辨等等，都是清代学术研究的经典之作。但 50 年代以后的数十年间，受到社会大环境以及各种政治运动的影响，清代学术特别是考据学，从其研究内容到考证方法，几乎被全盘否定，研究也后继乏人，成果寥寥无几，相关著述仅有张舜徽先生的《清代扬州学记》(1962) 等数部而已。直到 80 年代改革开放、思想解放之后，对清代学术的研究才得以复兴。从《书目》中可以看到，有关清代考据学、史学、史地学、诸子学、理学以及对有清一代学术史、学术思潮的研究著述陆续问世，特别是对清代各个时期学林代表人物，如明末清初顾炎武、黄宗羲、王夫之、张履祥、陆陇其，乾嘉年间惠栋、戴震、王念孙、王引之、段玉裁、姚鼐、纪昀、钱大昕、王鸣盛、阮元、江藩、章学诚、崔述，晚清孙诒让、刘师培、章太炎、王国维等人的研究成果先后涌现。30 多年间，研究范围大大扩展，研究路径有所开拓，对清代学术及其代表人物的分析更为深入，评价也更为客观。清代学术的研究，已然成为清史研究的重要组成部分，并展现出良好的发展势头。

其三，清代文化。对清代文化的研究成果，主要出现在改革开放之后。20 世纪 80 年代，中国大陆经济领域以及政治领域的改革逐步展开，外来文化亦如潮水般大规模涌入中国社会。面对改革开放新形势下出现的新问题，从现实反思传统，对本土文化和外来文化进行评判和选择，就成为学者关注的焦点，“文化热”也由此应运而生。可以说，时代的需求，催生了学者对中国传统文化乃至外来文化的新的思考。自此而后的30多年间，学界对文化的探讨始终没有中断，而在清史研究领域，学者则将关注的范围延伸到明清文化、地域文化、社会文化、近代文化、中西文化以及文化史等各个方面，诸如冯天瑜《明清文化史散论》(1984)，龚书铎《近代中国与文化抉择》(1993)，丁伟志、陈崧《中西体用之间：晚清中西文化观述论》(1995)，梁景和《近代中国陋俗文化嬗变研究》(1998，又有2009年修订本)，郑大华、彭平一《社会结构变迁与近代文化转型》(2008)，罗哲文编著《北京历史文化》(2004)，赵云田主编《中国文化通史·清前期卷》(2009)，史革新主编《中国文化通史·晚清卷》(2009)，等等。其中又尤以近代文化、中西文化最受重视，研究成果也最多。在《书目》著录的160余部文化史图书中，有关近代文化和中西文化研究的就达90余部。特别是西方“新文化史”观的传入，进一步拓宽了学者的视野，生态文化、医疗史、性别史的概念相继提出，研究也逐步展开，同时也促使学界对各种文化现象重新予以审视，进行更为深入的思考。

其四，清代思想。或许是“思想”的概念更具有理论性，与“哲学”的范畴更为接近，百年间，思想史的研究可谓一枝独秀，持续发展。其对象既包括哲学思想、政治思想、经济思想、民族思想、社会思想、学术思想、经世思想、变法思想、维新思想、改革思想、救国思想、启蒙思想、民主思想、管理思想、人才思想等，也涵盖明末清初、清中期和晚期诸多著名思想家的思想。其中又尤以近代各种思想、思潮和晚清以来的思想家最受学界重视。以晚清时期的思想家为例，学界有过专门研究的就有龚自珍、魏源、包士臣、陈澧、黄式三、曾国藩、左宗棠、李鸿章、洪秀全、张之洞、郭嵩焘、谭嗣同、廖平、康有为、严复、章太炎、邹容、陈天华、黄兴、朱执信、孙中山、王国维、刘师培、梁启超等数十人。若就时间段而言，则以改革开放以来30余年间的成果为多，并且21世纪以来呈现出更为兴盛的态势。

六　科学技术的进步与科技研究的开展

有关科学技术的研究成果，如通论、通史性的研究，关于清代数学、物理、化学、地质、气象、天文、水利、农学、生物学、医学、建筑学、技术等各专门领域的著述，绝大多数都出现在近30年，即改革开放之后。据《书目》统计，“科学技术”大类之下共计著录307条、295种，其中仅有26条出版时间在20世纪80年代之前，90%以上的成果都是在近30年里涌现出来的。以通论性著述为例，《书目》著录的40部图书，均出版在80年代之后，且大多都颇有分量，如卢嘉锡、席泽宗主编的《彩色插图中国科学技术史》(1997)，董光璧主编的《中国近现代科学技术史》(1997)，邹大海主编的《中国近现代科学技术史论著目录》(2006)，王扬宗编校的《近代科学在中国的传播——文献与史料选编》(2009)，等等。特别是涵括科学思想卷、论著索引卷、通史卷、年表卷、图录卷、辞典卷、地学卷、水利卷、农学卷、建筑卷、度量衡卷、纺织卷、矿冶卷等在内，由席泽宗、杜石然等各个专门领域的多位专家分别主编的多卷本《中国科学技术史》，集中了各学科专业高水平专家学者的力量，反映了各学科领域的最新研究成果，堪称中国科学技术史研究的代表作。他如吴文俊主编的《中国数学史大系》(2000)，戴念祖《中国物理学史大系——古代物理学史》(2002)，王士平等《中国物理学史大系——近代物理学史》(2002)，周嘉华、赵匡华《中国化学史·古代卷》(2003)，王扬宗等《中国化学史·近现代卷》(2003)，温克刚主编的《中国气象史》

（2004），江晓原、钮卫星《中国天学史》（2005），曾雄生《中国农学史》（2008），李经纬、林昭庚主编的《中国医学通史・古代卷》（2000），邓铁涛、程之范主编的《中国医学通史・近代卷》（2000），孙大章《中国古代建筑史・清代建筑》（2002、2009），张秀民著、韩琦增订《中国印刷史》（2006），等等，也都代表了各学科发展的前沿水平。可见中国社会经济的迅猛发展，科学技术的飞速进步，催生并促进了对中国古代特别是清代科学技术的研究，迄今方兴未艾。

七　文献整理的发展与变化

自20世纪初迄今，学术界对清代文献的整理和出版非常重视，投入了大量人力物力，取得的成效也十分显著。据《书日》统计，百年间整理出版的文献总量，包括部分重版和再版在内，其数达到2万余条，其范围则囊括经、史、子、集、丛书各部，再加上数百种档案资料的整理出版，可谓洋洋大观，为有清一代历史的研究，提供了坚实的史料基础。

百年以来文献整理的成就多有值得称道之处，其中尤以资料汇编、丛书和中医药典籍三者最为突出。

其一，资料汇编。这是一种按照一定范围、体例和原则汇集编排相关资料的文献编纂形式，其内容或按学科，或据地域，或分人物，或设专题，或以专书，其编纂广采群籍，汇集资料，其目的则在于方便学者的研究利用。由于这类文献编纂形式主题多样，内容丰富，特色鲜明，资料集中，可以省却学者许多的翻检之劳，因而深受学界欢迎，百年间始终盛行不衰。民国时期即有时事新报馆编《革命文牍类编》（1912），左舜生选辑《中国近百年史资料》及其《续编》（1926、1933），故宫博物院整理编纂的《史料旬刊》（1930—1931）、《文献丛编》（1930—1942），蒋廷黻编《近代中国外交史资料辑要》（1931、1934）等。新中国成立以后，学术界又陆续开展了大规模的资料编纂工作，其中开始最早、成效最著的当推中国史学会主持编纂的《中国近代史资料丛刊》。在中国史学会的倡导和组织下，范文澜、翦伯赞、白寿彝、齐思和、邵循正、柴德赓、王重民等众多著名学者共同参与，分别承担各个专题的编纂工作，10 年间先后完成并出版《义和团》（1951）、《太平天国》（1952）、《回民起义》（1952）、《捻军》（1953）、《戊戌变法》（1953）、《鸦片战争》（1954）、《中法战争》（1955）、《辛亥革命》（1957）、《中日战争》（1957）、《洋务运动》（1959）等 10 种，为学者研究提供了最基本和最有价值的资料。与此同时，由中国科学院历史研究所第三所编纂的《近代史资料》亦于 1954 年创刊，后于 1961 年由中国社会科学院近代史研究所近代史资料编辑组接续编纂，至 2011 年已出版到第 124 号。这些资料汇编，或主题明确，内容丰富，或延续多年，自成体系，都在学术界产生了极大影响。其他学科资料如《中国近代文学大系》（1990—1996），分为《文学理论集》、《小说集》、《散文集》、《诗词集》、《戏剧集》、《笔记文学集》、《俗文学集》、《民间文学集》、《书信日记集》、《少数民族文学集》、《翻译文学集》、《史料索引集》，凡 12 集、30 卷，由徐中玉、吴组缃、任访秋、钱仲联等 10 余位著名学者分别主编，数十名专家参与编纂，堪称集近代文学精粹的大型系列资料汇编。还有中国科学院哲学研究所编《中国哲学史资料选辑：近代之部》（1959）、《中国哲学史资料选辑：清代之部》（1962），以及由学者或研究机构编纂的各种中国近代经济史、工业史、手工业史、对外贸易史、外债史、外交史、体育史资料，等等。

若以内容范围而论，则地域资料如盛清沂主编的《台湾省开辟资料汇编》（1972）以及廖汉臣编撰的《台湾省开辟资料续编》（1977），各地政协编纂的《文史资料》等；人物资料如来新夏主编的《清代科举人物家传资料汇编》（2006），诸多著名人物如郑成功、曹雪芹、林则徐、左宗棠、张之洞、谭嗣同、翁同龢等的资料汇辑；各种专题资料如王铁崖编的《中外旧约章汇编》（1—3 册，1957、1959、1962），中国第一历史档案馆、福建师范大学历史系合编的《清末教案》（1—6 册，1996、1998、2000、2006），李文海、夏明方主编的《中国荒政全书》（第一、二辑，2002、2004），李文海等主编的《中国荒政书集成》等。而专书资料中，仅以清实录为对象，从中选辑编纂的资料就有《〈清实录〉彝族史料辑要》（1986）、《〈清实录〉有关云南史料汇编》（1986）、《〈清实录〉越南缅甸泰国老挝史料摘抄》（1986）、《〈清实录〉准噶尔史料摘编》（1986）、《〈清实录〉宁夏资料辑录》（1986）、《〈清实录〉东北史料全辑》（1988）、《〈清实录〉江浙沪地区经济资料选》（1989）、《〈清实录〉经济史资料》（1989）、《〈清实录〉北京史资料辑要：嘉庆二十五年八月至宣统三年（公元 1820—1911 年）》（1990）、《〈清实录〉中朝关系史料摘编》（1992）、《〈清实录〉台湾史资料专辑》（1993）、《〈清实录〉广东史料》（1995）、《清圣祖实录选辑》（1997）、《清仁宗实录选辑》（1997）、《清文宗实录选辑》（1997）、《清朝太祖太宗世祖朝实录蒙古史史料抄：乾隆本康熙本比较》（2001）、《〈清实录〉新疆资料辑录・光绪朝卷、宣统朝卷》（2003）、《清朝圣祖朝实录蒙古史史料抄》（2003）、《清实录类纂・科学技术卷》（2005）、《〈清实录〉江西资料汇编》（2005）、《〈清实录〉新疆资料辑录・同治朝卷》（2007）、《〈清实录〉新疆资料辑录・道光朝卷三、咸丰朝卷》（2008）、《〈清实录〉新疆资料辑录・道光朝卷一、二》（2008）、《〈清实录〉新疆资料辑录・嘉庆朝卷》（2008）、《〈清实录〉新疆资料辑录・乾隆朝卷二、三、四、五》（2009）、《〈清实录〉新疆资料辑录・雍正朝卷、乾隆朝卷一》（2009）、《〈清实录〉新疆资料辑录・顺治朝卷、康熙朝卷》（2009）、《〈清实录〉科举史料汇编》(2009)、《清朝世宗朝实录蒙古史史料抄》(2009)、《〈清实录〉巡幸盘山史料》(2011),以及《明清实录潮州事辑》(1998)和《〈清实录〉与清档案中的广东少数民族史料汇编》(2011)等,数量达30余种之多,其内容则涉及民族、地域、人物、教育科举、科学技术、中外关系等各个方面,为学者研究利用提供了便利。

百年间清史研究领域各种资料汇编的盛行,不仅极大地方便了学者的相关研究,而且直接影响到了目录著作的编纂。由于这类文献编纂形式既不同于以往的类书、丛书,也与子部之下的杂说杂纂杂录有别,故而《书目》特别在史部和集部之下,专列"资料汇编"一类,集中收录相关著述资料,以反映现代文献整理工作的新形式、新特点和新变化。

其二,丛书。自南宋时期中国古代第一部丛书《儒学警悟》产生之后,汇聚众书为一书的丛书文献编纂形式就逐渐兴盛起来。有清一代,以官修大型丛书《四库全书》为标志,丛书的编纂和刊刻达到高峰,许多学者不遗余力地聚书、编书、刻书,各种类型的丛书先后问世,保存了前代流传及当代撰著的大量文献典籍和珍贵资料。民国以来,学界编纂出版丛书的风气仍十分盛行,百年间几乎未有中断。其中既有对清代学者所编丛书的重印,又有诸多新编新刊。前者如清代曹溶《学海类编》,曹寅《楝亭藏书》,鲍廷博《知不足斋丛书》,张海鹏《墨海金壶》、《学津讨原》、《借月山房汇钞》等具有学术价值的各种丛书,都先后得到整理刊行。后者如民国藏书家张钧衡自编自刊《适园丛书》(1914—1917),孙毓修等编《涵芬楼秘笈》(1916—1926),刘承幹以一人之力,先后编纂《嘉业堂丛书》、《求恕斋丛书》、《吴兴丛书》(民国间)、《嘉业堂金石丛书》(1964)等。而张元济等编刊的《四部丛刊》(1919)和《续编》(1934)、《三编》(1935—1936),更以其底本精善、资料珍贵、刻印精良而闻名于世,深受学者欢迎。

在诸多丛书的编纂刊刻活动中，尤以《四库全书》的影印以及相关各种丛书的编纂出版影响最大，也最受学界欢迎和好评。《四库全书》是乾隆时期编纂的中国古代历史上最大的一部丛书。据《四库全书总目》统计，其著录书籍 3 461 种，79 309 卷；存目书籍 6 793 种，93 551 卷。当时曾将著录书籍先后抄写七部，分别收藏在南北七座藏书楼中。但经历近代以来的内忧外患，七部《四库全书》毁失过半，仅文渊阁、文津阁、文溯阁三阁全书得以完整保存下来。1934 年，商务印书馆以文渊阁《四库全书》为底本，首次影印出版《四库全书珍本初集》，共计收书 231 种。70 年代以后，台湾商务印书馆又陆续影印《四库全书珍本》第二至十二集，并特别将《四库全书》中的《永乐大典》辑本专门编成《四库全书辑自永乐大典诸佚书》，影印出版。1982 年，在多年选印文渊阁《四库全书珍本》积累的经验和工作基础上，台湾商务印书馆与台北“故宫”博物院合作，进而着手刊印文渊阁《四库全书》全本。经过几年的努力，于 1986 年顺利完成，全书精装为 16 开本，共计 1 500 册，蔚为大观。1987 年，上海古籍出版社据台湾商务印书馆的影印本再加缩印成 32 开本。自此而后，《四库全书》开始得到广泛的传播，不仅在海峡两岸掀起了“四库热”，推动了对《四库全书》乃至传统文化研究的开展，而且还促成了与之相关的各部丛书的编纂出版，诸如《四库全书存目丛书》(1997)、《四库全书存目丛书补编》(2001)、《四库禁毁书丛刊》(2000)、《四库未收书辑刊》(2000)、《续修四库全书》(2002)。这些大规模丛书的相继出版，形成了一套完整的四库系列丛书，也构筑起一座内容丰富、卷帙浩瀚的文化宝库，中国古代自文字记载产生以来至 1911 年以前的主要典籍大体齐备，令人叹为观止。

此外，值得一提的还有文渊阁《四库全书》线装本的影印出版(2004)，文津阁《四库全书》的影印出版（2006)，也都各有特色，各具其价值。

其三，中医药典籍。在各类清史文献典籍的整理出版历程中，中医药典籍的盛行也十分引人注目。据《书目》著录，百年间子部医家一类典籍的整理出版几乎未有中断，数量累计达 1 600 余条。一些经典著述，如明末清初著名医学家汪昂的《本草备要》、《医方集解》、《汤头歌诀》，傅山的《傅青主女科》、《傅青主男科》，清中期吴瑭的《温病条辨》、《吴鞠通医案》，王清任的《医林改错》，吴仪洛的《本草从新》，陈念祖的《医学三字经》、《医学从众录》、《女科要旨》、《神农本草经读》等名著，都一而再再而三地出版，百年之间长盛不衰，不仅成为相关学者的常备典籍，而且大大推动了中国中医药学的发展。

自西学传入，特别是西医引入中国以来，作为传统文化重要组成部分并与民生息息相关的中医，就成为专家学者乃至全社会关注的热点之一。百年间，有关其前途命运的存废之争或起或伏，或隐或显，始终未有停止，一些极端论者甚至提出了“废除中医”、“取消中医”的主张。进入 21 世纪之后，社会上也曾出现过“告别中医中药”的声音。但事实上，中医中药已经在中国产生发展并延续了数千年，不仅有着极为深厚的历史渊源，而且在中华民族繁衍昌盛的过程中起到了重要作用。仅从《书目》著录的情况来看，百年间医家类典籍的整理、影印、出版始终盛行不衰，可见中国的传统医学对国人的影响，也可见民众的认同和社会的需求。中医包括中药在内，不是一些人在那里说“废除”就能废除，说“告别”就能告别的。

通过以上的初步观察，笔者深感目录编纂与学术研究，两者相辅相成，相互促进。学术研究为目录编纂创造条件，目录编纂则为学术研究的进一步发展奠定基础。就《书目》而言，如果没有百年清史研究和文献档案整理的积累，就不可能有《书目》的编纂。而根据百年清史研究成果编纂而成的《书目》，以较为完备的分类体系，尽可能广泛地采集和系统地著录，将 4 万余条书目信息汇为一编，为学者了解百年清史研究的历史和现状提供了便利。诚如学者所指出："与一般学术史书不同，《书目》既不用文字阐述与说明，更无须分析解读，而是用具体书目，以出版年代为序，从 1911 年排到 2011 年，清晰展现出百年清史发展与演变的学术历程。"① 本文即是以此为依据，对百年清史研究的有关状况及其得失作一简要总结和分析。然而，百年清史研究的内容极为丰富，各个发展阶段，不同的学科范围，研究的重点热点，都有许多地方值得认真总结，深入思考。本文所言，只是大海中撷取的几朵浪花，仅窥一斑而难见全貌。不当之处，请方家予以批评指正。

① 李治亭：《百年清史历程实录》，载《中国社会科学报》，2015-11-19。

环境史研究的核心价值

赵　珍*

环境史研究源于20世纪五六十年代人们对现代环境问题的反思，是史学研究对现实所提出的紧迫问题的积极回应。它以人与自然这一地理环境系统为对象，以现代生态学的理论基础和方法为指导，研究人与自然的复杂而非对应关系，并从中寻找和借鉴改善环境的经验。所以，环境史研究自产生起，就根植于自然与人文并重的学科体系，研究生态的环境。多年来，笔者围绕环境史研究中的资源利用问题，结合个人研究领域，着眼于清代西北生态环境、清代的围场、古代政区体制等内容①，包括开设“环境史研究”等课程教学中所积累的一些心得体会，在理论和实践上，做了一些尝试性的探讨。兹就资源利用在环境史研究中的核心价值问题，加以叙述和讨论，不妥之处，请方家指正。

一　资源基础、国家调控与社会发展

伴随环境史研究对人与自然环境关系的关注，资源利用便成为环境史研究绕不开的问题，更是当前社会经济发展、文明进程中所面临

---

* 赵珍，中国人民大学历史学院教授。

① 详见拙著《清代西北生态变迁研究》，北京，人民出版社，2005；《资源、环境与国家权力——清代围场研究》，北京，中国人民大学出版社，2012。拙文《中国古代政区体制与资源调控》，载《中国人民大学学报》，2009（6）。

的重要问题之一，在环境史研究中具有核心价值的地位。按照经典理论基本原理，生活资料和生产资料的生产是人类生存和社会发展的基本前提。正是自然界的资源与人类社会发生的表面互动、实际复杂而非相互对应的关系，才推动了文明程度的提高和发展进程。当然，资源对人类社会发展的重要性，还体现在自然资源对人类活动的促进作用和自然灾害对人类活动的抑控作用，以及人对自然系统投入可控资源，治理自然灾害，开发不可控资源，从而实现土地资源的产出等方面。这是由于地理环境系统中人与自然之间以及各自内部存在着多种直接或间接的反馈作用，并密切交织在一起。所以，研究资源利用，就需要我们从地理环境系统出发，从人、地两方面着手去分析变量和定性指标。

在不同历史时期和不同区域，甚至在不同的经济模式下，人们认识和利用资源的种类、方式、强度和限度都会有所不同。而构成传统农业时代人们认识最深刻、利用最多的资源，是水、土地和以森林为基准的动植物，以及人们利用这些资源发展经济所转换成的财富，换言之，就是关乎人力、物力和财力的一切资源，既包括产于自然环境中的物质资源，也包括国家控制的人口与社会经济要素。在中国古代政区体制的建立和完备动态过程中，除了行政区域空间范围上的前一种自然资源含义外，后一种资源内含的调控作用也显得十分重要。

当然，人类文明程度提高、社会发展，一定要利用资源，而资源利用是流动的、长期变化的过程。所谓资源流动，是指在人们活动作用下，资源在产业、消费链条或不同区域之间所产生的运动、转移和转化，包括资源在不同地理空间资源势的作用下发生的移动，以及资源在原态、加工、消费、废弃这一链环运动过程中形态、功能、价值的转化。区域之间资源不平衡分布和经济发展对资源需求程度的不同是资源流动的动力。以农为本的中国古代社会对农业土地资源利用的主要方面，基本上是指人们通过在土地上的一整套耕作、收获程式，以及相配套的利用水资源的农田水利灌溉工程建设等活动，其功能和价值，一部分体现为上缴国家的财赋，一部分则存在于社会或者个人的消费和交换。

无论利用，还是流动，首先要有资源作为基础。以资源基础为前提，国家要发挥作用，出面干预、组织和调控。因为，一定的资源基础是国家管辖范围内所有人口生存及后代繁衍生息的保障，是生态与环境的保障状态、开发状态与潜力的体现。所以，对自然资源的占有程度和开发水平，是衡量国家和社会经济发展的重要指标。传统农业生产的类型、水平和效果，主要由不同区域的资源环境决定，并反过来决定着经济发展水平的总体状态以及人口规模。

二　人与自然资源关系路径

在人类文明的发展进程中，作为地理环境系统中的人与自然资源的关系，并不一定是常规的互动对应，而是存在着复杂的非线性对应的关系，其中或因自然界本身固有的规律使然，或与人类并未感知和尚待探索的生态因素关涉。但就目前人们对自然资源利用的认识程度的一般性而言，可以说经历着对自然资源的“依赖—改造—依赖”的路径。就其中的“改造”而言，因受到不同时期、不同区域资源环境和人们的生产方式、技术水平等影响，利用的力度和结果也有差别，存在建设性和破坏性的两个方面。之所以这样说，是因为人类以自己的生产活动和社会活动来影响资源环境及其存在的自然界，人与自然的关系总是处在矛盾之中。建设性是人类社会文明辉煌的显示，是主流，具有必要性；破坏性是人类在利用资源过程中所表现的无序和无度，当然，还受到技术水平、人们认识自然资源的程度等社会进程中多种复杂因素的影响。比如，在技术水平低下时期，作为劳动力的人口急遽增加，拓展耕地的山地开发、圩田改造活动，在建设的同时留下了令人遗憾的环境问题。以传统农业时代水资源利用为例，西北水资源利用过程中，尤其在一些干旱半干旱地区，有时只是为了几亩农田的给水，明知只能够种植一两年后就会撂荒，也要不计成本地开沟漫灌。还有长江流域自宋代以来加剧的与水争地的圩田活动，在开发水泽河湖低洼之地的同时，也导致了河湖水系紊乱，改变了水的自在流淌，使河湖减少。及至明清时期，伴随着农业垦殖加快，水利工程增多，水资源环境结构大为改变，存量减少，结果影响了区域气候状况，导致旱涝灾害出现的频率加快，灾难加深。探讨人们在干旱半干旱区、山区丘陵农业垦殖中的水资源利用，在湖泊水域所修筑的圩田、垸田和塘堰等工程，以及这些活动与区域资源环境的关系，对农业资源利用方式的改变，乃至对整个社会产生的重大影响，将有助于进一步加深我们对历史和现实的理解。

在资源利用问题路径上，两个“依赖”中的前一个，是指人类文明发展程度不高，人们改造自然环境的能力和技术水平低下，对自然资源环境的认识有限、肤浅，还没有较为完整和科学的资源存量概念，仅仅以能否获取足够量的食物为标准的时代。为了保持资源与人类群体之间的系统相对稳定，人们往往采取抑制自身发展的办法来维持人口数量。这无疑是人类对自然心存敬畏的依赖。后一个“依赖”是指在文明高度发展、科学技术突飞猛进时，人们面对日益紧缺的资源存量，尤其是在不可再生资源存量的锐减情形下，对自然资源的进一步依赖。这是人类无序过度利用和索求自然资源，招致环境恶化，被自然反作用所惩罚的结果。其中伴随有人们对自然环境认识态度的改变，渗入了人与自然和谐相处、可持续发展的理念。

三 资源存量、人口数量与技术水平

资源存量和人口增加，以及资源供给有限性与人们消费需求无限性之间的矛盾，自始就存在，也常常被看成是环境史立论的依据。资源存量、消费需求与人口正常的增长有关，与一定时期和局部地区人们的行为有关，也与人们的消费欲望攀升有关，更受生产方式、技术水平支撑，受人与人之间社会关系的影响。人类可利用的自然资源是有限的，这种限制不是局部的，而是全面的。人类的消费需求总是在不断地增加，摄取资源的手段也在不断改善。尤其是当资源价值吸引人们去利用时，将引发资源存在形式的变化，资源控制结构体系也相应发生变化，有的资源从此消逝，有的被其他形式所替代。以总体土地资源中的农耕土地为例，农耕土地相对是一个衡量，农耕土地总量增减，城市及其他类型的占地就会有相应调整。如从清代后期 13 亿～14 亿亩的耕地至今天的 18 亿亩，增加相对缓慢，但也是如森林草原、丘陵山地、水域资源等其他类型土地面积减少的结果。其变化过程中囊括了农村城市化、技术水平提高等多种复杂原因。与此相参照，人口作为一种变量，从清中叶的三四亿增到今天的 13 亿，增长极快。这虽然与人类技术水平提高、社会经济活动形式的丰富多样有关，但是，在单一传统农业经济条件下，在不能依赖进口和贸易等多种经营状况下，人口的发展相对于农田亩数这一衡量，应该保持大体平衡，一旦衡量和变量逆向发展，就会引发一系列意想不到的社会问题。

清代的人口和疆域发生了巨大变化，三四亿的人口基数，不仅意味着要重组新扩展疆域的可利用资源与环境，给开发早、经济发展较快地区的生态环境也带来巨大压力，区域环境承载力遭受空前挑战。全国性的、史无前例的人地矛盾出现，环境问题和自然灾害就成为社会主要问题之一，对人类社会产生了巨大的反作用。如果以清代人口稳定增长作为链条，连接诸多要素，就可以全面、系统、准确地反映清代人口增长下的农业资源利用基本情况，以及资源环境变迁与人类社会的互动关系。当然，我们还可以从环境变化的视角来解释清代是否存在人口压力以及社会的反应，还有资源环境变迁促进农业经济、影响社会发展以及经济布局的奠定等等问题。所以，人口增长所形成的压力不仅仅是人口数量多少的问题，归根结底是人口与资源、环境、技术、发展的关系问题，是指人口增长、技术选择和资源利用的合力，也涉及诸如气候、粮价、灾害、人口容量、农业生产活动等人地关系要素。以技术水平而言，近代技术的进步，对近代城市发展起到了重要作用，尤其是在江南社会农业商品化进而城镇化，以及苏杭等大城市出现，并成为日益扩大的主要工业中心这一过程中更加明显，技术进步的这种作用改变了传统对森林、水和土地资源的利用方式，资源利用率也日益提高。

四　自然资源环境对人类的负反馈和经验教训

资源的无序利用，可能导致自然灾害频发、加重，是环境史研究的重要内容之一。如前所述，在地理环境系统中，人与自然存在多种直接或间接的反馈作用，如果把人类对资源的利用视为正反馈，那么，过度利用资源和资源存量改变后对人类社会的影响就可被视为负反馈。当然，大部分的时候，这种双向反馈也是非线性的。利用系统理论原理可知，任何一种系统都具有自调节、自控制能力。当系统受到外力作用时，系统的自组织能力就会起作用，达到一个系统的相对稳态，但当系统自应力不断增强并超过一定的度时，系统虽然还能实现控制，可是自组织能力已经弱化，而新的稳态系统的再形成，又需要人们投入更多的力量去调适。如果人类不断对自然环境系统进行正反馈，使主要资源环境存量和结构改变加剧，就会引发一系列危及社会和人类基本生存的不可预见并难以控制的连锁反应。故而，解决和处理环境问题，就需要重新认识对资源的利用，如从技术水平、传统资源利用观念以及人们在资源系统中的地位等多元来考虑，社会转型对环境也有一定的影响。

比如，传统经济以农业为本，十分重视粮食生产，在土地资源利用中，不论森林草原、山坡旱地，均被视为荒地，成为等待开发的资源。因为政府关心的是对土地和各类资源进行直接的控制，而不是对其直接占有和管理，因而一味以发展农耕为主基调。如 19 世纪后半期，充分利用山区丘陵、森林草原资源，就是加大对农业土地资源利用的最明显表现，是继传统平原河谷资源利用之后的两种不同农耕形式。尽管在中国古代农业资源开发史上占据重要地位，对中国社会近代化步伐也产生了极其深远的影响，但是由于秦巴山地和东北森林的被砍伐，在西北草原进行垦殖，在南方丘陵山地推行新作物品种不能因地制宜，导致这些地区土壤组织结构被破坏，水土流失、沙地沙漠化、盐碱地扩大等环境问题日益突出。人类使得地球上的自然环境发生了巨大变化，原生态环境改变后的人与自然社会的反应，则包括区域环境危机、重大自然灾害和人们的应对政策建议，以及付出高额成本对新生成环境系统的调试活动等。

当然，资源减少、环境恶化的问题，也曾引起古代国家对可能失去的森林资源本身的焦虑和关注，政策导引已经稍稍从重视土地垦殖向种植和保护树木转移，一些森林保护地被纳入了司法程序，制定了相应的林业政策。宋、清两代，都曾推行“退耕还湖”的政策，有识之士发出过“今日田、昔日湖”的慨叹，地方官身体力行，规劝人们植树造林，美化家园。但往往是，人们认识环境是一回事，改造和利用环境又是另一回事。在清代康雍乾时期，塞外围场资源管理有序，其目的是为皇家狩猎，兼有训练兵丁、操演习武，绝不允许外人闯入围场，更谈不上砍伐树木和偷猎牲兽。又如，康熙帝反对农人出塞前往蒙古从事农垦，多次谕令关内民人不得北行，目的是要保护草原蒙古民族的生业。但是，嘉道以后，百姓入围场偷牲伐树，司空见惯；人们闯关出口，从事垦种，已经不再是犯禁。及至咸同光绪，国家出面主持开垦，征收押荒银，垦殖活动才被视为合理合法。

历史上，利用资源方面的保护行为也客观存在，如被国家或者不同利益集团纳入保护视野的西北干旱半干旱区重要的水源林地、因宗教习惯支配的神山圣水，以及在乡约民俗控制或保护下的代表性公共草场林地等。尤其不能忽视的是，在森林开发加速的背景下，在湖南、贵州、云南和其他南部崎岖山区，种植树木而不是粮食，被视为一种因地制宜的合理选择，又成为环境史研究中的一个特例。

但是，上述保护观念和行为只是停留在政府行为或者官僚和一些有识之士层面，并不是每一个人的意识，也不能与今天的可持续发展画等号。环境意识和观念并没有渗透到每个民众，人们对自然界负反馈给人类的自然灾害只能被动应对，无所适从。如何对其分析和评价，增加了环境史研究的深度和难度。

五　余论

值得注意的是，环境问题并不是经济发展和文明进程中的必然产物，而是长期以来，受对自然界的可再生资源和不可再生资源的认识程度和水平影响，也由于人们经济建设在很大程度上是以牺牲人类赖以生存的资源与环境为代价的，结果在带来极大物质丰富的同时，又进一步加剧了人口、社会与资源、环境之间的矛盾和冲突，造成了极其严重的生态危机，给人类带来了许多渐变性灾难，如土壤沙化、盐碱化、水土流失、森林破坏、水资源匮乏以及物种多样性的降低，乃至一些现代工矿业因素所导致的不可预见和受技术条件限制的难以应对的霾、酸雨等。而自然本身所固有的剧烈的地震、火山爆发以及气候变暖等周期性变化，也越来越多地受到人类活动的影响，不仅相互叠加，给人类加重灾难，而且使不可逆的环境系统更加恶化，遗患给后世。

我们应该充分认识到自然地理环境系统变动过程的复杂性，辩证科学地看待人与自然间的复杂而非线性的一般性互动关系，遵循自然规律，主动积极地去认识和探索已知、未知自然，趋利避害，变害为利，重视国家对资源利用的配置、调控，以科学的态度和观念与自然和谐共生。

国民政府应对北平“房荒”的调控举措及其影响

唐　博*

对于核心城市来说，住房一直是城市化进程中的紧俏产品。特别是地理位置、居住环境、户型结构俱佳的住房，更为稀缺。一般情况下，住房供应量略小于需求量，既可有效化解各类住房产品的库存，促进住房消费，也可促进住房作为居民资产在中长时段实现保值增值，是住房市场健康发展的重要表现。然而，如果住房供应量远不能满足需求，或是多数市民能接受的价格范围内的住房稀少，导致“有效供给过于不足”，便会引起“房荒”。由于住房问题事关百姓基本生活，一旦“房荒”现象蔓延扩大，可能会引发经济和社会危机，甚至演变为严重的政治危机。

20 世纪 40 年代后期，以北平为代表的国内多个大城市相继发生“房荒”危机。国民政府从调节供给侧和需求侧两方面入手，出台多项调控举措，涵盖行政、财政和货币等多方面政策，企图遏制危机蔓延。以往学界在关注近代中国房地产史和通货膨胀史时，对国民政府的这一调控努力缺乏关注，相关成果尚属空白。深入研究这一课题，不仅有助于分析民国后期国内房地产市场发展状况，及其与战时经济运行的相互关系，也对当前优化房地产调控政策，促进房地产市场健康发展具有积极借鉴意义。

---

* 唐博，国务院台湾事务办公室秘书局副调研员。

本文将以国民政府在20世纪40年代后期北平“房荒”危机中的调控举措作为案例和研究对象，对这一问题展开系统研究分析。

一 20世纪40年代北平“房荒”及其社会影响

清末以来，北京的城区就已基本定型。民国时期历届政府展拓北京（北平）市区的设想，长期停留在设计图纸上，南苑、北苑、东坝、石景山等边缘始终没能有效开发，倒是1937—1945年间，日伪当局为日侨利益考虑，开辟了西郊“新市街”，拓展了城市居住空间。然而，随着抗战结束后内战再起，国民政府进一步扩大西郊“新市街”的构想化为泡影。北平城区仍旧局限在城墙内，而全市人口却从1912年的13.9万户，72.5万人，增至1946年的31.9万户，168.2万人，人口增长了1.3倍多，居住密度大大增加。① 到20世纪40年代后期，全市住房总量只有不到120万间，平均每人不到1间。② 十多年来几乎没有新增供应。居住需求攀升和住房供应停滞之间的矛盾日益严重。

雪上加霜的是，日本全面侵华战争打断了30年代中国经济的上升周期。一方面，国家进入战时状态，战争需求骤增，物资供不应求，物价急速飙升。另一方面，日伪当局的掠夺性破坏和以四大家族为代表的国民党利益集团的巧取豪夺，以及国际交通线一度中断，使大后方和沦陷区的各大城市，都陷入了物价狂飙的恶性循环。国民政府和日伪当局都采用滥发钞票的方式来集中一切经济资源投入战争，加剧

① 参见北京市档案馆藏：《北京特别市工务局编制的北京市简略现状册、各区户口及人口密度、北京市之概略、北京市河道湖沼一览表等，及建设总署编制的北京都市计划大纲等》（1941年—1946年11月），档案号：J017-001-02478。

② 参见北京市地方志编纂委员会编：《北京志·市政卷·房地产志》，116页，北京，北京出版社，2000。

了通货膨胀。到战争结束时，老百姓在欢庆胜利的同时，还要算计着今天发的工资明天会不会就一钱不值。抗战期间，1942 年以后法币发行速度加快，国民政府的法币发行额从 1937 年的 20.06 亿元，猛增至 1945 年的 5 569.1 亿元。① 同期的货币购买力却直线下滑。沦陷区使用的日伪钞票，金融信誉更低，光复之后还面临着作废的危险。工资涨幅远远赶不上通胀速度，普通民众的生活越来越痛苦（参见表 1）。

表 1　　抗战期间国统区货币发行指数、物价指数与购买力指数对比表

时间	发行指数	物价指数	购买力指数
1937.6	100	98.8	101.21
1938.12	164	164	60.97
1939.12	305	355.4	28.13
1940.12	560	1 276	7.85
1941.12	1 076	2 736	3.65
1942.12	2 422	7 766	1.28
1943.12	5 357	20 930	0.47
1944.12	13 464	58 744	0.17
1945.12	28 289	213 320	0.04

资料来源：中国人民银行总行参事室编：《中华民国货币史资料》第 2 辑，359 页，上海，上海人民出版社，1991。

抗战结束后，国民政府并未着手整顿经济秩序。北平、青岛、上海、天津、广州等沦陷城市在经历了大员"劫收"和汉奸甄别后，又面临着内战的到来。宏观经济持续变坏，通货膨胀进一步恶化。截至 1948 年 8 月，全国法币流通量已达 1937 年的 428 824 倍，相当于 1945 年的 1 085 倍。② 法币大幅贬值。1936 年，1 元法币折合 0.297 5 美元。③ 到 1945 年 3 月，美元兑法币的战时汇率升至 1∶2 020，8 月升至 1∶

① 参见中国人民银行总行参事室编：《中华民国货币史资料》第 2 辑，359 页，上海，上海人民出版社，1991。

② 参见秦孝仪：《中华民国经济发展史》，938 页，台北，台湾近代中国出版社，1983。

③ 参见陈振江、江沛主编：《中国历史·晚清民国卷》，282 页，北京，高等教育出版社，2001。

3 350，1946 年 2 月升至 1∶12 000。① 1947 年 7 月 24 日，美联社发自上海的电讯记述了十年来上海地区通货膨胀的骇人状况：100 元法币在 1938 年可以买一大一小两头牛，1939 年可买一头牛，1940 年可买一头小牛，1941 年可买一头猪，1942 年可买一只鸡，1943 年可买一只小鸡，1944 年可买一斗米，1945 年可买一条鱼，1946 年可买一个鸡蛋，1947 年只能买 1/3 盒火柴。② 事实上，北平的物价在十年间也发生了“翻天覆地”的变化（参见表 2）。

表 2　　1937—1947 年北平主要生活用品价格指数统计表

时间	物价总指数	米面杂粮价格指数	其他事物及嗜好品价格指数	布匹及其原料价格指数	燃料价格指数
1939.12	261.85	244.26	228.17	265.22	201.59
1946.1	216 012	175 101	210 612	378 302	139 545
1947.1	1 174 578	801 964	1 147 230	1 457 627	1 684 458
1947.7	5 518 735	5 589 044	4 347 412	5 085 647	7 745 765
1947.8	5 546 717	5 353 697	4 509 041	5 257 022	7 569 574

备注：以 1937 年 6 月为 100。
资料来源：《世界日报》，1947-09-05。

经济形势恶化，导致有房市民找不到工作，或实际收入极低，为维持生计，不得不靠招租自有住房谋生。法币迅速贬值，使得房屋租金每月或每三月结账一次的传统招租形式越来越不划算。不少房东频繁要求增租，甚至将租金改为实物（如面粉）。而房客也受经济形势困扰，收入状况不佳，无力承担增租或缴纳实物租金带来的额外开支，只能拖延或拒绝更改约定，甚至干脆拖欠房租。有的房东为了维护自身经济利益，不惜中途违约，赶走原房客，在招揽新房客的时候标出更高租价。原房客在别处租不起房子，便不愿腾房，使签署租赁合同的新房客

① 参见陈振江、江沛主编：《中国历史·晚清民国卷》，418 页。
② 参见《洋报札记》（一），载《申报》，1948-01-29。

搬不进去，从而激起新房客、原房客和房东三方的租赁纠纷。这样的例子，在北平市警察局及各区分局1945—1948年档案卷宗中比比皆是。

1946年5月，房客韩书林租到新街口南大街口袋胡同4号住房两间，与房主袁锦谈妥月租2万元，一直按时缴纳。至1947年5月，袁锦突然停止上门收租。韩书林只好将应缴租金提存，并请原中保人出面调处。几经商议，与袁锦达成续租一年、月租增至6万元的共识。9月，韩书林突然收到政府调解书，才知被袁锦以“居心侵占，阻碍营业”为由告到北平市房产纠纷调解会。袁锦还用通条掀翻韩书林所住房屋的房顶，剪断用于电灯照明的屋外电线。不惜违背前约，采用各种手段赶走原房客，以达到加价的目的。①

1948年1月，内四区东新开路32号房主顾德福（54岁，赋闲），状告房客赵恩来“承租该址北房三间，现时月租五万元。因物价日渐高涨，（房主）依此房维持生活，曾要求增租，仅允增租为十二万元，迄今已五个月未付。兹因近月物价波动甚烈，实难维持，请求予以合理增租……该承租人赵恩来狡赖不肯增租”②。

1947年12月9日，房客张英杰与房主张绮芳达成契约，租得西四南兵马司甲27号，租金白面4袋，有铺保担保。随后张英杰“返乡接眷属，并命友人田式田先行迁入。不料房主张绮芳百般阻挠，将田某赶走，不准居住。昨（1948年2月2日）英杰到平，欲迁入该房，未料房东将该房另行租给第三者，新租户已迁入。想英杰出租金近二千万元，竟致无房可住，几乎露宿街头。房东张绮芳如此欺人，过甚殊堪”③。

1946年8月，商人李士荣租得房主李印禄所住西四北报子胡同7

---

① 参见北京市档案馆藏：《北平市房产纠纷调解会关于调解房屋纠纷一案的呈》（1947年3—10月），档案号：J183-002-31497。

②③ 北京市档案馆藏：《内四分局关于处理市民房屋纠纷案的文件》（1948年1—7月），档案号：J183-002-32107。

号南院房屋一间，月租 1.5 万元。后来陆续增租，到 1948 年增至月租 10 万元。1948 年 3 月以来“又每月索要面粉半袋”。李士荣收入微薄，难以担负，宁愿增加租金，不愿另给面粉，但这一诉求被李印禄（住该址里院）拒绝。5 月 8 日，房东率众拆去山墙，导致房体损毁，造成李士荣实已“露宿”。李士荣被迫向北平市警察局内四分局举报，申请调解。最终，租金增至 50 万元，涨了 4 倍。①

郊七警察分局警员周恩寿所住的内五区大新开路 2 号的住房，是 1941 年从李姓房主那里租来的。1947 年，房主打算将其卖掉，周恩寿“恐有房荒，本欲留置，因价款不足，乃请旧房东李氏稍候两日，以便措办。不料王素卿乘此时机先行买去”。周恩寿被迫请求王素卿承认旧租约，允其继续租住。“虽用尽礼貌百般哀求，伊乃忽许忽拒，迄无效果，且反唆使李氏各处告诉，并以流言威胁。”无奈之下，周恩寿只得答应搬家。“时近年关，租金陡涨，并以面粉计租，尤非四份莫办，且身为公务员，尤为租房之障碍，因而房未租妥。过年以后房荒益烈，租金节节高涨，职家乡又尽被斗争，室如悬磬，家属生活全赖月薪支持，若另租搬家，实感力有不足。”王素卿也曾协助周恩寿寻觅新住处，但始终没能谈妥。就在新住处尚无着落之际，王素卿率其老母等众人“来家拼命，并施种种威胁，谓有人情势力，日内如不移出，将有厉害对待。经全家环跪哀求，始得幸免……老幼十二口有家不能回，有产被清算，资源早断，除朝薪已一文不名，且逃来北平之亲友俱被斗争，穷无聊赖，在平无立锥之地……实在无处可搬，即求支搭窝棚亦无相当之闲地”②。

① 参见北京市档案馆藏：《内四分局关于处理市民房屋纠纷问题的文件》（1948 年 1—7 月），档案号：J183-002-32104。

② 北京市档案馆藏：《郊七警察分局关于周恩寿呈述自住房屋纠纷已依法起诉的呈》（1948 年 6 月），档案号：J181-025-07896。

1948年7月，胡铁山（男，53岁，赋闲）的女儿胡素芝在中人孙毓井（男，42岁，永盛木厂铺掌）的介绍下，购得笔管胡同4号住房14间，价格32两金子，原房主为吴振镕（男，50岁，西河沿开泰米店做工）。立字据时规定，首付27.5两，余款在房契交付、期满交房后再偿清。然而，在首付完毕、房屋交接时却出了问题：孙毓井并未事先告知该房一直有人租住，租期尚有两年，因而没法交付胡素芝使用。胡要求孙退还首付金子，遭到拒绝。而原房主吴振镕则同意撤销此桩交易协议，退还首付金。从警察署录的口供看，显是孙毓井一手策划的诈骗案。①

1947年3月7日，崇文门外天和大院小兴隆街丙字5号二房东杨昆（以拉车为生），在院内宣布欲涨本院房客房租。院内房客王凤鸣（29岁）与其母亲王张氏（63岁）拒绝接受涨租。杨昆一怒之下，由屋里掏出五轮手枪，向王凤鸣射击，幸好子弹卡壳未响。杨、王二人随即扭打一团。后双双被警方带走。②

羊毛胡同10号住户陶靖一（男，71岁，北平人，赋闲），1941年将房产以13万元的价格卖给金鱼胡同达昌电料行翁茂勤。当时陶妻胡氏（40岁）不同意这桩买卖，并为此事与陶争执。后陶与翁商议后仍住在这所房子里。翁茂勤由于迟迟无法收房，便找来几名军人朋友，于1947年5月20日到羊毛胡同10号威胁恐吓，打算将陶靖一夫妇赶走，态度十分蛮横。陶靖一异常气愤，觉得既受气于翁，又没法向妻子儿女交代，只好自寻短见，于5月24日自缢于金鱼胡同达昌电料行的门板上。③

---

① 参见北京市档案馆藏：《内四警察分局关于胡铁山等购买房产纠纷的呈》（1948年11月），档案号：J181-025-07878。

② 参见《世界日报》，1947-03-08。

③ 参见《世界日报》，1947-05-27。

上述8个案例，只是北平市诸多房产纠纷的代表，反映了这场“房荒”危机在基层社会的4种表象：一是当时房租收入是多数房东的主要生计来源，但增租频率和幅度赶不上物价涨幅。二是已有不少房主拒收法币，改收面粉、金条等实物，对冲通胀带来的租金收入缩水。三是房客和房东的纠纷，聚焦租金形式和增租频率，房客的底线是有房住，不至于被赶走。四是以往居于纠纷侵害方的房主，这次兼有侵害方和受害者的双重角色，作为传统受害方的房客因房主一再违约而遭受更多的利益侵害，房主和房客的矛盾不可调和。

早在抗战以前，类似拖欠房租、到期不腾等房产纠纷就在北平屡见不鲜。一些日韩侨民强租北平民房，从事贩毒、刺探情报等活动。①

---

① 参见北京市档案馆所藏下列档案：

(1)《北平市公安局科长关于凡为韩人租房作保之华人，非回明局长不得轻释的手谕》(1934年12月14日)，档案号：J181-020-20050。

(2)《北平市公安局第三科关于为各区队规定房主处理韩侨租房办法录案请查照的函》(1935年1月9日)，档案号：J181-020-20688。

(3)《北平市公安局内二区关于韩人赵红华未依外侨租房规定，已严饬房主设法驱逐的呈》(1935年1月)，档案号：J181-020-20390。

(4)《北平市公安局内四区关于韩人强租房屋转日使馆协办等的公函》(一)(1935年4月)，档案号：J181-020-25167。

(5)《北平市公安局内四区关于韩人强租房屋转日使馆协办等的公函》(二)(1935年4月)，档案号：J181-020-25168。

(6)《外四区警察署关于王梁氏控程文烈将伊房产意图偷租外人请究一案的呈》(1936年8月)，档案号：J181-021-46328。

(7)《内三区警察署关于仲金氏出赁房屋不依本市租房规则，擅将房产租与鲜人居住一案的呈》(1936年4月)，档案号：J181-021-46351。

(8)《外一区警察署关于王象生控侯振声将伊房产转租韩人请求追究的呈》(1936年12月)，档案号：J181-021-46451。

(9)《外一区警察署关于周李氏控其房产被马德禄转租日人的呈》(1936年4月)，档案号：J181-021-46298。

(10)《外五区警察署关于金润呈诉金世昌擅将判决确定之房产私与鲜人缔订伪约，使用押金，强行占据，妨害产权一案的呈》(1936年8月)，档案号：J181-021-46332。

(11)《外二区警察署关于张继宗的仆人荣松亭控告刘王氏私将房产转租朝鲜人居住，侵占产权一案的呈》(1936年3月)，档案号：J181-021-46689。

(12)《内六区警察署关于唐屠氏控告刘春乔勾结韩人侵占伊房产一案的呈》(1936年10月)，档案号：J181-021-46708。

不过，当时的纠纷焦点在于是否守约。到抗战中后期乃至抗战胜利后，受恶性通胀影响，无论是房客还是房主，都无法守约，纠纷的焦点转为价格和租金缴纳形式。愈演愈烈的房产纠纷，不仅是简单的民事案件，更危害社会稳定。

抗战胜利后，日军官兵和日侨大批撤离，腾出大量空房，为一揽子解决“房荒”提供了资源和契机。然而，国民政府接收大员视这些空房为己物，大肆抢占。即便是敌伪产业处理局公开标售的近万套日伪官员的住房，由于机关、军人、公务人员和普通商民等占用者拒绝腾房，导致买者或发还者的合法利益得不到保护。[①] 北平信托局受敌伪产业处理局委托而对敌伪产业占用者进行专项清理，也是进展缓慢，困难重重。占用者“有的蛮不讲理，根本不承认新业主。他们说：‘房子应该卖给我，如何不卖给我，我有房契但是在别处，要打官司依法进行诉讼。’有的只让处理局人员进去交涉，不许买主进门，他们会硬中车臭的圆滑的说：‘房子不必看，什么时候找着房子，什么时候一定搬出。’有的专说车臭话，讨价还价，要搬家得给多少搬家费。有的说是根本找不到房子，要向新业主继续租赁，其实房屋买卖与租赁并不发生关系，处理局在开始标售的两个月以前就已经通知占用户停止租赁了。有的采取拖延政策，每天叫妇孺们对付撵搬家的人，他们会说家长不在没有人负责，等他回来再说吧。橡皮钉子，弄得人没奈何。要不就说：‘给我另找一所，否则不搬。’机关占用的就说收入有限，经费请领不下来，找房搬家不大容易”。

“软硬都不行，得随机应变。每一个负责撵搬的人，都必须要认清自己的立场和目的，应付的态度软了不行，硬了也不行。凡事总得随

① 参见《非法占用敌伪房屋，逾期强制迁出，市府奉令即转饬遵办》，载《世界日报》，1948-02-05。

机应变。虽然每次都是会同军警宪三方面一道，仍是困难重重。撵搬家时交代公事，但是又得合乎人情，得想尽办法疏导，解决问题，弄不好就被人号一顿，甚至发生冲突。这种种的现象都是非常普遍的，往往一个买主房子洽购到手，两三年还搬不进去。今年夏天就发生了处理局北平办事处被人砸毁的事件……一位军官向处理局买的房产被另一位军官早先就占用住了，撵不出去，这位将官住不着房子气不出，到办事处去就要砸东西，经处方极力劝说，这是行政院的机构。他回答得很好：他说自己的房子费尽唇舌还是住不到，处理局方面也撵不到，这口气不出非砸不可，砸完情愿赔偿。经处方劝来劝去，才商量好把重要的东西搬出去，随便叫他砸几件东西出出气。砸完了处方开具清单，他果然照赔了。事后，剿总军法处也曾传他讯问过。”

“另外上次标售开标时，还有一位买主因为他买的东城一所房产被国民学校占用住了，一直收不回来。他情急之下，就预备好了一套讲演词，准备在开标时当场讲演，劝告大家不要买处理局的房产，买了两三年还搬不进去，结果自己吃哑巴亏。他准备当众讲演的事不晓得怎样为处理局知道了，所以开标时他刚选好地位开口嚷叫，就被警察给拦阻住了。所以现在许多想要买房的人都存着观望的态度，只有有权势的人和有钱的人还敢问津。”①

社会舆论对于“房荒”问题给予高度关注，不少学者批评房屋租价居高不下。1945年，《华北新报》每天都能收到数十封关于房租问题的来函，多是呼吁房主“从速拿出良心”，降低租价；呼吁政府加强管理，打击囤房，取缔高租价，确保房租与物价总水平协调；呼吁有关方面“多修公德”，不要动辄威胁房客，或将交不起房租的房客轻易

① 《世界日报》，1948-09-12。

赶走，使之露宿街头。[①] 然而，这些呼声得不到政府有关部门和房主的正面回应。

20世纪40年代后期北平城区，房屋有效供给严重不足，租价和售价严重偏离社会平均购买力。恶性通胀及其造成的物价飙涨，助推“房荒”蔓延，演化为一场经济危机和社会危机，并最终趋向政治危机。

二　国民政府对北平“房荒”的调控政策及其实效

长期以来，国民政府对北京（北平）房地产市场采取放任政策，除在《土地法》的基础上出台规范租赁行为、确保房基线余地以及房地买卖流程等法规外，并无强硬的行政管制措施，也未跟进经济调控手段。其在全面抗战爆发前夕兴建平民住宅的举措，虽在住房保障方面做出了有益探索，但由于体量太小，时间仓促，收效甚微。面对40年代后期的“房荒”危机，内外交困的国民政府不得不出台一系列调控政策进行干预。这些政策大多属于供给侧调控，既有行政措施，也有财税和货币政策。

（一）行政措施

包括三项内容：一是强制限价，二是管束秩序，三是刺激供给。

第一，通过公布标准建筑改良物价进行阶段性限价。

早在沦陷时期，日伪当局为抑制房价的不断上扬，就曾颁行过限价政策。1938年10月伪市警察局训令第5309号就强调，“房主或包

① 参见《华北新报》，1945-09-13。

租人不得乘时居奇高涨租价”，“如查有乘机居奇，高涨租价，及无故强令房客迁让者，应即切实取缔”①。1939年6月，伪市警察局颁行《房租限制暂行办法》，强调“非有正当理由不得借故增加租金”，允许房屋转租，但“分租增加额不得超过原房租之二成，即一元只准加二角，超过者以不当利得论，将其超过之二成增加额仍归房主”②。1939年9月，伪市警察局实施减租办法，规定凡中国人租房给日本人，一律减租10%～20%，而且嗣后订立合同，不得超过减租后的租价。③1942年6月，伪市公署颁布训令，要求1942年1月以后租出之房，“即以现定租价为准，无论续租、另租，一律不准再行增租”④。1944年8月，伪市警察局要求该年9月1日以后出租房屋，“甲等不能逾三十元一间（西式楼房，或带廊瓦房，或有卫生设备者为甲等），乙等不得逾二十元一间（普通瓦房，房屋整齐宽大者为乙等），丙等不得逾十元一间（灰房平台为丙等）”，并强调“上述办法为临时权宜对策”⑤。为了避免“市民阳奉阴违，仍不免有将空房匿不出租情事”，伪市警察局还要求各分局“详细查明空房，限期出租，不得勒租高价”⑥。然而，日伪当局的“补苴之术”分散零碎，不成系统，效果不彰，房

---

① 北京市档案馆藏：《北京市警察局关于欠房租，调查业主姓名，海关公署在京房产，房主增涨房租等训令》（1938年2—10月），档案号：J183-002-31297。

② 北京市档案馆藏：《北京特别市公署警察局关于房租增涨，纠纷滋多，并应限制及将整理后的房租限制暂行办法公布的布告》（1939年6月），档案号：J183-002-05074。

③ 参见北京市档案馆藏：《市警察局关于住房人除包租者之外，不得转租，房屋减租办法，增列房租限制办法，补订租房办法等训令》（1939年6—11月），档案号：J184-002-35175。

④ 北京市档案馆藏：《北京特别市警察局关于防止房租暴涨办法的训令》（1942年6月），档案号：J181-020-11208。

⑤ 北京市档案馆藏：《警察局关于平抑房租暴涨办法，并规定甲乙丙三等房价的训令，及内五分局关于境内并无房主收房自用之产列表问题的呈报》（1944年1—9月），档案号：J183-002-28714。

⑥ 北京市档案馆藏：《警察局关于拟定人民售租房产办法及择要张贴布告，市府消费合作社员证章式样，修正房捐章程，查空房匿不出租等训令》（1944年8—9月），档案号：J184-002-04740。

价仍呈上涨态势，并在1943—1945年间增幅骤然增大，有失控迹象。

抗战胜利后，鉴于房价快速上涨难以遏制的新形势，国民政府分别在1947年和1948年出台两项较为系统的限价政策：一是公布标准建筑改良物价（参见表3），二是公布各类房屋的造价和折旧率，作为住宅买卖定价的参考依据（参见表4）。前者是用分类定价的方式，将住宅价格控制在政府限价之内；后者则是公开房屋建筑成本，减少掮客从中牟取暴利的可能性。

表3　　1947年7月1日起实施的北平市标准建筑改良物价表

单位：元/间

类别	等次	一级	二级	三级	四级	十九级	二十级
楼房	一等	560万	504万	448万	392万	179万	168万
	二等	504万	448万	392万	364万	168万	157万
	三等	448万	420万	364万	336万	146万	134万
带廊瓦房	一等	402万	364万	336万	325万	112万	123万
	二等	336万	325万	314万	302万	90万	90万
瓦房	一等	308万	297万	291万	280万	101万	67万
	二等	280万	274万	269万	258万	78万	56万
灰房	一等	250万	246万	241万	230万	56万	50万
	二等	220万	218万	202万	196万	53万	45万
	三等	196万	185万	179万	174万	48万	42万
灰瓦房或亭子	一等	185万	168万	157万	146万	42万	36万
	二等	168万	157万	134万	129万	39万	34万
游廊	一等	157万	140万	129万	123万	34万	28万
	二等	140万	129万	112万	106万	28万	22万
灰棚或土房	一等	112万	101万	90万	84万	22万	17万
	二等	84万	78万	76万	73万	17万	11万

资料来源：北京市档案馆藏：《北平市社会局为土地、房产估价办法给地政局的函（附北平市标准地价及建筑改良物价表）》（1948年），档案号：J002-004-00751。就楼房而言，“洋灰铁筋一等，以一百五十方尺为一间；其余大而新为二等，小而旧为三等”。就灰房而言，“整砖至顶者一等，四角整砖至顶者二等，其余三等”。就灰瓦房或亭子而言，“瓦顶为一等，平顶为二等”。

表 4　　　　1948 年北平市政府工务局第四科制订的房屋分类造价表

房屋类型	构造、装修程度	造价（间/元）	每隔五年住房折旧率
特等楼房	全部混凝土建筑/豪装	360 万	6%
	局部混凝土建筑/精装	300 万	6%
	磨砖对缝，装修油饰	240 万	6%
普通楼房	整砖墙，装修油饰整齐	180 万	10%
	旧式楼房，构造坚实	150 万	10%
	旧式楼房，构造颇简	120 万	10%
瓦房	磨砖对缝，松木架，设备颇佳	180 万	6%
	整砖墙，杂木架，构造坚实	120 万	6%
	整碎砖墙，杂木架，设备简单	60 万	8%
西式平房	全部混凝土建筑，装修富丽	300 万	4%
	局部混凝土建筑，装修坚实	160 万	6%
	西式装修，设备构造颇简	80 万	8%
灰瓦房	整砖墙，木架坚实，装修讲究	120 万	8%
	整碎砖墙，杂木架，装修尚佳	80 万	6%
	整碎砖墙，杂木架，装修简陋	50 万	8%
起脊灰房	整砖墙，木架坚实，装修讲究	100 万	6%
	整碎砖墙，杂木架，装修尚佳	60 万	8%
	整碎砖墙，杂木架，装修简陋	40 万	10%
平顶灰房	整砖墙，木架坚实，装修讲究	80 万	8%
	整碎砖墙，杂木架，装修尚佳	54 万	10%
	整碎砖墙，杂木架，装修简陋	36 万	10%
灰敞棚	整砖墙，木架坚实者	36 万	10%
	碎砖墙，木架较次者	24 万	10%
铅铁房棚	房架高大之罩棚，油饰整齐	80 万	16%
	普通铅铁房，有简陋之装修	20 万	16%
	铅铁敞棚，无装修者	8 万	16%
土房	起脊，有简陋之装修	12 万	30%
	平顶，有简陋之装修	10 万	30%
	无装修者	5 万	40%

备注：每间以 12 平方米计。

资料来源：北京市档案馆藏：《北平市政府关于抄发奖励改营住宅建筑条例草案的训令及北平市房屋分类造价表等》(1948 年 4—10 月)，档案号：J017-001-03411。

第二，出台房屋租赁管理规则，规范租赁行为和租赁价格。

日伪时期，北京住宅市场管理秩序混乱。以转租为例，1939 年 6 月日伪当局颁行《房租限制暂行办法》，提出“房客租得房屋并无不许转租限制者”①。同月 29 日，伪市警察局第 3846 号训令却提出：“嗣后租赁房屋，除包租分赁他人为本地习惯所许外，其他不论中外人，须由本人或携同眷属自行居住，不得转租他人，并应在租房合同内注明，俾资遵守。倘有转租情事，即由房主报告本管区署核办，以免日后种种纠纷解决为难。”② 同月出台的两份文件前后矛盾，前者承认转租的合法性，后者又禁止转租，令人无所适从。管理失序助长了住宅租赁市场的乱象。初次租房收三份房租等违法现象屡禁不止。③ 特别是二房东“初廉价将房包租，再用大价分租各房客。其不但住房不用出给租金，每月还要从中剩余租金若干。值此各物暴涨时，二房东以为有机可乘，大加房价，从中贪图暴利；如不遂其愿，百般挑拨恫吓，勾心斗角等情。笔难尽述，使房客日无安宁”④。一些房主“要求增租不遂，迫令阳以收房自住为名，阴行另租得年厚利……纠纷屡见，终年未决，比比皆是”⑤。对此，日伪当局没能出台任何规范租赁市场秩序的法令，更没有对租赁行为和价格进行有效管制。

---

① 北京市档案馆藏：《北京特别市公署警察局关于房租增涨，纠纷滋多，并应限制及将整理后的房租限制暂行办法公布的布告》（1939 年 6 月），档案号：J183-002-05074。

② 北京市档案馆藏：《市警察局关于住房人除包租者之外，不得转租，房屋减租办法，增列房租限制办法，补订租房办法等训令》（1939 年 6—11 月），档案号：J184-002-35175。

③ 参见北京市档案馆藏：《市警察局关于租房限制办法的布告》（1940 年 12 月），档案号：J184-002-35203；《警察局关于有房产者及包房人不得暴利，查明房已售出，房客不迁移，陆军宪兵学校筹备处在京招生等训令》（1944 年 4—10 月），档案号：J184-002-04747。

④ 北京市档案馆藏：《警察局关于有房产者及包房人不得暴利，查明房已售出，房客不迁移，陆军宪兵学校筹备处在京招生等训令》（1944 年 4—10 月），档案号：J184-002-04747。

⑤ 北京市档案馆藏：《警察局关于平抑房租暴涨办法，并规定甲乙丙三等房价的训令，及内五分局关于境内并无房主收房自用之产列表问题的呈报》（1944 年 1—9 月），档案号：J183-002-28714。

内战和腐败导致“地方不安，乡居人民不堪压榨，多避居城市。难民群集，房屋缺乏，有房屋阶级者乘机居奇，违背法令，异想天开，出赁房屋，不以法币为标准，而以米面作租价，每房一间，租面一袋或半袋。初租时必索房租三四份。只因米面价格暴涨，而房客因房租均系米面，无力负担，被房客驱逐，因而投河自缢、服毒自杀者时有所闻”①，严重威胁国统区的社会稳定。对此，国民政府以推动行政立法与行政命令相结合的方式来应对。

1946年12月，北平市政府颁布《北平市房屋租赁管理规则》，对40年代末住宅租赁市场较为敏感的问题做出明确指示：

其一，“出租人不得预收一个月以上之租金”，杜绝北平房屋租赁市场首月预收三四份房租的陋规。

其二，要求“房屋租金概以法币计算”，将实物结算租金视为非法。

其三，政府统一控制全市房屋租金涨幅。“民国二十六年以前之租约增租额，不得超过一千倍。二十七年租约增租额，不得超过六百倍。二十八年租约增租额，不得超过五百倍。二十九年租约增租额，不得超过四百倍。三十年租约增租额，不得超过三百倍。三十一年租约增租额，不得超过二百倍。三十二年租约增租额，不得超过一百倍。三十三年租约增租额，不得超过十倍。三十四年租约增租额，不得超过五倍。”

其四，规定新租约的租金计算标准，即“在本规则公布后完工的房屋，其租金最高额，不得超过土地所有权状所载该房地总价额年息百分之十二。旧有之房屋，其租金最高额，不得超过土地所有权状所

① 北京市档案馆藏：《市警察局关于〈南京市房屋租金计算办法〉、〈北平市房屋租赁管理规则〉、〈土地登记施行细则〉、房屋租赁委员会经费发放、办理房屋租赁纠纷调解等的训令》（1948年2—11月），档案号：J185-002-08765。

载该房地价额年息百分之十。形状敝陋之房屋，其租金最高额，不得超过土地所有权状所载该房地价总额年息百分之八”。“旧租约租金，不得超过下列新订租约之租金。三十五年以后订定之租约，概以新租约论。”

其五，针对部分房主出于种种目的，将房客限期赶走，导致房客无家可归，或发生斗殴事件的事实，明确了房东在下列几种情况之外不能终止租赁：“承租人利用房屋为不法行为者；承租人积欠租金总额除以保证金扣除外，达两月以上者；承租人损害租赁物，不为相当之赔偿者；承租人转移租赁权，或将全部房屋转租与他人，而未得出租人承诺者；承租人分租房屋，其所取租金，超过原租金之比例百分之三十者；收回自住，经委员会证明者；有翻造房屋之必要，并领有建筑许可证。”即便是“定期租赁期满，或出租人因翻造房屋终止租赁时，原承租人有优先继续租赁权”。

其六，要求收回自用之房屋的房东，既“不得（将房屋）扃闭不用，并不得于翌年全部或一部改租他人”①。

这是北平市政府在此轮“房荒”危机中实施的最有针对性和系统性的调控措施。它抓住了当时房价暴涨、纠纷不断的焦点问题，明确打压房东、保护房客，确保弱者基本权益的基调。《北平市房屋租赁管理规则》也成为国民政府颁行的全国性《房屋租赁条例》的重要组成部分。

国民政府行政院还针对“房主出租房屋不索取金条，即索食米，往往拒绝以法币计算租金，此种风气现已延及京沪各地”的问题，专门拟定两项办法：一是“请立法院在《房屋租赁条例》第四条文内增加一项，明文规定房屋租金以法币为限，不得以实物或其他物品计算”；二是在全国性的《房屋租赁条例》尚未修正以前，由各省市政府

① 《世界日报》，1946-12-05、12-06、12-07。

仿照《南京市房屋租金计算办法》之例，“依照《房屋租赁条例》之廿二条之规定拟定补充办法，禁止租金索取金条、食米以资救济”①。此外，国民政府还利用基层保甲力量控制房地产买卖纠纷的蔓延，要求“市民买卖房地产契约必须经所在区保加盖公所及区长、保长名章证明，以防弊端，并拟由买方按照该房地产卖价缴纳百分之二见证费，作为补助区保甲建筑经费”②。

为了落实《北平市房屋租赁管理规则》，北平市参议会拟定了《房屋租赁管理实施步骤》，决定由市地政局牵头，会同民政局、警察局、社会局、房屋租赁纠纷调解委员会、北平地方法院、北平市参议会共同成立北平房屋租赁委员会，作为全市住宅租赁的管理机构。③ 承担编制全市住宅房间数与居住人数对照簿，最大限度地降低住房空置，强制出租社会闲散房屋等工作。④ 切实执行《北平市房屋租赁管理规则》关于租金、租期、转租限制、契约终止、租金计算、计算方法、担保金标准等方面的规定。针对部分违法行为提出处置办法。⑤

---

① 北京市档案馆藏：《警察局关于会馆规则、房屋租金计算办法等，调解案件尚未具报者开单的训令》（1948年3—8月），档案号：J184-002-33027。《南京市房屋租金计算办法》第三条规定：“房屋租金额以土地及其建筑物之申报总价额年息百分之十为标准。前项建筑物之价额在未依法付定前，由南京市房屋租金评议委员会按同样建筑物照市价折旧估定之。”第六条规定：“房屋租金应以国币按月计算，不得以外币或其他物品计算租金，并不得预收一个月以上之租金。”（北京市档案馆藏：《市警察局关于〈南京市房屋租金计算办法〉、〈北平市房屋租赁管理规则〉、〈土地登记施行细则〉、房屋租赁委员会经费发放、办理房屋租赁纠纷调解等的训令》（1948年2—11月），档案号：J185-002-08765）

② 北京市档案馆藏：《北平市地政局、财政局关于买卖房地产契约须经所在区保加章证明，并由买方缴纳见证费的呈文》（1947年），档案号：J001-005-00369。

③ 参见《世界日报》，1948-06-30。

④ 这些闲置房屋包括：“超过法令限制之住房及商店工厂用房；未超过法令限制，而历来出租并不影响其生活习惯之住房；现在空闲或不影响宗教设施之寺庙坛院及教堂房屋……机关学校及其他法团所占之房屋；经尽量紧缩后之剩余房屋……”（《世界日报》，1948-06-30）

⑤ 这些违法行为包括：“承租人不照协议或调解规定之租金额履行时，以欠租论；出租人因违背法令及租约，侵害承租人权利时，除得申请调解或提起诉讼外，并得暂时停止付租；承租人因出租人依法收房而另觅住房时，得就地政局公告之房屋有优先权。”（《世界日报》，1948-06-30）

然而，《北平市房屋租赁管理规则》的实施效果并不理想。北平市地政局曾组织全市保甲调查空房。结论是城区只有百余间空房，空置率不到千分之一。这显然脱离了实际情况。市民孙振民在《为房东违法剥削房客请予制止以安社会案请愿书》中更是披露了严禁实物支付租金所引发的新问题："前市政府于本年七月一日公布之《北平市房屋租赁管理规则》第五条载，'房屋租金之支付，应以法币为限'云云。法良意美，市民有百分之九十以上无不额首感戴，惟有房产者多富而不仁，抗不遵照。而市府虽有规则之公布，然执行不力等于具文，以致近月以来房东相率效尤，均以米面议定租价，刻下白面不数日由二十一二万元涨至四十八九万元，房东则喜笑颜开，房客则被迫无法生活。"[①] 作为该规则核心精神的禁止实物租金，在实施过程中被置若罔闻，沦为空文。

第三，建立专门机构调解房地租赁纠纷。

因频繁增租而起的房产纠纷，在 40 年代后期愈演愈烈。房主收不来房租，一家老小难以糊口；房客动辄被赶出门，无房可租，无家可归。由此引发的社会矛盾丛生。市警察局和基层保甲虽然竭力调解，但苦于房产纠纷涉及治安、财税、地政等领域，警察局人手紧张，权责有限，难以独立担当。房产纠纷调解工作，需要政府各部门分工合作。就在《北平市房屋租赁管理规则》颁行前后，北平市政府成立了"北平市房屋租赁调解委员会"（1946 年 12 月筹建，1947 年 7 月正式成立）。

这是一个议事协调机构。其委员由市政府遴选聘任，包括警察局、地政局、财政局等的负责人，党政军、司法各界以及民意机关、工商

---

① 北京市档案馆藏：《市警察局关于〈南京市房屋租金计算办法〉、〈北平市房屋租赁管理规则〉、〈土地登记施行细则〉、房屋租赁委员会经费发放、办理房屋租赁纠纷调解等的训令》（1948 年 2—11 月），档案号：J185-002-08765。

团体等组织的代表，共9～15人。主要工作内容是评定房屋租金事项，调处房屋租赁纠纷，管理房屋租赁事项等，成为《北平市房屋租赁管理规则》的实际执行机关。①

北平市房屋租赁调解委员会制订了《北平市房屋租赁纠纷处理程序》，规定了执法程序：由当事人填写申请书，详列原告、被告的基本信息，房屋租赁状况，争执要点以及有关附件等，并签名盖章。委员会收到原告申请书后，将在五日内将申请书副本送达被告，“并为必要之调查。前此调查期间，除有特殊情形外，不得逾七日”；“于必要时，得通知该纠纷事件之关系人或证人到会询问，或令其书面陈述”。调查完毕后，将通知当事双方到会陈述，予以调解，并将调查结果做成文字材料，由当事双方及调解人签字盖章，做成正本，分别送达当事双方。“调解成立后，当事人之一造不履行时，他造当事人得状请北平地方法院予以强制执行”。调解过程中，委员会有权制止房主“实行封闭房屋，断绝水电，或使用其他方法，妨碍承租人居住或安全者”的行为，以及制止房客“毁损房屋，或其装置设备”的做法。如当事人拒不到场陈述，委员会将缺席裁定，并将裁定文件送交警察局强制执行。② 因此，该委员会的调解结果具有法律效力，是有关部门强制执法的重要依据。

北平市房屋租赁调解委员会成立之初，依然坚持认为，所有的房产纠纷，“全是房主与房客间的增租问题，房主只知为个人收入计较，对同样感受生活困窘之房客，竟毫无同情，甚至逼迫房客致死，此等房主自应受到法律及社会之制裁”③。因此，该委员会在调解过程中，更倾向于扶助处于弱势的房客一方，采取“限制房东五花八门之额外勒索，除合理房租外，不许巧立名目，增加房客之负担，亦不得随意

---

① 参见《世界日报》，1946-12-05、12-06。

② 参见《世界日报》，1946-12-08。

③ 《世界日报》，1947-06-06。

收回房屋……限制以实物为计算房租之标准，租金应依率收受法币……三十六年一月前均为旧租约，依地政局抽查统计，租金调整应为一万倍为限，且不得超过一般新租约之金额；至新租约，须依《土地法》之房地总值年息百分之十为最高标准”① 等措施，基本上都是针对租价，对房主进行限制。

然而，一些学者也诉诸报章，呼吁重视房主利益。有观点称：“若干旧房东今日所收租金之低，与新房东动辄以实物计算租金者，适成极端，两者均不合理。是则房客不尽系受不合理待遇者，足见平市房屋问题，非单方面，房客、房东均有受苦情形。如仅顾及一方利益，则有失公平。”② 苏石在《对于〈平市府房租管理规则〉暨〈纠纷处理程序〉两草案之商榷》一文中说：“过去房产曾获致黄金时代，至使社会上迄今遗留一种‘房主压迫房客’之不良印象。历来立法与执法为保护房客正当权益起见，遂有若干有利于房客之规定，但法贵平衡，尤贵适应时代与环境之需要。若干年来物价继长与日俱增，无一幸免。房租亦属孳息之一种，其追随百物而增涨，当然不能例外。且迩来地税房捐亦因生活高涨，而均有所增订，较昔倍逾千万，是不得不承认房主之负担，亦属增涨无已。在此情况下，房租数额依其财产应生之孳息以为计算之标准，自不得谓之不合情理。然而人们往往狃于过去房主坐收巨利之成见，每斥加租为非法压迫，甚或借口妨碍安宁秩序，而予以拒绝。此从事理方面着想，又岂得谓之公平？故今之处理房屋租赁纠纷必须顾及双方利益与困难，而于互谅互助之下，以期安全。”③ 李朋认为：“一般而论，房客系经济上之弱者，事实上专靠房租生活者，在今日之租赁情形下，

①② 《世界日报》，1947-06-26。

③ 苏石：《对于〈平市府房租管理规则〉暨〈纠纷处理程序〉两草案之商榷》，载《世界日报》，1947-03-04。

岂是经济上之强者?”[①]

1947年7—12月，北平市房屋租赁调解委员会多次开会，受理租赁纠纷268件，调解122件。[②] 不过，调解结果的满意度较低，调解效果有限，特别在是否增租的问题上难以达成一致。房主抬价，房客就拒交房租；物价飙升，租金来不及调整，使房主大多选择拒收租金，促令房客搬家；房客则将房租提存法院或银行、邮局，一存了之，不负欠租责任。这些矛盾的爆发，使租赁纠纷此起彼伏。在《北平晨报》和《世界日报》上，房客提存租金、不负欠租责任的声明在广告版随处可见。

第四，鼓励机关团体自行解决职工住房问题。

据统计，1948年北平市共有私房约92万间，其中出租房约35万间。全市人口中，房东5.5万户，租客33万户。[③] 也就是说，大多数市民都无自有住宅，而是租房居住。“解决房屋之根本问题，一为奖励私人建筑或政府大量建屋，一为限制居住房间，并强制房东以空房出租”[④]，即扩大住宅市场的供应量。然而，正如时任北平市地政局局长张道纯所言，“以上两项，实行均有困难”[⑤]。租赁纠纷的调解效果不佳，强迫房主廉价出租空房也不现实。国民政府忙于内战，内外交困，无暇也无力兴建平民住宅。鼓励机关团体利用民间力量，自行解决职工住房问题，不将矛盾简单推向社会，或许是缓解住房供应压力的有效途径之一。一些有地皮、有财力的机关团体，便设法筹建职员住宅。

1946年9月，北京大学开始筹备教授住宅。“因教授人数在二百人左右，如平均每人三间，则需六百间。”针对僧多粥少的现状，北大成立专门的宿舍分配委员会，并拿出两套方案。第一种是由校方置备宿舍，以“房间多少与人口为分配比例；人口相等时，应以年资为先

① 李朋：《论收房与租金问题》，载《世界日报》，1948-06-29。

②③ 参见北京市地方志编纂委员会编：《北京志·市政卷·房地产志》，188页。

④⑤ 《世界日报》，1947-06-26。

后；如遇人口、年资相同时，应以抽签决定。学校得酌收房租”。第二种是由“教授自租住宅……学校得根据人口比例酌量予以津贴”。从云南迁回北平的北大文、法、理等学院的部分教授及家眷，已陆续搬进北大东四十条及中老胡同之宿舍。①

无论哪种方案，北大教授的住宿条件都较全面抗战爆发前大幅降低。且校方只给教授分配宿舍，没有提及讲师、助教等收入较低的教师。

第五，整治房地产交易市场，关闭违规经营的房屋中介。

部分兼营买卖房地产业务的广告社，在发布信息和介绍买卖时不守承诺，酿成多起纠纷。1948 年 3 月，北平市社会局以第二科科长徐康浩的名义发布了社会局局长张鸿渐签发的训令：“前经呈准市政府，除公司组织外，普通合伙营业部的经营房产买卖等业务，惟本市广告社仍有非法经营者，虽经传饬取消报章广告，停止非法业务，迄今仍有未遵办……兹拟函警察局请对非法广告商依法视情节轻重予以有期间停业或勒令歇业，并分令各警察分局对不法广告商随时注意。令广告业公会劝导各会员不得从事本业以外之非法业务。”② 市社会局公开取缔了四家名气较大的广告社（参见表 5）。

表 5　　1948 年被社会局取缔的非法经营房地产介绍租赁之广告社

商号名称	合法营业种类	经理人	地址
群贤广告社	报纸、美术、电影、灯片、广告	蒋康田	内四兵马司能仁寺 29 号
普安广告社	各项广告	刘铭芳	内四大红罗厂甲 7 号
新亚广告服务社	广告业	李庆余	内七双栅栏 10 号
中信社	广告业	郭景安	内四丰盛胡同 1 号旁门

资料来源：北京市档案馆藏：《徐康浩有关取缔广告商兼营买卖房地产业务的呈文及社会局的训令》（1948 年 3 月），档案号：J002-004-00762。

① 参见《世界日报》，1946－09－07。

② 北京市档案馆藏：《徐康浩有关取缔广告商兼营买卖房地产业务的呈文及社会局的训令》（1948 年 3 月），档案号：J002-004-00762。

然而，对专业房产掮客的治理整顿始终没能开展。掮客们继续买空卖空，在房主与房客之间敲诈勒索，收取高额佣金，赚得巨额差价，客观上助长了房价的抬升。

（二）财政政策

主要包括奖励私人建房、增强社会购买力等方面内容，在供给侧和需求侧分别增加资金投放。

第一，奖励私人营建住宅，增加房屋总供给。

1948年，国民政府发布《北平行辕电发奖助民营住宅建筑条例草案》，针对日益严峻的“房荒”危机和政府在“实施房屋救济，促进土地利用”上力不从心而造成的问题，通过减免税收、协助取得建筑用地、协助向银行贷款、配套市政设施等举措，对企业团体和个人等民间力量营建住宅的活动给予财税让利，也就是变相利用财政资金进行奖励。

奖励包括六种情况：一是用私有土地营建住宅二十幢以上，“专以廉价租与平民居住者”，豁免部分或全部地价税3～5年；二是“在地方政府指定区域建筑住宅或改造接连五幢以上残毁不能居住之房屋，经在修建前申请查明属实者”，豁免土地改良物税或房捐1～3年；三是业已筹齐建筑资金，但无法取得建筑用地者，政府将协助进行土地划拨；四是业已筹集50%的建筑资金，并获得建筑用地者，政府将协助其申办银行贷款，凑齐建筑资金；五是“在市郊建筑房屋满二十幢以上者”，将减征公共工程受益费，并配套市政设施和修建道路；六是“合于前条两款以上者，得给予两种以上之奖助”①。1948年6月28日，市地政局局长张道纯在公开讲话中，还特意强调，“奖励办法将使

---

① 北京市档案馆藏：《北平行辕电发奖助民营住宅建筑条例草案》（1948年），档案号：J001-004-00456。

建筑新房较买房要便宜的原则下进行办理”①。

此条例还对市政用地做出规定，主旨是提高土地利用率，避免土地长期闲置，“未完成营建计划之市县，应就宜建住宅之公地尽先出租或放领”；“空余宅地无论曾否遭受战争破坏，市县政府得规定其建筑期限，逾期而不建筑者，得准需用土地人请求协议购买全部或一部”②。

1948年6月29日，北平市参议会通过了《房屋租赁管理实施步骤》，其中对于鼓励营建房屋，提出了更详细的计划，包括由市地政局“将不妨碍整个市政建设之公有土地，公告由市民承租建筑。除予以奖励外，并准其取得地上权”；地政局在必要时“发行房屋奖券，以其价款建筑房屋”；“遇有大量救济款项，应尽先拨给地政局建筑市民住宅”；等等。对于扩大住宅供应给予财政支持。

物价飙升，使住宅建筑成本飞涨，“新建筑几乎停顿，营造厂多关门”③。仅靠税收减免和土地、贷款的政策优惠，无法吸引更多社会资金进入住宅开发市场。加之北平具有房地产建筑、开发、销售能力的企业不多，市民普遍贫困，自建住宅的能力不足，私人营建住宅的浪潮并未在1948年到来。

第二，改善公教人员工资待遇。

频繁增租和租价过高，成为“房荒”危机中绕不开的话题。住房刚性需求群体中多数人购买力严重不足，工资增速远赶不上物价和房价涨幅。尽快结束内战、整顿市场秩序、恢复发展经济，是提高市民整体收入水平的必由之路。然而，这条路在当时走不通。国民政府只

---

① 《世界日报》，1948-06-28。

② 北京市档案馆藏：《北平行辕电发奖助民营住宅建筑条例草案》（1948年），档案号：J001-004-00456。

③ 李朋：《论收房与租金问题》，载《世界日报》，1948-06-28。

能试图做些力所能及的工作，比如提高由财政全额支付的公教人员的工资水平，来增强其购买力。

1946年12月29日，国民政府教育部学术审议委员会议通过了专科以上学校专任教员薪俸调整案，助教月薪自80元调至200元，讲师月薪自140元调至300元，副教授月薪自240元调至400元，教授月薪自320元调至600元。① 尽管增幅不小，但仍无法负担北平城区哪怕一间劣等住房的月租。许多教师只能寻找第二职业养家糊口。在当时的北平报刊上，找家教的广告屡见不鲜。

与此同时，南京、上海的房价涨幅更高。尽管国民政府屡次增加公务员收入，仍无法改变公务员生计艰难的困局。1946年6月19日，南京市各机关公务员联名上书蒋介石及国防委员会，就立法院确定的薪资上调标准提出四点意见：一是经过调整之后，南京、上海的公务员薪资仍不足以维持最低生活，“京沪房租一项，动辄数百万，数口家住屋三间，月需二三十万，特任官正俸仅足付房租”；二是公务员四月份调整待遇后，实际购买力低于三月，新待遇自六月起已不合理；三是国民政府虽然采取待遇分区制，但各区标准并未与当地物价指数配合；四是“国营事业机关公务员待遇，较一般公务员为高，不平等”②。

由于加薪政策滞后，薪水增幅赶不上物价涨幅，公教人员的购买力不增反减，连温饱都成问题，遑论租房买房。

第三，政府直接拨款或贷款，解决住宅问题。

受制于财力主要用于军费开支打内战，国民政府对直接拨款建房的意向不强，拨款记录很少。额度较大的一次是1948年1月16日北

---

① 参见《世界日报》，1946-12-29。

② 《世界日报》，1946-06-22。

平市参议会的一次决议，即要求将国民政府中央接收大员占用的敌伪房屋划归北平市地方当局管理，并拨贷款 500 亿元，“以济房荒”①。根据 1947 年 7 月公布的建筑改良物成本价，该笔款项可以兴建上万间灰房、瓦房。但由于半年来法币急剧贬值，这笔钱的购买力越来越小，直至变成废纸。

（三）货币政策

主要是推行币制改革，稳定房价。

1948 年 8 月，鉴于法币失信，米面、黄金作为房租支付手段已成风气。为了挽回金融信誉，国民政府宣布以金圆券取代法币，兑换价 1∶300 万。蒋经国等人在上海商界和金融界“打老虎”整顿秩序，作为对金圆券发行在行政领域的配套措施。金圆券问世之初，币值相对稳定，物价涨幅走低，房价也趋于稳定。然而，到 1949 年，随着金圆券发行量的骤增，通货膨胀愈演愈烈，房价再度狂飙，金圆券与法币一样失信。国民政府币制改革宣告失败。这时的北平，业已和平解放，回到了人民的怀抱。

国民政府的上述调控措施，是一次旨在针对“房荒”危机，缓解市民在住房领域的社会矛盾，不得已采取的应急政策。国共内战的大环境和恶性通胀的现状，使这些措施难以发挥积极作用，取得实效。不过，这毕竟是国民政府综合运用行政、财政、货币等手段进行房地产市场宏观调控的一次尝试。其跳出单纯依赖行政手段，靠限价来缓和纠纷矛盾的传统思维，引入了公开造价成本，鼓励多途径建房，为企业减税，提供批地、贷款等优惠，增加公教人员薪资以及直接拨款、贷款等办法，从供给和需求两方面着眼，扩大住房供应量，增强居民

---

① 《世界日报》，1948-01-17。

购买力。它没有回避社会舆论反映突出的房产纠纷问题，组建具有协调功能的租赁管理委员会和租赁纠纷调解委员会，对于贯彻租赁法规和调解房产纠纷起到了积极作用。通过这次调控，政府在房地产市场调控领域体现出了治理理念和治理能力的进步。

社会舆论对于这些调控政策褒贬不一，意见建议也很多。

苏石认为，国民政府强制房主出租空房、干预房价和房产纠纷的做法，有悖于“契约自由”原则，反映其对政府干预市场调节的疑惑。① 1946—1948年出台的有关法规，在房租限价措施中“专就年份上着想，既无确切（地段）标准，自难得到公平合理之价格”；以“间”作为计算单位，是长期以来北平市计算房价的陋习，“以走廊门洞、小厕所各为一间”，无法满足“目前出一间钱抵一间用，自应使其使用之价值，足与其租金之价值相抵为标准”。他建议，就限价而言，“应一方参照财、地两局估价计算，一方从建筑商随年份及坐落地点、房屋大小为比例计算。事虽烦剧，庶得其平”；就间数而言，要站在“住房自以合乎居住使用唯一要义”的角度，“凡不合比值者，概不得作一间计算”②。

李朋认为，上述调控政策“有很多地方都可说是进步的立法”，“不过许多都是理论”。比如“奖励人民建筑住宅，在现行法对于承租人尽量享受法律保障之下，出租人很少愿建房出租的，而且物价高涨得一日数价，人民不敢大兴土木。有钱投资房地产的人，都把游资转向金钞、粮食、纱布等实物，囤积倒把，兴风作浪，影响物价不小。限制

---

① 参见苏石：《对于〈平市府房租管理规则〉暨〈纠纷处理程序〉两草案之商榷》，载《世界日报》，1947-03-04。

② 苏石：《对于〈平市府房租管理规则〉暨〈纠纷处理程序〉两草案之商榷》，载《世界日报》，1947-03-05。

实际需要房屋超过者令其出租，事实上绝对办不到，徒滋纷扰而已”①。

李鸿毅早在20世纪30年代撰写的调查报告中就指出，在住房供不应求、房租价格上扬的情况下，房主“故意居奇”，演化为垄断房地产市场的“房阀”，则“一般住户惟有俯首忍受。因不能犯国法，市府虽三申五令，禁止提高房价，任意居奇，结果亦属无效”②。“平市房阀计分两种：一为巨宦之继嗣，拥有巨资者专恃收买房屋为生，俟房买妥稍加修葺，即行出租。房主因自身无处世经验，大半雇用管事人专司立约、立折、立账及管理出入银钱等项，并有聘请律师为常年法律顾问保障产权者。其一为买空卖空之辈，仅个人略有资产，专以贱价收买破旧房屋或空地，俟稍加修理，即行租赁。此种房阀富有经验，且多含欺诈行为，近年来专营瓦片生活者愈出愈多，其著名房阀仅平市一地共有大小房屋六百余所，四郊庄田一千余顷，次之者有房屋三百四十余所，其余置有房屋百所上下者尤不胜举。然房阀除专营房产生活外，且兼有营放账生活者，故平市房阀重利剥削贫人，叫（典）当业为尤甚，而房租低昂受其一手操纵尤为显明。”③ 显然，20世纪30年代起，“房阀”就已成为顽固的利益集团，成为政府调控的重要障碍。由于所有调控政策的制定者大多从属于这些利益集团，拥有多套房产，其执行力度当然打折。因此，国民政府调控举措的败局早就注定。

1949年1月31日，北平和平解放，旋即更名北京，成为新中国的首都。1949—1952年，人民政府成功稳定了物价，消除了恶性通胀，积极推进城市住房国有化改革，建立福利分房制度，困扰京城多年的房价暴涨局面告终。

---

① 李朋：《论收房与租金问题》，载《世界日报》，1948-06-28。

② 《房租之变迁及租房之习惯》，见李鸿毅：《北平市财政局实习总报告》，139页，台北，成文出版社、美国中文资料中心，1977。

③ 同上书，139～140页。

图书在版编目（CIP）数据

澹澹清川：戴逸先生九秩华诞纪念文集/杨念群编. —北京：中国人民大学出版社，2016.8

ISBN 978-7-300-23191-4

Ⅰ.①澹… Ⅱ.①杨… Ⅲ.①中国历史-清代-文集 Ⅳ.①K249.07-53

中国版本图书馆 CIP 数据核字（2016）第 183134 号

策划编辑：王琬莹
责任编辑：李文
封面设计：蔡立国　王齐云

澹澹清川：戴逸先生九秩华诞纪念文集
杨念群　编
Dandan Qingchuan

出版发行	中国人民大学出版社		
社　　址	北京中关村大街 31 号	邮政编码	100080
电　　话	010－62511242（总编室）		010－62511770（质管部）
	010－82501766（邮购部）		010－62514148（门市部）
	010－62515195（发行公司）		010－62515275（盗版举报）
网　　址	http://www.crup.com.cn		
	http://www.ttrnet.com（人大教研网）		
经　　销	新华书店		
印　　刷	涿州市星河印刷有限公司		
规　　格	160 mm×230 mm　16 开本	版　　次	2016 年 8 月第 1 版
印　　张	42.25 插页 12	印　　次	2016 年 8 月第 1 次印刷
字　　数	529 000	定　　价	169.00 元